Uma história concisa do
ORIENTE MÉDIO

Dados Internacionais de Catalogação na Publicação (CIP)
(Câmara Brasileira do Livro, SP, Brasil)

Goldschmidt Junior, Arthur
   Uma história concisa do Oriente Médio / Arthur Goldschmidt Junior, Ibrahim Al-Maraschi ; tradução Caesar Souza. – 1. ed. – Petrópolis, RJ : Vozes, 2021.

   Título original: A Concise History of the Middle East

   1ª reimpressão, 2022.

   ISBN 978-65-5713-152-7

   1. História do mundo 2. Oriente Médio 3. Oriente Médio – Fronteiras – História I. Al-Maraschi, Ibrahim. II. Título.

21-60754   CDD-956

Índices para catálogo sistemático:
1. Oriente Médio : História 956

Aline Graziele Benitez – Bibliotecária – CRB-1/3129

Uma história concisa do
ORIENTE MÉDIO

Arthur Goldschmidt Jr.
Ibrahim Al-Marashi

Tradução de Caesar Souza

EDITORA VOZES

Petrópolis

© 2019 Taylor & Francis

Tradução autorizada a partir da edição em língua inglesa intitulada *A Concise History of the Middle East*, publicada pela Routledge, membro do Grupo Taylor & Francis.

Direitos de publicação em língua portuguesa – Brasil:
2021, Editora Vozes Ltda.
Rua Frei Luís, 100
25689-900 Petrópolis, RJ
www.vozes.com.br
Brasil

Todos os direitos reservados. Nenhuma parte desta obra poderá ser reproduzida ou transmitida por qualquer forma e/ou quaisquer meios (eletrônico ou mecânico, incluindo fotocópia e gravação) ou arquivada em qualquer sistema ou banco de dados sem permissão escrita da editora.

CONSELHO EDITORIAL

Diretor
Gilberto Gonçalves Garcia

Editores
Aline dos Santos Carneiro
Edrian Josué Pasini
Marilac Loraine Oleniki
Welder Lancieri Marchini

Conselheiros
Francisco Morás
Ludovico Garmus
Teobaldo Heidemann
Volney J. Berkenbrock

Secretário executivo
Leonardo A.R.T. dos Santos

Editoração: Fernando Sergio Olivetti da Rocha
Diagramação: Sheilandre Desenv. Gráfico
Revisão gráfica: Alessandra Karl / Barbara Kreischer
Capa: SGDesign

ISBN 978-65-5713-152-7 (Brasil)
ISBN 978-0-8133-5091-2 (Reino Unido)

Este livro foi composto e impresso pela Editora Vozes Ltda.

Sumário

Lista de ilustrações, 7

Prefácio, 9

1 Introdução, 11

Parte I – O surgimento do islã até o zênite do poder abássida, 23

2 O Oriente Médio antes de Muhammad, 25

3 Muhammad e o surgimento do islã, 39

4 O início das conquistas árabes, 62

5 O alto califado, 80

Parte II – Os impérios turcos dos seljúcidas aos otomanos, 97

6 O surgimento do xiismo e o influxo dos turcos, 99

7 As invasões dos cruzados e dos mongóis, 110

8 A civilização islâmica, 120

9 Armas de fogo, escravos e impérios, 142

Parte III – As incursões europeias e a reação nacionalista, 167

10 Interesses europeus e imperialismo, 169

11 Reformas ocidentalizadoras no século XIX, 181

12 O surgimento do nacionalismo, 198

Parte IV – Primeira Guerra Mundial e suas repercussões, 217

13 As raízes do ressentimento árabe, 219

14 Governantes modernizadores e os estados independentes, 238

15 O Egito e o Crescente Fértil durante o domínio europeu, 264

Parte V – O conflito árabe-israelense, 291

16 A disputa pela Palestina, 293

17 O renascimento de Israel e o surgimento do nacionalismo árabe, 314

18 A guerra e a busca pela paz, 349

Parte VI – A ressurgência islâmica, 389

19 A reafirmação do poder islâmico, 391

20 A Guerra do Golfo de 1991 e o processo de paz, 425

21 A década Pós-11/9 no Oriente Médio, 447

Parte VII – A Primavera Árabe e suas consequências, 483

22 Na estação do descontentamento árabe, 485

23 A guerra fria regional no século XXI, 517

Apêndice I, 533

Apêndice II, 535

Glossário, 537

Ensaio bibliográfico, 585

Ensaio web-bibliográfico, 637

Índice, 645

Lista de ilustrações

Mapas

1.1 Características físicas do Oriente Médio, 18

2.1 Impérios bizantino e sassânida, cerca de 600, 33

5.1 O califado abássida, cerca de 800, 87

6.1 Os fatímidas e os seljúcidas, cerca de 1090, 108

9.1 Os mamelucos e os ilcanidas, cerca de 1300, 145

9.2 O Império Otomano nos séculos XVI e XVII, 156

13.1 O Acordo Sykes-Picot, 1916, 232

13.2 Os mandatos do Oriente Médio, 1924, 236

16.1 O Plano de Partição da ONU para a Palestina, 1947, 312

18.1 Israel e os territórios ocupados, 1967-1973, 353

18.2 A situação territorial no final da Guerra de Outubro de 1973, 375

19.1 A área do Golfo Pérsico, 406

21.1a Iraque, 470

21.1b Distribuição aproximada de grupos étnicos e sectários do Iraque, 471

21.2 Assentamentos nas áreas da Cisjordânia e na Faixa de Gaza, 1967-2010, 477

22.1 Mapa político do Oriente Médio na véspera da Primavera Árabe, 2011, 488

23.1 Mapa político do Oriente Médio, com depósitos de gás e óleo, 2018, 525

23.2 Áreas com maiorias curdas, 529

Figura

4.1 O clã hachemita, mostrando os *imames* xiitas, 77

Prefácio

O Oriente Médio importa para o resto do mundo por seus recursos, seus conflitos correntes entre governantes e povos, e pelo surgimento de várias formas de islamismo ressurgente. Sua história ajuda a explicar vários eventos políticos e militares que dominam as notícias diárias.

Este manual, por vezes chamado "clássico", é coautorado por Arthur Goldschmidt, professor emérito de História do Oriente Médio na Universidade do Estado da Pensilvânia, e Ibrahim Al-Marashi, professor-adjunto de História na Universidade do Estado da Califórnia, São Marcos. De uma forma humorada, denominamos a primeira edição *A decreasingly concise history of the Middle East* (*Uma história cada vez menos concisa do Oriente Médio*), mas o livro deve crescer à medida que novos eventos e tendências emergem. Adicionaremos algumas fotos relevantes ao website, assim como uma amostra de questões de teste para instrutores de cursos.

Esses cortes deixaram espaço para incluir a cobertura de mudanças importantes recentes na região, levando em conta também mudanças e desafios ambientais, e um capítulo final que cobre e interpreta o que tem acontecido desde 2015, quando a 11ª edição foi lançada. Fizemos também acréscimos relevantes no glossário. Linhas de tempo agora aparecem em junturas selecionadas do livro, e a cronologia tradicional foi para o website.

Professores e alunos necessitam de um livro que reflita a erudição corrente, não esconda suas ideias por trás de um estilo pseudoacadêmico dirigido a pedantes, e não reforce vieses políticos ou étnicos. Alunos – e membros do grupo mais amplo de falantes da língua inglesa – merecem explanações claras sobre o conflito árabe israelense, o petróleo do Oriente Médio, o Estado Islâmico e as revoluções no Irã e nos países árabes. O livro passou por várias edições anteriores e, a despeito da publicação de outras histórias gerais, torna-se cada vez mais amplamente usado nas universidades ao redor do mundo.

Qualquer trabalho de arte ou acadêmico segue convenções. Ao escreverem um livro que introduz um tema recôndito aos alunos e leitores em geral, seus autores devem dizer à audiência quais serão essas convenções. O sistema inglês de pesos e medidas está dando lugar ao sistema métrico; este livro usa ambos. Preços expressos em moedas não americanas, antigas ou modernas, são dados em equivalentes em dólar em 2018. Os muçulmanos seguem um calendário lunar de doze meses datado do ano em que Muhammad e seus associados se moveram de Meca a Medina. Muito naturalmente, eles usam esse calendário quando ensinam ou aprendem a história islâmica. A conversão entre os dois sistemas é complexa. Portanto, todas as datas dadas neste texto são baseadas no calendário gregoriano. Usamos um sistema de datação internacional, com a data antes do mês, e os anos são ou AEC (Antes da Era Comum, em vez de a.C.) ou EC (Era Comum, em vez de d.C.). Quando datas aparecem entre parênteses após o nome de governantes, referem-se à duração de seu reinado. Nomes de pessoas em línguas que utilizam a escrita arábica são transliterados de acordo com o sistema da *International Journal of Middle East Studies*, sem os diacríticos, exceto por algumas pessoas e lugares mencionados muitas vezes na imprensa. O mesmo se aplica a alguns termos técnicos que não podem ser traduzidos acuradamente ao inglês.

O trabalho de um grande professor nunca perece – por isso, mantivemos a dedicatória original de Arthur Goldschmidt deste livro a um professor e diretor de escola elementar cujo conhecimento, ideias e entusiasmo subsistem em milhares de seus antigos pupilos e na Escola Georgetown Day em Washington, DC.

Mantivemos nesta edição muitas das contribuições feitas por Lawrence Davidson como coautor da oitava, nona e décima edições, e lhe agradecemos por seu generoso consentimento para o fazermos. Aomar Boum acrescentou importantes preocupações ambientais à décima primeira edição, as quais tentamos incorporar na presente, e somos gratos a ele também. Gostaríamos de agradecer também aos revisores que enviaram comentários e sugestões inestimáveis à Westview Press.

Finalmente, gostaríamos de reconhecer o trabalho que nossos colegas em Westview – nossa editora Ada Fung, e em Routledge, Joe Whiting, Anna Dolan, Becky McPhee, Emma Tyce e Julie Willis – realizaram para apoiar o livro.

Desfrutamos do trabalho em conjunto e de nos conhecermos por e-mail, telefone e Skype. Permanecemos responsáveis por todos os erros de fato ou de interpretação. Comentários e orientações dos leitores serão bem-vindos.

Arthur Goldschmidt Jr.
Ibrahim Al-Marashi

1 Introdução

Neste livro, introduzimos o Oriente Médio aos estudantes falantes da língua inglesa e a outros leitores que não viveram na área ou estudaram sua história antes. Eventos históricos ocorrem em contextos complexos, que todos devem compreender a fim de agir sabiamente no futuro.

Oriente Médio é um termo muito impreciso, que descreve uma área geográfica que se estende do Egito ao Afeganistão ou à região cultural na qual o islã surgiu e se desenvolveu. Planejamos tornar o termo mais claro neste capítulo. Primeiro, deixe-nos lhe dizer por que pensamos que a História é a disciplina mais adequada para sua introdução à área. Afinal, você pode olhar para o Oriente Médio através de seus sistemas para alocação de poder e valores usando a disciplina da Ciência Política. Economistas focariam a forma que seus habitantes se organizam para satisfazer suas necessidades materiais. Sociólogos e antropólogos culturais analisam as instituições e grupos de comportamento dos vários povos que constituem o Oriente Médio. Você poderia também ver suas várias culturas através de suas línguas, religiões, literatura, geografia, arquitetura, arte, música, dança e comida.

Antes e agora, lá e aqui

A história pertence a todos nós. Sempre que você fala sobre algo que lhe aconteceu, seus amigos, sua comunidade ou seu país, você está relatando a história através dos eventos que ocorreram no passado. A história pode cobrir a política, economia, estilos de vida, crenças, trabalhos de literatura ou arte, cidades ou áreas rurais, incidentes dos quais você lembra, histórias que os mais velhos lhes contaram, ou temas sobre os quais você apenas pode ler. Falando amplamente, tudo que já aconteceu até o momento em que você lê estas linhas é história, ou o estudo do passado.

Você pode perguntar: Por que alguém deveria desejar estudar o Oriente Médio, quem dirá a história da civilização islâmica? Argumentamos que estudar qualquer tema, de filosofia a física, é potencialmente uma aventura da mente. A história islâmica é um tema que vale a pena aprendermos por si só. Confrontados por distâncias de tempo e espaço, e por diferenças de padrões de pensamento e estilos de vida, aprendemos mais sobre nós mesmos – sobre nossa era, área, crenças e costumes. O islamismo é um pouco como o cristianismo e o judaísmo, mas não inteiramente. Os povos do Oriente Médio (como aqueles do Ocidente) são herdeiros parciais dos gregos e dos romanos. Em um grau maior, contudo, são sucessores diretos de civilizações ainda mais anteriores do Egito, Mesopotâmia, Pérsia e outras regiões do antigo Oriente Médio. Como resultado, eles evoluíram de um modo muito diferente de nós. São como nossos primos, nem irmãos nem estrangeiros para nós.

Agora, deixe-nos levantar outro ponto. Quais são as unidades mais significativas do estudo histórico? O Ocidente tem uma forte tradição no estudo da história nacional – a dos Estados Unidos, Grã-Bretanha, França, Rússia ou, igualmente, a da China ou do Japão. Em outras partes do mundo, incluindo o Oriente Médio, as fronteiras políticas mudaram com tanta frequência que os estados-nação não existiam até recentemente, e sequer serviam como unidades significativas de estudo histórico. Na tradição islâmica e do Oriente Médio, estudos históricos tendem a centrar em dinastias (famílias governantes), cujos períodos de vigência e territórios variam amplamente. O Império Otomano, por exemplo, era um grande Estado constituído de turcos, árabes, gregos e muitos outros grupos étnicos. Seus governantes, chamados *sultões*, pertenciam a uma família descendente de um guerreiro turco chamado Osman. Não era uma nação, mas um Estado dinástico – que durou um longo tempo e afetou muitos outros povos. Por vezes, usaremos as antigas divisões dinásticas de tempo e espaço, para o período moderno; por vezes, usaremos uma abordagem país a país, fazendo de grandes guerras e crises os pontos de divisão. Em outros momentos, examinaremos a história topicamente, em termos de "civilização islâmica" ou de "reforma ocidentalizadora".

A partir do que sabemos agora sobre a história do Oriente Médio, acreditamos que nossa unidade mais importante de estudo não é a dinastia ou o Estado-nação, mas a civilização. Embora o termo *civilização* seja mais fácil de descrever do que de definir, este livro, especialmente em seus primeiros capítulos, foca um complexo interconectado de governantes e súditos, governos e leis, artes e letras, culturas e costumes, cidades e aldeias – em suma, uma civilização que prevaleceu na maior parte do oeste da Ásia e do norte da África desde o século VII, todos vinculados pela religião do islã. Você verá como crenças e práticas islâmicas produziram instituições para todos os aspectos da vida no Oriente Médio. Depois, aprenderá como os padrões muçulmanos de crença e ação foram perturbados pelo impacto do Ocidente. Você olhará para alguns dos modos pelos quais os povos do Oriente Médio lidaram com a dominação ocidental, aceitando muito, mas rejeitando grande parte da cultura europeia e americana. Verá também como reconquistaram sua independência política e tentaram recuperar sua autonomia como uma civilização. Acreditamos que esse seja o melhor modo de começar a estudar o Oriente Médio.

Em outro sentido, nossa cultura deve muito às civilizações do Oriente Médio. Nossas crenças e observâncias religiosas são derivadas daquelas dos hebreus, mesopotâmios, egípcios, persas e gregos que viveram no Oriente Médio antes do islã. Além disso, muitos ocidentais não sabem o que aprenderam da cultura islâmica. Um olhar para os antecedentes de algumas palavras inglesas apoia nosso ponto.

Deixe-nos começar com o que é mais próximo a nós – nossas roupas. Os nomes de vários itens que tendemos a vestir têm antecedentes do Oriente Médio: algodão (do árabe *qutn*), pijamas e sandálias (ambas palavras tomadas do persa), e, obviamente, túnicas e turbantes. O tecido musselina outrora vinha de Mosul (uma cidade do Iraque) e o tecido damasco, de Damasco. O gato listrado que chamamos malhado (*tabby*) recebeu seu nome de um tipo de tecido chamado '*attabi* outrora tramado em uma seção de Bagdá com esse nome. Alguns árabes afirmam que o jogo de tênis recebeu seu nome de uma cidade medieval egípcia, Tinnis, onde o tecido de algodão (usado então para cobrir as bolas) era tramado. Estamos exagerando? Bem, o nome para o implemento com o qual você pratica o jogo, sua raquete, remonta a uma palavra árabe que significava "palma da mão". O gamão (*backgammon*), o xadrez, o polo e o jogo de cartas chegaram ao Ocidente a partir do Oriente Médio. O castelo (*rook*) no xadrez vem do persa *rukh* (castelo) e *xeque-mate*, do *sha mat* (o rei está morto). Quanto aos móveis domésticos, temos *divã*, *sofá*, colchão (*mattress*) e, é claro, a manta de lã (*afhgan*) e a *otomana* (*ottoman*) do Oriente Médio.

Você já pode conhecer a origem no Oriente Médio de alguns alimentos como o *kebab* (*shish kebab*), o iogurte, o tabule, o *homus* (*hummus*) e a pita. Alguns de nossos outros termos gastronômicos se tornaram naturalizados há muito tempo: *damasco* (*apricot*), *alcachofra* (*artichoke*), *gengibre, limão, lima, laranja, açafrão, açúcar* e *tangerina*. *Hashish* é uma palavra árabe que denota, além da canabis, sementes e grama, dependendo do contexto. Tanto *sorvete* (*sherbet*) como *xarope* (*syrup*) vêm da palavra árabe para "bebida". Os muçulmanos não usam bebida alcoólica, mas a própria palavra álcool vem do árabe. O mesmo se dá com outras bebidas familiares: *café, soda* (derivados da palavra para "dor de cabeça", que os árabes tratavam com uma planta contendo soda), e *julepo* (da palavra persa para "água de rosas").

Na verdade, muitas palavras usadas nas ciências, como *alambique, azimute* e *nadir*, são árabes. Na matemática, a álgebra pode ser remontada a *al-jabr* (manipulação óssea) e *algoritmo* a um matemático do século IX de sobrenome al-Khwarizmi. A palavra *guitarra* remonta, via Espanha, ao árabe *qitar*. Outros instrumentos do Oriente Médio incluem alaúde (*lute*) o tamborim e a cítara. *Máscara* e *mascara* (*rímel*) derivam ambos da palavra árabe que significa "tolo". Permita com que algumas palavras variadas completem a digressão: *alcova* (de *al-qubba*, uma "área cupular"), *almirante* (*admiral*), *arsenal, magazine* (no sentido de um armazém), *talco, tarifa* (de *alta'rifah*, uma "lista de preços"), e *almanaque* (de *al-manakh*, significando "clima"). A história do Oriente Médio nos dá um pano de fundo para o que temos, o que fazemos e o que somos.

Regressando a temas mais práticos, devemos olhar para a história recente do Oriente Médio para explicar o que está acontecendo lá agora. Essa área recebe mais do que lhe cabe nas notícias: as guerras (ou possivelmente a paz) israelenses, assassinatos, petróleo, revoluções, terrorismo, a Guerra do Golfo, a ocupação do Iraque pela América, a Primavera Árabe e o Eiis. Eventos correntes no Oriente Médio nos afetam como indivíduos e como cidadãos de nossos países. A história pode nos dar pistas em relação a como deveríamos responder? Pensamos que sim. Este livro se arriscará a relacionar eventos passados a eventos correntes. Como historiadores, estamos interessados no que aconteceu, como aconteceu e por que aconteceu. Mas todos nós, que vivemos neste mundo, desejamos saber o que esses eventos significam para nós, aqui e agora.

Ao iniciarmos essa caravana (originalmente, uma palavra persa) da história do Oriente Médio, desejamos a você *rihla sa'ida, nasi'a tova, safar be-khayr* – e que possa ter uma jornada intelectual frutífera.

O ambiente físico

Antes que possamos escrever qualquer coisa sobre sua história, devemos optar por uma definição do Oriente Médio. Mesmo que historiadores e jornalistas disseminem o termo, nem todo mundo está de acordo em relação ao que significa. Geograficamente, faz pouco sentido. Nenhum ponto do globo é mais "médio" do que outro. O que é "leste" para a França e a Itália é "oeste" para a Índia e a China. Logicamente, poderíamos dizer "sudoeste da Ásia", mas isso deixaria de fora o Egito e a Turquia europeia. Nossa visão convencional do "Velho Mundo" ter três continentes – Europa, Ásia e África – se torna ineficaz tão logo consideremos sua geografia física e cultural. A Ásia e a África se dividem no Canal de Suez, na fronteira entre Egito e Israel, ou em algum lugar ao leste do Sinai? Que diferenças existem entre os povos que vivem a leste e oeste dos Montes Urais ou do Bósforo? Para nós, humanos, continentes também não são lógicos.

Permita-nos escrever sobre um "Oriente Médio" que a imprensa nos tornou familiar. Seus limites geográficos podem ser disputados, mas este livro tratará o Oriente Médio como indo do Vale do Nilo às terras muçulmanas da Ásia Central (aproximadamente, o vale do Rio Amu Darya, ou Oxus), do sudeste da Europa ao Mar Árabe (cf. Mapa 1.1). Podemos estender ou encolher a área ao discutirmos um dado período histórico no qual realidades políticas podem ter alterado o contorno convencional. Afinal, as terras ao sul e ao leste do Mediterrâneo eram o Oriente para nossos ancestrais culturais até que fossem para a Índia e a China, quando então as terras muçulmanas se tornaram o Oriente Próximo. A Segunda Guerra Mundial o tornou o Oriente Médio, e assim permaneceu, a despeito dos esforços da ONU para renomeá-lo "Ásia Ocidental". Para a navegação e a aviação, comércio em tempos de paz e estratégia de guerra, e para o jornalismo e a política, a área está no meio, flanqueada pelos centros de população e poder.

Uma geografia descritiva

A história serve à geografia. Antes que possamos ter uma peça de teatro, é necessário haver um palco. Talvez devêssemos dedicar muito tempo em topografia e clima, flora e fauna e outros aspectos da geografia descritiva. Alguns manuais o fazem, mas podem lembrar-lhe do mau hábito de ensinar geografia fazendo as crianças memorizarem os nomes de montanhas, rios, capitais e dos principais produtos dos países. Deixe-nos enfatizar alguns

15

pontos essenciais que você necessita dominar antes de começar seu estudo sobre a história do Oriente Médio.

Clima

O Oriente Médio tende a ser quente e seco. Muitas partes recebem alguma chuva, mas usualmente em quantidades muito pequenas ou muito irregulares para permitirem atividade agrícola estável. Todavia, as aldeias agrícolas mais antigas do mundo foram reveladas em escavações nos planaltos da Anatólia (Turquia asiática), Pérsia e Palestina. Outras foram encontradas no oeste do Saara. O que ocorreu? Parece que à medida que as calotas de gelo polar (da última Idade do Gelo) recuaram há cerca de 10.000 anos, as chuvas diminuíram no norte da África e no sudoeste da Ásia. Povos caçadores e coletores, vivendo nas terras que outrora tinham sido como o Jardim do Éden, tiveram de aprender a controlar suas fontes de sustento, uma vez que áreas irrigadas pela chuva se tornaram cada vez mais distantes. Alguns povos se moveram para os vales alagadiços dos grandes rios: o Nilo, o Tigre e o Eufrates. Por volta de 4000 AEC (Antes da Era Comum) mais ou menos, aprenderam a controlar as enchentes anuais para irrigar seus campos. Outros povos se tornaram nômades; aprenderam a se mover acima e abaixo das montanhas ou entre oásis do deserto para encontrar pastagem para suas ovelhas, cabras, jumentos e, com o tempo, camelos e cavalos.

Agricultores sedentários que controlavam os rios necessitavam que os governos organizassem a construção de represas, diques e canais para irrigação em larga escala que regularia a distribuição das inundações. Eles também necessitavam da proteção contra pastores de animais itinerantes. O último grupo, os nômades, por vezes ajudava os povos sedentários como soldados, comerciantes e vendedores de carne e outros produtos animais. Mas, por vezes, também se tornava uma ameaça aos agricultores e seus governantes, quando pilhava as fazendas e saqueava as cidades. Os agricultores e pastores muitas vezes brigavam, como Caim e Abel, e, todavia, também necessitavam uns dos outros. Em terras áridas, caracterizadas por verões longos e quentes e por noites de inverno frias, ambos os grupos tinham de coexistir para sobreviver.

Localização

O Oriente Médio é a interseção natural da massa de terra afro-eurasiana. É também a "terra dos sete mares". Encontra-se de lado a lado da rota de água do sul da Ucrânia ao Mediterrâneo, via Mar Negro, ao Bósforo, ao

Mar de Mármara, ao Dardanelos e ao Mar Egeu. Em várias eras, uma área entre o Delta do Nilo e a Península do Sinai foi adaptada para facilitar a navegação entre o Mediterrâneo e o Mar Vermelho, que, por sua vez, havia servido como uma rota para a Ásia e o leste da África. Desde a domesticação do dromedário, cerca de 3000 AEC, homens e mulheres cruzavam os desertos com suas mercadorias, rebanhos e artigos domésticos. Mesmo as altas montanhas da Anatólia e da Pérsia não barraram a passagem das pessoas com cavalos, jumentos ou camelos de duas corcovas. Invasores e comerciantes ingressavam no Oriente Médio a partir da Ásia Central, Europa e África desde tempos pré-históricos. Raramente nos últimos 4.000 anos, os povos do Oriente Médio experienciaram qualquer suspensão de pressões ou influências externas.

Considere o que essa acessibilidade significa para o Oriente Médio, comparado a outras partes do mundo. A civilização chinesa se desenvolveu em relativo isolamento; "bárbaros" invasores foram primeiro dominados e depois absorvidos no sistema político da China. Os súditos ingleses viveram por séculos no que eles presunçosamente chamavam "isolamento esplêndido". Os Estados Unidos, por muito tempo, se viram como separados do mundo externo. Escrevendo como americanos para nossos compatriotas, que podem às vezes questionar as atitudes e ações políticas dos povos do Oriente Médio, vamos todos nos perguntar o seguinte: Quando guerreamos pela última vez em solo americano? Quando experienciamos pela última vez uma ocupação militar estrangeira? Até 2001, sequer temíamos ataques hostis de outro país? Habitantes do Oriente Médio, em contraste, experienciaram conquista, dominação externa e um contínuo intercâmbio de pessoas e animais (mas também de mercadorias e ideias) tanto com o Oriente como com o Ocidente ao longo de sua história.

Recursos naturais

A natureza não dotou o Oriente Médio tão abundantemente quanto a América do Norte ou a Europa. Não há mais planícies cobertas de gramíneas. Aproximadamente todas as florestas foram derrubadas. Parcialmente, como resultado do desflorestamento, a água potável é escassa em quase toda parte e se tornou tão preciosa que guerras foram travadas por ela. Carvão e linhito são explorados na Anatólia. Algumas áreas montanhosas abrigam depósitos de cobre, ferro e outros metais; em muitos casos, eles têm sido trabalhados desde tempos antigos. Esses recursos são escassos. Areia e calcário, outros materiais de construção e luz do sol (uma bênção, caso a energia solar se tornasse a principal fonte de energia) são abundantes.

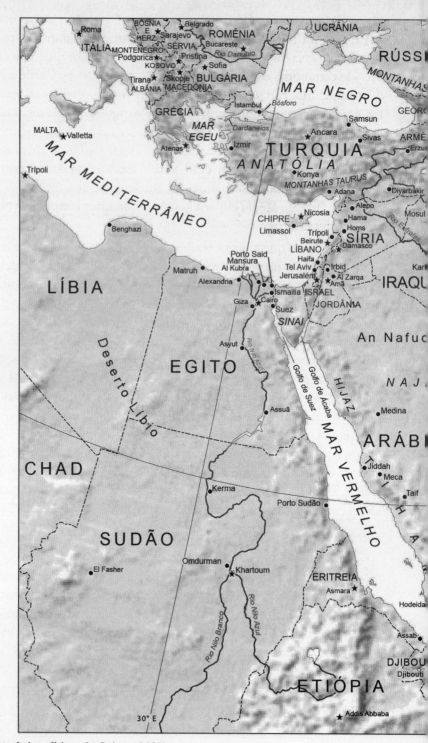

Mapa 1.1 Características físicas do Oriente Médio

Mas e com relação ao petróleo? É verdade que algumas áreas, especialmente aquelas ao redor do Golfo Pérsico, têm enormes depósitos de petróleo, mais do que metade das reservas conhecidas do mundo. O petróleo ampliou a importância do Oriente Médio. Suas bênçãos, contudo, são concedidas a poucos países, principalmente a Arábia Saudita, o Irã, o Kuwait, o Iraque e os Emirados Árabes Unidos. A exploração do petróleo do Oriente Médio só começou no século XX; tornou-se em larga escala somente após 1945. Na maior parte da história, o petróleo bruto era um remédio, piche para calafetar embarcações ou a causa de misteriosos incêndios que eram objeto de veneração religiosa, mas não a fonte de riqueza e poder que se tornou agora. E quem sabe por quanto tempo vai durar?

Diversidade humana

A geografia do Oriente Médio contribuiu para a diversidade de seus habitantes. Por um lado, paisagens variadas – montanhas e planícies, vales de rios e desertos – requerem diferentes estilos de vida. Montanhas relativamente inacessíveis, isoladas ainda mais no inverno e na primavera por rios caudalosos, protegeram minorias religiosas e étnicas em países como o Líbano, Iêmen e Irã. Por outro lado, invasões frequentes trouxeram novas raças e costumes populares para o Oriente Médio. O resultado é um vasto mosaico de povos, um museu vivo de tipos físicos, sistemas de crenças, línguas e culturas.

Essa diversidade nem sempre pode aparecer em tabelas estatísticas, como aquela no final deste livro. Mesmo quando aparece, lembre que nove décimos dos povos no Oriente Médio são muçulmanos. Metade da população da área fala árabe; a maior parte dos outros fala ou turco ou persa. O mosaico de religiões separadas e grupos étnicos começou a ruir. Instrução primária dispersa, televisão a satélite, DVDs, telefones celulares e tablets ajudam a difundir uma cultura universal, principalmente entre os jovens. Receitas com petróleo, a proliferação de fábricas e o crescimento das cidades também fizeram as pessoas parecerem mais semelhantes.

Mas as diferenças culturais e religiosas persistem e promovem conflitos. As guerras civis do Líbano surgiram parcialmente devido a muitos muçulmanos sentirem que não desfrutavam do mesmo poder e prestígio dos cristãos, que costumavam ser a maioria do país. A elite atual da Síria vem desproporcionalmente de uma seita minoritária, os alauítas, que usaram o corpo de oficiais do exército para ascender ao poder em uma sociedade por outro lado dominada por muçulmanos sunitas. Os árabes cristãos, especialmente os ortodoxos gregos, que constituem cerca de 5% da população síria e 8% da libanesa, eram mais ativos do que os muçulmanos na promoção da difusão inicial do nacionalismo árabe naqueles países. As políticas do Iraque são afligidas pelas diferenças entre árabes muçulmanos sunitas e xiitas, ambos os quais resistiram às tentativas dos curdos (cerca de um quinto da população do país) de formar um Estado separado. Israel, embora basicamente judaica, tem 1,7 milhão de árabes vivendo dentro de suas fronteiras pré-1967 e tem governado 216 milhões de muçulmanos e cristãos árabes adicionais na Cisjordânia, que controlava desde a guerra de junho de 1967. A Faixa de Gaza, que Israel ocupou de 1967 a 2005, e invadiu novamente em 2006, 2009 e 2014, contém 1,8 milhão de árabes. Os judeus de Israel são divididos entre aqueles de origem europeia, chamado *asquenazes*, e aqueles que vieram de países asiáticos ou africanos, chamados *mizrahim* ou orientais. Você pode estar confuso agora por essas diferenças sectárias e étnicas, mas nós as trataremos, detalhadamente, mais adiante. Você pode também consultar os termos no glossário.

Alguns pontos a antecipar

A interação de entes humanos e seu ambiente físico é um tema fascinante, muito mais do que os estudantes imaginam. Enquanto você lê a narrativa histórica, não se deixe perturbar pelos nomes de desertos e montanhas, rios e mares. Pensem sobre os desafios que puseram à humanidade e os estratagemas pelos quais os povos do Oriente Médio os superaram. A história não é limitada a xeiques e xás ou a presidentes e políticos; é também a história dos comerciantes e professores, artesãos e agricultores, pastores de cabras e guerreiros a cavalo. Nos capítulos seguintes, você verá como eles usaram as montanhas, planícies e vales que aparecem no Mapa 1.1 e como encheram o Oriente Médio de cidades, reinos dinásticos e estados-nação rivais.

Ao ler a história do Oriente Médio, do surgimento do islã até o presente, você notará o quanto sua atenção será focada nos confrontos, especialmente as guerras. Quando você examina a história de qualquer região ou país, você se arrisca a ficar detido em seus conflitos e a ignorar suas realizações culturais ou as vidas cotidianas de seu povo. Neste livro, quanto mais próximo nos movemos na direção dos eventos correntes, mais discutiremos os conflitos do Oriente Médio: os Estados Unidos *versus* a União Soviética, produtores de petróleo *versus* consumidores, islamistas *versus* secularistas, cristãos *versus* muçulmanos, xiitas *versus* sunitas, e palestinos *versus* israelenses.

Autores de manuais muitas vezes fazem listas para condensar suas ideias, e essa lista resume o que vemos como as principais causas do conflito no Oriente Médio: (1) a transição incompleta das comunidades baseadas na religião e obediência à lei divina para estados-nação, impondo leis criadas por humanos para aumentarem sua segurança e bem-estar neste mundo; (2) a crença resultante por parte de muitos povos do Oriente Médio de que seus governantes são ilegítimos e não devem ser voluntariamente obedecidos; (3) a busca por dignidade e liberdade de povos (ou nações) altamente articulados que experienciaram séculos de sujeição e estão determinados a nunca mais perder sua independência; (4) o envolvimento de governos e indivíduos externos que não reconhecem as esperanças e medos dos povos do Oriente Médio e, no pior dos casos, exploram-nos para servirem às suas próprias necessidades (como pode ser visto na Guerra do Iraque); (5) a concentração crescente de armas altamente destrutivas em países que são voláteis e vulneráveis; (6) o aumento da necessidade de alimento, água e combustíveis fósseis ao redor do mundo à medida que diminuem as quantidades disponíveis para consumo; (7) superpopulação de alguns países e o aumento das diferenças entre alguns povos muito ricos e os muito pobres; (8) a falha em conter ou resolver o conflito palestino-israelense; (9) tensões sectárias e étnicas; e (10) refugiados palestinos, iraquianos, sírios e iemenitas no exterior e populações internamente deslocadas.

O Oriente Médio é a região mais problemática de um mundo turbulento. Seus povos não estão em paz entre si ou consigo mesmos. Suspeitam de que estrangeiros não os compreendem. Esperamos que você os conheça melhor após ler este texto e continue a aprender sobre suas culturas – não com um desejo infantil de provar "Nós estamos certos e vocês, errados", mas, em troca, com uma esperança madura de promover um diálogo verdadeiro entre os modos de vida do Oriente Médio e Ocidental. Há muito a ser aprendido com os povos do Oriente Médio: hospitalidade, generosidade, fortes laços familiares e verdadeira empatia pelas necessidades e sentimentos dos outros. Contudo, confrontos tendem a prosseguir, e não há soluções fáceis. O Oriente Médio é uma área que foi sempre vulnerável à invasão e exploração, de modo que não poderia escapar às ambições de governantes locais e estrangeiros, e ter sido estimada por seus recursos naturais ou por sua localização estratégica. Produziu muitos estudiosos e poetas, artistas e arquitetos, filósofos e profetas. Essa região é muitas vezes chamada "o berço da civilização". Vamos torcer para que não se torne seu túmulo.

PARTE I

O surgimento do islã até o zênite do poder abássida

570	Nasce Muhammad; os etíopes invadem o oeste da Arábia
610	Primeiras revelações do Alcorão a Muhammad
622	A *hégira* de Muhammad e seus associados de Meca a Medina; primeira *umma* muçulmana é formada
630	Líderes pagãos de Meca aceitam o islamismo
632	Morre Muhammad; associados escolhem Abu-Bakr como primeiro califa
634	Umar sucede Abu-Bakr na Batalha do Rio Yarmuk
636	Vitória árabe sobre os bizantinos na Batalha do Rio Yarmuk
637	Vitória árabe sobre a Pérsia sassânida na Batalha de al-Qadisiyya
639-642	Os árabes tomam o Egito do Império Bizantino
640	Cidadelas árabes instaladas em Basra e Cufa
644	Umar é assassinado; associados elegem Uthman como califa
656	Rebeldes assassinam Uthman; Ali se torna califa
657	Muawiya desafia Ali na Batalha de Siffin
661	Um carijita mata Ali, cujo filho, Hasan abdica em favor de Muawiya
661-750	O califado omíada em Damasco
680	Husayn desafia o governo omíada e é morto em Karbala
708-715	O exército muçulmano conquista Sind, Transoxiana e Espanha
732	Os francos durante o governo de Charles Martel derrotam os muçulmanos na Batalha de Tours
747	Abu-Muslim, apoiado por xiitas *mawali*, inicia a revolta abássida em Khurasan
750	Os abássidas derrotam e assassinam omíadas de Damasco
750-1258	Califado Abássida no Iraque
762	Bagdá é fundada como a nova capital abássida
786-809	O califado de Harun al-Rashid
878	Desaparecimento de Muhammad, o décimo-segundo imame xiita

2 O Oriente Médio antes de Muhammad

Se a história pode ser definida como o passado registrado da humanidade, então o Oriente Médio teve mais história do que qualquer outra parte do mundo. Embora a espécie humana tenha provavelmente se originado na África, as principais inovações em direção à civilização ocorreram no Oriente Médio. Foi lá que muitas espécies de alimentos básicos passaram a ser cultivadas, a maioria dos animais de criação foram domesticados, e as primeiras aldeias agrícolas foram estabelecidas. Lá, também, surgiram as mais antigas cidades do mundo, os primeiros governos, os primeiros sistemas religiosos e legais. A escrita e os registros de preservação foram invenções do Oriente Médio. Sem elas, a história, como comumente conhecida, seria inconcebível.

O ambiente

Durante os 10.000 anos antes do nascimento de Cristo, os povos do Oriente Médio desenvolveram várias habilidades para lidar com seu ambiente desafiador. O Ocidente tende a perceber o Oriente Médio como uma extensão de dunas de areia e desertos com alguns oásis dispersos. Nessas imagens mentais e escritas, o camelo é o único animal que poderia sobreviver ao calor insuportável. Embora isso possa ser verdadeiro para muitas partes da região, o Oriente Médio possui um ecossistema complexo, no qual população, flora e fauna se ajustaram às mudanças climáticas e às secas, e sobreviveram a crises ecológicas prolongadas.

Quando os planaltos se tornaram secos e áridos, as pessoas aprenderam a canalizar os grandes rios para cultivar mais grãos. Os sistemas de água de superfície e subterrâneo moldaram basicamente a maioria das paisagens ambientais do Oriente Médio. Seus habitantes foram bem-sucedidos em controlar o fluxo dos rios como o Nilo, Eufrates, Tigre e Jordão por meio de barragens e canais, assim como canais subterrâneos de água (chamados *qanats*), estabelecendo a base para um sistema agrícola bem desenvolvido.

O Oriente Médio foi uma das primeiras regiões onde os humanos mudaram suas estratégias de sobrevivência de coleta e caça para agricultura de subsistência e assentamento. Domesticaram jumentos e gado para suportarem suas cargas e partilharem seu trabalho. Construíram fornos quentes o bastante para queimar peças de barro. Confeccionaram ferramentas e armas de bronze e, mais tarde, de ferro forjado. Conceberam alfabetos adequados para enviar mensagens e manter registros em tabuletas de barro ou rolos de papiro. Desenvolveram cultos e rituais, expressando as crenças que davam significado às suas vidas.

A civilização antiga da Suméria, no sul da Mesopotâmia, produziu um dos primeiros exemplos de agricultura irrigada que levou ao aumento da população. Contudo, a densidade populacional maior e o uso exagerado da terra levaram à salinização do solo, provocando o colapso da Suméria. No centro das abordagens ambientais sumérias e de outros povos do Oriente Médio estava o desenvolvimento de canais de irrigação que continham o potencial para prosperidade assim como para o fim dessas civilizações.

Em seu *Mu'jam al-buldan* (Dicionário dos Países), de 1228, o geógrafo árabe Yaqut al-Hamawi descreve a barragem de terra de Marib no Iêmen de hoje:

> a água das fontes se junta... se acumulando por trás da barragem como um mar. Sempre que desejavam poderiam irrigar suas plantações a partir dela, bastando apenas liberar o quanto de água que necessitavam das comportas; tão logo tivessem utilizado o suficiente, fechavam novamente as comportas quando desejassem.

A barragem de Marib está localizada próximo a Sanaa, capital atual do Iêmen. Chamada a barragem mais antiga do mundo, foi construída pelos antigos sabeus para capturar as chuvas da monção sazonal necessárias para irrigação. À época do nascimento de Muhammad, o Iêmen e o sul da Arábia, diferente da maior parte da Península Árabe, haviam desenvolvido agricultura propiciada pelos canais de irrigação alimentados pela barragem e suas redes de canais.

Os *qanats* são uma série de poços conectados por um túnel subterrâneo, que canaliza a água para a superfície. A água flui do poço da montanha elevada original, que se conecta ao aquífero abaixo da suave encosta de uma série de poços, terminando em uma fonte no nível da aldeia ou das plantações. Os poços ou fossos permitem fácil acesso e a remoção do solo dos túneis dos *qanats*. Como um sistema de irrigação e de coleta de água, os *qanats* foram desenvolvidos na Pérsia durante o primeiro milênio AEC e espalhados ao longo do Oriente Médio. Os assírios dependiam dos *qanats* com uma fonte de água potável. A capital Persépolis era basicamente irrigada pelos *qanats*. A tecnologia dos *qanats* se espalhou para lugares além do platô iraniano, especialmente durante o governo dos aquemênidas, que permitiam aos escavadores se beneficiarem de suas receitas. Novos assentamentos emergiram à medida que *qanats* adicionais eram cavados ao longo da região, incluindo as orlas do Mediterrâneo, Península Árabe, Síria e Omã. Ao leste, o sistema foi difundido através dos oásis da Ásia Central na Rota da Seda até a cidade chinesa de Xinjiang. Após o islã emergir e se espalhar pelo Oriente Médio, os *qanats* foram introduzidos nos oásis norte-africanos e na Espanha.

A natureza árida do Oriente Médio tornou o *qanat* uma escolha básica de gerenciamento de água mesmo antes do islã. Diferente de tecnologias de bombeamento, o *qanat* é um sistema muito confiável e sustentável de uso de um recurso escasso, uma vez que permite o fluxo contínuo de água sem drenar o aquífero. Uma classe hereditária de escavadores habilidosos mantinha os *qanats*, movendo-se de um lugar a outro para construir novos. Onde não havia rios, esse método de distribuição de água facilitou o assentamento ao longo do Oriente Médio. Seus habitantes absorveram os medos e os persas que vinham do norte e os sucessivos invasores semitas da Arábia. Eles se submeteram aos macedônicos de Alexandre no século IV AEC, mas logo os absorveram em suas próprias culturas. Finalmente, no último século antes de Cristo, as terras ao leste e ao sul do Mediterrâneo foram absorvidas pelo Império Romano.

Pérsia e Roma

Os dois grandes impérios que existiam na aurora da Era Comum, Pérsia e Roma, ocuparam muitas páginas dos livros de seus precursores imperiais. Durante o período da dinastia aquemênida (550-330 AEC), a Pérsia, a terra agora chamada Irã, havia governado vários grupos étnicos e religiosos em uma área que se estendia do Indo ao Nilo. Alguns, mas não todos, reis e nobres seguiam a religião de Zoroastro, que viveu em torno do século XI AEC. Ele havia ensinado a existência de uma deidade suprema, Ahura Mazda (Senhor Sábio), criador dos mundos material e espiritual, fonte da luz e das trevas, fundador da ordem moral, legislador e juiz de todos os entes. Uma força opositora, Ahriman, era representada pelas trevas e pela desordem. Embora Zoroastro profetizasse que Ahura Mazda terminaria vencendo o conflito cósmico, todas as pessoas eram livres para escolher entre o bem e o mal, a luz e as trevas, a verdade e a mentira. Os zoroastristas veneravam a luz, usando uma rede de templos de fogo guardados por uma grande classe sacerdotal. O zoroastrismo atraía principalmente os bem-nascidos persas, não os comuns ou as outras pessoas sob seu governo. Os reis aquemênidas toleravam as crenças e práticas diversas de seus súditos, conquanto obedecessem às leis, pagassem seus impostos e enviassem seus filhos ao exército persa. Seu império estabelecia o padrão seguido pela maior parte dos estados dinásticos multiculturais desde os tempos antigos. Quando Alexandre o Grande humilhou os aquemênidas e absorveu esse império no seu, esperava fundir os costumes helênicos (gregos) com a cultura do Oriente Médio. Muitas das ideias, instituições e administradores dos egípcios, sírios, mesopotâmicos e persas foram cooptados por seu extenso, mas breve reinado.

A fusão cultural prosseguiu mais tarde, quando Roma governou o Oriente Médio. Ao unificar sob seu governo todos os povos do mundo mediterrâneo, o Império Romano estimulou o comércio e o intercâmbio de povos e costumes. Várias religiões e cultos de mistério do Oriente Médio se disseminaram entre os romanos, incluindo o mitraísmo, um culto que começara na Pérsia e atraiu muitos soldados romanos, e o cristianismo, originalmente uma seita judaica cuja base de suporte foi ampliada por Paulo e os apóstolos. Muitos dos primeiros Pais da Igreja viviam na Anatólia, Síria, Egito e norte da África. Essas áreas – mais tarde a área central do islã – presenciaram os primeiros desenvolvimentos de muitas doutrinas e instituições cristãs. Ao final do século III, o cristianismo (ainda oficialmente banido pelo Império Romano), predominava, de fato, no Mediterrâneo Oriental. Seu apelo, relativo às religiões rivais, reside parcialmente em seu sucesso na adoção de aspectos atrativos de doutrinas anteriores. Por exemplo, os egípcios poderiam identificar a ascensão de Cristo a Osíris, um de seus deuses antigos que também havia morrido e ressuscitado.

Quando o imperador de Roma, Constantino (r. 313-337) se tornou um cristão nominal, ele redirecionou o curso da história, tanto no Oriente Médio quanto no Ocidente. Roma se tornou um império cristão. O imperador ordenou a construção de uma nova capital, estrategicamente situada no Estreito ligando o Mar Negro ao Egeu. Ele a chamou *Nova Roma*, mas seus habitantes a nomearam Constantinopla. Seu antigo nome, Bizâncio, sobrevive no jargão dos historiadores que seu "novo" Estado de Império

Bizantino. Na verdade, você pode simplesmente chamá-la Roma, como as pessoas fizeram no século IV e muito tempo depois. Mesmo agora, quando árabes, persas e turcos falam de *Rum*, referem-se ao que denominamos Império Bizantino, suas terras (especialmente a Anatólia), ou os fiéis em sua religião, o cristianismo ortodoxo grego. Rum era longe da cidade italiana às margens do Tibre, mas a ideia do império universal e multicultural da Roma antiga subsistiu nessa forma cristã e bizantina. Mais tarde, árabes e outros muçulmanos adotaram essa ideia e a adaptaram aos seus próprios impérios.

O governo romano se beneficiou de alguns povos do Oriente Médio. Suas cidades comerciais e manufatureiras floresciam, assim como antes. Comerciantes gregos, sírios e egípcios enriqueceram com o comércio entre Europa, Ásia e leste da África. Cameleiros nômades árabes, ou beduínos, carregavam tecidos e especiarias (assim como os proverbiais ouro, olíbano e mirra) através dos desertos. Outros habitantes do Oriente Médio navegavam através do Mar Vermelho, do Golfo e do Oceano Índico a terras mais ao leste. Ruínas de construções em Leptis Magna (Líbia), Jerash (Jordânia) e Baalbek (Líbano) nos dão uma noção da grandeza de Roma no Oriente Médio.

Mas a dominação de Roma tinha seu lado escuro. Síria e Egito, os celeiros do mundo antigo, eram tributados pesadamente para suportar grandes exércitos de ocupação e uma burocracia desproporcional em Roma e Constantinopla. Camponeses, fugindo para as cidades para escapar dos tributos, não podiam encontrar trabalho algum lá. Em troca, juntavam-se a gangues itinerantes que muitas vezes se rebelavam contra temas sociais ou religiosos. Em princípio, uma tolerância urbana das crenças e costumes de outros povos era a marca de um aristocrata romano. Mas sabemos que muito antes de Roma ter adotado o cristianismo, seus soldados tentaram suprimir uma rebelião judaica destruindo o Segundo Templo em Jerusalém. Muitos dos primeiros seguidores de Jesus foram torturados ou mortos por se recusarem a cultuar o imperador romano.

A Roma cristã se mostrou ainda menos tolerante. A difusão e triunfo do cristianismo o colocaram na corrente principal da filosofia helenística (de influência grega). Seguiram-se grandes crises doutrinais, uma vez que os cristãos disputavam a natureza precisa de Cristo. Os pontos discutidos são difíceis de compreender hoje, e podem confundir mesmo cristãos, assim como não cristãos. Vamos examinar os temas. A essência do cristianismo – que o distingue do judaísmo e do islamismo, as outras religiões monoteístas – é seu ensinamento segundo o qual Deus, agindo por amor a uma humanidade muitas vezes pecadora, enviou seu filho, Jesus, para viver na Terra entre homens e mulheres e para redimi-los de seus pecados ao sofrer e morrer na cruz. Se você espera, após sua morte, ser reunido a Deus na próxima vida, você deve aceitar Jesus como Cristo (grego para "o ungido" ou "messias") como seu salvador pessoal. O papel central de Cristo como mediador entre Deus e a humanidade levou os primeiros cristãos a muitas disputas sobre sua natureza.

Seitas dissidentes cristãs

Um grupo cristão, os arianos, que surgiu no começo do século IV, ensinava que Cristo, embora divinamente inspirado e originado, era ainda um homem não equivalente a Deus. Os inimigos dos arianos argumentavam que se Cristo fosse meramente um homem, sua crucificação, morte e ressurreição não poderiam redimir a humanidade. Eles conquistaram a aceitação da Igreja sobre a divindade de Cristo em um concílio organizado em Niceia em 325 EC. O arianismo se tornou uma heresia (uma crença contrária à doutrina da Igreja), e seus seguidores foram perseguidos como se tivessem traído o Império Romano. Muitos cristãos, contudo, aceitavam a Divina Trindade: Deus como Pai e Filho e Espírito Santo. Cristo foi realmente Deus? Se foi, os cristãos aceitam as histórias dos Salmos sobre a gravidez de sua mãe e de seu nascimento, batismo, missão e sofrimento – todos atributos essencialmente humanos?

Em Antioquia, surgiu uma escola de teólogos chamados nestorianos. Eles viam Cristo como duas pessoas, uma divina e outra humana, estreita e inseparavelmente ligadas. O concílio da Igreja em Éfeso condenou essa visão em 430, após o imperador e a Igreja Ortodoxa tentarem suprimir o nestorianismo ao longo do Império Bizantino. Muitos nestorianos encontraram refúgio na Pérsia e enviaram missionários para a Ásia Central, Índia, China e mesmo ao sul da França. Alguns de seus oponentes, chamados monofisitas, foram ao extremo oposto, afirmando que Cristo continha em sua pessoa uma natureza única completamente divina. Centrada na Alexandria, essa ideia monofisita conquistou seguidores por todo Egito, Síria e Armênia (um reinado independente ao leste da Anatólia). Os monofisitas egípcios chamavam a si próprios coptas, os jacobitas sírios; suas igrejas (mais a armênica) ainda sobrevivem. A maioria dos bispos ortodoxos, em um encontro na Calcedônia em 451, declarou que os monofisitas eram heréticos, como os arianos e os nestorianos. A Igreja Ortodoxa concebeu uma fórmula de compromisso: Cristo, o Salvador, era tanto Deus perfeito quanto homem perfeito. Suas duas naturezas, embora separadas, eram combinadas na única pessoa de Jesus Cristo. Sempre que o imperador bizantino sustentasse a fórmula calcedônica, os bispos ortodoxos usariam seu poder para oprimir os egípcios e sírios que não renunciassem sua heresia monofisita (ou nestoriana). Essa política voltou os dissidentes contra Constantinopla e, mais tarde, facilitaria as conquistas árabes e o processo pelo qual o islã suplantou o cristianismo como a religião majoritária no Oriente Médio.

A rival persa de Roma

O Império Romano nunca monopolizou o Oriente Médio. Sempre havia um Estado rival na Pérsia que cobria não apenas o Irã de hoje, mas o que agora chamamos o Iraque (Mesopotâmia), além de terras mais ao leste, como o Afeganistão, o Paquistão e a Ásia Central de hoje. Cordilheiras, como a de Zagros nas terras ao norte do Golfo, de Elburz ao sul do Cáspio e os planaltos de Khurasan, recebiam chuva e neve o bastante para sustentar centenas de aldeias agrícolas de encostas. Os persas ultrapassaram os romanos na fundição de bronze e trabalho em ferro. Tanto Oriente quanto Ocidente adotaram motivos arquitetônicos persas, domos erigidos sobre perchinas (cantos reforçados), pátios sombreados e enormes murais de baixo relevo.

De 250 AEC a 224 EC, a Pérsia foi governada pelos partos, uma dinastia malcompreendida. Suas histórias escritas vieram dos romanos, que nunca puderam subjugá-los, e dos sassânidas, a dinastia persa que os suplantou. Dificilmente podemos esperar que essas fontes sejam simpáticas. Mas escavações arqueológicas provaram que os partos foram habilidosos caçadores a cavalo e dedicados arquitetos e artesãos. Eles preservaram a cultura persa e a religião zoroastrista; todavia, tornaram-se budistas e judeus em seu país.

Seus sucessores, a dinastia sassânida, usualmente recebem o crédito pela revivificação da Pérsia. Entre os séculos III e VII, eles acumularam um vasto império (mostrado no Mapa 2.1), tornaram o zoroastrismo a religião estatal e criaram uma forte administração centralizada. Os primeiros sassânidas enviaram estudiosos para muitos outros países para coletar livros, que eram traduzidos para o pálavi (persa médio), para negociar e para coletar conhecimento científico e técnico. Muitos estudiosos estrangeiros foram atraídos para a Pérsia, um reinado tolerante no qual cristãos nestorianos, judeus e budistas podiam cultuar e fazer proselitismo livremente. Afastados do intolerante Império Bizantino no século V, sábios nestorianos encontraram refúgio na lendária academia persa de Jundishapur, um centro para a preservação da cultura helenística – na verdade, a herança humanista do mundo antigo inteiro. Estudiosos e estudantes vinham de todas as partes da Europa e da Ásia para ensinar e estudar lá, sem impedimentos de preconceito racial, de dogma religioso ou de restrições políticas.

A influência da Pérsia se disseminou. Embora o apelo do zoroastrismo fosse limitado principalmente aos persas, deu origem a uma doutrina chamada maniqueísmo, que se espalhou pela Europa e Ásia durante a era sassânida. Enquanto isso, a arte persa influenciava a arquitetura, escultura, pintura e inclusive o *design* de joias e têxteis, do oeste da Europa à China. Ctesifonte, a capital sassânida ao sul do que é agora Bagdá, exibia prédios abobadados mais altos e amplos do que qualquer outro encontrado no Império Romano. Pouco admira que esse reino altamente cultivado tenha desafiado os romanos e seus sucessores bizantinos. Auxiliado por seus aliados beduínos na Arábia, soldados persas tomaram a Síria, a Palestina e o Egito no começo do século VII. Esse clímax, contudo, seria breve.

Os árabes

Não foram os persas que finalizaram a era helenística no Oriente Médio, mas seus aliados árabes. Como os árabes começaram? A domesticação do camelo, um lento processo que começou por volta de 3000 AEC, permitiu que grupos de pessoas cruzassem os vastos desertos da Arábia, leste da Pérsia e, por fim, o norte da África. O dromedário árabe, ou camelo de uma corcova, é famoso por sua habilidade de cruzar longas distâncias por dias sem necessidade de água, devido à sua capacidade de beber 53 galões (200 litros) de água em três minutos, à sua retenção de líquidos uma vez consumidos, e à sua memória para buracos de água no deserto. Com relação a outros animais, o camelo perde pouca água por meio da transpiração, evaporação da pele e urina. Pés acolchoados, pelo curto e uma alta proporção de pele em relação à massa corporal ajudam-no a resistir ao calor. Camelos podem subsistir à base de plantas espinhosas e gramíneas secas que outros animais não podem digerir. Eles armazenam gordura – não água – em suas corcovas como uma reserva contra a escassez.

Os povos que domesticaram o camelo, provavelmente primeiro para alimentação e somente depois para o transporte, eram árabes. Ninguém sabe ao certo de onde vieram. Lendas populares os identificam como descendentes de Ismael, o filho de Abraão com sua serva, Hagar. Estudiosos acreditam que os árabes sejam relacionados aos ancestrais de outros povos que falam línguas semíticas, como os hebreus, os assírios e os ara-

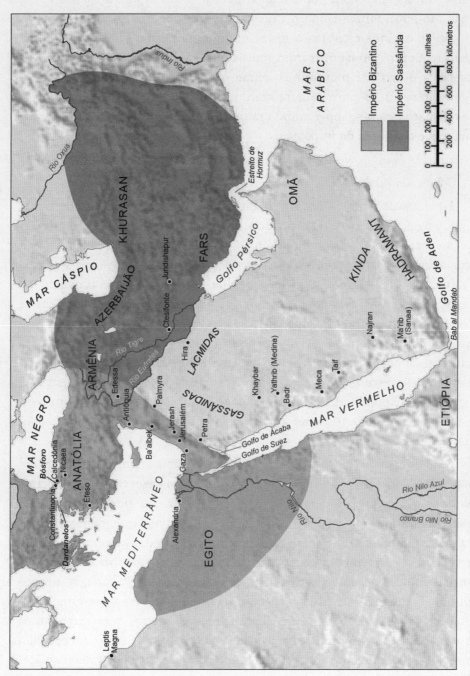

Mapa 2.1 Impérios bizantino e sassânida, cerca de 600

meus, que se estabeleceram no Crescente Fértil (Síria e Mesopotâmia). Em tempos antigos, como a população superou os meios de subsistência em áreas tão abundantes como o Crescente Fértil, alguns grupos levaram a criação de ovelhas e cabras a terras em que nenhuma vegetação poderia medrar. Alguns se aventuraram mais longe e migraram de um oásis do deserto a outro (ou montanhas acima e abaixo) para encontrar água e vegetação sazonais para seus rebanhos. Aqueles que domesticaram o camelo conseguiram se mover ainda mais longe das terras dos camponeses, pastores e coletores de impostos.

Condições na Arábia

A Península Arábica era um lugar assim: desolado, privado de rios e lagos, isolado por terra e mar, de tudo, menos do invasor mais destemido. A única exceção é sua região montanhosa ao sul, o Iêmen, que discutiremos mais adiante. Os ventos predominantes do oeste do Mediterrâneo, que carregam chuva de inverno à Síria e à Anatólia, raramente levam umidade tão ao sul quanto a Arábia. Por vezes, uma tempestade incomum pode enviar inundações fluindo abaixo dos vales secos, mas grande parte da água se extravia porque o chão é muito duro para absorvê-la. Felizmente, a água subterrânea chega à superfície em fontes, buracos de água e oásis, onde tamareiras florescem. Os árabes aprenderam a se deslocar constantemente, seguindo a disponibilidade sazonal de água subterrânea e pastagem para seus animais. Leite e tâmaras – ocasionalmente carne e pão – constituíam sua dieta básica.

Teria sido difícil para um indivíduo ou mesmo a um pequeno grupo de pessoas sobreviver em um ambiente duro como esse. Grandes impérios militares ou cidades-Estado mercantis não teriam surgido lá. Os árabes eram organizados em clãs e tribos, famílias estendidas que migravam juntas e mantinham sua propriedade em comum. Significativamente, as tribos protegiam seus membros contra outros nômades e povos sedentários. Os árabes eram beligerantes e zelosos na defesa de sua honra, da qual dependia sua liberdade. Testes de força, como saques e lutas, eram comuns. Cada tribo era governada por um conselho de homens adultos que representava os vários clãs ou pequenos agrupamentos familiares. O conselho escolhia um *shaykh* (xeique: ancião), usualmente o membro da tribo mais respeitado por sua bravura e generosidade, exceto em algumas tribos onde a liderança era hereditária. O conselho decidia quanto a questões sobre iniciar uma guerra ou fazer paz à medida que a tribo aumentava sua parca receita saqueando outras tribos e "protegendo" as caravanas que carregavam mercadorias entre a Síria e o Oceano Índico. Alguns membros das tribos serviam como auxiliares nos exércitos persa ou romano – um imperador do século III foi nomeado Filipe o Árabe. Outros construíram cidades nos limites das áreas assentadas, como Palmira na Síria, Petra na Jordânia e Najran no Iêmen. Outros ainda assumiram a terra agrícola, como na região em torno de Yathrib (agora chamada Medina). Mas criação e captura de camelos eram as atividades mais respeitadas dos árabes.

Cultura árabe

Os árabes beduínos, uma vez adaptados à vida no deserto, podem ter carecido do refinamento dos romanos ou dos persas, mas não foram bárbaros. Eram beligerantes; a fome ou o hábito levou-os a explorarem uns aos outros ou aos estrangeiros. Seu movimento constante não lhes dava chance de desenvolver arquitetura, escultura ou pintura, mas possuíam uma forma altamente portátil de expressão artística – a poesia. A poesia pré-islâmica incorporava o código árabe da virtude, o *muruwwa*: bravura na batalha, paciência no infortúnio, persistência na vingança (a única justiça possível onde não havia governo), proteção dos fracos, resistência ao forte, hospitalidade ao visitante (mesmo a um total estranho), generosidade ao pobre, lealdade à tribo e fidelidade na manutenção de promessas. Esses eram os princípios morais exigidos para sobreviver no deserto, e os versos ajudavam a fixar o *muruwwa* em suas mentes. Recitados de memória pelas tribos árabes e seus descendentes, esses poemas expressavam as alegrias e tribulações da vida nômade, exaltavam a bravura de suas próprias tribos e satirizavam as falhas de seus rivais. Alguns árabes amavam tanto a poesia que costumavam interromper guerras e saques anualmente por um mês, no qual poetas poderiam recitar seus novos versos e competir um com o outro. A poesia pré-islâmica ajudou a moldar a língua árabe, a literatura e a cultura dos árabes, e, assim, os pensamentos e ações dos povos falantes do árabe inclusive hoje.

Sul da Arábia

Durante o tempo em que Roma e Pérsia pareciam dominar o Oriente Médio, havia, na verdade, um terceiro poder, distante e quase ignorado. O sul da Arábia, com sua chuva de monções e vegetação exuberante, parecia um mundo à parte, mas fomentou o crescimento de várias cidades-Estado. Sabá (de onde veio aquela rainha mítica de Sabá para visitar Salomão) é a mais conhecida. Mesmo antes da época de Cristo, seu povo, os sabeus, haviam desenvolvido um próspero comércio entre sua base no Iêmen e as margens distantes do Oceano Índico. Eles foram os primeiros a tornar a Índia e seus produtos conhecidos ao mundo romano e a colonizar o leste da África. Os sabeus construíram *qanats*, represaram riachos de montanhas, e escalonaram as encostas de montanhas iemenitas para sustentar uma agricultura elaborada. Seu principal produto de exportação era o olíbano, usado pelos romanos pagãos para mascarar o odor ofensivo quando cremavam seus mortos. A difusão do cristianismo, que substituiu a cremação pelo enterro, prejudicou o comércio de olíbano. Quando a Etiópia se tornou cristã e se aliou aos bizantinos, os árabes iemenitas, cujos reis haviam adotado o judaísmo até aquela época, ficaram no meio. Vários rompimentos de barragens, uma invasão etíope e uma depressão comercial se combinaram no século VI para enfraquecer o sul da Arábia.

A situação política era complexa. Três poderes externos lutavam pelo controle: o Império Bizantino, defensor do cristianismo ortodoxo; a Pérsia sassânida, governada pelos zoroastristas, mas abrigando cristãos nestorianos, judeus, budistas, maniqueus e outras seitas; e a Etiópia, que adotara o mesmo cristianismo monofisita que os súditos egípcios rebeldes dos bizantinos, os coptas. Cada império tinha uma tribo árabe cliente que pagava generosamente, e lhe fornecia adornos da monarquia em retorno de serviço militar. A península foi muitas vezes devastada por guerras entre essas três tribos: os sassânidas bizantinos do noroeste; os lacmidas pró-sassânidas, com sua capital em Hira, próxima ao Eufrates; e a tribo cristã de kinda, vivendo na Arábia Central e amigável à Etiópia. Outras tribos árabes, algumas ainda animistas (atribuindo poder espiritual a objetos naturais), outras parcialmente zoroastristas, judaicas ou cristãs, tomavam parte de suas disputas. O sul da Arábia foi ocupado pelos etíopes de 525 a 570, quando os sassânidas reintegraram os reis judeus ao poder.

Meca

Grande parte da Arábia Central e do Norte mantinha uma independência precária. Em tempos de paz, a área era cruzada por caravanas a camelo trilhando a rota terrestre de comércio, ligando a Síria e o Iêmen. A despeito da demanda decrescente por olíbano, o comércio terrestre ganhou em importância à medida que águas rasas e piratas do Mar Vermelho tornaram a navegação comparativamente arriscada. As guerras bizantino-sassânidas também tenderam a desviar o comércio para oeste da Arábia. Uma cidade árabe, anteriormente ligada a Sabá como um santuário religioso, emergiu no século VI como uma importante estação de caravana. Essa era Meca, situada no interior do Mar Vermelho entre as montanhas do Hijaz. Quente e seca, Meca não favorecia a agricultura. Obtinha parte de sua riqueza e poder do comércio. Mas sua primazia entre as cidades árabes se originou de três vantagens adicionais: uma exposição anual de poetas próximo a Ukaz; o Monte Arafat, já um sítio de peregrinação; e sua Caaba, uma estrutura em forma de cubo de idade desconhecida que abrigava ídolos (supostamente 360) representando as deidades veneradas pelas tribos árabes. Também próximos encontravam-se santuários menores que honravam deusas individuais, notadamente Al-Lat, Al-Uzza e Al-Manat, que eram cultuadas pelos próprios mecanos pagãos.

Os governantes de Meca pertenciam a uma tribo árabe sedentarizada chamada coraixita. Cada califa muçulmano, por mais de seis séculos, poderia remontar sua ascendência até essa família de comerciantes, guardiões de santuários e políticos. Sob sua liderança, os centros de poder do Oriente Médio mudaram do Mar Mediterrâneo e do platô persa para o deserto árabe e do Crescente Fértil. Alguns historiadores escrevem que essa mudança marcou a transição da era antiga para a medieval. A principal causa dessa transição em breve se tornará clara: Muhammad, o último e o maior dos profetas do islã, foi um mecano dos coraixitas.

Conclusão

Historiadores do sudoeste da Ásia se dividiam, conforme sua especialização, em historiadores do mundo antigo, do islã medieval e do Oriente Médio moderno. Embora essa prática reflita nossa formação (especialmente as línguas que aprendemos), você, como estudante que está aprendendo pela primeira vez sobre o Oriente Médio, não deveria desconsiderar como irrelevante a história da área antes do islã. As conquistas dos egípcios e mesopotâmicos antigos na engenharia hidráulica duraram (com renovações) até agora. O primeiro código de leis do mundo foi proclamado na Mesopotâmia por Hamurabi.

O desenvolvimento do monoteísmo pelos egípcios, e especialmente pelos judeus, foi um precursor necessário tanto para o cristianismo como para o islamismo. A filosofia grega e o direito romano são parte da herança do

Oriente Médio assim como do Ocidente. As disputas doutrinais, no começo do cristianismo, terminaram estabelecendo a direção da teologia católica e, consequentemente, protestante, embora tenham também minado a resistência cristã à expansão islâmica. O reinado imperial da Pérsia sassânida, tradições burocráticas e a tolerância de doutrinas dissidentes estabeleceram um padrão para os estados dinásticos multiculturais, governados por muçulmanos. A experiência dos árabes antes do islã formou a matriz para o surgimento de Muhammad e sua missão como profeta. Instituições e costumes antigos subsistiram na Europa medieval e no começo do mundo muçulmano. Alguns, na verdade, ainda subsistem.

3 Muhammad e o surgimento do islã

Por volta de 570 EC, um exército etíope marchou em direção ao norte a partir do Iêmen, com uma caravana de bagagem de elefantes e tentou tomar Meca. Fracassou. Diz a lenda que pássaros voaram sobre os etíopes e os apedrejaram. Um surto de varíola irrompeu entre as tropas, e retornaram ao Iêmen. Logo após, foram expulsos da Arábia completamente. Daí em diante, o "Ano do Elefante" foi lembrado pelos árabes – especialmente os mecanos – como um ano de sorte. Muitas pessoas pensam que Muhammad tenha nascido naquele ano, alguns meses depois da morte de seu pai. Antes de Muhammad completar seis anos, sua mãe morrera. Seu avô, que assumiu a responsabilidade pelo menino, enviou-o para viver com os beduínos árabes. Os mecanos muitas vezes confiavam seus filhos a outros para que pudessem aprender a falar melhor árabe e ter um começo de vida mais saudável do que poderiam ter na cidade. Quando seu avô morreu, a criação de Muhammad foi assumida por seu tio, um comerciante de caravana chamado Abu-Talib, com quem aprendeu o negócio de comprar, vender e transportar mercadorias. A família de Muhammad era do clã de Hachim, ou hachemitas. Estes eram um ramo respeitável, embora relativamente pobre, da tribo governante coraixita (*quraish*).

O começo da vida de Muhammad

A despeito das desvantagens de ser órfão e de não ter propriedades em uma sociedade materialista, Muhammad cresceu e se tornou um comerciante capaz e honesto. Quando era jovem, uma comerciante viúva chamada Khadija confiou-lhe os cuidados de sua caravana. Após ele ter executado bem seu trabalho, ela rompeu com o costume árabe e lhe propôs casamento. Embora fosse quinze anos mais velha que Muhammad, foi um casamento feliz. Ela deu à luz seis filhos; Muhammad não esposou outras mulheres enquanto esteve com ela. O negócio prosperava. No curso normal dos eventos, Muhammad se tornaria um dos cidadãos importantes de Meca, mesmo que os omíadas e os makhzum, os clãs mais fortes na tribo coraixita, desprezassem seu parentesco hachemita.

Confronto com valores árabes pagãos

Muhammad não estava inteiramente contente. O código *muruwwa* do ideal de comportamento árabe, que sustentava a bravura na batalha e a generosidade aos pobres como ideais nobres, não era mais uma prioridade para os líderes de Meca, que agora se empenhavam em ficar ricos como comerciantes e guardiões de santuários. O animismo politeísta dos árabes e o culto aos ancestrais não eram mais uma fé viva, mesmo que peregrinações a Caaba e a outros santuários continuassem e fornecessem grande parte da receita de Meca. O clã de hashim era responsável por cuidar da Caaba e fornecer comida e água aos peregrinos, a tarefa mais honrável em Meca. Os nômades acreditavam em seus deuses somente enquanto fizessem o que os nômades queriam. Eles eram mais inclinados a temer os *jinns* (gênios), criaturas invisíveis que poderiam fazer coisas boas e más às pessoas. Alguns cristãos viviam em Meca, e tribos e cidades inteiras em outras partes da Arábia haviam se convertido ao judaísmo ou a alguma seita do cristianismo. Havia outro grupo religioso, que não era cristão nem judaico, e que tendia para o monoteísmo, conhecido como hanifs. Mas os comerciantes de Meca, profundamente práticos, zombavam de noções como ressurreição corporal ou Dia do Juízo Final nas leis sagradas que poderiam interferir em sua busca por dinheiro. Muhammad achava que os judeus, cristãos e hanifs poderiam ter soluções para os problemas que erodiam o núcleo da sociedade mecana pagã. Durante muitas noites, ele ia a uma caverna próxima para meditar.

Primeira revelação

Numa noite em 610 EC, durante o mês árabe do ramadã, Muhammad foi visitado por um anjo, que o exortou a ler em voz alta. Em veneração e terror, ele gritou "Não posso ler" (os muçulmanos acreditam que Muhammad fosse analfabeto). Abraçando-o até que quase sufocasse, o anjo lhe ordenou novamente:

> Lê: em nome do teu Senhor que criou,
> que criou a humanidade a partir de um coágulo de sangue.
> Lê: por teu Senhor o mais generoso;
> Ele ensinou pelo cálamo,
> ensinou aos humanos o que não sabiam
>
> (Alcorão, 96:1-5).

Para onde olhasse, ele via o mesmo anjo olhando de volta para ele e dizendo "Ó, Muhammad, tu és o mensageiro de Deus, e eu sou Gabriel". Temendo ficar louco, Muhammad correu para casa e pedia a Khadija para cobri-lo com uma coberta quente. Seu tremor amainou, mas então viu novamente Gabriel, e o anjo lhe disse:

> Ó, tu estás envolto em tua manta,
> te ergue e exorta!
> A teu Senhor magnifica,
> A teu manto purifica,
> E da iniquidade te evade!
>
> (Alcorão, 74:1-5).

Khadija, por acaso, tinha um primo que era hanif (ou, alguns dizem, cristão). Ela o visitou. Ele garantiu a ela que Muhammad, longe de estar louco, era, por muito tempo, o esperado mensageiro de Deus aos árabes. Ela voltou para seu esposo e lhe deu o apoio de que ele necessitava. Hesitantemente, Muhammad se apercebeu de que ele havia ouvido a exortação de Deus para tornar a divina presença conhecida aos árabes. Além disso, ele tinha de adverti-los (assim como Deus havia enviado profetas anteriores para advertirem os judeus e os cristãos) sobre um Dia do Juízo Final, quando todos seriam chamados a prestar contas:

> Quando a Terra com um predestinado tremor,
> Quando a Terra expuser seus fardos,
> e todos lhe perguntarem "O que lhe aflige"?
> Nesse dia ela contará suas novas
> com as quais teu Senhor a inspirou,
> Nesse dia todos sairão em grupos dispersos
> para exibirem o que fizeram.
> Então, aqueles que fizeram o peso de um átomo de bem verão
> E aqueles que fizeram o peso de um átomo de mal verão
>
> (Alcorão, 109:1-8).

Ser o mensageiro de Deus aos árabes era uma tarefa fantástica para um comerciante analfabeto de meia-idade, um órfão que obtivera uma posse precária de uma pequena riqueza e *status*. Muhammad foi tentado a se esquivar da responsabilidade. Todavia, quando não recebeu mais mensagens por um tempo, temeu que Deus o tivesse abandonado. Durante esse tempo, continuou se perguntando se ele realmente era um profeta, mas sua esposa nunca duvidou dele. Alguns de seus amigos e parentes acreditavam nele também. Tão logo novas revelações chegaram a Muhammad, apercebeu-se de que sua missão era real.

Os primeiros muçulmanos

Os primeiros seguidores, embora viessem de todas as classes e de muitos dos clãs de Meca, eram principalmente jovens de classe média-alta – os "quase ricos" dos quais tantas revoluções em outros lugares se originaram – como o próprio Muhammad. Alguns convertidos eram filhos ou irmãos mais jovens dos principais comerciantes; outros eram notáveis que haviam perdido (ou fracassado em conquistar) o *status* que buscavam na Meca pagã. Alguns eram "fracos", no sentido de que vinham de fora do sistema sem um clã para protegê-los contra outros árabes, ou de que suas famílias careciam da influência política dos omíadas ou dos hachemitas. Ainda que o tio de Muhammad, Abu-Talib, nunca tenha adotado o islamismo, sempre protegera seu sobrinho. O filho de Abu-Talib, Ali, criado na casa de Muhammad, foi provavelmente seu primeiro convertido. Mais tarde, ele se casaria com a filha do Profeta, Fátima, e se tornaria um líder do começo do islamismo. Outros dos primeiros convertidos foram Abu-Bakr, o melhor amigo de Muhammad e um homem de riqueza e posição social; Al-Arqam, membro do poderoso clã de makhzum, que permitia que os muçulmanos se encontrassem em sua casa; Umar, uma figura imponente de um clã fraco; Uthman, um jovem quieto da poderosa família omíada; Bilal, um escravo etíope libertado por Abu-Bakr; e Zayd ibn Haritha, um árabe cristão capturado que Muhammad adotara.

Vamos esclarecer alguns termos. Durante a missão de Muhammad, aqueles que acreditavam nele como um mensageiro de Deus passaram a ser conhecidos como muçulmanos. A palavra árabe *muslim* significa "aquele que se submete" – à vontade de Deus. O ato de submissão é *islam* (islamismo), que se tornou o nome da religião. Não a chame de "mohamadanismo". Os muçulmanos detestam o termo: Muhammad é somente um profeta por meio do qual o islamismo foi revelado. A mensagem de Muhammad perturbou famílias e ameaçou a ordem estabelecida. W. Montgomery Watt, cujos livros sobre a vida do Profeta conquistaram ampla aceitação, sumarizou sua primeira mensagem em cinco pontos principais:

1) Deus é bom e todo-poderoso;

2) Deus chamará todos os homens e mulheres de volta para si no Último Dia e os julgará e recompensará com base em como agiram sobre a Terra;

3) As pessoas deveriam agradecer a Deus, por meio do culto, pelas bênçãos que Ele concedeu à Terra;

4) Deus espera que as pessoas partilhem seus bens mundanos com outros mais necessitados do que elas;

5) Muhammad é o mensageiro designado por Deus ao seu próprio povo, os árabes;

Revelações posteriores ensinaram que Muhammad foi um profeta para toda humanidade.

Oposição mecana

Os mecanos que rejeitaram essa mensagem temiam que Muhammad pudesse tentar suprimir-lhes sua riqueza e poder. Mesmo que os primeiros muçulmanos tivessem mantido uma atitude discreta, teriam atraído a atenção – e hostilidade – dos líderes de Meca. Se as tribos pagãs aceitassem o islamismo, parariam de fazer sua *hajj* (peregrinação) anual à Caaba e a outros santuários de Meca? Sabemos agora que Muhammad respeitava a Caaba e nunca desejou suplantá-la como um centro para peregrinos. Tampouco estava tentando minar a economia de Meca. Incapazes de atacar Muhammad enquanto tinha a proteção de Abu-Talib, os mecanos tentaram um boicote contra o clã hachemita inteiro. Fracassou. Ainda assim, conseguiram atormentar os muçulmanos mais vulneráveis, alguns dos quais fugiram para a Etiópia cristã. Então, Muhammad fez o que, para os mecanos pagãos, foi uma alegação ainda mais incrível. Seguindo uma revelação do Alcorão, ele disse que viajou durante uma noite em um cavalo alado, primeiro a Jerusalém, depois acima através dos sete níveis do céu, onde viu a Caaba celestial e recebeu de Deus os fundamentos da fé islâmica, e que havia conversado com Moisés durante seu retorno à Terra. Embora o Alcorão confirmasse as alegações de Muhammad, os pagãos zombaram dele. Eles declaram que ele havia dormido aquela noite inteira em sua própria cama.

Em 619, Muhammad perdeu as duas pessoas que mais o haviam ajudado no começo de sua missão: Khadija e Abu-Talib. Muhammad mais tarde se casaria com muitas mulheres, mas nenhuma pôde equiparar a modalidade e apoio de sua primeira esposa. E sem seu tio, Muhammad não tinha protetor dentro do clã hachemita, e com isso a perseguição se intensificou. Os muçulmanos se aperceberam de que teriam de deixar Meca, mas para onde mais poderiam ir?

A emigração (*Hijra*)

Durante a peregrinação pagã em 620, Muhammad fora visitado por seis árabes de uma cidade oásis agrícola chamada Yathrib (agora, Medina), localizada cerca de 270 milhas (430 quilômetros) ao norte de Meca, logo após terem completado seus ritos de *hajj* na Caaba. Eles relataram que o conflito entre as duas tribos pagãs de Yathrib havia ficado tão ruim que não poderiam mais se proteger contra as três tribos judaicas com as quais partilhavam o oásis. Vendo Muhammad como um homem honesto, pediram-lhe para vir com eles e arbitrar suas disputas. Em troca dos serviços de Muhammad como árbitro, concordavam em dar refúgio aos muçulmanos mecanos.

Essa foi uma grande oportunidade para Muhammad. Ele rapidamente compreendeu que sua missão como porta-voz de Deus seria ampliada, uma vez que se tornasse o juiz principal de uma cidade em vez de um líder espiritual de um bando perseguido de rebeldes. Além disso, a presença judaica em Yathrib fez com que esperasse poder ser aceito como um profeta pelo povo que já estava cultuando o único Deus – seu Deus – revelado aos judeus por escrituras anteriores. Nos meses seguintes, arranjou uma transferência gradual de seus seguidores muçulmanos de Meca para Yathrib. Finalmente, ele e Abu-Bakr partiram em setembro de 622.

Essa emigração, chamada *hijra* em árabe, foi um evento importante na história islâmica. Em vez de uma "fuga", como alguns a chamam, a *hijira* foi uma manobra cuidadosamente planejada por Muhammad em resposta ao seu convite pelos cidadãos de Yathrib, que lhe permitiu unir seus seguidores como uma comunidade, ou (para usar uma palavra árabe sem tradução direta no inglês) como uma *umma*. Dali em diante, Muhammad foi tanto um profeta como um legislador, tanto um líder religioso como um líder político. O islamismo era tanto uma crença em um Deus como revelado a Muhammad (e os primeiros profetas) como um sistema sociopolítico. Muhammad e seus seguidores propuseram a Constituição de Medina como uma expressão concreta de sua *umma*. Não admira que os muçulmanos, quando mais tarde adotaram seu próprio calendário, fizeram do ano em que a *hijira* ocorreu o primeiro ano.

A luta pela sobrevivência

Tão logo a *umma* foi criada em Yathrib, renomeada Medina (ou *madinat al-nabi*, "a cidade do Profeta"), Muhammad enfrentou novos desafios. Os árabes de Medina não se tornaram muçulmanos imediatamente, suas disputas se mostraram difíceis de resolver, e foi mais difícil ainda para ele conquistar a lealdade da cidade como um todo. Se os judeus de Medina tivessem acolhido qualquer crença em Muhammad como o Messias, ou o mensageiro de Deus, em breve teriam se desiludido. Suas revelações diferiam do que conheciam da Bíblia. As revelações divinas de Muhammad, que estavam agora se tornando conhecidas como o Alcorão, repetidamente chamavam Abraão um muçulmano, um homem que se submetera à vontade de Deus. Muhammad levou ao islamismo algumas práticas judaicas (como as compreendemos), como o jejum no *yom kippur* (o Dia da Expiação), e liderava o culto muçulmano enquanto ele e seus seguidores enfrentavam Jerusalém. Os judeus não se convenceram, e rejeitaram sua autoridade religiosa. Mesmo os medinenses que se converteram ao islamismo, chamados *ansar* (apoiadores), cansaram-se de apoiar os emigrantes mecanos, que não mostravam qualquer aptidão para agricultura, a base econômica de seu oásis. Os emigrantes foram segregados do comércio enquanto a Meca pagã controlava as rotas de caravanas.

Se Muhammad tivesse alguma vez liderado os judeus e os *ansar* de Medina, os emigrantes teriam de encontrar meios para se apoiar. O Alcorão sugeria que poderiam atacar as caravanas mecanas:

> Para aqueles contra quem a guerra é feita
> Permissão é concedida [para aqueles que lutam] porque são prejudicados;
> e certamente Deus é capaz de ajudá-los
>
> (Alcorão, 22:39).

Talvez, com o tempo, controlassem o suficiente a rota do comércio entre Síria e Meca para competirem com os mecanos. Isso desafiou os muçulmanos, pois as caravanas dos mecanos eram armadas e tinham o apoio de várias tribos beduínas. Mas eles as saquearam, e, após alguns fiascos, Muhammad e seus homens atingiram os mecanos forte o bastante para feri-los. Eles atacavam mesmo durante o mês no qual os árabes pagãos eram proibidos de saquear devido à sua tradição de peregrinação à Meca. Isso chocou muitos árabes, mas uma revelação do Alcorão declarava:

> Eles te questionarão sobre o mês sagrado e sobre lutar nele,
> Diz "Lutar nele é errado, mas impedir o caminho de Deus,
> e descrer dele,
> e a sagrada Caaba, e expulsar seu povo dela –
> isso é mais vil aos olhos de Deus;
> e perseguição é mais vil do que matar"
>
> (Alcorão, 2:213).

Os mecanos pagãos não concordavam. No segundo ano da *hijira* – março de 624, para sermos exatos – os muçulmanos estavam focados em uma rica caravana omíada que retornava da Síria, exatamente quando Meca estava despachando um exército retaliatório de quase mil homens. Eles encontraram as forças de Muhammad (86 emigrantes, 238 *ansar*) em um oásis chamado Badr, ao sudoeste de Medina. Táticas inteligentes ajudaram os muçulmanos a vencer, mas nada como o sucesso. Para o povo de Muhammad, a vitória foi um sinal tangível do favor de Deus, uma chance para conquistar cativos e espólio. O último era dividido entre os guerreiros, exceto por um quinto que o Profeta tomava para sustentar membros pobres da *umma*.

Além disso, a vitória em Badr aumentou o prestígio do islã – e de Medina – entre as tribos árabes. Mesmo que os mecanos tenham se vingado nos muçulmanos em 625 em Uhud, ao norte de Medina, não conseguiram tomar a cidade. A *umma* sobreviveu. O islã estava se enraizando e não poderia ser eliminado. Em 627, Meca enviou uma força maior para capturar Medina, mas os muçulmanos frustraram o exército cavando uma trincheira em torno das partes vulneráveis da cidade. A trincheira era muito larga para os cavalos e camelos dos mecanos cruzarem, de modo que retornaram ultrajados. Enquanto isso, os saques muçulmanos, a partir de Medina, estavam pondo em perigo o comércio de caravana mecano. As tribos árabes começaram a romper com Meca e a fazer tratados com Muhammad para se juntarem a esses ataques lucrativos.

A vida muçulmana em Medina

Muhammad se tornara agora o chefe de uma grande família e de um pequeno Estado. As revelações de Deus falavam mais de leis sobre casamento e divórcio, herança, roubo e outros crimes, e sobre relações interpessoais do que sobre o poder de Deus e do iminente Dia do Juízo Final. Os próprios provérbios e ações de Muhammad, com relação a assuntos práticos não tratados pelo Alcorão ou costumes árabes tradicionais, estavam se tornando um guia oficial para o comportamento muçulmano. Geralmente, um não muçulmano pode prontamente admirar o senso comum humano que sustenta a conduta de Muhammad de sua vida pública e privada e, assim, respeita seu papel como um modelo para os muçulmanos. Alguns não muçulmanos apontam duas acusações dirigidas contra ele: sua cobiça por mulheres e seu mau tratamento dos judeus. Se levantarmos essas questões agora, arriscamos a julgar um árabe do século VII pelos padrões de nosso tempo e lugar. É justo? Apresentaremos alguns fatos e deixaremos você tirar suas próprias conclusões.

Os casamentos de Muhammad

Antes do islamismo, os homens árabes tinham tantas esposas quantas pudessem sustentar. Várias formas de relações sexuais extramaritais eram aceitas. Buscando limitar essa licença, o Alcorão permitiu aos homens desposarem até quatro mulheres, contanto que as tratassem igualmente, mas essa permissão foi concedida no contexto de uma revelação concernente ao bem-estar de viúvas e órfãos – uma preocupação natural, dado o próprio histórico de Muhammad e a pesada perda de homens jovens em saques e batalhas. Depois que Khadija morreu, ele gradualmente esposou outras mulheres, possivelmente cerca de dez. Várias eram viúvas de seus seguidores mortos, para quem fornecia sustento. Outros casamentos envolveram filhas de líderes tribais a quem Muhammad desejava como aliados. Aisha, que se tornou sua esposa favorita, era a filha de Abu-Bakr, seu melhor amigo, e tinha nove anos quando passou a viver com ele (cf. Caixa 3.1). Os críticos de Muhammad chamavam atenção para seu casamento com Zaynab, a qual veio a conhecer enquanto estava casada com seu filho adotivo, Zayd. Uma nova revelação do Alcorão permitiu a Zayd se divorciar dela, mas mesmo Aisha foi rápida em repreender Muhammad por se casar com ela. Muhammad acreditava que seus casamentos fossem prescritos a ele por Deus, e sempre desfrutava da companhia de mulheres. Alguém pode achar outras inconsistências em seu comportamento: Ele proibiu lamentação em funerais até que seu filho morreu. Ele perdoou muitos de seus inimigos que enfrentou em batalha, mas não os poetas que zombaram de sua missão. Profetas eram entes humanos, não santos.

Caixa 3.1 Aisha bint Abu-Bakr (614-678)

Aisha, a terceira esposa do Profeta Muhammad, é uma das heroínas do começo do islamismo. Ela nasceu em 614 EC, filha de Abu-Bakr, que era o companheiro mais próximo de Muhammad. Ele terminaria se tornando o primeiro califa do islã.

O casamento de Aisha e Muhammad, um casamento político, foi contratado para selar o vínculo entre o Profeta e a família de Abu-Bakr.

Pouca atenção foi dada, portanto, à diferença de idade entre noiva e noivo. Quando o contrato foi feito, Aisha tinha seis anos. Tinha nove quando se mudou para a casa de Muhammad (623 EC). O Profeta tinha cinquenta. Esses casamentos eram comuns no século VII e, igualmente, nos tempos bíblicos.

Os registros históricos, baseados principalmente nos *hadiths*, dos quais muitos foram atribuídos à própria Aisha, falam de um casamento basicamente feliz que terminou com a morte do Profeta em 532 EC. Aisha permaneceu uma líder ativa da comunidade muçulmana por cerca de cinquenta anos após seu esposo ter falecido.

Aisha foi uma das principais autoridades sobre a vida do Profeta, o que a tornou uma importante contribuinte da primeira compilação de uma versão autêntica do Alcorão e da *sunna* (as próprias palavras, hábitos, práticas e aprovações tácitas de Muhammad). Em outras palavras, grande parte da primeira base para a lei religiosa islâmica (a xaria) vem da memória e descrições de Aisha. Assertiva, autoconfiante e politicamente ativa, chocou-se com um dos primeiros companheiros do Profeta, Ali.

No início do casamento, enquanto estavam em uma viagem através do deserto árabe, Aisha se distanciou de Muhammad e do resto de sua caravana. Muhammad ordenou uma busca por ela. Terminou sendo localizada e trazida de volta ao grupo principal por um jovem muçulmano. Aisha e seu jovem acompanhante provavelmente passaram várias horas sozinhos. A intriga, em breve, começou, e a reputação de Aisha e a honra de Muhammad e de Abu-Bakr estavam em perigo. Foi nesse ponto que Ali, genro e primo de Muhammad, recomendou que Muhammad se divorciasse dela. Então, Muhammad recebeu uma revelação de Deus condenando essa intriga e estabelecendo exigências estritas para provar adultério. Mas Aisha nunca perdoou Ali, e muitos anos depois buscaria vingança participando de uma rebelião contra ele, que havia se tornado o quarto califa. Aisha ajudou a liderar uma ação militar, a Batalha do Camelo, assim nomeada porque ela exortou as tropas rebeldes montada em um camelo.

> Para as mulheres muçulmanas sunitas através dos tempos, Aisha foi, e continua a ser, um modelo exemplar. Os muçulmanos xiitas a vilipendiam. Contudo, a memória de suas ações encoraja as mulheres ativas e de mente independente a questionarem alguns dos costumes patriarcais muitas vezes usados para justificar a desigualdade de gênero no mundo muçulmano. O corrente conflito pelos direitos das mulheres muçulmanas a uma vida pública ativa tem um forte precedente no papel desempenhado pela esposa favorita do Profeta há muito tempo.

Muhammad e os judeus

As relações de Muhammad com os judeus de Medina se deterioraram à medida que seu poder cresceu. O islã via muitas figuras bíblicas como profetas, homens aos quais Deus havia falado. Muhammad respeitava judeus e cristãos como "Pessoas do Livro", que cultuavam Deus como revelado pelas escrituras sagradas. Por que ele não poderia ter sido mais magnânimo? Em parte, ele esperava que os judeus de Medina o reconhecessem como mensageiro de Deus, assim como ele havia aceito seus profetas; mas eles não puderam reconciliar seu Alcorão com suas escrituras sagradas. Havia muitas discrepâncias. Eles se opunham à Constituição de Medina, e estavam voltando alguns dos *ansar* menos sinceros contra ele, zombando publicamente dele e de seus seguidores. A cisão aumentou. Seguindo uma revelação do Alcorão, Muhammad mudou a direção de prece – do sul na direção de Meca em vez de do norte na direção de Jerusalém. O jejum do *yom kippur* deixou de ser obrigatório, e, em troca, os muçulmanos começaram a jejuar durante as horas do dia do Ramadã, o mês em que ocorreram as primeiras revelações do Alcorão a Muhammad. A observância do sábado foi substituída pelo culto congregacional da sexta com um sermão. Leis dietéticas foram relaxadas. O islã estava se tornando mais distinto e também mais árabe.

Após vencer em Badr, Muhammad expulsou uma das tribos judaicas por conspirar com seus inimigos mecanos, mas deixou seus membros manterem suas propriedades. Os muçulmanos expulsaram outra tribo judaica após sua derrota em Uhud, confiscando os bosques de tamareiras da tribo. De acordo com descrições tradicionais, a última das três tribos teve o pior destino: os homens foram mortos, e as mulheres e crianças foram vendidas como escravos. Muhammad acreditava que essa tribo, a despeito de sua aparente lealdade, havia apoiado os mecanos em 627 durante seu cerco à trincheira de Medina. Ele buscou o conselho de um associado que parecia neutro, mas que de fato cobiçava a propriedade dos judeus. Seu conselho levou a um massacre que enriqueceu alguns muçulmanos e elevou o prestígio de Muhammad entre as tribos árabes, por mostrar que ele não tinha medo de represálias sangrentas.

Deveríamos compreender a situação como as pessoas a viam. Os judeus não eram indefesos. Os muçulmanos poderiam ter perdido seu controle sobre Medina e se tornado vítimas dos mecanos e suas tribos rivais. Neutralizar seus inimigos era essencial para sua segurança, na verdade, para sua sobrevivência. Parcialmente devido a esses confrontos, o Alcorão contém algumas duras palavras contra os judeus. Esses eventos não envenenaram as relações muçulmanos-judeus posteriores, nem as políticas de Muhammad provocaram o que agora chamamos o conflito palestino-israelense.

Conquistando Meca

É uma ironia histórica que os pagãos de Meca que perseguiram Muhammad mais tarde tenham adotado o islã e depois prosperado sob a nova ordem, enquanto os judeus da Arábia, cujas crenças eram mais próximas às suas, tenham-no rejeitado como um profeta e depois sofrido severamente. A capitulação final de Meca parece quase anticlimática. Os emigrantes em Medina sentiam falta de seus lares, de suas famílias (muitos eram os filhos e filhas de comerciantes mecanos importantes), e da Caaba, de modo que em 628 Muhammad liderou um bando de pretensos peregrinos em direção a Meca. Eles encontraram tropas mecanas em Hudaybiyya, ao norte de Meca, e os dois lados fizeram uma trégua que terminou seu estado de guerra. Os muçulmanos haviam retornado a Medina então, mas seriam admitidos em Meca no próximo ano como peregrinos. Assim, os mecanos aceitaram os muçulmanos como iguais. Três meses depois da trégua de Hudaybiyya, dois dos melhores combatentes árabes, Khalid ibn al-Walid e 'Amir ibn al-As, adotaram o islã e terminaram passando à história com uma glória maior como guerreiros pela *umma*. Muhammad conquistou mais convertidos mecanos-chave durante essa peregrinação em 629. No ano seguinte, acusando alguns clãs de violarem os termos da trégua, liderou uma tropa com 10.000 homens em direção a Meca. Seus líderes, intimidados, renderam-se rapidamente, deixando os muçulmanos ocuparem a cidade pacificamente. Em breve quase todos em Meca se tornariam muçulmanos.

Fortalecido pelas tropas mecanas, os muçulmanos derrotaram uma grande coalizão de tribos árabes do entorno de Taif. O Hijaz (oeste da Arábia) estava agora unido sob o islã. Desde então, outras tribos e clãs, reconhecendo o poder de Muhammad, começaram a enviar delegações a Medina, que permaneceu a capital do novo Estado. Como uma condição para seu apoio, Muhammad exigiu que as tribos aceitassem o islã e inclusive pagassem impostos – uma condição que a tribo coraixita nunca conseguira impor. Descrições tradicionais sustentam que por volta de 632 aproximadamente todas as tribos árabes eram muçulmanas. Muito provavelmente, contudo, somente alguns clãs, facções ou pessoas dentro de cada tribo adotassem o islã.

A morte de Muhammad

Os anos finais do Profeta foram perturbados por preocupações com rivais na Arábia, responsabilidades políticas pesadas, problemas maritais, a morte de seu filho pequeno e de várias filhas, e saúde debilitada. Ele liderou uma peregrinação final a Meca em março de 632. Assim, terminou de incorporar ao islã os rituais da *hajj*, que havia purgado de suas características pagãs. Em seu sermão final, exortou seu seguidores: "Ó, vocês, ouçam minhas palavras e as tomem seriamente: Todos os muçulmanos são irmãos uns dos outros e vocês agora são uma irmandade". Logo após seu retorno a Medina, Muhammad se recolheu ao quarto de Isha. Nomeou o pai dela, Abu-Bakr, para conduzir o culto em seu lugar. Em 8 de junho de 632, então, ele morre.

Como podemos avaliar Muhammad e seus feitos? Para os muçulmanos, ele sempre foi o exemplar das virtudes muçulmanas, como piedade, paciência, humor, bondade, generosidade e sobriedade. Não muçulmanos, recordando de batalhas e disputas cristãs com o islã, muitas vezes o julgaram duramente. Essas diferentes avaliações nos lembram de que judeus praticantes e cristãos sinceros não acreditam, como devem acreditar os muçulmanos, que Muhammad estivesse obedecendo aos mandamentos de Deus como revelados a ele pelo Anjo Gabriel.

A vida de qualquer pessoa famosa se torna uma lente ou espelho pelo qual outras pessoas, como indivíduos ou em grupos, veem a si mesmas e o mundo. Biógrafos ou historiadores enfatizam alguns fatos e omitem ou mitigam outros. Os leitores tiram vantagens de alguns pontos e os expandem para se adequarem a uma imagem preconcebida. Como, então, avaliar Muhammad? Com certeza, foi um homem bom e sincero que passou a ter uma fé impressionante em Deus e nele mesmo como mensageiro final de Deus. Como tal, teve de advertir os árabes e outros povos sobre o iminente Dia do Juízo Final e de formar a *umma*, uma comunidade religiosa, dentro da qual fiéis muçulmanos poderiam se preparar melhor para essa temida ocasião. Todavia, tinha senso de humor, dizendo: "Deixe um homem me garantir [pela pureza] do que balança entre seus maxilares e do que balança entre suas pernas, e eu lhe garantirei o paraíso". Ele deixava seus netos subirem em suas costas mesmo quando se prostrava para rezar. Foi um político habilidoso e um estrategista militar, pois quem mais alguma vez conseguiu unir os árabes? Ele se arriscou terrivelmente quando aceitou sua missão profética e abandonou sua cidade natal por um futuro incerto. Mas o que você pode concluir sobre a vida de Muhammad dependerá de quão bem você conhece o islã, a religião pela qual ele fez tanto.

Pilares da fé: No que os muçulmanos acreditam?

Quando escrevemos sobre o islã – ou sobre qualquer religião que tenha durado por um longo tempo – consideramos que evoluiu ao longo da história e continuará evoluindo. Ele variou por vezes, de um lugar a outro e mesmo de uma pessoa a outra. Como sistemas de crenças pessoais, as religiões são difíceis de descrever, pois os mais profundos e verdadeiros pensamentos de cada pessoa são únicos. Contudo, os muçulmanos tendem a obedecer a alguns princípios gerais de fé.

No islã, a fé (*iman*) é o ato de submissão à vontade de Deus (*Allah*, em árabe). *Iman* é um pré-requisito para o *islam*, e implica crença além da razão. Deve se conformar às regras de Deus ou ao que os ateístas poderiam chamar leis da natureza. Pedras e árvores, pássaros e animais estão todos submetidos à vontade de Deus porque foram criados para fazê-lo. Entes humanos, criaturas capazes de razão, foram feitos livres para escolherem se e como fazer o que Deus quer. Muitos se recusam por ignorância ou porque se esqueceram dos mandamentos divinos que outrora sabiam. Alguns cristãos e judeus podem ter sido iludidos por suas escrituras ou pelo modo que as interpretaram. Mas aquele que se submete à vontade de Deus, que o cultua e espera por sua recompensa ou punição neste mundo, é, falando amplamente, um *mu'min* (fiel). Os muçulmanos acreditam nos seguintes princípios:

A unidade de Deus

No uso comum, uma pessoa muçulmana é aquela que acredita que a vontade de Deus para toda humanidade foi revelada pela última vez através do Alcorão a Muhammad. O que é Deus? Para os muçulmanos, Deus é todo-poderoso e onisciente, o criador de tudo o que existiu e do que existirá, o juiz justo do bem e do mal, e o guia generoso de mulheres e homens através de mensageiros inspirados e de escrituras divinas. Deus não possui par, parceiro, prole, quaisquer atributos humanos, nem começo nem fim. Todos que professam o judaísmo ou o cristianismo concordam que existe somente um Deus, mas o monoteísmo significa mais do que rejeitar um panteão de deuses e deusas. Não pode haver outro Deus Absoluto; todas as bênçãos materiais – nossas casas, móveis, carros, roupas e alimento – valem menos do que um Deus verdadeiro. Os prazeres que perseguimos são (se legais) bons, mas melhor ainda é a satisfação dos mandamentos de Deus. Esposos e companheiros, pais e filhos, amigos e colegas podem ser amados, mas devem permanecer inferiores a Deus em nossos corações. Deus é o doador da vida e da morte. Alguns muçulmanos pensam que Deus predestinou todas as ações humanas. Outros argumentam que Deus nos deu livre-arbítrio, tornando-nos estritamente responsáveis pelo que escolhemos fazer. Deus deseja fiéis voluntários, não robôs humanos.

Anjos

Os muçulmanos acreditam que Deus opera em um universo no qual residem várias criaturas, nem todas as quais podem ser vistas, ouvidas ou sentidas pelos entes humanos. *Jinns* (gênios), por exemplo, fazem muito bem e mal na Terra e são tratados em algumas revelações do Alcorão. Porém, mais poderosos no mundo de Deus são os anjos, os servos celestiais que obedecem à sua vontade. Deus não revelou o Alcorão diretamente a Muhammad, mas enviou o Anjo Gabriel para fazê-lo. Os anjos lhe ensinaram a rezar. Um anjo soprará uma corneta para anunciar o Dia do Juízo Final. Quando cada um de nós morre, será questionado por um par de anjos. Satã, chamado Iblis ou al-Shaytan, em árabe, era um *jinn* que desobedeceu ao mandamento de Deus de se curvar a Adão. Tendo caído em desgraça, ele agora tenta corromper mulheres e homens. Parece estar indo bem.

Livros revelados

Como a existência de Deus se fez conhecida à humanidade? Como o Infinito se revelou às mentes finitas? Os cristãos dizem que a Palavra se fez carne e habitou entre nós: Deus se tornou um homem. Mas os muçulmanos argumentam que Deus é revelado pelas palavras colocadas nas bocas de pessoas virtuosas chamadas profetas ou mensageiros. Essas palavras se tornaram livros: a Torá dos judeus (consistindo dos primeiros cinco livros da Bíblia), os evangelhos dos cristãos, e o Alcorão dos muçulmanos.

Os muçulmanos também acreditam que as primeiras revelações de Deus, na forma que as conhecemos, foram corrompidas e tiveram de ser corrigidas pelo Alcorão. Estudos modernos mostraram que os livros da Bíblia foram escritos somente após algum tempo depois de terem sido revelados. Alguns muçulmanos declaram que os judeus mudaram algumas passagens da Torá para se descreverem como o povo escolhido de Deus (um conceito rejeitado pelo islã), e que os cristãos reescreveram os evangelhos para provar a divindade de Jesus de Nazaré (pois os muçulmanos mantêm que nenhum humano pode ser Deus). O Alcorão, em contraste, é a perfeita revelação de Deus. Ele existia nos céus desde o início dos tempos. Nunca será superado. Após a morte de Muhammad, ele foi cuidadosamente compilado ("de pedaços de pergaminho, de pequenas pedras brancas, de folhas de palmeira e dos peitos de homens", escreveu um muçulmano antigo) por seus seguidores. Algumas partes foram de fato escritas enquanto Muhammad ainda estava vivo. Se alguma passagem fosse mal-interpretada, aquela pessoa muçulmana que tivesse ouvido Muhammad proferir a passagem certamente a corrigiria. Árabes do século VII tinham memórias extraordinárias.

O Alcorão não é fácil de ler. É o registro das revelações de Deus, via Anjo Gabriel, a Muhammad. Contém leis, histórias do passado e partes religiosas destinadas à orientação e recitação, não ao entretenimento literário. Grande parte de seus 114 capítulos reúne passagens reveladas em diferentes tempos. Os capítulos, exceto pelo primeiro, são arranjados em ordem de extensão. Aqueles revelados em Medina, repletos de injunções e proibições, tendem a preceder os capítulos mecanos, que enfatizam o poder de Deus e advertem sobre o Dia do Juízo Final. Como o Alcorão foi revelado em árabe, muitos muçulmanos não acham que pode ou deveria ser traduzido em outras línguas. Como seu uso reflete o dos mecanos do século VII, mesmo muçulmanos árabes podem agora necessitar de auxílio para compreender partes do que leem. A linguagem do Alcorão é prosa rimada (não métrica como a poesia), mas pode soar lírica quando entoada por um recitador treinado. Experimente ouvir um. Os muçulmanos veneram o Alcorão por muitas razões: sua linguagem e estilo árabes são inimitáveis, o livro situa o islã separado de todas as outras religiões, e seus ensinamentos resistiram ao teste do tempo. A fala e a escrita de muçulmanos devotos são ornadas com expressões do Alcorão. Nenhum outro livro afetou tantas mentes tão poderosamente por tanto tempo.

O Alcorão, sob alguns aspectos, pode ser visto como uma clarificação e um adendo ao Antigo e ao Novo testamentos, coletivamente referido como um Livro, considerando, assim, judeus e cristãos povos do Livro. O Alcorão se refere à Torá e aos evangelhos, assumindo que os leitores conhecem essas escrituras. Refere-se inclusive aos livros que não foram aceitos como canônicos, como os Evangelhos da Infância de Jesus, que tratam do começo de sua vida. Embora o Alcorão negue explicitamente a divindade de Jesus, não repudia o cristianismo. Ele se distingue de sua interpretação ortodoxa, sendo mais próximo às crenças dos cristãos arianos daquela época. Quando os vizinhos bizantinos ouviram falar da emergência dos muçulmanos, consideraram-nos arianos heréticos.

Mensageiros

Embora o islã enfatize que Muhammad tenha sido o último dos profetas, os muçulmanos reconhecem e veneram muitos outros, incluindo Adão, Noé, Abraão, Moisés, Jonas e Jó. Personagens bíblicos (como o Rei Salomão) reaparecem no Alcorão como profetas. Os cristãos muitas vezes se surpreendem que os muçulmanos contem Jesus como um dos mensageiros de Deus. O alcorão afirma que Ele nasceu da Virgem Maria, que é uma "palavra" de Deus, e que algum dia retornará, mas nega que tenha sido crucificado ou que seja o filho de Deus. Todos os profetas devem ser reverenciados; nenhum profeta, nem mesmo Muhammad, pode ser exaltado mais do que os outros.

Muitas pessoas atualmente não sabem o que profetas podem fazer. Eles não predizem o que ocorrerá nem realizam milagres, a menos que Deus os capacite a fazê-los; eles são apenas boas pessoas escolhidas para levar a mensagem de Deus aos outros homens e mulheres. De acordo com o islã, após o Dia do Juízo Final, mais nenhum profeta virá.

Dia do Juízo Final

Entre os princípios básicos do islã, nenhum foi pregado mais fervorosamente por Muhammad do que a crença em um Dia do Juízo Final, do qual ninguém escapa. Nesse dia de juízo final, todas as pessoas vivas morrerão, juntando-se àqueles que foram antes delas. Todos serão convocados diante do trono celestial para serem julgados por seus feitos bons e maus. Mais tarde, os muçulmanos expandiram a imagem: uma corda esticada será estendida através do fogo dos infernos, e somente os justos cruzarão com segurança rumo aos céus. O Alcorão descreve o paraíso como um jardim sombreado com fontes refrescantes, com comida e bebida abundantes, e belas virgens para a bênção dos homens justos. Mulheres justas, também, entrarão nos céus, mas o Alcorão é menos específico sobre o que encontrarão lá. O islã popular ensina que elas retornarão à idade em que eram mais bonitas. Tanto homens como mulheres conhecerão a paz, viverão em harmonia e verão Deus.

O inferno é tudo que os árabes temem: bestas terríveis, torturas no fogo, vapores nocivos, comida nojenta para comer, e água fervente para beber. Não haverá paz nem harmonia. Deus não estará presente, e para os piores pecadores os tormentos nunca terminarão.

Pilares da prática: O que os muçulmanos devem fazer?

Como o fiel pode obedecer a Deus? Quais são os mandamentos divinos? Os ensinamentos do Alcorão e de Muhammad estão repletos de regulações, pois o islã (como o judaísmo) é uma religião de ações, regras e leis justas. Não podemos cobrir todas as regras islâmicas. Elas são simbolizadas por cinco atos obrigatórios: os cinco pilares do islã.

Dar testemunho (Shahada)

Esse é o primeiro dos cinco pilares da prática no islã. "Eu testemunho que não há deus algum além de Alá, e que Muhammad é o mensageiro de Deus" (*Ashhadu an la ilaha illa Allah, Muhammad rasulu Allah*). Qualquer pessoa que diga essas palavras – com seriedade – é muçulmana. Pode ser encontrado no chamamento do muezim para o culto; é adornado com letras brancas na bandeira verde da Arábia Saudita. Qualquer pessoa muçulmana que associe outros entes a Deus ou se negue a acreditar em Muhammad ou em qualquer dos outros profetas não é mais muçulmana, mas uma apóstata. A apostasia pode ser punida com a morte.

Culto (Salat)

O segundo pilar do islã é o culto, ou o ritual de reza – uma sequência determinada de movimentos e prostrações executadas na direção da Caaba em Meca e acompanhada por breves recitações do Alcorão. O culto lembra homens e mulheres de sua relação com Deus e tira suas mentes dos assuntos mundanos. Ocorre cinco vezes por dia, em horas determinadas anunciadas pelo chamamento do muezim do alto do minarete (torre) de uma mesquita, um prédio construído para o culto congregacional. Muçulmanos podem realizar o culto em qualquer lugar, mas os homens são instados a fazê-lo publicamente como um grupo; as mulheres usualmente cultuam em casa. Todos os homens adultos devem ir a uma mesquita na sexta-feira ao meio-dia, quando o culto congregacional, nesse momento, é seguido por um sermão e às vezes por anúncios importantes. Antes de qualquer ato de culto, os muçulmanos lavam suas mãos, braços, pés e faces. O culto pode incluir preces individuais (os muçulmanos podem apelar a Deus para que traga bem para si, ou impeça o mal deles e de seus amados); mas essas invocações, chamadas *du'a* em árabe, são distintas do *salat*.

Jejum

Os muçulmanos devem jejuar durante o mês do ramadã. Da aurora ao pôr do sol, eles se abstêm de comer, beber, fumar e de intercurso sexual. Muçulmanos devotos despendem o tempo durante o ramadã rezando, recitando o Alcorão e pensando sobre a religião; os menos rígidos tendem a dormir durante o dia, pois as noites são cheias de festividades, luzes brilhantes e visitas de amigos. A disciplina de abstinência ensina ao rico o que é ser pobre, treina os muçulmanos praticantes a dominarem seus apetites, e a experiência partilhada do jejum diário e da noite festiva aproxima os muçulmanos. O calendário muçulmano tem exatamente doze meses lunares por ano. Sem qualquer mês adicionado ocasionalmente, como no calendário judaico, o ano muçulmano consiste de somente 354 dias. Assim, o ramadã avança onze ou doze dias a cada ano em relação ao nosso calendário e às estações. No Hemisfério Norte, o jejum é relativamente fácil de manter quando o ramadã cai em dezembro, mas uma autodisciplina maior é necessária quando cai em junho (como em 2014 e 2019). Uma pessoa muçulmana que fica doente ou faz uma longa viagem durante o ramadã pode pospor todo ou parte do jejum para um momento adequado. Crianças em crescimento, mulheres grávidas e mães amamentando, soldados em serviço e muçulmanos cronicamente doentes estão isentos. Quase todos os muçulmanos que podem jejuar o fazem, mesmo aqueles que abandonam outras observâncias exteriores da religião.

Dízimo (Zakat)

Todos os muçulmanos devem dar uma parcela especificada de sua receita ou propriedade para ajudar a manter os necessitados. Esse pagamento, chamado *zakat*, embora muitas vezes traduzido como "esmola", começou como um imposto cobrado de todos os membros adultos da *umma*. Nos tempos modernos, muitos países muçulmanos pararam de coletar o *zakat* como um imposto, mas seus cidadãos ainda devem fazer doações caridosas equivalentes. Ultimamente, alguns governos muçulmanos retomaram a prática. Muçulmanos ricos e devotos fazem doações ou testamentos adicionais para alimentar os pobres, curar os doentes, educar os jovens ou abrigar o viajante. Muitas fontes, mesquitas, escolas e hospitais foram fundados e mantidos por um tipo de doação chamado *waqf*, sobre a qual trataremos mais adiante. Em essência, o quarto pilar do islã é partilhar.

Peregrinação (Hajj)

O quinto dever é a peregrinação a Meca, durante o duodécimo mês do ano muçulmano. Todos os muçulmanos adultos devem realizar a *hajj* ao menos uma vez em suas vidas, se estiverem bem o bastante e possam arcar com a jornada. A cada ano, de todas as partes do mundo, muçulmanos praticantes, com seus corpos cobertos com idênticas tiras de tecido sem costura, convergem a Meca para executar ritos consagrados pelo Profeta Muhammad, embora alguns provenham de antigas práticas árabes. Esses ritos incluem circular a Caaba; beijar a Pedra Negra em uma de suas paredes; correr entre os montes próximos de Safa e Marwa; apedrejar um pilar próximo a Mina representando o demônio, e sacrificar uma ovelha lá; e reunir-se na planície de Arafa. Alguns dos ritos podem ter iniciado como práticas pagãs, mas Muhammad os reinterpretou em termos monoteístas. Assim, os muçulmanos creem que Abraão e Ismael encontraram a Pedra Negra e erigiram a Caaba em torno dela.

Correr sete vezes entre Safa e Marwa celebra a busca frenética de Hagar por água após Abraão ter expulsado Ismael e ela de sua tenda. O sacrifício de uma ovelha relembra Abraão amarrando Ismael (os muçulmanos não acreditam que tenha sido Isaac) ao comando de Deus e o substituto de undécima hora de um cordeiro sacrificial fornecido por um anjo. O dia do sacrifício é o ponto alto da *hajj* e a ocasião para um grande banquete em todo mundo islâmico. Os ritos de peregrinação serviram ao longo da história para reunir os muçulmanos e romper barreiras raciais, linguísticas e políticas entre eles.

Outros deveres e proibições

Os cinco pilares não cobrem todos os deveres muçulmanos. Existe outro, que alguns chamam o "sexto pilar do islã", chamado *jihad*, ou "luta no caminho de Deus". Os não muçulmanos consideram o *jihad* como uma guerra santa contra todas as outras religiões. Isso não é inteiramente verdadeiro. Sem dúvida, o Alcorão conclama todos os muçulmanos a "lutarem no caminho de Deus... contra aqueles... que comecem a lutar contra vocês, mas não a agredi-los iniciando a luta. Deus não ama os agressores" (2:190). Outra passagem do Alcorão ordena os muçulmanos a

> lutarem contra aqueles que não acreditam em Deus ou no Dia do Juízo Final, que permitem o que Deus e seu mensageiro proibiram, e que se recusam a lealdade à verdadeira fé daqueles que receberam as escrituras, até que humildemente prestem tributo (9:29).

Isso significaria combater cristãos e judeus em algumas situações e pagãos de todas as maneiras (pois a passagem foi revelada quando os muçulmanos estavam em guerra com Meca antes de sua conversão). Mas o islã também decretou a tolerância com relação às religiões monoteístas anteriores.

Exatamente quão militante os muçulmanos deveriam ser? Podemos dar parte da resposta agora e o resto mais adiante. Os muçulmanos tentaram expandir o território controlado por sua *umma*, não para converter os cristãos ou judeus conquistados. Aqueles que concordam em viver em paz e em prestar tributo tinham direito à proteção do islã; aqueles que resistissem ou se rebelassem contra o governo muçulmano eram exterminados. Alguns muçulmanos agora interpretam o *jihad* como significando defender o islã contra ataques, sejam militares ou verbais, de não muçulmanos.

Para proteger a *umma*, os muçulmanos devem primeiro purificar suas almas do erro, orgulho e esquecimento. O islã é uma religião de comunidade: cada muçulmano é um irmão ou irmã de outro muçulmano. Se alguns erram ou se esquecem de seus deveres para com Deus ou outros muçulmanos, os outros, como irmãos próprios, devem corrigi-los. Aos muçulmanos são proibidos bebidas alcoólicas, psicotrópicos, jogo e usura. Os muçulmanos não podem comer a carne de porcos ou de qualquer animal não sacrificado em nome de Deus. Os homens não podem vestir roupas de seda ou usar joias de outro. O Alcorão prescreve duras penalidades para o assassinato, roubo e alguns outros crimes. Existem punições também para muçulmanos que criam ou cultuam ídolos, mas isso não significa uma total proibição contra descrições artísticas de criaturas vivas, como algumas pessoas supõem. Mas, até tempos modernos, os muçulmanos não esculpiam estátuas, e fotografias de criaturas vivas raramente aparecem em mesquitas.

Os muçulmanos acreditam que as relações sexuais são destinadas a produzir filhos e, portanto, não deveriam ocorrer fora do casamento. Muitos casamentos são arranjados pelos pais da noiva e do noivo; antigamente, o casal muitas vezes se encontrava pela primeira vez no dia de seu casamento. Regras estritas separam os sexos para impedir relacionamentos românticos inapropriados. Essas regras levaram, na prática, ao afastamento das mulheres do núcleo da vida política e social e à sujeição delas ao controle de seus pais, irmãos e esposos. Vestir um véu é usual para mulheres urbanas em muitas sociedades antigas do Oriente Médio. Uma revelação tardia do Alcorão exigia que as esposas de Muhammad o fizessem quando estivessem fora de casa, de modo que muitas mulheres muçulmanas terminavam velando suas faces, ao menos nas cidades. Atualmente, muitas cobrem seu cabelo e algumas cobrem suas faces em público. Adultos de ambos os sexos se vestem modestamente e evitam situações que requeiram nudez. Atos homossexuais e de masturbação são incluídos na proibição contra sexo extramarital. Mesmo que alguns muçulmanos privadamente desobedeçam a algumas dessas regras, a aceitação pública das proibições permanece a norma.

A limpeza está próxima da divindade. Além das abluções rituais antes do culto, os muçulmanos se lavam após realizarem um ato da natureza, antes de comer, ao despertarem e após manusearem um objeto considerado sujo. A imersão total em água corrente é requerida após o intercurso sexual e, igualmente, para as mulheres, após menstruarem ou darem à luz. Tradicionalmente, os homens muçulmanos raspavam ou aparavam seus cabelos e os pelos corporais, mas deixavam suas barbas crescerem. As mulheres removem seus pelos corporais.

Conclusão

Muhammad foi um grande líder religioso. Os muçulmanos não o chamam "o fundador do islã"; no entanto, suas palavras e atos moldaram amplamente o que os muçulmanos acreditam e fazem. Este capítulo mal arranhou a superfície da vida e fé de Muhammad. Centenas de livros foram escritos e milhares de discursos foram feitos tentando responder à questão "O que é o islã?". Cada vida vivida por muçulmanos é uma declaração sobre o islã, que agora tem aproximadamente 2 bilhões de adeptos vivendo em todas as partes do mundo, embora sejam mais pesadamente concentrados no terço sul da Ásia e nos dois terços do norte da África.

A religião prescreve um estilo de vida completo. Nos últimos capítulos, você aprenderá sobre a xaria, a lei sagrada do islã, que foi formulada durante os primeiros três séculos após a morte de Muhammad. Permita-nos dizer, por agora, que o Alcorão, combinado aos ensinamentos e práticas de Muhammad, fornece um padrão abrangente e coerente para as práticas e pensamentos diários (*sunna*) dos muçulmanos. O islã não possui bispos ou sacerdotes. Mesmo os *ulama*, os sábios versados nas doutrinas e práticas islâmicas, não estão separados dos outros muçulmanos. Todos os muçulmanos são iguais, exceto em sua obediência à vontade de Deus. Homens e mulheres, jovens e velhos, amigos e vizinhos – todos têm direitos e deveres mútuos dentro do islã. Todos podem encontrar liberdade, sem abrir mão da segurança, nessa vida e na próxima. É mais do que uma religião; é um modo de vida completo.

4 O início das conquistas árabes

A morte de Muhammad deixou um grande vazio na comunidade de seus seguidores, a *umma* islâmica. Foi um profeta, árbitro, legislador e comandante militar. Praticamente, qualquer problema que surgia entre os muçulmanos era referido a ele. Como poderiam tomar decisões sem sua orientação? Isso representou uma crise para a *umma*, mas os sobreviventes de Muhammad encontraram novos líderes. Eles superaram o desafio de uma rebelião tribal árabe e foram adiante para expandir a área sob seu controle. Os impérios mais poderosos do Oriente Médio – Bizâncio e Pérsia – foram humilhados pelos guerreiros árabes e pelo islã. O sucesso gerou dissensão e mais tarde provocou fissuras sectárias que nunca cicatrizaram completamente, mas o ímpeto de expansão foi apenas brevemente interrompido. A habilidade dos primeiros muçulmanos de superar essas crises assegurou que o islã sobrevivesse, que sua civilização florescesse e que seu legado perdurasse.

O problema da sucessão

A morte do Profeta Muhammad levou a uma crise de sucessão, um assunto controverso com ramificações evidentes ainda hoje. Foi essa primeira crise que terminaria levando a uma cisão com a *umma*, ou comunidade de muçulmanos, a divisão sunita-xiita. De acordo com a visão sunita, durante sua vida, Muhammad nunca escolheu um sucessor. Ele provavelmente não esperava morrer tão cedo. Ele não teria pensado em designar outro mensageiro divino, porque se via como o selo dos profetas. Nenhum outro após sua morte poderia receber revelações. Talvez não fossem necessárias mais, pois supunha-se que o Dia do Juízo Final estava por vir a qualquer momento. Contudo, mesmo que a *umma* não buscasse um sucessor como profeta, ela ainda necessitava de algum tipo de líder, comparável a um xeique tribal, que pudesse dirigir seus assuntos até a hora do Juízo Final.

Na verdade, era necessário imediatamente um líder. Para impedir uma guerra tribal, a melhor esperança seria eleger um líder da prestigiosa tribo coraixita – não um dos ex-pagãos que haviam assediado o Profeta, mas um dos primeiros convertidos que haviam se mudado com ele para Medina. Umar, o mais decisivo dos companheiros de Muhammad, triunfou nomeando Abu-Bakr, que pertencia (como Umar) a um clã dos coraixitas que não era omíada, makhzum nem hachemita. Abu-Bakr era um homem modesto, mas conhecia as tribos árabes e suas relações completamente. Ele fora o amigo mais próximo de Muhammad, o primeiro convertido do Profeta fora de sua família, o pai de sua amada esposa Aisha, e o líder designado de cultos durante a enfermidade final do Profeta.

Alguns muçulmanos alegavam que um membro da família de Muhammad deveria ter sido escolhido. Como Muhammad não teve filhos sobreviventes, eles argumentavam que seu sucessor deveria ter sido seu primo e genro, Ali, o filho de Abu-Talib. Esses muçulmanos argumentavam que Muhammad havia, na verdade, nomeado Ali como seu sucessor antes de sua morte e que seus associados encobriram essa designação. Com o tempo, esses seguidores de Ali se tornariam conhecidos com os xiitas.

Abu-Bakr (r. 632-634) chamava a si próprio de *khalifat rasul Allah* (sucessor do mensageiro de Deus), em breve abreviado por *khalifa*, ou califa. Seus seguidores muçulmanos chamavam o califa de *amir al-mu'minin* (comandante do fiel). Abu-Bakr certamente merecia o título. Tão logo as tribos árabes souberam da morte de Muhammad, muitas delas desertaram da *umma*. Mais tarde os muçulmanos chamariam esse evento de *ridda* (apostasia), vendo o rompimento como uma renúncia ao islã. Para as tribos, contudo, a morte do líder havia encerrado todos os tratados que teriam exigido que eles pagassem o *zakat* – que, viam como uma forma de tributo – para Medina. Abu-Bakr percebeu que, se pudessem evitar pagar o dízimo exigido, a unidade dos árabes seria cindida, e a *umma* perderia receita. O islã poderia desaparecer inteiramente. Para evitar esses perigos, ele enviou seus melhores generais, Lhalid ibn al-Walid e Amr ibn al-As, para forçar as tribos a retornarem à *umma*. Embora as guerras *ridda* tenham sido custosas, as tribos capitularam uma a uma e foram então perdoadas. Mas o que, além de uma adesão superficial ao islã ou medo do exército do califa, poderia manter as tribos árabes unidas?

As conquistas iniciais

A brilhante resposta do califa foi afastar as energias combativas dos beduínos de uns contra os outros na direção da conquista das terras povoadas ao norte, os territórios dos impérios Bizantino (Romano) e Sassânida

(Persa). O sucessor de Abu-Bakr, Umar I (r. 634-644), perdoou os rebeldes tribais e os colocou a serviço do califado, em um jihad para expandir as terras da *umma*. Essa decisão momentosa levaria à captura das propriedades da Roma do Oriente Médio (Palestina, Síria, Egito e Cirenaica) em pouco mais do que uma década. Foi necessária uma geração para absorver o Império Sassânida inteiro. Em um século, soldados muçulmanos seriam deslocados da Espanha no oeste, através do norte da África e do Oriente Médio, para as fronteiras da China no leste.

Nós, historiadores, outrora víamos as vitórias dos árabes como os principais eventos que separavam o mundo antigo da Idade Média. Os europeus eram quase isolados do resto do mundo. O cristianismo havia se restringido aos países de sua origem. Mas devemos acrescentar que aquelas conquistas reuniram diversas culturas do norte da África, Egito, Síria, Iraque e Pérsia. Dessa combinação brotaria uma nova civilização equiparada à da Grécia e Roma.

Se você tivesse pedido a alguém nas ruas de Damasco (ou de qualquer outro lugar) por volta de 625 para prever quem governaria o Oriente Médio uma geração mais tarde, essa pessoa teria mencionado o imperador bizantino, o xá sassânida, ou talvez alguma dinastia romana ou persa. Ninguém teria esperado que os governantes pudessem ser árabes mecanos. A velocidade das conquistas árabes surpreenderam todos, na época e hoje. As pessoas ainda perguntam por que foram bem-sucedidas. Se você busca por uma resposta, aqui estão alguns pontos para ter em mente:

- Os exércitos árabes eram pequenos, usualmente abaixo de mil soldados, portanto, menores em número e menos bem-equipados – mas mais coesos – do que seus inimigos romanos ou persas. Eles lutavam poucas batalhas e as escolhiam cuidadosamente. Suas vitórias decisivas lhes permitiram conquistar vastas extensões de território. Seus cavalos eram o ingrediente essencial de sua velocidade, mas seus camelos lhes davam resistência e mobilidade no deserto. As vitórias árabes ocorriam no, ou suficientemente próximas ao, deserto para permitir que as tropas escapassem das legiões de romanos ou persas caso necessitassem. Uma tática árabe comum era drenar as forças do inimigo em um vale e depois usar o terreno para emboscá-lo. Um dos triunfos dos árabes, a Batalha do Rio Yarmuk, em 635, resultou de uma tempestade de poeira que ocultou as tropas de Khalid dos romanos. Essa vitória deu aos árabes o controle sobre a Síria. Outra tempestade de poeira ajudou os árabes a derrotar os persas em 637 em al-Qadisiyya e, com isso, invadir o Iraque.

Os árabes mais tarde tomaram o oeste da Pérsia após emboscarem o exército sassânida em uma ravina.

• Contrário à sua imagem em histórias populares, nem todos os guerreiros árabes eram motivados pela devoção muçulmana. Alguns eram, mas outros pertenciam a tribos cristãs antagonizadas com o Império Bizantino. Ser cristão não impedia um árabe de lutar pelo califado. Alguns líderes e tribos muçulmanos podem ter acreditado na predestinação e martírio como seu passaporte para o paraíso. Muitos árabes tribais acreditavam em pilhagem. As dificuldades econômicas na Arábia os haviam lançado à profunda pobreza. Na verdade, as conquistas árabes facilitaram uma emigração semítica da Arábia comparável àquelas dos primeiros acádios e arameus, pois a Península Arábica muitas vezes se tornou superpovoada. Enquanto isso, algumas das terras povoadas do Egito e da Síria haviam sido despovoadas por epidemias de pragas nos séculos VI e VII. Anos de guerra entre os impérios Sassânida e Bizantino haviam esgotado seus recursos e força de trabalho. Cada lado contratou mercenários, principalmente árabes. Mas ambos árabes pró-bizantinos e pró-sassânidas haviam se tornado não confiáveis por volta de 632, e alguns se converteram ao islã.

• Os povos vassalos, especialmente aqueles sob o domínio bizantino na Síria e no Egito, estavam descontentes. Seu principal descontentamento era cristológico. A visão ortodoxa no Império Bizantino, como explicada no capítulo 2, era a de que Cristo combinava em sua pessoa tanto uma natureza divina como uma humana. Contudo, os coptas egípcios e os jacobitas sírios seguiam a doutrina monofisista que descrevia a natureza de Cristo como completamente divina, fazendo com que sofressem perseguição religiosa nas mãos dos bizantinos. O Imperador Heráclio, na esperança de conquistar o apoio de ambos os lados, propôs um acordo: Cristo continha duas naturezas em uma vontade. Quase ninguém (exceto os maronitas do Líbano, que discutiremos adiante) gostou dessa solução. Cristãos sírios e egípcios desapontados viram os árabes muçulmanos como libertadores do jugo bizantino e muitas vezes os acolhiam. Os coptas, por exemplo, entregaram o Egito em 640 a uma força árabe de Amr, que tinha pouco mais de 10.000 integrantes. Igualmente, os judeus, numerosos na Palestina e na Síria, escolheram a indiferença muçulmana em detrimento da perseguição bizantina.

• O repentino colapso da Pérsia sassânida, após ter dominado o Egito, Síria e grande parte da Arábia ainda em 625, criou um vácuo que os árabes foram rápidos em preencher. A Pérsia estava recuando devido ao caos político em Ctesifonte, sua capital. Poderosos conflitos minaram a administração central, que era necessária para supervisionar o sistema de irrigação do Tigre e do Eufrates. A produção agrícola caiu e o descontentamento cresceu. Além disso, camponeses cristãos, judeus e maniqueus do Iraque se ressentiam tanto dos sacerdotes zoroastristas como dos absenteístas sassânidas que viviam nos planaltos da Pérsia. Assim que o Iraque caiu, após a Batalha de al-Wadisyya (637), o Estado sassânida começou a colapsar. Os árabes conquistaram uma província persa após a outra, até que o único xá sassânida tivesse morrido, um fugitivo, em 651.

Para recapitular, durante a vida de Muhammad, as terras da *umma* foram limitadas ao oeste da Arábia indo ao norte até o Golfo de Acaba, assim como algumas outras partes da península, na qual as tribos árabes haviam supostamente adotado o islã. Com Abu-Bakr, o governo em Medina superou o desafio de uma revolta tribal. A conquista das terras adjacentes na Síria e no Iraque começaram com Abu-Bakr enquanto estava suprimindo a *ridda*. Com a morte de Abu-Bakr em 634, Umar se tornou o novo califa. Concedendo um perdão geral às tribos rebeldes, Umar transformou o que haviam sido alguns ataques em uma política sistemática de aquisição territorial. Durante seu califado e o de seu sucessor, Uthman, toda Síria, Iraque, Pérsia, Egito e Cirenaica (o que é agora o leste da Líbia) foram anexados às terras da *umma*. Você pode prontamente imaginar a pressão que isso colocou sobre o governo primitivo em Medina, onde Muhammad e Abu-Bakr costumavam comprar sua própria comida no mercado, costurar suas roupas, consertar seus sapatos, e dispensar justiça e dinheiro nos pátios de suas próprias casas. Um governo mais sofisticado era necessário.

O começo do governo islâmico

Umar foi sagaz o bastante para ver que as tribos árabes, facilmente levadas à batalha pelo apelo da pilhagem muito mais rica do que jamais viram, poderiam se rebelar quando não estivessem lutando. O que aconteceria quando os centros da civilização caíssem sob a influência desses beduínos? Eles arruinariam os palácios e bibliotecas primeiro, ou as lojas de vinho e as dançarinas drenariam suas habilidades marciais e sua devoção religiosa? Por séculos, nômades e exércitos estrangeiros invadiram as partes povoadas do Oriente Médio, para depois sucumbir sob a influência de seus próprios cativos. Umar não queria que os muçulmanos se corrompessem desse modo. Não era um mero traço de caráter que o fazia andar a passos largos pelas ruas e bazares de Medina, com o chicote na mão, pronto para chicotear qualquer muçulmano que tivesse perdido as preces ou violado o jejum do ramadã. Umar pode ter admirado a habilidade do líder militar Khalid em derrotar os romanos e persas em batalha, mas se ressentia de seus casamentos ilegalmente contratados. Isso e a contratação de poetas por Khalid (os agentes de publicidade da época) para entoar suas preces levaram Umar a dispensá-lo, como um exemplo aos outros árabes.

Quando as tropas não estavam lutando, tinham de ser mantidas em estrita vigilância. A política de Umar era colocá-los na periferia entre o deserto e as terras cultivadas em cidadelas especiais, notadamente Basra e Cufa, ambas no Iraque, e Fustat, ao sul do que é agora o Cairo, no Egito. Ele visava a segregar os árabes dos povos sedentários. Os soldados árabes eram proibidos de adquirir terras fora da Arábia. Seu direito de se apropriar de prédios e outros espólios imóveis de guerra era restrito. Um quinto dos prêmios móveis de guerra tinha de ser enviado de volta a Medina, onde Umar estabeleceu um registro que cuidadosamente dividia os espólios em partes para os membros da *umma*, indo das viúvas e associados de Muhammad ao mais humilde soldado árabe.

Embora os generais árabes e comerciantes mecanos usualmente assumissem os postos superiores das províncias recém-conquistadas, sua administração civil era deixada quase intocada. Essa pessoa hipotética nas ruas de Damasco não acharia a vida em 650 muito diferente daquela em 625. Administradores locais prosseguiam com seus negócios exatamente como antes. Para aquelas cidades e províncias que não tivessem resistido às conquistas árabes, impostos sobre a terra e casas eram reduzidos, mas agora iam para Medina em vez de a Ctesifonte ou Constantinopla. Os idiomas governamentais permaneciam como eram: o grego e o cóptico eram usados no Egito, o grego e o aramaico na Síria, o persa e o siríaco no Iraque e na Pérsia. Povos conquistados continuavam a falar as línguas às quais estavam acostumados. Poucos judeus ou cristãos se tornavam muçulmanos, pois eram protegidos como Povos do Livro. Zoroastristas e maniqueístas no Iraque e na Pérsia, menos tolerados, tendiam mais a se converter, mas gradualmente os primeiros muçulmanos conferiam *status* de árabe honorário a qualquer não árabe convertido tornando-o um membro cliente (*mawla*; plural *mawali*) de uma tribo árabe. Persas e arameus, que iam em grupos para as cidadelas, eram especialmente propensos a se tornar muçulmanos. Em breve o número de *mawali* excederia o de árabes em cidades como Basra e Cufa. Quão irônico, considerando que essas cidades haviam sido estabelecidas para evitar que os árabes fossem corrompidos pela civilização persa! Elas se tornaram cadinhos culturais e centros de intercâmbio cultural.

Dissensões na *Umma*

As cidadelas também se tornaram ninhos de dissensões e intriga, especialmente depois que a mão guiadora de Umar foi removida por assassinato. Antes de morrer devido aos seus ferimentos, Umar indicou um *shura*, ou comitê eleitoral, para escolher o terceiro califa. Alguns escritores modernos citam o *shura* para mostrar que o começo do islã era democrático. De fato, compreendia seis dos associados mecanos de Muhammad e todos os comerciantes de caravana que pertencessem à tribo coraixita. Devido talvez a rivalidades pessoais, finalmente escolheram o único homem no *shura* que pertencia aos prestigiosos omíadas, o clã que por muito tempo havia se oposto a Muhammad.

Sua escolha, Uthman (r. 644-656), entrou para a história como um califa fraco, ávido por agradar os comerciantes mecanos ricos e colocar seus parentes omíadas em posições de poder. Mas uma interpretação como essa é injusta a Uthman, que havia desafiado seu clã para se tornar um dos primeiros convertidos de Muhammad. Ele também desafiou muitos companheiros de Muhammad quando, como califa, estabeleceu uma única versão autorizada do Alcorão e ordenou a queima de todas as cópias que contivessem variações de texto. Muitos recitadores objetaram quando suas apreciadas versões do Alcorão viraram cinzas, mas o islã teria sobrevivido melhor com sete leituras concorrentes de suas escrituras sagradas?

Quanto aos parentes de Uthman, é verdade que alguns deles cobiçassem o poder e outros não soubessem governar. Seu primo Mu'awiya (já indicado por Umar) administrou bem a Síria. Uthman e seu irmão adotivo, no Egito, construíram a primeira esquadra para conquistar o Chipre em 655. O erro de Uthman foi continuar as políticas de Umar em uma época mais complexa, sem ter o caráter rigoroso de Umar. Percebendo isso, os muçulmanos nas cidadelas do Iraque começaram a conspirar contra ele.

O califado complicado de Uthman

Descrições tradicionais contrastam o segundo e o terceiro califas. "A sorte do islã foi envolta na mortalha de Umar", observou um sobrevivente. Do púlpito da mesquita de Muhammad, Uthman reclamava aos medinenses: "Vocês aceitavam isso de Umar, mesmo quando os chicoteava. Por que então não aceitam de alguém que é gentil e não pune vocês?" Talvez a razão seja esta: Umar, durante seu califado, dormia em uma cama de folhas de palma e vestia a mesma camisa de algodão até que estivesse coberta de remendos, enquanto Uthman, um califa, acumulara mais de 100 milhões em bens.

Estudiosos modernos subestimam o contraste de personalidade, contudo, e enfatizam a mudança das condições na *umma*. O influxo de dinheiro e tesouros enriqueceu Medina e Meca muito além de qualquer coisa que Muhammad pudesse ter antecipado e muito além do que seus associados poderiam assimilar. Ganância e vício proliferaram. Quando as primeiras conquistas haviam atingido seus limites (Cirenaica no oeste, as montanhas de Taurus na Anatólia no norte, Khurasan no leste e o Oceano Índico e o Nilo superior no sul), os membros de tribos árabes não podiam mudar de guerreiros de fronteira para polícia militar. Eles sentavam preguiçosamente em suas cidadelas, lamentavam as oportunidades perdidas para pilhar e conspiravam contra o califado na distante Medina.

Por volta de 650, o governo de Uthman foi ameaçado por uma mistura de rebeldes: antigos devotos muçulmanos, basicamente medinenses, que se ressentiam em relação ao modo pelo qual os omíadas estavam assumindo o controle da *umma* que outrora tentaram destruir; recitadores do Alcorão que haviam perdido poder devido à autorização de Uthman para uma única versão; e árabes tribais que se irritavam por não terem novas terras para pilhar. Das cidadelas, Cufa era a mais incontrolável. Uma revolta aberta iniciou em 655, espalhou-se pela Arábia e atingiu Medina em 656. Os insurgentes cercaram a casa de Uthman, que não conseguiu proteção de qualquer dos associados de Muhammad. Um grupo de rebeldes do Egito invadiu a casa e assassinou o califa idoso enquanto estava sentado com sua esposa, recitando o Alcorão. Cinco dias depois, Ali (656-661) concordou, relutantemente, em se tornar o quarto califa.

O califado de Ali

Assim começou a primeira época de problemas do islã, que os árabes chamam *fitna* (tentação). Parece injusto, pois Ali parecia altamente qualificado para o califado. Ele era filho do tio e protetor de Muhammad, o primeiro homem convertido do Profeta, esposo da filha do Profeta, Fátima, e, assim, o pai de seus únicos netos, Hasan e Husayn. Ali havia arriscado sua vida de modo que Muhammad pudesse deixar Meca com segurança durante a *hijra*. Ele havia combatido os mecanos pagãos, acompanhado o Profeta em muitas de suas expedições e aconselhado os primeiros califas sobre questões de dogma e política. Ele era devoto e generoso. Lamentavelmente, mostrou-se um califa fraco. Ou Ali chegara muito tarde para fazer qualquer bem para a função ou o califado chegara muito tarde para lhe fazer qualquer bem.

Desafios para Ali

Logo após sua ascensão, Ali deixou Medina para nunca retornar; Cufa serviria como sua capital. Mas quando chegou a Basra, foi desafiado por dois associados de Muhammad, Talha e Zubayr; Aisha participou, denunciando que Ali era incompetente para governar por não ter tentado proteger Uthman. Essa fora uma estranha acusação, uma vez que nenhum dos desafiadores tivesse aceitado ou protegido o terceiro califa. Seus motivos reais eram políticos e pessoais. Ali havia alegadamente negado postos do governo a Talha e Zubayr, e Aisha nunca o perdoou por tê-la acusado de infidelidade a Muhammad. Ali e suas tropas derrotaram os desafiantes em um confronto sangrento, a Batalha do Camelo, assim chamada porque se deu em torno do camelo que transportava a liteira de Aisha. Talha e Zubayr morreram na batalha (assim como 13.000 outros), e Aisha foi enviada de volta a Medina. A Batalha do Camelo foi a primeira ocorrência na qual dois exércitos muçulmanos se confrontaram. Ela estabeleceu um precedente infeliz.

Um desafio mais perigoso veio de Mu'awiya, o primo de Uthman e governador da Síria, a quem Ali tentou dispensar. O clã omíada ficou compreensivelmente ultrajado quando Uthman foi assassinado e depois substituído por Ali, um hachemita, que se mostrou relutante quanto a encontrar e punir os assassinos. Mu'aiya possuía uma guarnição leal de tropas árabes, que desafiaram Ali. Os dois lados se encontraram em uma série de conflitos em Siffin (no norte da Síria) em 657. Finalmente, quando o lado de Ali parecia estar vencendo, o malicioso General Amr aconselhou os homens de Mu'awiya a colarem páginas do Alcorão nas pontas de suas lanças, apelando para uma arbitragem da querela. Ali suspeitou de um truque, mas suas tropas o persuadiram a aceitar o apelo.

Individualmente Ali e Mu'awiya escolheram um representante e concordaram em deixá-los decidir se os omíadas estavam justificados em buscar vingança pelo assassinato de Uthman. Em seguida, alguns dos homens de Ali se voltaram contra ele por concordar com a arbitragem. Chamados carijitas (dissidentes), esses rebeldes perturbaram Ali até o fim de seu califado, mesmo após tê-los derrotado em batalha em 659. Enquanto isso, os árbitros indicados de Ali e de Mu'awiya se encontraram. Fortalecidos pela revolta carijita contra Ali, o representante de Mu'awiya, Amr, convenceu o árbitro de Ali a aceitar a deposição de seu mestre do califado. Ali não se resignou, mas a arbitragem minou sua autoridade. Seus seguidores desapareceram. Uma província após a outra desertou e passou para o lado de Mu'awiya, que havia se proclamado califa em Jerusalém em 660. Finalmente, em 661, Ali foi assassinado por um carijita que buscava se vingar pela derrota de sua seita.

Mudanças no governo do islã

A morte de Ali encerrou o período conhecido aos muçulmanos como a era dos califas "justamente guiados" (rashidun). Todos os quatro foram homens relacionados a Muhammad pelo casamento e escolhidos por seus companheiros. Mais tarde, os muçulmanos olhariam em retrospecto para esse período como uma época ideal à qual muitos ansiaram por retornar. Eles contrastaram os governos simples em Medina e Cufa com as burocracias inchadas de Damasco e Bagdá, lideradas por califas da realeza que sucederam por hereditariedade. Mas três dos quatro califas rashidun foram assassinados. A época deles foi de conflito político, crises de ajustes à mudança de condições e de muita improvisação. Mesmo o califado, que havia começado como uma medida provisória, foi moldado por Umar em uma instituição duradoura. Tornou-se o eixo para um Estado que estava dobrando e redobrando em área, população e riqueza. Agora, com a morte de Ali, parecia em perigo.

Mu'awiya

O homem que salvou a *umma* e o califado da anarquia foi o governador omíada da Síria, Mu'awiya. Ele possuía uma virtude prezada entre os árabes – a habilidade de evitar o uso da força a menos que absolutamente necessário. Como o próprio Mu'awiya diz,

> Nunca uso minha espada quando posso usar meu chicote, nem meu chicote quando posso usar minha língua. Deixe que um único fio de cabelo me ligue a meu povo, e não deixarei que arrebente; quando puxam, afrouxo, e se afrouxam, puxo.

É interessante que Mu'awiya reivindicou o califado pela primeira vez em Jerusalém, a cidade sagrada dos judeus, cristãos e muçulmanos. Nenhum governante árabe ou muçulmano jamais a tornou sua capital. Mu'awiya havia começado sua carreira como um comerciante mecano, e então escolheu ficar em Damasco, sua capital provincial, porque estava na principal rota de comércio entre a Síria e o Iêmen. Ele parecia ter visto a Síria como um trampolim na direção da tomada de controle de todo o Império Bizantino. A cada verão, os exércitos do califa penetravam a Anatólia. Enquanto isso, sua armada dirigia a frota bizantina do sudeste do Mediterrâneo e, por duas vezes durante seu reinado, cercou a própria capital do império. Mas Bizâncio se opôs ao ataque. Os árabes se consolaram indo para oeste através da Tunísia e para leste através do Khurasan.

Mudanças administrativas

Mu'awiya, chamado o "César dos árabes" por ninguém menos do que o Califa Umar, foi mais mundano do que seus precursores; mas as mudanças que tomaram lugar após 661 não puderam ser atribuídas a diferenças de personalidade. O governo patriarcal – ou seja, o que havia crescido em Medina no modelo do sistema tribal árabe, modificado um pouco pelo Alcorão e pelas práticas do Profeta – não pôde satisfazer as necessidades de um império em expansão abrangendo muitos povos e religiões. Mu'awiya adotou alguns dos costumes imperiais bizantinos e as práticas burocráticas familiares ao Egito e à Síria. Muitos de seus administradores e alguns de seus guerreiros eram sírios ou árabes cristãos, muitas vezes sobreviventes ou filhos da antiga burocracia e soldadesca bizantinas.

Mu'awiya dependia das tribos árabes para grande parte de sua força de trabalho militar. Ele os manteve leais enaltecendo seu senso de superioridade racial e exigindo que os representantes tribais (reféns, de fato) residissem em sua corte em Damasco. Áreas problemáticas, como o Iraque, eram intimidadas por governadores locais impiedosos como Ziyad, o alegado meio-irmão de Mu'awiya. Ao assumir o controle em Basra, do púlpito de sua principal mesquita, Ziyad alertou o povo:

> Vocês estão colocando vínculos familiares antes da religião. Vocês estão escusando e abrigando seus criminosos e pondo abaixo as leis protetoras santificadas pelo islã. Tomem cuidado ao vaguear pela noite; matarei qualquer um que encontre à noite nas ruas. Tomem cuidado com o chamado arbitrário para obedecer a vínculos familiares; cortarei a língua de qualquer um que excite o clamor.

Quem quer que empurre qualquer um na água, quem quer que coloque fogo na casa alheia, quem quer que invada uma casa, quem quer que abra um túmulo, esse eu punirei. Ódio contra mim não punirei, mas apenas crime. Muitos que estão aterrorizados com minha chegada ficarão felizes com minha presença, e muitos que estão construindo suas esperanças nela serão desenganados. Governo vocês com a autoridade de Deus e manterei vocês longe da riqueza da *umma* de Deus. De vocês exijo obediência, e vocês podem exigir de mim justiça. Embora eu possa fracassar, há três coisas que não me faltarão: estarei pronto para ouvir qualquer um a qualquer momento, pagarei sua pensão quando for devida, e não lhe enviarei à guerra longe demais ou por muito tempo. Não se deixem levar por seu ódio e fúria contra mim; vocês sofrerão se o fizerem. Muitas cabeças balançaram; que cada homem vele para que a sua permaneça sobre seus ombros!

Quando Mu'awiya se apercebeu de que em breve morreria, obteve de antemão o consentimento de seus seguidores para a sucessão de seu filho Yazid ao califado. Mais tarde, esse ato de Mu'awiya trouxe para si a reprovação de historiadores muçulmanos, porque de 680 até que o califado fosse abolido em 1924, a função política mais elevada no islã foi hereditária, mesmo que permanecesse, em princípio, eletiva (cf. Caixa 4.1).

Caixa 4.1 Mu'awiya ibn Abi-Sufyan (602?-680)

Mu'awiya foi o fundador da dinastia omíada. Os omíadas foram o clã dominante em Meca; não se associaram com os seguidores de Muhammad. De fato, Mu'awiya não aceitou publicamente o islã até que a cidade se rendesse ao Profeta em 630. O segundo califa, Umar, nomeou-o governador da Síria, uma posição na qual se sobressaiu.

Em junho de 656, o terceiro califa, Uthman, foi assassinado em Medina. Seu sucessor foi Ali, o primo e genro do Profeta. Após suprimir a rebelião liderada por Aisha e dois outros antigos companheiros do Profeta, Ali decidiu que, para manter a lealdade nas províncias, teria de substituir os governadores indicados por seus predecessores. Isso levou a um confronto com Mu'awiya, que se recusou a renunciar a seu posto. Seu confronto foi intensificado pelo fato de Uthman ser primo de Mu'awiya; o último exigiu que o Califa Ali apresentasse os assassinos ou ele próprio seria suspeito de cumplicidade no crime.

Esse conflito entre os dois seguiu um caminho complicado que, por vezes, viu seus respectivos exércitos lutando no campo de batalha e, por vezes, os levou a tentarem a arbitragem. No fim, Ali foi assassinado por um carijita descontente em 661. Mu'awiya tornou-se então o próximo califa do islã.

Seu sucesso repousou na base que tinha posicionada na Síria, onde se mostrou um governador sagaz e forte. A terra havia prosperado sob seus vinte anos de governo. Seu povo lhe retribuiu com lealdade. Na Síria, havia transformado também as tribos árabes locais no exército provincial melhor treinado, melhor equipado e melhor organizado no mundo muçulmano. Invertendo a insistência de Umar em que todas as conquistas se dessem por terra, construiu também a primeira armada do islã. Ele permaneceria na Síria mesmo após ter sido bem-sucedido em assumir o controle do califado. Assim, Damasco substituiu Medina como a capital do Império Islâmico em expansão.

O império estava se expandindo rapidamente, e agora o califa enfrentava sérias dissensões internas que por vezes desafiavam seu governo. Assim, a paciência e habilidade de Mu'awiya para inovar, com menos dependência da tradição do que ocorrera com Umar, tornou-se outra razão para seu sucesso. Através de suas inovações, a natureza do governo muçulmano mudou rapidamente dos estilos mais imediatos, pessoais e colaborativos dos primeiros quatro califas para um modo mais imperial e burocrático que refletia as práticas dos estados bizantino e persa que os muçulmanos haviam derrotado. O governo e a vida na corte resultantes eram estranhos à forma daqueles que apreciavam as práticas políticas do Profeta e de seus companheiros.

Tudo isso prejudicou a reputação de Mu'awiya com os historiadores muçulmanos posteriores. Muitos deles favoreciam a causa de Ali (i. e., xiita) ou foram influenciados pelas descrições negativas escritas pelos governantes abássidas que mais tarde depuseram os omíadas. Contudo, é claro que Mu'awiya foi um grande inovador e um sagaz controlador do poder. Ele provavelmente salvou o jovem Estado muçulmano do caos que seguiu a morte de Ali e o colocou em um caminho administrativo estável na direção do império maior. Apesar disso, é criticado por muçulmanos xiitas até hoje por seu papel em desafiar a liderança de Ali.

Mas o islã teria se saído melhor se Mu'awiya não tivesse fundado a dinastia omíada? Muitos árabes tribais, se tivessem tido uma escolha, teriam sido atraídos para a visão carijita – a de que qualquer homem muçulmano adulto poderia se tornar califa, independentemente de sua raça ou linhagem, e que qualquer califa que pecasse deveria ser forçosamente substituído por outro. A ideia carijita seria recorrente ao longo da história islâmica, especialmente entre os nômades na Arábia e no norte da África. De fato, o Estado Islâmico tentou em 2014 reviver o califado sem restringir a função aos descendentes da tribo coraixita. Mas uma eleição popular do governante muçulmano, baseada em princípios carijitas, teria provocado anarquia no século VII – ou mesmo agora. Na verdade, os omíadas eram muçulmanos negligentes. Mu'awiya resistiu a Muhammad até que toda Meca se rendesse ao islã, mas depois mudou completamente e se tornou secretário do Profeta. As aventuras sexuais e bebedeiras de alguns de seus descendentes chocaram os muçulmanos devotos da época. Contudo, os omíadas mantiveram o comércio de caravana entre a Síria e o Iêmen, e a astúcia de seu negócio os ajudou a escolherem políticas, reconciliarem diferenças e neutralizarem a oposição. A dinastia omíada, embora condenada por muitos historiadores muçulmanos em bases morais, construiu o grande Império Árabe.

Sucessores de Mu'awiya

O que Mu'awiya conquistou foi quase enterrado com ele em 680. Yazid, seu sucessor designado, era odiado pelos agora idosos companheiros de Muhammad e por algumas das tribos árabes, a despeito de suas vitórias em batalhas anteriores contra Bizâncio. Essa animosidade poderia ser relacionada à infância de Yazid. Sua mãe, uma das favoritas de Mu'awiya, detestava a vida tranquila da corte omíada e sentia falta dos campos beduínos de sua juventude. Ela escreveu um poema por essa razão, insultando rudemente Mu'awiya, que o convenceu de que ela e seu filho jovem pertenciam ao deserto. Yazid cresceu com a tribo de sua mãe, os calbes. Com a sua ascensão ao califado, favoreceu sua tribo em detrimento de seus grandes rivais, os qays. Durante as primeiras conquistas, as tribos haviam formado duas grandes confederações envolvendo a maioria dos soldados árabes: uma "do sul", que incluía os calbes, a outra "do norte", que incluía os qays. Durante o reinado de Yazid, suas rivalidades escalaram até uma guerra civil completa, parte da segunda *fitna* do islã.

A rebelião de Husayb: o começo do xiismo

Alguns muçulmanos ainda abominavam a própria ideia de um califado omíada e queriam a liderança da *umma* restaurada ao clã hachemita, preferivelmente na pessoa de um descendente direto do Profeta. Muhammad não teve filhos. Seu genro, Ali, fora morto, assim como Hasan, deixando o outro neto do Profeta, Husayn, como o único possível candidato. Ele era um homem devoto que havia vivido quase todos os seus cinquenta e quatro anos quietamente em Medina. Mas quando Yazid sucedeu Mu'awiya em 680, Husayn se recusou a reconhecer o novo califado como legítimo. Alguns dos inimigos cufanos dos omíadas, assim encorajados, convenceram Husayn a se rebelar contra eles. Intimidados por seu governador, contudo, muitos cufanos não apoiaram Husayn quando mais necessitou. Quando o neto do Profeta chegou a Carbala, no Iraque, descobriu que tinha somente 72 guerreiros para enfrentar 10.000 soldados omíadas. O bando diminuto de Husayn lutou tão bravamente quanto pôde, mas todos morreram na batalha no décimo dia do Moarrão do ano 61 do calendário islâmico (680 EC). A cabeça decepada de Husayn foi colocada nos pés de Yazid em Damasco. Os omíadas haviam aparentemente triunfado mais uma vez.

A importância desses eventos foi que os partidários dos descendentes "martirizados" do Profeta, Ali e agora Husayn, juraram nunca reconhecer os omíadas como califas legítimos. Eles passaram a ser chamados *Shi'at Ali* (o Partido de Ali), do qual veio o nome "xiismo". Do Iraque, dispersaram-se por todo o império, onde quer que os muçulmanos quisessem desafiar o governo omíada. Hoje, o xiismo constitui a segunda maior seita muçulmana, em contraste com o grupo majoritário, chamado sunita, que aceitou (muitas vezes relutantemente) os califas governantes. Existem diferenças religiosas entre sunitas e xiitas, devido principalmente à convicção dos últimos de que somente Ali e seus descendentes (cf. Figura 4.1) tinham qualquer direito a liderar a *umma*. Para os muçulmanos xiitas, mesmo Abu-Bakr, Umar e Uthman, sem falar de Mu'awiya e seus herdeiros, foram usurpadores, enquanto Ali foi o primeiro *imame* (líder) e legou poderes especiais e conhecimento esotérico a seus filhos, aos filhos de seus filhos e assim por diante.

À medida que o tempo passava, surgiram disputas entre vários irmãos reivindicando o imanato, levando a cisões entre seus seguidores xiitas. Como veremos a seguir, alguns xiitas mais tarde conseguiram formar estados em oposição ao califado sunita. Desde cerca de 1500, como veremos no capítulo 9, os governantes da Pérsia (chamada Irã em tempos modernos) eram muçulmanos xiitas. Mas não identifique xiismo com nacionalismo persa, pois o primeiro começou como um movimento de protesto político formulado em termos religiosos, atraindo tanto árabes quanto persas. Ele encontrou expressão em peregrinações a Najaf e Carbala (os lugares onde Ali e Husayan estavam, respectivamente, enterrados), em procissões anuais de lamentação do martírio de Husayn, e no auto da paixão que reencenava seu fim trágico.

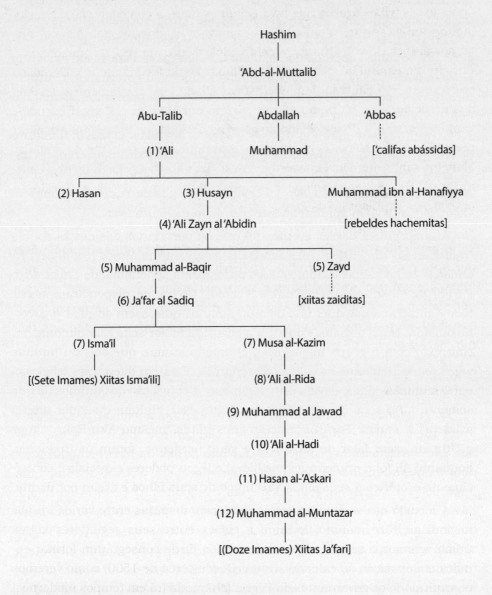

Figura 4.1 O clã hachemita, mostrando os imames xiitas

Outros desafiadores

Os outros desafiantes dos omíadas, embora na época parecessem mais ameaçadores, são agora basicamente esquecidos. Abdallah ibn al-Zubayr, filho de Zubayr, morto na Batalha do Camelo, também se recusou a apoiar Yazid. Quando Yazid morreu em 683, deixou o califado para seu filho doente, mas Abdallah, que vivia em Meca, reivindicou para si a função. Muçulmanos em todas as províncias, mesmo alguns na Síria, prometeram apoiá-lo. As tribos árabes que favoreciam os qays, a confederação do norte, insurgiram-se contra os omíadas, que estavam ligados aos calbes e, portanto, aos árabes do sul. Quando o califa adolescente morreu, os omíadas não tinham um candidato plausível. Abdallah poderia facilmente ir a Damasco para assumir o califado. Mas ele estava aliado aos descendentes devotos dos associados de Muhammad que viviam em Medina e Meca. Eles odiavam Damasco e tudo associado ao governo omíada, de modo que Abdallah permaneceu em Meca. O membro mais velho e respeitado do clã omíada, Marwan, relutantemente concordou em se opor aos partidários de Abdallah. Em julho de 684, seus soldados omíadas derrotaram as tribos opositoras árabes e as expulsaram da Síria.

As rebeliões continuaram por quase uma década. Em 685, um grupo de xiitas penitentes em Cufa começou uma revolta de dois anos que foi notável por apelar a convertidos árabes. Os carijitas se rebelaram, como muitas vezes fizeram sempre que havia dissensão. Levou anos para os omíadas derrotarem o califado rival de Abdallah ibn al-Zubayr, mas devemos deixar essa história para o capítulo 5. Nunca mais um grande grupo tentaria tornar Meca a capital do islã.

Conclusão

Entre a morte de Muhammad e a segunda *fitna*, a *umma* havia crescido tanto que a Arábia não poderia mais ser seu centro político. As tribos árabes, que executaram as conquistas, haviam formado uma aristocracia poderosa que se espalhou ao longo do império, mas sua efetividade como uma força política foi enfraquecida por suas rivalidades. O governo da *umma* havia deixado de ser uma extensão, fosse da democracia tribal árabe, fosse do prestígio religioso de Muhammad; agora fora firmemente tomada por um clã mercantil mecano com base na Síria. Seu braço administrativo era um time de árabes e sírios, alguns deles cristãos, que davam continuidade às práticas de governo dos bizantinos. Muitos dos árabes, quer nômades, comerciantes mecanos, agricultores medinenses ou guerreiros tribais que viviam em cidadelas, sentiam-se alienados desse reino neorromano. Alguns dos súditos árabes se tornaram muçulmanos, mas esses *mawali*, especialmente no Iraque, eram cidadãos de segunda classe que se ressentiam das alegações de superioridade dos árabes. Movimentos xiitas e carijitas refletiam essas várias tensões. Enquanto isso, muitos dos súditos dos califas permaneceram judeus, cristãos ou zoroastristas, não muçulmanos com quem se poderia contar para apoiar a *umma* quando estivesse em perigo. Em suma, deveria nos admirar o fato de o islã ter sobrevivido à morte de Muhammad, ter conquistado novas terras e adeptos tão rapidamente e ter assimilado impérios poderosos e sociedades civilizadas. Todavia, a despeito dessas conquistas que se estenderam por meio século, os muçulmanos ainda não estavam seguros.

5 O alto califado

Por mais de mil anos, os árabes careceram de uma história satisfatória. Eles foram devastados por sectarismo e conflitos internos, invasões externas, subordinação a governantes externos, desastres naturais e por esperanças e medos exagerados. Mas, em seus momentos mais desolados da história, os povos falantes do árabe do Oriente Médio se consolaram com a memória de um tempo em que seus ancestrais governaram grande parte do Hemisfério Oriental, quando os europeus e os chineses os temiam e cortejavam, e quando era sua a língua na qual as mais elevadas conquistas literárias e científicas da humanidade eram expressas. Esse foi o tempo das duas grandes dinastias califais, a dos omíadas e a dos abássidas. Chamamos essa era, os anos de 685 a 945, o Alto Califado.

Durante esse período, a *umma* islâmica foi inicialmente liderada pelo ramo marvanida da família omíada, que governava Damasco, e depois pelos abássidas de Bagdá. Ambas as dinastias pertenciam à tribo coarixita e foram apoiadas por aqueles muçulmanos que vieram a ser chamados sunitas. O Estado califal era forte, em relação ao oeste da Europa, Império Bizantino, Índia e China. As conquistas territoriais continuaram até cerca de 750, quando os abássidas anexaram os omíadas. Após esse período, algumas terras foram perdidas para governantes locais e o império começou a ruir.

Contudo, enquanto qualquer semelhança de unidade permaneceu, antigas práticas políticas e tradições culturais romanas, sírias e persas continuaram combinadas em novas formas. A prosperidade econômica, baseada principalmente na agricultura, foi ampliada pelo comércio e manufatura. O relativo poder dos vários povos se deslocou gradualmente durante o Alto Califado. Durante o governo dos abássidas, se não antes, a dominância árabe declinou, uma vez que muitos não árabes se tornaram muçulmanos e, em muitas ocorrências, adotaram também a língua árabe. O movimento resultante de pessoas e difusão de ideias facilitou o crescimento de uma civilização islâmica.

O nome árabe denotava cada vez mais pessoas. Originalmente, indicava os beduínos que viviam na Arábia que, como os muçulmanos, conquistariam terras vastas. Essa conquista espalhou a língua árabe e combinou sua cultura aos estilos de vida dos conquistados. Ao longo do tempo, muitos daqueles que participavam dessa cultura e falavam o árabe passaram a ser vistos por si mesmos, e por outros, como árabes. Durante o Alto Califado, soldados tribais da Arábia foram gradualmente substituídos por tropas assalariadas, notadamente persas do Khurasan, e depois por soldados de cavalaria turcos tribais pagos com concessões de terras. Persas e turcos não eram árabes.

À medida que o Estado califal ficava maior e mais complexo, necessitou de mais pessoas para administrá-lo. Os primeiros omíadas haviam herdado as tradições burocráticas romanas, mas agora os administradores persas assumiram o controle e introduziram práticas sassânidas. Ao mesmo tempo, crescia uma classe de muçulmanos devotos que podiam recitar e interpretar o Alcorão, relacionar e registrar *hadiths* (descrições autenticadas dos ditos e feitos de Muhammad), sistematizar a gramática árabe, e desenvolver a ciência do direito (chamada *fiqh* em árabe). Eles terminaram conhecidos como *ulama*, que significa "aqueles que sabem", ou especialistas em doutrinas, leis e história muçulmanas. Os muçulmanos também se tornaram interessados em filosofia clássica, ciência e medicina à medida que trabalhos gregos foram traduzidos ao árabe. Um resultado foi a evolução da teologia islâmica sistemática. Os muçulmanos também desenvolveram ideias e rituais mais esotéricos, levando ao aumento do sufismo (o misticismo islâmico organizado), sobre o qual você lerá mais adiante.

O califado enfrentava oposição constante dos carijitas, que rejeitavam qualquer tipo de governo hereditário, e de movimentos xiitas que apoiavam vários descendentes de Ali. Mais tarde nessa era, grande parte do mundo muçulmano passou ao domínio de dinastias xiitas. Até cerca de 1000, não muçulmanos eram a maioria nas terras da *umma*, mas seu poder e influência relativos estavam diminuindo.

A restauração da ordem Omíada

Muitos estudiosos listam Umar, Mu'awiya e Abd al-Malik entre os califas considerados os pais fundadores do governo islâmico. Você já aprendeu sobre Umar, que foi responsável pelas primeiras conquistas, e sobre Mu'awiya, que legou o califado aos seus herdeiros omíadas. Abd al-Malik assumiu o califado na morte de seu pai idoso, Marwan, que havia governado brevemente durante o que foi (para os omíadas) o pior ano da segunda *fitna*. Quando Abd al-Malik assumiu o controle, a confederação tribal árabe do norte estava se rebelando contra sua família, na liga com Abdallah ibn al-Zubayr, que estava em Meca reivindicando o califado. Cada província, exceto a Síria, havia se voltado contra o governo omíada. O martírio do neto do Profeta, Husayn, havia antagonizado ainda mais muitos muçulmanos, especialmente os xiitas.

O triunfo de Abd al-Malik

Embora tenha assumido a função em 685, Abd al-Malik esperou até 691 para capturar o Iraque das forças de Abdallah. No ano seguinte, al-Hajjaj, um general omíada famoso por seu duro governo no Iraque e no Irã, capturou a Arábia. Seus homens haviam atacado Meca (inclusive danificando a Caaba) antes que o exército de Abdallah se rendesse. Al-Hajjaj passou dois anos exterminando rebeldes carijitas na Arábia antes de ir para Cufa. Vestindo um disfarce, entrou na mesquita principal, subiu no púlpito, retirou o véu de sua face e se dirigiu aos cufanos rebeldes:

> Vejo cabeças prontas para o corte. Povo do Iraque, não me deixarei ser esmagado como um figo macio... O comandante dos fiéis [Abd al-Malik] retirou flechas de sua aljava e testou a madeira, e descobriu que sou o mais duro... E assim, por Deus, desnudarei vocês como os homens desnudam a casca das árvores... Baterei em vocês como se bate em camelos extraviados.

Os cufanos, consequentemente intimidados, não incomodaram mais, e al-Hajjaj restaurou a prosperidade nas províncias omíadas do leste.

Abd al-Malik estabeleceu a base para um califado absolutista, padronizado conforme as tradições dos reis do Oriente Médio antigo dos xeiques patriarcais das tribos árabes. Você pode ver a mudança não apenas nas políticas desses governadores autoritários como al-Hajjaj, mas também no decreto de Abd al-Malik tornando o árabe a língua administrativa. Antes disso, algumas partes do império haviam usado o grego, outras o persa, o aramaico ou o copta, dependendo do que os funcionários e as pessoas locais calhavam falar. Muitos burocratas, especialmente os persas, não queriam abrir mão de uma língua rica no vocabulário administrativo para uma usada até recentemente somente por nômades e comerciantes cameleiros. Mas foram esses persas que sistematizaram a gramática árabe, por logo se aperceberem de que nenhum persa poderia obter ou manter um trabalho de governo sem aprender a ler e a escrever essa língua complicada.

Seguindo a antiga tradição imperial romana de erigir belas edificações, Abd al-Malik mandou construir a magnífica Cúpula da Rocha no topo do que havia sido o Monte do Templo de Jerusalém. Foi um santuário erigido em torno do que a tradição local dizia que foi a rocha em que Abraão teria tentado o sacrifício e a qual os muçulmanos acreditavam ter sido o local de partida de Muhammad em sua milagrosa jornada noturna aos céus. Com a Cúpula da Rocha assentada quase diretamente sobre o muro ocidental, o único remanescente do Segundo Templo judeu, você pode ver por que os árabes e judeus agora disputam quem deveria controlar a cidade antiga de Jerusalém, sagrada para todas as religiões monoteístas.

Outro ato simbólico de Abd al-Malik foi a cunhagem das moedas muçulmanas, encerrando a dependência dos muçulmanos das moedas bizantina e persa. O uso de inscrições árabes (muitas vezes citações do Alcorão) tornava mais fácil para os árabes classificarem os valores variáveis das moedas. No fim, os governantes muçulmanos terminariam vendo o direito de emitir moedas em seus próprios nomes como o símbolo de sua soberania.

A retomada das conquistas

O Estado califal estava se tornando um império. As conquistas árabes foram retomadas após o encerramento da segunda *fitna*. Um exército se dirigiu para o oeste a caminho do norte da África, enquanto uma armada de muçulmanos expulsou os bizantinos do oeste do Mediterrâneo. Os berberes do norte africano, após se renderem aos árabes, converteram-se ao islã e se juntaram aos seus exércitos. Durante o governo do sucessor de Abd al-Malik, uma força muçulmana cruzou o Estreito de Gibraltar e tomou grande parte da Espanha e Portugal dos dias de hoje. Foi apenas em 732 – exatamente um século após a morte do Profeta – que um exército cristão europeu estancou o fluxo de muçulmanos no norte da França. O maior avanço muçulmano, contudo, vinha do leste a partir da Pérsia. Exércitos muçulmanos atacaram os turcos, primeiro onde hoje é o Afeganistão, depois, em Transoxiana (as terras além do Rio Oxus, ou Amu Dária), incluindo Bukhara e Samarcanda. No fim, terminaram chegando à fronteira noroeste da China, que se tornou o limite leste das conquistas árabes. Outra força se dirigiu ao norte para o Mar Aral, adicionando Khwarizm às terras do islã. Outra ainda se dirigiu ao sul, tomando o Baluquistão, Sind e Punjab, aproximadamente o que é agora o Paquistão.

Havia uma noz muito dura para quebrar – o Império Bizantino. Os bizantinos, embora enfraquecidos pela perda de suas terras sírias e norte-africanas, e desprovidos de sua supremacia naval no oeste do Mediterrâneo, reorganizaram seu exército e a administração da Anatólia, tornando aquela área de planaltos impenetrável às forças árabes. Constantinopla, guardada por grossos muros, resistiu a três cercos omíadas, o último dos quais envolveu uma frota árabe de mil navios e durou de 716 a 718. Usando "fogo grego" – provavelmente um derivado do petróleo, que inflamava ao atingir a água e (com ventos favoráveis) incendiava os navios inimigos – os bizantinos eliminaram a maior parte da frota árabe. Após isso, os califas concluíram que Bizâncio era muito difícil de tomar. Gradualmente eles pararam de afirmar serem o novo Império "Romano" e adotaram, em troca, uma aura neopersa.

Reformas fiscais

Se os califas adotaram os adornos dos imperadores romanos ou dos xás persas, seu regime favorecia os árabes e dependia de seu apoio. Mas a maior parte de seus súditos não era árabe, e eles pagavam a maior parte dos impostos. Mesmo aqueles não árabes que se tornaram muçulmanos ainda tinham de pagar as mesmas taxas que aqueles que não haviam se convertido. A terminologia e a administração desses impostos eram confusas, pois eram manipuladas contra os *mawali*, os não árabes convertidos ao islã que haviam se tornado tão numerosos quanto os próprios árabes tribais.

Esse problema foi tratado por Umar II (r. 717-720), o único entre todos os califas omíadas que é elogiado por sua devoção por historiadores muçulmanos posteriores. Umar desejava suspender todas as práticas fiscais que favorecessem os árabes e tratar todos os muçulmanos igualmente. Quando seus conselheiros avisaram que isentar os *mawali* dos impostos pagos por não muçulmanos provocaria inúmeras conversões ao islã e esgotaria seus fundos, Umar retorquiu dizendo que não havia se tornado comandante dos fiéis para coletar impostos e impôs mesmo assim suas reformas. Como ele também cortou gastos militares, seus fundos não sofreram, e ganhou convertidos muçulmanos. Ele também impôs restrições humilhantes aos não muçulmanos: eles não poderiam utilizar cavalos ou camelos, mas somente mulas e asnos; tinham de vestir uma vestimenta especial que os identificasse como judeus ou cristãos; e foram proibidos de construir novas sinagogas ou igrejas sem permissão. Essas regras, chamadas coletivamente o *Pacto de Umar*, foram impostas por alguns de seus sucessores e ignoradas por muitos outros.

Não podemos generalizar sobre as condições dos judeus e cristãos durante o governo muçulmano – elas variavam enormemente –, mas a conversão ao islã era usualmente motivada social ou economicamente, não forçada. Foi Hisham (r. 724-743) quem finalmente colocou os impostos em um sistema que seria mantido pelos próximos mil nos: os muçulmanos pagavam o *zakat*, muitos donos de propriedade pagavam sobre suas terras ou imóveis um imposto chamado *kharaj*, e homens cristãos e judeus pagavam uma capitação chamada *jizya*.

A queda omíada

A despeito das reformas fiscais de Umar II e de Hisham, o califado omíada permaneceu um reino árabe. Os muçulmanos o prolongaram enquanto conquistas continuaram. Mas, como reduziram na década de 740, as tribos árabes que forneciam a maior parte dos guerreiros se tornaram inúteis devido às suas constantes querelas. Alguns dos últimos califas também pareceram inúteis, com seus palácios de caça, dançarinas e piscinas cheias de vinho. Alguns deles apoiavam uma ou outra das confederações tribais, elevando o perigo de que tribos preteridas provocassem revoltas xiitas ou carijitas ressentidas. Hisham enfrentou esses problemas bravamente; seu sucessor menos hábil não.

Enquanto isso, os *mawali* haviam se tornado os líderes intelectuais, os burocratas e inclusive a elite comercial da *umma*, mas a discriminação política e social que tinham de suportar os levou a se oporem ao sistema existente. O melhor modo para se expressarem era por meio do apoio a movimentos muçulmanos que pudessem depor os omíadas. Entre os *mawali*, havia o movimento revolucionário xiita chamado – ambiguamente – os hachemitas. Como você verá na Figura 4.1, o nome designa a família de Muhammad. Os hachemitas, como um grupo de conspiração, ocultava aos estranhos exatamente qual ramo xiita estavam apoiando. De fato, seus líderes descendiam de um filho de Ali com uma mulher fora do casamento com a filha de Muhammad. No começo do século VIII, alguns dos hachemitas passaram a apoiar um ramo de seu clã, os abássidas, assim chamados porque haviam descendido do tio de Muhammad, Abbas. Os abássidas exploraram esses revolucionários xiitas e os *mawali* descontentes para obter poder. Seu poder central era em Khurasan, ao leste da Pérsia.

A fraqueza dos omíadas foi a oportunidade dos abássidas. As tribos árabes estavam ressentidamente divididas, o exército estava desmoralizado, a irrigação fluvial tornou o Iraque mais rico do que a Síria, a opinião popular exigia a igualdade muçulmana em vez da supremacia árabe, e Khurasan era uma província na qual milhares de colonos árabes se misturaram com os proprietários de terras nativos persas. Lá, em 747, um persa chamado Abu-Muslim proclamou uma revolta para apoiar os abássidas. A despeito da heroica resistência do último califa omíada e de seu governador em Khurasan, a revolta se espalhou. Os abássidas atingiram Cufa em 749 e proclamaram um abássida chamado Abu al-Abbas como novo califa. As tropas de Abu-Muslim subjugaram o exército dos omíadas em 750, perseguiram seu último califa até o Egito, e o mataram. Prosseguiram, então, agora matando todos os omíadas e destruindo seus cadáveres. O único membro da família que escapou foi 'Abd al-Rahman I. Após uma traumática jornada através do norte da África, chegou a salvo na Espanha, onde estabeleceu em Córdoba um novo Estado omíada, mais tarde um califado rival que durou até 1031.

O califado abássida

A Revolução Abássida é geralmente vista como uma virada na história islâmica. As pessoas costumavam dizer que marcara a deposição dos árabes pelos persas. Contudo, os abássidas eram árabes, orgulhosos de descenderem do tio do Profeta. Seus partidários incluíam árabes e persas, e muçulmanos sunitas e xiitas, todos desejavam a substituição de uma aristocracia tribal árabe por uma forma mais igualitária de governo baseada em princípios islâmicos. Como outras revoluções históricas, a deposição dos omíadas reforçou tendências que já haviam começado: a mudança do centro do poder da Síria para o Iraque, o aumento da influência persa no lugar da síntese bizantino-árabe de Mu'awiya e Abd al-Malik, a motivação cada vez menor para assumir o controle de toda Europa cristã, e um interesse crescente em cultivar as artes da civilização.

A construção de Bagdá

Quando Abu al-Abbas foi proclamado o primeiro califa abássida em 794, Bagdá era uma aldeia persa, acima do Rio Tigre, da capital sassânida

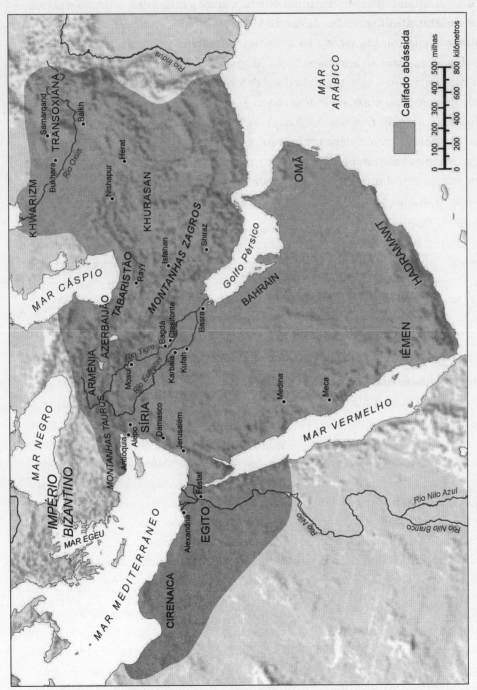

Mapa 5.1 O califado abássida, cerca de 800

arruinada, Ctesifonte. Embora os abássidas quisessem mover o governo para o Iraque, tentaram algumas outras cidades antes que o irmão e sucessor de Abu al-Abbas, Abu Ja'far al-Mansur, escolhesse esse lugar em 762 para sua capital. Ela estava localizada exatamente no ponto em que o Tigre e o Eufrates mais se aproximam (cf. Mapa 5.1). Uma série de canais ligando os rios tornou o lugar mais fácil de defender e também colocou Bagdá na rota de comércio entre o Mediterrâneo (dali para a Europa) e o Golfo Pérsico (dali para a Ásia). A irrigação fluvial do Iraque estava aumentando a produção agrícola. Era também uma área na qual as culturas persa e aramaica permaneciam fortes. Finalmente, era mais próxima ao centro de gravidade político para um império ainda se estendendo ao leste em direção à Índia.

Al-Mansur queria uma capital planejada, não uma cidade que, como Cufa ou Damasco, tivesse servido a outros propósitos. Seus arquitetos lhe deram uma cidade redonda. O palácio califal e a mesquita principal confrontavam uma praça central. Em torno dela foram erguidos quartéis militares, escritórios do governo e os lares dos principais administradores. Um muro duplo com quatro portões cercava a cidade; em breve, centenas de casas e lojas cercaram o muro. Do outro lado do Tigre foi erguido o palácio do filho do califa, com um entorno menor. Os últimos califas construíram mais palácios ao longo do Tigre, que era atravessado por uma ponte de barcos. A construção de Bagdá era parte de uma política de obras públicas pela qual os abássidas mantinham milhares de seus súditos empregados e sua imensa riqueza circulando. Uma política popular, que levou à construção de mesquitas, escolas e hospitais ao longo do império, mas seu sucesso dependia da prosperidade geral, pois o povo pagava altos impostos para sustentá-la.

Devoção pública

Os abássidas faziam uma exibição pública de sua devoção, a qual havia sido sua principal justificação para a deposição dos ricos omíadas. Al-Mahdi, o terceiro califa abássida, apreciava vinho, música e garotas escravas perfumadas, mas também pagou generosamente para expandir o pátio em torno da Caaba e para estabelecer postos de guarda e poços ao longo das rotas de peregrinação na Arábia. O quinto califa, Harun al-Rashid, executou a *hajj* periodicamente ao longo de sua vida. Ele pessoalmente conduziu seu exército a um jihad muçulmano, através da Anatólia, que quase chegou a Constantinopla antes que os bizantinos rendessem homenagem o bastante para persuadir os abássidas a se retirarem.

Revoltas antiabássidas

Com tanta devoção pública, você pode pensar que os abássidas poderiam ter evitado as revoltas religiosas como aquelas que perturbaram os omíadas. Mas não. As revoltas se tornaram mais frequentes e variadas do que jamais, refletindo dificuldades econômicas e descontentamento social nas terras do islã. Grupos carijitas se rebelaram em Omã e no norte da África, formando seus próprios estados. Os xiitas representavam uma ameaça maior, pois em breve veriam que os abássidas os haviam enganado usando sua ajuda para expulsar os omíadas. Dois descendentes de Hasan se revoltaram em 762, um em Meca e o outro em Basra. Para subjugar suas revoltas, as tropas de al-Mansur mataram milhares de dissidentes xiitas. Em 788, outro xiita liderou uma rebelião berbere que separou permanentemente o Marrocos do governo abássida.

Algumas das revoltas contra o governo abássida foram de inspiração anti-islâmica, especialmente aquelas das quais os persas participaram. Por que eram tão inquietos? Uma cortina negra envolveu a história da Pérsia após as conquistas árabes destruírem o Império Sassânida. Por um século, os persas mergulharam num desespero comovedor. Gradualmente, tornaram-se muçulmanos, aprenderam o árabe e se ajustaram às novas relações de poder. A queda dos omíadas em 750, seguida pela regeneração do Iraque, tirou os persas de sua comoção. Muitos apoiariam qualquer herói que pudesse restaurar seu prestígio perdido.

Abu-Muslim era popular em Khurasan, onde os persas o viam como seu líder, não meramente o líder da Revolução Abássida. Os primeiros dois califas abássidas, Abu al-Abbas e al-Mansur, usaram-no para derrotar os omíadas e subjugar os xiitas. Mas Mansur temia que os persas pudessem atacar sua própria dinastia. Mais tarde, os persas o acusaram de ter traiçoeiramente intimado Abu-Muslim para sua corte e ordenado sua morte. Alguns árabes chamavam Abu-Muslim *zindiq* (herético), significando que ele praticasse uma religião persa pré-islâmica.

A execução de Abu-Muslim não trouxe paz aos abássidas. Em breve, irromperam revoltas em Khurasan. Essas revoltas foram inspiradas pelas religiões pré-islâmicas da Pérsia, como o zoroastrismo (praticado pelos governantes sassânidas) e um movimento camponês chamado mazdaquismo. Além disso, o dualismo filosófico dos maniqueus sobreviveu ou foi revivido na Pérsia entre os zindiqs, mas esse grupo é difícil de definir, uma vez que muçulmanos devotos usavam esse nome para muitos dissidentes. Essas revoltas muitas vezes tiveram motivos econômicos assim como religiosos.

Os persas no poder

A ressurreição da influência persa nem sempre tomou formas dissidentes. Centenas de persas, principalmente do Iraque e de Khurasan, ascenderam a altos postos no exército e na burocracia, substituindo os árabes e sírios favorecidos pelos omíadas. Esses homens podem ter apreciado os clássicos persas mais do que seus colegas árabes teriam desejado, mas também aprenderam árabe e cuidadosamente acataram as normas abássidas sobre temas religiosos. Alguns persas se tornaram ulamas e ajudaram a moldar o islã. Leais aos seus mestres abássidas, ajudaram a suprimir ideias e movimentos divergentes, enquanto persianizavam o Estado a partir de dentro.

À medida que a administração central se tornava mais complexa, famílias burocráticas persas ascenderam ao poder. A maior dessas foi a dos barmaquidas, dos quais três gerações serviram os abássidas de Mansur a Harun al-Rashud como tesoureiros, coletores de impostos, governadores provinciais, funcionários, tutores, companheiros e ministros-chefes. Vizir, o título que sustentavam – *wazir* em árabe e *vizier* em persa –, passou a ser aplicado a qualquer oficial de alto posto. Significando, originalmente, "portador de carga", denota, agora, um ministro de gabinete em grande parte das línguas do Oriente Médio. Harun dividiu muitas de suas responsabilidades com os vizires barmaquidas, até se aperceber de que eles haviam usurpado grande parte de seu poder e riqueza. Então, ele matou dramaticamente aquele a quem ele era mais ligado. Como poderia Harun alegar ser o representante de Deus na Terra e a fonte da justiça se todos buscavam os barmaquidas por apoio?

Uma escada menos espetacular para os persas ascenderem socialmente foi um movimento literário chamado a *Shu'ubiya*. Os persas, especialmente os burocratas, usavam seu conhecimento da literatura para provar sua igualdade com (ou superioridade em relação a) os árabes. Afinal, eles raciocinavam, os persas haviam construído e governado impérios poderosos, prosperado e criado uma cultura elevada por séculos enquanto os árabes estavam guiando camelos no deserto. Os árabes foram rápidos em acusar a *Shu'ubiya* de atacar o islã e o Profeta, mas seus estudiosos e administradores buscavam realmente igualdade dentro do sistema.

A maior ameaça aos abássidas vinha daqueles persas que se libertaram para formar estados dinásticos separados na Pérsia. Esses incluíam um general que fundou os tairidas (r. 820-873) e um trabalhador em cobre que começou os duráveis safáridas (r. 861-1465). Na verdade, os próprios abássidas estavam sendo persianizados por seus haréns. Os califas tinham tantas esposas ou concubinas persas que a mistura genética dos abássidas do século IX era mais persa do que árabe. A mãe persa de Harun o persuadiu a se tornar califa. O que intensificou o conflito de sucessão entre seus dois filhos foi o fato de a mãe de Amin (r. 809-813) ser a esposa árabe de Harun, enquanto Ma'mun (o desafiador e vitorioso final) ter nascido de uma concubina persa.

O califado de Ma'mun

Ma'mun (r. 813-833) merece uma posição elevada entre os califas abássidas, ainda que sua ascensão ao poder tenha resultado de uma sangrenta guerra civil que quase eliminou Bagdá. Um patrono da erudição, Ma'mun fundou um grande centro intelectual islâmico chamado *Bayt al-Hikma* (Casa da Sabedoria). Ele incluía várias escolas, observatórios astronômicos em Bagdá e Damasco, uma enorme biblioteca e instalações para a tradução de trabalhos científicos e filosóficos do grego, aramaico e persa ao árabe.

A queda de Ma'mun para o debate filosófico e teológico o levou a adotar um conjunto de doutrinas muçulmanas conhecidas coletivamente como as *Mu'tazila*. Embora esse sistema teológico tenha se ocupado no início com a refutação dos zindiqs persas e da Shu'ubiya, tornou-se uma formulação racionalista do islã, favorecendo o livre-arbítrio em detrimento da predestinação divina. Durante o governo de Ma'mun e de seus dois sucessores, cada oficial de alta posição ou juiz muçulmano era testado ao ser questionado se acreditava que Deus havia criado todas as coisas, incluindo o Alcorão. Uma resposta afirmativa significava que ele era um mutazilita – aquele que se opõe à ideia popular de que o Alcorão havia existido eternamente, mesmo antes de ter sido revelado a Muhammad. (Revisitaremos esse tema no capítulo 8.) O extremo racionalismo dos mutazilas antagonizava os abássidas posteriores, que encerraram o teste. Ele ofendia os muçulmanos ordinários, que reverenciavam o Alcorão e acreditavam que Deus havia decretado todos os atos humanos. Ma'mun também tentou reconciliar os muçulmanos sunitas e xiitas ao nomear o imame dos últimos como seu sucessor. O plano falhou. O povo do Iraque resistiu à concessão de Ma'mun a um descendente de Ali, e o imame morreu, provavelmente envenenado (cf. Caixa 5.1).

O declínio abássida

Dada a grande quantidade de seitas dissidentes, revoltas, secessões e disputas intelectuais ocorrendo entre 759 e 945, você pode se admirar de como os abássidas conseguiram governar seu império. Bem, com o tempo, não conseguiram mais. Além daqueles estados xiitas e carijitas supracitados nas remotas partes de seu impérios, os abássidas indicaram alguns governadores, que passaram a transmitir suas províncias aos seus herdeiros. Um governador abássida, enviado por Harun em 800 para Túnis, fundou sua própria dinastia, coletivamente conhecida como aglábida, que invadiu com sucesso as proximidades da Sicília, Itália e sul da França. Essas invasões aumentaram seu prestígio entre os muçulmanos em uma época em que os sucessores de Harun não estavam mais tomando terras cristãs. Em troca, os cristãos do Egito depuseram seu governador abássida em 832, e uma armada bizantina invadiu o Delta do Nilo vinte anos mais tarde. Ahmad ibn Tulun, enviado pelos abássidas ao Egito em 868 para restaurar a ordem, tornou o país praticamente independente. À medida que os abássidas declinavam, o Império Bizantino revivia. Durante o governo de seus líderes macedônios do século X, esse Estado cristão retomaria brevemente o sul da Anatólia e inclusive a Síria.

Caixa 5.1 Abdallah al-Ma'mun (786-833)

Al-Ma'mun (786-833) foi o filho do Califa Harun al-Rashid com uma menina persa escrava chamada Marajil. Naquela época, a Pérsia ainda era uma terra de crenças heterodoxas dentro de um Império Muçulmano cada vez maior. Graças à sua mãe e a vários tutores não árabes, al-Ma'mun cresceu com um amplo interesse por uma variedade de abordagens filosóficas e científicas ao conhecimento.

Al-Ma'mun teve de lutar pelo trono contra seu meio-irmão um pouco mais velho, Amin, cuja mãe era árabe e descendia da tribo coraixita. O conflito entre os dois meio-irmãos refletiu o último estágio de uma antiga batalha entre a cultura tradicional dos árabes conquistadores e a prática dos convertidos não árabes (basicamente persas), que exigia igualdade e aceitação de sua própria herança cultural e artística dentro da sociedade muçulmana. Os seguidores de Al-Ma'mun vinham basicamente de seu último grupo.

Em 813, as forças de al-Ma'mun prevaleceram. O combate havia destruído uma boa parte de Bagdá e deixou grande parte do Iraque na anarquia. Al-Ma'mun viveu por seis anos no Merv, a capital provincial de Khurasan, enquanto seus exércitos suprimiam várias revoltas e os operários reconstruíam Bagdá. Somente depois ele se mudaria para a capital.

Al-Ma'mun, o sétimo califa da dinastia abássida, mostrou-se um patrono enérgico das artes e ciências, mas também um dos governantes mais intelectualmente excêntricos do islã. Aparentemente, um racionalista, em essência, inquietavam-lhe os paradoxos e contradições inerentes em algumas das crenças muçulmanas mais populares. Por exemplo, muitos muçulmanos aderiam à visão ortodoxa de que o Alcorão era um trabalho eterno que existira mesmo antes de ter sido revelado a Muhammad. Eles também acreditavam que Deus tivesse predeterminado todas as ações humanas. Essas crenças faziam pouco sentido ao califa e ao movimento mutazila que ele seguia. Se Deus é clemente e o Senhor da Justiça, como poderia ter criado um universo onde alguém pode ser punido por um ato predeterminado? Al-Ma'mun impôs suas visões sobre seus juízes e administradores no ano de 827. Seu decreto e sua execução contra aqueles que aderissem à visão ortodoxa fez com que muitos muçulmanos se voltassem contra ele.

Mesmo quando tentou impor suas visões teológicas ao povo que governava, al-Ma'mun patrocinou a busca por novos conhecimentos pelo apoio a traduções de trabalhos gregos de filosofia e ciência. Ele enviava emissários a lugares tão distantes quanto Sicília e Constantinopla para encontrarem manuscritos para seu centro de tradução e pesquisa, a Casa da Sabedoria (que também abrigava o primeiro observatório astronômico do mundo). Por meio desses esforços, grande parte do pensamento grego antigo foi preservado. Mais tarde seria transmitido ao Ocidente através da Espanha muçulmana. Esse pode bem ser seu legado mais importante.

Além de ser um intelectual, al-Ma'mun foi um conquistador, como se esperava que um califa fosse. Em 830 e 833, o califa liderou seus exércitos contra o Império Bizantino. Durante essa campanha, foi inesperadamente acometido por uma "febre alta" após comer algumas tâmaras locais. Ele morreu logo após esse incidente, aos quarenta e oito anos, tendo reinado por mais de vinte e dois anos.

Ahmad ibn Tulun era turco. No século IX, algumas tribos turcas da Ásia Central entraram no Oriente Médio, buscando campos de pasto para seus cavalos e trabalho para seus guerreiros. Além disso, os turcos individuais foram incorporados ao sistema de governo abássida. Alguns capturados na guerra se tornaram escravos dos califas. Mas durante o governo de al-Mu'tasim (r. 833-842), a investidura de turcos no serviço do califado se tornou sistemática e extensiva. Centenas de meninos eram comprados de comerciantes na Ásia Central, levados a Bagdá, convertidos ao islã e treinados para serem soldados, administradores ou servos domésticos para os abássidas. Ensinados desde a infância a verem os califas como seus benfeitores, esses escravos turcos se mostraram mais confiáveis do que os mercenários persas. Em breve se tornariam o elemento mais forte no exército abássida. Além disso, poderiam manipular os califas e assassinar qualquer um de quem não gostassem. Fortes e disciplinados, os turcos assumiram o controle do Estado califal – tanto a capital como algumas de suas províncias – a partir de dentro.

Conclusão

O Alto Califado foi o zênite do poder político árabe. Os omíadas e abássidas passaram a ser vistos coletivamente como grandes líderes árabes; todavia, apenas alguns desses califas merecem esse atributo. Alguns foram corajosos, generosos e perceptivos; muitos foram esquecidos. As conquistas árabes reuniram povos de diversas línguas, religiões, culturas e ideias. A criatividade artística e intelectual floresceu como um resultado.

A história política, como você agora sabe, foi turbulenta – uma crônica de golpes palacianos, rivalidades burocráticas e rebeliões rurais. O islã não eliminou as diferenças étnicas. Na verdade, a unidade muçulmana estava se transformando em uma ficção polida (*polite fiction*). Nenhuma revolta dramática derrubou os abássidas. Embora seu poder tenha declinado nos séculos IX e X, seu prestígio e riqueza acumulados lhes permitiram sobreviver a grande parte das dinastias usurpadoras. Eles continuaram a produzir califas em Bagdá até 1258, depois no Cairo até 1517. Mas o declínio havia começado durante a era de ouro de Harum al-Rashid e Ma'mun. Na verdade, a unidade política da *umma* havia terminado quando os omíadas retiveram a Espanha em 756. Durante o final dos séculos IX e X, várias dinastias muçulmanas assumiram o controle de partes do norte da África, Síria e Pérsia. Finalmente, Bagdá foi capturada em 945 por uma dinastia xiita chamada buída, e os abássidas deixaram de ser os senhores mesmo em sua própria casa.

O declínio abássida importou menos do que você pode imaginar. À medida que o califado definhava, outros tipos de liderança política emergiram para manter e mesmo aumentar o poder coletivo do mundo muçulmano. Novas instituições sustentavam o sentimento de comunidade entre os povos muçulmanos, agora que o califado não podia mais fazer isso. Nossos próximos três capítulos tratarão dessas tendências em maior profundidade.

PARTE II

Os impérios turcos dos seljúcidas aos otomanos

909	Os fatímidas tomam o poder em Túnis e fundam um califado xiita
932-1062	A dinastia buída xiita no oeste da Pérsia e Iraque
960-1302	A dinastia seljúcida na Transoxiana, expansão para a Pérsia, Iraque e Anatólia
969-1171	A dinastia fatímida no Egito, por vezes também na Síria e Hijaz
1055	Os seljúcidas assumem o controle de Bagdá
1071	Os seljúcidas derrotam os bizantinos em Manziquerta e entram na Anatólia
1095	A Primeira Cruzada é declarada pelo Papa Urbano II
1099	Os cruzados fundam o Reino Latino de Jerusalém
1144	Zengi lidera a captura muçulmana do condado cruzado de Edessa
1146-1174	O reinado do filho de Zengi, Nur al-Din, na Síria
1147-1149	A Segunda Cruzada fracassa em recapturar Edessa
1171-1193	O reinado de Salah al-Din ("Saladin") no Cairo
1171-1250	A dinastia aiúbida no Egito (1174-1260 na Síria)
1187	Salah al-Din derrota os cruzados e toma Jerusalém
1189-1193	Terceira Cruzada toma Acre, mas não Jerusalém
1202-1204	Quarta Cruzada toma Constantinopla dos bizantinos
1206-1227	O reinado de Genghis Khan, conquistador mongol
1220	Gehghis Khan derrota os turcos corásmios, entra em Khurasan
1250-1517	O sultanato mameluco no Egito (1260-1516 na Síria e em Hijaz)
1256	Os mongóis, liderados por Hulagu, capturam a fortaleza dos assassinos na Pérsia
1256-1349	A dinastia ilcanida na Pérsia
1258	Forças hulagu saqueiam Bagdá, encerrando o califado abássida
1260	Os mamelucos derrotam os mongóis na Batalha de Ayn Jalut
1299-1922	Império Otomano
1326	Após um longo cerco, os otomanos tomam Bursa, que se torna sua capital

1369-1405	O reinado de Timur Leng (Tamerlão), que toma a Ásia Central e o sudoeste da Ásia e funda a dinastia timúrida
1389	Os otomanos derrotam os sérvios em Kosovo
1389-1402	O reinado do sultão otomano Bayezid I
1402	Timur derrota os otomanos em Ancara e captura Bayezid I
1402-1413	Interregno e guerra civil no Império Otomano
1451-1481	O reinado do sultão otomano Mehmet II, o Conquistador
1453	A captura otomana de Constantinopla encerra o Império Bizantino
1501-1753	A dinastia safávida na Pérsia e partes do Iraque
1514	Os otomanos derrotam os safávidas em Chaldiran
1516-1517	Os otomanos derrotam os mamelucos e capturam a Síria, depois o Egito e Medina
1520-1566	O reinado do sultão otomano Suleyman, o Magnífico
1529	O primeiro cerco otomano de Viena
1571	Os cristãos derrotam a armada otomana em Lepanto; os otomanos tomam Chipre
1587-1629	O reinado do xá safávida Abbas I
1656-1678	Vizires koprulu começam as reformas otomanas
1682-1699	O segundo cerco otomano de Viena
1699	O tratado Karlowitz; os otomanos cedem a Hungria aos Habsburgos

6 O surgimento do xiismo e o influxo dos turcos

O período da história do Oriente Médio do século X até o fim do século XIII nos desafia. Não há uma dinastia ou país no qual focar nossa atenção; nossa história pula para lá e para cá. Os árabes não eram mais dominantes em toda parte; eles deram lugar aos berberes no norte da África e aos persas e curdos nas terras ao leste do Rio Eufrates. Vários povos da Ásia Central, de cultura iraniana ou turca, assumiram o controle dos estados sucessores ao califado abássida, que perduraram em Bagdá, mas agora tinham de obedecer a outras dinastias. Grande parte dos asiáticos centrais chegaram como escravos ou soldados contratados pelos abássidas ou seus sucessores. Gradualmente, adotaram o islã, aprenderam o árabe e o persa e se adaptaram à cultura do Oriente Médio. Ao final do século X, vários turcos, a cavalo, entraram nas terras do leste. Alguns, notadamente os gaznávidas e os seljúcidas, formaram grandes impérios.

Algumas das maiores dinastias muçulmanas dessa era foram xiitas, mas nem todas da mesma seita. Embora essas divisões sectárias afetassem o que as pessoas pensavam e faziam, interesses geopolíticos e econômicos importavam mais. O conceito de ser uma pessoa muçulmana sunita ou xiita havia apenas começado a tomar forma. Contudo, quando o povo começou a pensar nesses termos, líderes muitas vezes conquistaram poder explorando as tendências sectárias de grupos influentes em uma determinada área. Tão logo que esses governantes estivessem seguros, adotariam políticas que mantivessem um consenso muçulmano. A civilização muçulmana sobreviveu porque uma maioria crescente de pessoas desejava manter o modo de vida coerente e abrangente que o islã tornara possível.

O islã xiita no poder

A periodização é um problema em qualquer descrição histórica, e certamente na história islâmica. Como decidimos quando um período termina e outro começa? Outrora os estudiosos usavam as datas de reinados califais e diásticos; agora, olhamos para tendências mais amplas, tanto sociais quanto políticas, para identificar os pontos críticos. O primeiro tema deste capítulo é o surgimento do xiismo como uma força política no Oriente Médio, durante os séculos X e XI.

As principais seitas do islã

Como você sabe, tendemos a identificar os muçulmanos como sendo sunitas, xiitas ou carijitas. Alguns muçulmanos chamam "sunita" qualquer um que siga as práticas registradas (*sunna*) de Muhammad. Mas muitos identificam uma pessoa muçulmana como sunita se ela reconhece os califas rashidun, omíadas e abássidas como líderes legítimos da *umma* porque muitos outros muçulmanos aceitaram seu governo. A pessoa em questão pode ter sido mística, livre-pensadora racionalista ou rebelde contra as leis islâmicas; a designação sunita é mais política do que teológica. Indica, usualmente, que muçulmanos particulares aderiram a um dos quatro "ritos" padrão da lei islâmica, que explicaremos no capítulo 8, embora esses ritos não fossem claramente estabelecidos até o século X.

Uma pessoa muçulmana xiita, em contraste, é partidária de Ali como verdadeiro sucessor de Muhammad, ao menos como imame (líder) ou guia espiritual da *umma*, de uma das várias linhas de descendentes de Alin, mostrada na Figura 4.1. Os xiitas rejeitam todos os outros califas e quaisquer descendentes de Ali que não sejam reconhecidos como imames. Eles acreditam que os verdadeiros imames tenham herdado de Ali o conhecimento perfeito do significado interno do Alcorão e da mensagem inteira de Muhammad. Dadas suas diferenças essencialmente genealógicas, o xiismo se divide em muitas seitas. Algumas surgiram e morreram cedo, como a dos hachemitas, que apoiavam o filho de Ali com uma esposa que não Fátima e haviam ajudado os abássidas a depor os omíadas. Outras permaneceram clandestinas até que o califado abássida enfraquecesse, surgindo posteriormente em movimentos revolucionários.

As três seitas xiitas que você muito provavelmente encontrará são a dos Doze Imames Xiitas, ou ja'fari, por vezes chamada Os Doze, a dos ismailis (por vezes chamada Os Sete) e a dos zaydis (por vezes chamada Os Cinco), todas mostradas na Figura 4.1. O primeiro grupo acreditava em uma linha de imames infalíveis se estendendo de Ali a Muhammad al-Mahdi, que supostamente desapareceu em 878, mas que algum dia retornará para restaurar a paz e a justiça sobre a Terra. Os ismailis haviam, na época, rompido com os xiitas dos Doze Imames por discordarem quanto a quem era o sétimo imame, declarando que o lugar dos ismailis fora usurpado por seu irmão. Os zaydis haviam rompido antes ainda. Zayd, que se rebelou contra o califa omíada Hisham (r. 724-743), foi, para seus seguidores, o legítimo imame. Por volta de 900, os descendentes de Zayd estavam liderando estados independentes nas montanhas do Iêmen e do Tabaristão, no Irã atual. No sistema dos zaydis, cada imame nomeava seu próprio sucessor dentre os membros de sua família. Os imames zaydis governaram o Iêmen até 1962, quando um golpe militar os expulsou (cf. capítulo 17). As crenças e práticas dos zaydis tendem a ser as mais próximas às dos sunitas.

Para complementar essa visão geral, você pode recordar que os carijitas foram os muçulmanos que haviam se voltado contra Ali em 657. Eles acreditavam que ele, seus descendentes, os omíadas e os abássidas não tinham um direito especial de liderar a *umma*. Os carijitas estavam preparados para obedecer a qualquer homem muçulmano adulto que sustentasse as leis do islã. Mas se falhasse em fazê-lo, eles o deporiam. Mesmo que suas doutrinas parecessem anarquistas, alguns carijitas formaram estados, notadamente na Argélia e em Omã, onde agora são chamados ibadis.

À medida que a unidade política se rompia durante os séculos IX e X, vários estados dinásticos emergiram no Oriente Médio e no norte da África em resposta às necessidades econômicas ou sociais locais. Muitos são pouco conhecidos, mas duas dinastias xiitas ameaçaram os abássicas sunitas em Bagdá: os fatímidas, que desafiaram sua legitimidade, e os buídas, que acabaram com sua autonomia.

O califado fatímida

Os fatímidas apareceram primeiro. Você pode ver que seu nome se parece com o de Fátima, filha de Muhammad, que se casou com Ali e concebeu Hasan e Husayn. Esse nome foi escolhido deliberadamente. O fundador da dinastia, chamado Ubaydallah (Pequeno Abdallah) pelos sunitas e Mahdi (O Corretamente Guiado) por seus próprios seguidores, alegou descender de Fátima e Ali. Esperando pelo apoio xiita – especificamente ismaili –, propôs depor o califado abássida e devolver a liderança do islã aos descendentes de Ali. Os ismailis, sediados na Síria, haviam se tornado um movimento revolucionário secreto. Durante o final do século VIII e no século IX, o xiismo ismaili conquistou o apoio de classes ou clãs descontentes em todo mundo muçulmano. Ele formou uma rede de propagandistas e um conjunto de crenças esotéricas que haviam sido alegadamente comunicadas por Muhammad, por meio de Ali e de seus sucessores, a Isma'il, que havia instruído alguns seguidores antes de sua morte.

Ubaydallah depôs os aglábidas, árabes indicados pelos califas abássidas para governar a área da atual Tunísia, e tomou seu Império Norte-africano em 909 ao se aliar aos nômades berberes. Esses rebeldes vigorosos adotaram o xiismo enquanto rejeitavam seus senhores feudais sunitas. Para os fatímidas, contudo, a Tunísia parecia uma base muito remota para construir um novo Império Muçulmano universal a fim de substituir os hesitantes abássidas. Inicialmente, eles esperavam capturar o Iraque. Em troca, encontraram o Egito, que havia sido governado por várias dinastias desde que Ahmad ibn Tulun havia assumido o poder lá em 868. Enquanto combatia a armada bizantina no Mediterrâneo, o general fatímida Jawhar viu que o Egito se encontrava em um caos político e afligido pela fome. Em 969, Jawhar entrou no país sem oposição e o declarou um bastião do xiismo ismaili. Então, o califa fatímida, Mu'izz, trouxe sua família e o governo de Túnis para o Egito. Diz-se que uma comitiva de boas-vindas de *ulama* o desafiou a provar sua descendência de Ali. Mu'izz desembainhou sua espada, exclamando: "Aqui está meu *pedigree*!" Então, distribuiu moedas de ouro entre a multidão e gritou: "Aqui está minha prova". Os estudiosos ficaram convencidos.

Os califas fatímidas construíram uma nova cidade como a capital do que esperavam ser o novo Império Islâmico. Eles chamaram sua cidade *al-Qahira*, que conhecemos agora como Cairo. Em breve, ela rivalizaria Bagdá como a principal cidade do Oriente Médio. Sua primazia como um centro intelectual foi assegurada pela fundação de uma universidade-mesquita chamada al-Azhar, onde, por dois séculos, os fatímidas formaram propagandistas ismailis. Cairo e al-Azhar expulsaram os fatímidas e permaneceram, respectivamente, a maior cidade e a universidade mais avançada do mundo muçulmano até a conquista otomana em 1517. A Cairo metropolitana de hoje, com seus 18 milhões de habitantes, é a maior cidade do islã, e al-Azhar ainda atraía alunos muçulmanos de muitos lugares, embora muçulmanos sunitas se oponham aos ismailis.

O governo fatímida no Egito era centralizado e hierárquico. Promoveu o comércio de longa distância, mas negligenciou as obras de irrigação do Nilo. Como muitos estados muçulmanos, na época e depois, os fatímidas formaram um exército de soldados-escravos importados da Ásia Central. Sua forte armada os ajudou a tomar a Palestina, a Síria e o Hijaz, mas perderam o controle sobre suas terras norte-africanas.

Surpreendentemente, os fatímidas não tentaram converter seus súditos muçulmanos sunitas ao xiismo ismaili. Eles respeitaram os direitos religiosos da multidão de cristãos e judeus que eles governaram. Uma exceção foi o Califa al-Hakim (r. 996-1021), que é lembrado como um louco que perseguiu cristãos, destruiu o Sepulcro Sagrado de Jerusalém (o lugar da crucificação de Jesus), matou cachorros de rua, baniu certos alimentos e finalmente se proclamou divino. Podemos, agora, pensar que a hostilidade de al-Hakim era contra os cristãos ortodoxos, a quem acusava de apoiar os bizantinos, que haviam recém-retomado parte da Síria. Ele decretou leis suntuárias para combater a fome provocada pela negligência de seus predecessores com a irrigação do Nilo. Ele não alegou ser Deus, mas baniu qualquer discriminação contra muçulmanos que não fossem xiitas ismailis. Um dia, desapareceu nas montanhas ao leste do Cairo; seu corpo nunca foi encontrado. Possivelmente, a má reputação de al-Hakim se deva à pregação de um propagandista ismaili, Xeique Darazi, que convenceu alguns montanheses sírios de que al-Hakim era divino. Esses sírios criaram uma religião em torno da propaganda de Darazi, de quem receberam o nome coletivo de drusos. A drusa é uma religião secreta que combina aspectos esotéricos do xiismo ismaili com crenças e práticas das outras religiões do Oriente Médio. Como montanheses, os drusos não podiam ser controlados por governantes que viviam em áreas baixas. Os muçulmanos, portanto, chamavam-nos agitadores e heréticos. Os drusos sobrevivem hoje e participam da política intrincada da Síria e do Líbano modernos e do conflito palestino-israelense. Um povo orgulhoso e duro, compartilha a língua e a cultura dos árabes, mas sua adesão à sua identidade religiosa os manteve socialmente distintos.

Os fatímidas governaram o Egito por dois séculos, mas parecem ter sido melhores na construção de uma forte armada e de um rico centro de comércio do que em expandir seus domínios ou suas doutrinas. Poderiam ter conquistado mais convertidos? O islã sunita parecia estar diminuindo no século X e no começo do século XI. Os califas abássidas não eram mais candidatos confiáveis à soberania universal, pois haviam se tornado cativos dos buídas, que eram persas e xiitas. De fato, os estados mais fortes que resistiram à expansão fatímida já eram xiitas e não se impressionaram com esses autoproclamados califas, com seus propagandistas treinados e suas genealogias falsas.

A dinastia buída

Melhor conhecidos por terem capturado Bagdá e os abássidas em 945, os buídas foram uma das várias dinastias que reviveram a soberania e a cultura persas. Nessa época, a Pérsia já havia se recuperado da conquista árabe. Durante o século X, todo país passou a ser governado por estas famílias: os buídas xiitas no oeste e os samânidas sunitas no leste. Ambas reviveram, conscientemente, os símbolos e práticas dos sassânidas, os governantes pré-islâmicos da Pérsia. A língua, a literatura e a cultura persas tiveram um importante retorno, mas não a religião zoroastrista.

A família buída incluía vários ramos que governavam simultaneamente diferentes partes do Iraque e do oeste da Pérsia; cada um dos três irmãos fundadores tinha sua própria capital. A mais importante era Isfahan, na próspera província de Fars, em vez de Bagdá, cujos políticos eram tempestuosos e cujas terras agrícolas estavam declinando. Todos os buídas eram da seita xiita dos Doze Imames, mas toleravam outras seitas muçulmanas. Embora tivessem deixado os abássidas manterem o califado, eles os confinaram em seu palácio em Bagdá e retiraram seus meios de sustento. Um califa abássida foi cegado. Outro foi reduzido a mendigar pela rua. Todavia, os buídas achavam a instituição do califado uma ficção útil, uma vez que representava a unidade da *umma*. Sua política estrangeira foi amistosa com a Bizâncio cristã, com quem quer que estivesse governando o Egito, e com os carmatas, uma seita religiosa do século X que combinava práticas zoroastristas com o xiismo ismaili e formou uma república rebelde no leste da Arábia. Eles se opunham aos seus vizinhos xiitas dos Doze Imames, os hamdanidas de Mosul, e seus colegas persas, os samanidas de Khurasan. Em suma, os buídas levavam em conta mais seus interesses econômicos do que quaisquer afinidades raciais ou religiosas.

Domesticamente, os buídas deixaram seus vizires governarem por si, promoveram o comércio e a manufatura, e expandiram uma prática iniciada pelos abássidas de fazer concessões de terras (*iqta'*) aos seus principais soldados e burocratas em vez de lhes pagar salários. A *iqta'* estava destinada a ser uma delegação de curto prazo do direito para usar um pedaço de terra ou outra propriedade pertencente ao Estado. Durante o governo dos buídas, porém, passou a incluir o direito de coletar o imposto sobre a terra e de transferir a propriedade aos herdeiros. O sistema da *iqta'* muitas vezes levou os donos de terra a ludibriar os camponeses e a negligenciar as obras de irrigação de que necessitavam para cultivar. Mais prejudicial aos interesses buídas foi a mudança nas rotas de comércio do Iraque em direção ao Egito e para terras mais distantes ao leste.

Os turcos

Antes de você saber o que aconteceu aos buídas, devemos voltar à Ásia Central. Tanto o século do xiismo como o retorno persa foram abreviados por eventos que ocorreram lá, principalmente o surgimento dos turcos. A origem dos povos turcos se perdeu na névoa da lenda; necessitamos saber mais sobre a Mongólia, onde os turcos provavelmente começaram. Sabemos que começaram como pastores nômades que montavam cavalos e carregavam seus pertences em camelos de duas corcovas. Alguns se tornaram agricultores sedentários e comerciantes. Sua religião original revolvia em torno de xamãs, que eram feiticeiros que alegavam curar os doentes e se comunicar com o mundo do além e que recitavam a mitologia tribal.

O começo da civilização turca

Em torno de 550, os turcos criaram uma confederação tribal chamada Goktuk, que fontes chinesas chamam o Tujueh. Seus vastos domínios se estendiam da Mongólia à Ucrânia. Mas, em breve, o Império Tujueh se dividiria em um ramo oriental, que mais tarde cairia sob a influência da dinastia Tang da China, e um ramo ocidental, que se aliaria aos bizantinos contra os sassânidas e mais tarde retrocederia antes das conquistas árabes. Esse primeiro império expôs os turcos às principais civilizações do século VI: Bizâncio, Pérsia, China e Índia. Alguns turcos vieram a adotar religiões como o cristianismo nestoriano, o maniqueísmo e o budismo. Alguns inclusive desenvolveram um sistema escrito.

A difusão de culturas entre as várias regiões eurasianas foi facilitada pelo povo que havia cruzado a cavalo as estepes e desertos por gerações, formando uma das estradas mais antigas do mundo, a Grande Rota da Seda. No século VIII, um grupo de turcos orientais, os uigures, formou um império na fronteira noroeste da China. Sua religião oficial era o maniqueísmo, e seus registros foram mantidos em um manuscrito similar ao aramaico. Isso mostra quão longe os turcos poderiam levar algumas ideias e costumes que haviam recolhido em suas viagens. Enquanto isso, uma tribo turca ocidental, os cazares, que habitava uma área entre o Mar Cáspio e o Mar Negro, adotava o judaísmo, na esperança de se relacionar com seus parceiros de comércio cristãos e muçulmanos, embora se distanciando de ambos os lados.

Os turcos e o islã

Contudo, no fim, muitos povos turcos se tornaram muçulmanos. Sua islamização foi gradual, e variou de uma tribo a outra. Quando os exércitos árabes cruzaram o Rio Oxus – talvez inclusive antes disso – encontraram os turcos. Mesmo nos tempos omíadas, alguns turcos se tornaram muçulmanos e serviram em exércitos árabes na Transoxiana e em Khurasan. Durante o governo dos abássidas, você pode lembrar, os turcos se tornaram numerosos e poderosos no governo. Os primeiros soldados turcos do islã foram, provavelmente, prisioneiros de guerra valorizados por sua habilidade como arqueiros montados, mas eram tratados como escravos. Os historiadores pensam que a instituição da escravidão cresceu nas terras abássidas a ponto de algumas tribos venderem seus meninos (ou entregá-los como tributo) aos califas, que os treinariam como soldados disciplinados ou burocratas habilidosos. Esses escravos se tornaram tão imbuídos da cultura islâmica que não se identificaram mais com suas tribos originais. Além disso, tribos turcas inteiras, após terem adotado o islã, eram contratadas pelos abássidas ou seus sucessores (notadamente os samânidas) como *ghazis* (guerreiros de fronteira muçulmanos) para guardar suas fronteiras a nordeste contra os turcos não muçulmanos. Como para o sunismo *versus* xiismo, aqueles turcos que serviam a uma dinastia muçulmana particular usualmente assumiam sua coloração sectária. Os *ghazis* davam pouca importância para disputas políticas ou doutrinais. Seu islamismo refletia o que haviam aprendido com os comerciantes, mendicantes e místicos muçulmanos, combinado com suas próprias crenças e práticas pré-islâmicas.

Os gaznávidas

Duas dinastias turcas, ambas sunitas e fundadas por guerreiros *ghazi* pela dinastia samânida, destacaram-se durante essa época: os gaznávidas e os seljúcidas. Os gaznávidas receberam seu nome de Ghazna, uma cidade a sudoeste de Kabul, a capital do moderno Afeganistão, porque seu líder recebeu aquela região como uma *iqta'* dos samânidas em retorno por seus serviços como general e governador lá. Os primeiros governantes gaznávidas, Sebuktegin (r. 977-997) e seu filho Mahmud (r. 998-1030), converteram essa *iqta'* em um enorme império, cobrindo em seu auge (cerca de 1035) o que agora seriam o leste do Irã, todo Afeganistão e Paquistão, e partes do norte da Índia. Os gaznávidas primeiro estenderam o governo muçulmano ao subcontinente indiano, mas seus esforços para converter hindus ao islã os desacreditaram entre muitos indianos. Mahmud, filho de um pai turco e uma mãe persa, também contratou a escrita do épico nacional da Pérsia, *O Shahnama*, amado e recitado pelos iranianos até hoje.

Os seljúcidas

A outra dinastia importante, os seljúcidas, recebe seu nome de um líder turco, Seljuk, que se convertera ao islã por volta de 956. Mais tarde, Seljuk, alistou seu clã como guerreiros para os samânidas. Seus descendentes se tornaram uma das famílias governantes mais competentes na história islâmica (cf. Mapa 6.1), tornando-se indispensáveis aos samânidas e depois aos gaznávidas como *ghazis* contra os turcos pagãos na Transoxiana. Em troca, receberam *iqta*'s, que usaram para pastorear seus cavalos e para atrair outras tribos turcas islamizadas, que necessitariam de terras com pasto para suas ovelhas e cabras, cavalos e camelos. À medida que mais turcos se juntavam aos seljúcidas, eles aumentaram sua força militar, assim como sua fome por terras, pois as laterais cobertas de grama das montanhas da Pérsia eram preferíveis às estepes da Ásia Central, onde secas eram comuns. Em 1040, os seljúcidas e seus aliados derrotaram os gaznávidas e tomaram Khurasan. Os buídas haviam declinado, deixando a Pérsia e o Iraque abertos a esses aventureiros que tinham o encorajamento do próprio califa abássida, ansioso por saudar os muçulmanos sunitas.

Quando os turcos, assim saudados, entraram em Bagdá em 1055, não foi para eliminar a soberania árabe, mas para restaurar a autoridade califal. A aliança turco-abássida foi consolidada pelo casamento do líder seljúcida com a irmã do califa, que o reconheceu como *sultão* (autoridade) tanto no Oriente como no Ocidente. Em breve, esse novo título seria real, à medida que os seljúcidas começaram a tomar o Azerbaijão, a Armênia e, finalmente, grande parte da Anatólia após derrotarem os bizantinos em Manzikert em 1071. Você deve retornar ao século IX, quando os aglábidas tomaram a Sicília e atacaram as costas da França e da Itália, para encontrar um tempo em que um governante muçulmano tenha sido tão bem-sucedido em travar uma guerra contra o cristianismo. Uma dinastia muçulmana não acumulava tantas terras desde o tempo dos primeiros abássidas. Malikshah, o

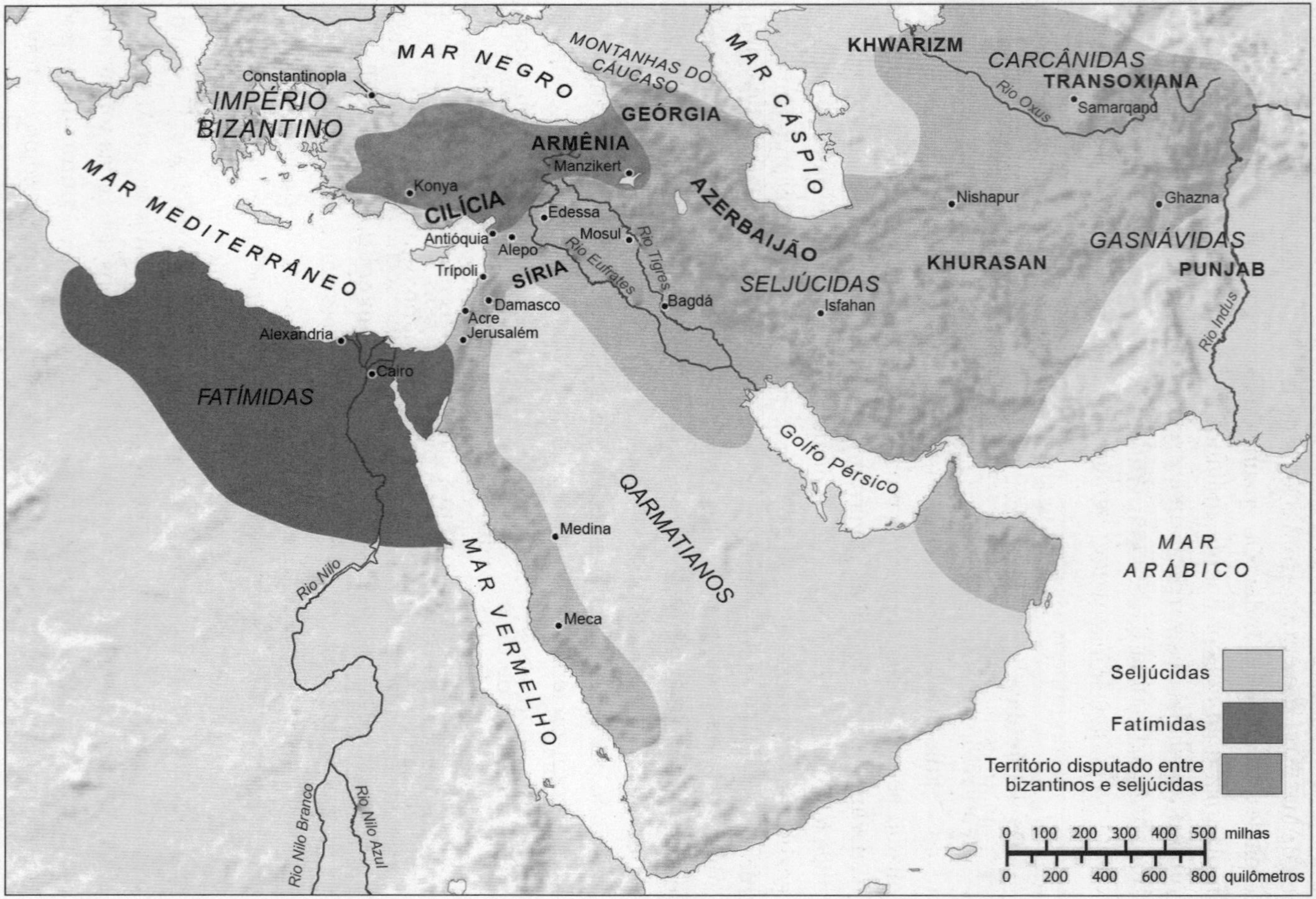

Mapa 6.1 Os fatímidas e os seljúcidas, cerca de 1090

sultão no auge do poder seljúcida, governou toda Síria, parte da Anatólia, as montanhas do Cáucaso, o Iraque, a Pérsia, mais partes da Ásia Central até o Mar Aral e além do Rio Oxus. Os turcos seljúcidas alegavam ser os salvadores do islã.

A história de sucesso dos seljúcidas era muito boa para durar. Após a morte de Malikshah em 1092, o império começou a desmoronar. Ao final do século XII, nada havia restado exceto parte da Anatólia governada por um ramo chamado seljúcida Rum. Rum significava Anatólia, que historicamente era parte do Império Bizantino, que se chamava Roma. É por isso que os árabes, persas e turcos são chamados à área *rum*. A "Roma" turca, com sua capital em Konya, durou até cerca de 1300.

Os legados seljúcidas ajudaram a transformar o Oriente Médio. Deixe-nos sumarizá-los: (1) o influxo das tribos turcas da Ásia Central; (2) a turquificação do leste da Pérsia e do norte do Iraque, grande parte do Azerbaijão, e mais tarde a Anatólia (a terra que agora chamamos Turquia); (3) a restauração do governo sunita no sudoeste da Ásia; (4) a difusão das instituições e cultura persas (que os seljúcidas admiravam); (5) o desenvolvimento da *madrasa* (escola-mesquita) para treinamento de *ulama* na lei islâmica; (6) a regularização do Império Bizantino na Anatólia, por muito tempo seu principal centro de poder.

Conclusão

A ampliação da divisão sectária entre muçulmanos, a entrada dos turcos do leste e sua ascensão ao poder mudaram profundamente a política no Oriente Médio nos séculos X e XI. A despeito dessas tendências, contudo, a sociedade e a cultura islâmicas continuaram a crescer e a prosperar. O islã enfrentaria desafios maiores nos próximos dois séculos, como você verá no capítulo 7.

7 As invasões dos cruzados e dos mongóis

O declínio do poder bizantino, no século XI, permitiu aos turcos muçulmanos entrarem na Anatólia, que até então havia sido uma terra de cristãos ortodoxos falantes do grego. Durante esse tempo, cristãos hispânicos começaram a reconquistar a Península Ibérica, e cristãos de várias terras europeias lançaram uma série de expedições militares para recapturar a "Terra Sagrada" dos muçulmanos, coletivamente referidas como as Cruzadas. O efeito geral da ofensiva cristã foi tornar o islã mais militante no século XII do que jamais havia sido antes. Em breve, a civilização islâmica superaria as disputas sectárias e expulsaria os cruzados cristãos.

O impacto dos cruzados na área central do islã empalideceu em comparação com um terrível desastre – a invasão dos mongóis, que haviam construído um grande império governado por Genghis Khan e seus herdeiros. Aproximadamente cada Estado muçulmano na Ásia foi conquistado ou forçado a reconhecer os mongóis. Somente uma vitória inesperada dos mamelucos do Egito salvou a África muçulmana do mesmo destino.

As Cruzadas

Embora os muçulmanos tivessem governado grande parte da Espanha e partes da França e da Itália por anos, os cristãos demoraram para se opor. Quando o Santo Sepulcro em Jerusalém foi destruído por al-Hakim em 1009, dizem que o papa convocou uma cruzada, mas nenhum rei ou duque respondeu. As condições mudaram no século XI à medida que mais cristãos faziam peregrinações a lugares sagrados, incluindo Jerusalém. O enfraquecimento do Império Bizantino abriu um novo capítulo na história das relações cristã-muçulmanas. Os bizantinos se preocupavam com a intrusão dos nômades turcos muçulmanos e ficaram alarmados quando os seljúcidas os derrotaram em 1071 e avançaram para ocupar grande parte da Anatólia. Em 1095, o imperador bizantino Alexios I implorou ao papa romano, com quem a Igreja Ortodoxa grega havia rompido definitivamente quarenta anos antes, para salvar seu reino da ameaça muçulmana. O Papa Urbano II, dificilmente um amigo do Império Bizantino, respondeu ao pedido de ajuda – mas por suas próprias razões. Ávido por provar o poder do papado em relação aos governantes seculares do cristianismo, Urbano, em 1095, fez um discurso convidando todos os cristãos a se juntarem em uma guerra para reconquistar o Santo Sepulcro de Jerusalém da "raça má". Essa convocação às armas inaugurou a primeira de uma série de guerras cristãs, conhecidas na história como as Cruzadas.

Como as Cruzadas inspiraram muitos romances, filmes e programas de televisão populares, você pode saber algo sobre o que parece um episódio romântico da história da Europa medieval. Muitos católicos e protestantes aprenderam uma visão positiva dos cruzados a partir de sua educação religiosa. Você verá a seguir por que esse confronto inicial entre o Oriente Médio e o Ocidente é menos afetuosamente lembrado pelos muçulmanos em geral, e por sírios e palestinos em particular.

Seu começo

O sucesso dos exércitos cristãos em repelir os muçulmanos na Espanha e na Sicília encorajou viajar por terra ou através do Mediterrâneo ao Oriente Médio para comercializar ou peregrinar. Um dos aspectos reveladores no discurso do Papa Urbano foi sua acusação de que os muçulmanos (provavelmente os seljúcidas) estavam interrompendo a peregrinação cristã a Jerusalém. Milhares de voluntários, poderosos e humildes, ricos e pobres, do norte e do sul da Europa, deixaram suas casas e campos em resposta ao chamado papal. O maior desafio da Cristandade foi levantar os fundos necessários para armar e provisionar os soldados e cavalos, e para transportá-los ao Oriente Médio.

Liderados pelos mais hábeis generais da época (mas não por reis), os soldados da cruz se juntaram aos bizantinos em 1097. Eles tomaram Antioquia após um cerco de nove meses, avançaram em direção ao sul ao longo da costa síria, e chegaram aos muros de Jerusalém em junho de 1099. No momento em que os cruzados chegaram a Jerusalém, o governo seljúcida havia retornado aos fatímidas, e somente 1.000 soldados guardavam a cidade. Após seis semanas de combate, os 15.000 cruzados conseguiram romper os muros. Descrições tanto de muçulmanos como de cristãos testemunham o banho de sangue que seguiu, à medida que milhares de não combatentes judeus, muçulmanos e mesmo cristãos nativos foram decapitados, alvejados por flechas, jogados de torres, torturados ou queimados no poste. Sangue humano fluía na altura dos joelhos nas ruas de Jerusalém. Centenas de candelabros de prata e ouro foram retirados da Cúpula da Rocha, e ela foi transformada em uma igreja. A Mesquita de al-Aqsa, também no Monte do Templo, tornou-se um palácio.

Alguns dos soldados europeus e bizantinos voltaram para casa, mas muitos permaneceram para colonizar as terras conquistadas. Quatro estados cruzados foram estabelecidos: o Reino Latino de Jerusalém, o principado de Antioquia e os condados de Trípoli e Edessa. Os cruzados também apoiaram um pequeno Estado chamado Reino Armênio da Cilícia, formado no sudoeste da Anatólia por cristãos armênios que haviam fugido dos conquistadores seljúcidas. Os armênios permaneceriam os aliados mais leais dos cruzados.

As reações muçulmanas

Você pode se perguntar como o islã, supostamente revigorado pelo influxo dos turcos, apoiou e deixou os cruzados entrarem. Os cruzados tiveram sorte. Ao final do século XI, o governo seljúcida na Síria e na Palestina havia terminado. Os estados sucessores estavam lutando entre si. Os fatímidas xiitas, mais ao sul, pouco se importaram em impedir uma invasão que, até que chegasse a Jerusalém, tomou terras dos governantes sunitas. O califa abássida em Bagdá estava impotente; é errado supor que ele fosse um papa islâmico que poderia comandar todos os muçulmanos para travar um jihad contra os cruzados. Além disso, as terras tomadas pelos cruzados eram habitadas principalmente por cristãos de várias seitas, algumas das quais não se opunham ao governo católico, ou por judeus, drusos ou muçulmanos dissidentes. Na verdade, os maronitas do Monte Líbano saudaram os cruzados e entraram em comunhão com a Igreja Católica Romana durante o período do Reino Latino. Os cruzados nunca tomaram uma cidade que realmente importava à vida política ou econômica do islã, como Alepo, Damasco, Mosul, Bagdá ou Cairo. Com relação ao mundo muçulmano em 1100 como um todo, a Primeira Cruzada foi apenas uma atração secundária.

Por que, então, levou tanto tempo para os muçulmanaos expulsarem os cruzados? Parte da razão é que, na época, como agora, eles estavam divididos em muitos estados em conflito. Alguns governantes muçulmanos inclusive formaram alianças com os cruzados contra seus próprios correligionários. O Egito fatímida usualmente tinha vínculos estreitos com os estados cruzados devido ao comércio lucrativo entre Alexandria e portos italianos como Veneza e Gênova.

A primeira virada veio em 1144, quando o governador de Mosul, Zengi, que havia esculpido um reino a partir do decadente Império Seljúcida no leste da Síria, capturou Edessa dos cruzados. A Segunda Cruzada, liderada pelo imperador romano sagrado e pelo rei da França, tentou tomar Damasco e depois as terras do interior da Síria, incluindo Edessa. Os cruzados falharam no ataque, contudo, e o islã retomou a ofensiva. Enquanto isso, Zengi havia sido assassinado por um de seus escravos, mas seu filho, Nur al-Din, provou ser um digno sucessor. Em breve, controlaria toda Síria, exceto pela estreita faixa costeira ainda mantida pelos cruzados. Nur al-Din governou, principalmente, a partir de Alepo e, mais tarde, de Damasco, onde está enterrado; mas posteriormente reconquistou sua fama devido à Mesquita Nuri. Muitas vezes chamada "Corcunda" devido ao seu minarete torto, permaneceu no centro de Mosul até ter sido destruída em 2017 pelo Estado Islâmico.

O surgimento de Salah al-Din

A cena, então, mudou para o Egito, ainda sob o governo dos califas fatímidas, que estava na época declinando. Eles gradualmente entregaram seus poderes aos seus vizires, que comandavam o exército e dirigiam a burocracia. Tanto Nur al-Din em Damasco como o rei cruzado de Jerusalém cobiçavam os ricos Vale e Delta do Nilo. Mas Nur al-Din obteve vantagem por meio da astúcia política de seu melhor general, um curdo chamado Shirkuh. Agora, Shirkuh tinha um sobrinho lhe ajudando, Salah al-Din, conhecido no Ocidente como Saladin. Servindo seu benfeitor, Shirkuh e Salah al-Din evitaram uma invasão cruzada do Egito e conquistaram para si o vizirato fatímida. Quando o último fatímida caiu morto, Salah al-Din quietamente arranjou um modo de substituir a menção ao seu nome nas preces de sexta-feira na mesquita pelo do califa abássida. Com efeito, o Egito rejeitava o xiismo, uma mudança saudada pela maioria sunita do país. Em termos práticos, significava que o Egito era agora liderado por um tenente de Nur al-din, governante da Síria, pois Salah al-Din se proclamou sultão tão logo o califa fatímida morreu em 1171.

Salah al-Din tomou o poder na Síria três dias depois de Nur al-Din morrer, mas necessitou ao menos de uma década para superar os desafios dos herdeiros de Zengi na Síria, pois eles agora viam Salah al-Din como seu principal rival pelo poder. Ele também foi atacado duas vezes pelos assassinos, uma seita que havia rompido com o xiismo ismaili (dos sete imames). Seu nome derivava dos *Hashashin*, aqueles que usam *haxixe*. Embora temidos pelos cruzados, os assassinos atacavam basicamente sunitas. Depois, conseguiram tomar Jerusalém e grande parte da Palestina dos cruzados entre 1187 e 1192. Salah al-Din foi um mestre em perceber as fraquezas de seus inimigos e suas próprias oportunidades a tempo de explorá-las. Tanto historiadores muçulmanos como cristãos o retratam como um paragão de bravura e magnanimidade (o que chamamos heroísmo e os árabes chamam *muruwwa*), diferente de alguns de seus inimigos cristãos. Por exemplo, Reginald de Chatillon, um dos príncipes cruzados, atacou caravanas de peregrinos muçulmanos que iam a Meca. Quando Salah al-din buscou vingança, ele protelou atacando um castelo de Reginald quando lhe disseram que um banquete de casamento estava ocorrendo dentro dele. Todavia, ele poderia ser vingativo em relação a muçulmanos que discordavam dele; mandou crucificar publicamente muitos cortesãos e poetas fatímidas no Cairo. Compreensivelmente, Salah al-Din odiava os assassinos.

Muitos europeus acreditavam que Salah al-Din tivesse um plano geral para expulsar os cruzados do Oriente Médio. Se tinha, não foi completamente bem-sucedido, pois falhou em removê-los de grande parte do que agora chamamos Líbano. A Terceira Cruzada, que atraiu o Rei Filipe da França e o Rei Ricardo, Coração de Leão, à Palestina, tomou Acre de Salah al-Din em 1191. Alguns estudiosos acreditam que ele desejasse restaurar a unidade muçulmana durante o governo do califado abássida, mas seus objetivos eram menos grandiosos. Salah al-Din conseguiu unir o Egito, a Síria e partes do norte do Iraque sob o governo de sua própria família, que se tornara a dinastia aiúbida. Os aiúbidas continuaram governando essas terras, embora várias partes fossem governadas por ramos rivais dessa família, por quase duas gerações após a morte de Salah al-Din. Embora o califado abássida tivesse revivido nessa época, as terras que recuperou estavam no Iraque e na Pérsia. Mais estranho ainda, em 1229, o sultão aiúbida no Cairo escolheu subarrendar Jerusalém aos cruzados, que também controlavam a costa da Síria e da Palestina. Curiosamente, eles mantiveram o Reino Latino de Jerusalém mesmo quando deixaram de governar a cidade sagrada, mas sua capital real era a cidade costeira de Acre. Por duas vezes os cruzados invadiram o Delta egípcio. Os aiúbidas do Egito resistiram aos invasores cristãos, usando seus soldados escravos turcos, chamados mamelucos, que em 1250 assumiriam sozinhos o controle do país.

Em geral, a militância e a intolerância muçulmanas cresceram em resposta ao desafio cruzado. O fundador da dinastia aiúbida, Sala al-Din, é ainda reverenciado como um herói da resistência muçulmana ao Ocidente cristão. Como ele retomou Jerusalém dos cruzados, os muçulmanos reconquistaram sua autoconfiança – a tempo de enfrentar um desafio muito mais feroz do leste.

A invasão mongol

Os invasores indesejados da Ásia eram os primos distantes dos turcos: os mongóis. Por séculos, esses nômades rústicos haviam habitado o platô desolado do norte do Deserto de Gobi, ocasionalmente descendo até a China ou às caravanas que trilhavam a grande Rota da Seda, que ligava China, Índia e Pérsia. Muitos mongóis se mantinham distantes das civilizações e religiões ao seu redor, cultuando sua própria deidade, Tengri (Eterno Céu Azul). Mas no final do século XII, um líder guerreiro conhecido como Genghis Khan uniu as tribos mongóis do leste em uma grande confederação. Ele fez ataques no norte da China, mas então se voltou abruptamente para a Ásia Central em resposta a um pedido de ajuda dos turcos que estavam sendo oprimidos por uma confederação mongol rival chamada kara-khitay. Após ter anexados suas terras, Genghis enfrentou o ambicioso, mas descuidado, Príncipe Muhammad do Império Corásmio. Os corásmios governavam grande parte do que agora é o Irã, Turcomenistão e Uzbequistão entre 1077 e 1220. Eles começaram como vassalos (subordinados) dos seljúcidas, tornando-se, mais tarde, um império independente de origem turca, de cultura persa e de religião muçulmana sunita.

De 1218 a 1221, os mongóis perseguiram o exército de Muhammad, devastando as grandes cidades e algumas das propriedades agrícolas da Transoxiana, Corásmia e Khurasan. As atrocidades perpetradas pelos exércitos mongóis desafiam descrições: massacraram 700.000 habitantes de Merv; seus engenheiros romperam as barragens próximas a Gurganj para inundar a cidade após a terem tomado; verteram ouro derretido na garganta de um governador muçulmano; levaram milhares de artesãos muçulmanos para a Mongólia como escravos, muitos deles morrendo no caminho; formaram pirâmides com as cabeças dos homens, mulheres e crianças de Nishapur; e mataram inclusive cães e gatos nas ruas. Genghis Khan esperava paralisar os muçulmanos com tanto medo a ponto de nunca ousarem revidar.

A morte de Genghis Khan, em 1227, deu uma pausa ao islã, durante a qual seus sucessores assolaram China, Rússia e o leste da Europa. Mas um de seus filhos enviou um grande exército ao Azerbaijão, com o qual os mongóis poderiam ameaçar tanto os reinos cristãos das montanhas do Cáucaso como os muçulmanos do Iraque e da Anatólia. Um resultado dessa incursão foi a derrota dos seljúcidas de Rum em 1243. Os mongóis os reduziram ao *status* de vassalos e deixaram as tribos turcas dividirem a Anatólia em dezenas de principados. Outro resultado foi uma aliança duradoura entre os mongóis e o reino armênio da Cilícia (que anteriormente havia apoiado os cruzados contra o islã). Isso levou muitos europeus a esperarem que uma grande aliança entre o Oriente mongol e o Ocidente cristão destruísse o mundo muçulmano para sempre.

A destruição do califado

Mas os mongóis não necessitavam de ajuda. Em 1256, Hulagu, neto de Genghis Khan, renovou o ataque. Ele pode ter sido encorajado a agir por emissários enviados pelos reis da Europa à corte mongol, mas ele rejeitou suas ofertas de aliança. Embora Hulagu fosse pagão, sua esposa, que era cristã nestoriana, pode ter inspirado seu ódio ao islã. A existência continuada do califa abássida, mesmo com uma vaga pretensão à obediência de milhões de muçulmanos, ofendia Hulagu, que não podia tolerar rivais. Os mongóis cruzaram as montanhas Zagros em direção ao Iraque e avançaram para atacar Bagdá com pesadas rochas arremessadas de catapultas até que o califa se rendesse em fevereiro de 1258. Depois, os mongóis pilharam a cidade, incendiaram suas escolas e bibliotecas, destruíram suas mesquitas e palácios, mataram milhares de muçulmanos (os cristãos e judeus foram poupados), e, finalmente, executaram todos os abássidas, enrolando-os em tapetes para serem pisoteados pelos cascos de seus cavalos. Até que o forte odor dos cadáveres forçasse Hulagu e seus homens a saírem de Bagdá, eles carregaram seus cavalos, embalaram as bainhas de suas espadas descartadas, e inclusive rechearam alguns cadáveres eviscerados com ouro, pérolas e pedras preciosas para serem transportados de volta à capital mongol. Foi um fim melancólico para o califado abássida independente, para a prosperidade e glória intelectual de Bagdá, e, para alguns historiadores, para a própria civilização árabe (cf. Caixa 7.1).

Caixa 7.1 Hulagu Khan (ca. 1218-1265)

Hulagu Khan foi o neto de Genghis Khan e o irmão mais novo de Mongke Khan. Em 1255, Mongke, como governante do grande canato mongol, despachou Hulagu no comando de um grande exército para conquistar as terras muçulmanas da Pérsia, Iraque e da Síria maior. Quando jovem, Hulagu se interessou por filosofia e ciência, mas desistiu delas quando foi convocado para comandar uma grande horda mongol. Embora, por religião, tivesse sido por toda vida panteísta, tanto sua mãe como sua esposa favorita eram cristãs nestorianas.

Hulagu se moveu lentamente em direção ao sul com seu exército e cruzou o Rio Oxus, a fronteira entre as terras governadas pelos mongóis e a Pérsia, somente em 1256. Então, ele subjugou rapidamente os ismailis e pôs um fim aos seus famosos assassinos sediados em Alamut. Em 1257, enviou emissários ao califa Mu'stasim em Bagdá, exigindo-lhe que aceitasse a suserania mongol, como seus predecessores haviam se submetido aos turcos seljúcidas. Mu'stasim, o trigésimo sétimo califa abássida, estava certo de que qualquer ataque a Bagdá uniria o mundo muçulmano atrás dele e rejeitou as exigências mongóis. Hulagu, então, respondeu o seguinte:

> Quando liderar meu exército contra Badgá com raiva, escondam-se vocês no céu ou na Terra, e eu lhes derrubarei das esferas girantes; vou lhes arremessar no ar como um leão. Não deixarei ninguém vivo em seu reino. Vou incendiar sua cidade, suas terras e vocês. Se vocês quiserem poupar a si e a sua venerável família, prestem atenção ao meu conselho com inteligência. Se vocês não o fizerem, verão o que Deus desejou.

Hulagu levou a cabo suas ameaças em janeiro e fevereiro de 1258. Destruiu Bagdá, matando ao menos 90.000 de seus habitantes, incluindo o califa. Ele, então, retirou suas forças para o Azerbaijão, que se tornou o centro da dinastia ilcananida mongol, que governaria as terras muçulmanas do leste. Mais tarde, em 1258, partiu novamente para conquistar a Síria, tomando Alepo e Damasco com facilidade. Por volta de

1260, os mongóis haviam chegado ao sul da Palestina e da fronteira Sinai do Egito.

Nesse ponto, Hulagu recebeu notícias de que Mongke Khan havia morrido. Ele voltou depressa para casa com grande parte de seu exército para participar do subsequente conflito de sucessão. Esse incidente permitiu às forças mamelucas do Egito derrotarem um exército mongol diminuído em Ayn Jalut em 1260.

Mesmo que os mongóis tivessem mantido suas forças em sua total capacidade, provavelmente não teriam podido conquistar o Egito. Os exércitos mongóis viajavam com milhares de cavalos e dezenas de milhares de ovelhas e gado. Uma sociedade pastoral em movimento necessita de muita terra para sustentar seus animais. Os desertos do Sinai e Árabe teriam representado uma barreira impenetrável às hordas de Hulagu.

Apesar disso, o legado de Hulagu subsiste no presente, particularmente, para o povo do Iraque. Às vésperas da invasão americana, em 2003, Sadam Husayn comparou George W. Bush a Hulagu, como um meio de reunir a nação para sua defesa. A alegoria histórica falhou, uma vez que tendeu mais a assustar o povo, baixando o moral, testemunhando a poderosa ressonância dos eventos de 1258.

A resistência mameluca

O mundo do islã não desapareceu. Sua salvação veio dos mamelucos (seu nome significa literalmente "servo") que, em 1250, haviam tomado o Egito de seus mestres aiúbidas, descendentes de Salah al-Din. Em 1259-1260, as forças de Hulagu se encaminharam ao oeste, ajudadas por cristãos georgianos e armênios ávidos por ajudar a destruir seus inimigos muçulmanos. Eles cercaram e tomaram Alepo, massacrando seus habitantes. Damasco, abandonada pelo seu governante aiúbida, desistiu sem lutar. Então, Hulagu enviou emissários ao Cairo com esta mensagem:

> Vocês ouviram como conquistamos um vasto império e purificamos a Terra das desordens que a maculavam. Vocês devem fugir e nós devemos perseguir, mas para onde vocês fugirão, e por que estrada vocês escaparão de nós? Nossos cavalos são rápidos, nossas flechas afiadas, nossas espadas como raios, nossos corações tão

duros como as montanhas, nossos soldados tão numerosos quando a areia. Fortalezas não nos deterão. Temos boas intenções com nosso aviso; por agora, você é o único inimigo contra quem temos de marchar.

Mas então Hulagu soube que seu irmão, o imperador mongol, havia morrido. Tomado pela tristeza (ou talvez pela fome de poder), foi para casa a partir da Síria, levando grande parte de seus homens consigo. Enquanto isso, os mamelucos assassinaram seus emissários e entraram na Palestina, onde derrotaram os mongóis em Ayn Jalut (Primavera de Golias), em setembro de 1260. Essa batalha foi um momento climático na história, uma vez que marcou o auge da expansão mongol contra o islã. Assim, o mundo muçulmano sobreviveu ao seu ordálio mongol. Mas essa dificilmente foi uma vitória árabe, pois os mamelucos eram principalmente turcos removidos não mais que uma geração das estepes da Ásia Central.

Conclusão

Hulagu e seus descendentes se estabeleceram no Iraque e na Pérsia, intitulando-se a dinastia ilcananida. No fim, terminaram adotando a cultura persa, incluindo o islã, e reparando parte do dano que provocaram. Os mamelucos sobreviveram por séculos, expulsando os últimos cruzados de Acre em 1291. O reino que fundaram no Egito e na Síria se tornou o maior centro muçulmano de poder, riqueza e conhecimento por dois séculos.

O que podemos aprender dessa crônica triste de invasões, conquistas e destruição e da sucessão desconcertante de dinastias, algumas das quais conhecidas fora do Oriente Médio?

Do mundo muçulmano, os cruzados aprenderam sobre especiarias e tecidos que nunca tinham visto antes. Trouxeram para a Europa conceitos islâmicos de medicina e ciência. Seu principal efeito sobre o Oriente Médio foi tornar os muçulmanos mais fervorosos e conservadores. O efeito das invasões mongóis sobre o Oriente Médio foi ainda pior. O que os muçulmanos aprenderam com seus conquistadores mongóis foram, principalmente, táticas e estratégias militares. Em suma, os cruzados e os mongóis fizeram mais mal do que bem ao Oriente Médio. Mas as pessoas não podem escamotear as coisas ruins que acontecem em suas vidas; nem um país pode apagar os tristes eventos de sua história. As pessoas aprendem com seus infortúnios e os superam. A religião e a cultura do islã sobreviveram e se fortaleceram. As fontes de sua resiliência serão o tema do capítulo 8.

8 A civilização islâmica

Agora que cobrimos quase sete séculos de história política, vamos ver a civilização como um todo. Mas o que devemos chamar civilização? Os estudiosos discordam. Alguns dizem que a civilização era *islâmica* porque a religião do islã reuniu os vários povos – principalmente árabes, persas e turcos – que participaram dela. O islã também afetou a política, o comércio, o estilo de vida, as ideias e muitas formas de expressão artística. Mas até cerca de 1000 EC, os muçulmanos eram uma minoria nas terras do islã. À medida que, no começo, eram relativamente sem instrução, muitos estudiosos e cientistas ativos na civilização eram compreensivelmente judeus, cristãos, zoroastristas ou muçulmanos recentemente convertidos, cujas ideias ainda exibem a estampa de suas religiões anteriores. A civilização em desenvolvimento do Oriente Médio se baseou em muitas tradições religiosas e filosóficas.

O termo alternativo, *árabe*, destaca o papel da língua árabe no desenvolvimento da cultura. Não apenas devido ao seu prestígio como a língua do Alcorão e da elite conquistadora, mas também devido à sua capacidade para absorver novas coisas e ideias. O árabe quase se tornou a língua universal das artes, ciências e letras entre 750 e 1250. Mas não assumia que todos os artistas, estudiosos e escritores fossem árabes. Os construtores da civilização vinham de todo grupo étnico dentro da *umma*. Embora muitos fossem berberes, egípcios, sírios ou iraquianos arabizados, cujos descendentes podem hoje se identificar como árabes, somente alguns eram completamente descendentes dos nômades árabes. Como *islâmico* é um termo mais abrangente do que *árabe*, escolhemos "Civilização Islâmica" para o título deste capítulo.

As regras e as leis do islã

O islã começa como uma profissão de fé, mas é manifestado e elaborado pelo que os muçulmanos fazem e pelo que condenam. Sempre conscientes do iminente Dia do Juízo Final, os muçulmanos desejam conhecer e obedecer às regras de comportamento que agradarão a Deus e manterão a sociedade harmônica. Essas regras foram cuidadosamente reunidas em um código de lei e moral chamado xaria (uma palavra árabe que significa "caminho"). É um pouco como a halaca (lei talmúdica) no judaísmo ortodoxo; nada comparável existe no cristianismo. A xaria tenta descrever todos os atos humanos possíveis, classificando-os como obrigatórios, recomendados, neutros, condenáveis ou proibidos por Deus, o Legislador Supremo. Além de algumas leis comerciais e criminais, a xaria inclui regras sobre casamento, divórcio, criação dos filhos, outras relações interpessoais, propriedade, alimentos, vestimenta, higiene e múltiplos aspectos do culto. Ao menos até a era mongol, havia pouco que os muçulmanos poderiam experienciar ou observar que não fosse coberto na xaria.

O desenvolvimento da jurisprudência

Os primeiros muçulmanos basearam suas ideias de certo e errado nas normas da sociedade que conheciam, a do oeste da Arábia. Comerciantes de caravana haviam formulado regras elaboradas sobre transações comerciais e direitos de propriedade, mas a lei criminal ainda sustentava princípios de retribuição baseados nas virtudes tribais. A missão de Muhammad ampliou e fortaleceu o conceito de direitos e deveres. O Alcorão esclareceu muitos pontos. Os preceitos e práticas de Muhammad (o que mais tarde os muçulmanos chamariam sua *sunna*) estabeleceram algumas das leis para a nascente *umma*. Após sua morte, seus sucessores tentaram padronizar suas vidas no que ele havia dito ou feito e no que ele lhes havia dito para fazer ou não fazer. Os associados de Muhammad, especialmente os primeiros quatro califas, tornaram-se exemplos a seguir para muçulmanos que os sucederam; na verdade, suas práticas foram a *sunna* para os califas e governadores sucessores. Gradualmente, as tradicionais normas da Arábia assumiram um padrão muçulmano à medida que companheiros ensinavam a seus filhos os valores do Alcorão e a *sunna* e instruíam novos muçulmanos convertidos. Mesmo após todos que conheceram Muhammad terem morrido, as regras de comportamento foram transmitidas oralmente durante outro século.

Devido às conquistas árabes, os primeiros muçulmanos emprestaram muitos conceitos e instituições do direito romano e persa. Os recitadores do Alcorão e companheiros de Muhammad gradualmente cederam a árbitros e juízes que conheciam as leis e procedimentos de impérios estabelecidos.

À medida que a *umma* crescia e mais disputas surgiam sobre direitos e deveres das pessoas dentro dessa sociedade híbrida, seus líderes e o público se aperceberam de que as leis do islã tinham de se tornar claras, uniformes, organizadas, aceitáveis à maior parte dos muçulmanos e executáveis. À época em que os abássidas tomaram o poder em 750, os muçulmanos estavam estudando o significado do Alcorão, a vida de Muhammad e as palavras e feitos atribuídos a ele por aqueles que o haviam conhecido. Assim se desenvolveu uma ciência do certo *versus* errado, ou jurisprudência, especificamente islâmica. Seu nome árabe, *fiqh*, originalmente significava "aprender". Mesmo agora os muçulmanos vêm uma conexão entre os *fuqaha* (especialistas na xaria) e os *ulama* (estudiosos muçulmanos).

Fontes do direito

Historiadores do islã veem na xaria elementos tomados de muitos sistemas legais antigos, mas os muçulmanos usualmente veem seu direito como tendo quatro, ou talvez cinco, fontes: o Alcorão, a *sunna* de Muhammad, a analogia, o consenso da *umma*, e (para alguns) a opinião judicial. Estritamente falando, somente os dois primeiros são fontes tangíveis. O alcorão é o registro das revelações de Deus a Muhammad. Ele contém mandamentos e proibições, assim como juízos de valor sobre ações de vários povos na história. Por exemplo, o Alcorão estabelece regras explícitas, obedecidas por todos os muçulmanos até tempos modernos, sobre declarar divórcio (2:226-238), contrair débitos (2:281-283) e herdar propriedade (4:11-17). Mas a variedade de ações humanas excede o que o Alcorão poderia cobrir. Ele ordenava as pessoas a rezarem, mas somente o exemplo de Muhammad ensinou os muçulmanos como fazer isso.

A *sunna* do Profeta era mais ampla que o Alcorão, mas os muçulmanos devem evitar certos perigos em usá-la como uma fonte para a xaria. Como poderiam estar certos de que o Profeta teria cometido ou instruído um certo ato? Tinha de ser um *haditah* (relato oral) que declarasse que ele havia feito ou dito. O *hadith* deve ser validado por uma cadeia de relatores (*isnad*). O registrador do *hadith* teria de dizer quem havia relatado essa nova informação, quem havia contado ao seu informante, quem lhe havia contando e assim por diante, até à pessoa que havia testemunhado a ação ou o dito em questão. O *isnad* servia à função de uma nota de rodapé da fonte em um trabalho acadêmico; ele autenticava a informação ao ligá-la a uma autoridade estabelecida. Como os *hadiths* não eram escritos até que mais de um século se passasse, os *isnads* ajudavam a eliminar aqueles falsamente atribuídos a Muhammad. E se os *isnads*, também, fossem invenções? Para separar *hadiths* com falsos *isnads*, os primeiros *ulama* se tornaram especialistas na vida do Profeta, sua família, seus companheiros e da primeira geração muçulmana. Se pudesse ser provado que um vínculo na cadeia de transmissores era fraco – porque a pessoa em questão era mentirosa ou poderia não ter conhecido o transmissor anterior –, então esse *hadith* era suspeito. Muitos estudiosos tiveram de trabalhar por cerca de um século para produzir coleções oficiais de *hadiths*: seis para os muçulmanos sunitas e várias outras para as seitas xiitas. Eles ainda estão sendo usados por muçulmanos hoje.

Enquanto isso, alguns estudiosos formularam a própria xaria. Isso eles fizeram ao escreverem livros que compilavam as leis do islã para referência e direção. Devido às muitas mudanças que ocorreram na *umma* desde a existência do Profeta, muitos *ulama* concederam que o Alcorão e compilações de *hadiths* não poderiam solver cada questão concebível. Assim, eles adotaram o raciocínio por analogia, ou comparar uma nova situação com uma para a qual a legislação já existia. Como o Alcorão proíbe os muçulmanos de beber vinho, o *ulama* raciocinava que todas as bebidas alcoólicas que tivessem o mesmo efeito do vinho deveriam também ser banidas. Frequentemente, também estudiosos muçulmanos se apoiavam em um consenso dos seguidores para esclarecer pontos legais difíceis. Isso não significa que questionassem cada muçulmano de Córdoba a Samarqand. Em troca, o consenso significava aquilo que pudesse ser aceito por aqueles que haviam estudado a lei. Muitas regras para sociedades mais antigas foram incorporadas na xaria. Assim, as leis do islã poderiam ser aplicadas a pessoas vivendo longe de quaisquer condições conhecidas a Muhammad: um marinheiro no Oceano Índico, um rizicultor nos pântanos do Iraque, ou um cavalo turco vivendo além do Rio Oxus. Além disso, a xaria incorporava decisões que haviam sido feitas por juízes reputáveis em casos difíceis ou contestados, como precedentes legais ajudaram a moldar o direito anglo-saxão. O recurso à opinião judicial, frequente no começo do islã, tornou-se raro mais tarde. Sempre que possível, os juristas muçulmanos se apoiavam no Alcorão e na *sunna*.

Sistemas legais sunitas

A compilação da xaria em livros oficiais foi, para a maioria sunita, completada ao final do século IX. Vários "ritos" ou sistemas de pensamento legal sunita resultaram, dos quais quatro sobreviveram: hanafi, maliki, shafi'i e hanbali. O maior dos quatro, o rito hanafi, cresceu no Iraque com o apoio abássida e se baseava pesadamente no consenso e no raciocínio judicial (além do Alcorão e da *sunna*) como fontes. Hoje, predomina na Índia muçulmana, Paquistão e em grande parte das terras que antigamente pertenciam ao Império Otomano. O rito maliki se desenvolveu em Medina e se baseava muito nos *hadiths* proféticos que circulavam lá. Agora, predomina no Alto Egito e no norte e oeste da África. O rito shafi'i (chafista) se desenvolveu no Egito do século IX como uma síntese dos sistemas hanafi e maliki, mas com mais ênfase na analogia. Era forte no Egito e na Síria na época de Salah al-Din; agora predomina nas terras muçulmanas em torno do Oceano Índico e na Indonésia. O quarto rito canônico, o do jurista e teólogo Ahmad ibn Hanbal (m. 855), rejeitava a analogia, o consenso e a opinião judicial como fontes. Devido à sua rigidez, o rito hanbali possui um número menor de seguidores, embora seus adeptos incluíssem os pensadores que inspiraram os movimentos islâmicos de hoje. É também o sistema legal oficial na Arábia Saudita atual. Outros ritos sunitas, que costumavam existir, desapareceram. As diferenças substanciais entre os quatro ritos são menores, exceto nas questões rituais. Cada um (exceto na época do rito hanbali) considerava os outros legítimos.

Sistemas legais xiitas

A jurisprudência xiita também se apoia no Alcorão, na *sunna*, na analogia e no consenso. Os muçulmanos xiitas e sunitas diferem sobre a autenticidade de certas afirmações de Muhammad, notadamente se desejava Ali como seu sucessor. Em alguns temas, a lei xiita é mais permissiva: permite casamento temporário, a linha da mulher recebe uma parte ligeiramente maior da herança, e algumas seitas deixam os muçulmanos xiitas ocultarem sua identidade religiosa (*taqiya*) caso sua segurança esteja em risco. Uma diferença importante é que, embora muitos ritos sunitas não permitam mais a reinterpretação da xaria, no xiismo os imames podem interpretar a lei. Os imames são vistos como sendo, em princípio, vivos. Entre os xiitas dos Doze Imames, cujo último imame é oculto, juristas *mujtahids* qualificados podem interpretar a lei até que o décimo-segundo imame retorne. Essa "interpretação" (*ijtihad*) não significa mudar a lei para adequar uma conveniência temporária; em troca, é o direito de reexaminar o Alcorão e as compilações *hadith* sem ser limitado pelo consenso. O xiismo manteve, assim, uma flexibilidade há muito perdida pela maioria sunita, e os ulamas xiitas, especialmente os *mujtahids*, permaneceram influentes até agora no Irã. Na verdade, o principal problema para o *ulama* sunita, que favorece a reforma islâmica, tem sido reconquistar o direito de *ijtihad*.

A administração da lei

Quando o islã começou, o controle e a imposição da xaria eram realizados pelos califas ou seus governadores provinciais. À medida que a sociedade se tornava mais complexa, eles começaram a indicar muçulmanos que conheciam o Alcorão e a *sunna* (como praticada pelos primeiros califas assim como por Muhammad) para servir como *qadis* (juízes). À medida que o sistema judicial evoluía, um *qadi* aspirante obtinha seu treinamento legal pela leitura dos livros da lei e de comentários, sob a orientação de um ou vários mestres em seu rito ou seita legal escolhido. Quando estivesse dominando informações o bastante para servir como um *qadi*, seria autorizado a praticar por si próprio.

Várias outras funções judiciais também evoluíram: o *mulfti* (jurisconsulto), que dá respostas oficiais a questões técnicas sobre a lei para uma corte e, por vezes, para indivíduos; o *shahid* (testemunha), que se certifica de que um certo ato ocorreu, como a assinatura de um contrato; e o inspetor de mercado, que impõe as leis comerciais muçulmanas e mantém a ordem local. O sistema legal islâmico nunca teve advogados para representar partes opostas em casos da corte. Os muçulmanos dizem que advogados podem se enriquecer às custas do litigante ou réu criminal. Não há promotores ou procuradores distritais. Em muitos casos, o *qadi* deve decidir com base nas evidências apresentadas pelos litigantes e testemunhas, guiados por seções relevantes da xaria ou às vezes por orientação de um mufti.

O califa tinha de garantir que a justiça prevalecesse na *umma*, não por meio da interpretação da xaria, mas pela indicação dos *qadis* mais sábios e honestos para administrá-la. Alguns califas omíadas podem ter desconsiderado a xaria em suas vidas pessoais, mas suas regras permaneciam válidas para a *umma* como um todo. Nenhum califa omíada ou abássida poderia abolir a xaria ou alegar que não se aplicasse a ele.

Quando o califado parou de simbolizar a unidade muçulmana, a aceitação geral da xaria superava as barreiras das seitas e dinastias rivais. Mesmo quando os cruzados e mongóis entraram nas terras do islã e tentaram impor outros códigos de conduta, os muçulmanos continuaram a seguir a xaria em suas vidas diárias. Eles continuam fazendo isso hoje. Você pode ir a um bazar no Marrocos e sentir que é, de um modo que você sente ainda que não possa expressá-lo, como os bazares na Turquia, Irã ou cinquenta outros países. A execução do culto, a observância do jejum no ramadã, e, é claro, a peregrinação a Meca servem para unificar os muçulmanos de todas as partes do mundo.

A aplicabilidade da lei

Mas a xaria é relevante hoje? Suas leis estão para sempre estabelecidas. Críticos afirmam que elas não podem estabelecer o conjunto de normas para o comportamento humano em um mundo que muda rapidamente. Mesmo nas épocas que estudamos até agora, governantes fortes tentaram evitar partes da xaria, talvez usando um subterfúgio inteligente, mas com mais frequência pelo decreto de leis seculares. Os *ulama*, como guardiães da xaria, não tinham força policial com a qual punir um governante assim. Mas podiam incitar a opinião pública, por vezes, inclusive a se rebelar. Nenhum governante jamais ousou mudar os cinco pilares do islã. Até recentemente, nenhum deles interferiu nas leis que governam o casamento, a herança e outros aspectos do *status* pessoal (exceto por alguns casos na Tunísia). O islã de hoje deve lidar com o mesmo tema que o judaísmo ortodoxo tem de enfrentar: Como uma religião baseada na devoção a um código de conduta divinamente sancionado pode sobreviver em um mundo no qual muitos de seus estados e grandes líderes acreditam em Deus – ou, de qualquer modo, agem como se não acreditassem? Algum dia, muçulmanos, cristãos e judeus praticantes se unirão contra seus inimigos comuns: secularismo, hedonismo, positivismo e várias ideologias que surgiram nos tempos modernos?

Que partes da xaria são irrelevantes? Os casamentos contraídos por jovens por si mesmos são mais estáveis do que aqueles que seus pais teriam arranjado para eles? A frequência crescente de fornicação e adultério no Ocidente fortaleceu ou enfraqueceu a família? Se a família não for mantida, em que ambiente meninos e meninas serão nutridos e ensinados a como agir como homens e mulheres? A indistinção dos papéis sexuais na sociedade moderna tornou as pessoas mais felizes e mais seguras? O consumo de bebidas alcoólicas deveria ser permitido quando o alcoolismo se tornou um problema de saúde pública na maioria dos países civilizados? Emprestar dinheiro a juros promove ou inibe a formação de capital? Jogos de azar enriquecem ou empobrecem as pessoas que os jogam? Se o apelo ao jihad em defesa do islã soa agressivo, em nome de quais crenças a maior parte das guerras contemporâneas têm sido travadas? Os muçulmanos levariam uma vida melhor se cessassem de rezar, jejuar no ramadã, de pagar o *zakat*, e de fazer a *hajj* a Meca? Deixe que aqueles que afirmam que o islã e suas leis são anacrônicas tentar responder a essas questões.

A sociedade islâmica

No começo dos tempos islâmicos, a vida social era muito mais formalizada do que hoje. Cada classe tinha certos direitos e deveres, assim como cada religião, sexo e grupo etário. Os governantes tinham de preservar a ordem e promover a justiça entre seus súditos, defender a *umma* contra forças não muçulmanas, e garantir a exploração máxima da riqueza de seu reinado. Com o tempo, os muçulmanos sunitas desenvolveram uma teoria política elaborada. Ela declarava que o líder legítimo do Estado era o califa, que deve ser um homem adulto, de mente e corpo sãos, e descendente dos coarixitas. Sua indicação deve ser publicamente aprovada por outros muçulmanos. Na prática, o assentimento dado para um homem se tornar califa poderia ser o seu próprio. Alguns dos califas eram jovens rapazes. Alguns eram insanos. No fim, os poderes califais foram assumidos por vizires, governadores provinciais ou aventureiros militares. Mas a ficção foi mantida, pois juristas sunitas concordaram que era melhor ser liderado por um usurpador ou déspota do que não ter governante algum. Milhares de anos de tirania eram preferíveis a um dia de anarquia.

Abusos de poder eram muitas vezes checados pela autoridade moral da *ulama*. Os governantes tinham de trabalhar com as classes comumente chamadas os "homens da pena" e os "homens da espada". Os homens da pena eram os administradores que coletavam e distribuíam as receitas do Estado e executavam as ordens dos governantes, mais os *ulama* que proporcionavam justiça, educação e serviços de bem-estar social aos muçulmanos. O clérigo cristão e o rabinato judaico serviam às comunidades religiosas como os *ulama*. Os homens da espada expandiam e defendiam as terras do islã e também, especialmente após o século IX, administravam as *iqtas* (concessões de terras) e mantinham a ordem local.

Agrupamentos sociais

Estritamente falando, os muçulmanos rejeitam distinções de classe, mas o conceito de governante e súdito foi tomado da ordem política sassânida da Pérsia pré-islâmica. Muitas pessoas pertenciam à classe dos súditos, que se esperava que produzisse a riqueza da *umma*. A divisão mais básica dos súditos era entre nômades e povos sedentários, com o primeiro grupo dividido ainda em tribos e clãs e o segundo decomposto em muitos grupos ocupacionais. Comerciantes e artesãos urbanos formavam guildas de ofício, muitas vezes ligadas a seitas religiosas específicas ou a ordens sufistas (irmandades de místicos muçulmanos), que mantinham seus interesses comuns. O grupo maior consistia de agricultores, geralmente de *status* inferior e usualmente não eram proprietários plenos das terras que cultivavam. Havia também escravos. Alguns serviam no exército ou na burocracia, outros trabalhavam para comerciantes ou fabricantes, e outros ainda eram servos domésticos. O islã não proibia a escravidão, mas insistia em que os senhores tratassem seus escravos com bondade e os encorajasse à libertação. Escravos poderiam ser prisioneiros de guerra, crianças que haviam sido vendidas por suas famílias, ou cativos tomados de seus lares por traficantes de escravos. Esses conceitos de estrutura de classe não se originaram no islã, que enfatizava a igualdade de todos os fiéis; eles começaram em tempos antigos e existiam na maioria das sociedades agrárias.

Cruzando essas divisões sociais horizontais, havia aquelas baseadas na ancestralidade, raça, religião e sexo. Embora Muhammad e seus companheiros desejassem minimizar distinções baseadas em origens familiares, no início, o islã concedia *status* mais elevado aos descendentes dos primeiros muçulmanos, ou geralmente de árabes, do que aos convertidos mais tarde. Como você aprendeu nos capítulos anteriores, os persas e os turcos gradualmente ascenderam ao *status* equivalente dos árabes. Outros grupos étnicos, como os berberes, indianos e africanos mantiveram uma identidade distinta e, muitas vezes, um *status* inferior mesmo após terem se tornado muçulmanos. A discriminação racial, contudo, foi menos aguda do que nas terras cristãs, mesmo agora.

As divisões com base na religião eram profundas e fundamentais. A religião era uma experiência compartilhada – uma comunidade de fiéis unida pela adesão a leis e crenças compartilhadas – em vez de uma relação pessoal entre a pessoa e seu criador. Religião e política eram inextricavelmente entrelaçadas. Cristãos e judeus não tinham os mesmos direitos e deveres que os muçulmanos; eram comunidades protegidas vivendo no domínio do islã, onde a xaria prevalecia. Embora isentos do dever militar, não podiam portar armas. Não tinham de pagar o *zakat*, mas avaliados pela capitação (*jizya*) mais quaisquer impostos necessários para sustentar suas próprias instituições religiosas. Por vezes, não tinham permissão para testemunhar em uma corte xaria contra um muçulmano ou tocar sinos, assoprar chofares (trombetas de cornos usadas em alguns feriados judaicos), ou organizar procissões barulhentas que pudessem perturbar o culto muçulmano. Por vezes, achavam as limitações ainda mais humilhantes, e, em alguns casos, suas vidas e propriedades eram ameaçadas. Mas, por séculos, conseguiram manter sua identidade como cristãos ou judeus e seguir suas próprias leis e crenças. O tratamento de minorias religiosas, nos países muçulmanos que sustentavam a xaria, era melhor do que naqueles que relaxavam ou a tinham abandonado totalmente e, com certeza, melhor do que o tratamento dos judeus no mundo cristão medieval, na Rússia czarista ou na Alemanha nazista.

Quanto às divisões sociais baseadas em gênero, o islã (como muitas religiões que começaram na era agrária) é patriarcal, dando certos direitos e responsabilidades para homens que nega às mulheres. Os muçulmanos acreditam que a biologia ditou diferentes papéis para os dois sexos. Os homens devem governar estados, travar guerras e sustentar suas famílias; as mulheres, parir e criar filhos, cuidar da casa e obedecer aos seus esposos. Algumas mulheres participaram em guerras e governos, escreveram poemas ou tiveram profundas experiências místicas, mas a maioria desempenhou um papel secundário em relação aos seus esposos, pais, irmãos e filhos. Muitas vezes, elas exerceram mais influência do que as histórias tradicionais admitem.

A vida familiar

A família era central no começo da sociedade islâmica. Os casamentos eram arranjados pelos pais ou pelos parentes mais velhos do casal potencial, pois se entendia que o casamento ligaria duas famílias ou reforçaria os vínculos entre dois ramos familiares. Casamentos entre primos eram preferidos porque ajudariam a manter a propriedade da família intacta. Os muçulmanos assumiam que o amor entre um homem e uma mulher se desenvolveria, uma vez que estivessem casados e tivessem de partilhar os cuidados da manutenção de uma casa e da criação dos filhos. O amor romântico poderia surgir entre pessoas não casadas, mas raramente levava ao casamento. A liberdade dos homens muçulmanos para assumir esposas adicionais (até um total de quatro) provocava conflitos domésticos, mas muitas esposas mais velhas se alegravam quando seu esposo assumia uma esposa jovem que poderia suportar melhor as pressões das gravidezes frequentes e dos cuidados da casa. O harém da imaginação ocidental era raro. Somente os homens ricos e poderosos podiam se permitir sustentar as quatro esposas que lhes eram permitidas pelo Alcorão (contanto que as tratasse igualmente); muitos homens pobres não podiam contrair matrimônio, uma vez que o noivo tinha de pagar um grande dote. A lei islâmica tornou o divórcio fácil para esposos e difícil para as esposas; na prática, era raro, porque a esposa detinha a posse do dote.

Os pais esperavam (e tinham) a obediência inquestionada de seus filhos e filhas, mesmo após terem crescido. Uma vez casada, a mulher tinha de se submeter aos pais do esposo. As mulheres desejavam naturalmente ter filhos homens, que terminariam dando a elas noras para comandar. Os pais disciplinavam seus filhos duramente, mas os amavam profundamente. Se aqueles filhos estivessem entre aqueles que sobrevivessem aos rigores de se tornarem adultos, orgulhavam-se de suas conquistas posteriores. Embora um menino usualmente aprendesse o ofício de seu pai, o filho dotado de um camponês ou comerciante poderia obter uma educação e ingressar nos postos de *ulama* ou da burocracia. As meninas raramente podiam ir à escola, mas certas ocupações eram limitadas às mulheres. As esposas, muitas vezes, trabalhavam ao lado de seus esposos nos campos ou nas indústrias domésticas, como a de fiação. Vínculos entre irmãos, irmãs e primos tinham uma intensidade (usualmente amor, por vezes ódio) que poucos ocidentais experienciam, porque os jovens muçulmanos passam muito tempo no círculo familiar.

As relações pessoais

Os indivíduos na sociedade islâmica conheciam menos pessoas do que em nosso mundo mais versátil, mas suas amizades (e inimizades) eram mais fortes e mais duradouras. Expressões físicas assim como verbais de ternura entre amigos do mesmo sexo eram mais comuns do que no Ocidente e não denotam homossexualidade (embora essas relações existissem). Amizades de homens eram usualmente baseadas nos vínculos da infância ou em associação comum em uma irmandade mística, guilda de ofício, ou clube atlético. As associações das mulheres eram limitadas pelo costume a parentes e vizinhos, mas também tinham irmandades místicas.

Tanto homens quanto mulheres entretiam seus amigos, segregados por sexo, em casa. Visitações mútuas, nas quais se compartilhavam comida, bebida e notícias, eram o passatempo mais comum para cada classe na sociedade islâmica. O tempo costumeiro para essas visitas era o final da tarde ou o começo da noite à medida que refrescava, ou à noite durante o mês do ramadã. Grandes grupos de pessoas gostavam de se reunir na casa de alguém para ouvir recitações de poesias ou, menos frequente, execuções musicais. O Egito e a Pérsia retiveram os feriados pré-islâmicos que envolviam realizar uma viagem na primavera ao interior para um piquenique em família. Os dois grandes festivais muçulmanos, *Id al-Adha* (Festival do Sacrifício de Abraão) durante o mês da *hajj* e do *Id al-Fitr* (Festival da Quebra do Jejum) que segue o ramadã, eram ocasiões sociais importantes em toda parte. As pessoas muitas vezes davam festas extravagantes para celebrar aniversários, circuncisões e casamentos. Cortejos fúnebres, enterros e recepções pós-funerais também figuravam na vida social dos muçulmanos. Os homens se reuniam em mesquitas, bazares, banhos públicos e restaurantes. As mulheres, muitas vezes, viam suas amigas em banhos de mulheres, em poços públicos de onde tiravam sua água, ou no riacho onde lavavam roupa. Comparada com a nossa sociedade, os primeiros muçulmanos tinham menos liberdade e privacidade, mas muito mais segurança e menos solidão.

O ambiente

O Alcorão é cheio de referências ao jardim. Em forte contraste com os desertos e o ambiente severo do Oriente Médio, cenas de oásis verdejantes, jardins e água corrente dominam a arte, a arquitetura e os espaços urbanos islâmicos. Os pátios de mesquitas e casas geralmente incluem jardins ou formas arquiteturais que os representam como metáforas para o paraíso que espera por cada muçulmano fiel. A água e o jardim, portanto, estão imbuídos de dimensões espirituais. No islã, a água não só é essencial para a sobrevivência como também para a ablução antes do culto ritual. A lei muçulmana fala muito sobre seu uso, posse e transferência. A água é um dom divino que deve ser partilhado entre humanos, tornado acessível aos animais e distribuída para a agricultura.

A conservação da água é uma obrigação moral no islã. Sem água não há jardim. A ideia de um jardim destaca uma atitude islâmica em relação ao ambiente em geral. No início do desenvolvimento do islã, os muçulmanos recriaram esse conceito alcorânico em seu espaço doméstico. Os muçulmanos viam o jardim como um lembrete da vida após a morte; os europeus, notadamente viajantes, fantasiavam-no e seus ornamentos mouriscos como uma dimensão exótica do Oriente.

Contrária às percepções coloniais das cidades islâmicas, a noção do ambiente no Oriente Médio está vinculada a uma definição cultural do espaço. A cidade islâmica tradicional sempre foi um espaço onde o ambiente e os humanos interagiam. Sua densidade populacional relativamente baixa deixava espaço para o verde próximo às casas e locais de trabalho das pessoas. A vegetação sempre foi parte da estrutura interna de uma composição. O jardim está no centro do pátio e sempre inclui a fonte. Dentro de seu ambiente construído, os muçulmanos mantinham pomares e hortas que forneciam alimento para a subsistência diária. Flores e árvores não só formavam um cinturão verde entre os muros da cidade e seu centro agitado, mas também serviam como os pulmões das residências, mesquitas e palácios da cidade. Os muçulmanos construíam novas cidades que atraíam muitas pessoas dos oásis e aldeias vizinhos; elas reproduziam elementos do ambiente aos quais os moradores do interior estavam acostumados.

Yazd (no Irã), por exemplo, foi construída racionalmente como uma malha urbana conectada por meio de canais de água às suas montanhas vizinhas a sudeste. Como Yazd, muitas cidades islâmicas se desenvolveram dentro de uma rede irrigada de terras agrícolas. Os princípios e conceitos ambientais estabeleceram a base para a emergência e desenvolvimento do planejamento da cidade islâmica. Bairros residenciais e espaços públicos, incluindo mesquitas, fontes, caravançarás (hospedarias para caravanas), e banhos públicos, eram projetados para canalizar água potável e residual por meio de canais para proteger a saúde das pessoas. O jardim islâmico, como um aspecto estético da casa, do palácio, da mesquita e do espaço público urbano, representa a essência de uma sociedade e civilização que dependiam da agricultura para sua sobrevivência.

Alimento, vestimenta e abrigo

Os alimentos que os primeiros muçulmanos consumiam, as roupas que vestiam e as casas nas quais moravam variavam de acordo com sua condição econômica, localidade e a era em questão, de modo que é difícil generalizar sobre como satisfaziam suas necessidades básicas. O trigo era o principal produto. Era usualmente triturado em um moinho, amassado em casa, e assado em pequenos pães achatados em grandes fornos coletivos ou comerciais. O triguilho (*bulgur*) ou trigo seco era usado na cozinha, especialmente na Síria e na Palestina. Os beduínos consumiam a papa ou mingau de trigo. Arroz era raro. Milho e batatas foram introduzidos no Oriente Médio no século XVII. Muitas frutas e vegetais eram comidos frescos; outros eram secos, conservados em vinagre, ou preservados em açúcar. O leite de ovelhas, cabras, camelos, búfalos d'água e vacas era transformado em queijo, manteiga (clareada para uso na cozinha) e iogurte. A carne que os muçulmanos consumiam era, muitas vezes, de cordeiro ou de carneiro, comumente grelhada, assada ou cozida. Vários órgãos dos animais não valorizados pelos ocidentais, como olhos, cérebros, corações e testículos eram considerados iguarias. A carne suína era proibida aos muçulmanos, assim como bebidas fermentadas. Muçulmanos permissivos bebiam vinho feito de uvas e outras frutas, cerveja e *araq* (licor fermentado a partir do suco de tâmaras, melado ou arroz). A maioria observante bebia sucos de frutas da estação, sorvete de frutas (que era uma mistura de neve com água de rosas ou xarope de frutas), e iogurte diluído. Café e chá só tiveram seu uso difundido a partir do século XVII. A comida do Oriente Médio era moderadamente temperada, usualmente com sal, pimenta, óleo de oliva e suco de limão. O açafrão era usado por sua coloração amarela mais do que por seu sabor, porque os cozinheiros muçulmanos melhoravam a aparência de seus pratos. O mel era servido como adoçante, mas o açúcar se espalhou pelo mundo muçulmano a partir da Índia.

A vestimenta tinha de ser modesta e durável. Roupas de linho ou algodão eram vestidas na estação quente e, de lã, no inverno – ou ao longo do ano por alguns místicos e nômades. Robes folgados eram preferidos a calças, exceto por cavaleiros. Ambos os sexos evitavam roupas que pudessem revelar seus contornos corporais a estranhos. Os homens muçulmanos cobriam suas cabeças em todas as situações formais, fosse com turbantes ou toucas sem abas. Turbantes de diferentes cores serviam para identificar *status* social ou religioso. Nômades árabes vestiam *kaffiehs* (turbantes) amarrados por faixas de cabeça. Os muçulmanos nunca usavam chapéus com abas ou toucas com viseiras, já que impediriam prostração durante o culto. As mulheres usavam um tipo de tecido longo para cobrir seu cabelo, se não também para velar suas faces, sempre que os homens estavam por perto. Judeus, cristãos e outras minorias vestiam roupas e proteções para a cabeça distintas. Devido ao modo de as pessoas se vestirem, estrangeiros sabiam como agir uns em relação aos outros.

As casas eram construídas com materiais mais localmente abundantes: pedra, tijolo de barro ou por vezes madeira. Tetos altos e janelas forneciam ventilação na estação quente. No inverno, somente roupas e comidas quentes, e, possivelmente, um braseiro de carvão tornavam a vida dentro de casa suportável. Os cômodos não eram providos de móveis; as pessoas sentavam de pernas cruzadas sobre tapetes ou plataformas baixas. Colchões e outras roupas de cama seriam estirados quando as pessoas estivessem prontas para dormir e postos de lado após se levantarem. Nas casas de pessoas ricas, as instalações para cozinhar eram, muitas vezes, em recintos separados. As privadas sempre eram.

Vida intelectual e cultural

Não temos tempo e espaço suficientes para dar à vida intelectual do começo do islã a atenção que merece. Lamentavelmente, muitos ocidentais ainda acreditam que a conquista árabe do Oriente Médio reprimiu sua criatividade artística, literária e científica. Ao contrário, foram os árabes que salvaram muitas das obras dos antigos pensadores gregos para transmissão posterior ao Ocidente. Na verdade, nenhum campo de iniciativa humana estava fechado para estudiosos muçulmanos. O trabalho enciclopédico de Aristóteles, traduzido por cristãos sírios ao árabe, inspirou pensadores muçulmanos como al-Kindi, al-Farabi, ibn Sina e ibn Rushd.

Como "Filósofo dos Árabes", al-Kindi (m. 873) colocou a busca pela verdade acima de todas as ocupações humanas, exceto da religião; exaltou a lógica e a matemática, e escreveu ou editou trabalhos sobre ciência, psicologia, medicina e música. Era adepto a tomar os complexos conceitos gregos, parafraseando-os, e simplificando-os para os alunos, uma habilidade que qualquer escritor de manuais pode apreciar. Um estudioso ainda melhor foi Abu Nasr al-Farabi (m. 950), um turco educado em Bagdá tão renomado que filósofos posteriores o chamavam o "segundo professor", o primeiro tendo sido Aristóteles. Al-Farabi foi o primeiro a integrar a filosofia neoplatônica aos conceitos islâmicos de Deus, anjos, profecia e comunidade. Um escritor prolífico sobre lógica, foi também um músico habilidoso.

Ibn Sina (m. 1037) também combinou filosofia com medicina. Seus escritos teológicos são lúcidos e lógicos, embora seus contemporâneos devotos o evitassem por ter separado o corpo da alma e por ter argumentado que toda pessoa tem livre-arbítrio. Ele afirmava que a forma mais elevada de felicidade não é a física, mas a espiritual, visando a uma comunhão com Deus. Sua enciclopédia médica, que foi traduzida ao latim, permaneceu um manual nas escolas de medicina europeias até o século XVII. Como al-Kindi, escreveu sobre lógica, matemática e música. O maior escritor muçulmano de comentários viveu na Espanha do século XII. Ibn Rushd (m. 1198) é conhecido por seus trabalhos sobre a filosofia de Aristóteles e sobre teólogos muçulmanos. Devido a suas visões religiosas não ortodoxas, muitos de seus escritos foram queimados. Estão perdidos para sempre.

Matemática e ciência

Os muçulmanos tendem a tratar matemática, ciência e medicina como ramos da filosofia. Eles não dividem as áreas do conhecimento humano tão precisamente quanto nós fazemos agora. Os ocidentais tendem a apreciar os pensadores muçulmanos principalmente por terem preservado o conhecimento clássico até que os europeus o tivessem reaprendido durante a Renascença. Nosso débito é muito maior. Os matemáticos muçulmanos fizeram avanços na álgebra, na trigonometria plana e esférica, e na geometria dos planos, esferas, cones e cilindros. Nossos "numerais arábicos" foram uma invenção hindu, mas os árabes os transmitiram à Europa. Os muçulmanos usavam frações decimais ao menos dois séculos antes que os ocidentais viessem a tomar conhecimento delas. Eles aplicavam a matemática à contabilidade, à agrimensura, à astronomia, a dispositivos mecânicos e à engenharia militar.

Na medicina, os muçulmanos ampliaram o trabalho dos gregos antigos, mas tiveram uma dívida especialmente para com os cristãos nestorianos. Um desses foi Hunayn ibn Ishaq (m. 873), que traduziu textos gregos e aramaicos ao árabe, mas fez pesquisas originais em óptica. Médicos muçulmanos estudaram botânica e química para descobrir drogas curativas, assim como antídotos para vários venenos.

Métodos científicos e pseudocientíficos de observação poderiam ser ligados. A química estava misturada com a alquimia, e a astronomia com a astrologia. Um conhecimento dos movimentos das estrelas e planetas ajudaram a navegação e viagens por terra à noite. Mas os primeiros muçulmanos, como muitos outros povos, pensavam que corpos celestiais afetavam as vidas de indivíduos, cidades e estados, e, assim, muitos dos califas mantiveram astrólogos na corte como conselheiros. Os muçulmanos também usavam astrolábios para medir a altura de estrelas no céu e criaram telescópios básicos. Um astrônomo construiu um planetário, mostrando não somente os movimentos das estrelas como também estrondos de trovões e *flashes* de relâmpagos. Muito antes de Copérnico ou Galileu, os muçulmanos sabiam que a Terra era redonda e girava em torno do Sol.

Graças às conquistas árabes e à expansão do comércio por todo o Oriente, os muçulmanos gostavam de ler descrições de terras distantes e de seus habitantes, especialmente se pudessem se tornar parceiros de comércio ou convertidos ao islã. Grande parte do que sabemos sobre o sul do Saara africano, dos séculos IX ao XV, vem dos escritos dos viajantes e geógrafos árabes. A história era uma disciplina importante. Quase todos os cientistas muçulmanos escreveram sobre o desenvolvimento de suas especialidades. Os governantes exigiam crônicas para publicizar o que haviam feito ou para aprender com os sucessos e fracassos de seus predecessores. Muitos muçulmanos liam descrições dos primeiros califas e conquistas. Historiadores muçulmanos foram os primeiros a tentar estruturar a história, buscando padrões no surgimento e queda de dinastias, povos e civilizações. Esses esforços culminaram no século XIV com o monumental *al-Muqaddima*, de ibn Khaldun, que vinculou o surgimento de estados a um forte sentimento de grupo entre os líderes e seus seguidores.

Literatura

Cada tema discutido até agora é parte da prosa literária dos muçulmanos. Embora o árabe permanecesse a principal língua tanto da prosa como da poesia, o persa foi revivido durante a era abássida, e a literatura turca emergiu um pouco mais tarde. A poesia oferecia expressão artística, instrução e entretenimento. Alguns poemas glorificavam uma tribo, uma religião, ou um patrono potencial; alguns zombavam dos rivais do poeta; outros evocavam a exaltação de uma experiência mística; outros ainda exaltavam o amor, o vinho ou Deus, e nunca podemos estar certos de qual.

Os trabalhos em prosa orientavam os muçulmanos na execução do culto, introduziam príncipes na arte de governar, refutavam alegações de movimentos políticos ou teológicos rivais, e ensinavam qualquer um dos múltiplos aspectos da vida, de culinária a relações sexuais. Fábulas de animais marcavam pontos contra governantes despóticos, cortesãos ambiciosos, *ulama* ingênuos, e comerciantes gananciosos. Talvez você conheça as histórias populares que chamamos *As mil e uma noites*, algumas das quais estão situadas na Bagdá de Harun al-Rashid, mas foram, na verdade, compostas por muitos povos antigos, transmitidas oralmente aos árabes, e escritas no final da Idade Média. Mas você pode não ter ouvido falar de uma figura literária amada por muitos povos do Oriente Médio. Os egípcios o chamam Goha, os persas, Mollah Nasraddin, e os turcos se referem a ele como Nasraddin Hoja. Uma breve história basta. Certa vez, um homem reclamou a Goha que não havia luz do sol em sua casa. "Há luz em seu jardim?", perguntou Goha. "Sim", o outro respondeu. "Bem", disse Goha, "então mova sua casa para dentro de seu jardim".

Arte

Os muçulmanos não negligenciam as artes visuais. Algumas das edificações mais harmoniosas e mais extravagantemente decoradas jamais erigidas foram as grandes mesquitas congregacionais nas maiores cidades do islã. A cidade de Yathrib, mais tarde renomeada Medina, exemplificava o protótipo da cidade islâmica com a mesquita do Profeta em seu centro. Mesquitas congregacionais tinham de ser enormes para acomodar todos os seus fiéis masculinos adultos nas sextas-feiras. Algumas não sobreviveram às pilhagens do tempo ou aos mongóis, mas as mesquitas congregacionais de Qayrawan, Cairo, Damasco e Isfahan são impressionantes. Os arquitetos muçulmanos também dedicavam parte de seu tempo e talentos a palácios, escolas, hospitais, caravançarás e outras edificações, assim como a jardins, espelhos d'água e fontes.

Os artistas trabalhavam em muitos meios diferentes. Embora pintura e escultura fossem raras até tempos modernos, os primeiros artistas muçulmanos ilustravam manuscritos com desenhos abstratos, figuras de plantas e animais, e retratos do cotidiano e atividades humanas cerimoniais. A caligrafia era a principal forma de arte, usada para muros de prédios públicos, assim como para manuscritos, e incorporava desenhos geométricos que combinavam quadrados, retângulos, círculos, estrelas e hexágonos. Muitas criações artísticas eram vistas usualmente como artesanato: trabalhos de cerâmica vitrificada e azulejo; vidro esmaltado; objetos entalhados em madeira, pedra e marfim; bandejas de metal gravado; anéis com pedras preciosas, pendentes, adagas; panos de seda bordados; capas de livro em couro decoradas. Você talvez já tenha visto tapetes orientais. Muitos dos genuínos foram tecidos ou trançados no Oriente Médio.

Teologia

Como o cristianismo medieval, o islã estabelecera alguns temas urgentes: A revelação divina assume precedências sobre a razão humana? Deus é o Criador do mal e do bem no universo? Se Deus é todo-poderoso, por que as pessoas negam sua existência e desobedecem às leis divinas? Se Deus predestinou todos os atos humanos, as pessoas são moralmente responsáveis pelo que fazem? Questões filosóficas levaram os muçulmanos à teologia, assim como as controvérsias com seus súditos judeus e cristãos.

O islã desenvolveu vários sistemas teológicos, culminando com o Mu'tazila (tratado no capítulo 5), o sistema do autoproclamado "povo da unidade e da justiça". Seus principais preceitos são: (1) Deus é um, de modo que seus atributos não possuem existência independente; (2) Deus é justo, recompensando os justos e punindo os maus; (3) Deus não causa o mal; (4) as pessoas são responsáveis por seus próprios atos; (5) somente a razão que está de acordo com a revelação pode guiar as pessoas para conhecerem Deus; (6) deveríamos tentar justificar os caminhos de Deus para a humanidade; e (7) o Alcorão foi criado. Se esses preceitos parecem razoáveis, você pode perguntar por que os muçulmanos os rejeitavam. Por exemplo, o Alcorão foi realmente criado? Deus deve tê-lo conhecido antes que Gabriel o revelasse a Muhammad. Deus pode existir sem seu conhecimento? Se Deus sempre existiu, então esse discurso (o Alcorão) deve também ter estado por aí desde o começo dos tempos, não tendo sido criado como todas as outras coisas. Os muçulmanos reverenciam o Alcorão como o meio para conhecer Deus; seu lugar no islã se assemelha ao de Jesus no cristianismo. Quanto ao livre-arbítrio, se todas as pessoas serão recompensadas ou punidas pelo que fizerem, o que acontecerá com as crianças pequenas que morrem antes de aprenderem a obedecer ou desconsiderar a vontade de Deus? Se os inocentes automaticamente vão para o céu, é justo para aqueles que obedeceram às leis do islã durante toda sua vida? A despeito dessas dúvidas, o Mu'tazila foi brevemente a teologia oficial dos abássidas. Quando os mutazilitas atacaram muçulmanos dissidentes, porém, uma reação iniciou, novas ideias surgiram, e seu movimento declinou.

Essa reação foi liderada por Ahmad ibn Hanbal, fundador do rito legal sunita que traz seu nome, pois ele se opunha à aplicação mutazilita da lógica rígida ao Alcorão e à lei islâmica (cf. Caixa 8.1). Seus escritos influenciaram um importante teólogo chamado al-Ash'ari (m. 935), que concluiu que a revelação divina era um guia melhor do que a razão para a ação humana. A fé era absoluta. Se o Alcorão menciona a mão de Deus (ou outras características humanas), essa alusão deve ser aceita como é – "sem especificar como" ou mesmo interpretar as palavras alegoricamente, como os mutazilitas e alguns teólogos posteriores tentaram fazer. Finalmente, al-Ash'ari e seus discípulos aceitavam a onipotência de Deus: tudo que as pessoas fazem é predestinado, pois Deus criou todas as pessoas e todas as suas ações; todavia, Deus determinou essas ações de tal modo que os indivíduos permanecem responsáveis pelo que fazem. O apogeu da teologia inicial muçulmana foi o trabalho de Abu Hamid al-Ghazali (m. 1111), um dos melhores professores de Direito de Bagdá. Seu maior feito teológico foi aplicar a lógica aristotélica para provar os principais preceitos do islã, mas também escreveu um incisivo ataque aos filósofos muçulmanos. Os muçulmanos o honram por ter harmonizado direito, teologia e sufismo.

Misticismo

O sufismo é uma experiência, um caminho para a natureza real das coisas e, por fim, para Deus. Alguns muçulmanos desprezam do sufismo como uma perversão não racional do islã; outros fazem dele a essência de sua fé. Alguns sufistas consideram suas crenças e práticas universais, portanto, não mais (ou menos) islâmicas do que budistas, cristãos ou zoroastristas. Os sufistas buscam desvelar o significado que é velado aos nossos sentidos e impenetrável à razão humana. Nas religiões monoteístas como o islã, encontrar a verdade última é chamado comunhão com Deus. Meditação, jejum, vigília noturna, respiração controlada, repetição de palavras ou girar por horas em um local são todos modos de alcançar a comunhão.

Caixa 8.1 Ahmad ibn Hanbal (780-855)

Nascido em Khurasan, Ahmad ibn Hanbal cresceu em Bagdá, onde se sobressaiu no estudo da religião. Após receber sua educação básica, tornou-se um estudioso viajante itinerante no Iraque, Síria, Arábia e em outros lugares. Enquanto viajava, colecionava *hadiths* e se tornou um especialista nesse campo. Tornou-se comprometido com os significados textuais literais dos *hadiths* e do Alcorão como guias para a crença e comportamento muçulmanos. Assim, ele passou a se opor obstinadamente a qualquer tipo de inovação.

Essa dedicação à tradição colocou Ahmad ibn Hanbal em conflito com a escola mutazila mais voltada para a lógica, que ensinava que o Alcorão fora criado por Alá ao ser revelado a Muhammad, e não existira por toda eternidade, e que a humanidade possuía livre-arbítrio. Essas ideias convinham à mentalidade dos califas reinantes da época, al-Ma'mun e al-Mu'tasim, mas iam contra as interpretações populares tradicionais segundo as quais o Alcorão era, na verdade, eterno e que as ações de todos eram predeterminadas. Tudo isso teria permanecido um desacordo esotérico se os califas al-Ma'mun e al-Mu'tasim não tivessem ordenado que os *ulama* aderissem às doutrinas dos mutazilas. Para garantir isso, mantiveram uma corte para investigar as crenças dos *ulama*.

Ahmad ibn Hanbal se tornou o líder daqueles que se opunham às ideias de Mu'tazila. Quando foi preso e levado à corte, recusou-se a renunciar. Foi preso, supostamente submetido a um grande sofrimento e pode ter sido torturado. Sua lealdade o tornou um herói popular entre fiéis muçulmanos. No fim, terminou libertado por um novo califa, Mutawakkil, que se opunha aos defensores de Mu'tazila. Em vez de um prisioneiro em sofrimento, ibn Hanbal se tornou um professor honrado, e uma lenda viva.

Durante sua vida, fundou uma das quatro escolas canônicas do pensamento legal muçulmano, o rito hanbali. Ela foi e é a mais estrita, rejeitando fontes como a analogia e o consenso em favor da adesão estrita ao Alcorão e ao *hadith*. O rito legal hanbali prevalece na Arábia Saudita de hoje e é geralmente preferido entre os muçulmanos wahhabi, o movimento salafista e, portanto, da al-Qaeda e do Estado Islâmico.

O islã sempre conteve elementos de espiritualidade mística, mas o sufismo se tornou um movimento distinto durante a segunda metade do século II após a *hijra*. No começo, foi adotado por ascetas, pessoas que buscavam exaltar suas almas, negando-se os confortos da carne. Sua motivação era um forte temor a Deus, mas esse temor, mais tarde, se transformou na crença no amor de Deus. O sufismo podia penetrar o intelectualismo da teologia e amenizar o legalismo do islã sunita ou xiita. Ele também permitiu ao islã absorver alguns costumes de convertidos de outras religiões sem danificar suas próprias doutrinas essenciais – uma capacidade que facilitou a difusão do islã à Ásia Central, Anatólia, sudeste da Europa, Índia, Indonésia e sul do Saara africano. Dos séculos XI ao XIX, o sufismo dominou a vida espiritual da maioria dos muçulmanos. Irmandades místicas de homens e irmandades místicas de mulheres, também chamadas ordens sufistas, surgiram por toda *umma*, fornecendo uma nova base para coesão social. A dinastia safávida, que governou a Pérsia de 1501 a 1736, começou como uma ordem sufista. O sufismo também reuniu os *ghazis*, que fundaram o rival melhor conhecido da dinastia safávida, o Império Otomano. Os governantes safávidas eram xiitas e os otomanos, sunitas; na verdade, ambos os principais ramos do islã poderiam acomodar o sufismo.

Revisão das divisões muçulmanas

Vamos revisar as bases da divisão no islã. A primeira é política: Após a morte de Muhammad, os líderes deveriam ser escolhidos pela *umma* (a visão sunita) ou escolhidos entre os membros masculinos de sua família (a posição xiita)? A segunda, que se sobrepõe um pouco à primeira, é legal: Qual rito ou sistema de jurisprudência pode guiar melhor a conduta do indivíduo e da vida muçulmana coletiva? A terceira levanta questões teológicas: O quanto as pessoas podem usar a razão para expressar ou debater crenças islâmicas? Deus ordena todas as ações humanas, ou cada um é responsável pelo que faz? A quarta é espiritual: Até que ponto a prática islâmica deveria incluir a busca por significados ocultos não evidentes em aspectos externamente tangíveis da religião? Essas divisões não eram compartimentos à prova d'água. Por exemplo, um egípcio do século XI poderia ser um muçulmano sunita aderindo ao rito maliki e à teologia de al-Ash'ari, e praticar o sufismo dentro de uma irmandade mística, mesmo enquanto fosse governado por fatímidas xiitas.

Conclusão

A vida social, cultural e intelectual do islã era muito rica e variada para ser rapidamente sumarizada. Os povos muçulmanos do Oriente Médio se apoiaram em suas próprias tradições pré-islâmicas e nas de várias civilizações que encontraram, muitas das quais haviam florescido por séculos. Eles absorveram os costumes e ideias que se adequavam à crença básica na unidade de Deus e na missão de Muhammad e rejeitavam as outras. Ao longo de vários séculos e durante muitas dinastias, eles desenvolveram e enriqueceram essa civilização multifacetada, através do comércio e da manufatura, da palavra falada e escrita, da edificação de mesquitas imponentes, do desenho de jardins refrescantes, e da formulação de ideias teológicas e filosóficas. Mesmo as invasões mongóis não interromperam esses processos. Tampouco séculos de conflitos muçulmano-cristãos impediram os europeus de conhecerem as artes e ciências do islã nos primórdios da Renascença. Na verdade, a força e expressão artísticas muçulmanas não atingiriam seu apogeu antes do século XVI, a era da pólvora, que será o tema do capítulo 9.

9 Armas de fogo, escravos e impérios

Como equiparamos a história do Oriente Médio à dos árabes, assumimos que o poder militar, o poder político e a elegância artística muçulmanos atingiram seu ápice antes das conquistas mongóis. Isso está errado. Os mongóis invadiram grande parte da Ásia no século XIII, estabelecendo um recorde de assassinatos e destruição em massa. Seu destruidor campeão, Hulagu, odiava o islã, de um modo geral, e, especificamente, suas reivindicações políticas. Todavia, seus descendentes, a dinastia ilcananida, dentro de meio século, tornaram-se muçulmanos e adotaram a cultura persa. Indiretamente, os ilcananidas lançaram as bases para a sucessão dos estados militares muçulmanos: os mamelucos no Egito e na Síria, os safávidas na Pérsia, os timúridas na Ásia Central e, mais tarde, na Índia (como os mugais), e o Império Otomano, que governou os Bálcãs, a Anatólia e grande parte das terras árabes até os tempos modernos.

O que armas de fogo têm a ver com os impérios muçulmanos? Embora nenhum dos estados recém-listados tivesse começado a usá-las, demos ao capítulo esse título, porque a utilização da pólvora transformou a natureza da política e da sociedade europeia e do Oriente Médio. No século XV, qualquer exército ou armada que falhou em se adaptar ao uso de armas de fogo em cercos e, mais tarde, em batalhas, foi dizimado. Os estados que foram bem-sucedidos em fazer a transição para a era da pólvora foram aqueles que fortaleceram suas classes administrativas e comerciais às custas da aristocracia proprietária de terras. O país do Oriente Médio que chegou mais perto do sucesso foi o Império Otomano.

Este capítulo abre com uma vitória muçulmana, a dos mamelucos contra os mongóis em Ayn Jalut, em 1260, e fecha em 1699, a data de uma derrota muçulmana amplamente conhecida, quando os otomanos cederam a Hungria à Áustria Habsburga. Entre essas duas datas, os muçulmanos se recuperaram do choque mongol, formaram novas instituições políticas, expandiram as terras do islã, tomando os Bálcãs e partes da Índia, e, pacificamente, penetrando no oeste da África e no sudeste da Ásia, alcançaram o ápice da prosperidade, construindo monumentais obras de arte e arquitetura.

Os mamelucos

Você recordará o capítulo 7, que tratou de como os mamelucos, que salvaram o Egito da ameaça mongol em 1260, eram ex-escravos turcos que haviam tomado o poder dos aiúbidas, os descendentes de Salah al-Din. Esse ilustre governante havia adotado a prática das dinastias muçulmanas, retroagindo aos abássidas, de importar meninos turcos (*mamluks* ou "servos") da Ásia Central e de treiná-los para serem soldados. Durante o governo dos descendentes de Salah al-Din, os mamelucos assumiram o exército aiúbida. No século XIII, o Egito, e não Jerusalém, foi o mais afetado pelos ataques dos cruzados. A Sétima Cruzada, liderada pelo Rei Luís IX (mais tarde, São Luís), da França, ocupou a cidade costeira de Damietta em 1249, e estava por tomar Mansura quando os aiúbidas enviaram os mamelucos para derrotarem suas forças. Eles capturaram Luís e seu exército. Enquanto isso, de volta ao Cairo, o sultão aiúbida morre. Por seis meses, sua viúva, Shajar al-Durr, ocultou sua morte e governou em seu nome. Quando seu filho retornou ao Cairo, a dominante facção mameluca o matou antes que pudesse assumir o poder. Seus assassinos, então, tornam Shajar al-Durr a nova sultana – raramente na história islâmica uma mulher governou em seu próprio nome –, mas os mamelucos assumem o controle (cf. Mapa 9.1). Seu comandante se casa com Shajar al-Durr alguns meses depois.

O sistema de governo mameluco

Os mamelucos desenvolveram um padrão de sucessão único na história do Oriente Médio. Embora um filho com frequência sucedesse seu pai como sultão, ele usualmente tinha apenas um breve reinado, durante o qual as principais facções lutariam pelo poder. Tão logo um partido mameluco tivesse derrotado os outros, seu líder assumiria o sultanato. Esse deve ter sido um sistema governamental ruim, mas funcionou por mais de 250 anos.

Uma razão era que o sistema permitia com que vários líderes habilidosos chegassem ao topo e permanecessem lá. Um exemplo é Baybars (r. 1260-1277), que havia servido a seu predecessor como um de seus generais em Ayn Jalut. Logo após essa vitória, assassinou seu mestre e persuadiu os outros mamelucos a aceitarem-no como seu novo sultão. Sempre atento à ameaça mongol ao leste, Baybars manteve grande parte da Síria sob o controle mameluco. Ele se apoderou de várias terras ainda sob domínio de príncipes aiúbidas, reduziu os territórios dos cruzados a uma faixa costeira (eles controlaram Acre até 1291), e devastaram o reinado da Armênia Menor, o aliado mais fiel dos mongóis. Religião ou nacionalidade nunca o impediram de fazer alianças úteis. Ele cortejou os governantes bizantinos e cristãos de Aragão, da Sicília e de várias cidades-estados italianas, que se tornaram parceiras de negócios do Egito. Ele apoiou os mongóis na Rússia – a Horda de Ouro (que se tornou muçulmana) – contra seus primos ilcananidas na Pérsia. Baybars tornou o Egito o Estado muçulmano mais rico. Ele também acolheu um príncipe abássida fugitivo de Bagdá e o proclamou califa, aumentando o prestígio dos mamelucos. Mas os muçulmanos estavam mais interessados no fato de que Baybars tenha merecido o título de "Servo das Duas Cidades Sagradas", quando Meca e Medina aceitaram a soberania mameluca. Até que essas cidades fossem tomadas pelo Império Otomano em 1517, qualquer muçulmano que estivesse fazendo a *hajj* atravessaria as terras mamelucas.

Quais eram os segredos do poder e da longevidade mamelucos? Um mameluco, como você sabe, é um escravo. A escravidão, no começo do islã, permitiu a alguns jovens habilidosos ascenderem ao poder através do exército ou da burocracia. Em áreas remotas do Oriente Médio – as estepes da Ásia Central (lar dos turcos e dos mongóis), a costa oriental do Mar Negro (habitada pelos circassianos), no norte das montanhas Zagros (curdos) e mesmo nas ilhas mediterrâneas – viviam famílias que deixavam alegremente seus filhos partirem, por meio de traficantes de escravos, para servirem os governantes muçulmanos. Nos séculos XIII e XIV, a melhor fonte de novos mamelucos era a tribo turca kipchak. Após 1382, principalmente os circassianos enviavam seus filhos para os quartéis e suas filhas para os haréns dos sultões e *emires* (príncipes) muçulmanos.

Um menino usualmente se tornava um mameluco quando estava entre dez e doze anos, não ainda adolescente, mas com idade suficiente para cuidar de si mesmo e para aprender a cavalgar. Muitas vezes, cavalgava desde que aprendera a andar. Ele seria vendido para servir ao sultão reinante (se tivesse sorte), ou a um dos emires, e colocado em um dormitório com outros mamelucos de sua idade. Todos os meninos receberiam instrução básica sobre o islã e o árabe. Eles seriam treinados a cavalgar e cuidar de cavalos, ensinados a lutar com lanças e espadas, e treinados em tiro com arco. Essa educação rigorosa durava um período de oito a dez anos, no

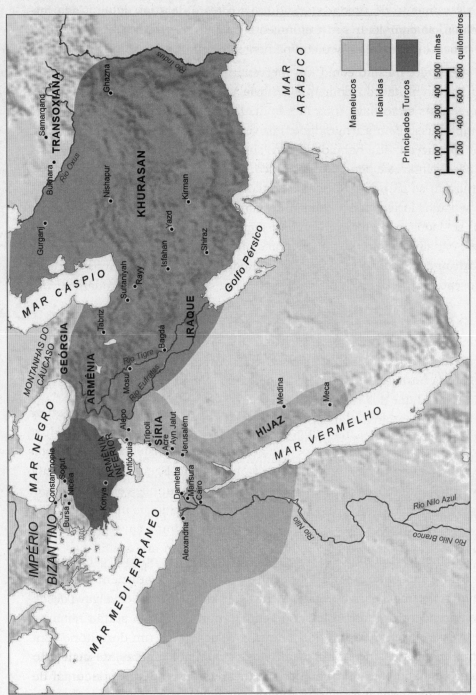

Mapa 9.1 Os mamelucos e os ilcanidas, cerca de 1300

qual os jovens eram estritamente disciplinados, mas coortes desenvolviam um sentimento de unidade que durava o resto de suas vidas. Cada mameluco, ao completar seu treinamento militar, recebia seu documento de libertação, um cavalo e seu equipamento de combate.

Contudo, mesmo como um mercenário liberto, o mameluco permanecia leal ao sultão ou emir que o havia treinado e libertado. Cada coorte de recrutas se tornava uma facção dentro do exército, como um grupo de compromisso com a irmandade. Por vezes, um mameluco tomava o poder por sua facção. Sua habilidade para chegar ao topo dependia de suas habilidades militares e perspicácia política. Ao tomar o poder, eles, por sua vez, tornavam-se os proprietários e treinadores de novos mamelucos, formando vínculos fortes, quase familiares, com seus soldados. Os filhos naturais dos soldados mamelucos raramente ingressavam nessa instituição fechada; eles, usualmente, tornavam-se *ulama* ou administradores. Esse sistema se mostrou durável. Nenhuma dinastia muçulmana que estudamos até agora conseguiu governar o Egito e a Síria por tanto tempo como os mamelucos.

O declínio mameluco

Com o tempo, contudo, o favoritismo substituiu o avanço por habilidade, o rigor do treinamento dos mamelucos declinou e a qualidade do governo mameluco (especialmente durante o regime dos circassianos no século XV) se deteriorou. O sistema fez com que os mamelucos ansiassem por riqueza e poder. As tentativas mamelucas de controlar o comércio de artigos de luxo irritou tanto os cristãos europeus e os muçulmanos asiáticos que as rotas de comércio lucrativo começaram a se afastar do Egito durante o século XV. Enquanto outros exércitos estavam adotando canhões e mosquetes, os mamelucos relegaram o uso de armas de fogo a unidades inferiores de soldados de infantaria contratados e continuaram a lutar a cavalo, produzindo suas costumeiras espadas e lanças, e atirando com arcos e flechas. Essa falha em assimilar a nova tecnologia militar provocou derrotas dramáticas impostas pelo disciplinado exército otomano em 1516 e 1517.

Os ilcanidas mongóis

Os primeiros rivais dos mamelucos foram os ilcanidas, descendentes dos conquistadores mongóis do Iraque e da Pérsia. Seu fundador, Hulagu (m. 1265), escolheu Tabriz como sua capital, pois ficava nos planaltos do Azerbaijão e próxima à Grande Rota da Seda que levava à China e ao sudeste da Europa. Tabriz também ficava próxima de concentrações de cristãos, além de permanecer na Anatólia e no norte do Iraque. Você verá que essa proximidade aos outros grupos étnicos e religiosos levanta uma questão importante.

A questão formadora da história para Hulagu e seus sucessores era qual religião eles adotariam agora que estavam vivendo entre povos sedentarizados. Eles poderiam ter se tornado cristãos. Os papas dessa época enviavam missões para contatar os impérios mongóis, abrir o comércio entre eles, e, se possível, convertê-los. Os mongóis não viam muito o que ganhar com a Igreja romana na época, mas alguns adotaram a forma comum de cristianismo no Iraque, Pérsia e Ásia Central: o nestorianismo. Os mongóis também se aliaram aos georgianos, aos armênios e a outros cristãos do Oriente Médio durante seu ataque ao islã. O final do século XIII foi a última era de ouro para essas seitas cristãs como os nestorianos e os jacobitas (monofisistas sírios). Mais tarde, seu poder político e cultura diminuíram, e grande parte do mundo os esqueceu.

Grande parte dos primeiros ilcanidas preferiu o budismo, que os mongóis há muito conheciam. Templos budistas foram erigidos em muitas cidades persas, onde sacerdotes de vestes alaranjadas dividiam espaço com *ulama* de turbante. Mas os ilcanidas toleraram todas as religiões e não tentaram converter muçulmanos, claramente a maioria de seus súditos. Os mongóis gradualmente se casaram com muçulmanos turcos ou persas, adotaram sua língua e aceitaram sua religião. No fim, um governante ilcanida, Ghazan Khan (r. 1295-1304), terminou adotando o islã. O budismo persa, um desenvolvimento exótico, diminuiu e morreu. Ghazan e seus sucessores converteram templos em mesquitas e repararam grande parte do dano feito à Pérsia por seus ancestrais. Os sucessores de Ghazan se mostraram mais fracos, e irromperam conflitos entre facções sunitas e xiitas. Em 1335, o governo ilcanida havia se fragmentado e desaparecido.

A despeito dos massacres e destruição sobre os quais você já leu, a era mongol não foi trágica para a Pérsia. Mesmo antes que se tornassem muçulmanos, os ilcanidas patrocinaram arquitetos, artistas, poetas e estudiosos. Algumas das grandes mesquitas, como as de Yasd e Kerman, datam do período ilcanida. Vários dos ilcanidas contrataram grandes complexos com mesquitas, banhos públicos, bazares, hospedarias para viajantes e místicos sufistas, escolas, bibliotecas, hospitais e tumbas monumentais para si próprios, em torno de Tabriz. Infelizmente, grande parte dos monumentos da arquitetura mongol não sobreviveu aos estragos da época, terremotos e invasores posteriores.

As conquistas mongóis apresentaram aos artistas e artesãos persas os feitos da civilização chinesa. Eles produziram algumas belas ilustrações manuscritas, muros de azulejos e outras criações em cerâmica. Hulagu, contrito pelo dano que provocara, patrocinou o grande estudioso persa Nasiruddin Tusi (m. 1274), que salvou as vidas de muitos outros cientistas e artistas, formou uma biblioteca com 400.000 volumes, e construiu um observatório astronômico. Alguns muçulmanos persas se tornaram vizires dos ilcanidas e de outras dinastias mongóis. Dois desses homens, Ata Malik Juvaini (m. 1284) e Rashid al-Din (m. 1318), escreveram histórias universais – um feito raro em qualquer cultura; são crônicas das quais aprendemos muito sobre o Império Mongol e seus feitos. O final do século XIII e o século XIV foram uma época de revivescência econômica e de esplendor intelectual para a Pérsia. Uma vez mais, como no tempo dos abássidas e seljúcidas, a era mongol provou o adágio de que a cativa Pérsia sempre subjuga seus conquistadores.

Timur (Tamerlão) e seus herdeiros

Enquanto o Estado ilcanida desaparecia, uma nova estrela militar surgia no leste. Um príncipe insignificante, Timur Leng, ou "Tamerlão", nasceu em 1336 na Transoxiana, uma área muitas vezes disputada por tribos turcas e mongóis. Quando jovem, Timur reuniu um exército de muçulmanos, filhos das antigas tribos mongóis falantes do turco, esperando construir um império universal como o de Genghis Khan. Mesmo antes que pudesse subjugar sua turbulenta pátria, Timur cruzou o Oxus, em 1269, e saqueou Khurasan. Quando os mongóis da Rússia, a Horda de Ouro, tentaram alinhar principados do leste da Anatólia e do oeste da Pérsia contra ele, Timur liderou suas tropas através do Azerbaijão, Geórgia, Armênia, norte do Iraque e Ásia Central. A toda parte que estiveram, milhares de homens, mulheres e crianças foram mortos, cidades arrasadas e fazendas destruídas. Posando como um fiel muçulmano, Timur infligiu tormentos especiais aos cristãos do Oriente Médio.

Após descansar e embelezar sua capital em Samarqand, Timur invadiu a Pérsia uma segunda vez, cruzou o Iraque e a Síria, e levou seu império à costa leste do Mediterrâneo. Depois, deixando o Oriente Médio, voltou-se contra a Índia. Derrotou seus emires muçulmanos, saqueou Deli, e encheu seus cofres com espólio indiano, usando seus ganhos para marchar novamente em direção ao oeste. Entre 1400 e 1403, tomou Alepo e Damasco dos mamelucos e quase destruiu o Império Otomano em Ancara. Mas, mesmo quando seu domínio do Oriente Médio se equiparava ao seu Império Asiático em Samarqand, Timur desejava um domínio mais vasto para se comparar ao de Genghis Khan. Apenas sua morte repentina, em 1405, impediu seus soldados de invadirem a China.

Alguns povos podem ansiar por impérios universais sob os quais todos os povos vivessem juntos em paz. Um mundo repleto de tribos e reinados oponentes parece anárquico, e conquistadores como Alexandre e Napoleão eram visionários. Eles estimavam estudiosos, artistas e artesãos, e deixaram um legado nos campos da organização política ou militar. Mas quem pode enaltecer Timur, que deixou pirâmides de cabeças humanas e ruínas fumegantes onde outrora havia cidades? Ele erigiu *madrasas* (escolas), mesquitas e mausoléus monumentais em Samarqand. Seus descendentes timúridas patrocinaram estudiosos, ilustradores de manuscritos e joalheiros. Seu tataraneto, Babur (r. 1483-1530), fundaria um Estado muçulmano na Índia. Nós o chamamos o Império Mugal, mas ele começou como uma ramificação timúrida. Duraria até 1858, quando a Grã-Bretanha assumiu o controle da Índia.

Exceto pela Ásia Central, Afeganistão e algumas partes da Pérsia, as conquistas de Timur fugiram ao controle logo após sua morte. Os mamelucos recuperaram a Síria, os emires turcos da Anatólia reconquistaram sua independência, e várias dinastias assumiram o controle na Pérsia. Os mais memoráveis desses estados dinásticos foram os dos turcomanos xiitas da ovelha negra e o dos turcomanos sunitas da ovelha branca, que lutaram entre si durante grande parte do século XV. Desse caos viria uma nova dinastia, a safávida (1501-1736), para estimular mais outra revivescência cultural persa.

A tecnologia da pólvora

A difusão da pólvora e das armas de fogo foi uma mudança tecnológica tão momentosa naquela época quanto a proliferação das armas nucleares tem sido desde 1945. A pólvora era usada na China para fogos de artifício desde antes da Era Comum. Foi usada como um dispositivo incendiário durante a era mongol, difundindo-se do norte da China para a Europa. Em 1330, exércitos tanto cristãos quanto muçulmanos, na Espanha, estavam colocando pólvora em canhões para disparar projéteis contra fortificações inimigas. As armas pesadas eram muito difíceis de manejar para ferir um soldado inimigo, mas, por ferirem ou assustarem cavalos, podiam bloquear um ataque de cavalaria. Durante os séculos XIV e XV, armeiros italianos e alemães estavam refinando essas armas. O bronze (fácil de moldar, mas muito caro) deu lugar ao ferro, os diâmetros dos canos eram padronizados, e as armas se tornaram mais fáceis de carregar e transportar. Melhoramentos simultâneos estavam sendo feitos nas áreas relacionadas de mineração, metalurgia, desenho e montagem das partes componentes, arreios de animais de carga e construção de estradas.

Novos métodos de recrutamento e treinamento foram concebidos para produzir divisões de soldados de infantaria e marinheiros que pudessem manter e disparar essas armas de fogo. Qualquer governante europeu que quisesse manter seu território – ou mesmo sobreviver – tinha de adquirir esses novos canhões. Estados muçulmanos, que se opunham à Europa, também tiveram de adquirir armas de fogo. O emir de Granada as adquiriu em 1330 e os relutantes mamelucos, em 1365, mas o grande Estado muçulmano da pólvora foi o Império Otomano.

O Império Otomano

O Império Otomano iniciou com um modesto principado turco, localizado próximo a Sogut, uma aldeia de montanha no noroeste da Anatólia. No final do século XIII, era um dos numerosos estados insignificantes, fragmentos do outrora poderoso sultanato seljúcida rum. A transformação desse principado em um extenso império, talvez a maior potência do século XVI, é uma história surpreendente de sucesso. Suas origens remontam à tribo turca kayi, cujos membros fugiram para o oeste de suas terras ancestrais em Khurasan para escapar dos invasores mongóis do século XIII. O sultão seljúcida Rum estava combatendo os bizantinos quando um dos líderes kayi, Ertugrul, apareceu. A oferta de Ertugrul de 444 soldados de cavalaria mudou drasticamente o curso da batalha em favor dos seljúcidas, que o recompensaram com uma concessão de terras em Sogut. Com a morte de Ertugrul, a liderança passou ao seu filho, Osman, que foi cingido por um líder sufista com uma espada especial e ordenado a travar um jihad contra seus vizinhos cristãos, os bizantinos. Ele recebeu o título de *ghazi* (guerreiro de fronteira do islã). Dessa época em diante, até o final do império em 1923, os descendentes de Osman – os otomanos – por sucessão, seriam cingidos com sua espada e (de acordo com a lenda) ordenados a combater pelo islã contra os governantes cristãos. Essa espada permanece no museu do Palácio Topkapi de Istambul.

Não sabemos se Ertugrul realmente viveu, mas nós, historiadores, necessitamos saber o que as pessoas pensam que ocorreu, enquanto buscamos a verdade literal. A lenda enfatiza a oposição otomana aos mongóis e aos bizantinos (nenhum dos quais era turco ou muçulmano), assim como a lealdade otomana aos seljúcidas e à tradição do islã militante. Se você tiver essas posições em mente, compreenderá o espírito do Estado otomano.

O começo

O século XIII foi uma época de fraquezas tanto para o Império Bizantino rum como para os seljúcidas rums. Os bizantinos haviam sido derrotados pelos venezianos em 1204 e não reconquistaram Constantinopla até 1262. O sultanato seljúcida fora derrotado pelos mongóis em 1243, e tiveram de lhes homenagear. A fronteira entre essas duas potências enfraquecidas era uma zona controlada, mas que não era controlada por nenhuma das duas potências, onde um *ghazi* forte e engenhoso poderia assumir importância. A população assentada era falante do grego e cristã-ortodoxa. Os nômades das encostas de montanhas eram falantes do turco, muçulmanos sufistas. Os nômades muitas vezes atacavam os povos assentados, em busca de terras e espólios.

A concessão de terras de Osman em Sogur, embora pequena, era bem situada em uma montanha com vista para as terras bizantinas. Osman I (r. ca. 1280-1326) foi um chefe guerreiro que liderou um bando de nômades pastorais e cavaleiros aventureiros em ataques a Bizâncio para conquistar novos territórios para outras tribos turcas do leste, que necessitavam de mais terras de pastagem para seus rebanhos. Embora os seguidores de Osman se chamassem *ghazis* e tivessem adotado os títulos islâmicos tradicionais tomados dos seljúcidas e mesmo dos precursores abássidas, eles formavam alianças com chefes militares cristãos. Os nômades turcos do leste, ávidos por terras, foram anexados por turcos sedentários, atraídos pelos laços de Osman com as guildas de ofício militantes, e estabeleceram seu governo rudimentar. Por nove anos os turcos sitiaram a fortaleza bizantina em Bursa; enquanto Osman agonizava, eles finalmente tomaram a cidade. Bursa se tornou a primeira capital real dos otomanos (o nome que os europeus dariam aos descendentes de Osman).

Expansão

Orhan (r. 1326-1360) expandiu seu domínio a noroeste para o Dardanelos e a leste para Ancara (cf. Caixa 9.1). Por duas vezes seus exércitos foram convidados a cruzar o Estreito em direção à Europa pelos imperadores bizantinos que buscavam apoio otomano contra rivais e inimigos externos. Em 1354, os homens de Orhan cruzaram uma terceira vez, tomaram Gallipoli, e se recusaram a retornar à Anatólia. Seu filho, Murad (r. 1360-1389), tomou partes dos Bálcãs, incluindo a Trácia, Macedônia e Bulgária. O Império Bizantino se tornou um mero enclave no lado europeu do Bósforo; sobreviveu do respeito e proteção otomanos. A grande potência cristã do sudeste da Europa era a Sérvia. Seu rei, Lazar, reuniu uma força de 50.000 sérvios, albaneses, bósnios, búlgaros e valaquianos para defender seu bastião contra a ameaça otomana. Murad, liderando talvez 40.000 soldados, derrotou a coalizão de Lazar no Kosovo em 1389. Ambos os governantes perderam suas vidas. A Sérvia também perdeu sua independência. O novo governante otomano, Bauezid I (r. 1389-1402), sitiou Constantinopla em 1395. Percebendo essa nova ameaça ao cristianismo, o rei da Hungria liderou cavaleiros ingleses, franceses, alemães e balcânicos em uma cruzada contra os otomanos. Porém, os cristãos foram derrotados em Nicopolis, e o Império Otomano emergiu como senhor dos Bálcãs. Enfatizando o foco dos otomanos na Europa, moveram sua capital de Bursa para Edirne e esperaram pela queda de Constantinopla.

Caixa 9.1 Orhan

Orhan (1288-1360) foi o filho de Osman, fundador da dinastia otomana. Ele assumiu o jovem principado *ghazi* quando seu pai morreu em 1326 e governou até sua morte. Durante esses anos, Orhan estabeleceu as fundações para o futuro Império Otomano.

Sabemos pouco sobre sua vida antes de se tornar governante, exceto que, por vezes, liderava os guerreiros de seu pai em ataques ao território cristão. Na época em que assumiu o controle, portanto, já havia adquirido o respeito e experiência necessários para reter a lealdade dos *ghazis*.

Com sua ascensão, Orhan começou a transformar o principado em um império em expansão. Ele adotou procedimentos administrativos e práticas financeiras características dos bizantinos. Construiu mesquitas e subsidiou serviços municipais como banhos públicos e hostarias, conquistando, assim, o apoio dos habitantes da cidade. Orhan também expandiu sua capacidade militar suplementando seus cavaleiros *ghazis* com soldados mercenários, alguns deles cristãos.

As forças de Orhan conseguiram conquistar grande parte das cidades e aldeias bizantinas no noroeste da Anatólia. Bursa, sua principal metrópole, tornou-se a primeira capital otomana. Orhan também se envolveu no conflito frequente nas terras bizantinas do outro lado do Dardanelos. Entre 1341 e 1347, ele e suas forças atuaram como soldados mercenários para lutarem por João VI Cantacuzeno, um candidato ao trono bizantino. Ele fez um casamento político com a filha de Cantacuzeno, Teodora, e estabeleceu um posto avançado otomano permanente do lado europeu do Estreito. Em pouco tempo, Orhan começou a lutar por sua própria causa na Europa, tomando Gallipoli em 1354. A riqueza obtida com sua pilhagem desenfreada da Trácia ajudou a fortalecer o Estado otomano em evolução.

As ambições expansionistas de Orhan não se restringiram ao território bizantino. Ele desejava assumir o controle de seus rivais muçulmanos locais. Nesse estágio, os otomanos usaram métodos menos violentos, como esperar até que o *bey* (ou líder) local morresse e depois se encarregavam de seus *ghazis* e terras. Foi assim que assumiram o comando de Karasi em 1345, um movimento que os levou à costa sul do Dardanelos.

Um líder ambicioso e excessivamente sagaz, Orhan foi brilhantemente bem-sucedido. Devido ao seu sucesso, cada vez mais *ghazis* se reuniram em torno dele. Os otomanos tiveram uma sorte extraordinária; os próximos oito sucessores de Orhan se mostraram administrativa e militarmente capazes.

Se Bayezid tivesse mantido a política de seu pai de atacar principalmente cristãos na Europa, seu exército poderia ter tomado Constantinopla e expandido ainda mais em direção aos Bálcãs, mas ele começou a conquistar principados turcos próximos na Anatólia. Seu ataque em direção ao leste enfureceu Timur, que foi convidado para ir a Anatólia por emires turcos desapossados. Os exércitos de Bayezid e de Timur se confrontaram próximo a Ancara em 1402. O sultão otomano, abandonado por seus vassalos turcos, foi derrotado. Bayezid morreu no cativeiro, e quatro de seus filhos brigaram pelo que restou do Império Otomano.

Após um interregno de onze anos, Mehmet I (r. 1413-1421) derrotou seus irmãos e começou a reconstruir o império. Isso exigiu que ele travasse novas guerras contra os emires turcos na Anatólia, a armada veneziana no Mar Egeu e um ex-vassalo cristão nos Bálcãs. Ele suprimiu revoltas de um líder sufista popular e de um refém bizantino que alegava ser seu irmão perdido. O verdadeiro sultão, Murad II (r. 1421-1451), avançou ainda mais em direção à Europa, mas foi impedido pelos húngaros. Após vários reveses otomanos entre 1441 e 1444, o rei da Hungria foi encorajado a convocar uma cruzada, exatamente quando Murad havia entregue seu trono ao seu jovem filho, Mehmet. Os cristãos chegaram ao porto do Mar Negro de Varna, logo após Murad sair da aposentadoria para comandar o exército otomano e derrotar esses neocruzados. Tendo retomado o sultanato, liderou expedições contra dois guerreiros cristãos legendários, John Hunyadi, da Transilvânia, e Skanderbeg, da Albânia.

O zênite otomano

Quando Mehmet II (r. 1451-1481) reconquistou seu trono, construiu um castelo no lado europeu do Bósforo, facilitando o movimento otomano entre a Anatólia e os Bálcãs enquanto privava os bizantinos de qualquer ajuda que poderiam ter obtido de seus aliados cristãos em Trebizond, no Mar Negro (cf. Mapa 9.2). Em 1453, Mehmet fez o que os governantes muçulmanos desde Mu'awiya haviam tentado: sitiou a cidade murada de Constantinopla. Mas nessa época, os navios e armas otomanos foram bem-sucedidos onde ataques árabes e turcos anteriores haviam falhado. Constantinopla foi tomada, pilhada por três dias e convertida na nova capital otomana. A cidade, que gradualmente veio a ser chamada Istambul, foi repovoada por turcos, gregos, armênios e judeus. Em breve, ficaria tão rica quanto fora com os bizantinos. O patriarca grego ganhou autoridade civil e religiosa sobre todos os cristãos ortodoxos no Império Otomano. Cristãos monofisistas e judeus mais tarde receberam autonomia confessional similar durante o que passou a ser chamado o sistema *millet*. Essa política de viver e deixar viver contrastava fortemente com a intolerância fanática dos estados cristãos da época. Ao final do reinado de Mehmet, seus soldados haviam tomado Morea (sul da Grécia), grande parte da Albânia e a costa do que é agora a Croácia. Em 1480, os otomanos desembarcaram no calcanhar italiano e ameaçaram marchar sobre Roma, mas a morte de Mehmet salvou a Igreja romana do destino da ortodoxia grega. O que poderia ter acontecido se Mehmet o Conquistador, tivesse vivido por mais tempo?

O filho de Mehmet, Bayezid II (r. 1481-1512), realizou poucas conquistas. Colocou facções rivais em equilíbrio, restituiu terras confiscadas por seu pai aos seus legítimos proprietários, e cessou a degradação da moeda. Ele enviou suas tropas contra os mamelucos para tomar a Cilícia e contra Veneza para tomar algumas de suas ilhas egeias. Mais ameaçador foi o confronto xiita dos turcos da Anatólia, provocado pela ascensão dos safávidas no Azerbaijão. Os camponeses e nômades anatolianos, muitas vezes, adotavam o xiismo para expressar sua oposição ao governo otomano. Quando uma rebelião turca se estendeu a oeste até Bursa em 1511, o filho de Bayezid, Selim, decidiu assumir o controle.

Selim I, "o Cruel" (r. 1512-1520), transformou o Império Otomano de um Estado *ghazi* na margem do mundo muçulmano no maior império desde o começo do califado. Equipadas com armas de fogo e altamente disciplinadas, as forças de Selim afugentaram os safávidas em Chaldiran, em 1514, e, inclusive, ocuparam sua capital, Tabriz, antes de se retirarem do Azerbaijão. Dois anos mais tarde, derrotaram os mamelucos e assumiram o controle de seu vasto império. Como novos senhores da Síria, Egito e do Hijaz, os otomanos, agora, governavam a pátria do islã árabe. Com o Cairo tornando Selim o governante islâmico mais importante à medida que tomou o califado do califa abássida fantoche dos mamelucos – como os otomanos alegariam mais tarde –, Meca, Medina e Jerusalém também passaram ao domínio otomano.

Suleyman o Legislador, ou o Magnífico (r. 1520-1566), não tinha irmãos vivos para contestar sua sucessão a Selim. Visto como o maior dos sultões otomanos pelos turcos assim como pelos ocidentais, Suleyman liderou as forças que tomaram Rhodes e Belgrado, derrotou os húngaros, sitiou Viena, capturou grande parte do norte da África, expulsou a esquadra portuguesa do Mar Vermelho, e derrotou duas vezes os safávidas. Ele renovou o governo e as leis do Império Otomano. Contudo, delegou muito

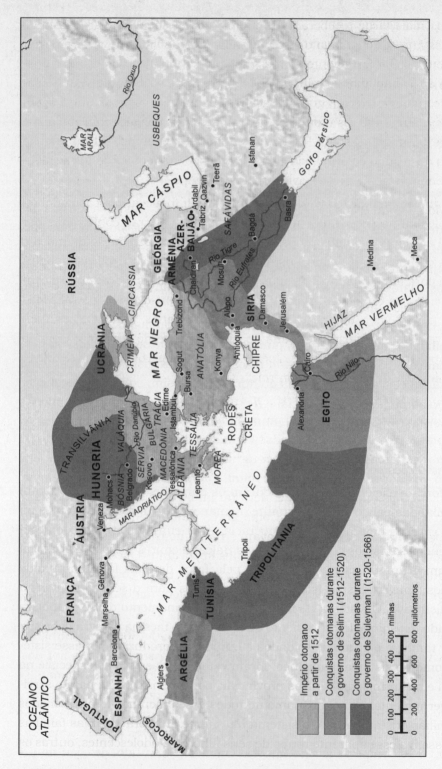

Mapa 9.2 O Império Otomano nos séculos XVI e XVII

de seu poder aos seus ambiciosos vizires. Mais tarde, influenciado por sua esposa favorita, foi convencido a mandar assassinar um de seus filhos (com outra esposa) e a enviar ao exílio outro, deixando, assim, o trono ao filho dela, Selim II o Beberrão (r. 1566-1574). Poucos dos sultões remanescentes foram tão bons quanto os primeiros dez.

Causas do sucesso otomano

Você pode ter inferido que o poder e a glória do Império Otomano se originaram das personalidades e políticas daqueles primeiros dez sultões. Não há dúvida de que o Império Otomano deveu parte de sua força a esses governantes capazes, que aprenderam os princípios do governo com seus pais durante seu treinamento em ação nas províncias. Eles ganhavam poder ao competir contra seus irmãos, e usualmente o melhor vencia. Para evitar conflitos custosos de poder, eles estabeleceram uma regra segundo a qual aquele que assumisse o sultanato tinha de matar todos os seus irmãos. Nenhum preconceito religioso impediu os sultões otomanos de explorarem as habilidades administrativas, militares e navais de seus súditos cristãos anatolianos e balcânicos. Quando facções rivais surgiam no exército e na burocracia, eles as mantinham equilibradas e, assim, sob controle. A contratação administrativa e judicial e a promoção eram determinadas apenas pelo mérito, como os ocidentais contemporâneos registraram com inveja.

Instituições políticas

A força e eficiência que intimidaram os europeus do século XVI foram possibilitadas pela classe governante otomana. Os grupos concorrentes na classe governante eram (1) a aristocracia proprietária de terras, composta por príncipes cristãos conquistados nos Bálcãs e emires turcos na Anatólia, e (2) um grupo de escravos tomados pela força de suas famílias quando meninos, convertidos ao islamismo, e treinados para o serviço militar ou administrativo. O sistema de recrutamento e treinamento desse grupo era chamado *devshirme* (recrutamento de meninos). A mesma palavra pode significar também o grupo de soldados e burocratas produzido por esse sistema. Como no sistema mameluco, foram estabelecidas escolas especiais na capital e nos principais centros provinciais para treinar jovens para o serviço governamental. Aproximadamente todos esses meninos foram tomados de famílias cristãs durante o sistema *devshirme*. Embora algumas famílias resistissem a esse aparente roubo de seus filhos pré-adolescentes, outras os levavam aos recrutadores, pois os *devshirme* permitiam aos rapazes ascenderem a postos tão elevados no governo quanto seus talentos e aspirações os pudessem levar.

A classe governante continha quatro ramos: administrativo, militar, escriba e cultural. O ramo administrativo era o palácio; incluía as esposas, filhos e criados domésticos (por vezes chamado serviço interno) do sultão e o gabinete (*divan*), que supervisionava todos os outros ramos do governo otomano (por isso, chamado serviço externo). Seu líder era o grão-vizir, que era autorizado a substituir o sultão em campanhas militares ou no *divan*. Na época de Suleyman, os vizires muitas vezes faziam ambos, e eram secundários na hierarquia de poder e prestígio somente em relação ao sultão. Os primeiros vizires eram usualmente príncipes turcos ou administradores de antigos estados muçulmanos. Cristãos convertidos ao islã se tornaram, pela primeira vez, ministros chefes durante o governo de Mehmet o Conquistador, e quase monopolizaram o posto durante o reinado de Suleyman.

O ramo militar também era importante, pois o Império Otomano muitas vezes se assemelhava a um acampamento militar. Muitas subdivisões, tanto administrativas como funcionais, existiam, mas descreveremos somente os soldados de cavalaria (*sipahis*), armados com lanças ou arcos e flechas, e os soldados de infantaria (notadamente, janízaros), que eram treinados para usar armas de fogo. Embora os *sipahis* desempenhassem o papel principal nas primeiras conquistas, foi a divisão janízara, bem armada e disciplinada, que, no século XVI, permitiu aos otomanos derrotarem os safávidas, os mamelucos e os habsburgos. As origens dos janízaros são envoltas em lendas, mas eram os mais numerosos e um produto importante do sistema *devshirme*. No século XVI, seu treinamento e disciplina eram estritos. Confinados aos quartéis, exceto durante campanhas, os janízaros não podiam se casar ou possuir terras, de modo que toda sua lealdade estivesse focada no sultão. Os *sipahis*, em contraste, recebiam propriedades, chamadas *timars*, as quais tinham direito de explorar, contanto que se apresentassem para o serviço e fornecessem um número especificado de soldados de cavalaria sempre que o sultão necessitasse deles. À medida que os exércitos passaram a utilizar mais canhões de cerco e outras armas de fogo durante o século XVI, os *sipahis* perderam um poder relativo para os janízaros, cuja coesão era reforçada por sua participação em uma irmandade sufista chamada os bektashis.

Os janízaros e outros soldados de infantaria tinham de receber sua comida, vestimenta e abrigo do Estado, e, no século XVI, também recebiam salários, mais dinheiro de acessão toda vez que um novo sultão assumia o poder. O Império Otomano necessitava de um fundo bem administrado para satisfazer suas exigências. Essa função era realizada pelo ramo escriba, que recebia as receitas e pagava salários e outras obrigações do governo. O recolhimento de impostos não era usualmente feito por funcionários assalariados; em troca, era confiado aos coletores de impostos otomanos. Um coletor de impostos tinha direito de coletar todos os impostos que pudesse de uma determinada área de terra (ou bloco de casas ou lojas em um bazar) sob a condição de que uma determinada quantidade ou percentagem especificada de sua parte fosse remetida ao fundo. O coletor de impostos embolsava o resto. Sob o mesmo princípio, muitos funcionários eram autorizados a coletar taxas, chamadas *bakhshish* (que passou a significar "suborno" ou "donativo" no Oriente Médio moderno), por serviços prestados ao público. Enquanto o governo otomano fosse forte, essa delegação do direito à coleta de impostos ou taxas garantia que os funcionários realizassem seus deveres eficientemente. Mais tarde, quando o Estado necessitou de mais dinheiro do que poderia recolher dos coletores de impostos, burocratas recuperavam seu investimento cobrando impostos e taxas exorbitantes do público. Assim, o sistema passou a explorar e oprimir os súditos otomanos.

O ramo cultural da classe governante era o que você conhece como o *ulama*. Esses estudiosos muçulmanos administravam a justiça, geriam as *waqfs* (doações islâmicas) para manter escolas e hospitais, educavam muitos jovens muçulmanos e realizavam outras tarefas religiosas. Por vezes, também serviam como mediadores entre os súditos e os outros ramos da classe governante. O que foi novo no sistema otomano foi o *ulama* superior ter se tornado um ramo governamental reconhecido, liderado por um funcionário indicado pelo sultão.

A classe dos súditos incluía todos no Império Otomano que não pertenciam à classe governante. Sua função era produzir a riqueza do império. Pastores e camponeses, mineiros e construtores, artesãos e comerciantes faziam parte da classe dos súditos. Sua coesão era fortalecida pelas guildas de ofício, ordens sufistas e clubes de atletismo. Sua principal instituição era o *millet*, ou comunidade religiosa. A Igreja Ortodoxa grega era liderada por um patriarca que servia segundo a vontade do sultão. Ele inspecionava todas as atividades eclesiásticas, judiciárias, educacionais e outras atividades benevolentes que envolvessem cristãos ortodoxos no Império Romano. O patriarca armênio realizava funções similares para armênios (e outros cristãos monofisistas), sempre no império em que viviam. Mais tarde, o sultão indicava um rabino-chefe para exercer jurisdição similar sobre judeus otomanos. Os integrantes da classe dos súditos muçulmanos, que representavam menos da metade da população do Império Muçulmano em seu auge, eram considerados membros da *umma* islâmica. O ramo cultural da classe governante servia como sua organização religiosa.

Europeus que viviam ou faziam negócios no Império Otomano, e eram católicos ou protestantes (a partir do século XVI), não necessitavam ser parte desse sistema. O governo otomano adotou uma prática, que remontava aos aiúbidas, de decretar "Capitulações", que davam autonomia a residentes estrangeiros em um território muçulmano. Cidadãos europeus não eram obrigados a obedecer às leis otomanas ou pagar impostos locais. O acordo era recíproco: comerciantes muçulmanos recebiam as mesmas concessões quando viviam em estados estrangeiros. Você pode se perguntar por que os sultões aceitariam um sistema que os impedia de processar criminosos em seu império se tinham a proteção de um poder estrangeiro. Na verdade, quando os estados europeus ficaram mais fortes e os otomanos mais fracos nos séculos XVIII e XIX, muitos ocidentais abusaram de seus privilégios sob as Capitulações. Os muçulmanos concebem as leis como vinculando as pessoas que adotam a religião da qual ela deriva, não aqueles que calham estar vivendo em um lugar particular. As Capitulações também levavam comerciantes e técnicos europeus a querer viver no império sem exigir que os otomanos resolvessem seus conflitos.

O declínio otomano

A ascensão de Selim II ao poder em 1566 e a derrota da esquadra otomana em Lepanto em 1571 são comumente identificadas como os primeiros sinais de declínio. Contudo, algumas de suas origens têm raízes mais profundas, e os sinais externos só foram visíveis mais tarde. Ainda no século XVII, os exércitos otomanos continuavam a atacar cristãos europeus e xiitas persas sempre que desejavam.

Por que o Império Otomano começou a declinar no século XVI? Uma razão foi sua insistência em ter somente um exército, pois a experiência de estados muçulmanos anteriores havia ensinado que dividir suas forças levava a separar seus reinados. O exército era, em princípio, liderado pelo sultão ou por seu representante autorizado, o grão-vizir. Sob essas condições, o exército poderia lutar somente uma campanha por vez, e nunca mais longe de Istambul do que pudesse marchar durante a estação da campanha, porque os *sipahis* voltavam para casa no outono para inspecionar suas *timars* e os janízaros não estavam mais mantendo seus padrões elevados de treinamento ou usando as últimas armas e técnicas de guerra. De fato, eles usavam seu domínio no ramo militar da classe governante para fazer o sultão lhes dar privilégios. Eles, agora, viviam fora de seus quartéis, casavam-se, alistavam seus filhos nas divisões, rebelavam-se por mais privilégios e adotavam ocupações mais lucrativas do que o serviço militar. Ao final do século XVI, os otomanos ficaram para trás do Ocidente em armamento e técnicas de combate. Oficiais e soldados não se preocupavam em aprender novas formas que exigiriam mais trabalho e poderiam minar seu poder. A esquadra otomana ainda estava usando galés a remo enquanto seus inimigos possuíam embarcações a vela e poderiam bloquear os turcos no Mediterrâneo, no Mar Negro e mesmo no Golfo Pérsico. Quando o exército otomano cercou Viena em 1683, as armas e táticas superiores dos europeus salvaram a capital habsburga e repeliram os turcos, a despeito de serem mais numerosos. Em 1699, quando os otomanos assinaram o Tratado de Karlowitz, cedendo o controle da Hungria ao Império Habsburgo, estavam claramente na defensiva.

As condições econômicas também se deterioraram. A descoberta pela Europa do Novo Mundo e de rotas marítimas em torno da África para as riquezas da Ásia enfraqueceu o controle que os países muçulmanos detinham das principais rotas de comércio. A prata barata da América Latina inundou a Europa e o Oriente Médio, aumentando os preços no final do século XVI. Alguns estados, como a Inglaterra e os Países Baixos, tinham comerciantes e fabricantes ambiciosos que expandiam seus negócios; outros países, incluindo a Espanha e o Império Otomano, sofreram uma severa perturbação econômica decorrente da inflação. Os comerciantes e artesãos otomanos foram arruinados pelos concorrentes estrangeiros amparados pelas Capitulações. A tributação excessiva dos coletores de impostos e a superpopulação rural levaram muitos camponeses a abandonarem suas plantações e rebanhos, partindo para as cidades. Quando não encontravam trabalho, terminavam se marginalizando, empobrecendo ainda mais a economia.

Muitos ocidentais pensam que o islã engendra fatalismo e restringe a iniciativa individual. Se isso fosse universalmente verdadeiro sobre os muçulmanos, seria difícil explicar seu sucesso durante o Alto Califado, os primeiros mamelucos, ou os otomanos até 1566. Mas os *ulama* otomanos se tornaram muito conservadores. Para promover a xaria, eles evitavam inovações consideradas prejudiciais ao islã. Esse cuidado se tornou absurdo quando baniram a importação de prensas tipográficas árabes e turcas para o império até o século XVIII, para que um Alcorão impresso não violasse o princípio de que a Palavra de Deus fora escrita e, em termos mais práticos, para que os escribas muçulmanos não perdessem seu trabalho. Os *ulama*, como intérpretes das leis, gestores das *waqf*, e administradores locais resistiam a qualquer ameaça à sua influência.

A razão básica para a perda de poder, contudo, foi o desaparecimento do equilíbrio entre várias forças dentro da classe governante. Os primeiros sultões haviam encorajado a competição entre os líderes tradicionais (os proprietários de terras e os *ulama*) e aqueles que haviam sido recrutados e treinados sob o sistema *devshirme*. Quando Suleyman o Magnífico, nomeou uma sucessão de vizires, todos provenientes do *devshirme*, desequilibrou a balança em favor desse grupo. Ao final de seu reinado, nem a antiga aristocracia nem qualquer outra poderia deter o poder dos burocratas *devshirme*. O governo parou de recrutar garotos cristãos. As escolas de treinamento para janízaros e administradores foram fechadas. Nomeações e promoções eram baseadas em laços familiares e favoritismo em vez de no mérito.

A Pérsia durante o período dos safávidas

Vamos comparar o Império Otomano com um Estado muçulmano contemporâneo menos conhecido ou temido no Ocidente, a Pérsia safávida. A dinastia safávida se originou como uma ordem sufista militante em Ardabil, uma cidade no Azerbaijão. Inicialmente sunitas, os safávidas se tornaram ardentemente xiitas após a conquista mongol. O colapso do império de Timur, após 1405, conduziu a Pérsia a muitos pequenos estados dinásticos, a maioria deles governada por tribos nômades contenciosas como os turcomanos da ovelha negra e da ovelha branca mencionados previamente. Liderados pelo Xeique Junayd (m. 1460) e protegidos pelos turcomanos da ovelha negra, os safávidas começaram a converter um grande número de turcos no Azerbaijão e na Anatólia ao xiismo. Esses turcos xiitas passaram a ser chamados *kizilbash* (cabeças vermelhas) em decorrência de seu gorro distinto. Quando os turcomanos da ovelha negra traíram Junayd e o expulsaram de Ardabil, aliaram-se aos seus rivais da ovelha branca, embora fossem sunitas.

Os safávidas aumentaram em força e número, mesmo após a morte de Junayd, até questionarem seus novos patronos. Os turcomanos da ovelha negra conseguiram matar ou aprisionar quase toda família safávida. Em 1494, nenhum líder dos revolucionários *kizilbash* permanecia livre, exceto o neto de sete anos de Junayd, Isma'il, que eludiu seus perseguidores durante uma busca de casa em casa de Ardabil e escapou para outra parte da Pérsia. Durante o verão de 1500, o jovem Isma'il e seus seguidores *kizilbash* começaram uma revolta na Anatólia contra seus opressores. Os guerreiros xiitas tribais chegaram em massa, e, no começo de 1501, os turcomanos da ovelha branca foram decisivamente derrotados.

A ascensão do poder safávida

O Estado safávida começou no Azerbaijão quando Isma'il, agora com treze anos, entrou em Tabriz, proclamou-se xá, e declarou o xiismo dos Doze Imames a única religião do Estado. Essa atitude equivaleu a uma declaração de guerra contra o Império Otomano, que era sunita e não estava seguramente no controle dos turcos anatolianos pró-xiismo. Em 1501, quase toda dinastia muçulmana era sunita, o que tornava os safávidas muito distintivos. Incapazes inclusive de encontrar livros que expusessem os fundamentos do islã xiita, tiveram de importar seus *ulama* do que agora é o sul do Líbano. Isma'il, apoiado por seus fiéis guerreiros *kizilbash*, aspirava a conquistar todo mundo muçulmano para o xiismo. Ainda que muitos nômades turcos e camponeses persas durante o governo safávida fossem sunitas, Isma'il estava determinado a unir seu país política e religiosamente. Em uma década, os safávidas, embora turcos, controlavam toda Pérsia. Demorou mais para persuadir os habitantes locais ao xiismo, especialmente nas províncias ao leste; mas, uma vez convertidos, os persas passaram a ver sua seita como um símbolo de identidade nacional. Do mesmo modo, consideravam os safávidas uma dinastia persa. A era safávida foi a mais gloriosa na história da Pérsia para a arquitetura e para o poder político.

Mas os safávidas não conseguiram se equiparar ao poder do Império Otomano. Em Chaldiran (1514), os janízaros, com suas armas de fogo, derrotaram a cavalaria *kizilbash*. Os otomanos entraram em Tabriz, mas partiram após uma semana, pois os janízaros passavam o inverno apenas em Istambul; assim, a Pérsia foi poupada do governo otomano. Contudo, a devoção *kizilbash* a Isma'il foi abalada pela derrota em Chaldiran, e o ímpeto de difusão do governo safávida a outras terras sob o islã sunita se perdeu. Isma'il ficou tão enlouquecido que passou a última década de sua breve vida caçando e bebendo. Por que os safávidas ficaram para trás dos otomanos na adoção de armas de fogo? Como os mamelucos, os *kizilbash* as conheciam, mas as viam como efeminadas e difíceis de carregar montado.

O zênite safávida

A ambição dos safávidas de conquistar o mundo muçulmano se deslocou para a criação de uma boa vida para si. Tabriz, Qazvin e finalmente Isfahan se tornaram suas capitais imperiais. Cada uma se tornou um centro para artistas, artesãos e arquitetos. Isfahan foi uma cidade impressionante e bonita. Mesmo agora, suas mesquitas, bazares, *madrasas* e palácios são testemunhos eloquentes do estilo de vida opulento dos safávidas.

O reino do Xá Abbas I (1587-1629) foi o zênite da riqueza e poder safávidas. Xás anteriores haviam sido manipulados pelos chefes tribais *kizilbash*, mas Abbas os conteve, executando qualquer um suspeito de tramar contra ele e se apropriando de grande parte de sua terra produtiva. Como muitos governantes muçulmanos anteriores, Abbas importou meninos escravos (*ghulams*) para serem doutrinados e treinados como guerreiros e administradores assalariados. Eles eram, principalmente, cristãos armênios e georgeanos, nem todos convertidos ao xiismo. Abbas desejava um equilíbrio entre sua aristocracia (os *kizilbash*) e essa nova divisão de *ghulams*, cada um competindo para servir ao Estado safávida. Como os sultões otomanos, os safávidas dividiram seu governo em ramos: a casa real, a administração do Estado, a divisão militar e o sistema religioso-judiciário. Cada ramo continha dois ou mais dignatários competindo pelo favor do xá, dando-lhe mais vantagem. O sistema governamental da Pérsia pode ser remontado aos primeiros califas, aos sassânidas e mesmo aos aquemênidas.

Os europeus cortejavam Abbas. Ele convidava conselheiros ingleses para treinar seus *ghulams* para usarem canhões e pistolas, fortalecendo o exército safávida contra os otomanos. Devido à hostilidade entre o Ocidente cristão e o Império Otomano, todo país europeu que esperava ser uma potência naval e comercial enviava representantes e comerciantes a Isfahan, buscando ajuda de Abbas contra Istambul. Espanha, Portugal, França, Inglaterra e Países Baixos tinham representantes em sua corte.

Abbas foi um grande líder muçulmano, como Harun al-Rashid ou Suleyman o Magnífico. Seu reinado marcou uma virada na história de sua dinastia (como teve a sua). Mudanças significativas estavam ocorrendo no estabelecimento religioso xiita à medida que os sufistas que haviam anteriormente levado os governantes e povos perderam sua influência para os *ulama*. Entre os *ulama*, também, a escola anterior, que havia baseado suas decisões doutrinais e legais muito no Alcorão e na *sunna* profética, cederam para uma que concedia uma autoridade abrangente aos *mujtahids* (juristas) para interpretarem a xaria. Com o tempo, isso levou a um empoderamento dos *ulama* xiitas, que liderariam a Revolução do Irã em 1979. O Xá Abbas, perturbado no começo de seu reinado pelos *kizilbash*, suspeitava de qualquer um com poder. Essa categoria incluía seus filhos, os quais cegou ou matou. Assim, seu sucessor foi um neto fraco. Os safávidas posteriores continuaram a política de Abbas de colocar mais terras sob o controle do Estado às custas dos líderes *kizilbash*. Eles podem ter necessitado de dinheiro para pagar os *ghulams*, mas os safávidas se apropriaram de tanta terra que empobreceram o campo. Como os grupos *devshirme* dos otomanos, os *ghulams* mantiveram crescentes seus números e o poder interno – embora não seu poder como força combatente – até poderem manipular e estrangular a dinastia safávida.

Resultados

No século XVIII, a Pérsia safávida era um prêmio oportuno. Em 1722, um grupo de afegãos tribais tomou Isfahan. Os safávidas foram para as montanhas do Azerbaijão, seu primeiro lar. Os otomanos, rompendo uma trégua de noventa anos, invadiram a região. Como não eram páreo para os janízaros no campo, os afegãos negociaram um acordo de paz, cedendo grande parte do oeste da Pérsia para o Império Otomano. Isso atemorizou o povo persa. Sob a inspiração de um guerreiro chamado Nadir Afshar, tribos persas e turcas se uniram para expulsar os usurpadores afegãos e, depois, mais lentamente, os dissolutos safávidas. O líder vitorioso se coroou Nadir Xá, em 1736. Seu reinado foi um tradicional "último esforço" da Pérsia. Em uma década, ele havia expulsado os otomanos e tomado grande parte da Índia. Poderia ter se tornado um governante imperial, caso não tivesse tentado converter os persas xiitas ao islã sunita, minando seu apoio interno. Com o assassinato de Nadir Xá em 1747, seu império colapsou. Sucessivas dinastias menores levaram a Pérsia a um período de desintegração política e decadência social da qual demoraria para se recuperar.

Conclusão

Neste capítulo, ou talvez antes, você pode ter visto emergir um padrão que lhe ajudará a descrever a ascensão e queda de estados dinásticos. Desenhe uma área dividida entre muitos estados ou tribos. Em seu centro, emerge um governante com uma missão, usualmente relacionada de algum modo ao islã, inspirando seus seguidores a realizarem grandes feitos e a mobilizar outros como eles a derrotar estados rivais. Os conquistadores cortam impostos ou melhoram a ordem pública, ganhando, assim, o favor dos camponeses, aumentando a produção de alimentos, e promovendo bem-estar econômico. À medida que o império se expande, desenvolve um exército e uma burocracia grandes, os quais têm de pagar, aumentando a carga sobre seus súditos. A classe governante e os *ulama* se tornam ricos, poderosos e conservadores. Os descendentes dos governantes se mostram cada vez menos capazes de governar. Seus súditos se tornam cada vez mais rebeldes. O império cai e o ciclo se repete.

Todos os impérios cobertos neste capítulo – os mamelucos e os ilcanidas, os timúridas e seus descendentes mongóis, os otomanos e os safávidas – foram estados militares muçulmanos em uma era em que a posse e o domínio de armas de fogo se tornaram prevalentes, e, portanto, essenciais para a sobrevivência. Alguns desses estados duraram um longo tempo porque também criaram instituições que utilizaram os talentos de seus súditos como soldados e burocratas enquanto mantinham um equilíbrio de poder entre facções concorrentes. Quando mesmo isso foi perdido, o Império Otomano e outros estados muçulmanos fundaram outro tipo de equilíbrio que preservou sua independência – o balanço europeu do poder.

PARTE III

As incursões europeias e a reação nacionalista

1699	Tratado de Karlowitz; os otomanos cedem a Hungria aos habsburgos
1703–1730	Reinado do sultão otomano Ahmed III, a "Era Tulipa"
1722	Os afegãos invadem a Pérsia, enfraquecendo a dinastia safávida
1736	Nadir expulsa os afegãos da Pérsia, tornando-se xá
1768-1774	Primeira Guerra Russo-Turca
1774	Tratado Kuchuk-Kainarji fortalece a Rússia no Mar Negro e nos Bálcãs
1789-1807	O reino do sultão otomano Selim III, que inicia a *nizam-i-jedid*
1794-1925	A dinastia Qajar na Pérsia
1798	Napoleão ocupa o Egito
1804	Primeira revolta nacionalista sérvia
1805-1849	O reinado de Mehmet Ali no Egito
1807-1808	Os janízaros depõem Selim
1808-1839	O reinado do sultão otomano Mahmud II
1811	Mehmet Ali destrói os mamelucos, ataca os wahhabis árabes
1821-1829	Guerra grega pela independência
1826	Mahmud II massacra os janízaros
1829	Tratado de Adrianópolis concede autonomia à Sérvia, independência grega
1831	Ibrahim, filho de Mehmet Ali, invade a Síria
1839	Ibrahim derrota novamente os otomanos; o Sultão Abdulmejid decreta o Rescrito Nobre da Câmara Rosa
1840	Potências europeias confirmam a autonomia de Mehmet Ali no Egito
1848-1896	Reinado de Nasiruddin Xá na Pérsia
1853-1856	Guerra da Crimeia, na qual a França e a Grã-Bretanha ajudam os otomanos a derrotarem a Rússia
1854	O vice-rei egípcio Sa'id dá a concessão para o empreendedor francês construir o Canal de Suez

1856	O Rescrito Imperial otomano concede igualdade a muçulmanos, cristãos e judeus
1863-1879	O reinado do quediva Isma'il no Egito
1869	Abertura do Canal de Suez
1875	Isma'il vende ações do Canal de Suez do Egito à Grã-Bretanha
1876	Nova tomada de poder otomana; promulgação da constituição otomana
1876-1909	Reinado do sultão otomano Abdulhamid II
1877-1878	Sexta Guerra Russo-Turca, na qual os russos tomam a Romênia, a Bulgária, a Trácia e partes do leste da Anatólia
1878	Suspensão da constituição otomana
1881	Europeus controlam a administração da dívida pública otomana; oficiais nacionalistas egípcios assumem o controle do governo
1882	Ocupação britânica do Egito e supressão do movimento nacionalista
1890	Xá persa vende concessão de tabaco para companhia britânica
1892	Boicote nacional ao tabaco obriga o xá a comprar de volta a concessão
1896	Herzl publica *Der Judenstaat*
1897	Primeiro congresso sionista em Basel
1901	A firma de William Knox D'Arcy (mais tarde chamada Companhia de Petróleo Anglo-Iraniana) recebe concessão para explorar depósitos de petróleo no sudoeste da Pérsia
1902	O Império Otomano contrata firma alemã para construir a estrada de ferro de Bagdá
1906	Revolução Persa força o xá a garantir a constituição
1907	Acordo anglo-russo cria esferas de influência na Pérsia
1908	Comitê da União e Progresso lidera revolução para restaurar a constituição otomana; Áustria anexa a Bósnia
1909	Abdulhamid é deposto; tropas russas ocupam Tabriz e Teerã, mas a constituição persa prevalece
1911-1912	Italianos invadem a Líbia
1912	Sérvia e Bulgária tomam muitos territórios europeus remanescentes do Império Otomano na Primeira Guerra Balcânica
1913	CUP assume o governo otomano; os alemães enviam uma missão militar para Istambul

10 Interesses europeus e imperialismo

No século XVIII, o Ocidente conquistou e depois manteve superioridade militar, política e econômica sobre o Oriente Médio. Essa não era a relação usual de poder anterior. Nem os governantes nem os súditos do Império Otomano – ou de qualquer outro país muçulmano – desejavam essa subordinação aos cristãos europeus, a quem tinham anteriormente desrespeitado. Mas o que poderiam fazer? Outrora, os comerciantes muçulmanos controlavam as rotas comerciais entre Europa e Ásia e ditavam os termos do comércio para ambas. Agora, os europeus estavam vendendo seus produtos para o Oriente Médio em troca de matérias-primas e produtos agrícolas. Os europeus que viviam ou comercializavam em terras muçulmanas moravam em bairros especiais das cidades e não tinham de pagar impostos ou obedecer às leis e regulações locais.

Embora outrora o Mar Mediterrâneo e o Oceano Índico tivessem sido dominados pelos navios muçulmanos, agora as embarcações a vela europeias – militares e comerciais – controlavam os altos-mares. Anteriormente, o sultão otomano poderia escolher quando e onde para atacar a Europa cristã e então ditar os termos de paz; agora, seus exércitos estavam à mercê dos habsburgos da Áustria e dos czares da Rússia. Para os muçulmanos, acostumados com a vitória no campo de batalha, essas mudanças pareciam um erro cósmico. Estaria Deus punindo os muçulmanos que haviam se desviado de seu plano para sua comunidade?

A fraqueza otomana

Podemos seguir a mudança da relação entre o Oriente Médio e o Ocidente através de uma série de eventos datados: em 1683, os otomanos fracassaram em tomar Viena, a capital do Império Habsburgo; em 1699, eles assinaram um tratado em Karlowitz, cedendo a Hungria aos habsburgos e a costa egeia aos venezianos; em 1718, entregaram mais de suas terras europeias; em 1774, perderam a Crimeia e deixaram a Rússia proteger seus súditos cristãos ortodoxos; e, em 1798, Napoleão Bonaparte ocupou o Egito e invadiu a Palestina. Nesse ínterim, outras dinastias muçulmanas, como os mugais da Índia, os safávidas e seus sucessores persas, uzbeques e os governantes xarifes do Marrocos, também estavam desaparecendo enquanto surgia a Europa do século XVIII. Mas os otomanos estavam mais próximos das novas potências e sofreriam mais se os europeus dividissem suas terras.

Alguns sintomas e causas

Histórias populares dizem que os governantes otomanos não se importavam com o destino de seu império. Seduzidos por seus haréns, entorpecidos por vinho ou haxixe, incapacitados pelas revoltas dos janízaros ou por intrigas da corte, os sultões perderam o interesse em manter seu regime ou em defender suas terras. Do mesmo modo, os vizires venais tentaram ludibriar os sultões, esperando lucrar com o sistema corrompido. Burocratas compravam seus postos e vendiam postos subordinados a outros, enquanto todos no poder extorquiam os pobres camponeses e trabalhadores com impostos e taxas (que eram, na verdade, subornos impostos). Os janízaros, a espinha dorsal do exército otomano, tornaram-se uma casta hereditária de comerciantes e artesãos que fracassaram em se manter treinando ou em aprender a usar armas modernas como mosquetes e baionetas. Pior, emborcavam suas panelas de sopa e se enfureciam caso alguém ousasse falar em reformas. Contanto que o Estado os alimentasse e os pagasse, não viam necessidade de reformar ou de deixar outros soldados tomarem seu lugar. Os *ulama* se tornaram *juhala* (ignorantes), imersos em superstições e intocados pelo crescimento do conhecimento que ocorria na Europa. Proprietários de terras e comerciantes eram roubados por bandoleiros, contra os quais não tinham proteção. Camponeses sofriam com a ganância dos proprietários de terras e coletores de impostos; muitos fugiam para também se tornarem bandoleiros. Assim girava o triste círculo. É fácil culpar sultões incompetentes ou impotentes. Como as pessoas costumavam dizer: "O peixe começa a feder pela cabeça".

Os sultões e vizires reformadores

Há um germe de verdade em tudo isso. Os sultões estavam piorando. Ninguém nega a insanidade do Sultão Ibrahim (r. 1640-1648), que, alegadamente, amarrou suas 280 concubinas em sacos e as afogou no Bósforo. Mustafa II (r. 1695-1703) insistiu em liderar seus soldados em batalha e perdeu, decisivamente, para o Príncipe Eugene de Savoy, custando aos otomanos a província da Hungria e seu prestígio militar. O abuso do álcool e intrigas de harém afligiram os últimos sultões muito mais do que os primeiros dez. Alguns membros da classe governante ordenharam o sistema otomano para se enriquecer enquanto falhavam em realizar seus deveres. Mas o sistema durou porque ainda produziu sultões competentes e vizires que percebiam esses problemas e introduziam reformas. Entre os sultões reformadores estavam Osman II (r. 1618-1622), cuja tentativa de formar uma nova milícia levou ao seu assassinato por janízaros revolucionários; Murad IV (r. 1623-1640), o primeiro a importar europeus para ensinar novas técnicas de combate; e Selim III (r. 1789-1807), que implementou um esquema de reformas abrangentes chamado *nizam-i-jedid*.

A Família Koprulu produziu seis grandes vizires que aumentaram a segurança otomana no exterior e impuseram mudanças políticas, sociais e estéticas nacionais (cf. Caixa 10.1). O primeiro, Mehmet (m. 1661), foi retirado de seus pais cristãos albaneses pelos *devshirme* e começou sua carreira trabalhando na cozinha imperial. Como grande vizir do Sultão Mehmet IV (r. 1648-1687), ele derrotou os venezianos e reprimiu revoltas na Transilvânia e na Anatólia. Seu filho, Ahmet, fortaleceu o vizirato, controlou os habsburgos e tomou Creta, assim como partes da Polônia. Seu irmão liderou tropas otomanas até os portões de Viena, em 1683, mas fracassou em capturar a cidade. Um sobrinho koprulu de Mehmet, que servia o Mustafa II, reduziu impostos sobre bens de consumo, instalou fábricas e esperou restaurar a produção agrícola ao seu nível anterior.

Caixa 10.1 A família de vizires koprulu

Durante grande parte de sua existência, o governo otomano misturou uma sucessão hereditária de sultões com a promoção de administradores e oficiais militares com base no mérito. O império teve um longo período de sorte com seu sultanato hereditário. Após o reinado de Suleyman o Legislador, contudo, a sorte dos otomanos ficou ruim. Governantes fracos e incompetentes herdaram o poder. Esse não foi o único problema do império, mas sem líderes fortes e capazes, outros problemas – militares, econômicos e governamentais – não poderiam ser resolvidos.

O declínio otomano durou mais de 300 anos, tempo o bastante para a classe governante tentar resolver os problemas do império. Esses esforços eram usualmente empreendidos por vizires fortes que apareceriam de vez em quando para reverter o declínio do império. Os mais famosos desses reformadores vieram de uma família de herança albanesa, os koprulu.

Cada um dos vizires koprulu recebeu poderes ditatoriais ou quase ditatoriais dos sultões ou de seus regentes (muitas vezes, suas mães) que não podiam governar diretamente. Cada vizir governou brutalmente quando necessitou extirpar a corrupção, rebeliões ou incompetência. Muitos deles usaram muito mais o bastão do que a cenoura para realizar seus fins. Os koprulu, cada um aprendendo informalmente com seu antecessor, foram bem-sucedidos no curto prazo. Contudo, nenhuma de suas reformas durou. Seu último fracasso teve muitas razões, mas uma delas se encontra na própria definição do sucesso otomano.

Os muçulmanos esperavam que o governo otomano expandisse suas fronteiras. Desejavam um governo forte, não apenas para manter a estabilidade e a tradição, ou para defender a religião, mas também para aumentar o Dar al-Islam (a terra do islã). Assim, acabar com a corrupção, suprimir revoltas, livrar-se dos incompetentes e instituir a disciplina – tudo que os koprulu faziam bem – não era o bastante. Eles necessitavam travar guerras. Quase todos os koprulu, tendo estabilizado o império, dirigiram suas energias renovadas para as guerras, e, na maior parte do tempo, as instituições recém-formadas se mostravam muito frágeis para resistir às eventuais derrotas impostas por um poderoso inimigo ocidental. Finalmente, o quinto vizir koprulu, Huseyin (r. 1697-1720), admitiu que suas reformas haviam fracassado e negociou o tratado de Karlowits (1699), no qual o sultão cedia a Hungria aos austríacos, marcando o começo do fim, militar e diplomaticamente, para o Império Otomano.

Costume e tradição são difíceis de alterar. Eles usualmente mudam somente no curso de longos períodos ou sob circunstâncias extremas. Os primeiros quatro koprulu usaram os frutos de seus esforços para promover o costume tradicional da guerra expansiva. Somente quando o estado de exaustão do império se tornou óbvio, o quinto koprulu mudou esse padrão de comportamento. Mas, agora, tinha muito pouca escolha.

Outro vizir foi Damad Ibrahim, melhor conhecido por dirigir a atenção do Sultão Ahmed III (r. 1703-1730) para a construção de palácios de prazeres e jardins de tulipas. Mas ele também trouxe artistas europeus, encomendou traduções turcas de trabalhos científicos ocidentais e introduziu a primeira prensa tipográfica otomana. Mesmo nessa idade das trevas da história otomana, alguns sultões e vizires introduziram alguma luz. Mais adiante, você lerá sobre reformadores ocidentalizadores do século XIX.

As potências europeias e a questão oriental

Pensamos que a chave para o apuro otomano – mas também, paradoxalmente, sua salvação – repousa na Europa. Sem a Renascença, a Reforma, explorações e descobertas, a expansão do comércio, o Iluminismo, e a Revolução Industrial, o Ocidente não teria ultrapassado o mundo muçulmano no século XVIII. O Império Otomano não havia experienciado todas essas mudanças que esses movimentos trouxeram à cultura ocidental, assim como seus inimigos tradicionais como Veneza, Polônia e Espanha; em 1750, eles não ameaçavam mais a segurança otomana. A Áustria habsburga ainda desempenhava seu papel costumeiro como principal defensora do cristianismo contra o islã. Mas a liderança da Áustria estava empalidecendo diante do surgimento de uma nova estrela no norte, a Rússia czarista. Muitos ocidentais acreditavam que a Rússia teria tomado todas as terras otomanas não fosse a firme oposição dos outros estados europeus. Vamos examinar as políticas do Oriente Médio dos principais países europeus do século XIX: Rússia, Áustria, Grã-Bretanha e França.

A Rússia czarista

Diferente de outras grandes potências envolvidas no Império Otomano, a Rússia havia experienciado o governo muçulmano durante a Horda de Ouro mongol. A Rússia emergiu no século XV como um Estado pequeno, mas independente, centrado em Moscou e próximo às fontes dos principais rios da Eurásia e de rotas de transporte. Alguns historiadores argumentam que a política expansionista dos governantes moscovitas foi facilitada por seu controle desses rios e ditada por sua busca por saídas para os grandes mares. Rios que fluíam para o Mar Báltico ou para o Oceano Ártico tendiam a ser barrados pelo gelo durante os invernos; portanto, a Rússia necessitava do Mar Negro como uma saída de água morna para o comércio. No século XVII, esse corpo d'água era praticamente cercado pelas terras otomanas.

Como resultado, Pedro o Grande e seus sucessores travaram várias guerras contra o império no século XVIII para garantir o acesso russo ao Mar Negro. Em meados do século XIX, os russos podiam considerar o Mar Negro basicamente seu, mas seus navios ainda tinham de passar através do Bósforo governado por otomanos e pelo Dardanelos para atingir o Mar Egeu e então o Mediterrâneo. Assim, a Rússia buscou controlar o Estreito, ou ao menos garantias de que os otomanos não barrariam a passagem aos seus navios de guerra e mercantes. A Rússia também queria governar o Estreito para defender melhor seus portos no Mar Negro contra ataques navais de invasores.

Alguns russos tinham um motivo adicional para tomarem o Estreito: desejavam governar aquela grande cidade no Bósforo – Istambul. Você sabe que, até a conquista otomana, ela havia sido Constantinopla, capital do Império Bizantino, a "Segunda Roma", e a joia principal da Igreja Ortodoxa grega. Quando Constantinopla caiu, a Rússia se tornou o principal país ortodoxo grego e se declarou a "Terceira Roma". Um príncipe moscovita se casou com a sobrinha do último imperador bizantino. Seus descendentes, czares da Rússia, por vezes tentaram capturar Constantinopla e restaurar o poder e o prestígio da ortodoxia grega em relação ao catolicismo romano. Além disso, muitos cristãos ortodoxos viveram durante o governo otomano, principalmente nos Bálcãs. A Áustria capturou alguns deles no começo do século XVIII, mas os habsburgos, sendo católicos, foram incompassíveis. A Rússia seria um defensor melhor para sérvios, búlgaros, albaneses, romenos e gregos que buscavam libertação do governo muçulmano, pois eram praticamente todos ortodoxos. Assim, quando a Rússia derrotou os otomanos em 1769-1774 e, portanto, pôde ditar o tratado de paz. Catarina a Grande assegurou o reconhecimento otomano do direito da Rússia de intervir diplomaticamente em favor dos cristãos ortodoxos que viviam no império. A formulação de seu Tratado de Kuchuk-Kainarji é ambígua, mas os russos alegaram, mais tarde, que estabelecia um precedente para relações entre a Rússia e a Turquia (como os europeus passaram a chamar o Império Otomano).

Mais tarde, os russos sustentaram que eles partilhavam outra característica com muitos dos súditos balcânicos do sultão – a saber, que eram eslavos, membros de um grupo linguístico. Russo e ucraniano são línguas eslavas, assim como o búlgaro, o polonês, o sérvio e o croata. Durante o século XIX, alguns povos balcânicos adotaram a ideia nacionalista chamada pan-eslavismo, que visava a unir em um único Estado todos os povos falantes de línguas eslavas. A Rússia, o maior Estado eslavo, reivindicava ser seu líder. A Turquia otomana temia o efeito desagregador do pan-eslavismo tanto quanto o apoio anterior da Rússia aos cristãos ortodoxos. Mas o pan-eslavismo ameaçava vizinhos europeus como a Prússia e a Áustria com muitos de seus súditos poloneses; assim, a Rússia teve de silenciar suas ambições sempre que desejasse aplacar aqueles poderes. Na verdade, muitos funcionários russos preferiram preservar a integridade otomana e vínculos amigáveis com as outras potências europeias em detrimento da unidade dos cristãos ortodoxos ou de seus primos eslavos.

No século XIX, o movimento da Rússia em direção ao mar, a liderança dos cristãos ortodoxos e o encorajamento ao pan-eslavismo, por vezes, levou a uma política agressiva em relação ao Oriente Médio. Tropas russas entraram nos Bálcãs durante o conflito de 1806-1812, a guerra grega pela independência na década de 1820, a revolta romena de 1848, a Guerra da Crimeia de 1853-1856, e a Guerra Russo-Turca de 1877-1878. No último desses conflitos, tropas russas chegaram a 15km de Istambul e ditaram os termos de paz em San Stefano, em fevereiro de 1878. Como todas as outras grandes potências se opuseram aos ganhos militares e políticos dos russos com aquela guerra, o sultão reconquistou algumas das terras balcânicas no abrangente Tratado de Berlim, assinado mais tarde naquele mesmo ano. O encorajamento russo ao pan-eslavismo inclusive ajudou a provocar as Guerras Balcânicas de 1912-1913 e a eclosão da Primeira Guerra Mundial em 1914. Embora possa ficar atônito com as reviravoltas da "Questão Oriental" de 1774 a 1917, você pode assumir que os otomanos viram a Rússia como seu principal inimigo durante boa parte (senão toda) daquela época.

O foco da Questão Oriental era se a Rússia anexaria as possessões europeias da Turquia, especialmente o Estreito, ou seria impedida pelas outras grandes potências. Embora outros países, por vezes, tivessem aceitado ou mesmo acolhido o crescente poder da Rússia (p. ex., quando forças russas ajudaram a derrotar Napoleão em 1812-1814, ou Hitler em 1942-1945), eles usualmente tentaram impedir que ela capturasse os Bálcãs e o Estreito, para não ameaçar o equilíbrio de poder europeu.

Ora, aqui está um conceito que você pode querer que expliquemos. Não significa que cada país deve ser tão poderoso quanto todos os outros. Afinal, a Grã-Bretanha se industrializou primeiro, construiu a esquadra mais forte, e conquistou um grande império no exterior. A França adquiriu sua riqueza mais da agricultura do que da manufatura, mas tinha também um grande império e uma localização muito estratégica. Áustria e Rússia controlavam, cada uma, vastas áreas com populações grandes e diversas, necessitando grandes exércitos permanentes. A Prússia (que se tornou Alemanha somente em 1871) possuía um exército bem armado e disciplinado. O equilíbrio de poder não garantia, portanto, que cada Estado tivesse igual poder; significava que nenhum Estado ou coalizão poderia se tornar forte o bastante para dominar todos os outros países da Europa. O fracasso em manter esse equilíbrio permitiu que Luís XIV e mais tarde Napoleão impusessem o poder francês ao resto do continente, dificilmente uma experiência que os britânicos ou os alemães (ou qualquer outro país) desejassem reviver. Pela mesma lógica, muitos povos no século XIX temiam que se a Rússia governasse os Bálcãs e controlasse o Estreito, toda Europa estaria à mercê dos czares. O Ocidente sentia um medo similar da influência soviética sobre a Turquia (e sobre a Ásia Central e o Afeganistão) durante a Guerra Fria de 1945-1991. A teoria realista das relações internacionais defende a manutenção de um equilíbrio de poder entre os países do mundo.

Lembrem-se também de que a Rússia era, como os Estados Unidos, uma potência continental em expansão, exceto que a direção de seu crescimento era para o leste e sul. Os otomanos viram como os descendentes islamizados dos mongóis, tártaros e turcos da Ásia Central caíram durante o controle russo no século XIX. Embora o Ocidente temesse que o domínio russo nos Bálcãs perturbasse o equilíbrio de poder europeu, os czares estavam construindo um Império Asiático que ameaçava a Pérsia, o Afeganistão e a Índia britânica.

A Áustria habsburga

Os rivais da Rússia tinham razões positivas para lidar com os turcos otomanos. O Império Habsburgo, por exemplo, fez fronteira diretamente com terras otomanas no sudeste da Europa do século XV ao XIX. Tendo estimulado seu apetite com a tomada da Hungria em 1699, a Áustria esperava descer o Rio Danúbio em direção ao Mar Negro. Também desejava controlar as terras ao sul do Danúbio, especialmente a Croácia, a Bósnia e a Sérvia. Os imperadores habsburgos perseguiam interesses comerciais, mas também se viam como continuadores das antigas tradições cruzadas contra os turcos muçulmanos. No século XIX, enquanto cada um dos estados balcânicos lutava por sua independência em relação ao Império Otomano, a Áustria daria um passo adiante como sua apoiadora, protetora e parceira de comércio. Alguns aparentemente trocaram um senhor por outro. Bósnia e Herzegovina, duas regiões cultural e geograficamente próximas à Sérvia (mas com grandes populações muçulmanas), foram colocadas sob ocupação militar habsburga como parte do tratado de Berlim de 1878. Trinta anos depois, sem qualquer consentimento anterior da Turquia otomana (e para surpresa da Rússia), a Áustria anexou a Bósnia e Herzegovina. Sua aceitação do governo habsburgo foi minada pela propaganda da vizinha Sérvia, levando ao assassinato de 1914, em Sarajevo, de seu herdeiro ao trono da Áustria. Você deve saber que esse evento provocou a Primeira Guerra Mundial.

A Grã-Bretanha e o Oriente Médio

A Grã-Bretanha era uma potência naval, imperial e indiana. O transporte marítimo seguro para a Índia se tornou uma preocupação básica britânica, uma vez que havia consolidado seu Império Asiático ao derrotar a França na Guerra dos Sete Anos (Guerra Francesa e Indiana) de 1756-1763. Como o transporte marítimo entre Europa e Ásia se dava em torno do sul da África, a Grã-Bretanha dificilmente se preocupava com o Império Otomano e, por vezes, apoiou o expansionismo russo nos Bálcãs. Mas não era favorável ao controle francês do Egito e da Síria. O crescimento do transporte de navio a vapor e o melhoramento das comunicações terrestres tornaram mais rápido e mais seguro o transporte de pessoas e mercadorias através do Egito e do Crescente Fértil, ambos legalmente terras otomanas, em vez de percorrer a longa rota em torno da África. A Grã-Bretanha decidiu, na década de 1830, que o Império Otomano seria o melhor guardião de suas rotas para a Índia e, em breve, se comprometeria firmemente com a defesa do império. Ela também tinha um motivo comercial, pois, como você verá no próximo capítulo, a Grã-Bretanha e o Império Otomano assinaram um tratado baixando seus impostos sobre suas mercadorias. Em 1850, o império havia se tornado um importante comprador de manufaturas britânicas e um grande fornecedor de gêneros alimentícios e matérias-primas para a Grã-Bretanha. Os britânicos também passaram a partilhar das desconfianças da Áustria sobre os objetivos da Rússia nos Bálcãs.

O maior conflito europeu entre a derrota de Napoleão e a eclosão da Primeira Guerra Mundial foi a Guerra da Crimeia (1853-1856). Sua causa real foi o medo de muitos países europeus de que a força crescente da Rússia nos Bálcãs ameaçasse o equilíbrio de poder na Europa. Ao liderar uma coalizão anti-Rússia, a Grã-Bretanha se esforçaria e gastaria muito para defender a Turquia contra o expansionismo russo e, com isso, preservar o equilíbrio de poder. Na mesma lógica, a Grã-Bretanha enviou parte de sua frota para o Dardanelos em 1878 como uma advertência para a Rússia, que havia ocupado grande parte das terras balcânicas. O compromisso da

Grã-Bretanha se estendia a pressionar reformas ocidentalizadoras sobre os governantes otomanos nesses tempos críticos. Em mais uma tentativa de assegurar suas rotas para a Índia, a Grã-Bretanha também tomou Aden em 1839, Chipre em 1878 e o Egito em 1882, e fez tratados com governantes árabes ao longo do Golfo de Omã ao Kuwait. Por várias vezes a Grã-Bretanha enviou tropas para o Afeganistão ou para a Pérsia para deter o avanço dos russos, cuja esperança de atingir o Golfo quase equivalia à sua ambição pelo Estreito. A Grã-Bretanha temia que as ambições dos czares pudessem se estender aos Himalaias, à Índia e mesmo à China.

A França

A melhor amiga dos otomanos era a França. Sua localização estratégica, com portos tanto do lado Atlântico quanto do Mediterrâneo, tornava a França uma candidata ao comando da Europa. Até o século XIX, seu principal rival mediterrâneo era o Império Habsburgo, tornando a França a aliada dos otomanos. A França alegava ter as primeiras Capitulações, e os comerciantes e investidores franceses, usualmente, levavam os europeus a fazerem negócios no Império Otomano. Quando necessitava de especialistas militares ou navais, engenheiros ou professores, o governo otomano costumava buscar por franceses. Jovens otomanos estavam mais inclinados a escolher a França do que qualquer outro país estrangeiro para a educação superior ou formação profissional avançada.

A religião também fortalecia a conexão francesa. Quando a Rússia alegou proteger os cristãos ortodoxos durante o governo otomano, a França propôs pretensões similares em favor dos católicos. Como eram em menor número, os otomanos se importavam menos com eles. Um resultado fatídico foi o vínculo especial entre a França e a Síria. E uma chave para esse vínculo era a seita cristã, os maronitas, que predominavam no que é agora o norte do Líbano. No século XVII, os maronitas haviam adotado uma posição entre o cristianismo ortodoxo e o monofisista, o que lhes dava uma identidade única. Mais tarde, entraram em comunhão com Roma durante as Cruzadas, mas mantiveram suas práticas tradicionais (rezar em siríaco e permitir o casamento de sacerdotes). A partir do século XVII, tiveram acesso ao conhecimento ocidental através de um seminário papal para maronitas em Roma. Quando a França emergiu como a principal potência católica, os maronitas acolheram os missionários e comerciantes franceses na Síria, onde eles construíram uma rede de escolas, igrejas, fábricas e postos comerciais. A primazia da França na Síria também se baseava nos vínculos com outros cristãos. Alguns cristãos estavam deixando suas igrejas nativas, usualmente ortodoxas, mas algumas jacobitas (monofisitas) e nestorianos, e entrando em comunhão com Roma como uniatas. Esses católicos convertidos, como os maronitas, estudavam em escolas francesas e faziam negócios com comerciantes franceses. Alguns viam a França como sua patronesse e protetora. Quando em 1860 eclodiu o conflito entre muçulmanos e cristãos da Síria, as tropas francesas intervieram para resgatar os últimos.

Estrategicamente falando, o Egito importava mais para a França do que a Síria. Essa preocupação não era amplamente compartilhada no século XVIII, quando a economia e a sociedade do Egito atingiram um ponto baixo. Mas Napoleão Bonaparte, que chamava o Egito o país mais importante do mundo, ocupou-o em 1798. Por três anos, Grã-Bretanha e Turquia se envolveram em manobras militares e diplomáticas para remover as tropas francesas do Egito. Na época, um aventureiro militar chamado Mehmet Ali (os árabes o chamam Muhammad Ali) tomou o poder no Cairo. Usando conselheiros franceses, iniciou um ambicioso programa de reformas, construiu um exército e uma esquadra fortes, e tomou a Síria dos otomanos em 1831. A França encorajou e aplaudiu os ganhos de Mehmet Ali. O mesmo não se deu da parte das outras grandes potências, que viam esses ganhos como uma ameaça ao equilíbrio europeu de poder e viam Mehemet Ali como um agente francês. Foi necessária uma intervenção naval britânica para remover suas tropas da Síria em 1840, mas Mehmet Ali permaneceu no poder e fundou uma dinastia que governaria o Egito até 1952.

A França desempenhou o papel principal em outro drama egípcio. Em 1854, o filho de Mehmet Ali, Sa'id, deu uma concessão a um empresário francês para construir um canal de navegação através do istmo de Suez. Os britânicos tentaram bloquear o projeto, temendo que desse aos franceses o controle sobre uma importante rota para a Índia. Mas quando o Canal de Suez foi aberto em 1869, a Grã-Bretanha se tornou sua principal usuária. Em pouco tempo, comprou as ações do governo egípcio na companhia controladora, depois enviou tropas para o Egito (a França também deveria enviar tropas, mas deixou de agir no momento crítico) para reprimir uma rebelião nacionalista em 1882. Os vínculos econômicos e culturais com o Egito permaneceram fortes, mas ao final do século XIX, a despeito da oposição francesa, a Grã-Bretanha dominava o Vale do Nilo. A França, contudo, controlava a maior parte do resto do norte da África. Ela esperava obter uma compensação adicional na Síria.

Conclusão

Isso encerra nossa rápida análise dos interesses do Oriente Médio nas políticas das principais potências europeias. Fomos além do século XVIII, esperando dar a você um contexto para eventos no século XIX. Você pode perguntar por que focamos a Rússia, a Áustria, a Grã-Bretanha e a França, excluindo todos os outros países. Confessadamente, simplificamos um pouco demais o cenário. Os atores na Questão Oriental incluiriam arqueólogos suíços, banqueiros belgas, conselheiros militares prussianos, missionários protestantes americanos e católicos italianos, merceeiros gregos e fotógrafos armênios. Em 1900, os governos alemães, italianos e americanos também ingressaram nesse drama político. A Pérsia também importava, especialmente como um objeto de rivalidade comercial e militar anglo-russa.

Este capítulo trata o Oriente Médio não como uma área atuante, mas sobre a qual se atua. Isso também é uma distorção. Mesmo que perdesse terras nos Bálcãs e no norte da África, o Império Otomano (cada vez mais chamado Turquia pelos europeus) permaneceu independente ao longo dessa época. Mesmo que os embaixadores e cônsules ocidentais muitas vezes aconselhassem em demasia sultões e vizires, o escopo de suas ações era limitado pelo conservadorismo muçulmano e por sua necessidade de impedir que outros países interviessem. Igualmente, a Pérsia evitou os russos e os britânicos até que ambos concordassem em dividir o país em zonas de influência em 1907. Grande parte dos povos do Oriente Médio ainda vive como se a Europa não importasse. As mudanças que os afetaram foram reformas políticas ocidentalizadoras de seus próprios governantes. É para essas reformas que devemos nos dirigir agora.

11 Reformas ocidentalizadoras no século XIX

O poder da Europa aumentou tão dramaticamente entre os séculos XVI e XIX que cada outra parte do mundo teve de se adaptar ou se submeter. Alguns grupos humanos, como os índios fueguinos na ponta da América do Sul e os nativos da Tasmânia, foram exterminados por doenças dos povos brancos, álcool ou deportação. Outros, como os índios americanos e os aborígenes australianos, perderam praticamente todas as suas terras e liberdades para os colonizadores ingleses. Alguns povos se misturaram com os colonizadores europeus, criando uma cultura híbrida, como no Brasil. Muitos africanos foram desarraigados, escravizados e enviados para terras distantes. Países antigos como Índia, Java e Vietnã foram absorvidos pelos impérios europeus. O Japão manteve sua independência, mas copiou os costumes europeus em uma grande escala. Vários outros estados asiáticos tentaram permanecer independentes transplantando para suas sociedades tradicionais aqueles costumes e instituições ocidentais que acreditavam ser fontes de poder. China, Tailândia, Pérsia e o Império Otomano seguiram esse caminho, que parecia moderado, lógico e apropriado para países com normas e valores profundamente arraigados. O islã, por exemplo, era tanto uma religião quanto um modo de vida. Os países muçulmanos desejavam fortalecer seus exércitos e armadas, seus governos e economias, mas não descartar um modo de vida que haviam construído e seguido por séculos. Os reformadores tinham de escolher com cuidado os sistemas que emprestavam da Europa. Em pouco tempo aprenderam que um programa de ocidentalização na, digamos, defesa não poderia ser isolado do resto da sociedade. Reformas militares, políticas e econômicas provocaram reações em áreas aparentemente remotas, muitas vezes pegando os reformadores de surpresa.

O que é reformar? Em um país ocidental, reformadores muitas vezes vêm de fora da elite, desafiam o sistema, e, se bem-sucedidos, mudam-no. Elas podem ofender violentamente, mas muitas reformas são realizadas por meio da urna de votação, do legislativo ou do fórum de opinião pública. Elas podem refletir bem as mudanças sociais e econômicas que já ocorreram. Quando falamos sobre a Reform Bills na história inglesa, temos em vista os atos do Parlamento que estenderam os direitos de voto a mais pessoas no século XIX. Um partido de reforma na política americana é usualmente um exogrupo lutando contra práticas corruptas ou injustas em uma cidade, Estado ou governo nacional.

Você poderia supor que reformadores vêm de baixo. Em alguns casos, sim, mesmo no Oriente Médio. Você aprendeu antes sobre rebeldes carijitas e hachemitas contra o califado omíada. Nos séculos XVII e XVIII, agricultores se rebelaram na Anatólia e nos Bálcãs, mas esperavam se afastar do governo otomano, não reformá-lo. Um melhor exemplo seria os wahhabis, um grupo muçulmano puritano pertencente ao rito hanbali do islã sunita, que tomou o poder na Arábia Central no século XVIII. Liderado por uma família chamada sa'ud (daí, a nomeação do Estado moderno Arábia Saudita), esses wahhabis desejavam conquistar a Península Árabe e purificar o islã de práticas que consideravam corruptas. Eles construíram um Estado forte no final do século XVIII, depois foram controlados pelos otomanos e Mehmet Ali no século XIX, mas fizeram um grande retorno no começo do século XX (cf. capítulo 14). Muitas de suas ideias ganharam aceitação de pensadores muçulmanos fora da Arábia Saudita. Chamem-nos de reformadores, se desejarem. Muitos outros movimentos islâmicos, nos últimos dois séculos, visavam a restaurar a grandeza de sua civilização ou harmonizar instituições muçulmanas com a modernidade. Eles não vinham de baixo, mas da elite intelectual. Por vezes, foram iniciados pelos próprios governantes.

Na história do Oriente Médio, você deveria assumir que reformas importantes e efetivas usualmente vieram de cima. Elas são instituídas pelos governantes ou por seus vizires, generais ou governadores locais. Raramente são exigidas pelos pobres, ou em seu benefício, quando efetivadas. Em particular, examinaremos aquelas reformas impostas pelo governo que imitaram as formas do Ocidente, muitas vezes às custas do islã como as pessoas o conheciam. A ocidentalização foi – e ainda é – muitas vezes confundida com modernização. Focaremos a reforma no Egito, no resto do Império Otomano e na Pérsia.

A transformação do Egito

O Egito realizou a transformação mais rápida e dramática de qualquer país do Oriente Médio no século XIX. Desde 1517, o país havia sido governado pelo Império Otomano, mas uma rebelião inicial havia ensinado Istambul a deixar o controle local aos mamelucos, a aristocracia dos soldados ex-escravos que governara o Egito desde 1250. Durante o período otomano, os mamelucos continuaram a importar meninos escravos circassianos e a treiná-los como soldados e administradores. Outrora, fora um bom sistema, mas, no século XVIII, os mamelucos haviam se tornado coletores de impostos rapaces e governadores cruéis. Preocupados com conflitos faccionais, falharam em manter as obras de irrigação e segurança necessárias aos camponeses, cujos bem-estar e população declinaram. Carentes de receita, as *madrasas*, incluindo a antiga Universidade de al-Azhar, declinaram em qualidade intelectual. Muitos *ulama* se tornaram incompetentes, preguiçosos e corruptos. Seus equivalentes cristãos e judeus não eram melhores. Os governadores otomanos nada puderam fazer. Soldados e camponeses se rebelavam, por vezes com sucesso, mas também não puderam reformar o sistema. O Egito estava declinando. Foram necessários dois estrangeiros extraordinários para porem o país em movimento novamente: Napoleão Bonaparte e Mehmet Ali.

A ocupação de Napoleão

Napoleão foi enviado pelo governo revolucionário da França em 1798 para conquistar o Egito e, se possível, a Síria e o Iraque. Aquele regime desejava retirar o jovem e ambicioso general de Paris e pode ter esperado retomar a Índia, onde perdera suas colônias para a Grã-Bretanha em 1763. Napoleão aspirava a emular as conquistas de Alexandre. Para isso, ele necessitaria ter liderado seu exército do Egito, via Crescente Fértil, para Pérsia, Afeganistão e ao que agora é o Paquistão. Foi uma fantasia nunca realizada, mas Napoleão derrotou os mamelucos facilmente e ocupou o Cairo. Buscando conquistar os corações egípcios, postou manifestos, alegando que os franceses eram muçulmanos que haviam vindo para restaurar a soberania otomana e liberar o Egito da "ganância e tirania dos mamelucos".

Os egípcios em pouco tempo se aperceberam de que Napoleão e seus soldados não eram muçulmanos. Eles não restauraram o governo otomano. A ocupação francesa do Egito foi dura, cruel e odiada. Impostos e taxas governamentais altas, mas esporádicas, durante o governo dos mamelucos, eram agora coletadas regularmente de todos, fazendo com que parecessem mais opressivas. Ignorantes dos hábitos e costumes locais, as tropas francesas chocaram os devotos muçulmanos por sua conduta indecente, por beberem publicamente e por atos blasfemos, que incluíam disparar em al--Azhar para reprimir uma revolta local. A armada da Grã-Bretanha afundou muitos dos navios de Napoleão em Abu-Kir. Depois, sua armada francesa invadiu a Palestina, mas fracassou em tomar Acre dos otomanos. Quando o próprio Napoleão se evadiu por entre o bloqueio britânico para retornar à França, os egípcios estavam francamente hostis. Todavia, a ocupação francesa durou até 1801. O povo egípcio era ressentido, mas desarmado. Seus ex-governantes mamelucos estavam divididos e enfraquecidos. Foi necessária uma união anglo-otomana que desembarcou na Alexandria, seguida de um tratado geral europeu, para expulsar as forças francesas do Egito. A armada britânica partiu logo em seguida.

Algumas pessoas glorificam a ocupação francesa porque Napoleão era pitoresco e porque a França mais tarde formaria fortes vínculos culturais com o Egito. Sua força expedicionária incluía 167 estudiosos, cientistas e artistas, que circularam pelo Cairo e pelo interior estudando quase todos os aspectos do Egito. Os resultados publicados de seus estudos deram uma descrição completa e muito acurada da condição e cultura do país. Os franceses trouxeram consigo uma prensa tipográfica e criaram um instituto de pesquisa, que atraiu a atenção de alguns *ulama* inquisitivos. A invasão de Napoleão (1) estimulou a competição anglo-francesa em curso pelo Egito; (2) destruiu quaisquer noções que os muçulmanos otomanos ainda nutriam sobre sua superioridade em relação à Europa; e (3) enfraqueceu os mamelucos, criando um vácuo de liderança após as tropas britânicas partirem em 1802.

As reformas de Mehmet Ali

O homem que terminou preenchendo esse vácuo foi um mercenário chamado Mehmet Ali. Ele havia chegado ao Egito como segundo no comando do regimento albanês na força expedicionária otomana que tentou, sem sucesso, em 1799, mas vitoriosamente dois anos depois, expulsar os franceses. Mehmet Ali enfatizou suas ambições pessoais ao declarar: "Nasci no mesmo ano que Napoleão na terra de Alexandre". Ele inspirou sua carreira em ambos os homens: em 1905, superou todos os outros rivais pelo poder e ganhou reconhecimento dos *ulama* e notáveis locais. Mais tarde naquele ano, incitou uma revolta contra o governador otomano e obteve o consentimento do sultão para tomar seu lugar. Como muitos reformadores otomanos, Mehmet Ali percebeu que perdas no campo de batalha mostravam a fraqueza do exército existente e do governo por trás dele. Diferente de outros, contudo, ele viu que adotar uniformes, armas e táticas europeus, ou mesmo importar instrutores e técnicos estrangeiros, poderia não levar a vitórias militares. Reformas sinceras e abrangentes eram essenciais. Quando aqueles modos ocidentais enfureceram os muçulmanos, Mehmet Ali se tornou impiedoso e ditatorial.

O Vale do Nilo tornava o Egito fácil de governar, uma vez que todos os centros de poder rivais foram eliminados. Os mamelucos representavam o maior obstáculo; em 1811, Mehmet Ali havia massacrado todos. Como os *ulama* desfrutavam de grande poder e prestígio, ele explorou suas rivalidades mutuamente destrutivas, depois os enfraqueceu tomando grande parte de suas terras que haviam conseguido como *waqfs*. O Estado também assumiu mais privadamente as terras em sua posse, eliminando os coletores de impostos e a aristocracia rural. Seu governo conquistou um monopólio sobre o recurso mais valioso do Egito, sua terra agrícola. O Estado, agora, escolhia o que os camponeses poderiam cultivar; supria-os com sementes, ferramentas e fertilizante; comprava sua produção; e as vendia mediante lucro. Para tornar mais fácil mover mercadorias de uma parte do país para outra, Mehmet Ali recrutou agricultores para construir estradas e cavar canais para barcaças. Novas obras de irrigação lhes permitiram três colheitas ao ano em campos que antes produziam apenas uma. O Egito se tornou o primeiro país do Oriente Médio a fazer a transição da agricultura de subsistência (na qual os produtores cultivavam o que consumiam, mais o que tinham de pagar em arrendamento e impostos) para o cultivo agrícola comercial (no qual cultivavam produtos para serem vendidos). Tabaco, açúcar, índigo e algodão se tornaram os principais produtos egípcios. Usando as receitas do que produziam, Mehmet Ali financiava seus esquemas para o desenvolvimento industrial e militar.

Mehmet Ali foi o primeiro governante não ocidental a compreender a importância da Revolução Industrial. Ele percebeu que um exército modernizado necessitaria de fábricas têxteis para produzirem suas tendas e uniformes, estaleiros para produzirem seus navios, e fábricas de munição para produzirem armas e baionetas. Conselheiros franceses ajudaram o governo egípcio a construí-las e equipá-las. Centenas de egípcios falantes de turco e de árabe foram enviados à Europa para treinamento técnico e militar. Instrutores ocidentais foram importados para fundar escolas no Egito para medicina, engenharia e treinamento militar. Uma nova imprensa árabe foi criada para imprimir manuais traduzidos e um jornal governamental.

O império de Mehmet Ali

Mehmet Ali foi também o primeiro governante, desde os ptolemaicos, a usar agricultores egípcios como soldados. Eles odiavam o serviço militar. Poucos dos conscritos jamais viram seus lares novamente. A despeito de suas tentativas inventivas de escapar do serviço militar, eram arrastados ao exército. Oficiais turcos, circassianos e europeus transformaram esse exército egípcio em uma força de combate potente que serviu Mehmet Ali (a pedido do sultão otomano) contra os wahhabis, que haviam ocupado Meca e Medina. Ele também criou uma armada egípcia, com a qual ajudou os otomanos contra os gregos em sua guerra pela independência. Após as grandes potências terem interferido para ajudar os gregos a derrotarem os otomanos, contudo, Mehmet Ali se voltou contra o sultão. Ele enviou seu filho Ibrahim para liderar uma força expedicionária que ocupou a Palestina e a Síria. No final de 1832, ele governava grande parte do Crescente Fértil e o Hijaz. Ibrahim tentou estender as reformas ocidentalizadoras de seu pai no exterior, mas os sírios se mostraram menos dóceis do que os egípcios. Revoltas eclodiram nas montanhas, uma vez que agricultores sírios resistiram aos controles agrícolas e ao confisco de suas armas de fogo. Tirando vantagem dos problemas de Ibrahim, o governo otomano tentou recuperar parte de suas terras. Mehmet Ali e Ibrahim contra-atacaram, entrando na Anatólia. Em 1839, parecia que o Egito estava a ponto de assumir o controle de todo Império Otomano. A frota imperial inteira desertou para Alexandria e um príncipe de dezesseis anos foi cingido com a espada de Osman. Somente a intervenção da grande potência (principalmente britânica) fez Mehmet Ali se retirar da Síria e se contentar com a autonomia no Egito.

Mehmet Ali se importava pouco com os egípcios. Após sua derrota diplomática, abandonou suas reformas econômicas e militares. Grande parte das escolas e praticamente todas as fábricas administradas pelo Estado foram fechadas. Os monopólios estatais e outros controles sobre a agricultura terminaram. Grande parte das terras foram repartidas com seus amigos e parentes. No entanto, com sua morte, Mehmet Ali pôde legar para seus filhos e netos um Egito praticamente independente com memórias de poder militar. Seu império foi construído sobre o desenvolvimento agrícola e industrial, sem o uso de qualquer dinheiro emprestado de governos, bancos, ou investidores ocidentais. Poucos de seus herdeiros igualaram esse feito.

A ocidentalização do Império Otomano

Resultados menos impressionantes vieram de esforços de contemporâneos de Mehmet Ali para reformar o Império Otomano. O primeiro foi o Sultão Selim III (r. 1789-1807), um reformador ocidentalizador transicional. Os esforços reformadores do governo otomano podem ser divididos em três fases. Na primeira, reformadores como os vizires koprulu tentaram restaurar o sistema administrativo e militar à sua condição de quando o império estava em seu auge. Quando esse esforço fracassou, alguns sultões e vizires do século XVIII adotaram uma política seletiva de ocidentalização, principalmente no exército e armada, mas falharam em deter a iniciativa russa nos Bálcãs ou a ocupação napoleônica do Egito. Na terceira fase da reforma otomana, principalmente no século XIX, o Estado ocidentalizou muitas instituições imperiais em um esforço (somente em parte bem-sucedido) para deter a secessão ou anexação de suas terras.

A *nizam-i-jedid*

Selim III temia as intenções europeias em seu país; ele também podia ver seus problemas internos, com algumas províncias em revolta aberta, uma guerra com a Áustria e a Rússia em curso, e um sério déficit na arrecadação de impostos. Em resposta, ele planejou uma faxina completa, uma *nizam-i-jedid* (nova ordem) que reformaria todo governo otomano. Mas com a ameaça militar tão iminente, Selim se concentrou em criar um exército de elite ocidentalizado, ao qual aquele nome é usualmente aplicado. Os soldados *nizam* tinham de ser treinados secretamente. Selim sabia que os janízaros – e seus amigos – objetariam quando descobrissem. Ele estava certo. Os janízaros temiam que uma força de combate efetiva, treinada por instrutores europeus e usando armas modernas, desmascarasse-os como parasitas do Estado. Eles se recusaram a abandonar seus privilégios pela reforma militar, embora necessária. Eles se revoltaram, assassinaram os novos soldados, aprisionaram Selim, e iniciaram uma sangrenta guerra civil. Selim poderia ter formado seu exército e detido os russos, caso tivesse implementado o esquema abrangente de reforma que havia originalmente proposto. Mas seu plano era mais ousado que ele. Selim permaneceu entre a fase de reforma seletiva e o esforço do século XIX de europeizar todo Império Otomano.

Mahmud II

Uma tentativa malfadada do sucessor de Selim de reviver o *nizam* enfureceu tanto os janízaros que assassinaram todos os membros homens da família otomana, com exceção de um, o primo de Selim, Mahmud II (r. 1808-1839). Compreensivelmente, Mahmud subiu ao seu trono temerosamente. Não apenas os janízaros podiam incitar as multidões da cidade, as guildas de ofício e os alunos da *madrasa* para defender seus privilégios como todo império estava em perigo. Algumas das províncias do norte da África e dos Bálcãs haviam se tornado praticamente independentes sob o comando dos chefes militares. Uma revolta nacionalista sérvia ameaçou influenciar outros povos súditos. Proprietários de terras locais na Anatólia estavam assumindo o controle do governo. Guarnições em cidades árabes como Alepo e Mosul eram controladas por facções mamelucas ou janízaras dissidentes. Pior ainda, A Rússia havia declarado guerra contra o império e invadido seus principados danubianos (agora chamados Romênia), enquanto as forças de Napoleão estavam combatendo a armada britânica pelo controle do leste do Mediterrâneo. A perspectiva otomana era sombria, mas Mahmud surpreendeu todos. Como Selim, ele desejava reformar e fortalecer o Estado otomano. Mas Mahmud também viu que (1) as reformas ocidentalizadoras deveriam incluir cada aspecto do governo e sociedade otomanos, não apenas o exército; (2) instituições reformadas funcionariam somente se aquelas que ele substituísse fossem destruídas; e (3) qualquer programa de reforma deve ser planejado com antecedência e aceito pelos líderes do país.

Por oito anos, Mahumud trabalhou secretamente, cultivou silenciosamente grupos que favoreciam a centralização do poder otomano, e construiu lentamente uma guarda palaciana leal e bem treinada, para ser usada (quando estivesse forte o bastante) contra os janízaros e seus aliados. Somente em 1826, Mahmud atacou. Em um movimento reminiscente de Mehmet Ali, cinco anos antes, ele ordenou um ataque geral aos janízaros. Nessa época, o sultão tinha um exército, os *ulama*, os estudantes, e a maior parte do povo ao seu lado. Os janízaros foram massacrados, seus grupos apoiadores (incluindo a ordem sufista bektashi) abolidos, e suas propriedades redistribuídas entre os apoiadores de Mahmud. O povo estava tão feliz em se livrar dos janízaros que seu massacre é chamado na história turca "o Evento Auspicioso". Liberou o caminho para o programa de reforma em larga escala durante o resto do reinado de Mahmud.

A prioridade mais elevada era, como esperado, construir uma nova organização militar para substituir os janízaros e outras unidades obsoletas, pois os gregos, com o apoio europeu, estavam se rebelando contra o governo otomano. Mahmud reuniu em seu novo exército soldados de todas as unidades do sistema antigo. Eles recebiam uniformes e armas europeus e eram submetidos a instrutores de práticas militares ocidentais. Jovens otomanos também eram treinados em campos técnicos que servissem ao exército. Escolas de engenharia militar e naval existentes foram expandidas, uma faculdade de medicina foi fundada, e outra escolas foram estabelecidas para ensinar música marcial e ciências militares europeias. Um sistema de escolas secundárias foi formado para ajudar a transição de meninos das mesquitas que lhes forneciam grande parte da formação primária para as novas escolas técnicas e academias militares.

Foi difícil criar escolas em Istambul baseadas nos modelos francês, alemão ou italiano. Os primeiros professores eram europeus. Assim como os livros que prescreviam. Como resultado, os meninos tinham de dominar o francês ou o alemão antes que pudessem estudar medicina, engenharia ou ciências. Mesmo agora essa situação persiste no Oriente Médio, devido ao rápido crescimento do conhecimento humano. Alunos de universidades do Oriente Médio agora ainda usam manuais europeus ou americanos para cursos especializados em engenharia, medicina, negócios e mesmo as humanidades. O problema era mais agudo 175 anos atrás no Império Otomano. Livros impressos em qualquer idioma eram raros, e livros turcos sobre as ciências europeias ainda não haviam sido escritos. Alguns manuais franceses e alemães eram traduzidos, mas nunca o bastante deles. Cursos especiais foram criados para treinar muçulmanos turcos para se tornarem intérpretes do governo, substituindo gregos que não eram mais confiáveis, agora que havia uma Grécia independente. Como Mehmet Ali, Mahmud fundou um jornal para imprimir anúncios do governo. Ele também enviou alguns de seus súditos para estudar em universidades, academias militares e institutos técnicos europeus.

O principal objetivo das reformas otomanas era transferir poder da classe governante tradicional para o sultão e seu gabinete. Ministros de governo foram reorganizados para encerrar jurisdições sobrepostas e postos supérfluos. Mahmud aboliu o sistema de concessões de terras militares (*timars*) que haviam sustentado os *sipahis* ao longo da história otomana. Ele não poderia imitar Mehmet Ali colocando toda terra agrícola sob o controle estatal – o Império Otomano era maior e mais diverso que o Egito –, mas poderia ao menos tributar os proprietários de terras rurais. A construção de estradas melhores ajudou a centralizar o poder. Mahmud encontrou resistência de funcionários locais e provinciais, *sipahis* feudais, funcionários do governo conservadores e *ulama*. Muito poucos otomanos partilhavam o sonho de Mahmud de um império reformado e revigorado. Não os beneficiaria o bastante.

A derrota militar e a proteção europeia

A reforma ocidentalizadora no Império Otomano teve outra falta grave: não impediu seu exército de perder guerras. Em 1829, os gregos conquistaram sua independência, embora seu reinado em Morea controlasse menos da metade de todo povo falante de grego. Seu sucesso se deveu principalmente à intervenção da Rússia, que combateu novamente os otomanos entre 1827 e 1829, e também tomou terras ao leste do Mar Negro. Os avanços de Ibrahim em direção à Síria foram outro golpe contra o Império Otomano, especialmente quando o novo exército de Mahmud fracassou em expulsá-los. Seria necessária ajuda externa para que o império sobrevivesse. A primeira escolha poderia ter sido a França, mas ela estava apoiando Mehmet Ali e Ibrahim, de modo que Mahmud se voltou, em troca, para seu poderoso vizinho ao norte. No tratado de Hunkar-Iskelesi, a Rússia concordou, em 1833, em defender a integridade territorial do Império Otomano. Assim, a raposa guardaria o galinheiro!

Esse pacto entre dois estados que haviam se enfrentado em quatro guerras em sessenta anos chocou o Ocidente. A Grã-Bretanha acreditava que o Tratado Hunkar-Iskelesi permitia que os navios de guerra russos atravessassem o Estreito, proibido às embarcações navais ocidentais, e temia o controle russo de Istambul. Como a Grã-Bretanha poderia cobrir a oferta dos russos? Felizmente, os otomanos queriam mais comércio com os britânicos. Em um tratado comercial assinado em 1838, o governo otomano ampliou os privilégios de Capitulação da Grã-Bretanha e limitou em 9% suas tarifas de importação sobre produtos manufaturados britânicos. Essa baixa taxa estimulou as exportações britânicas para o império, enfraquecendo, com isso, muitos comerciantes e artesãos otomanos que não podiam competir com as fábricas mais mecanizadas do Ocidente. Um resultado inesperado do tratado de 1838 foi aumentar o interesse comercial da Grã-Bretanha no Império Otomano e, consequentemente, seu desejo em mantê-lo vivo. Esse resultado, em breve, beneficiaria os turcos otomanos.

A Era Tanzimat

Mahmud II morreu enquanto o exército de Ibrahim invadia a Anatólia, logo após sua armada, laboriosamente reconstruída com ajuda britânica e americana depois da guerra grega por sua independência, desertou para a Alexandria. Mahmud foi sucedido por seu jovem filho, Abdulmejid (r. 1839-1861). Embora parecesse malpreparado para governar, reinou durante o grande período de reforma otomana, a era da Tanzimat (reorganização). O gênio norteador da Tanzimat foi o ministro do exterior de Mahmud, Mustafa Reshid, que calhou estar em Londres buscando ajuda britânica contra Mehmet Ali, quando Abdulmejid assumiu (cf. Caixa 11.1). Pressionado pelos britânicos e por Reshid, o novo sultão publicou um decreto chamado o Rescrito Nobre da Câmara Rosa (ou *Hatt-i-Sherif* de Gulhane), autorizando a criação de novas instituições para salvaguardar os direitos básicos de seus súditos, avaliar e cobrar impostos justamente, e recrutar e treinar soldados. Coleta de impostos, suborno e favoritismo terminariam.

Mas como essas promessas, revolucionárias para o Império Otomano, seriam cumpridas? Reshid liderou alguns funcionários competentes que acreditavam que reformas liberais salvariam o Império Otomano. Muitos aspectos da vida pública otomana foram reestruturados: um sistema de escolas estatais foi criado para treinar funcionários do governo; as províncias foram reorganizadas, dando a cada governador deveres específicos e um conselho consultivo; a rede de estradas, canais e, agora, linhas ferroviárias foram estendidas; e um moderno sistema financeiro foi criado, apresentando um banco central, títulos do tesouro e uma moeda decimal.

Caixa 11.1 Mustafa Reshid Pasha (1800-1858)

No século XIX, o Império Otomano estava obviamente declinando em relação ao Ocidente cada vez mais moderno e poderoso. Essa situação havia, por muito tempo, dividido os povos do império em dois grupos. Um grupo, por razões de costume ou religião, resistia a reformas e acreditava que o império poderia prosperar apenas mantendo as formas tradicionais. O outro grupo consistia de reformadores que estavam convencidos de que o império não poderia sobreviver a menos que adotasse as formas ocidentais, ou ao menos suas práticas administrativas e militares. Na primeira metade do século XIX, o mais competente desses reformadores foi um estadista e diplomata chamado Mustafa Reshid Pasha.

Nascido em Constantinopla, Reshid acompanhou seu tio em uma viagem às províncias, observando o estado do exército otomano. Ele, então, galgou rapidamente os postos da administração pública. De 1824 a 1836, foi embaixador otomano em Paris e depois em Londres. Nessa função, observou aquelas práticas que acreditava empoderar o Ocidente. Em 1837, foi nomeado ministro para assuntos exteriores. Completamente familiar com os métodos europeus de governar, argumentava que o império tinha de se ocidentalizar para sobreviver: "somente por meio de reformas, que aproximarão mais a Turquia das normas de vida europeias, podemos superar a duradoura crise política e econômica".

Em 1839, Reshid obteve sua oportunidade para transformar teoria em prática. Naquele ano, o Sultão Abdulmejid, que havia chegado ao trono aos dezesseis anos, chamou-o para ajudar a implementar a *Tanzimat* (reorganização) do governo otomano. Essas reformas eram destinadas a fortalecer o Estado por meio de reformas administrativas, mas muitas encontraram resistência ativa de funcionários que tinham um interesse pessoal em manter a tradição. Isso terminou frustrando o esforço de reforma e levou à deposição de Reshid para seu antigo posto de embaixador na França. Ele servira três mandatos como ministro de relações exteriores e seis como grande vizir. Contudo, diante da insistência dos britânicos, o movimento de reforma seria renovado em 1856, após a Guerra da Crimeia.

Após a derrota do Império Otomano na Primeira Guerra Mundial, a Turquia, independente e privada de seu império, ocidentalizou completamente sua sociedade. O homem que realizaria essa tarefa, Mustafa Kemal Ataturk, surgiu no final de uma longa linha de ocidentalizadores, dentre os quais estava Mustafa Reshid Pasha.

A Tanzimat não foi um sucesso total. Alguns aristocratas otomanos se ressentiram em perder seu poder e prestígio costumeiros. As nações súditas esperavam mais do Rescrito de 1839 do que as reformas de fato puderam realizar. Os cristãos balcânicos não queriam a centralização do poder; exigiam autonomia. Alguns, agora, buscavam independência. Os romenos estavam entre os muitos povos europeus que se rebelaram em 1848; foi necessária uma invasão russa para reprimir sua revolta. Sem o firme apoio britânico, o movimento de reforma otomano teria sido obstruído. Infelizmente, o apoio britânico à integridade territorial otomana estava em um curso de colisão com a crescente influência russa nos Bálcãs. O choque se deu com a Guerra da Crimeia de 1853-1856. Os otomanos, apoiados por tropas britânicas e francesas, derrotaram a Rússia e reconquistaram algumas terras nos Bálcãs e no Cáucaso.

Contudo, o preço para o apoio ocidental foi uma segunda proclamação oficial, o Rescrito Imperial (*Hatt-i-Humayun*) de Abdulmejid, de 1856. Seu ponto essencial era que todos os súditos otomanos, fossem muçulmanos ou não, agora, gozariam de direitos iguais sob a lei. Essa foi uma declaração revolucionária. Os muçulmanos otomanos se opuseram à concessão dos mesmos direitos e *status* que eles detinham a cristãos e judeus, desafiando os princípios básicos da xaria. Alguns líderes *millet* temiam perder sua autonomia religiosa. Súditos cristãos descontentes ainda se rebelaram, mas agora havia também revoltas de muçulmanos que se opunham à nova política otomana.

As reformas Tanzimat continuaram, porém, em áreas como posse de terras, codificação das leis, e reorganização dos *millets* (aqueles dos armênios e dos judeus, que ainda não buscavam estados separados). A Reforma Agrária de 1858 tentou regular a posse de terras ao longo do império. Seu efeito de longo prazo seria criar uma nova aristocracia proprietária de terras, especialmente nas terras árabes. O Império Otomano foi admitido como membro pleno do Concerto Europeu de Poderes, e ninguém ousou falar de seu iminente colapso ou partição.

A Pérsia durante o período dos qajars

A Pérsia era o único país do Oriente Médio fora da Península Árabe que nunca foi completamente absorvida pelo Império Otomano. Mesmo que os xás safávidas tivessem muitas vezes se retirado diante do poder dos otomanos nos séculos XVI e XVII, em seu país sempre mantiveram o controle. Após a queda dos safávidas no começo do século XVIII, uma sucessão de dinastias (muitas delas de origem turca, mas de cultura persa) governou aquele Estado extenso e heterogêneo, fosse em aliança difícil ou disputa aberta com as tribos nômades, senhores de terra rurais, comerciantes urbanos e *ulama* xiitas. A dinastia qajar (1794-1925), ineficazmente, resistiu à dissolução interna e invasões externas. A Rússia estava penetrando na região do Cáucaso e em terras da Ásia Central como Transoxiana, Khwarizm e Khurasan. O objetivo último dos czares era conquistar a região do Golfo. A Grã-Bretanha, preocupada com defender a Índia, vacilou entre uma política de apoio ao governo da Pérsia e uma política de tomar partes de seu território ao sul. Os Qajars designaram Teerã, uma cidade de montanha, sua capital. Seu governo raramente chegava ao interior do país, que era controlado por senhores de terra absenteístas e tribos nômades. Em sua maior parte, os xás se concentravam em se enriquecer e aumentar suas famílias. O Xá Fath Ali (r. 1797-1834) deixou para trás 158 esposas, 57 filhos, 46 filhas e quase 600 netos. Entre os persas a piada era que "camelos, piolhos e príncipes estão em toda parte".

A Pérsia não teve um Mehmet Ali, nem um Mahmud II, e a preciosa pequena Tanzimat. Vamos fazer uma exceção relutante pelo Xá Nasiruddin (r. 1848-1896). Ele ganhara alguma experiência em ação como príncipe coroado governando Tabriz. Como seu pai, o xá governante, não gostava dele, o jovem Nasiruddin não recebia dinheiro para alimentar e vestir seus soldados e oficiais ou mesmo para aquecer seu palácio. Quando sucedeu seu pai aos dezoito anos, seu progresso de Tabriz para Teerã foi impedido por líderes tribais e de aldeia que lhe imploravam por presentes de ascensão ao trono que ele não podia conceder. Nasiruddin nunca esqueceu essa humilhação. Ele começou seu reinado com um programa de reformas militares, econômicas e educacionais. Algumas fábricas foram abertas, e Teerã ganhou seu primeiro banco e sua primeira escola técnica. Mas o crédito por essas reformas vai para seu vigoroso primeiro-ministro, que antagonizava a mãe de Nasiruddin, uma poderosa figura na corte qajar. Ela fez com que o executassem, repentinamente, em 1851. Após isso, a Pérsia se envolveu em uma guerra com a Grã-Bretanha pelo controle de cidades portuárias no Golfo Pérsico e em revoltas tribais e religiosas, muitas das quais insufladas por descontentamento social e econômico contra o governo. Inclusive as mulheres se juntaram a revoltas urbanas quando o pão e outros gêneros alimentícios se tornaram escassos e caros.

Um movimento religioso, que teria consequências fatais, foi a revolta de um muçulmano xiita que se proclamou Bab, ou precursor do oculto décimo-segundo imame. Embora Bab tenha sido morto em 1859, foi sucedido por Gaha'ullah, que estava exilado em Bagdá, na época uma parte do Império Otomano. Mais tarde se proclamou profeta e fundou a religião Baha'i, uma religião universal de paz e unidade que conquistou apoio no Ocidente, mas agora é vista como uma heresia no Irã, onde, desde 1979, seus adeptos são perseguidos pela República Islâmica.

O Tesouro do Estado nunca tinha dinheiro o bastante para pagar pelo que Nasiruddin desejava fazer, como construir palácios e viajar pela Europa.

Para suplementar sua arrecadação de impostos, o governo criou monopólios sobre atividades econômicas como mineração e manufatura. O xá começou a vender esses monopólios como concessões para britânicos e outros investidores europeus. Ele também contratou oficiais cossacos russos para treinar seu exército. Em vez de usar a reforma para proteger a Pérsia de estrangeiros, o xá os encorajou a assumir o controle de seu país.

Conclusão

As reformas ocidentalizadoras pareciam uma panaceia para os males do Oriente Médio do século XIX, mas raramente funcionou tão bem na prática quanto parecia no papel. O que deu errado? Primeiro, as reformas ameaçavam a cultura e valores muçulmanos. Segundo, eram muito custosas. Exércitos modernos e burocracias ocidentalizadas não podiam subsistir com os impostos islâmicos tradicionais: o *kharaj* pago sobre a terra e outros bens imóveis, o *jizya* pago pelos súditos judeus e cristãos, e o canônico *zakat*. Cada um dos países que estudamos, mais tarde, fracassaria financeiramente, tendo acumulado uma dívida externa tão elevada (pelos padrões do século XIX) que tiveram que aceitar o controle europeu sobre suas receitas e despesas governamentais.

Um problema associado a todos os reformadores era uma falta de pessoal treinado para administrar as instituições ocidentalizadas que haviam criado. Eles podiam contratar europeus. Alguns talentosos, dedicados aos seus trabalhos, e cooperativos com os funcionários locais. Outros eram incompetentes que não encontravam um trabalho em seu país, fugitivos de um passado infeliz, alcoólatras ou esnobes que odiavam os líderes locais. Turcos, árabes e persas podiam também ser treinados para administrar as reformas. Se fossem enviados ao exterior para seu treinamento, porém, muitas vezes escolhiam um dos aspectos menos admiráveis da civilização ocidental: beber, jogar, duelar e hábitos inclusive piores. Alguns resistiam a essas tentações e voltavam bem treinados, somente para serem frustrados por burocratas conservadores. Se os reformadores nativos frequentassem as escolas locais recém formadas, sujeitas a influências constantes do lar e das mesquitas, poderiam se transformar em europeus malpreparados, incapazes de compreender, quer os valores do Ocidente, quer as necessidades reais de suas próprias sociedades. Esses "levantinos" deveriam ter sido uma ponte entre a Europa e o Oriente Médio. Muitos não foram.

Os melhores membros da geração que obtive sua formação das reformas de Mehmet Ali, a Tanzimat, ou o vizir de Nasiruddin adotaram ideias que eram, em um sentido, opostas àquelas dos primeiros reformadores. Em vez de esperar centralizar o poder nas mãos do governante, eles exigiam constituições que protegessem os direitos individuais contra um governo poderoso. Alguns governantes inclusive encorajavam essa ideia. O neto de Mehmet Ali, Isma'il, o *khedive* (quediva: vice-rei) do Egito de 1863 a 1879, foi um reformador tão ambicioso quanto seu ilustre ancestral. Durante seu reinado, partes da Alexandria e do Cairo foram modeladas conforme Paris; estradas de ferro intersectavam o Vale e o Delta do Nilo. O Egito adotou atributos modernos como códigos de lei, escolas, fábricas e mesmo um Império Africano. Isma'il também criou uma assembleia representativa e uma impressora de jornais, ambas tendo começado adestradas, todavia, terminaram se transformando em críticos barulhentos de seu regime. Ele pode ter politizado seu exército, mas vamos reservar essa história para o capítulo 12.

A reação otomana às reformas foi mais complexa. Alguns funcionários e *ulama* resistiram a elas. Foram encorajados a resistir pelo Sultão Abdulaziz (r. 1861-1876), que patrocinou o pan-islamismo – uma ideologia que convocava todos os muçulmanos, independentemente de onde vivessem, a se unirem sob a liderança otomana e defenderem suas instituições tradicionais e cultura contra influências ocidentais. Alguns burocratas, oficiais militares e intelectuais reagiram contra a Tanzimat na direção oposta, exigindo liberdade individual, autonomia local e descentralização do poder. Eles foram chamados Novos Otomanos, que não devem ser confundidos com os Jovens Turcos, da geração seguinte.

As políticas das grandes potências, discutidas no capítulo 10, muitas vezes impediram reformas mais do que ajudaram. Grã-Bretanha e França acirraram sua competição pelo controle do Egito após o Canal de Suez ter se tornado importante. Quando o quediva Isma'il acumulou uma dívida de aproximadamente 100 milhões de libras (1,5 bilhões de dólares), Grã-Bretanha e França primeiro criaram uma comissão financeira em 1876, depois o fizeram nomear estrangeiros para postos de gabinetes-chave, depois ordenaram ao sultão que o depusesse, e, finalmente, ameaçaram suprimir o movimento nacionalista egípcio, tudo para assegurar seus interesses financeiros e estratégicos. O zelo da Rússia por proteger os cristãos ortodoxos, obter o controle do Estreito e promover o pan-eslavismo levou, em 1875, a revoltas contra o governo otomano em várias partes dos Bálcãs. No mesmo ano, o governo otomano admitiu que não poderia mais restituir seus débitos, e os europeus criaram uma comissão financeira para assegurar que seus credores recebessem o que quer que Istambul lhes devesse. No ano seguinte, os Novos Otomanos assumiram o governo, redigiram uma constituição otomana liberal, e pediram às grandes potências para deixá-los resolver seus assuntos internos em paz. Alguns países concordaram, mas a Rússia suspeitou das promessas otomanas, invadiu os Bálcãs e iniciou a Guerra Russo-Turca. A derrota do império encerrou a Tanzimat, os Novos Otomanos, e sua constituição.

A Pérsia também sofreu com o imperialismo estrangeiro. Sua parte norte, especialmente o Azerbaijão, foi muitas vezes ocupada por tropas russas. Empresários europeus (usualmente apoiados por seus governos) se dedicavam a obter concessões – pelas quais pagaram generosamente o Xá Nasiruddin – para gerenciar minas, bancos, ferrovias e utilidades públicas da Pérsia. A venda de suas posses atingiu o ponto no qual uma concessão, para processar e comercializar todo o tabaco cultivado no país, foi vendida a uma firma britânica. Esse evento provocou um boicote nacional ao tabaco em 1892. Funcionou tão bem que o xá não podia fumar seu narguilé em seu palácio! O boicote foi liderado pelos *ulama* xiitas, que permaneceriam politicamente ativos dali em diante. Seu sucesso foi uma advertência ao Ocidente, pouco considerada na época, de que a paciência dos povos do Oriente Médio tinha limites e que um dia eles revidariam. Isso nos leva ao surgimento do nacionalismo, um tema que trataremos no próximo capítulo.

12 O surgimento do nacionalismo

Dentre as ideias que o Oriente Médio importou do Ocidente, nenhuma foi mais popular e durável do que a do nacionalismo. Muitas vezes chamada a religião do mundo moderno, esse sistema de crenças é difícil de descrever. Com base na experiência histórica ocidental, definimos nacionalismo como o desejo de um grande grupo de pessoas de criar ou manter uma estatidade (*statehood*), e ter seus próprios governantes, leis e outras instituições governamentais. Essa comunidade política, ou nação, desejada é objeto da lealdade suprema desse grupo. Características compartilhadas entre os povos do Egito e os da Pérsia estimularam o crescimento do nacionalismo naqueles dois países no final do século XIX. Outros movimentos nacionalistas surgiram no Oriente Médio em torno da resistência partilhada aos governos, instituições e mesmo indivíduos considerados estrangeiros.

O nacionalismo era estranho ao mundo do islã. No pensamento islâmico tradicional, a *umma*, ou comunidade de fiéis, era para os muçulmanos o único objeto de lealdade política. Lealdade significava defender a terra do islã contra governantes ou povos de outras religiões. Todos os verdadeiros muçulmanos deveriam ser irmãos e irmãs, independentemente de raça, língua e cultura. Embora existissem distinções entre árabes e persas, ou entre eles e os turcos, a adesão comum ao islã deveria transcender todas as diferenças. O nacionalismo não deveria existir no islã.

Todavia, existe, embora a religião tenha influenciado profundamente o nacionalismo no Oriente Médio. O nacionalismo árabe, em seu começo, incluía cristãos e mesmo judeus, mas suas expressões mais claras, desde a Segunda Guerra Mundial, têm sido oposição ao controle cristão no Líbano e à colonização judaica na Palestina (Israel desde 1948). A retórica do nacionalismo muitas vezes confunde a nação árabe com a *umma* islâmica, como quando uma campanha nacionalista árabe é denominada um jihad. Outros movimentos nacionalistas do Oriente Médio eram baseados ainda mais firmemente na religião e convocavam seu povo para resistir à opressão de outros que tivessem uma religião diferente. Esses incluíam gregos e armênios entre os cristãos do Oriente Médio, assim como turcos e persas entre seus muçulmanos. O sionismo político, que exigia a criação de Israel como um Estado judeu, tirou sua inspiração do judaísmo, mesmo que muitos de seus defensores não fossem praticantes. Em todas as três religiões, o surgimento do nacionalismo significava substituir o amor-próprio coletivo pelo amor a Deus, melhorando a vida nesta Terra em vez de preparar para o que virá após a morte, e promovendo o bem-estar da comunidade em vez de obedecer às leis reveladas de Deus.

Durante os quarenta anos antes da Primeira Guerra Mundial, os povos do mundo árabe, Turquia e Pérsia começaram a desenvolver sentimentos nacionalistas. Como esse era o apogeu do imperialismo europeu, o surgimento do nacionalismo era uma reação natural ao poder ocidental. Mas era também o resultado final de um século de reformas ocidentalizadoras, com seus exércitos e burocracias ampliados, escolas modernas, gráficas, estradas e linhas ferroviárias, e poder estatal centralizado. Ninguém poderia aprender as técnicas da Europa sem absorver algumas de suas ideias. Os estudantes do Oriente Médio, nas universidades francesas ou alemãs, foram expostos às ideias ocidentais, mesmo que jamais tivessem aulas sobre teoria política. Jornais e revistas eram apregoados nas ruas, discussões vívidas ocorriam nos cafés, demonstrações aconteciam, e alguns encontravam orientalistas ocidentais que lhes podiam explicar o que estava ocorrendo na Europa. Mesmo os estudantes que aprendiam suas habilidades técnicas em Istambul, Cairo ou Teerã, eram expostos às ideias ocidentais por seus instrutores europeus. Suas escolas usualmente tinham bibliotecas. Uma pessoa do Oriente Médio estudando engenharia podia ler livros de Rousseau ou de outros escritores ocidentais.

Em suma, à medida que os estudantes do Oriente Médio aprendiam a trabalhar como europeus, alguns começaram a pensar como eles. Eles aprendiam que governos ruins não tinham de ser tolerados (na verdade, os primeiros muçulmanos haviam enfrentado governantes tirânicos), que os indivíduos tinham direitos e liberdades que deveriam ser protegidos contra coerção oficial, e que as pessoas poderiam pertencer a comunidades políticas baseadas em raça, idioma, cultura e experiência histórica compartilhada – em suma, eles formavam nações. Na década de 1870, essas ideias liberais e nacionalistas se tornaram atuais entre muitos jovens muçulmanos cultos, especialmente nas capitais. Embora enfrentassem as frustrações dessa década e as das seguintes, suas ideias se cristalizaram em movimentos nacionalistas.

Muitos grupos religiosos e étnicos formaram movimentos nacionalistas no Oriente Médio antes da Primeira Guerra Mundial. Cobriremos três que surgiram em estados que tinham governos e alguma experiência com reformas ocidentalizadoras: o dos egípcios, o dos turcos no Império Otomano, e o dos persas durante a dinastia dos xás qajars. O nacionalismo árabe e o sionismo serão discutidos mais adiante. O nacionalismo entre esses povos cristãos do Império Otomano, como os gregos e armênios, era importante, mas será tratado basicamente à medida que estimulou o surgimento do nacionalismo turco.

O nacionalismo egípcio

O Egito é "a terra do paradoxo". Quase todos os seus habitantes estavam concentrados no vale e no delta do Rio Nilo, sem o qual o Egito teria sido apenas um deserto sustentando alguns nômades beduínos. Para os turistas e escritores europeus, o Egito era repleto de antigas relíquias – templos, obeliscos, pirâmides, esfinges e tesouros enterrados – e assombrado por faraós cujas tumbas haviam sido violadas por ladrões beduínos ou arqueólogos ocidentais. Para muitos muçulmanos, contudo, o Egito era o coração e a alma do islã, com sua Universidade-mesquita de al-Azhar, sua observância festiva dos dias sagrados e aniversários dos santos muçulmanos, e sua procissão anual usando um novo tecido que seria enviado para cobrir a Caaba em Meca. Egito significava Cairo, com suas centenas de mesquitas e *madrasas*, casas e bazares ornados – sobreviventes de uma época em que os mamelucos realmente governavam e a cidade era um centro econômico e intelectual. Para um estudante que havia recém-aprendido sobre as reformas de Mehmet Ali e a construção do Canal de Suez, o Egito era o país mais ocidentalizado do Oriente Médio no século XIX.

Imagine um dos bairros mais novos do Cairo ou de Alexandria em 1875, ou as novas cidades de Port Said e Ismailia, suas avenidas amplas e retas cobertas de vilas, hotéis, bancos, lojas, escolas e igrejas de estilo europeu. Carruagens puxadas por cavalos passam zunindo por jumentos e camelos de uma época mais vagarosa. Restaurantes servem *coq au vin* ou vitela *scallopini* em vez de *kufta* (carne moída) ou *kebab*; seus clientes fumam charutos em vez de narguilés. Sinais são em francês, não em árabe. Os transeuntes conversam em italiano, grego, armênio, turco, ídiche, ladino (um dialeto espanhol falado por judeus mizrachi), ou vários dialetos árabes. Chapéus substituíram turbantes. Levitas substituíram as túnicas de antanho. Essas imagens se aplicam a uma parte do Egito 150 anos atrás – mas não a todo.

Quediva Isma'il

O governante dessa terra de paradoxo foi o filho de Mehmet Ali, Isma'il (r. 1863-1879), uma figura complexa e controversa. Foi um homem de visão, como seus admiradores afirmavam, ou um perdulário que terminaria colocando o Egito sob o jugo britânico? Seus admiradores citavam as ferrovias, pontes, docas, canais, fábricas e refinarias de açúcar construídos durante seu reinado. As Cortes Mistas egípcias eram formadas para ouvir casos civis envolvendo europeus protegidos pelas Capitulações. Escolas públicas e missionárias – para meninas e também para meninos – proliferaram nas cidades. O Museu Egípcio, a Biblioteca Nacional, a Sociedade Geográfica e muitas escolas profissionais começaram durante o governo de Isma'il.

Os detratores de Isma'il aludiam ao fato de que ele desperdiçava dinheiro para impressionar a Europa com sua munificência e poder. A construção do Canal de Suez custou muito ao governo egípcio. O Tesouro Nacional teve de reembolsar a Companhia do Canal de Suez quando foi forçada a pagar salários aos trabalhadores da construção. Seu predecessor, Sa'id, havia deixado a Companhia pensar que não teria de pagar pelo trabalho dos camponeses recrutados. Isma'il transformou a inauguração do canal em um grande espetáculo, convidando reis e rainhas e líderes da Europa para o evento – às custas do Egito. Ao custo de 2 milhões de libras (300 milhões de dólares, em valores atuais), exibiu enormes recepções, festas noite adentro, bailes, paradas, *shows* de fogos de artifício, cavalos de corrida, excursões para monumentos antigos e cidades enfeitadas com bandeiras e iluminadas por lanternas. Novas vilas e palácios surgiram, ruas foram alargadas e endireitadas, antigos bairros foram demolidos, e mesmo uma casa de ópera foi erigida no Cairo. Giuseppe Verdi, o compositor italiano, foi pago para escrever *Aida* para a inauguração da casa de ópera. Isma'il também pagou enormes subornos em Istambul para afrouxar seus vínculos com o governo otomano, mudando seu título de *pasha* (governador) para *khedive* (vice-rei) do Egito e obter direito de transmitir sua posição ao seu filho no Cairo em vez de a um irmão que vivia em Istambul. Ele também conquistou um privilégio fatal: contrair empréstimos externos sem permissão otomana.

Problemas financeiros

Mas de onde poderia ter vindo o dinheiro? Os contribuintes egípcios não poderiam cobrir a extravagância de Isma'il. Seu reinado havia começado durante a Guerra Civil Americana, que provocou um *boom* do algodão no Egito. Os britânicos, isolados pelo bloqueio do norte de seus fornecedores de algodão, pagariam qualquer preço pela produção de outros países para abastecer os fábricas têxteis de Lancashire. A alta demanda pelo algodão do Egito estimulou a produção e enriqueceu tanto seus produtores quanto o governo. Durante esse *boom* do algodão, os banqueiros de investimento europeus ofereceram a Isma'il empréstimos em termos atrativos. Durante a Guerra Civil, a necessidade de dinheiro do Egito foi maior do que nunca, mas agora o crédito veio com taxas elevadas de juros. Em 1866, Isma'il convocou uma assembleia representando os proprietários de terras para buscar seu consentimento para aumentar impostos. Em pouco tempo eles tributaram tamareiras, moinhos de farinha, fábricas de azeite, barcos, lojas, casas e mesmo funerais.

Isma'il adotou ainda outros estratagemas para pospor o dia do reconhecimento. Ele ofereceu abatimentos de impostos aos proprietários de terras que pudessem adiantar três anos de impostos. Ele vendeu ações do Egito na Companhia do Canal de Suez – 44% de seu estoque – para o governo britânico em 1875. Quando uma delegação britânica começou a investigar rumores de iminente falência do Egito, Isma'il concordou em criar um Controle Financeiro Dual para gerenciar sua dívida. Mas um Nilo baixo em 1877, despesas militares contraídas na Guerra Russo-Turca, e uma invasão da Etiópia levaram o governo do Egito a uma dívida mais profunda. Em agosto de 1878, Isma'il, pressionado por seus credores, concordou em admitir um ministro inglês e um francês em seu gabinete; ele também prometeu entregar seu poder aos seus ministros. Enquanto isso, ele secretamente incitou elementos antiestrangeiros em seu exército. Isso era fácil, pois o Controle Dual cortou o pagamento dos oficiais militares pela metade. Uma revolta militar em fevereiro de 1879 permitiu Isma'il dispensar os ministros estrangeiros. Ele então formou um gabinete de liberais, que começou a redigir uma constituição, assim como o Império Otomano fizera em 1876. Grã-Bretanha e França, protegendo os interesses de seus investidores, pediram ao sultão otomano que dispensasse Isma'il. Ele o fez. Quando Isma'il entregou o quedivato ao seu filho, Tawfiq, e deixou o Egito em julho de 1879, a dívida do Estado era de 93 milhões de libras egípcias (cerca de 1,4 bilhão de dólares). Era de 3 milhões quando chegou ao poder em 1863.

O começo do nacionalismo

Isma'il se tornou o pai acidental do primeiro movimento nacionalista do Egito. Suas novas escolas, cortes de justiça, ferrovias e linhas telegráficas aproximaram mais os egípcios e ajudaram a fomentar o sentimento nacionalista. O mesmo se deu com os jornais que ele havia patrocinado na esperança de melhorar sua imagem. O Canal de Suez e projetos relacionados levaram milhares de europeus ao Egito; eles se tornaram modelos para modernização ao mesmo tempo em que alvos de ressentimento nacional.

O sentimento muçulmano, sempre forte, mas usualmente quiescente, foi instigado pela influência de um exaltado agitador pan-islâmico, Jamal Al-Din al-Afghani (ele alegava ser um afegão, mas era na verdade persa), que passou a lecionar em al-Azhar. Afghani apareceria em quase todo movimento político que surgiu no final do século XIX no Oriente Médio. Em pouco tempo entrou em conflito com os *ulama* e se demitiu de al-Azhar para formar uma academia independente que atraiu muitos jovens egípcios que, mais tarde, se tornariam líderes políticos ou reformadores islâmicos. Dois deles eram Muhamad Abduh, o maior pensador muçulmano do final do século XIX, e Sa'd Zaghlul, líder do conflito pela independência do Egito após a Primeira Guerra Mundial. Afghani, como Isma'il, encorajava jornalistas; mas seus protegidos eram mais ousados, muitas vezes judeus ou cristãos que aceitavam mais prontamente o nacionalismo secular do que muçulmanos a quem Afghani buscava inspirar.

A crise financeira de Isma'il, que vinculou o Egito aos credores ocidentais e aos seus governos, envergonhava os egípcios, especialmente membros de sua assembleia representativa. Outrora um grupo subserviente de proprietários de terras rurais, transformou-se em um estrondoso corpo de críticos antigoverno. Mas o canteiro do nacionalismo era o exército. Sa'id havia começado a admitir filhos de agricultores egípcios no oficialato e havia promovido alguns deles rapidamente, embora Isma'il negasse suas promoções e pagasse aumentos em favor da elite tradicional, os turcos e os circassianos. Frustrados, os oficiais egípcios formaram uma sociedade secreta que, mais tarde, se tornaria o núcleo do primeiro Partido Nacional.

A deposição de Isma'il retardou os nascentes nacionalistas. Durante seus últimos meses no poder, os oficiais egípcios haviam se juntado aos funcionários do governo, representantes da assembleia, jornalistas e os *ulama* para apoiar uma constituição que desse aos egípcios alguns dos direitos e liberdades que os europeus gozavam em seus países. Mas Tawfiq, o novo quediva, pensou ser mais seguro apoiar os credores europeus do que os nacionalistas egípcios. Ele dispensou o gabinete liberal, restaurou o Controle Dual, baniu os jornais, e exilou Afghani e outros agitadores.

Ahmad Urabi

Os nacionalistas pareciam ocultos, mas muitos suspeitavam que quediva Tawfiq secretamente os encorajasse. Sa'd Zaghlul e Muhammad Abduh podiam ainda exigir o governo constitucional no jornal oficial que editavam. Os oficiais egípcios descontentes continuaram a se encontrar. Em fevereiro de 1881, esses homens, liderados pelo Coronel Ahmad Urabi, amotinaram-se e "forçaram" Tawfiq a substituir seu ministro de guerra circassiano por um nacionalista, Mahmud Sami al-Barudi. Sete meses depois, 2.500 oficiais e soldados egípcios cercaram o palácio do quediva e o "fizeram" formar um gabinete liberal. Eles exigiram uma constituição, um governo parlamentar e um exército ampliado. As mesmas exigências eram buscadas pelos nacionalistas civis. Eles também alarmaram os credores europeus, que se perguntavam como Tawfiq ou Urabi encontrariam dinheiro para pagar por essas reformas.

Durante o próximo ano, o Egito chegou tão perto quanto jamais de um governo democrático (se você assumir o ponto de vista nacionalista egípcio da história) ou da anarquia (se você comprar a interpretação britânica do que ocorreu). Um gabinete liberal adotou uma constituição e organizou eleições enquanto a dívida do Egito subia. Em janeiro de 1882, Grã-Bretanha e França ameaçaram intervir para apoiar Tawfiq (eles pretendiam, na verdade, restaurar o Controle Dual). Os nacionalistas revelaram suas verdadeiras intenções, declarando que o novo parlamento do Egito, não os responsáveis britânicos e franceses da dívida, controlaria o orçamento do Estado. Barudi assumiu como primeiro-ministro e Urabi se tornou ministro de guerra, ameaçando oficiais turcos e circassianos no exército do Egito. Os nacionalistas consideraram depor Tawfiq e declarar o Egito uma república. Muito provavelmente, eles o teriam substituído por um de seus parentes exilados, uma estranha recompensa por seu patrono secreto.

Como o nacionalismo era novo no Egito, estrangeiros podem ter inspirado esses movimentos. Liberais ingleses e o cônsul da França no Cairo podem ter encorajado Urabi; contudo, os prováveis apoiadores externos foram o sultão otomano e um tio desprovido de Tawfiq, que vivia em Istambul. O movimento parece menos do que completamente nacionalista. O Partido Nacional era uma constelação de vários grupos com vários interesses políticos, econômicos e religiosos. Ainda assim, o movimento se tornou popular no Egito. O que o destruiu foi a determinação da Grã-Bretanha de enviar tropas para proteger as vidas e investimentos europeus no Egito e para defender o Canal de Suez, que havia se tornado vital para a navegação britânica.

Revoltas na Alexandria obrigaram muitos europeus a fugirem. Canhoneiras ancoraram perto do porto. Então, os britânicos explodiram as fortificações de Alexandria, grande parte da cidade pegou fogo, e fuzileiros navais britânicos desembarcaram para restaurar a ordem (os navios franceses zarparam). Urabi declarou guerra à Grã-Bretanha, mas Tawfiq o qualificou de traidor e passou para o lado dos britânicos em Alexandria. Outras tropas imperiais britânicas entraram no canal e desembarcaram em Ismailia. Derrotar o exército de Urabi foi fácil, e os britânicos ocuparam o Cairo em setembro de 1882. O gabinete de Barudi foi dispensado, os nacionalistas foram processados por rebelião, Urabi foi exilado, a constituição foi suspensa, jornais nacionalistas foram banidos, e o exército foi desfeito por Tawfiq e por conselheiros britânicos. Os primeiros nacionalistas haviam se mostrado uma força débil. Seu partido havia sido dividido entre oficiais egípcios que se ressentiam de turcos e circassianos privilegiados no exército, civis buscando um governo parlamentar, e reformadores como Afghani e Abduh que desejavam uma revivificação islâmica (cf. Caixa 12.1).

Lord Cromer e a ocupação britânica

O governo britânico que invadiu o Egito em 1882 esperava uma breve ocupação militar. Tão logo a ordem fosse restaurada, as tropas britânicas deveriam partir, e o Egito deveria recomeçar a ser uma província otomana autônoma. Mas quanto mais os britânicos permaneciam, mais desordem encontravam para restaurar e menos desejavam evacuar. As finanças do Egito necessitavam de reformas especialmente drásticas. O agente e cônsul da Grã-Bretanha no Cairo, de 1883 a 1907, Lord Cromer, era um administrador financeiro talentoso. Com uma pequena (mas crescente) equipe de conselheiros britânicos para os vários ministros do Egito, Cromer conseguiu expandir o sistema de irrigação do Nilo para aumentar a produção agrícola, aumentar a receita do Estado, diminuir impostos, e reduzir a dívida pública. Seus funcionários eram competentes, dedicados ao bem-estar do Egito, e honestos. O epitáfio de Cromer na Abadia de Westminster o chamaria o "regenerador do Egito".

Caixa 12.1 Ahmad Urabi (1841-1911)

Oficial militar egípcio e herói nacional, Urabi nasceu em uma família de camponeses relativamente próspera na aldeia de Qaryat Rizqa, filho de um xeique de aldeia que garantiu que Ahmad recebesse uma forte educação islâmica tradicional. Ele ingressou adolescente no exército egípcio e galgou postos rapidamente, conquistando o posto de tenente-coronel aos vinte anos. Ele possuía uma personalidade carismática e era um excelente orador. Seus talentos seriam confirmados por suas subsequentes realizações.

Vários problemas afligiam o Egito durante a época de Urabi. O exército egípcio era mais uma burocracia de apoio do que uma verdadeira força de combate, e seu oficialato estava dividido em grupos étnicos concorrentes. Egípcios nativos eram discriminados por oficiais de origem circassiana e turca. Além disso, o endividamento dos quedivas e a localização estratégica do Egito e do Canal de Suez se combinavam para tornar esse país muito importante para as potências imperiais da Europa, particularmente a Grã-Bretanha. Finanças e estratégia encorajariam a intervenção europeia no Egito.

Urabi se rebelou tanto por interesse pessoal como por patriotismo. Por exemplo, quando o quediva Tawfiq, agindo sob influência dos oficiais turcos no exército, aprovou uma lei impedindo os camponeses de se tornarem oficiais, Urabi, reagindo por autointeresse, organizou uma resistência entre os soldados egípcios e forçou a revogação da lei. Ele também forjou uma aliança entre oficiais do exército e nacionalistas egípcios buscando limitar a influência crescente dos europeus nos assuntos egípcios. Uma pressão adicional sobre o quediva (que pode ter encorajado os nacionalistas) levou Urabi ao governo como ministro de guerra. A partir dessa posição, ele e outros nacionalistas contestaram o orçamento egípcio, com seu Controle Financeiro Dual anglo-francês.

No fim, o poder da Europa subjugou Urabi e aqueles que buscavam a real independência para o Egito. Os britânicos não estavam dispostos a arriscar seus investimentos ou o controle do Canal de Suez apoiando o nacionalismo egípcio. Quando eles invadiram o Egito em 1882, a liderança carismática de Urabi não foi páreo para as armas Gatling da Grã-Bretanha. As forças de Urabi foram derrotadas na Batalha de Tel al-Kebir. Urabi fugiu para o Cairo, onde finalmente se rendeu. Nessa época, o quediva havia mudado de lado, passando a apoiar os britânicos, declarou Urabi um rebelde, e queria que fosse sentenciado à morte. O alto representante britânico no Cairo, Lord Dufferin, reconhecendo que a morte de Urabi o tornaria um mártir, comutou a sentença por um exílio permanente no Ceilão.

Por muito tempo desprezado pelos nacionalistas civis, o Coronel Urabi se tornou agora um herói nacional no Egito. Sua resistência contra a invasão estrangeira foi um marco importante na história nacional egípcia.

Ele pode ter sido isso, mas não é bem lembrado no Egito hoje. Os egípcios que viveram em sua época acreditavam que seu acesso aos postos de trabalho do governo era bloqueado pelos numerosos estrangeiros que ocupavam altos postos no Cairo. Além disso, eles se ressentiam da política de Cromer de limitar o crescimento da educação. Alguns se zangaram com o fato de que o exército egípcio, a despeito de ter alguns oficiais britânicos, ter perdido o Sudão em 1885 para uma rebelião liderada por um assim chamado *mahdi* (o corretamente guiado). Após as tropas britânicas e egípcias terem retomado o Sudão em 1898, ele foi colocado sob uma soberania conjunta, com a Grã-Bretanha no controle de fato. A oposição à ocupação prolongada do Egito veio dos anti-imperialistas britânicos; os franceses, que (a despeito de seu interesse econômico pelo Egito) haviam falhado em intervir em 1882; e os otomanos, que se ressentiam de perder outra província de seu império. Sem qualquer oposição egípcia, contudo, esses grupos pouco podiam fazer para demover o governo britânico.

A revivificação do nacionalismo egípcio

A maior resistência começou quando Abbas, o filho de dezessete anos de quediva Tawfiq, sucedeu-o em 1892. Preservando o que considerava suas prerrogativas quedivais, Abbas questionou Cromer sobre o direito de indicar e dispensar seus ministros e sobre o controle do exército egípcio. O cônsul britânico venceu as batalhas intimidando os ministros e pedindo a seu próprio governo para enviar mais tropas ao Egito, mas ele antagonizava o jovem quediva. Buscando minar Cromer, Abbas criou uma clique de apoiadores europeus e nativos. Dentre os últimos, estava um estudante de Direito chamado Mustafa Kamil, que se tornou um propagandista palaciano na Europa e no Egito. Durante os anos seguintes, ele converteu o que havia sido a clique de Abbas em um movimento de grande escala, o Partido Nacional (revivido). Ele fundou uma escola de meninos e um jornal diário para difundir ideias nacionalistas. Enquanto sua popularidade crescia, Mustafa se preocupou mais com a obtenção de uma constituição e menos com as prerrogativas quedivas. Ele e seus seguidores sempre desejavam que as tropas britânicas deixassem o Egito.

Em 1906, ocorreu um incidente que espalhou a fama de Mustafa. Um grupo de oficiais britânicos entrou em uma aldeia chamada Dinshaway para atirar em pombos. Desentendimentos entre os aldeões e os oficiais levaram a uma altercação. Uma arma disparou, incendiando uma eira. Outra bala feriu uma camponesa. Os aldeões atacaram os oficiais com bastões. Um dos oficiais escapou, desmaiou após correr sob o calor, e morreu de insolação. As autoridades britânicas, suspeitando de um ataque premeditado, processaram cinquenta e sete agricultores diante de uma corte militar especial, que considerou muitos culpados de homicídio. Quatro foram enforcados e vários outros açoitados na presença de suas famílias para ensinar aos aldeões uma lição. Essas sentenças bárbaras chocaram Mustafa Kamil, muitos egípcios e mesmo muitos europeus. Atrocidades que agora parecem insípidas chocaram as pessoas em 1906. Mustafa explorou essa reação para conquistar novos seguidores e apressar a aposentadoria de Cromer. Ele fundou, publicamente, o Partido Nacional em dezembro de 1907, mas morreu dois meses depois.

Os sucessores de Mustafa discordaram de suas táticas e objetivos. O Partido Nacional era a favor dos muçulmanos contra os governantes cristãos ou a favor de todo povo egípcio contra a ocupação britânica? Caso fosse o segundo, poderia o Egito esperar apoio de seu soberano nominal, o Império Otomano? O partido deveria buscar a independência nacional por meios pacíficos ou revolucionários? Trabalharia com ou contra o quediva Abbas e outros grandes proprietários de terras? Deveria buscar reformas econômicas e sociais, ou enfatizar a expulsão dos britânicos do Egito? Como poderia um partido, que consistia de advogados e estudantes, com alguns apoiadores no exército egípcio, persuadir os britânicos a partirem?

Outros egípcios argumentavam que o governo constitucional deveria preceder a independência. Muhammad Abduh, que havia apoiado Urabi em 1882, trabalhou mais tarde pela regeneração do islã e pela reforma da Universidade al-Azhar, em colaboração com Cromer. Os seguidores de Abduh, junto a alguns intelectuais e grandes proprietários de terras, formaram o Partido Umma em 1907 para contrapor os nacionalistas. O cônsul britânico que substituiu Cromer em 1907, neutralizou a ameaça nacionalista tentando atrair Abbas e os proprietários de terras mais conservadores para o lado dos britânicos. O próximo cônsul conquistou o apoio dos camponeses por meio de suas políticas agrárias. Em 1914, os líderes nacionalistas estavam no exílio. Somente após a Primeira Guerra Mundial, os egípcios acumulariam ressentimento o bastante contra o governo britânico para formar um movimento verdadeiramente nacional e revolucionário.

Otomanismo, pan-islamismo e turquismo

O nacionalismo turco surgiu lentamente. Até o século XX, nenhum otomano culto, mesmo que falasse turco, apreciava ser chamado de turco. O Império Otomano, embora os ocidentais o chamassem turco, não era um Estado-nação turco. Continha muitos grupos étnicos e religiosos: turcos, gregos, sérvios, croatas, albaneses, búlgaros, árabes, sírios, armênios e curdos, para nomear alguns. Seus governantes eram muçulmanos sunitas; mas incluíam súditos gregos ortodoxos, armênios e judeus organizados em *millets* (que funcionavam como nações dentro do Estado), assim como muitos pequenos grupos religiosos. Seus habitantes pertenciam ou à classe governante otomana ou à classe súdita, sem nada entre elas.

O começo do nacionalismo no Império Otomano

O nacionalismo no sentido moderno surgiu pela primeira vez entre os gregos e os sérvios, espalhando-se depois para outros cristãos súditos. À medida que os movimentos de independência proliferavam nos Bálcãs, os governantes otomanos se preocupavam com como unir seu império e resistir aos russos, que encorajavam as revoltas balcânicas. Reformas ocidentalizadoras foram sua primeira solução, mas essas despertaram mais esperanças do que poderiam cumprir e não aumentaram a lealdade de muitos súditos. Os reformadores adotaram o otomanismo (lealdade ao Estado otomano) como uma estrutura na qual grupos raciais, linguísticos e religiosos poderiam coexistir autonomamente, mas harmoniosamente. A isso, os

Novos Otomanos da década de 1870 haviam vinculado uma constituição que criaria uma assembleia representando todos os povos do império. A constituição foi redigida em 1876 – o pior momento possível, com várias rebeliões nacionalistas nos Bálcãs, protestos de guerra contra Sérvia e Montenegro (dois estados balcânicos que já haviam conquistado independência), a falência do Tesouro Otomano, ameaça da Rússia de despachar tropas, e a opinião pública britânica atacando turcos otomanos por perseguirem cristãos balcânicos, e ameaçando os russos com outra guerra para defender o Império Otomano (uma política tão estranha ao povo na época quanto agora). Enquanto isso, os Novos Otomanos haviam tomado o poder em um golpe, entronado um sultão que se mostrou louco, e depois o substituindo por seu irmão, Abdulhamid II (r. 1876-1909), cujas promessas de apoiar a nova constituição eram suspeitas.

Bem, deveriam ter sido. A subsequente Guerra Russo-Turca colocou em perigo o império, de modo que ninguém poderia ter governado durante a constituição otomana. O Sultão Abdulhamid a suspendeu e dissolveu o parlamento. Por trinta anos, governou como um ditador, nomeando seus próprios ministros, apaziguando seus credores, fomentando querelas entre as grandes potências para impedi-las de dividir o império, e suprimindo movimentos dissidentes em seu reinado. Cristãos europeus e otomanos o viam como um sultão cruel, de atitudes reacionárias para com as reformas ocidentalizadoras, e dedicado à unidade pan-islâmica. Esse movimento alarmou a Rússia, a Grã-Bretanha e a França, com seus milhões de súditos muçulmanos na Ásia e África. Istambul, sede do sultão-califa, tornou-se o lar final daquele itinerante agitador pan-islâmico, Jamal al-Din al-Afghani.

Abdulhamid é relembrado por seus censores e espiões, seu medo mórbido de ser assassinado, e seus massacres de armênios (alguns dos quais estavam conspirando contra seu regime). Estudiosos que tentam reabilitar sua reputação afirmam que ele continuou as políticas centralizadoras dos reformadores Tanzimat anteriores e que o Império Otomano não perdeu terras europeias entre 1878 e 1908. Muçulmanos no país e no exterior o saudavam como seu califa, mas muitos historiadores concordam que o Sultão Abdulhamid era incompetente, paranoico e cruel. As finanças do império eram controladas por uma comissão de dívida europeia, liberdades de expressão e de reunião desapareceram, o exército interrompeu a modernização, e a marinha se deteriorou. Os reformadores mais competentes foram para o exílio. Midhat, o novo líder otomano, foi atraído de volta com falsas promessas, posto em julgamento, aprisionado em Tarif, e secretamente estrangulado lá.

Muitos otomanos, especialmente se tivessem frequentado escolas ocidentais, achavam que o modo de salvar o Império Otomano era restaurar a constituição de 1878, depondo primeiro Abdulhamid. Surgiram vários grupos de oposição. Todos tendiam a se agrupar como os Jovens Turcos, um termo possivelmente derivado de Novos Otomanos. Muitos não eram turcos, e alguns eram jovens, mas o termo pegou. A sociedade-chave era uma sociedade secreta, formada em 1889 por quatro cadetes muçulmanos de várias nacionalidades. Tornou-se conhecida como o Comitê de União e Progresso (CUP). Sua história foi longa e tortuosa, com momentos de esperança entre anos de tristeza, centrando-se por vezes em escritores turcos exilados vivendo na Europa, em outros em celas de oficiais do exército em Tessalônica e Damasco. Gradualmente, muitos otomanos adotaram os objetivos do CUP: o império deve ser militar e moralmente fortalecido, todos os grupos religiosos e étnicos devem ter direitos iguais, a constituição deve ser restaurada, e Abdulhamid deve ser privado do poder. Do contrário, a Rússia tomaria o que fora deixado do império na Europa, incluindo o Estreito, e o Ocidente mutilaria a Turquia asiática.

Os Jovens Turcos no poder

O CUP foi otomanista, não nacionalista turco, enquanto esteve fora do poder. Alarmado pela reconciliação entre Grã-Bretanha e Rússia em 1907, o CUP incitou um golpe militar que forçou Abdulhamid a restaurar a constituição otomana em 1908. Cada grupo religioso e étnico no império se regozijou; o comitê, embora liderado por turcos, foi apoiado por muitos cristãos, armênios, árabes e judeus dos Bálcãs. Muitos desejavam ser cidadãos otomanos sob a constituição de 1876. Eleições foram organizadas para o novo parlamento, a maré democrática parecia estar se aproximando rapidamente de Istambul, e o CUP fez tantas mudanças que ainda chamamos reformadores vigorosos Jovens Turcos. Sua ascensão ao poder prenunciou os vários golpes e revoluções tão característicos das políticas do Oriente Médio desde 1908.

Mas, se examinarmos o que realmente aconteceu ao Império Otomano durante o governo dos Jovens Turcos, devemos conceder-lhes menos impactos a suas realizações do que a suas intenções. Eles não impediram a desintegração. A Áustria anexou a Bósnia, a Bulgária declarou sua independência, e Creta se rebelou, tudo no final de 1908. As esperanças do CUP de um rápido desenvolvimento econômico foram frustradas quando a França retirou uma oferta de empréstimo em 1910. No ano seguinte, a Itália invadiu a província otomana de Tripolitania. A Rússia incitou a Bulgária e a Sérvia a juntarem forças em 1912 e atacar o império na Macedônia. Em quatro meses os turcos perderam quase todas as suas terras europeias. Inclusive a Albânia, um enclave basicamente muçulmano, rebelou-se em 1910 e declarou sua independência em 1913. Até os árabes estavam ficando revoltosos.

Como o governo de Istambul poderia, sob a constituição restaurada de 1876, superar esses problemas? Após o CUP vencer a eleição de 1912, por meio de suborno e intimidação, o exército forçou seus ministros a renunciarem em favor de seu rival, a Entente Liberal. Foi necessário outro golpe militar e um assassinato oportuno para restaurar o CUP no poder em 1913. Na eclosão da Primeira Guerra Mundial, o governo otomano foi praticamente um triunvirato: Enver como ministro de guerra, Talat como ministro do interior e Jemal responsável pela marinha. Embora esses homens tivessem liderado o golpe de 1908 para restaurar a constituição de 1876, a democracia estava morta no Império Otomano.

O nacionalismo turco

Em meio a essas crises, os líderes do CUP se tornaram cada vez mais turcos em sua orientação política. Sua esperança inicial de que as grandes potências e as minorias do império apoiariam as reformas otomanas haviam sido frustradas. As grandes potências se apropriaram de terras e retiraram ajuda. As minorias reclamaram, conspiraram ou se rebelaram. O que os Jovens Turcos poderiam fazer? Alguns se aferraram às suas armas otomanistas. Outros argumentaram em favor do pan-islamismo, que teria mantido a lealdade de muitos árabes e conquistado o apoio necessário do Egito, Índia e outras nações muçulmanas. Mas a nova onda era o pan-turanismo. Essa foi uma tentativa de unir todos os falantes de línguas turcas sob a liderança otomana, assim como o pan-eslavismo significava unir todos os falantes de línguas eslavas em torno da Rússia. Na verdade, como muitos falantes de línguas turcas estavam sob o governo czarista ou sob ocupação militar, o pan-turanismo parecia um bom modo de retribuir aos russos o problema que provocaram ao Império Otomano. Alguns dos principais defensores do pan-turanismo eram refugiados da Ásia Central russa ou do Azerbaijão, mas muitos turcos otomanos não podiam se esquecer de seus vínculos tradicionais com o islã ou com seu próprio império. Poucos acreditavam em uma cultura turaniana distinta. Os esforços do CUP para impor o turco nas escolas e escritórios de suas províncias falantes do árabe incitaram o nacionalismo árabe, enfraquecendo ainda mais o império. O nacionalismo étnico e linguístico dos turcos provocou mais problemas do que resolveu, até que limitassem sua ideia nacional aos turcos dentro do Império Otomano. Um sociólogo turco chamado Ziya Gokalp estava escrevendo artigos de jornais para promover o que chamava turquismo, mas essa ideia se tornaria popular somente após a Primeira Guerra Mundial. Naquele momento, era muito tarde para salvar o Império Otomano.

O nacionalismo na Pérsia

A Pérsia não se ocidentalizou tão cedo quanto o Egito e o Império Otomano, mas teve uma vantagem compensadora quando começou a desenvolver o nacionalismo persa. Historiadores e cientistas políticos usualmente citam os seguintes fatores como componentes do nacionalismo: (1) Estado previamente existente, (2) religião, (3) idioma, (4) raça, (5) estilo de vida, (6) interesses econômicos partilhados, (7) inimigos comuns, e (8) consciência histórica compartilhada. O nacionalismo egípcio e turco é deficiente quando medido por esses critérios, por várias razões. Não o nacionalismo persa. A dinastia qajar pode ter governado fracamente, mas herdou uma tradição política persa que remonta aos antigos aquemênidas, interrompida por invasões gregas, árabes, turcas e mongóis. A Pérsia era muçulmana; mas sua singularidade foi garantida por sua adesão ao xiismo dos Doze Imames, enquanto seus vizinhos muçulmanos eram basicamente sunitas. Sua língua escrita e falada principal era o persa, embora muitos dos habitantes do país falassem o turco enquanto muçulmanos educados na Índia e no Império Otomano muitas vezes conhecessem bem o persa. Raça era um termo traiçoeiro para usar em uma terra tantas vezes invadida por estrangeiros, mas certamente os persas consideravam sua aparência pessoal como distintiva. Sua cultura tinha resistido aos testes do tempo, invasões e mudanças políticas. Os nativos e visitantes admiravam o modo de vida persa: sua poesia, arquitetura, costumes, cozinha, relações sociais – mesmo suas piadas. Os interesses econômicos da Pérsia do século XIX eram aparentemente, embora não homogêneos, ao menos, complementares entre os habitantes da cidade, agricultores e nômades. Ninguém mais do Oriente Médio poderia equiparar a consciência histórica dos persas, expressa em sua monumental arquitetura, pintura, poesia épica, história e música, glorificando vinte e cinco séculos como um povo distintivo.

A resistência inicial ao poder estrangeiro

Dificilmente surpreendeu que um movimento nacionalista persa tivesse surgido entre 1870 e 1914. Foi uma reação contra a ameaça de uma invasão russa, contra a crescente dependência do Ocidente, e contra os efeitos desagregadores do tribalismo. Foi facilitado pela proliferação de estradas, telégrafos e de escolas públicas e privadas. A política do Xá Nasiruddin de vender aos investidores estrangeiros os direitos de explorar os recursos da Pérsia alienou seus súditos. Em 1873, ele ofereceu uma concessão ao Barão de Reuter, um súdito britânico, para criar um monopólio que construiria ferrovias, operaria minas e estabeleceria o banco nacional da Pérsia. Objeções russas e oposição nacional forçaram o xá a cancelar a concessão, embora o barão, mais tarde, tenha começado o Banco Imperial da Pérsia. Em 1890, Nasiruddin vendeu uma concessão a uma companhia britânica para controlar a produção, venda e exportação de tabaco da Pérsia. Como você já sabe, um boicote nacional ao tabaco, inspirado por Jamal al-Din al-Afghani, forçou o cancelamento dessa concessão. O boicote deu aos persas ocidentalizados, *ulama* xiitas, e comerciantes de bazares autoconfiança suficiente para desenvolver um movimento constitucionalista nos anos seguintes.

Muitos observadores perceberam os problemas crescentes dos xás qajar, suas concessões econômicas aos estrangeiros, o aumento das disparidades entre ricos proprietários de terras e agricultores pobres (devido à mudança da agricultura de subsistência para o cultivo agrícola comercial), e a crescente dependência da Pérsia de conselheiros militares russos. Eles se perguntavam quanto tempo levaria para a Rússia ocupar a Pérsia. Os persas perceberam a ocupação britânica do Egito, a fraqueza do Sultão Abdulhamid, e a penetração estrangeira na China. Se as tropas russas não viessem, os investidores britânicos assumiriam o controle da Pérsia mais sutilmente? O xá, cercado por cortesãos aduladores, havia vendido grande parte de seus tesouros herdados e gastado os lucros de seus empréstimos estrangeiros em palácios, viagens ao exterior e presentes para sua família e amigos.

O movimento constitucionalista

Os persas patriotas acreditavam que o remédio para esses males fosse uma constituição que limitasse os atos de seu governante. A ideia se espalhou entre comerciantes de bazares, proprietários de terras, *ulama*, oficiais do exército e mesmo entre alguns funcionários do governo e líderes tribais. Sociedades secretas surgiram em várias cidades, notadamente Tabriz (principal cidade do Azerbaijão) e Teerã (capital da Pérsia). A centelha que encetou a revolução foi um ato arbitrário do primeiro-ministro do xá, Ayn al-Dowleh, que ordenou que vários comerciantes fossem açoitados por conspirarem para a subida do preço do açúcar no bazar de Teerã. Os comerciantes se refugiaram na mesquita real (que, por um costume persa respeitado por sua antiguidade chamado *bast*, deu-lhes proteção contra prisão), mas Ayn al-Dowleh fez com que os expulsassem. Esse movimento enfureceu os *ulama* de Teerã, e o número de manifestantes aumentou, movendo-se para outra mesquita. Com vistas à paz, o xá propôs retirar seu ministro e reunir uma "casa da justiça" para corrigir suas injustiças. Ele não cumpriu suas promessas. Quando o xá foi incapacitado por um derrame, Aun al-Dowleh atacou os manifestantes, que organizaram uma *bast* maior em Teerã. Enquanto isso, os *mujtahids*, ou especialistas legais xiitas, juntaram-se à *bast* na vizinha Qom e ameaçaram abandonar a Pérsia em massa – um ato que teria paralisado os tribunais do país –, a menos que suas demandas fossem atendidas. As lojas de Teerã fecharam. Quando Ayn al-Dowleh tentou forçá-los a abri-las, 15.000 persas se refugiaram no consulado britânico, acampando em seu gramado durante julho de 1906. Finalmente, o xá cedeu à pressão popular. Ele demitiu Ayn al-Dowleh e aceitou uma constituição. O governo faria com que os ministros tivessem de se reportar a uma *majlis*, ou assembleia representativa. Tão grande era sua aversão aos nacionalistas persas, contudo, que somente a pressão da Grã-Bretanha e da Rússia (e sua doença mortal) impediram o xá de anular a constituição antes que entrasse em vigor.

Os nacionalistas persas conquistaram muito cedo. Em 1907, Grã-Bretanha e Rússia concordaram em reconhecer as esferas de influência uma da outra na Pérsia. A Grã-Bretanha teria influência principal no sudeste, próximo ao Império Indiano. A Rússia teria o direito de enviar tropas e conselheiros para o norte muito populoso, incluindo o Azerbaijão e Khurasan, assim como a Teerã. A Rússia apoiou o novo xá, permitindo-lhe fechar as majlis em 1908. Uma das principais tribos ajudou os constitucionalistas a reconquistarem o controle de Teerã e depois a reabrirem as majlis em 1909, mas o nacionalismo persa carecia do apoio popular ardente do qual gozara três anos antes. As majlis se enredaram em debates e nada realizaram.

As descobertas de petróleo

Os persas podem ter acolhido notícias vindas do Cuzistão, localizado no sudoeste, onde a companhia britânica havia começado a exploração do petróleo em 1901. Em 1908, descobriu sua primeira jazida. Em 1914, milhares de barris estavam sendo canalizados a uma refinaria no Porto de Abadã no Golfo Pérsico. Quando a marinha da Grã-Bretanha trocou o carvão pelo petróleo pouco antes da Primeira Guerra Mundial, o futuro do petróleo da

Pérsia parecia ainda mais brilhante. Mas para os nacionalistas essa indústria crescente era um magro consolo. Estava longe de Teerã, em terras controladas por xeiques tribais. As receitas estavam indo principalmente para os acionistas britânicos – não para o governo persa, muito menos para seus súditos empobrecidos. Nos últimos anos antes da Primeira Guerra Mundial, a Pérsia como um todo se encaminhou na direção de se tornar um protetorado russo.

Conclusão

O nacionalismo no Ocidente conquistou um mau nome no século XXI. Mesmo no Oriente Médio, alguns povos atacaram o nacionalismo secular e exaltaram a unidade islâmica. Quase todos reconhecem o caráter artificial de grande parte das assim chamadas nações criadas pelo imperialismo estrangeiro. De um modo geral, os movimentos nacionalistas do Oriente Médio se saíram mal antes da Primeira Guerra Mundial. Eles não aumentaram o poder, as terras ou a liberdade dos estados muçulmanos nos quais surgiram. Exceto por alguns momentos bem-sucedidos, esses movimentos não conquistaram qualquer apoio popular amplo. Não há nacionalismo no islã, diziam os críticos, de modo que esses movimentos puderam atrair somente jovens que haviam perdido sua religião devido à educação ocidental. O público mais amplo não compreendia nacionalismo ou instituições. A maioria inculta muitas vezes confundia os triunfos nacionalistas com vitórias muçulmanas. E esses foram, de fato, poucos.

Você pode se perguntar por que escrevemos tanto sobre esses movimentos nacionalistas malsucedidos. Por que aprender sobre eles? A história não é apenas a história dos vencedores; por vezes, estudamos perdedores cujos netos seriam vencedores. A história inclui aprender como as outras pessoas veem seu passado. Ahmad Urabi e Mustafa Kamil são heróis para o povo egípcio hoje; quediva Isma'il e Lord Cromer, não. Em Istambul, encontramos cartões-postais retratando os principais otomanos. Cada estudante turco vê os Jovens Turcos como um elo na cadeia de regeneradores nacionais que vai de Selim III a Kemal Ataturk. A constituição de 1906 permaneceu a base do governo do Irã até 1979. A República Islâmica ainda honra os líderes xiitas e os comerciantes do bazar que reuniram forças contra o xá para tornar a constituição uma realidade. Para os povos do Oriente Médio, esses primeiros movimentos nacionalistas foram o prólogo para as mudanças revolucionárias que estão por vir.

PARTE IV

Primeira Guerra Mundial e suas repercussões

1914	Os otomanos se aliam à Alemanha durante a Primeira Guerra Mundial; a Grã-Bretanha invade o Iraque e declara um protetorado sobre o Egito
1915	Os otomanos atacam o Canal de Suez; McMahon oferece apoio britânico à revolta árabe hachemita contra o governo otomano; a fracassada campanha Gallipoli das tropas aliadas
1916	Acordo Sykes-Picot; os hachemitas declaram uma revolta contra o Império Otomano
1917	A Grã-Bretanha conquista o Iraque, emite a Declaração Balfour e toma a Palestina
1918	Os árabes ocupam Damasco, estabelecem um governo provisório sob o comando de Faysal; os otomanos se rendem; os Aliados ocupam áreas estratégicas otomanas
1919	O tratado anglo-persa proposto provoca oposição nacional; os egípcios se rebelam contra os britânicos; a Conferência de Paz de Paris envia a Comissão King-Crane; Kemal (Ataturk) resiste à invasão grega da Turquia
1920	O Acordo San Remo transfere a Palestina e o Iraque à Grã-Bretanha, e a Síria à França; os otomanos assinam o Tratado de Sêvres, que Kemal rejeita; Faysal é expulso de Damasco; os iraquianos se rebelam contra a ocupação britânica
1921	Reza Khan toma o poder na Pérsia; os britânicos nomeiam Faysal rei do Iraque e Abdallah emir da Transjordânia
1922	A Grã-Bretanha encerra o protetorado no Egito; o exército kemalista expulsa os invasores gregos
1923	Kemal abole o sultanato otomano e declara a República Turca; o tratado de Lausanne encerra a ocupação aliada da Turquia
1923-1938	Presidência de Kemal Ataturk na Turquia
1924	Kemal encerra o califado; Ibn Sa'ud toma Hijaz dos hachemitas
1925-1927	Rebelião nacionalista na Síria
1925-1941	O reino do Xá Reza Pahlavi na Pérsia (renomeado Irã em 1935)

1932	Concedida independência ao Iraque, mas a Grã-Bratanha mantém bases e interesses petrolíferos; o reino da Arábia Saudita é estabelecido
1936	Rebelião árabe na Palestina; o Tratado Anglo-Egípcio é assinado
1937	A Comissão Peel exige a partição da Palestina, oposta pelos árabes
1939	O Relatório Branco Britânico limita a imigração judaica para a Palestina; inicia a Segunda Guerra Mundial
1941	Tropas britânicas subjugam a revolta nacionalista no Iraque, ocupam a Síria e o Líbano; Grã-Bretanha e União Soviética invadem o Irã, e o Xá Reza abdica
1941-1979	Reinado do Xá Mohammad Reza Pahlavi no Irã
1942	Os Aliados detêm o avanço alemão em al-Alamain, no Egito; os sionistas decretam o Programa Biltmore
1943	Cristãos libaneses e muçulmanos adotam o Pacto Nacional
1945	Formação da Liga Árabe; cresce a resistência judaica contra os britânicos na Palestina; os franceses deixam a Síria e o Líbano

13 As raízes do ressentimento árabe

Poucos tópicos na história do Oriente Médio geraram tanta paixão – e tão pouca luz – como o nacionalismo árabe. Os árabes sentem que os estrangeiros não os entendem. Estudiosos e estudantes acham difícil definir quem é árabe, que dirá avaliar o papel dos árabes no mundo moderno. Todavia, os árabes estão se tornando, política e economicamente, cada vez mais visíveis. Mas eles são uma nação? Para responder essa questão, podemos achar que o nacionalismo árabe está se dissolvendo em muitos movimentos, cuja característica comum é a de pertencerem a vários povos falantes do árabe que buscam controlar seus próprios destinos políticos. Estudaremos essas várias manifestações do sentimento árabe, que é forte e tende a ficar mais forte. É, por vezes, ressentido, devido aos infortúnios dos árabes no começo do século XX. Vamos ver o que aconteceu e por quê.

O nacionalismo árabe

O que é o nacionalismo árabe? Dito de um modo simples, é a crença de que os árabes constituem uma única comunidade (ou nação) política e deveriam ter um governo comum. Isso levanta muitos problemas. Nem todo mundo concorda quanto a quem é árabe. Muitas vezes, dizemos que os árabes são um povo que fala o árabe como sua língua nativa. Isso não é o bastante. Muitos falantes do árabe não se veem como árabes, nem os outros árabes os consideram assim: tome, por exemplo, os maronitas do Líbano, os coptas do Egito, e os judeus nascidos nos países árabes que foram para Israel. Uma definição mais eloquente é aquela adotada por uma conferência de líderes árabes há alguns anos: "Quem quer que viva em nosso país, fale nossa língua, é criado em nossa cultura, e se orgulha de nossa glória é um de nós".

Antecedentes históricos

Enquanto revisamos a história dos povos falantes do árabe, devemos lembrar que eles não têm estado unidos desde o Alto Califado, e se, de fato, estiveram. Além disso, exceto pelos beduínos, eles não se governavam desde o tempo que os turcos chegaram até muito recentemente. A própria ideia de autogoverno não importava para os habitantes do Oriente Médio antes do surgimento do nacionalismo. Povos sedentários se importavam que um governo muçulmano os governasse, defendesse-os dos nômades e de outros invasores, preservasse a ordem, e promovesse a paz de acordo com a xaria. Não importava se o líder desse governo muçulmano fosse um árabe como os califas omíadas, um persa como os emires buídas, um turco como os sultões seljúcidas e otomanos, ou um curdo como Salah al-Din e seus herdeiros aiúbidas. Quase todos os governantes sucederam ou por herança ou por nomeação. Por que o povo deveria elegê-los?

Os árabes sob o governo otomano

Do século XVI ao XX, os árabes, exceto no Marrocos e na Ásia Central, pertenciam ao Império Otomano. Mesmo quando os otomanos estavam fracos, os funcionários e senhores de terra locais eram usualmente turcos, circassianos ou outros não árabes. Desde a Primeira Guerra Mundial, os nacionalistas árabes denunciaram os horrores do governo otomano, culpando os turcos pelo atraso, ineptidão política, desunião dos árabes ou o que quer mais de incorreto que houvesse em sua sociedade. Os árabes sob o governo otomano estavam melhores ou piores do que haviam estado antes? De fato, a culpa pelo declínio dos árabes não pode ser atribuída a Istambul. O início do governo otomano os beneficiou ao promover a segurança local e o comércio entre seus comerciantes e os da Anatólia e dos Bálcãs. Se o declínio otomano do século XVIII e as reformas abertamente zelosas do século XIX feriram os árabes, os turcos dentro do império sofreram também. Se o governo otomano oprimiu os árabes, por que não se rebelaram?

Bem, por vezes, rebelaram-se. Já mencionamos a revolta wahhabi na Arábia do século XVIII, mas esse grupo desejava purificar o islã, não criar um Estado árabe. Revoltas camponesas e militares eclodiram no Egito e no Iraque, mas por razões econômicas em vez de nacionais. Alguns historiadores encontram um ângulo antiotomano nas políticas de Mehmet Ali e de Ibrahim. Mas eles falavam turco, pertenciam à classe governante otomana, e tratavam os egípcios como servos. Urabi se opunha ao domínio turco e circassiano no oficialato do Egito, mas sua revolução foi egípcia e dirigida principalmente contra o Controle Dual Anglo-Francês. Revoltas na Síria eram frequentes, mas sua causa era usualmente religiosa. As tribos no Iraque e em Hijaz muitas vezes se rebelaram contra os governadores otomanos, mas sobre descontentamentos locais – não nacionais.

Muitos historiadores, portanto, concluem que a identidade árabe importava pouco na política do Oriente Médio até o século XX. Árabes muçulmanos temiam que qualquer oposição ao Império Otomano prejudicasse o islã. Mesmo durante o governo do Sultão Abdulhamid, muitos árabes apoiaram o *status quo*. Muitos serviram seu exército ou a administração civil. Poucos foram conselheiros proeminentes. Eles podiam glorificar-se de pertencerem à "raça" de Muhammad, mas isso não os inspirou a se rebelarem contra os turcos, que também eram muçulmanos.

Os nacionalistas árabes cristãos

Nem todos os árabes são muçulmanos. No século XIX, quase um quarto dos árabes durante o governo otomano pertencia a minorias protegidas. Muitos eram cristãos, que eram menos propensos do que os muçulmanos a se sentirem leais ao império. Mas devemos precisar o tempo, o lugar e a seita antes que possamos discutir a política dos cristãos falantes do árabe. Aqueles que desempenharam o papel importante no nascimento do nacionalismo árabe viviam na Grande Síria, que, na época, incluía grande parte do que chamamos agora Israel/Palestina, Jordânia, Líbano, a República da Síria e mesmo partes do sul da Turquia. Até que passassem ao governo de Ibrahim em 1831, ou dos reformadores Tanzimat, os cristãos falantes do árabe se preocupavam pouco com quem os governava. O sistema *millet* dava uma autonomia efetiva aos cristãos ortodoxos e monofisistas. Grande parte dos outros era tão bem protegida por desertos, montanhas ou gargantas de rios que dificilmente sentia o jugo otomano. Os maronitas (e outros católicos) desfrutavam da proteção francesa. A Rússia, por vezes, se interessou pelos cristãos ortodoxos gregos. A partir da década de 1820, missionários americanos e franceses fundaram escolas na Síria. O mesmo fizeram os britânicos, russos e outros europeus, embora suas escolas fossem em menor número. Cristãos sírios enviavam naturalmente seus filhos para escolas missionárias mais próximas à sua própria filiação religiosa. Maronitas e católicos uniatas escolhiam escolas católicas francesas e se identificavam com a França. Como os ortodoxos poderiam competir?

Alienados pelo nível educacional inferior de seu clérigo, alguns se convertiam ao catolicismo ou ao protestantismo e matriculavam seus filhos em escolas missionárias relevantes.

Os americanos ajudaram a resolver seu problema. Por puro acaso, eles promoveram o nacionalismo árabe. As escolas missionárias americanas, especialmente sua instituição suprema, a Universidade Protestante Síria (agora, a Universidade Americana de Beirute), admitia alunos de todas as religiões. Mas muitas escolas esperavam também converter jovens ao cristianismo protestante. Como o protestantismo enfatizava tradicionalmente a leitura e a compreensão de suas escrituras sagradas, a Bíblia, em pouco tempo, foi traduzida para o árabe por convertidos locais. Muitos dos primeiros missionários americanos aprenderam a língua bem o bastante para ensinar nela e mesmo para traduzir manuais do inglês para o árabe. Até se aperceberem de que não poderiam recrutar professores o bastante e traduzirem livros suficientes sob esse sistema, as escolas e universidades missionárias americanas usaram o árabe como sua língua de instrução. Relutantemente, trocaram para o inglês no final do século XIX. Observando esse relativo respeito por sua cultura, muitos árabes enviaram seus filhos para escolas americanas a despeito de sua orientação protestante. Os cristãos ortodoxos eram especialmente propensos a fazer isso, o que os levou a um padrão mais elevado de leitura e escrita árabe entre os jovens ortodoxos sírios, muitos dos quais se dedicaram ao jornalismo, direito ou ensino. Alguns se tornaram estudiosos e escritores. Em pouco tempo, estavam liderando a revivificação da literatura árabe, que se transformou em um movimento nacionalista, como movimentos literários em algumas nações europeias.

O crescimento do nacionalismo também foi estimulado por ideias americanas como usar as escolas para desenvolver o caráter moral, promover atividades benevolentes e ensinar os alunos a criarem novas instituições para se adequarem às condições variáveis. O compromisso dos alunos e dos graduados da Universidade Americana de Beirute, nos séculos XIX e XX, nutriram as ideias nacionalistas árabes e as difundiram tanto entre muçulmanos como cristãos falantes do árabe. Os missionários americanos esperavam converter jovens árabes ao protestantismo por meio da exposição à Bíblia árabe. Isso fez com que valorizassem sua herança da literatura e história árabes. Seus colegas seculares lhes ensinavam sobre ideais ocidentais de liberalismo e democracia; os alunos os aplicaram na construção de uma ideologia nacionalista árabe. Os professores lançaram sua semente em solo desconhecido; seus pupilos decidiram o que cultivariam e determinaram o que a posteridade colheria.

Os nacionalistas árabes muçulmanos

Mas o nacionalismo árabe não poderia ter conquistado a aceitação muçulmana se todos os seus defensores tivessem sido cristãos ocidentalizados. As reformas otomanas centralizadoras (cf. capítulo 11) alienaram alguns árabes do que estavam começando a ver como um Império Turco. O primeiro traço muçulmano no nacionalismo árabe foi uma campanha durante a década de 1890, popularizada por um escritor chamado Abd al-Rahman al-Kawakibi, para reviver o califado árabe, preferivelmente, em Meca. O pan-islamismo, adotado pelos muçulmanos desde a década de 1860, havia-os exortado a se unir em apoio aos sultões otomanos. Falsificando alguns fatos históricos, seus apoiadores haviam alegado que o califado, preservado no Cairo pelos mamelucos após os mongóis tomarem Bagdá em 1258, fora transferido aos sultãos otomanos quando conquistaram o Egito em 1517. Mas a teoria política sunita estipula que o califa deve pertencer à tribo de Muhammad, os coraixitas. Os otomanos não eram árabes, muito menos membros da tribo coraixita. Na verdade, raramente usaram o título de califa até que o Sultão Abdulaziz (r. 1861-1876) o fizesse para conquistar o apoio dos muçulmanos otomanos e para combater o pan-eslavismo da Rússia. O Sultão Abdulhamid explorou o califado ainda mais, tentando conquistar o apoio dos muçulmanos egípcios e indianos governados pela Grã-Bretanha. A hostilidade crescente da Grã-Bretanha ao sultão otomano pode ter estimulado o nacionalismo de Kawakibi. Sua ideia de um califado árabe ganhou apoio do quediva Abbas do Egito. Embora os quedivas descendessem de Mehmet Ali, originalmente na Albânia, muitas vezes tentaram atrair o apoio árabe dos otomanos. A campanha de Kawakibi para libertar os árabes do governo turco serviu como uma manobra de poder para diplomatas e quedivas, não para o povo.

Os árabes e os Jovens Turcos

A primeira oportunidade do nacionalismo árabe foi a Revolução dos Jovens Turcos de 1908, que restaurou a constituição otomana suspensa por muito tempo. Repentinamente, homens em Beirute e Damasco, Bagdá e Alepo, Jaffa e Jerusalém estavam escolhendo representantes para uma assembleia em Istambul. Esperanças foram suscitadas pela amizade árabes-turcos e pelo progresso na direção da democracia liberal no Estado otomano. Contudo, as esperanças árabes, em pouco tempo, se dissiparam. A representação parlamentar favoreceu os turcos contra muitas minorias étnicas, linguísticas e religiosas do império. Além disso, as eleições foram burladas para assegurar que a maior parte dos deputados pertencesse à CUP. O regime dos Jovens Turcos, ameaçado pelo imperialismo europeu e pelo nacionalismo balcânico, retomou as políticas centralizadoras dos primeiros reformadores otomanos. Consequentemente, os árabes começaram a temer essas ameaças às suas liberdades, preservadas pela fraqueza ou indiferença dos primeiros governos. Impor o turco como o único idioma da administração e da educação enfureceu, especialmente, os árabes.

Mas como poderiam reagir? Não desde o dia em que Muhammad teve um grande número de povos falantes do árabe mobilizados politicamente para conquistar unidade e liberdade. Como poderiam se opor a um governo chefiado, ao menos nominalmente, por um sultão-califa? Que bem faria aos árabes da Síria deporem o governo turco, somente para se tornarem uma dependência de um poder cristão? Poucos sírios (a não ser por alguns maronitas) buscaram o governo francês. Tampouco, os árabes iraquianos queriam que sua cidade portuária de Gasra se tornasse, como Suez, um elo das comunicações imperiais da Grã-Bretanha.

O resultado dessas deliberações foi um movimento discreto de alguns árabes instruídos que almejava uma maior autonomia local. Eles formavam três grupos: (1) O Partido de Descentralização Otomano, fundado em 1912 por sírios que viviam no Cairo e buscavam o apoio árabe para o autogoverno local em vez de um controle central pelo governo otomano; (2) *al-Fatat* (Juventude), uma sociedade de jovens árabes que eram alunos de universidades europeias e que convocaram um congresso árabe, organizado em Paris em 1913, para exigir direitos iguais e autonomia cultural para árabes dentro do Império Otomano; e (3) *al-Ahd* (Pacto), uma sociedade secreta de oficiais do exército árabe, que propunha converter o Império Otomano em uma monarquia dual turco-árabe. Cada um desses grupos conquistou apoiadores entre árabes instruídos que viviam em Istambul, Beirute, Damasco e no exterior.

Não exagere o apelo do nacionalismo árabe antes da Primeira Guerra Mundial. Muitos árabes permaneceram leais à CUP, à constituição otomana que lhes deu representação parlamentar e a um regime no qual alguns árabes serviram como ministros, embaixadores, funcionários ou oficiais do exército. Se o nacionalismo árabe tivesse conseguido a separação do Império Otomano, os quedivas do Egito ou os britânicos poderiam ter ganhado mais do que os árabes da Síria ou do Iraque. Embora o Egito estivesse prosperando, os árabes em outra parte não ansiavam pelo governo britânico, muito menos pelo tipo de imperialismo francês que a Argélia tinha. Os colonizadores judeus, na Palestina, até então muito poucos para ameaçarem a maioria árabe, podem ter mais tarde aspirado a uma estatidade (cf. capítulo 16). Os nacionalistas árabes se opuseram a essa ameaça potencial ainda mais vigorosamente do que o governo turco.

A Primeira Guerra Mundial

O ponto decisivo no surgimento do nacionalismo árabe ocorreu quando o Império Otomano decidiu, em agosto de 1914, entrar na Primeira Guerra Mundial do lado da Alemanha. Os líderes da CUP, especialmente o ministro de guerra Enver, foram influenciados pelos conselheiros militares alemães, mas seus principais objetivos eram reconquistar o Egito dos britânicos e as montanhas do Cáucaso da Rússia. Em 1914, a Alemanha era respeitada por seu poder econômico e militar. Os alemães estavam contruindo uma ferrovia de Istambul a Bagdá que uniria o que restara do Império Otomano. Uma missão militar alemã em Istambul estava treinando oficiais e soldados para usar armamento moderno. Dois navios de guerra alemães, capturados no Mediterrâneo quando a guerra começou e perseguidos pela marinha britânica, refugiaram-se no Estreito. Eles foram entregues pelo embaixador alemão como presentes ao governo otomano (incluindo sua tripulação alemã, cujos integrantes usavam os fezes e se chamavam instrutores). Eles substituíram dois navios que estavam sendo construídos na época pela armada otomana em estaleiros britânicos, já pagos por subscrição pública, que a marinha da Grã-Bretanha havia confiscado quando a guerra começou. Os otomanos apoiaram a causa alemã tão fortemente que, após os novos navios "turcos" terem envolvido o império na guerra ao bombardearem o Porto de Odessa, o sultão proclamou um jihad contra a Grã-Bretanha, França e Rússia. Todos os três tinham milhões de súditos muçulmanos que, se ouvissem a mensagem, teriam se rebelado a favor do sultão-califa otomano.

A Grã-Bretanha e os árabes

Os britânicos, especialmente aqueles que governavam o Egito e o Sudão, necessitavam combater essa proclamação pan-islâmica. Os turcos e os alemães invadiram o Sinai no final de 1914, quando a Grã-Bretanha declarou seu protetorado sobre o Egito. Algumas unidades do exército otomano chegaram ao Canal de Suez em fevereiro de 1915, e uma inclusive cruzou em direção ao lado ocidental na calada da noite. Por três anos, a Grã-Bretanha enviou mais de 100.000 soldados ao Egito, principalmente para impedir qualquer novo esforço otomano de tomar o canal, que os britânicos agora viam como sua salvação imperial.

A Grã-Bretanha respondeu abordando um líder árabe no Hijaz: Husayn, o xarife (*sharif*) e emir (*amir*) de Meca. Vamos explicar esses títulos. Um *xarife* é um descendente de Muhammad, dos quais havia vários no Hijaz, especialmente nas cidades sagradas muçulmanas. O fato de serem protetores de Meca e de Medina conferia prestígio aos sultãos otomanos; eles dispendiam honras aos xarifes, mas os controlavam explorando suas rivalidades. Seus vários clãs competiam pela posição de *emir* (príncipe), que portava uma autoridade temporal. Durante o século XIX, contudo, o governo otomano havia tentado proclamar um governo direto sobre o Hijaz nomeando um governador local. O xarife Husayn, o líder de um dos clãs concorrentes (que ele chamava hachemitas, o clã do próprio Profeta), por muito tempo, lutou contra os sultões otomanos e seus governadores. Embora leal ao ideal otomanista quando se tornou emir em 1908, Husayn odiava as políticas centralizadoras da CUP. Um de seus filhos, Abdallah, antes da Primeira Guerra Mundial, havia contatado sociedades nacionalistas árabes na Síria. Pouco antes de a guerra começar, Abdallah foi ao Cairo para buscar apoio do cônsul britânico, Lord Kitchener. O governo britânico não pôde na época conspirar contra o Império Otomano, mas Kitchener se lembrou do encontro mais tarde. Quando voltou para casa para ajudar a planejar o esforço de guerrra da Grã-Bretanha, Londres pensava em formar uma aliança antiotomana com esses xarifes hachemitas em Meca. O governo britânico instruiu seu representante no Cairo a contatar Husayn, esperando dissuadi-lo de endossar o jihad ou, melhor ainda, persuadi-lo a liderar uma rebelião árabe contra o governo otomano.

A correspondência Husayn-McMahon

No Cairo, o alto comissário da Grã-Bretanha (o novo título que resultou da declaração do protetorado britânico), Sir Henry McMahon, escreveu ao xarife de Meca, esperando que ele se rebelasse contra o governo otomano no Hijaz. Husayn, por sua vez, exigiu uma promessa de que os britânicos apoiariam a rebelião financeira e politicamente contra seus rivais árabes assim como contra o Império Otomano. Se ele convocasse uma revolta árabe, não seria em prol da mudança de senhores. Os britânicos no Egito e no Sudão sabiam, a partir dos nacionalistas árabes locais, que os hachemitas não poderiam reunir outros árabes para sua causa – devido ao poder e prestígio das famílias rivais que viviam em outros lugares na Arábia – a menos que os árabes fossem assegurados de que ganhariam sua independência nas terras nas quais predominavam: Arábia, Iraque e Síria, incluindo a Palestina e o Líbano.

Com essas considerações em mente, o xarife de Meca e o alto comissário para o Egito e o Sudão trocaram algumas cartas em 1915-1916 que, desde então, tornaram-se famosas e altamente controversas. No que agora chamamos a Correspondência Husayn-McMahon, a Grã-Bretanha prometeu que, se Husayn proclamasse uma revolta árabe contra o governo otomano, providenciaria ajuda militar e financeira durante a guerra e, depois, ajudaria a criar governos árabes independentes na Península Árabe e em muitas partes do Crescente Fértil.

A Grã-Bretanha, contudo, excluiu algumas partes, como os portos de Mersin e Alexandretta (que, agora, são no sul da Turquia), Basra (agora no Iraque), e "porções da Síria que ficam a oeste das áreas [distritos] de Damasco, Homs, Hama e Alepo". Um dos temas mais duros na história do Oriente Médio é determinar se McMahon tinha intenção de excluir somente o que, agora, é o Líbano, uma região parcialmente cristã cobiçada pela França, ou também a Palestina, na qual alguns judeus esperavam reconstruir sua antiga pátria. O Líbano é claramente a oeste de Damasco e daquelas outras cidades sírias, mais ainda do que na Israel de hoje. Os árabes argumentam, portanto, que a Grã-Bretanha lhes prometeu a Palestina. Mas, se a carta se referia à província da Síria (da qual Damasco era a capital), o que é agora Israel e, na época, era, parcialmente, subordinada a um governador em Jerusalém pode ter sido o que McMahon intencionasse excluir do governo árabe. Não só os sionistas, mas também o governo britânico, após 1918, na verdade McMahon, argumentavam que ele nunca havia prometido a Palestina aos árabes. Contudo, como a Grã-Bretanha se preocupava mais, em 1915, com sua aliança francesa do que com reservar a Palestina para os judeus, pensamos que o Líbano era a área excluída do governo árabe na correspondência. Somente mais tarde as pretensões judaicas à Palestina se tornariam o principal problema.

A exclusão dessas terras, ambiguamente descritas, enfureceu Husayn, que rejeitou o acordo. Sua correspondência com o britânico no Cairo terminou inconclusivamente no começo de 1916. Os otomanos poderiam ter evitado qualquer grande revolta árabe, exceto por seu governador na Síria, Jemal, que desnecessariamente antagonizava os árabes de lá. Como ex--ministro naval e um dos três Jovens Turcos que controlavam o governo otomano quando entrou na Primeira Guerra Mundial, Jemal havia liderado a expedição turca para tomar o Canal de Suez e libertar o Egito do governo britânico. Embora sua primeira tentativa tenha falhado, Jemal planejava tentar novamente. Ele se estabeleceu como governador da Síria enquanto reconstruía suas forças, mas fez pouco pela província. Muitas áreas foram atingidas pela fome, gafanhotos ou escassez de força de trabalho provocada pela conscrição dos agricultores locais para o exército otomano. A escassez de combustível levou à redução das oliveiras e impediu o transporte de alimento para as áreas atingidas. Um quarto de todos os sírios morreu durante a fome. Enquanto isso, as sociedades nacionalistas árabes se encontraram e ponderaram sobre que lado tomar na guerra. Um dos filhos de Husayn, Faysal (Caixa 13.1), foi para a Síria para negociar tanto com os nacionalistas árabes como com Jemal em 1915, em vão. Depois, na primavera de 1916, a polícia de Jemal prendeu alguns árabes, incluindo estudiosos que não eram nacionalistas, processou-os por traição e enforcou publicamente vinte e dois deles em Beirute e Damasco. As execuções incitaram tanta raiva na Síria – e entre os árabes em geral – que Faysal retornou a Meca convertido ao nacionalismo árabe e convenceu seu pai de que o momento para a revolta chegara.

A revolta árabe

Em 5 de junho de 1916, Husayn declarou os árabes independentes e espalhou o padrão de sua revolta contra o governo turco. O Império Otomano não caiu imediatamente, mas numerosos árabes no Hijaz, mais alguns na Palestina e na Síria, começaram a combater os otomanos. Mas os árabes nessas áreas eram nacionalistas? Muito provavelmente não importava se fossem governados por Istambul ou Meca contanto que o resultado da guerra estivesse em dúvida.

A revolta árabe prosseguiu com força pelos próximos dois anos. Guiada por conselheiros europeus, notadamente T.E. Lawrence, os apoiadores árabes de Amir Husayn combateram ao lado dos Aliados contra o Império Otomano. Trabalhando juntamente com tropas do Império Britânico avançando a partir do Canal de Suez, moveram-se ao norte em direção à Palestina. Embora os britânicos tenham tomado Jaffa e Jerusalém, os árabes estavam explodindo ferrovias e capturando Ácaba e Amã. Quando as forças da Grã-Bretanha se aproximaram de Damasco, no final de setembro de 1918, esperaram Lawrence e os árabes ocuparem a cidade, que, então, tornou-se a sede de um governo árabe provisório chefiado por Faysal. O exército otomano, agora liderado por Mustafa Kemal (mais tarde, Ataturk), retirou-se da Síria. Os otomanos também estavam se retirando no Iraque diante de um exército anglo-indiano. Mais tarde, em outubro, o Império Otomano assinou um armistício com os Aliados em Mudros. Os árabes, assegurados da autodeterminação pelos britânicos e franceses, estavam jubilantes. Certamente, sua independência era iminente.

O Acordo Sykes-Picot

Mas não era para ser. O governo britânico, durante a guerra, havia prometido as terras árabes governadas pelos otomanos a outras partes interessadas. A Rússia já havia exigido o reconhecimento dos Aliados de sua pretensão ao Bósforo e a Dardanelos. Em um tratado secreto assinado em Londres em 1915, Grã-Bretanha e França prometeram apoiar a pretensão. Itália e Grécia também exigiram porções da Anatólia. A França, enquanto combatia os alemães na frente ocidental, não podia enviar muitas tropas ao Oriente Médio, mas desejava toda a Síria, incluindo o Líbano e a Palestina. Assim, Grã-Bretanha, França e Rússia redigiram um pacto secreto chamado Acordo Sykes-Picot (cf. Mapa 13.1). Assinado em maio de 1916, apoiava o governo francês direto numa grande parte do norte e oeste da Síria, mais uma esfera de influência na pátria, incluindo Damasco, Alepo e Mosul. A Grã-Bretanha governaria o Iraque inferior diretamente. Ela também "orientaria" um governo árabe que receberia terras entre a fronteira do Egito e o leste da Arábia, assegurando, assim, o controle britânico indireto do Mediterrâneo ao Golfo. Um enclave em torno de Jaffa e Jerusalém estaria sob governo internacional porque a Rússia desejava partilhar a administração dos locais sagrados cristãos. A única área deixada ao governo árabe sem governantes ou conselheiros estrangeiros foi o deserto árabe.

Apologistas árabes alegavam que o xarife Husayn nada sabia sobre o Acordo Sykes-Picot até depois da Primeira Guerra Mundial. T.E. Lawrence ficou arrasado pela culpa, pois havia encorajado os árabes a favor da Grã-Bretanha, pensando que obteriam sua independência após a guerra, quando, de fato, estavam sendo manipulados pela diplomacia inglesa, se

Caixa 13.1 Faysal ibn Husayn (1883-1933)

Faysal foi o terceiro filho de Husayn ibn Ali, xarife e emir de Meca. Seguindo um costume local, Faysal foi enviado para passar sua infância entre os beduínos da Arábia. De 1891 a 1909, viveu com seu pai em Istambul. Com o retorno a Meca em 1909, ganhou experiência militar participando nas guerras de seu pai contra tribos árabes rivais. Como comandante militar, embora não como político, Faysal seria muito bem-sucedido.

No começo de 1916, durante uma visita a Damasco, Faysal foi levado a uma sociedade secreta árabe chamada al-Fatat. Essa sociedade desejava libertar terras árabes do governo otomano e acreditava que o melhor modo de fazer isso era encorajando os britânicos e os turcos a competirem pela lealdade árabe. Faysal retornou a Meca com um documento conhecido como o Protocolo de Damasco, que definia que terras árabes deveriam ser independentes após a guerra. Seu pai, o Xerife Husayn, usaria esse documento para barganhar com os britânicos. Acreditando que tivesse o compromisso da Grã-Bretanha para apoiar um Estado árabe independente, Husayn declarou a Revolta Árabe em junho de 1916. Faysal lideraria suas legiões do norte nesse esforço.

Embora ajudado nessa tarefa pelo famoso Lawrence da Arábia (T.E. Lawrence), Faysal uniu e efetivamente liderou um exército constituído por irregulares beduínos independentes, regulares árabes e alguns auxiliares europeus. Ele serviu como a direita móvel da Força Expedicionária Egípcia do General Edmund Allenby quando invadiu a Palestina e a Síria. Em 3 de outubro de 1918, as forças de Faysal ocuparam Damasco, onde assumiu o controle das forças de ocupação árabe que controlavam a Síria. Nesse ponto, os planos árabes começaram a desandar devido às circunstâncias fora do controle de Faysal.

Quando Faysal, novamente orientado por Lawrence, participou da Conferência de Paz de Paris, exigiu que os britânicos cumprissem suas promessas feitas ao seu pai: eles deveriam criar um Estado independente que incluísse as terras árabes do sudoeste da Ásia. Contudo, os britânicos decidiram honrar os acordos contraditórios do Oriente Mé-

> dio feitos com seus companheiros europeus: os franceses (o Acordo Sykes-Picot) e os sionistas (a Declaração Balfour), e o abandono britânico de grande parte de suas promessas aos árabes.
>
> Os árabes consideraram esse um ato de traição, e nunca o esqueceram. Os britânicos buscaram compensar Husayn com o governo no Hijaz. Faysal governou na Síria até 1920, quando, auxiliadas pelos britânicos, forças francesas ocuparam o país e forçaram Faysal a fugir. Em 1921, os britânicos o tornaram rei do Iraque. A despeito de sua dependência dos britânicos, Faysal foi respeitado pelos nacionalistas árabes como o único líder árabe que foi capaz de lidar com todos os lados. Sua morte repentina devido a um ataque cardíaco, em 1933, chocou os árabes, que lamentaram seu falecimento como uma perda devastadora à causa do nacionalismo árabe.

não duplamente. *Seven pillars of wisdom* (*Sete pilares da sabedoria*) é um livro legível e *Lawrence da Arábia* é um grande filme. Nenhum dos dois é história. O xarife Husayn sabia do Acordo Sykes-Picot. Não só os tratados secretos dos Aliados tinham sido publicados pelos comunistas após terem assumido o controle da Rússia em 1917, como Husayn também sabia sobre o acordo dos agentes otomanos tentando retirá-lo da guerra e dos próprios britânicos e franceses. Para Husayn, as vantagens de dirigir uma revolta árabe contra os otomanos, que o detiveram antes da guerra, excediam os perigos de Sykes-Picot, que os britânicos alegavam não envolveria as terras que esperavam governar. Outros nacionalistas árabes se magoaram com o fato de que o acordo anglo-francês tenha traído sua causa e que tivesse sido mantido em segredo até após a guerra.

A Declaração de Balfour

Mais pública foi uma decisão do gabinete britânico de ajudar a estabelecer um território nacional judaico na Palestina, formalmente anunciado em 2 de novembro de 1917. Essa foi a famosa Declaração Balfour, assim chamada porque veio em uma carta do ministro de relações exteriores, Lord Balfour, ao Lord Rothschild, presidente titular da Federação Sionista da Grã-Bretanha. A carta será analisada no capítulo 16, mas vamos apenas salientar seus pontos: (1) o governo britânico ajudaria a criar um território nacional na Palestina para os judeus, (2) não minaria os direitos ou *status* dos judeus que escolhessem não viver lá, e (3) não prejudicaria os direitos civis e religiosos das "comunidades não judaicas existentes". Eles constituíram nove décimos do que mais tarde se tornaria a Palestina. Como alguém poderia criar uma pátria para uma nação em uma terra habitada por outra? Pior ainda, nunca perguntaram aos habitantes se desejavam que sua terra se tornasse o território nacional de um povo que vinha de longe. Além disso, a Declaração Balfour nunca mencionou os direitos políticos dos palestinos não judeus, um ponto que ainda acirra um profundo ressentimento árabe. Se a Grã-Bretanha tentasse realizar o sonho sionista de um Estado judeu, qual seria o *status* político dos cristãos e muçulmanos falantes do árabe da Palestina? Esse documento não contrariava a correspondência Husayn-McMahon e outras garantias aos árabes que haviam se rebelado contra o Império Otomano?

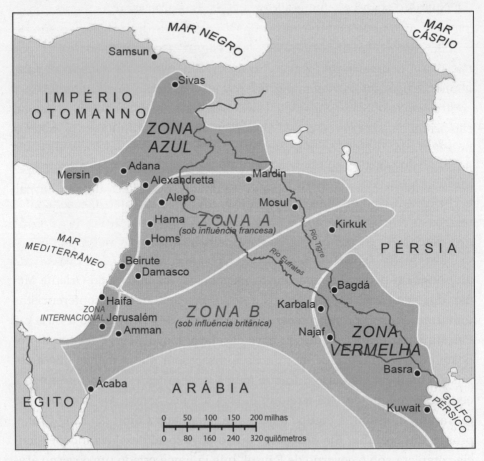

Mapa 13.1 O Acordo Sykes-Picot, 1916

O acordo de paz do pós-guerra

Como esses compromissos conflitantes seriam reconciliados quando a guerra terminou em novembro de 1918? Durante a guerra, o presidente americano Woodrow Wilson havia proposto um conjunto de princípios chamados os Quatorze Pontos, sobre os quais exortava os Aliados a reconstruírem a paz uma vez a guerra vencida. Ele denunciou tratados secretos, exortou a autodeterminação de todos os povos (especificamente, incluindo aqueles que haviam estado sob o governo otomano), e propôs a criação de uma Liga das Nações para impedir futuras guerras. Quando chegou à Conferência de Paz de Paris, foi saudado como um herói e salvador.

Mas a Grã-Bretanha e a França, os Aliados que haviam sido mais afetados pelo combate, estavam determinados a ditar a paz. As forças derrotadas, Alemanha, Áustria-Hungria e o Império Otomano, não poderiam participar da conferência até que houvesse tempo para assinar os tratados. A Rússia (agora, um Estado comunista que havia assinado um tratado de paz separado com a Alemanha) também foi excluída. Georges Clemenceau, que chefiava a delegação da França, expressou um estado de espírito popular quando exigiu que a Alemanha fosse punida e que a França ganhasse o controle de toda Síria geográfica. David Lloys George, que chefiava a delegação britânica, concordou que a Alemanha deveria ser punida. Ele também buscou uma fórmula para levar a paz ao Oriente Médio sem prejudicar o Império Britânico. O movimento sionista (o nacionalismo judeu) foi competentemente representado por Chaim Wezmann. Os árabes tinham Faysal, auxiliado por Lawrence.

A Comissão King-Crane

Ninguém poderia reconciliar as exigências dos árabes do Oriente Médio, dos sionistas, dos britânicos e dos franceses, mas os conferencistas tentaram. Wilson propôs enviar uma comissão de investigação à Síria e à Palestina para saber o que seu povo desejava. Lloyd George aceitou a proposta de Wilson, até que os franceses dissessem que a menos que a comissão também visitasse o Iraque (cujos habitantes estavam resistindo à ocupação militar da Grã-Bretanha), eles a boicotariam. Os britânicos se retiraram, e, assim, a equipe americana, chamada Comissão King-Crane, prosseguiu sozinha. Ela descobriu que o povo local desejava independência completa sob o governo de Faysal, que já havia criado um governo árabe provisório em Damasco. Se fossem obrigados a aceitar a tutelagem estrangeira, escolheriam os americanos, que não tinham história de imperialismo no Oriente Médio, ou ao menos os britânicos, cujo exército já estava lá, mas jamais os franceses.

A Comissão King-Crane também examinou as exigências sionistas, que seus membros haviam inicialmente favorecido, e concluiu que sua realização provocaria um sério conflito árabe-judeu. Seu relatório propôs reduzir o programa sionista, limitar a imigração judaica à Palestina, e não transformar o país num território nacional judaico. Os árabes esperavam que a Comissão King-Crane conquistasse Wilson para seu lado, mas ele sofreu um derrame cerebral antes que pudesse ler esse relatório, que por vários anos sequer foi publicado.

Arranjos aliados: San Remo e Sèvres

Contrárias às esperanças árabes, Grã-Bretanha e França acertaram suas diferenças. A França retirou suas pretensões a Mosul e à Palestina em troca do controle do resto da Síria. Acedendo ao idealismo de Wilson, os Aliados criaram um sistema de mandato, pelo qual as terras asiáticas e africanas tomadas do Império Otomano e da Alemanha eram postas em uma relação tutelar com um Poder Maior (chamado mandatório), que ensinaria o povo a se governar. Para prevenir que fossem explorados, cada poder mandatório tinha de se reportar periodicamente a um corpo da Liga das Nações chamado Comissão de Mandatos Permanente. Encontrando-se em San Remo, Itália, em 1920, representantes britânicos e franceses concordaram em dividir os mandatos do Oriente Médio: Síria (e Líbano) para a França e Iraque e Palestina (incluindo o que agora é a Jordânia) para a Grã-Bretanha. O Hijaz seria independente. O governo otomano aceitou esses arranjos quando assinou o Tratado de Sèvres em agosto de 1920. Na época, o exército francês já havia marchado para o interior a partir de Beirute, subjugando os árabes, e expulsado o governo provisório de Faysal de Damasco. O sonho árabe havia se despedaçado.

O resultado: quatro mandatos e um emirado

O que ocorreu então aos árabes do Crescente Fértil? Os franceses desdenharam totalmente o nacionalismo árabe e executaram seu mandato sírio como se fosse uma colônia. Esperando enfraquecer seus novos súditos, os franceses dividiram a Síria em unidades menores, incluindo o que terminou se tornando o Líbano, mais Alexandretta (que seria dada à Turquia em 1939), estados para os alauitas no norte e os drusos no sul, e mesmo Alepo e Damasco como cidades-Estado. A separação do Líbano da Síria durou porque tinha uma maioria cristã (a partir de 1921) que estava determinada a manter sua posição dominante. As outras divisões da Síria terminaram, mas os sírios se rebelaram muitas vezes contra o governo francês (cf. Mapa 13.2).

Os britânicos foram apoiadores inconsistentes do nacionalismo árabe, trabalhando com a família hachemita. Husayn ainda governava o Hijaz, mas seu prestígio como líder da Revolta Árabe o tornou um aliado difícil para os britânicos. Ele se recusou a assinar os tratados de Versalhes e Sèvres, proclamando-se "rei dos árabes", e mais tarde tentou ser o califa do islã. Essas pretensões incomodaram tanto os britânicos que, quando Ibn Sa'ud ascendeu ao poder na Árabia Oriental (cf. capítulo 14), nada fizeram para impedir que os sauditas marchassem a Hijaz e derrubassem o regime de Husayn em 1924. Quanto ao Iraque, o controle britânico provocou uma insurreição geral em 1920. Necessitando de um homem forte para pacificar os iraquianos, os britânicos importaram Faysal para se tornar seu rei, e a paz foi restaurada.

E quanto a Abdallah, que havia planejado governar em Badgdá? Após Faysal ter sido expulso de Damasco em 1920, Abdallah reuniu cerca de 500 árabes tribais, ocupou Amã e ameaçou a atacar os franceses na Síria. Embora não tivesse conseguido expulsá-los, os britânicos queriam mantê-lo quieto. O secretário colonial, Winston Churchill, encontrou Abdallah em Jerusalém e o persuadiu a aceitar – temporariamente – a parte da Palestina ao leste do Rio Jordão, até que os franceses deixassem a Síria. Esse acordo provisório foi contestado pelos sionistas, que desejavam que toda Palestina, como definido pelo Tratado de Sèvres, fosse aberta ao assentamento judaico e à consequente formação do Estado. A França temia que a nova principalidade de Abdallah facilitasse rebeliões hachemitas na Síria. Ninguém esperava que esse emirado da Transjordânia durasse, mas durou. Enquanto a parte oeste do mandado da Palestina fervilhava com o conflito árabe-judeu, a Transjordânia se tornou um oásis de tranquilidade política. A triste história do mandato da Grã-Bretanha no resto da Palestina será reservada para o capítulo 16.

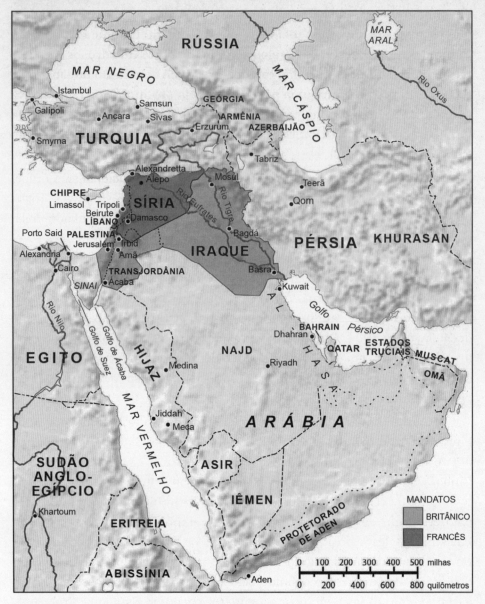

Mapa 13.2 Os mandatos do Oriente Médio, 1924

Conclusão

Os árabes foram despertados de séculos de letargia política, primeiro pelos missionários americanos, depois, pelos Jovens Turcos, e, finalmente, pelas bajulações da Grã-Bretanha e da França durante a Primeira Guerra Mundial. Eles recordavam de sua grandeza antiga e ansiavam por recuperá-la. Do Ocidente, eles aprenderam sobre direitos e liberdades, governos democráticos e a autodeterminação nacional. Liderados por descendentes do Profeta Muhammad, alguns árabes ousaram se rebelar contra o maior Estado muçulmano deixado no mundo, o Império Otomano. Em seu lugar, esperavam formar um Estado que tivesse os mesmos direitos soberanos que outros países independentes. Ajudaram os britânicos e os franceses a derrotarem os otomanos na Primeira Guerra Mundial, mas, mais tarde, os Aliados falharam em manter suas promessas aos árabes. No Crescente Fértil, onde os árabes eram claramente a maioria, onde esperavam formar estados independentes, onde algum dia a nação árabe pudesse reviver sua antiga glória, os Aliados estabeleceram colônias disfarçadas chamadas mandatos. Em vez de se unirem, os árabes se sentiram ainda mais separados. Um mandato, a Palestina, foi declarado território nacional judeu, pondo em dúvida o futuro de seus habitantes árabes. Essas foram as raízes do rancor árabe, assentadas há quase um século. Nos últimos capítulos, veremos como essa raiva árabe produziu frutos amargos.

14 Governantes modernizadores e os estados independentes

Nos últimos quatro capítulos, escrevemos sobre os povos do Oriente Médio e países que caíram sob o controle europeu. Na verdade, não havia área, exceto pelos desertos inacessíveis da Arábia e das remotas montanhas da Anatólia e da Pérsia, que não tivessem sentido o impacto do Ocidente em 1914. Como vimos, o Egito e o Crescente Fértil estavam sujeitos ao governo ocidental, direto ou indireto, antes ou durante a Primeira Guerra Mundial. Mesmo as regiões que escaparam – Anatólia, Pérsia Central, e grande parte da Arábia – eram vistas como colônias potenciais. Os acordos secretos dos Aliados durante a guerra teriam concedido Istambul e o Estreito à Rússia czarista e partes do oeste e sul da Anatólia para a Itália e a França. Enquanto isso, agentes britânicos estavam contatando as tribos da Arábia e da Pérsia. Foram elaborados tratados que tornavam suas terras praticamente protetorados britânicos, como, de fato, o Kwait, Bahrain, Qatar, os Estados de Trégua (agora, chamados Emirados Árabes Unidos) e Omã haviam se tornado em 1914. Aden permaneceu um assentamento do governo indiano; somente em 1937 se tornaria uma colônia da coroa. Em 1917, a Revolução Bolchevique retirou a Rússia da guerra e da concorrência pela influência sobre seus vizinhos do Oriente Médio, ao menos por um tempo. Uma vez que o Império Otomano e a Alemanha se renderam em 1918, parecia não ter restado sequer um para deter a difusão do poder ocidental – especialmente o britânico – ao longo do Oriente Médio.

Mas, ao menos, três partes do Oriente Médio conseguiram preservar sua independência após a guerra. Os guerreiros sobreviventes da Anatólia resistiram aos invasores ocidentais, encerraram o moribundo Império Otomano e criaram a República da Turquia. Um grupo de soldados e nacionalistas civis impediu as tentativas britânicas e bolcheviques de assumirem o controle da Pérsia, reorganizou o país e, depois, substituiu o Xá Qajar por um governante forte. Em uma parte remota da Arábia Central chamada Najd, um jovem de uma antiga família governante combinou um movimento de reforma com uma confederação de guerreiros tribais para unir grande parte da península como o Reino da Arábia Saudita.

Como muitos dos mapas do Oriente Médio que vemos na televisão e nas salas de aula mostram fronteiras políticas, tendemos a considerar "Turquia", "Irã" e "Arábia Saudita" entidades que sempre existiram. Na realidade, Turquia e Arábia Saudita receberam seus nomes e fronteiras atuais somente entre as duas guerras mundiais. Embora suas fronteiras modernas difiram pouco daquelas da década de 1890, o Irã (como a Pérsia passou a ser chamada em 1935) é muito diferente da Pérsia que foi dividida em 1907 em esferas russas e britânicas de influência. Em cada um desses estados, essas mudanças resultaram da inspiração, inventividade e indústria de um comandante militar que se tornou um líder político: Mustafa Kemal Ataturk, na Turquia (Caixa 14.1), Xá Reza Pahlavi, no Irã, e Abd al-Aziz ibn Abd al--Rahman (Ibn Sa'ud), na Arábia Saudita.

Caixa 14.1 Mustafa Kemal (Ataturk) (1881-1938)

Mustafa Kemal nasceu em uma família de classe média na cidade otomana de Salonika (agora, a Tessalônica grega). Seu pai, um comerciante de madeira, morreu quando Mustafa ainda era criança. Mustafa foi educado, primeiro, em uma *madrasa* muçulmana tradicional e, depois, transferido para uma escola de estilo europeu. Quando tinha doze anos, entrou em uma escola secundária militar, onde um professor lhe deu o apelido de Kemal (que significa "perfeição") em reconhecimento por seu trabalho superior. O nome pegou, e, desde então, ficou conhecido como Mustafa Kemal.

Em 1905, Mustafa Kemal se graduou na Academia de Guerra em Istambul com o posto de capitão e foi enviado a Damasco. Já desencantado com o governo otomano, começou uma sociedade clandestina chamada Pátria e Liberdade. Em 1908, participou da Revolução dos Jovens Turcos que tomou o poder do sultão.

Mustafa Kemal, depois, serviu como oficial de campo em várias campanhas, incluindo ações na Albânia e na Líbia. Quando a Primeira

Guerra Mundial eclodiu, recebeu o comando das forças que resistiram ao ataque britânico no Dardanelos. Sua defesa bem-sucedida o tornou um herói, e no próximo ano, aos trinta e cinco anos, foi promovido a general. À medida que a guerra se voltou contra os otomanos, Kemal impediu que sua retirada da Síria se transformasse em uma derrota, saindo da guerra, portanto, com sua reputação intacta.

Os Aliados vitoriosos, em pouco tempo, encontraram elementos cooperativos dentro da elite otomana. Mas Mustafa se recusava a obedecer a um governo dirigido por uma força de ocupação que servia aos interesses de seus antigos inimigos. Reunindo forças turcas para resistir a inimigos invasores, Kemal se mostrou carismático o bastante para liderar a resistência com sucesso. Quando, em 1923, a Turquia se tornou independente da ocupação Aliada, Kemal foi proclamado o líder de seu país. Pelos próximos quinze anos, ele transformaria completamente a nação, seguindo princípios nacionalistas, reformistas e seculares. Como um testamento de sua força, a Grande Assembleia Nacional da Turquia concedeu a Kemal o título honorário de Ataturk, "Pai dos turcos".

Turquia: A fênix das cinzas

Quando o ministro naval otomano assinou o Armistício de Mudros, em outubro de 1918, encerrando o papel de seu país na Primeira Guerra Mundial, o império estava praticamente prostrado. Suas forças armadas haviam sofrido cerca de 325.000 mortes (mais do que o número total das baixas americanas), 400.000 feridos e 250.000 aprisionados ou perdidos em combate. A elevada despesa governamental havia levado a impostos esmagadores, déficit financeiro e a uma severa inflação de preços que arruinou muitas famílias.

O comércio, as finanças e a administração da Turquia haviam sido perturbados por uma política fatídica do governo: a deportação dos armênios. Embora fossem cristãos, muitas dessas pessoas industriosas eram súditos otomanos leais. Alguns haviam servido ao exército ou à administração civil antes da guerra. Outros haviam deixado sua marca na medicina, ensino, negócios ou em ofícios especializados como ourivesaria e fotografia. Somente alguns armênios queriam um Estado-nação separado, pois não havia província otomana na qual pudessem ter formado a maioria da população. Mas, como alguns mais tarde se rebelaram contra o Sultão Abdulhamid, muitos turcos muçulmanos suspeitaram deles por traição. Quando a Primeira Guerra Mundial eclodiu, o governo otomano, auxiliado por seus conselheiros alemães e temendo os armênios como uma quinta coluna potencial, decidiram bani-los das áreas da Anatólia Oriental próximas aos seus correligionários na Rússia inimiga. Muitos armênios resistiram à deportação de suas terras e pastos, aldeias e cidades ancestrais. O exército otomano permitiu aos bandidos turcos e curdos que os saqueassem e matassem. Somente os mais duros e afortunados escaparam. Mesmo os armênios no sudoeste da Anatólia e em Constantinopla, longe da Rússia, foram deslocados. Cerca de 1,5 milhão de armênios morreram. Os sobreviventes, tendo perdido tudo que tinham, ficaram rancorosos e vingativos. Aqueles que viviam no leste das terras sob controle turco formaram a República Independente da Armênia em 1918. Alguns esperavam aumentar esse Estado e colocá-lo sob um mandato americano. Os americanos eram fortemente pró-armênios e antiturcos na época, mas seu governo recusava qualquer responsabilidade direta pela reabilitação do que agora chamamos leste da Turquia. Parte da Armênia foi absorvida pela Turquia em 1920; o resto se tornou uma república soviética. Os armênios, geralmente pró-otomanos até a Primeira Guerra Mundial, tornaram-se os inimigos mais implacáveis da Turquia.

A Turquia tinha outros problemas. Conscrição em massa e combates prolongados haviam privado muitas áreas do país de homens jovens. Fazendas e aldeias foram abandonadas, e ervas daninhas tomaram conta de campos outrora férteis. Florestas inteiras haviam sido derrubadas para prover trens e fábricas quando o carvão escasseou. Desmoralizados por derrotas, doenças, soldos atrasados e alimentação pobre, muitos soldados desertaram de suas unidades e vagabundeavam pelo interior como bandidos armados. Tropas do Império Britânico, ajudadas pela Revolta Árabe, haviam expulsado os otomanos do Crescente Fértil. Enquanto isso, em 1918, os triúnviros dos Jovens Turcos, Enver, Talat e Jemal, invadiram a região do Cáucaso. Eles esperavam construir um novo Império Turaniano entre os muçulmanos no que havia sido a Rússia czarista, agora devastada por uma guerra civil entre os Brancos (anticomunistas) e os Vermelhos (bolcheviques). Uma das ironias da Primeira Guerra Mundial é que a Alemanha e o Império Otomano se renderam enquanto algumas de suas tropas ainda ocupavam terras estrangeiras.

Mudanças para os nacionalistas

O Armistício de Mudros encerrou o regime dos Jovens Turcos; Enver, Talat e Jemal fugiram de Istambul em um navio de guerra alemão pouco antes de os britânicos e os franceses ocuparem o Estreito. O sultão otomano estava tão ansioso para manter seu poder que se alinhou aos Aliados ocidentais e estava pronto para fazer o que exigissem. Seu cunhado, Damad Ferid, assumiu o governo, começou a desmantelar o exército otomano, e tentou pacificar o país. Tropas francesas entraram na área ao sul da Anatólia, conhecida como Cilícia, enquanto os italianos reivindicavam Antya no sudoeste. Embora os bolcheviques tenham renunciado pretensões a Istambul e ao Estreito de governos russos anteriores, Grã-Bretanha e França, agora, ocupavam essas áreas sob o pretexto de ajudar os Brancos Russos contra os comunistas. O inverno de 1918-1919 foi um pesadelo para os turcos de Istambul. A *influenza* era endêmica, carvão e madeira estavam em falta, gangues de jovens vagabundeavam pelas ruas escuras e roubavam lojistas e transeuntes, os preços dos alimentos subiram vertiginosamente, e os habitantes gregos fugiam de sua bandeira nacional abertamente. Eles, inclusive, deram ao comandante francês um cavalo branco, com o qual entrou triunfantemente na cidade, como Mehmet o Conquistador fizera em 1453.

À época em que os Aliados abriram a Conferência de Paz de Paris, eles estavam preparados para dividir a Trácia e a Anatólia – assim como as terras árabes discutidas no capítulo 13 – em esferas de influência. Alguns propuseram um mandato americano sobre a Anatólia, assim como sobre a Armênia. Os turcos (e curdos) otomanos, cansados de guerras que haviam lhe tirado homens jovens e drenado seus recursos financeiros desde a Guerra Líbia, em 1911, podem ter aceitado a tutela estrangeira e a ocupação militar, mas por uma ameaça imprevista. Eleftherios Venizelos, o primeiro-ministro da Grécia, argumentou, diante da Conferência, que a cidade anatoliana do oeste, Smyrna (agora, Izmir), deveria ser concedida ao seu país. Os nacionalistas gregos em Atenas desejavam um Império Bizantino reconstituído que incluísse Istambul, Trácia e o oeste da Anatólia, áreas nas quais muitos cristãos gregos viviam sob governo otomano. Encorajado pelos Aliados, especialmente Lloyd George, Venizelos atuou para concretizar essas ambições. Em 15 de maio de 1919, cerca de 25.000 soldados gregos desembarcaram em Smyrna, acolhidos por seus habitantes gregos e estrangeiros. Nenhuma resistência veio do governo otomano, que estava tentando pacificar um país próximo da anarquia. Todavia, esse desembarque dos gregos, por muito tempo os súditos mais rebeldes dos otomanos, foi a faísca que acendeu o nacionalismo turco na Anatólia. Quatro dias mais tarde, outro desembarque, igualmente fatídico para a história turca, ocorreu no Porto de Samsun, no Mar Negro.

Mustafa Kemal Ataturk

Comandando a força que desembarcou em Samsun, estava Mustafa Kemal, um general que havia sido enviado pelo governo do sultão para desarmar o povo e restaurar a ordem nas turbulentas províncias da Anatólia. Mustafa Kemal, mais tarde nomeado Ataturk, já havia conquistado fama por suas explorações militares na Primeira Guerra Mundial. Ele havia comandado a defesa bem-sucedida dos otomanos da Península Gallipoli contra os Aliados ocidentais em 1915. Um ano mais tarde, suas tropas repeliram os russos no leste. Ele também dirigiu a retirada ordeira dos turcos da Síria, em 1918, conquistando o respeito dos adversários britânicos. Sua hostilidade aos Jovens Turcos o impediu de conseguir posições ou o poder que ansiava. Com suas ambições frustradas pela CUP e pelo grupo do sultão, Kemal tinha razões tanto pessoais quanto patrióticas para se opor à subserviência de Istambul aos Aliados.

Criou-se um mito de que Kemal, sozinho, revivera o nacionalismo turco em maio de 1919. Na realidade, muitos grupos na Trácia e na Anatólia lutaram contra os gregos, os armênios, seus apoiadores estrangeiros e o desafortunado governo otomano. O espírito orientador era tanto muçulmano quanto turco; líderes *ulama* e sufistas impunham respeito no interior. O que Kemal fez foi energizar a "defesa de associações de direitos" deles ao se demitir publicamente do exército otomano e convocar um congresso nacional na cidade anatoliana central de Sivas. Mas líderes da Sociedade das Províncias Orientais pela Defesa Dos Direitos Nacionais já haviam convocado um congresso em Erzurum. Convidado para a conferência de Erzurum, Kemal foi eleito seu presidente. Foi aí que os turcos redigiram pela primeira vez seu Pacto Nacional, exigindo a preservação das fronteiras existentes da Turquia (o Império Otomano sem as terras árabes perdidas na guerra), oposição a quaisquer mudanças futuras naquelas fronteiras, formação de um governo eleito, e negação de privilégios especiais a minorias não turcas. Isso levou ao Congresso Sivas em setembro de 1919, que rejeitou qualquer mandato estrangeiro sobre a Turquia e exigiu que o fraco governo otomano fosse substituído por um eleito disposto a apoiar os interesses turcos.

Tal era o estado de espírito geral que o grande vizir renunciou – pressionado por uma greve nacional de operadores de telégrafo. Um gabinete de coalizão, incluindo vários homens de Kemal, assumiu. Novas eleições parlamentares deram aos nacionalistas turcos uma enorme maioria, mas o governo popular não durou. Ao ratificar o Pacto Nacional, os deputados turcos antagonizaram os Aliados, que formalmente ocuparam Istambul e forçaram o ministério da coalizão a renunciar. Damad Ferid retomou o poder, e o *shaikh al-Islam* (chefe nomeado da comunidade muçulmana) condenou os nacionalistas como rebeldes contra o sultão. O parlamento foi dissolvido, e muitos de seus deputados fugiram para Ancara, seguramente além do alcance das canhoneiras e das forças de ocupação Aliadas. Lá, na Anatólia Central, Kemal convocou o que ele chamou a Grande Assembleia Nacional, em abril de 1920.

O movimento kemalista estava, agora, em guerra com o governo otomano em Istambul, os invasores gregos (apoiados pelos britânicos) em torno de Smyrna, a República da Armênia no leste, os franceses no sul, e os britânicos no Estreito. Soldados irregulares turcos pobremente armados e famintos enfrentaram as forças bem abastecidas dos Aliados e de seus protegidos cristãos. Subestimando a vontade dos seguidores nacionalistas de Kemal, em agosto de 1920, os Aliados fizeram o governo otomano assinar o Tratado de Sèvres. Esse pacto, mais tarde, se tornaria o anúncio da morte do império.

Entre seus termos, o Tratado de Sèvres determinava que (1) o Estreito seria administrado por uma comissão aliada permanente; (2) Istambul poderia ser removida da administração turca se infringisse direitos de minorias; (3) a Anatólia Oriental pertenceria a uma Armênia independente e ao Curdistão autônomo; (4) a Grécia teria Smyrna assim como a Trácia; (5) a Itália e a França cada uma teria partes do sudoeste da Anatólia; (6) as terras árabes seriam divididas em mandatos britânicos e franceses (como descrito no capítulo 13); e (7) as Capitulações, abolidas pelos otomanos em setembro de 1914, seriam restauradas e estendidas. Os nacionalistas turcos odiaram o tratado, mas mesmo essa humilhação não satisfez Venizelos. Encorajado por Lloyd George, as forças gregas pressionaram em direção ao leste, tomando terras turcas nunca concedidas aos gregos em Sèvres.

O que salvou a Turquia foi a ajuda que obteve da Rússia soviética. Ambos os países estavam envolvidos em uma guerra civil e em se defender contra atacantes estrangeiros. Juntos, ocuparam a infante República da Armênia, no final de 1920. Não mais impedidas pelo leste, as forças de Kemal conseguiram retardar o avanço dos gregos no começo de 1921. Gradualmente, ficou claro que alguns países ocidentais não apoiariam os gregos também, uma vez que reivindicavam terras além daquelas que o Tratado de

Sèvres lhes havia dado. A França se acertou com os kemalistas após terem combatido os gregos até um impasse em uma batalha amarga próximo a Ancara em agosto e setembro de 1921. Tanto a França como a Itália renunciaram a suas pretensões territoriais na Anatólia. Somente a Grã-Bretanha continuou a ocupar o Estreito, controlar o sultão e a encorajar os gregos. No verão seguinte, os turcos lançaram uma ofensiva que expulsou os exércitos gregos completamente da Anatólia. Depois, por fim, o governo britânico decidiu cortar suas perdas propondo outra conferência Aliada para negociar um novo tratado com a Turquia. O sultão otomano, privado do apoio estrangeiro, fugiu de Istambul, e, em consequência, a Grande Assembleia Nacional em Ancara aboliu completamente o sultanato. Em 29 de outubro de 1923, a Turquia se tornou a primeira república do Oriente Médio moderno.

Os nacionalistas turcos podem ter mostrado ao mundo que poderiam exaurir seus oponentes, militarmente, mas os britânicos haviam aprendido que podiam também resistir à pressão política. Os britânicos esperavam que a nova conferência de paz, reunida em Lausanne, fosse rápida, deixando-os manter pela diplomacia parte do que seus protegidos haviam perdido pela guerra. O General Ismet, escolhido por Kemal para representar a Turquia, aguentou firme e exauriu seu equivalente britânico, Lord Curzon, fazendo-se de surdo e atrasando as conversações para obter instruções de Ancara. Quando os pacificadores terminaram substituindo o Tratado de Sèvres, os turcos haviam liberado seu país das odiosas Capitulações, de todos os exércitos estrangeiros e de qualquer ameaça de um Estado armênio ou Curdistão autônomo. Muitos gregos ortodoxos, que viviam na Anatólia, foram deportados para a Grécia como parte de um intercâmbio populacional que enviou muitos muçulmanos da Bulgária e de partes da Macedônia governadas pela Grécia para uma Turquia que jamais conheceram. Os únicos reveses para a Turquia no Tratado de Lausanne foram uma comissão internacional para supervisionar o transporte marítimo através do Estreito desmilitarizado e seu fracasso em obter Mosul, que a Liga das Nações mais tarde concederia ao Iraque.

Graças à Conferência de Lausanne, a Turquia se tornou o único país derrotado na Primeira Guerra Mundial a poder negociar seus próprios termos de paz. Exceto pela Convenção de Montreux, de 1936, que deu à Turquia o direito de fortificar o Estreito e a anexação de Alexandretta, em 1939, o Tratado de Lausanne permanece a base do lugar da Turquia entre as nações do mundo. Em contraste, o Tratado de Versalhes e todos os outros arranjos pós-guerra há muito foram descartados. Os árabes que haviam se rebelado contra os otomanos para apoiar os vitoriosos da Primeira Guerra Mundial poderiam muito bem invejar seus outrora senhores que haviam vinculado seu destino ao dos vencidos!

As reformas nacionais de Kemal

Mustafa Kemal dedicou os últimos quinze anos de sua vida a mudar a Turquia do bastião do islã em um Estado-nação secular. O islã, o estilo de vida e a base do governo para os turcos desde sua conversão milhares de anos antes, seria agora substituído pelos modos de comportamento, administração e justiça. Se a persuasão falhasse, então, Kemal imporia as mudanças pela força. Por duas vezes, partidos de oposição surgiram com a Grande Assembleia Nacional, mas em ambos os casos Kemal os suprimiu. Um levante curdo, em 1925, foi subjugado, e um atentado à vida de Kemal levou ao enforcamento público de muitos de seus oponentes políticos. Kemal foi um presidente autoritário; todavia, também detestava o fascismo, opunha-se ao comunismo marxista (embora recebesse ajuda soviética e tivesse sido o primeiro líder do Oriente Médio a adotar o planejamento econômico estatal), e permitia o debate livre na assembleia eleita. Kemal admirava a democracia, em teoria, mas governou como um pai severo e ensinou seu povo, que pensava ainda não estar preparado para se governar.

Kemal era muçulmano? Ele certamente desdenhava a xaria quando jogava cartas, bebia e em suas escapadas sexuais. Todavia, também empregou símbolos islâmicos e se uniu a líderes islâmicos para defender a Turquia contra os gregos. Mesmo que mantivesse algumas das atitudes e práticas de seus precursores muçulmanos, estava determinado a destruir a habilidade do islã de bloquear a modernização da Turquia. Ele deixou um membro da família otomana manter o califado brevemente, mas aboliu a posição em 1924. Protestos furiosos de muçulmanos no exterior não puderam salvar o califado, e os próprios turcos foram indiferentes. Afinal, os califas haviam sido inefetivos por mil anos.

De 1924 em diante, a Grande Assembleia Nacional aprovou leis fechando as ordens sufistas e as *madrasas*, abolindo as *waqfs* e a posição de *shaykh al-Islam*, e substituindo a xaria, mesmo no até então intocável domínio da lei familiar, por uma versão modificada do Código Civil Suíço. As mulheres, com direitos iguais aos homens assegurados no casamento, divórcio e na herança de propriedades, também ingressaram nas escolas superiores e profissões, assim como em lojas, escritórios e fábricas. Com direito ao voto pela primeira vez em 1934, as mulheres turcas elegeram dezessete candidatas para a Assembleia no ano seguinte. O véu, que havia começado a desaparecer em Istambul e Smyrna antes e durante a guerra, foi descartado (com o encorajamento de Kemal) durante a década de 1920.

De grande importância simbólica foi uma lei proibindo homens turcos de usar o fez ou qualquer outro chapéu sem abas. Os homens muçulmanos sempre usaram turbantes, solidéus, kaffiyehs ou outras coberturas de cabeça que não impedissem prostrações durante o culto formal. Na linguagem comum, "colocar um chapéu" significava apostasia do islã. Mas Kemal, dirigindo-se a uma multidão em uma das cidades mais conservadoras da Anatólia, usava um chapéu panamá, zombou da vestimenta tradicional dos homens e mulheres turcos, e anunciou que dali para frente todos os homens teriam de usar o costume de povos "civilizados", incluindo o chapéu. É irônico que os homens turcos tenham lutado mais para manter o fez, imposto pelo Sultão Mahmud cerca de um século antes, do que para salvar o califado, que começara com Abu-Bakr em 632. O que as pessoas usam muitas vezes reflete como vivem, o modo de pensarem e o que mais valorizam. Em breve, homens e mulheres turcos se vestiriam como europeus.

Os turcos enfrentaram o Ocidente de outros modos. O calendário financeiro otomano foi substituído pelo gregoriano, e os relógios foram acertados pelo tempo europeu, uma mudança do sistema muçulmano pelo qual a data mudava ao pôr do sol. Pesos e medidas métricos substituíram os turcos, e a adoção de um dia formal de descanso (inicialmente, sexta-feira, mais tarde, domingo) mostrou quão ocidental o país havia se tornado. A convocação para o culto e mesmo as recitações do Alcorão eram feitas em turco em vez do árabe. Em 1928, a referência da constituição turca ao islã como a religião do Estado foi eliminada.

A cultura turca experienciou, então, uma mudança ainda mais trágica. Kemal anunciou que a língua turca, até então escrita em caligrafia árabe mal-adaptada aos seus sons e sintaxe, dali para frente usaria um alfabeto romano modificado. Em três meses todos os livros, jornais, sinais de rua, trabalhos escolares e documentos públicos teriam de ser escritos nas novas letras. Somente um décimo do povo havia sido alfabetizado no antigo sistema; agora, era seu dever nacional aprender o novo e ensiná-lo aos seus filhos, vizinhos e mesmo (dizia Kemal) a porteiros e barqueiros. O novo alfabeto, que era mais fácil de aprender e mais fonético, acelerou a educação dos turcos. O número de alunos em escolas duplicou entre 1923 e 1938. A taxa de alfabetização atingiria 95% em 2017. Agora, era mais fácil para os turcos aprender inglês, francês ou outras línguas ocidentais, mas mais difícil aprender o árabe ou o persa, ou mesmo a ler clássicos da prosa e poesia turca e otomana. A nova Academia de Língua Turca substituiu as palavras emprestadas árabes e persas por neologismos baseados em raízes turcas. Como em outros países do Oriente Médio, palavras inglesas e francesas entraram na língua, produzindo novos termos como *dizel* (diesel), *frak* (fraque), *gol* (do futebol), *kuvafür* (cabeleireiro), *kovboy* (caubói) e *taksi* (táxi).

Outro passo de ocidentalização foi a lei aprovada pela Grande Assembleia Nacional exigindo que todos os turcos recebessem nomes familiares. À medida que a sociedade se tornava mais móvel e aumentava a necessidade de manter um registro acurado, o uso tradicional do nome dado a uma pessoa – por vezes combinado com um patronímico ("Mehmet, filho de Ali"), título militar, características físicas, ocupação ou lugar de origem – provocava confusão generalizada. Sob a nova lei, Ismet, o representante de Kemal em Lausanne, assumira o nome de *Inonu*, onde havia derrotado os gregos por duas vezes. Mustafa Kemal se tornou Ataturk (Pai dos Turcos) por um voto unânime da Grande Assembleia Nacional. Títulos antigos, como *pasha*, *bey* e *efendi* foram abandonados. Dali em diante, homens e mulheres tinham o prefixo de seus nomes com *Bay*, comparável a Senhor. As mulheres deveriam usar *Bayan* em lugar do tradicional *hanun*.

Como Ataturk lançou um programa abrangente de ocidentalização, ele deveria ter enfatizado o crescimento econômico, à medida que fábricas apareciam em cidades grandes e em torno da região de mineração de carvão próxima ao ponto em que o Mar Negro encontra o Bósforo. Kemal foi o primeiro líder não comunista da Ásia a exigir a posse e controle estatal dos principais meios de produção. Esperando modernizar mais rápido, ele convidou economistas soviéticos para esboçar o plano dos primeiros cinco anos da Turquia. Durante a década de 1930, seu governo criou um complexo têxtil de fiação e tecelagem, uma fábrica de aço e várias fábricas para produzir cimento, vidro e papel. A reforma agrária avançou com dificuldades nesse país de 50.000 aldeias, algumas ligadas por apenas uma trilha de jumento ao resto do mundo, mas institutos de formação agrícola, agentes de extensão, centros de saúde rural e de educação de adultos, e fazendas-modelo facilitaram os melhoramentos.

Ataturk resumiu seu programa em seis princípios, que mais tarde foram incorporados à constituição turca. Muitas vezes chamados as "Seis Flechas", do símbolo do Partido Republicano do Povo (RPP), de Ataturk, são: republicanismo, nacionalismo, populismo, estatismo, secularismo e reformismo. Republicanismo significa selecionar um líder dentre os cidadãos, em contraste ao sistema hereditário do Império Otomano e outros estados dinásticos. Nacionalismo exorta os turcos a se dedicarem à nação turca, rejeitando vínculos especiais com outros muçulmanos ou ideologias estrangeiras. Populismo significa que o governo pertence ao povo turco, cooperando em prol do bem comum, sem distinção de posto, classe ou sexo. Estatismo é o capitalismo estatal: o governo deve dirigir o desenvolvimento econômico do país. Secularismo equivale a remover os controles religiosos da política, sociedade e cultura turcas. Reformismo (originalmente, "revolucionismo") denota o compromisso contínuo do povo e governo turcos para com a modernização rápida, mas pacífica.

Kemal Ataturk foi um ocidentalizador, mas, sobretudo, um nacionalista turco. As reformas linguísticas simplificaram o turco, aproximando mais a língua escrita ao que o povo turco falava. Mover a capital de Istambul para Ancara significava rejeitar o passado bizantino e otomano cosmopolitas em favor de um futuro turco anatoliano. O estudo da história agora enfatizava os turcos, de suas origens nebulosas nas estepes asiáticas ao seu triunfo sobre os gregos, em vez do califado islâmico arraigado nas culturas árabe e persa. Mesmo a ocidentalização foi defendida em termos do nacionalismo turco: o empréstimo cultural era justificado, considerando o quanto a civilização ocidental devia aos turcos. De acordo com a "teoria da língua do sol", outrora uma ideia popular que é agora desacreditada, todas as línguas poderiam ser remontadas ao turco, cuja palavra para "sol" era o som proferido em admiração pelo primeiro habitante de caverna. Se os turcos criaram a primeira língua, qualquer coisa que agora tomassem de outras culturas seria apenas uma troca justa. As escolas, forças armadas, ferrovias e rodovias, jornais e radiotransmissão reforçavam seu caráter de nação.

O maior tributo feito pela nação turca a Kemal, desde sua morte em novembro de 1938, é sua continuação do programa kemalista. Alguns dos extremos foram moderados. O Alcorão e o chamado ao culto são agora entoados em árabe, as ordens sufistas tiveram permissão para retomar suas atividades, e os turcos se concentram nas mesquitas nas sextas-feiras. Mas o crescimento industrial e agrícola progrediu ainda mais rápido do que durante a época de Kemal. Muitos turcos afirmam que seu país é europeu, não do Oriente Médio.

Os métodos e feitos de Ataturk foram impressionantes, mas vamos colocá-los em perspectiva. Seu programa foi um elo na cadeia de reformas ocidentalizadoras do *nizam-i-jedid* a Mahmud II, a Era Tanzimat, Abdulhamid, os Jovens Turcos e Ziya Gokalp. Sua posição ambivalente entre ditadura e democracia pode lembrá-lo de tentativas anteriores ao governo constitucional em 1877 e 1908, ou de sua contínua busca por um sistema político que é tanto popular quanto ordenado.

Da Pérsia ao Irã

A Pérsia é única entre os países ou áreas culturais que estudamos até agora. Desertos e montanhas dão à terra fronteiras distintas, embora tenha sido invadida muitas vezes. Usualmente, absorveu seus invasores, mas o processo de absorção levou a um mosaico de nômades tribais e agricultores sedentários com costumes distintos. O persa é a língua nacional, mas muitas pessoas falam dialetos do turco, curdo ou árabe. Sua religião é o islã, mas os persas adotam o ramo xiita dos Doze Imames. Geralmente, em sua história, a Pérsia foi uma entidade política distinta, mas historiadores costumam descrevê-la pelo nome de sua família governante durante a época em questão – e a Pérsia teve inúmeras dinastias.

Recapitulação histórica

Começando no final do século XVIII, a família governante da Pérsia era a dinastia qajar. Sob os qajars o país encolheu para suas fronteiras atualmente reconhecidas, perdendo para a Rússia as Montanhas do Cáucaso e partes da Ásia Central, e renunciando todas as pretensões ao Afeganistão e ao que é agora o Paquistão. Teerã, uma aldeia próxima às montanhas Elburz, tornou-se capital da Pérsia durante o governo dos qajars, como tem sido desde então. Muitos persas são consternados pela dinastia qajar. Sua ocidentalização ficou para trás da ocidentalização do Império Otomano. Sua resistência à expansão russa foi débil. Ela convidou a penetração e exploração comerciais dos britânicos e outros comerciantes estrangeiros. Seus súditos, liderados por seus *ulama* (a quem chamavam *mollahs*) e comerciantes de bazares, resistiram à sujeição política e econômica a esses estrangeiros. Essa resistência foi chamada fanatismo muçulmano (pelos imperialistas do século XIX) ou nacionalismo persa (por escritores do século XX); sem dúvida, sentimentos políticos e religiosos coexistiam. Um resultado foi a constituição de 1906, que criou uma assembleia representativa, as majlis, para limitar o poder do xá.

O constitucionalismo sozinho não poderia construir uma nação. Incapaz de unir as diversas unidades militares em um exército, incapacitado por tribos fortes e sem lei, incapaz de coletar os impostos para cobrir suas despesas, o governo qajar estava fraco. Além disso, Grã-Bretanha e Rússia concordaram, em 1907, em criar esferas de influência na Pérsia. Tropas russas ocuparam o terço norte do país antes e durante a Primeira Guerra Mundial. Vários exércitos disputavam o controle das partes do sul mantidas pelos britânicos, protegendo novos poços, oleodutos e refinarias da Companhia de Petróleo persa. Durante a guerra, um coronel alemão formou um exército rebelde nas terras ao norte do Golfo. Em outras partes da Pérsia, agentes alemães incitaram atos de assassinato e sabotagem contra cônsules britânicos ou russos e comerciantes. A Revolução Bolchevique de 1917 reduziu a pressão russa sobre a Pérsia, quando o novo regime comunista soviético renunciou às pretensões czaristas. A derrota da Alemanha e do Império Otomano em 1918 deixou a Grã-Bretanha como a única candidata estrangeira ao controle.

O apogeu do poder britânico

Em 1919, a Grã-Bretanha parecia pronta para absorver a Pérsia uma vez que detinha a maior parte das terras árabes. Tropas imperiais britânicas ocupavam o Iraque; guardavam grande parte dos sultanatos, emirados e xecados ao longo do Golfo; invadiram as repúblicas do Cáucaso, que foram formadas com a retirada dos otomanos; e ajudaram as forças russas Brancas contra os bocheviques. A Grã-Bretanha ofereceu aos qajars um tratado que teria transformado a Pérsia em um protetorado velado. Mas a oposição popular ao tratado proposto foi tão feroz que as majlis jamais o ratificaram, tornando-se uma letra morta.

Como mostramos em outra parte, os anos 1919-1920 marcaram a maré alta do poder britânico no mundo muçulmano. A revolta kemalista na Turquia, os levantes nacionalistas no Egito e no Iraque, as revoltas árabes na Palestina, a relutância da Grã-Bretanha em defender as repúblicas caucasianas (Azerbaijão, Armênia e Geórgia), seu triste desempenho em sua terceira Guerra Afegã (1919), e o fracasso de esforços Aliados em subjugar os bolcheviques em outra parte, considerados juntos, marcaram uma virada na política britânica. O público estava clamando para trazer os soldados para casa. O parlamento não podia comprometer fundos para uma ocupação longa. Londres, portanto, tinha reduzido sua presença no Oriente Médio.

Mas a integridade territorial da Pérsia ainda estava ameaçada. Revoltas separatistas, auxiliadas pelos bolcheviques, eclodiram, em 1920, nas províncias do norte de Gilan e do Azerbaijão. Oficiais britânicos permaneceram como treinadores para várias unidades do exército persa, mas eram grandemente malvistas. A Pérsia queria que todas as tropas estrangeiras se retirassem. Consequentemente, Teerã negociou um tratado com Moscou no começo de 1921. Os soviéticos removeram suas tropas, renunciaram a todos os privilégios extraterritoriais, cancelaram débitos e entregaram todas as propriedades russas na Pérsia. Mas o tratado tinha um artigo que permitia à União Soviética enviar tropas sempre que se sentisse ameaçada por outro exército estrangeiro que ocupasse o solo iraniano. Embora os soviéticos tenham invocado essa cláusula mais tarde, ela ajudou a Pérsia, em 1921, a libertar suas terras tanto das tropas russas como das britânicas.

O surgimento do Xá Reza

Cinco dias antes de o pacto soviético-persa ter sido assinado, um oficial na brigada cossaca persa (uma força policial local treinada pelos russos) derrubou o regime em Teerã. Esse oficial, Reza Khan, um nativo de Mazandaran, ascendeu à notoriedade na brigada logo após a Primeira Guerra Mundial. Tendo ajudado a expulsar o comandante pró-bolchevique, Reza assumiu seu regimento de infantaria e organizou uma sociedade secreta de oficiais persas opostos tanto ao controle britânico quanto ao russo. Um motim geral dos cossacos persas resultou na demissão de todos os oficiais russos deixados na brigada. Reza, vendo quão facilmente havia tomado o controle da força mais poderosa da Pérsia, sentiu-se encorajado a entrar para a arena política. Trabalhando com um jovem jornalista idealista, Sayyid Ziya ud-Din Tabatabai, Reza levou seus cossacos a Teerã e expulsou o ministério existente em 21 de fevereiro de 1921. Ziya se tornou o primeiro-ministro e Reza o comandante-em-chefe do exército persa. Eles lançaram um programa de reforma vigoroso e abrangente, mas Ziya se manteve no poder somente por três meses. Contraposto por muitos de seus ministros e provavelmente por Reza, renunciou e foi para o exílio.

O governo da Pérsia afundou em sua costumeira anarquia. As majlis abriram uma nova sessão com seus deputados exigindo reformas financeiras e burocráticas. O último dos qajars, o Xá Ahmad, continuava tentando deixar o país. Os antigos políticos estavam divididos e desanimados. Reza, que se tornou ministro de guerra, era o poder real por trás do trono. Ele uniu a Pérsia ao restaurar a segurança pública, consolidando seus vários exércitos, e suprimindo rebeldes tribais, comunistas e outros dissidentes. Após um atentado contra sua vida em 1923, Reza prendeu o premiê e fez o Xá Ahmad indicá-lo em troca. O xá partiu para a Europa, e nunca retornou.

Reza pretendia declarar a Pérsia uma república, seguindo o exemplo de Kemal na Turquia, mas os *ulama* xiitas, temendo um regime secular, mobilizaram uma oposição nacional. Reza ameaçou renunciar, mas finalmente desistiu. Ele igualou as coisas substituindo o gabinete, nomeando ministros que, embora mais competentes, eram também mais compatíveis com seus próprios desejos. Ele, então, partiu para suprimir uma revolta em Khuzistão, seguido por uma peregrinação aos santuários xiitas em Najaf e Karbala para tranquilizar os *mollahs*. Ele retornou a Teerã determinado a assumir o governo. Embora as majlis hesitassem, ele foi adiante para forjar grandes reformas. Uma dessas agora se coloca como seu maior feito – a Ferrovia Trans-Iraniana, que conecta o Mar Cáspio ao Golfo. Essa ferrovia foi financiada sem empréstimos estrangeiros, paga pela tributação sobre açúcar e chá, dois artigos principais da dieta persa.

Em um espírito nacionalista, as majlis, em 1925, adotaram o antigo calendário solar persa em lugar do calendário lunar muçulmano, e fizeram com que cada um assumisse um nome de família. Reza adotou o sobrenome Pahlavi, o nome da língua persa pré-islâmica. As majlis foram adiante para depor o Xá Ahmad, abolir a dinastia qajar e proclamar Reza Khan o novo governante da Pérsia. Ele se tornou oficialmente o Xá Reza em dezembro de 1925, e, depois, coroou sua própria cabeça em uma cerimônia formal.

As reformas de Reza

O Xá Reza foi o regenerador da Pérsia assim como Kemal, a quem admirava, foi o pai da Turquia moderna. Os dois líderes são, muitas vezes, comparados, usualmente em desvantagem para Reza. Mas esses reformadores nacionalistas enfrentaram condições diferentes. Kemal havia conquistado fama como um general bem-sucedido em um exército perdido, enquanto Reza era conhecido por apenas alguns oficiais quando liderou o golpe de 1921. A Turquia era herdeira de mais de um século de reformas ocidentalizadoras; tinha um quadro de funcionários e oficiais treinados para realizarem os programas de Kemal. A Pérsia tinha menor exposição para o Ocidente. Kemal expressava o desencantamento em relação ao islã sentido por muitos turcos e equiparava ocidentalização com "civilização". Poucos turcos se importavam com sua própria herança pré-islâmica nas distantes estepes asiáticas. Reza não pôde fazer o mesmo rompimento com o passado persa. Seu povo continuava leal aos *mujtahids* e *mollahs* xiitas. Embora combatesse essa influência muçulmana, Reza também viu que a herança pré-islâmica da Pérsia era viva e importante para seus súditos. Para promover seu programa de reformas, monumentos sassânidas foram vestidos, o zoroastrismo ganhou tolerância oficial, e a língua persa foi purgada de algumas de suas palavras árabes. Em um rompimento mais drástico com o passado, Reza mudou o nome de seu país de Pérsia para Irã (terra dos arianos) em 1935. Essas mudanças simbólicas fortaleceram o orgulho nacional e distanciaram o Irã do islã e do mundo árabe.

Um dos subordinados de Reza sumarizou suas reformas sob quatro títulos: (1) liberação da dominação política e econômica estrangeira, (2) estabelecimento de segurança interna e de um governo centralizado, (3) reformas administrativas e progresso econômico, e (4) reformas sociais e progresso cultural. Vamos escrutinizar cada um mais atentamente.

A libertação da dominação estrangeira envolvia mais do que expulsar as tropas britânicas e russas. Significava também ter iranianos patrulhando a costa do Golfo; tomando conta dos bancos, da moeda, telefonia e telegrafia; e obter o direito de processar estrangeiros acusados de crimes e de determinar e coletar impostos alfandegários sobre importações. Reza foi bem-sucedido em implementar cada reforma até tentar anular a concessão da Companhia de Petróleo Anglo-Persa (mais tarde renomeada Anglo-Iraniana). A Grã-Bretanha levou o problema para a Liga das Nações. A companhia finalmente concordou em aumentar os *royalties* ao governo iraniano, que, em troca, estendeu a concessão por trinta anos. Mais tarde, muitos iranianos acusariam Reza de ser corrompido por subornos britânicos.

O fortalecimento do governo nacional do Irã exigia o enfraquecimento das tribos nômades. Muitas haviam se assentado, seus chefes por vezes sendo postos sob prisão domiciliar. Aqueles que tinham permissão para permanecer nômades muitas vezes moviam seus rebanhos sob escolta policial. O exército foi reorganizado, com melhores armas, treinamento, quartéis e instalações de cuidados médicos. Todas as forças de segurança passaram ao controle central. Uma polícia política rudimentar apareceu.

O Irã adquiriu, gradualmente, um serviço civil, códigos e cortes legais de estilo europeu, um orçamento estatal e um sistema nacional para registrar nascimentos, transferências de terras, casamentos e mortes. Estradas pavimentadas para carros e caminhões, quase não existentes em 1921, cruzavam de um lado ao outro o Irã em 1941. Muitas vezes acusado de roubar as terras dos agricultores para aumentar suas próprias posses, Reza alegava que desejava que suas propriedades servissem como fazendas-modelo para descobrir e ensinar novos métodos. Suas fábricas modernas e prédios públicos imponentes provavelmente mais elevavam o moral do que beneficiavam de fato a nação.

Para Reza, reformas sociais significavam educação. A escolaridade aumentou drasticamente em todos os níveis, para meninas assim como para meninos. Embora a abertura da Universidade de Teerã por Reza em 1935 seja bem conhecida, ele se preocupava mais com a educação básica dos agricultores e trabalhadores. Escolas noturnas proliferaram, e o exército se tornou um vasto programa de treinamento. Oficiais foram encarregados de ensinar suas tropas a ler, escrever e as operações matemáticas básicas. Se algum soldado não adquirisse essas habilidades ao final de seu período de dois anos, o comandante de sua unidade não seria promovido. Esportes e jogos, por muito tempo, fizeram parte da cultura do Irã, embora muitos *mollahs* se opusessem a eles; Reza fez da boa forma física e de disputas de atletismo um culto. Ele não atacou o islã organizado diretamente (como Ataturk havia feito), mas por vezes aborrecia os *mollahs* ao beber vinho ou cerveja em público, e insistia em que todos os homens que vestissem o costume dos *ulama* passassem por avaliações para provarem seu direito de fazê-lo. Ele seguiu o exemplo de Ataturk ao exigir que homens iranianos se vestissem com roupas ao estilo europeu e o superou ao proibir as mulheres de velar suas faces. Essa reforma ofendeu profundamente os muçulmanos conservadores, que argumentavam que os ocidentais se oporiam caso as mulheres de todas as idades tivessem de sair em público com a parte de cima do corpo descoberta.

A queda de Reza

Embora o Xá Reza tenha tentado por muitos anos transformar o Irã, os resultados muitas vezes o desapontaram. Um homem impaciente, nunca pôde delegar tarefas. Tentando reduzir a dependência do Irã em relação à Grã-Bretanha, buscou outros estrangeiros para aconselhá-lo sobre reformas. Quando uma missão americana melhorou a administração fiscal do Irã na década de 1920, mas atraiu poucos investidores, Reza fez o diretor se demitir e, aos poucos, retirou seus subordinados. O governo americano não interveio, para grande surpresa dos iranianos. A Alemanha fez mais. Um diretor alemão competente fortaleceu o Banco Nacional do Irã no começo da década de 1930. Após Hitler assumir o poder, empresários e conselheiros alemães afluíram ao Irã. Reza e muitos de seus súditos ficaram lisonjeados pelas teorias nazistas, que tratavam o Irã como a nação ariana original. Quando as forças nazistas invadiram grande parte da Europa no começo da Segunda Guerra Mundial, os britânicos tinham razão para temer a presença da Alemanha no Irã. Em 1941, um grupo de oficiais nacionalistas assumiu brevemente o controle do vizinho Iraque. Suspeitando que eles apoiassem os nazistas, a Grã-Bretanha interveio para instalar um regime pró-Grã-Bretanha. Quando Hitler repentinamente invadiu a União Soviética naquele junho, tanto britânicos quanto soviéticos enviaram tropas ao Irã. Uma vez mais a independência do Irã fora violada. Relutantes em aceitar uma ocupação militar que pudesse desfazer suas reformas, Reza abdicou em favor de seu filho, Mohammad, partiu para o exílio, e morreu três anos mais tarde.

O surgimento da Arábia Saudita

Atualmente, as pessoas pensam que a Arábia Saudita é um país rico, moderno e influente. Todavia, até 1945, era pobre e considerado atrasado. A pátria do islã e do arabismo fora um lugar atrasado desde o Alto Califado. Se Istambul estava na vanguarda dos movimentos de reformas ocidentalizadoras até este século, poucas partes do Oriente Médio poderiam se opor mais a eles do que a Arábia Central, especialmente a área isolada conhecida como Najd. Situada entre montanhas inférteis, desprovida de qualquer saída para o mar, Najd não atraía comerciantes estrangeiros ou imperialistas ocidentais. Grande parte de seu povo era de beduínos; algumas pequenas cidades continham comerciantes e *ulama* árabes. Nossa única referência a essa área tem sido mencionar o surgimento dos wahhabis, cujas crenças puritanas ainda prevalecem no Reino atual da Arábia Saudita.

Antecedentes históricos

A história começa em meados do século XVIII, quando um jovem estudioso árabe, Muhammad ibn Abd al-Wahhab, torna-se um hanbali – o mais estrito dos quatro ritos canônicos da lei muçulmana sunita. Os hanbalis contemporâneos passaram a se opor a certas práticas associadas ao islã popular, como venerar santos e suas tumbas. Quando esse Muhammad começou a pregar e escrever em sua cidade natal sobre purificar o islã dessas práticas, seus próprios parentes o expulsaram. Refugiando-se em uma aldeia próxima, converteu seu protetor, Muhammad ibn Sa'ud, a suas doutrinas. Assim unidos, os dois Muhammads partiram para converter as tribos árabes próximas, com o filho de Abd al-Wahhab como guia espiritual (daí, o termo *wahhabi* para a seita) e o filho de Sa'ud como líder militar e político (razão pela qual falamos da dinastia saudita). No final do século XVIII e no começo do XIX, os sauditas conseguiram difundir seu governo e as doutrinas wahhabi a grande parte da Arábia, usando métodos como aqueles dos carijitas nos séculos anteriores. Eles inclusive tomaram Meca e Medina, destruindo ou danificando muitas das tumbas e outros santuários que eram parte da *hajj* muçulmana. Você deve recordar que o sultão otomano enviou o exército de Mehmet Ali para o Hijaz para expulsar esses wahhabis, cuja ameaça aos otomanos, nessa área importante, poderia minar sua legitimidade também em outras terras muçulmanas. Após anos de luta, a combinação saudi-wahhabi foi derrotada, e os otomanos guarneceram o Hijaz. Embora o wahhabismo continuasse a se difundir na região do Golfo e mesmo na Índia, a família saudita foi confinada à Arábia Central e leste. Ela lutou contra a dinastia rashid que, com o apoio otomano, parecia, na década de 1900, ter derrotado a casa de Sa'ud.

O homem que chamamos Ibn Sa'ud (os sauditas o chamam Abd al-Aziz ibn al-Rahman) nasceu em Riyadh, lar de sua família, em 1880. Quando tinha dez anos, os rashids os expulsaram. Os sauditas buscaram refúgio próximo a Rub' al-Khali (o Quarto Vazio, ao leste da Península Árabe), na Bani Murrah, uma tribo tão pobre e primitiva que seu povo é chamado os beduínos dos beduínos. Entre esses desesperados do deserto, Ibn Sa'ud aprendeu a cavalgar e a atirar habilmente, e a lidar com outras tribos árabes. Mais tarde, os sauditas ganharam asilo do xeique do Kwait, depois, um porto de pesca próximo à nascente do Golfo. Ibn Sa'ud começou a aprender sobre os estrangeiros que agora cobiçavam a Península Árabica. Em 1900 a Arábia já tinha uma combinação complicada de governantes locais e estrangeiros. O Sultão Abdulhamid estava estendendo o controle otomano a terras anteriormente autônomas, como a região costeira ao leste de Najd chamada al-Hasa. Alguns dos xeiques árabes, ao longo do Golfo, haviam feito tratados deixando os britânicos administrarem sua defesa e relações exteriores. Mas o jovem Ibn Sa'ud não ansiava pela proteção de cristãos estrangeiros nem pela dependência dos otomanos, desdenhados pelos wahhabis como apóstatas do islã; ele desejava retomar Riyadh da dinastia rashid. Chefiando um pequeno bando de wahhabis leais em um ataque noturno, ele capturou sua capital ancestral em 1902. Assim, começou um épico que tem sido contado vezes sem conta por cronistas sauditas e estrangeiros.

A emergência do reino saudita

Esse épico conta como, ao longo de trinta anos, muitas das tribos e emirados da Península Arábica se tornaram unidas sob o governo de Ibn Sa'ud. O processo envolveu muitos ataques beduínos, batalhas e guerras entre a combinação saudi-wahhabi e outros candidatos ao poder. Tendo subjugado a dinastia rashid, apoiada pelos otomanos em 1906, a combinação começou a controlar as tribos do centro e do leste da Arábia. Poucos estrangeiros notaram até que os guerreiros de Ibn Sa'ud atacaram o reino do Hijaz, o Estado do xarife Husayn (cf. capítulo 13). Quando ele conquistou o Hijaz e assumiu o controle das cidades sagradas do islã, em 1924, Ibn Sa'ud se tornou o mais respeitado líder na Arábia – na verdade, de todo o mundo árabe. Quão diferente a história teria sido se a Grã-Bretanha tivesse considerado seu escritório na Índia durante a Primeira Guerra Mundial e apoiado Ibn Sa'ud em vez dos hachemitas.

Ibn Sa'ud venceu, porque acreditava no islã wahhabi e impôs suas normas entre seus seguidores, usando a crença religiosa para temperar o amor beduíno pela batalha e pilhagem. Suas convicções, junto à sua coragem física e magnetismo pessoal, levaram milhares de árabes a amá-lo e obedecê-lo. Suas habilidades eram tanto maritais quanto marciais; tanto suas vitórias quanto seus casamentos foram incontáveis. Grande parte das núpcias de Sa'ud serviu para cimentar a paz com as tribos que havia subjugado. Como ele permaneceu dentro do limite alcorânico de quatro esposas? Ele se divorciou da maior parte delas, retornando-as aos seus guardiões. Todavia, as pessoas diziam que qualquer mulher que se casou com Ibn Sa'ud, ainda que brevemente, amou-o pelo resto de sua vida. Perguntamo-nos quem poderia verificar isso – ou como!

Outro modo pelo qual Ibn Sa'ud controlou as tribos foi uni-las em uma organização religiosa chamada os *Ikhwan* (Irmãos). Ele persuadiu esses beduínos a abandonarem o nomadismo camelino pela agricultura. Embora muitos deles nunca tenham aprendido a empurrar um arado, seu assentamento em aldeias agrícolas os tornou mais tratáveis, mais dispostos a ouvir os ensinamentos dos *ulama* wahhabis de Riyadh, e mais disciplinados nas batalhas. Sem o Ikhwan, os sauditas não poderiam ter unido grande parte da Arábia dentro de uma geração.

Mas algumas partes da Arábia jamais caíram sob seu controle. Como Ataturk, Ibn Sa'ud conhecia seus limites. Uma vez tendo tomado Asir, o reino entre o Hijaz e o Iêmen, e formalmente criado o Reino da Arábia Saudita, em 1932, suas conquistas cessaram. Após uma breve guerra dois anos mais tarde, Ibn Sa'ud desisitiu de todas as suas pretensões ao imamado do Iêmen. Essa magnanimidade foi sábia, pois os montanheses iemenitas eram xiitas zaydi que haviam resistido ao governo wahhabi (sunitas hanbalis) dos sauditas. Ele também dispensou os Ikhwan em 1930, após ser necessário atacar tribos no Iraque, na época um mandato britânico. Raramente, os sauditas atacavam governantes árabes sob proteção britânica, como Abdallah da Transjordânia, o xeique (mais tarde emir) do Kuwait, outros xeiques na costa do Golfo, o sultão de Muscat e Omã, ou os governantes ao sul da Arábia ao leste do Aden. Na década de 1940, Ibn Sa'ud era o estadista ancião dos árabes. Mesmo seus rivais hachemitas na Transjordânia e no Iraque, embora se ressentissem de terem expulsado seu pai do Hijaz, passaram a respeitar Ibn Sa'ud.

As descobertas de petróleo e seus efeitos no reino saudita

Considerando como o mundo é agora, é fácil esquecer que Ibn Sa'ud e seu reino foram extremamente pobres durante a maior parte de sua vida. Najd era uma terra montanhosa ressequida pelo sol longe do mar, o Golfo provia somente pérolas e um escasso comércio com Hasa, Asir tinha planaltos adequados para agricultura, e o Hijaz provia uma exígua receita da *hajj* anual. Cerca de 150.000 peregrinos vinham a Meca a cada ano; menos de um duodécimo do número que faria a peregrinação anualmente no começo do século XXI. A economia da Arábia Saudita dependeu da tâmara e do camelo até o final da década de 1930. Várias companhias britânicas haviam sido bem-sucedidas em prospectar petróleo em algumas províncias sauditas. Havia minas de ouro abandonadas, e se pensava em toda parte que a Arábia contivesse outros minerais valiosos; mas seu clima duro, os beduínos rapaces e o fanatismo wahhabi desencorajaram exploradores estrangeiros. Ouviu-se certa vez Ibn Sa'ud dizer: "Se alguém oferecesse um milhão de libras, teria acesso a todas as concessões que desejasse em meu país".

O homem da hora foi um americano chamado Charles Crane, o fabricante de tubulações que serviu na Comissão King-Crane em 1919. Após uma estada no Iêmen, onde financiou uma busca por minerais, Crane visitou Ibn Sa'ud em 1931. Eles discutiram uma busca similar no Hijaz, esperando encontrar água subterrânea o bastante para ser encanada até Jidda (o porto de Meca). Mas o engenheiro de mineração de Crane, Karl Twitchell, em pouco tempo determinou que não existia nem água nem petróleo em quantidades suficientes sob o extensamente estéril Hijaz. Em 1933, Twitchell retornou, trabalhando dessa vez para a Standard Oil da Califórnia (Chevron), que ofereceu um preço mais alto a um representante britânico da Companhia de Petróleo do Iraque (Iraq Petroleum Company, agora BP) pelos direitos de exploração no leste da Arábia. Por um empréstimo equivalente a 50.000 soberanos (cerca de 300 mil dólares, agora o equivalente a 3 milhões de dólares), mais uma renda anual de 5.000, Ibn Sa'ud deu aos americanos uma concessão de seis anos para procurar petróleo em Hasa, com direitos preferenciais de exploração em qualquer lugar em seu reino. Eles concordaram em fazer empréstimos adicionais caso fosse encontrado petróleo em quantidades comercializáveis, mais um *royalty* de um soberano (60 dólares hoje) para cada cinco *long tons* (um "*long ton*" equivale a 2.240 libras) de petróleo extraído do território saudita.

Cinco anos de exploração e perfuração seguiram-se antes que os americanos encontrassem petróleo em 1938 em Dhahran e começassem a enviar barris para a refinaria britânica na ilha próxima de Bahrain, já um país exportador de petróleo. Em breve, construiriam sua própria refinaria, tanques de armazenagem e plataforma de carga no Golfo. Técnicos petrolíferos, mestres de construção, e equipamentos inundaram Dhahran, que se tornou uma "Pequena América" repleta de gramados, piscinas, prédios com ar-condicionado, e um supermercado onde os americanos podiam comprar as mercadorias enlatadas, gomas de mascar e cigarros que conheciam em casa. Nessa época, a Companhia de Petróleo do Texas havia se juntado à californiana Standard na criação de uma subsidiária oficialmente nomeada Companhia de Petróleo Americana Árabe (Arabian American Oil Company), mas apelidada Aramco. A escassez de petroleiros durante a Segunda Guerra Mundial desacelerou suas operações, mas a Aramco, com o tempo, passou a vender petróleo para as forças americanas no Pacífico. Após a guerra, novas explorações e descobertas de petróleo elevaram a produção saudita para 1,3 milhão de barris por dia em 1960, 3,8 milhões em 1970 e mais de 10 milhões em 1981, quando a receita anual de petróleo do reino atingiu 113 bilhões de dólares. Considera-se que mais de um quarto das reservas comprovadas de petróleo do mundo esteja em território saudita.

A exploração de petróleo do Oriente Médio foi a mudança mais revolucionária daquela época. Karl Twitchell, certamente, não era Karl Marx, mas o resultado de seus esforços – ampliados por geólogos e exploradores posteriores da Aramco – transformaram a vida econômica, social, cultural e moral dos árabes sauditas. Nenhum povo ou país do Oriente Médio ficou intocado pelo banho de riqueza saudita. Seus efeitos na economia mundial serão discutidos adiante, mas, por agora, vamos dizer que a riqueza do petróleo tornou o governo saudita o mais influente do mundo árabe.

O que não é muito conhecido é que a Arábia Saudita teve muito pouco governo enquanto Ibn Sa'ud governou. Durante boa parte desse período, a Arábia Saudita foi "governada" na medida em que Ibn Sa'ud tinha o charme pessoal e, se necessário, a força para subjugar (e coletar impostos das) tribos beduínas dentro de seu reino. Qualquer dinheiro que obtinha dos xeiques tribais, dos peregrinos ou da Aramco ia para seu tesouro privado. Era usado para manter seu palácio, sustentar seu harém, aumentar seus rebanhos de cavalos e camelos árabes, ou para conceder presentes suntuosos para seus visitantes estrangeiros ou a seus súditos; cada um deles poderia ir diretamente a Ibn Sa'ud para aventar seus descontentamentos e obter justiça. Não havia gabinete formal; Ibn Sa'ud falava com seus parentes e alguns conselheiros estrangeiros, mas tomava suas próprias decisões. Não havia banco estatal; os soberanos eram armazenados em arcas de madeira. As leis eram as do Alcorão e da *sunna*, administrada pelos *ulama* hanbalis. Ladrões tinham suas mãos decepadas. Assassinos eram decapitados. Tribos desobedientes eram multadas ou banidas de suas terras de pastagem. Os wahhabis obrigavam todos os muçulmanos sauditas a rezarem cinco vezes ao dia, indo de casa em casa para garantir a observância. Álcool e tabaco eram estritamente proibidos aos muçulmanos, assim como roupas, cinemas, música, danças e mesmo (durante um tempo) rádios e telefones ocidentais.

Imagine o efeito da Pequena América em Dhahran, onde os empregados estrangeiros da Aramco viviam em fazendas com suas esposas (que não usavam véus), construíam destilarias em salas dos fundos, davam festas, não rezavam cinco vezes ao dia, e abriam suas clínicas e hospitais aos árabes sauditas, muitos dos quais nunca tinham visto um médico na vida. Como poderia Deus abençoar esses cristãos estrangeiros mais do que os muçulmanos que o temiam e veneravam? Imaginem o que aconteceu quando os filhos e netos de Ibn Sa'ud foram ao exterior em missões diplomáticas ou educacionais. Palácios apareceram repentinamente em torno de Riyadh em imitação do que os sauditas haviam visto em Paris, Londres e Hollywood. E camelos deram lugar a Cadillacs, embora tenham demorado para treinar alguns mecânicos locais para os manter e consertar.

Ibn Sa'ud não estava preparado para a repentina riqueza que o petróleo trouxe ao seu reino. Envelhecendo, e cego de um olho, viveu para ver a corrupção e a licenciosidade se espalharem entre seus cortesãos e mesmo entre alguns de seus filhos, ferindo sua consciência e afrontando sua moral. Ele não entendia de economia. Quando lhe disseram que seus súditos não tinham condições de comprar comida, ordenou à Aramco que dobrasse os salários que pagava aos empregados sauditas, somente para ver a inflação piorar. A política também o desconcertava. Ele se sentiu traído pelas políticas palestinas dos países em que confiava, a Grã-Bretanha e os Estados Unidos. Quando encontrou o Presidente Franklin Roosevelt, em 1945, Ibn Sa'ud lhe perguntou por que os Aliados não poderiam tomar as casas e terras dos alemães para abrigar os sobreviventes das atrocidades de Hitler, em vez de punir os árabes da Palestina exigindo um Estado judeu. Roosevelt prometeu não agir na Questão Palestina (cf. capítulo 16) sem consultar tanto árabes como judeus. Seis semanas depois, ele morreu, e o próximo presidente, Harry Truman, ignorou sua promessa. Mas Ibn Sa'ud não podia realmente atacar os americanos por apoiarem Israel quando sua companhia estava extraindo seu petróleo, enchendo seus cofres e construindo uma ferrovia de Riyadh ao Golfo. Além disso, ele odiava mais o comunismo soviético.

Conclusão

Três países do Oriente Médio resistiram ao período entre as duas guerras – o apogeu do controle ocidental sobre a área – sem se tornar colônias, protetorados ou mandatos. Cada país estabeleceu as fronteiras que tem tido desde então. Cada governo restringiu grupos que haviam confrontado o poder de governantes anteriores. A renda pessoal aumentou, mais crianças (e adultos) foram à escola e a saúde pública melhorou.

Esses não eram regimes democráticos. Em cada caso, o agente para a mudança foi um líder militar que conquistou o respeito e a obediência de seus súditos. Oficiais se tornaram a principal força para a modernização no Oriente Médio. Como a eficiência é essencial nas operações militares, os comandantes aplicam os mesmos padrões e empregam métodos similares para administrar seus países. Líderes nacionalistas podem persuadir súditos por outro lado recalcitrantes a fazerem sacrifícios pelo bem comum. Mas o quanto renunciarão? E se as condições mudarem, como ocorreu no Irã e na Arábia Saudita?

Esses reformadores levantaram outras questões. A modernização pode ser sustentada sem um conjunto de valores partilhados entre aqueles que mandam e aqueles que obedecem? Kemal Ataturk via o islã como uma barreira ao progresso e tentou reduzir sua influência, mas o nacionalismo não substituiu o islã nos corações e mentes de muitos turcos. A Turquia também continha uma grande minoria curda a qual Kemal nomeara erroneamente "Turcos da Montanha". O Xá Reza era ambivalente sobre o islã. Seu programa de reformas empoderou uma elite ocidentalizada às custas dos líderes muçulmanos do Irã, que se vingaram após a Revolução de 1979. A devoção de Ibn Sa'ud ao islã uniu um bando de tribos díspares sob seu governo, mas seus valores puritanos se chocaram com as inovações que inundaram seu país devido às receitas com o petróleo. Ele morreu um homem amargamente desiludido.

Nenhum desses líderes, por mais que tivessem tentado forjar seu povo em estados-nação, conseguiu estabelecer um conjunto de valores para guiar seus sucessores. Todos equipararam ocidentalização com modernização. Você verá mais adiante, em nossa história, que os dois processos não são o mesmo, que líderes autoritários continuaram a exercer o poder, e que o povo, por vezes, encontrou modos de desafiá-los.

15 O Egito e o Crescente Fértil durante o domínio europeu

Após a Primeira Guerra Mundial, quando os Aliados vitoriosos se encontraram em Paris para determinar o destino de seus inimigos derrotados, tanto o povo egípcio quanto os árabes do Crescente Fértil se tornaram independentes. O Presidente Wilson havia declarado no duodécimo de seus Quatorze Pontos em janeiro de 1918 que:

> à porção turca do presente Império Otomano deveria ser garantida uma soberania, mas às outras nacionalidades que estão agora sob o governo turco deveria ser garantida uma segurança de vida indubitável e uma oportunidade de desenvolvimento autônomo absolutamente sem interferências.

Você recém viu como, após a guerra, os turcos lutaram contra os gregos e os Aliados para manter sua independência, mas e os povos falantes do árabe que predominavam no Crescente Fértil? Também registramos que foi ofertado aos curdos e aos armênios, anteriormente sob o governo otomano, o autogoverno pelo Tratado de Sèvres de 1920, mas não o conquistaram. Embora o Egito não fosse mais governado pelo Império Otomano, os Aliados não haviam ainda reconhecido o protetorado da Grã-Bretanha, proclamado em dezembro de 1914. Egípcios e árabes achavam que o governo americano desejasse a autodeterminação para todos os povos, não somente os europeus.

Eles estavam errados. Para Egito, Iraque e Síria, de 1918 até após a Segunda Guerra Mundial, a promessa de independência foi uma miragem evanescente, sempre no horizonte, mas nunca conquistável. Os árabes dizem *Bukra fi al-mishmish*, significando "Amanhã na [estação do] damasco". Dizemos isso quando uma pessoa promete fazer algo amanhã, mas duvidamos que ela jamais consiga fazê-lo. No Egito, os britânicos garantiram "independência completa", em 1922, mas ainda enviaram suas tropas à zona do Canal de Suez, ao Cairo e à Alexandria. Eles também poderiam afastar o rei ou o governo popularmente eleito quando necessitassem assegurar a obediência do Egito aos interesses imperiais britânicos. Os britânicos não se importavam com os egípcios, mas somente com a posição estratégica do Egito. O Iraque também era importante para as necessidades estratégicas do Império Britânico, porque controlava os rios Eufrates e Tigre, sediava instalações importantes para a Força Aérea Real e cada vez mais petróleo próximo a Mosul e Kirkurk. O controle britânico do Iraque foi apoiado por um mandato de uma Liga das Nações e por uma sucessão de tratados anglo-iraquianos, mesmo que frequentes rebeliões mostrassem que o povo iraquiano não desejava as tropas britânicas em meio a eles. Os sírios constantemente resistiram ao mandato francês, que nunca desejaram a despeito das antigas alegações francesas de vínculos culturais e comerciais com as terras ao leste do Mediterrâneo.

A luta do Egito pela independência

Por mais de um século o Egito foi muito importante em qualquer discussão sobre a política do Oriente Médio, estivesse o país atuando ou sendo manipulado. Uma razão para isso é o Canal de Suez, tão estratégico e economicamente importante para qualquer Estado que desejasse ser uma grande potência. Outra é a posição do Egito na vanguarda das reformas ocidentalizadoras, retrocedendo a Napoleão e a Mehmet Ali. Nos tempos modernos, o Egito tem sido usualmente o líder dos países árabes; todavia, experienciou uma longa e complicada luta por independência. Por séculos, o Egito foi valorizado pelas potências estrangeiras como um objeto a ser dominado e mantido, como um símbolo de poder imperial, como um meio de influenciar o resto do mundo árabe, ou como um trampolim para a Ásia ou para o Mar Mediterrâneo – mas nunca como Egito.

E com relação aos próprios egípcios? Em vez de serem atores, têm sido, por muito tempo, manipulados. Com séculos de experiência como um capacho para invasores, opressores e exploradores de fora, não surpreende que muitos egípcios desconfiassem dos estrangeiros que viviam ou viajavam em seu país. Afinal, nenhum egípcio governou o Egito desde o tempo dos faraós até a queda do Rei Faruq em 1952. Mesmo seus aristocratas eram principalmente estrangeiros. Na luta do Egito pela independência, o principal antagonista por setenta e cinco anos foi a Grã-Bretanha. Com razão, o Egito foi uma província autônoma do Império Otomano de 1841 a 1914.

Na realidade, foi uma terra sob ocupação britânica desde 1882. Decisões importantes sobre como governar o Egito eram tomadas em Londres, não em Istambul, ou (embora localmente) na Agência Britânica e não no palácio dos quedivas. Os ministros eram fantoches nas mãos de seus conselheiros britânicos. Tanto o ocupante como o ocupado sabiam que sua relação era de poder, com a Grã-Bretanha dominante e o Egito ou passivo ou protestando, embora todos os lados observassem as delicadezas diplomáticas até à Primeira Guerra Mundial.

Quando o Império Otomano entrou na guerra contra os Aliados, em novembro de 1914, a Grã-Bretanha teve de agir. Centenas de navios de transporte de tropas estavam carregando australianos, neozelandeses e indianos através do Canal de Suez para reforçar as forças Aliadas contra a Alemanha. A Grã-Bretanha cortou as ligações otomanas vestigiais do Egito decisivamente em dezembro, e o Egito se tornou um protetorado britânico. O quediva Abbas, já vivendo na Suíça, foi deposto. Os britânicos o substituíram por um tio manipulável, Husayn Kamil (r. 1914-1917), que recebeu o título de sultão para destacar o rompimento com o Império Otomano. O Primeiro-ministro Husayn Rushdi permaneceu no posto, esperando que o Egito se tornasse independente após a guerra. O representante da Grã-Bretanha se tornou o alto comissário para o Egito e o Sudão. Alguns egípcios se rebelaram, mas muitos aceitaram essas mudanças, esperando que os otomanos e os alemães vencessem a guerra.

O perído de 1914 a 1956 foi chamado "o momento da Grã-Bretanha no Oriente Médio". Enquanto ela dominou a área, o principal drama era sua relação, raramente fácil, com o Egito. Os britânicos permaneceram no Egito porque era um trampolim para a Índia e os poços de petróleo da Arábia ou do Irã e porque era uma base em seus conflitos contra o Kaiser Wilhelm II da Alemanha, Hitler ou os comunistas. Eles tinham o poder e podiam agir; o Egito era apenas uma nação manipulada.

A Primeira Guerra Mundial

A qualidade da administração britânica no Egito, excelente até 1914, declinou durante a guerra. Muitos dos melhores administradores, que partiram ou foram convocados para o serviço militar, nunca retornaram. Hordas de novos funcionários e oficiais afluíram ao Egito, tornando o país um vasto campo Aliado. Os novos homens, inexperientes e menos sensíveis do que seus precursores em relação aos muçulmanos, muitas vezes ofenderam os egípcios. Foi necessária tanta atenção para combater o Império Otomano que a Grã-Bretanha negligenciou problemas vitais no Egito, que esteve sob governo militar ao longo da guerra.

Cairo e Alexandria estavam se tornando sobrepovoados. A escassez de alimentos elevou os preços nas cidades e outros lugares nos quais as tropas estavam concentradas. O governo do Egito, esperando aumentar o cultivo de trigo, limitou a área para o plantio de algodão, um cultivo mais lucrativo em tempo de guerra para senhores de terra e camponeses. Após ter prometido não exigir quaisquer sacrifícios do povo egípcio, os britânicos terminaram requisitando grãos, animais de carga e mesmo o trabalho dos camponeses para sua campanha para tomar a Palestina.

A Revolução de 1919

Enquanto os britânicos cresciam em número, perdiam o contato com os egípcios. Ninguém previa uma revivificação do nacionalismo egípcio após a guerra. O Partido Nacional havia declinado. Logo após a guerra ter começado, os britânicos haviam ajudado a fundar a Assembleia Legislativa, liderada por proprietários de terras e intelectuais. Um era Sa'd Zaghlul, o vice-presidente eleito do corpo representativo, que, na época, emergiu como um crítico proeminente do governo e de seus conselheiros britânicos. Filho de um próspero agricultor, Sa'd foi educado na década de 1870, na Universidade de al-Azhar, onde foi influenciado por Jamal al-Din al-Afghani. Ele, então, editou a revista do governo e apoiou a Revolução Urabi de 1882. Logo após os britânicos terem ocupado o Egito, foi preso por planejar o assassinato do quediva Tawfiq. Após ser libertado da cadeia, Sa'd foi estudar direito na França, retornou ao Egito, tornou-se juiz, e se casou com a filha do primeiro-ministro. A família de sua esposa o apresentou ao Lord Cromer, que o indicou como ministro da educação. Em um discurso público, pouco antes de deixar o Egito em 1907, Cromer descreveu Sa'd: "Ele é honesto, é capaz, tem a coragem de suas convicções, foi maltratado por muitos dos menos dignos de seus próprios compatriotas. Essas são qualificações elevadas. Ele deve ir longe".

Sa'd foi longe, mas não do modo que Cromer esperava. Ele se desligou do gabinete em 1912, após discutir tanto com os quedivas quanto com os britânicos. Durante a guerra, quando a legislatura foi fechada, Sa'd teve tempo para tramar. Ele muitas vezes jogava pôquer com o sucessor de Husayn Kamil, o Sultão Fu'ad (r. 1917-1936), que aspirava tirar o poder dos britânicos quando a guerra acabasse e, assim, apoiava Sa'd. As aspirações de Fu'ad convinham a muitos políticos egípcios, que desejavam um governo parlamentar, uma democracia liberal e o controle egípcio do Sudão, livre do protetorado britânico. Eles viam Sa'd, bem educado, honesto e destituído de fanatismo religioso, como seu porta-voz, como fora na Assembleia.

Em 13 de novembro de 1918, dois dias após o armistício europeu, Sa'd e dois de seus amigos visitaram o alto comissário britânico, Sir Reginald Wingate. Em uma conversa cordial, anunciaram seu plano para formar uma delegação (*Wafd*) para ir a Londres argumentar pela independência do Egito. Wingate lhes aconselhou paciência, mas ligou para seu país pedindo instruções. O Ministério de Relações Exteriores, ocupado e preparando-se para a iminente Conferência de Paz de Paris, recusou-se a encontrar essa delegação de políticos "desapontados e desacreditados" ou sequer receber Husayn Rushdi, que havia permanecido como primeiro-ministro ao longo da guerra, esperando que a Grã-Bretanha encerrasse seu protetorado tão logo a paz retornasse.

Durante o inverno, Sa'd anunciou que chefiaria uma delegação de seis homens para apresentar o caso do Egito pela independência antes da Conferência de Paz. Constituída por moderados proprietários de terras, essa Wafd fez circular ao longo do Egito uma petição cujos signatários autorizavam a delegação de Sa'd a representá-los na exigência de independência completa, que significava pôr um fim ao protetorado britânico e a evacuação de todas as tropas estrangeiras do Egito e do Sudão. O nacionalismo egípcio contra os britânicos estava crescendo.

Em março de 1919, o gabinete de Rushdi se demitiu e os britânicos exilaram Sa'd e seus amigos em Malta, como consequência, o movimento para apoiar a Wadf se tornou uma revolução popular, a maior de todas que ocorreram no Egito moderno. Estudantes e professores, advogados e juízes, funcionários públicos e trabalhadores do transporte entraram em greve. Aldeões se amotinaram, atacaram estações ferroviárias e cortaram linhas de telégrafo. Cada classe protestou contra o protetorado britânico; mesmo as mulheres de famílias ricas tomaram as ruas. Os *ulama* muçulmanos pregavam em igrejas cristãs, e sacerdotes cristãos davam sermões na mesquita na sexta-feira, enquanto coptas e muçulmanos caminhavam de mãos dadas, exigindo o "Egito para os egípcios". Somente quando o governo da Grã-Bretanha chamou de volta Wingate, nomeou como seu novo alto comissário o General Edmund Allenby (que havia comandado a Força Expedicionária Egípcia que tomou a Palestina), e liberou Sa'd para ir a Paris, os egípcios retornaram ao trabalho.

Quando a Wafd foi a Paris para apresentar seu caso à Conferência de Paz, os egípcios tinham altas esperanças. O Presidente Wilson, defensor do tema dos direitos políticos das nações, ignoraria aqueles da nação mais antiga do mundo? O Egito não tinha tanto direito quanto os árabes do Hijaz a uma audiência em Paris? Aparentemente, não. No dia em que a Wafd chegou a Paris, o governo americano reconheceu ao que os nacionalistas do Egito estavam se opondo – o protetorado britânico. A Wafd nunca foi convidada para discursar na Conferência. Sa'd e seus colegas puderam apenas fazer discursos que foram ignorados e cartas enviadas jamais foram lidas por aqueles com poder para redefinir o mapa político do Oriente Médio.

Os esforços britânicos para uma solução

Como a perturbação continava no Egito, o governo britânico decidiu enviar uma comissão, chefiada pelo Lord Milner, para

> investigar as causas das desordens recentes, e para reportar sobre a situação existente no país, e sobre a forma de constituição que, *sob o protetorado* [ênfase acrescida], será melhor calculada para promover sua paz e prosperidade, o desenvolvimento progressivo de instituições autônomas e a proteção dos interesses estrangeiros.

Os egípcios desejavam paz, prosperidade e o desenvolvimento progressivo da autonomia, mas não desejavam o protetorado. Eles boicotaram a missão de Milner. Alguns inclusive atacaram soldados britânicos e ministros egípcios. A missão de Milner percebeu que a Grã-Bretanha deveria, de algum modo, se acertar com o nacionalismo egípcio, mas seus líderes estavam em Paris, não no Cairo.

O governo egípcio persuadiu Sa'd Zaghlul a falar informalmente com Lord Milner, mas nenhum dos dois desejava se comprometer. Os britânicos chamavam Sa'd um demagogo capturado em sua própria propaganda. A Wafd achava que a Grã-Bretanha, ansiosa por proteger suas comunicações imperiais, nunca deixaria os egípcios se governarem. Um memorando de Zaghlul-Milner, que teria substituído o protetorado por um tratado anglo-egípcio, não obteve o apoio do povo egípcio quando o próprio Sa'd se recusou a endossá-lo. Mas a Grã-Bretanha tinha agora admitido abertamente que poderia abrir mão do protetorado. Uma delegação oficial egípcia, chefiada pelo Primeiro-ministro Adli Yakan, foi a Londres em 1921 para negociar, mas Sa'd explorou sua popularidade no Egito para minar o apoio às negociações de Adli com o Ministério de Relações Exteriores.

Tendo, portanto, falhado em negociar uma nova relação com os egípcios, fosse oficialmente com Adli ou não oficialmente com Sa'd, a Grã-Bretanha se viu impedida na questão egípcia. Greves e assassinatos tornaram a ação imperativa. O controle continuado sobre o Canal de Suez e o Porto de Alexandria, das estações de rádio e telégrafo, das ferrovias e dos aeroportos – todos os vínculos de comunicação vitais para o Império Britânico – poderia ser comprometido em uma revolução nacional apoiada pelo Sultão Fu'ad e seus ministros e liderada por Sa'd Zaghlul e sua Wafd. O dilema da Grã-Bretanha, em 1921-1922, se tornaria comum em uma era posterior de descolonização: O quanto um país forte deveria ceder ao orgulho nacional de um mais fraco no interesse de seus interesses vitais? O alto comissário Allenby divisou uma solução. Persuadiu seu governo a declarar unilateralmente um fim de seu protetorado sobre o Egito em 28 de fevereiro de 1922. A delaração limitava essa independência ao reservar para a Grã-Bretanha, na dependência de um futuro acordo anglo-egípcio, (1) a proteção das comunicações imperiais britânicas no Egito, (2) a defesa do Egito contra agressão estrangeira, (3) a proteção dos interesses e minorias estrangeiras no país, e (4) a administração do Sudão.

A despeito desses limites sobre a soberania do Egito, que se tornou conhecida como os Quatro Pontos Reservados, os egípcios pegaram a metade do pão e começaram a estabelecer seu novo governo. Fu'ad mudou seu título de sultão para rei e observou ansiosamente enquanto um comitê de advogados egípcios preparava uma constituição modelada na belga. A residência britânica, com Allenby ainda chamado o alto comissário, encorajou esse experimento democrático. Foi uma época em que a Grã-Bretanha, fadigada pela guerra e de negociar assentamentos pós-guerra no Oriente Médio, estava disposta a fazer concessões. Em outros lugares, essa atitude significou aceitar líderes nacionalistas na Turquia e na Pérsia e promover o movimento para a autonomia no Iraque e na Palestina. Mais tarde, em 1923, o Egito finalmente organizou eleições livres. A Wafd, reorganizada como um partido político, venceu com uma maioria esmagadora de assentos parlamentares. O Rei Fu'ad, consequentemente, convidou Sa'd para formar um gabinete constituído de ministros wafdistas. Sa'd esperava obter um acordo com Londres para reconciliar os interesses nacionalistas egípcios com os interesses imperialistas britânicos.

A criação de novos estados no Crescente Fértil

O Egito existia desde o crepúsculo da história. Você provavelmente sabe que as civilizações do vale do rio começaram no Tigre e Eufrates pelo menos tão cedo quanto as do Nilo. Mas nenhum país chamado Iraque existiu antes do século XX. Autoridades diferem sobre o que o nome significa, mas a tradução mais provável é "a terra ao longo das ribeiras". Em séculos anteriores, árabes, persas e turcos haviam usado o termo em um sentido geológico, como os americanos falam do Midwest (meio-oeste) ou os britânicos do Lake Country (região dos lagos). Mas Iraque nunca denotou uma nação. Europeus e americanos o chamavam Mesopotâmia. Continha muitas cidades-estados e impérios em tempos antigos. Foi disputado entre os impérios Romano e Parta e entre os bizantinos e os sassânidas. Após as conquistas árabes, a área prosperou agrícola e comercialmente; sua cidade principal, Bagdá, foi a sede do califado abássida. As conquistas mongóis destruíram Bagdá em 1258 e devastaram o sistema de irrigação, que foi recuperado lentamente. Governado pelos ilcanidas e, na época, pelos turcomanos da ovelha negra e da ovelha branca, tornou-se fortemente tribal. Os safávidas da Pérsia o controlaram brevemente, mas por quatro séculos pertenceu ao Império Otomano e foi dividido em três províncias: Mosul, Bagdá e Basra.

Iraque: das três províncias a um país

A Grã-Bretanha passou a se interessar pelo Iraque, especialmente Basra, durante o século XIX, à medida que o crescimento do sistema de navegação tornou os rios Eufrates e o Tigre, assim como o Golfo, grandes rotas de comércio para a Índia. Após a entrada do Império Otomano na Primeira Guerra Mundial, tropas britânicas (principalmente indianos) invadiram Basra para impedir uma iniciativa alemã em direção ao Golfo Pérsico. Em pouco tempo avançaram próximo a Bagdá, mas os otomanos os obrigaram a se retirar do Tigre para Kut. Após um cerco de seis meses, as tropas britânicas se renderam. Menos de um ano mais tarde, contudo, uma força imperial britânica nova e maior capturou Bagdá. As terras mesopotâmicas ocupadas, basicamente, as províncias de Bagdá e Basra, foram administradas a partir da Índia, cujos governadores britânicos se opunham ao nacionalismo árabe, diferente dos britânicos no Cairo, que apoiaram a Revolta Árabe e os hachemitas. Ninguém poderia estar certo se haveria um Iraque, ou de quem o governaria, quando o governo otomano assinou o Armistício de Mudros em 1918. O Império Otomano ainda controlava Mosul, que, sob o Acordo Sykes-Picot, deveria ir para a França, mas os britânicos fizeram o governador otomano entregar a província três dias mais tarde. O premiê francês Georges Clemenceau renunciou à pretensão da França de devolver à Grã-Bretanha o apoio pelo controle francês sobre o resto da Síria nas negociações pós-guerra. Uma companhia britânica havia assinado um acordo com o governo otomano pouco antes da Primeira Guerra Mundial para explorar as reservas de petróleo de Mosul. França e Grã-Bretanha concordaram em partilhar qualquer petróleo que descobrissem lá.

A combinação de Mosul com Bagdá e Basra (embora não definitiva até 1926) criou um território que tinha alguma coerência econômica, como o vale dos rios Eufrates e Tigre. Quando a Liga das Nações foi formada e o sistema de mandatos foi criado, as grandes potências concordaram que o Iraque deveria ser consignado aos britânicos, que preparariam o novo país para o autogoverno. O lado negativo era que sua população (cerca de 3 milhões em 1920) era constituída de cerca de 55% de muçulmanos xiitas e de 40% de muçulmanos sunitas. Cerca de metade destes 40% falavam curdo ou turco em vez do árabe. Os remanecentes 5% incluíam assírios (cristãos nestorianos e católicos caldeus), judeus e pequenos grupos religiosos como os yazidis e os mandeus. Grande parte dos muçulmanos pertencia a tribos às quais deviam sua principal lealdade. Como poderiam esses grupos díspares ser reunidos em uma nacionalidade única? Os próprios britânicos discordavam quanto a governar essa possessão diretamente como uma colônia (como a Índia) ou indiretamente por meio dos xeiques tribais, muftis sunitas e *mujtahids* xiitas. O governo em Londres estava preocupado com outros problemas nacionais e estrangeiros em 1919-1920 e fracassou em articular uma política no Iraque.

Governantes indecisos criam súditos rebeldes. Uma revolta nacional eclodiu em 1920. Os aliados árabes dos britânicos eram um grupo de oficiais que haviam desertado do exército otomano para lutar pelo xarife de Meca na Revolta Árabe de 1916-1918 e haviam auxiliado os britânicos contra os otomanos na tomada de Bagdá. Em maio de 1910, eles estavam desencantados com os britânicos no Iraque e com os franceses, que estavam expulsando os governantes árabes da Síria. Os oficiais convocaram uma rebelião iraquiana contra o regime mandatário britânico, com um forte apoio dos *mujtahids* nas cidades sagradas xiitas de Najaf e Karbala. Muitos xeiques tribais no Vale do Eufrates se juntaram à rebelião, que atingiu seu auge em junho e julho de 1920. Quando os britânicos suprimiram a rebelião no final de outubro, cerca de 6.000 iraquianos e 500 britânicos e soldados indianos haviam sido mortos.

O governo britânico concluiu que o governo indireto funcionaria melhor em seu mandato iraquiano e criou um regime dominado por notáveis urbanos sunitas, oficiais do exército e líderes tribais, os mesmos grupos nos quais os otomanos haviam confiado até 1914. Esses arranjos foram ratificados na Conferência do Cairo de março de 1921, presidida por Winston Churchill, então secretário colonial da Grã-Bretanha. Como mencionado no capítulo 13, Faysal esperava governar em Damasco, e os britânicos previam um trono para seu irmão Abdallah em Bagdá. Após os franceses terem tirado Faysal e seus apoiadores da Síria, ele se tornou o candidato óbvio dos britânicos para um novo reino hachemita no Iraque, embora os iraquianos desejassem Talib al-Naqib, um notável árabe que os britânicos ignoravam. Apoiado pela Conferência do Cairo, Faysal foi para Bagdá para governar após um plebiscito nacional, mas abundavam rumores de suborno e corrupção. Com a avidez da Grã-Bretanha para diminuir suas guarnições no Iraque e com um rei que nunca vivera lá, ninguém sabia, em 1921, quão bem os iraquianos aprenderiam a se governar como uma nação.

Síria: de uma nação a muitos estados fragmentados

Até 1914, estrangeiros costumavam chamar os variados habitantes do Levante "sírios". A área era uma combinação de planícies costeiras, montanhas, rios, corredeiras, vales férteis, pântanos e desertos. As terras cultiváveis da Síria haviam encolhido desde os tempos mamelucos e mongóis e não bastavam para alimentar seus habitantes, mesmo antes de 1914. Sírios – especialmente homens jovens solteiros – frequentemente iam para o exterior, ao Egito, Europa e às Américas para buscar seus destinos. Aqueles que prosperavam podiam retornar para comprar terras, casar e viver suas vidas em relativo conforto. Alguns trouxeram consigo ideias de democracia, industrialização e progresso. Suas ideias e dinheiro ajudaram a fomentar o crescimento do patriotismo sírio e do nacionalismo árabe. Os sírios, em casa e no exterior, condenavam o imperialismo francês e seu efeito em seu desenvolvimento político.

No final da Primeira Guerra Mundial, a França concebia a Síria como o eixo para seu projeto de dominação da área mediterrânea. A França esperava desenvolver seu novo mandato como fizera na Argélia, Tunísia e no Marrocos – como uma central agrícola, produzindo alimento e tecido para exportar para a França e como um mercado para as manufaturas francesas. A Síria seria entrecruzada por ferrovias e estradas, salpicada com assentamentos franceses, e servida por escolas e hospitais. A França originalmente esperava governar toda a Síria, do Monte Sinai a Mosul. Na verdade, muitas pessoas que viviam no que agora chamamos Israel, Jordânia, Líbano, sul da Turquia e oeste do Iraque se viam na época como sírios. Como as tropas britânicas dominavam claramente o Levante pós-guerra, os franceses haviam concedido à Grã-Bretanha o controle sobre a Palestina e Mosul, assim como também concederiam suas pretensões a Kemal e aos turcos, mas as mantiveram em relação à Síria.

Os franceses enfatizavam a diversidade religiosa e étnica da Síria. Os árabes muçulmanos sunitas constituíam somente 65% dos 2,2 milhões de habitantes do país em 1920. Havia também os cristãos maronitas e ortodoxos, xiitas, alauitas e os drusos, curdos e circassianos, yazidis e ismailis. Cidades (e mesmo aldeias) eram muitas vezes rivais. Os franceses afirmaram manter essa diversidade quando criaram administrações separadas para Alepo e Damasco, para os alauitas no noroeste e para os drusos no sudeste montanhoso, e, especialmente, para as diversas minorias religiosas do Líbano. De 1860 a 1914, houve um governorado (*governorate*) semiautônomo para o Monte Líbano, quatro quintos de seus habitantes sendo maronitas. Quando os franceses assumiram o controle da Síria em 1920, aumentaram o Monte Líbano adicionando as cidades costeiras de Trípoli, Beirute e Sidon, e principalmente terras de montanha e de vales drusos e xiitas, formando um "Grande Líbano", que era, na época, 55% cristão (é agora 60% muçulmano). Alepo e Damasco foram, em pouco, reunidas, mas as áreas alauitas e drusas permaneceram separadas até 1936. Em 1922, o Grande Líbano estava se tornando uma república independente, cuja separação os sírios nacionalistas odiavam aceitar.

Embora os franceses tenham permitido aos sírios e libaneses formarem ministérios e elegerem parlamentos, a administração real do mandato era firmemente mantida por um alto comissário estabelecido em Beirute, com governadores gerais em outras províncias. O poder estatal era imposto pela França, da qual várias tropas eram de soldados senegaleses e argelinos. A despeito dos registros vívidos submetidos pelas autoridades francesas à Comissão Permanente de Mandados da Liga das Nações em Genebra, eles fizeram pouco para preparar os sírios para se governarem. A liderança política síria foi extraída principalmente de proprietários de terras que haviam consolidado suas propriedades em seguida às reformas agrárias otomanas de 1858 e tinham poucos laços com os produtores arrendatários que alegavam representar. As elevadas esperanças dos franceses, expressas em 1918 pelo desenvolvimento econômico, nunca foram realizadas. A própria economia da França havia sofrido com a ocupação alemã de seu noroeste e pela morte ou incapacitação de um milhão de homens jovens na Primeira Guerra Mundial. A economia da Síria pós-guerra sofreu com a perda de muitos de seus mercados tradicionais em áreas agora sob o controle britânico. Sua própria moeda estava vinculada ao franco francês em declínio, levando a preços inflacionados os produtos exportados sírios.

A discórdia popular estava disseminada, por vezes se intensificando em levantes campesinos ou urbanos. O maior desses foi a Revolução Síria de 1925-1927, que começou nas montanhas drusas e se espalhou a Hama, Damasco e a algumas das regiões tribais. Os rebeldes formaram o Partido do Povo, o primeiro movimento nacionalista de massa da Síria. A revolução foi suprimida pelas tropas francesas, bombardeio aéreo e a destruição de muitas casas e sítios históricos. O mandato da França era para ter sido breve; durante a década de 1920, contudo, ficou claro que a Síria seria governada pelos franceses por um tempo longo, muito longo.

A democracia fictícia e a falsa independência

Embora os britânicos tenham concedido que o Egito se tornaria independente, e importantes egípcios moderados tivessem redigido a constituição de 1923 e organizado eleições parlamentares que levaram à popular Wafd, chefiada por Sa'd Zaghlul, ao poder, o caminho para a independência de modo algum era fácil. Sa'd nomeou um gabinete de wafdistas, incluindo dois coptas, e esperava discutir com o primeiro governo do Partido Trabalhista da Grã-Bretanha sobre aqueles Quatro Pontos Reservados, que tinham de ser resolvidos antes que o Egito pudesse ser livre. As elevadas esperanças dos nacionalistas duraram apenas alguns meses. A Revolução de 1919 havia desencadeado forças violentas que seus líderes não podiam mais conter. Mesmo Sa'd foi ferido por um pretenso assassino em junho de 1924. O atentado pressagiou o assassinato naquele novembro do comandante britânico do exército egípcio. Investigações posteriores revelaram que uma sociedade anônima, secretamente apoiada por alguns políticos importantes egípcios, estava perpetrando esses e outros atos terroristas.

O alto comissário Allenby deu um ultimato a Sa'd declarando que o assassinato "expõe o Egito como governado no presente ao desprezo dos povos civilizados" e exigindo uma indenização ao governo britânico, a retirada de todos os oficiais egípcios do Sudão e um aumento indefinido nas águas do Nilo a serem desviadas – às custas do Egito – para irrigar o Sudão. Rejeitando esse humilhante ultimato, o gabinete de Sa'd renunciou. O Rei Fu'ad indicou um gabinete interino de políticos palacianos, que convocou novas eleições parlamentares e tentou burlar seu resultado. Quando fracassaram em manter a Wafd fora do poder, o rei dissolveu o parlamento e suspendeu a constituição. Um imperialista mais severo substituiu Allenby.

A década seguinte de relações anglo-egípcias pode ser sumarizada como um triângulo de poder emergente. A primeira parte era a Grã-Bretanha, ansiosa por proteger sua posição no Egito com relação à defesa da Índia e do resto do Oriente Médio. A segunda parte para o conflito era a Wafd, o movimento nacionalista egípcio popular, liderado por Sa'd até sua morte em 1927, depois menos competentemente por Mustafa al-Nahhas até a Revolução de 1952. Sua insistência na completa independência do Egito capacitou a Wafd a vencer qualquer eleição livre na qual concorressem candidatos ao parlamento. Ela poderia ter mantido o poder por mais tempo caso tivesse sido apoiada pela terceira parte no triângulo, o Rei Fu'ad, que desejava mais poder para si. Ele usou a cooperação de partidos e políticos rivais para formar governos mais receptivos do que a Wafd a seus desejos. O rei também podia fazer indicações no exército egípcio, administração civil e *ulama*. Em 1930, quando a disputa entre a Wafd e os britânicos se intensificou muito, Fu'ad e seu primeiro-ministro declararam um estado de emergência, substituiu a constituição de 1923 por uma mais autoritária e transformou o governo do Egito em uma ditadura imperial.

Mesmo que a política egípcia fosse caótica durante as décadas de 1920 e 1930, a cultura árabe experienciou um renascimento no país. A proliferação de partidos políticos provocou um crescente número de jornais, revistas e editoras. Autores egípcios, muitas vezes educados na França, escreviam romances, contos, poemas em métricas jamais usadas em árabe, e ensaios sobre os problemas do país. Taha Husayn, um talentoso escritor formado em al-Azhar e na recém-criada Universidade do Cairo, publicou muitos ensaios, um dos quais argumentava que grande parte da poesia árabe pré-islâmica, por muito tempo vista pelos muçulmanos como a influência formadora da língua árabe e, portanto, do Alcorão, não fora de fato composta senão depois da época de Muhammad. Outro escritor argumentava que a controversa abolição do califado por Ataturk em 1924 não prejudicaria o islã, pois a religião não exigia um califa. Esses ensaios provocaram extensa controvérsia, uma vez que egípcios com formação tinham de decidir o quanto aderiram a tradições muçulmanas consagradas. Taha Husayn e outros egípcios glorificavam o passado faraônico às custas de sua herança árabe-muçulmana. Além disso, estúdios de filmagem e gravação do Egito foram abertos, e a Universidadde do Cairo foi reorganizada e expandida. O Egito estava emergindo como capital intelectual do mundo falante do árabe, um exemplo a seguir para o Iraque e a Síria. Todavia, não era politicamente independente.

Uma série de eventos fortuitos, em 1935-1936, parecia resolver a questão egípcia. A Itália de Mussolini, já governando a Líbia, ameaçou interesses tanto britânicos como egípcios ao invadir a Etiópia, um movimento que uniu os dois lados. Revoltas de estudantes, cada vez mais frequentes, mostraram como o povo odiava a ditadura imperial existente sob a constituição de 1930. Os britânicos, buscando melhores relações com o Egito, exigiram um retorno à constituição de 1923 e eleições livres. A morte do Rei Fu'ad em 1936 e a sucessão de seu filho adolescente, Faruq (sob uma regência), deu esperanças aos que acreditavam na democracia egípcia (cf. Caixa 15.1). Com a constituição de 1923 restaurada em 1936, novas eleições foram organizadas, e o Partido Wafd previsivelmente venceu. Mustafa al-Nahhas formou um ministério wafdista, que negociou um tratado com o secretário de relações exteriores da Grã-Bretanha, Sir Anthony Eden.

Como substituía os pontos reservados que haviam deixado a independência do Egito em dúvida por quatorze anos, esse novo Tratado Anglo-Egípcio foi inicialmente popular em ambos os países. Para a Grã-Bretanha, garantia por ao menos vinte anos uma grande base militar a partir da qual defenderia o Canal de Suez, mais bases no Cairo e na Alexandria, assim como em outras cidades egípcias no caso de uma guerra eclodir. A questão do Sudão, governado de fato pela Grã-Bretanha, foi posposta. O Egito, agora, tinha uma monarquia constitucional com ministros sujeitos ao parlamento, embaixadores em capitais de outros países, pertencia à Liga das Nações e aparatos de independência por tanto tempo adiada. Faruq era saudado com ovações onde quer que fosse. Sir Anthony Eden se tornou o primeiro estrangeiro a ter sua figura em um selo postal egípcio.

Uma vez mais, as esperanças dos nacionalistas liberais do Egito foram frustradas. O governo wafdista durou somente dezoito meses. O Rei Faruq se mostrou tão competente quanto seu pai em encontrar políticos anti-Wafd para formar gabinetes que preferia mais do que os liderados por Nahhas. Mesmo alguns dos líderes do Partido Wafd tinham tanta aversão a

Nahhas que formaram um partido rival em 1937. Enquanto isso, o governo estava fazendo pouco para resolver os urgentes problemas econômicos e sociais do Egito. Os extremos de riqueza e pobreza eram grotescos, ainda mais em um país onde aproximadamente seus 16 milhões de habitantes viviam em 3% da terra. O Egito estava se tornando mais urbanizado e um pouco industrializado. Embora estrangeiros continuassem a dominar os postos das classes proprietárias e administrativas, alguns capitalistas industriais egípcios estavam emergindo. Além disso, havia uma crescente classe média de profissionais, lojistas, trabalhadores de escritório e funcionários públicos egípcios. As Capitulações, por muito tempo um obstáculo na independência do Egito, foram abolidas em 1937. As Cortes Mistas, tribunais especiais para casos civis envolvendo cidadãos estrangeiros, foram gradualmente canceladas ao longo dos próximos doze anos. As grandes comunidades estrangeiras do Egito não teriam mais privilégios e proteção especiais.

Caixa 15.1 Rei Faruq (1920-1965)

Faruq foi o segundo e último rei do Egito moderno. Nasceu no Cairo, filho único do primeiro rei do Egito, Fu'ad. Foi educado no Cairo e, mais tarde, na Academia Militar Real em Woolwich na Inglaterra. Esse treinamento foi abreviado, contudo, quando em 1936 foi chamado de volta ao Egito com a morte de seu pai. Foi formalmente coroado rei no ano seguinte, quando tinha somente dezessete anos.

Faruq tem uma péssima reputação. Embora no início fosse considerado um governante promissor, seriamente muçulmano e dedicado ao seu povo, em pouco tempo se tornou distraído por intrigas palacianas triviais e complacências imorais. Em 1937, o alto comissário britânico no Egito aparentemente previu o futuro de Faruq quando o descreveu como um jovem "falso, caprichoso, irresponsável e vaidoso" de "inteligência superficial e charme". Contudo, essa é a história toda?

Quando Faruq assumiu o trono, tinha uma ambição compreensível de realmente governar o Egito. Ele também concebeu reformas que bem poderiam ter beneficiado o egípcio médio. Mas esses planos, em pouco tempo, fracassaram diante da resistência de um *establishment* arraigado constituído de partidos políticos (o rei frequentemente discutia com a Wafd, o maior partido do Egito), burocratas e grandes proprietários de terras. Mais importante, Faruq nunca pôde aceitar o fato de que o poder real por trás do trono era controlado pelo alto comissário britânico. Assim, muitas vezes ocorria uma batalha de vontades entre o líder local e seu indesejado soberano imperial, uma batalha que Faruq não podia vencer.

O Rei Faruq poderia ter vivido e reinado por mais tempo se tivesse cooperado com os poderes que o confrontavam. Contudo, escolheu, em troca, agir como um líder independente – por exemplo, ao defender fortemente a criação da Liga Árabe e, mais tarde, ao apoiar os árabes na Palestina. Por fim, foi o fato de Faruq ter compreendido que não poderia subjugar os britânicos nem superar os políticos egípcios que o levaram ao cinismo e a uma vida dissipada – um declínio que começou em 1942. Em 1952, foi finalmente deposto pelos oficiais militares egípcios. Banido do Egito, morreu em um clube noturno de Roma, quando tinha apenas quarenta e cinco anos.

Ainda assim, grande parte do povo egípcio permanecia tão pobre após a independência quanto havia sido durante o governo britânico, pois os proprietários de terras e capitalistas que dominavam o parlamento se opunham a reformas sociais. Pobreza, analfabetismo e doenças assombravam a vida de grande parte dos trabalhadores e agricultores egípcios em um grau sem paralelo na Europa ou em outra parte do Oriente Médio. O fracasso do nacionalismo e da democracia liberal em resolver esses problemas levou muitos egípcios a se voltarem a outras ideologias. Alguns intelectuais escolheram o comunismo marxista, mas o ateísmo militante dos comunistas tornava sua doutrina detestável às massas muçulmanas. A Itália de Mussolini e a Alemanha de Hitler eram modelos mais atrativos aos egípcios desiludidos com a democracia, e um partido de direita, o Egito Jovem, surgiu.

Mas o movimento egípcio mais popular da década de 1930 foi um completamente nativo, a Sociedade da Irmandade Muçulmana. Esse grupo queria que o Egito restaurasse os costumes e instituições islâmicos estabelecidos por Muhammad e seus seguidores. Embora notórios por atacarem judeus e cristãos, sem falar em manifestações contra filmes, bares, moda feminina e outras "inovações ocidentais", a Irmandade Muçulmana tinha um ponto. Estavam reagindo contra as reformas ocidentalizadoras que haviam trazido pouco benefício e muito prejuízo ao egípcio médio. O *slogan* da Irmandade, "O Alcorão é nossa constituição", atraía mais a maioria dos egípcios do que as exigências por independência e governo democrático declarado pela Wafd e por outros partidos. O sistema, incapaz de resolver os problemas sociais do Egito ou de confrontar o Egito Jovem e a Irmandade Muçulmana, cambaleou de um gabinete a outro enquanto o rei mantinha a Wafd fora do poder.

Independência e democracia não se deram melhor no Iraque do que no Egito. O governo britânico em Londres e os administradores da cena esperavam estabelecer um governo democrático; o princípio do sistema de mandatos era que os iraquianos deveriam ser treinados a se governarem. A Revolução de 1920, embora breve, foi intensa. Convenceu os britânicos de que deveriam aparentemente trabalhar com o Rei Faysal e os líderes locais. Esses incluíam notáveis religiosos, soldados árabes que vieram a Bagdá com Faysal, comerciantes dos bazares e xeiques tribais. Quando chegou a época de eleger uma assembleia constituinte para preparar uma constituição democrática para o Iraque, todos esses grupos participaram, mas o conselheiro britânico para o Ministério do Interior do Iraque escolheu secretamente os candidatos. Como as tribos nômades ainda controlavam grande parte do Iraque e muitas vezes desafiavam seus governos, os britânicos também mantiveram pequenas guarnições de soldados britânicos e indianos e, de forma significativa, aviões da Força Aérea Real para bombardear nômades rebeldes até a submissão. O bombardeio aéreo tornou o próprio conceito de mandato inaceitável para Faysal e os políticos locais; em troca, os governos britânico e iraquiano redigiram uma sucessão de tratados definindo seus direitos e deveres um em relação ao outro. Como no Egito, esses tratados não eram entre governos como iguais, pois os iraquianos não tinham poder de intervir na Grã-Bretanha como os britânicos podiam e intervinham no Iraque. Nem sequer os representantes iraquianos, cuidadosamente selecionados, poderiam contar para ratificar esses tratados, mas os britânicos conseguiram garantir a cooperação de Faysal pela promessa de que o Iraque, em breve, se tornaria independente e a Grã-Bretanha apoiaria o país para obter uma posição na Liga das Nações.

De acordo com o Tratado Anglo-Iraquiano assinado em junho de 1930, os britânicos recomendavam à Liga das Nações que seu mandato fosse oficialmente encerrado em 1932, embora alguns membros da Comissão de Mandatos Permanentes da Liga estivessem preocupados com a discriminação contra xiitas, curdos e cristãos assírios. A preocupação quanto aos assírios era justificada. Essa minoria havia integrado uma força policial especial recrutada pelos britânicos quando o exército iraquiano, composto de oficiais principalmente muçulmanos sunitas, parecia inadequada para manter a ordem no país. O novo governo do Iraque dispensou e desarmou a milícia assíria. Em agosto de 1933, soldados iraquianos entraram em aldeias assírias, queimaram suas casas e massacraram seus habitantes – um claro ato de vingança.

Logo depois, Faysal morreu, deprimido pelo fracasso de seus súditos em adotar um espírito nacionalista. "No Iraque", disse pouco antes de sua morte,

> não existe ainda... povo iraquiano, mas massas inimagináveis de entes humanos, dedicados a algum ideal patriótico, imbuídos de tradições e absurdidades religiosas, conectados sem nenhum vínculo comum, dando ouvidos ao mal, propensos à anarquia, e perpetuamente prontos a se rebelar contra qualquer governo.

Faysal percebeu que as nações devem ser construídas e que o Iraque não havia sido. Suas visões desesperadas foram proféticas. Quando seu belo e popular filho Ghazi subiu ao trono, preferiu dirigir carros velozes a construir a nação iraquiana.

O parlamento do Iraque passou a ser dominado por grandes proprietários de terras, interessados principalmente em proteger seus próprios interesses. Muitos eram xeiques tribais que haviam sido induzidos a se assentar em terras concedidas sob a condição de que outros membros de suas tribos se tornassem seus arrendatários – na realidade, seus servos. Em 1936, um oficial popular do exército assumiu o controle do governo, iniciando uma série de golpes militares – cerca de quinze ao todo – que pontuaram a história política do Iraque entre 1936 e 1958. Tropas e aviões britânicos permaneceram no Iraque. Os campos e instalações de petróleo que se desenvolveram em torno de Kirkuk, construídos pela Iraq Petroleum Company (principalmente de propriedade britânica, embora os franceses também possuíssem ações), estavam começando a aumentar a receita nacional do Iraque. Após 1932, o Iraque "independente" era quase tão subordinado à Grã-Bretanha quanto havia sido como um mandato.

A Síria não fez progressos na direção da independência como um resultado de sua grande Revolução de 1925-1927. Enquanto isso, os maronitas do Líbano, muito conscientes de que sua dominação fosse ressentida pelos muçulmanos sob seu controle, redigiram com a França uma nova e separada constituição em 1926 para reforçar seu sistema confessional, ou religioso. O Líbano funcionava sob a liderança cristã local e a proteção francesa muito distante da Síria. Os franceses também redigiram uma constituição síria em 1930 e governaram sob seus termos durante seis anos. Não satisfeitos, os sírios se tornaram cada vez mais determinados a se independizar da França. O Partido do Povo existente, consistindo principalmente de proprietários de terras que moravam na cidade, foi eclipsado após 1931 por um movimento maior, mais representativo da população como um todo, chamado o Bloco Nacional, aos moldes do Partido Wafd do Egito. Seus líderes, inspirados pelo progresso do Egito e do Iraque na direção da independência em relação à Grã-Bretanha, focavam na união dos sírios contra o mandato francês. Alguns esperavam promover a unificação da Síria com o Líbano e mesmo com a Palestina, que era um mandado britânico, e o emirado da Transjordânia, mas essas ambições para uma Grande Síria estavam se tornando irrealistas.

O nacionalismo sírio sofreu dois severos reveses da França durante a década de 1930. A França ofereceu à Síria um tratado em novembro de 1933 que propunha menos independência do que os nacionalistas desejavam, e foi engavetado. Em 1936, o governo da Frente Popular Liberal da França redigiu um pacto com a Síria, que teria grande independência, no padrão do tratado de 1930 da Grã-Bretanha com o Iraque e do Tratado Anglo-Egípcio então sob consideração. Os franceses e os primeiros-ministros sírios assinaram seu tratado, mas após a Frente deixar o poder, a Assembleia Nacional da França nunca ratificou o documento. Então, em 1938, os franceses separaram da Síria sua provínvia de Alexandretta que, após um ano de autonomia, votou para se juntar à Turquia. Os sírios nunca haviam reconhecido essa separação de parte de seu território. Altos comissários franceses e suas equipes continuaram a decidir temas-chave, enquanto o Bloco Nacional se sentia marginalizado e com raiva.

A Segunda Guerra Mundial

Grã-Bretanha e França declararam guerra à Alemanha nazista em 1939. As tropas de Hitler invadiram grande parte da Europa em 1940; aquelas partes da França não ocupadas pelas tropas alemãs pertenciam a um regime colaboracionista em Vichy. Muitos árabes esperavam que a Grã-Bretanha caísse e tinham esperança de libertar seus países do imperialismo ocidental. O Egito, contudo, tornou-se um vasto campo militar para os Aliados ocidentais, embora o sentimento popular fosse hostil. Mesmo o Rei Faruq e seus ministros tentaram se evadir do Tratado Anglo-Egípcio de 1936, quando a extraordinária Afrikakorps, do general alemão Erwin Rommel, se alastrava pela Líbia em direção ao deserto ocidental do Egito no começo de 1942. Enquanto manifestantes enchiam as ruas do Cairo e exigiam uma vitória alemã, o embaixador da Grã-Bretanha, Sir Miles Lampson, enviou tanques para cercar o palácio e dar um ultimato ao Rei Faruq: ele deveria nomear um gabinete wafdista que apoiasse o Tratado Anglo-Egípcio ou assinar sua própria abdicação. Após alguma hesitação, Faruq sucumbiu; ele decidiu manter seu trono e se submeter às exigências britânicas. Mustafa al-Nahhas, o líder wafdista e, portanto, o porta-estandarte da luta pela independência do Egito, passou ao poder com as baionetas britânicas apontadas para ele. Nem o rei nem a Wafd jamais se recuperaram dessa humilhação nacional.

No Iraque, um grupo de quatro oficiais do exército, todos originalmente treinados na Academia Militar otomana antes da Primeira Guerra Mundial e hostis à Grã-Bretanha, tomaram o poder em 1940. Liderados por Rashid Ali al-Gaylani, esperavam expulsar os britânicos de suas bases militares e aéreas e mover o governo do Iraque na direção de uma política nacionalista árabe e de vínculos mais estreitos com as potências do Eixo. A Alemanha começou a enviar tropas e suprimentos para Rashid Ali via Síria, mas não o bastante. O governo nacionalista árabe foi expulso, em maio de 1941, pelas tropas britânicas remanescentes no Iraque, apoiadas pela Legião Árabe composta de oficiais britânicos da Transjordânia. Os subsequentes gabinetes de tempo de guerra do Iraque se voltaram para uma política de colaboração com a Grã-Bretanha e seus aliados.

Após a Alemanha nazista ter ocupado Paris, em junho de 1940, o governo colaboracionista Vichy governou na Síria e no Líbano. Os líderes vichystas tentaram brevemente acalmar os nacionalistas, mas se voltaram para políticas repressivas devido às condições de tempo de guerra. Após o regime de Rashid Ali no Iraque cair, os britânicos e os Franceses Livres, liderados pelo General Charles de Gaulle, invadiram a Síria e o Líbano em junho de 1941. Após uma semana de uma luta feroz entre os franceses vichystas e os Aliados, provocando danos a Beirute com bombardeiro aéreo, o lado dos Aliados triunfou. De Gaulle e os britânicos prometeram independência ao Líbano e à Síria após a guerra.

Durante a Segunda Guerra Mundial, o Oriente Médio (exceto pela Turquia neutra) foi uma área controlada pelos Aliados, o que significava a Grã-Bretanha em seus domínios, os Franceses Livres, e, a partir de 1941, a União Soviética e os Estados Unidos. Como as mercadorias de fabricação europeia se tornaram indisponíveis devido aos submarinos de guerra alemães e italianos, a área se moveu na direção da autossuficiência econômica, devido, em grande parte, à criação do Centro de Abastecimento do Oriente Médio, sediado no Cairo, que promoveu o crescimento das indústrias manufatureiras locais e do cultivo agrícola comercial. Os britânicos também encorajaram a unificação política, especialmente entre os povos falantes do árabe, levando à proposta de 1943 do governo iraquiano para criar uma união do Crescente Fértil. Como essa união teria excluído o Egito, a Arábia Saudita e o Iêmen, os estados árabes terminaram escolhendo em troca formar a Liga Árabe, que passou a existir formalmente em março de 1945. Se a Liga Árabe tivesse concordado em absorver o Centro de Abastecimento do Oriente Médio após a Segunda Guerra Mundial, a integração subsequente dos países árabes poderia ter avançado mais rápido, e a história moderna do Oriente Médio teria sido muito diferente.

O egito pós-guerra

O Egito emergiu da Segunda Guerra Mundial como o país líder no mundo árabe. Tinha a maior população, as universidades importantes, e as estações de rádio mais poderosas. Seus filmes eram exibidos onde quer que houvesse teatros frequentados pelos árabes. Seus livros, jornais e revistas circulavam por todo o mundo árabe. Havia compensado todos os seus débitos estrangeiros e se tornou uma nação credora. Todavia, paradoxalmente, o Egito ainda não era independente. Tropas britânicas se retirariam do Cairo e da Alexandria em 1946, mas ainda patrulhavam a zona do Canal de Suez. A intervenção de 1942 da Grã-Bretanha, forçando o Rei Faruq a nomear o líder wafdista Mustafa al-Nahhas como primeiro-ministro, foi uma humilhação nacional para os egípcios. Nem Nahhas nem o rei jamais se recuperaram. Faruq, um jovem belo e popular com ideais elevados, tornou-se o *playboy* monstruoso, dissoluto que os egípcios e ocidentais mais velhos lembram hoje. A Wafd foi maculada como a porta-estandarte do conflito egípcio pela independência, mas nenhum outro partido parlamentar poderia igualar seu apelo popular. A Irmandade Muçulmana estava ganhando força, mas seu recurso ao terrorismo a tornou suspeita. Os anos de guerra aumentaram a importância do Egito como um centro econômico à medida que os soldados e estadistas Aliados afluíam o país. O emprego e a produção industrial e agrícola prosperaram. Assim como a inflação de preços, o congestionamento urbano, a desordem, e o crime. O fim da Segunda Guerra Mundial levaria a rebeliões populares tão massivas quando a Revolução de 1919?

A era da frustração política do Egito

Entre 1945 e 1951, o Egito experienciou muita turbulência, mas nenhuma revolução. A Grã-Bretanha não interveio mais na política nacional do Egito. Muitos povos esperavam que a nova Organização das Nações Unidas (ONU), da qual o Egito foi um dos fundadores, livrasse o mundo da guerra e do colonialismo. Os comunistas, disciplinados o bastante para liderarem uma revolução, não eram tão fortes no Egito como seus equivalentes na Europa. O governo do Egito conseguiu distrair o povo com um novo entusiasmo pelo nacionalismo árabe. Embora poucos egípcios se vissem como árabes antes, o Rei Faruq e a Wafd alinharam o Egito mais com o resto do mundo árabe, parcialmente devido ao surgimento da disputa árabe-judaica pela Palestina. Mais importante foi a tentativa do Iraque de unir os estados do Crescente Fértil, ao que Nahhas respondeu com a promoção da Liga Árabe. Formalmente criada em 1945, preservava a soberania de cada país árabe enquanto coordenava suas políticas em temas árabes-chave. Na esperança de manter sua própria influência às custas da França, a Grã-Bretanha encorajou essa tendência na direção da cooperação árabe.

A desvantagem era que os estados árabes podiam concordar somente com um tema: eles não queriam que os judeus formassem um Estado na Palestina. O Egito, com muitos problemas domésticos, mais as questões irresolvidas do Sudão e das tropas britânicas dentro de suas próprias fronteiras, desviou sua antenção e energias para a questão Palestina. Estabeleceu suas políticas menos para bloquear qualquer ameaça sionista aos interesses árabes do que para conter o que outros governos árabes poderiam fazer. O emir Abdallah da Transjordânia, apoiado pelo Iraque, era o principal rival do Egito. Se ele lutasse contra qualquer tentativa judaica de formar um Estado na Palestina, poderia anexar grande parte do (ou todo) país ao seu reino do deserto. Se fizesse a paz com os sionistas, poderiam dividir a

Palestina entre eles. Qualquer um dos resultados fortaleceria Abdallah às custas de Faruq. A Assembleia Geral da ONU votou, em 1947, pela partição da Palestina em um Estado judeu e um árabe. O Egito e os outros governos árabes resolveram contestar a decisão e subjugar o Estado judeu caso passasse a existir. Os árabes tinham objeções válidas a um plano de partição que fosse assinado sobre metade da Palestina para um terço da sua população de 1947, mas o governo do Egito se preocupava principalmente com o que os outros governos árabes pensavam e faziam.

Muitos egípcios, notadamente a Irmandade Muçulmana, exigiam um jihad para libertar a Palestina do colonialismo judaico. Faruq, percebendo uma vitória fácil em uma guerra popular, decidiu (sem consultar seu gabinete ou seus generais) enviar seu exército para lutar na Palestina em maio de 1948. O exército era despreparado. Obstáculos logísticos, comandantes incompetentes, políticos que fraudavam o governo na compra de armas, um cessar fogo da ONU no momento errado e uma desmoralização geral das tropas egípcias levaram a uma derrota esmagadora. Algumas unidades egípcias lutaram bravamente na Palestina, mas as vitórias anunciadas nos jornais e nas transmissões de rádio do Egito eram imaginárias. Em 1949, o Egito assinou um armistício com o novo Estado de Israel, assim como a Jordânia, o Líbano e a Síria. Mas mesmo na época não havia paz.

A Revolução Egípcia

A derrota na Palestina desacreditou o antigo regime do Egito – o rei, os ministros, os oficiais de alto posto, e o próprio experimento democrático. O governo reprimiu a Irmandade Muçulmana após terem assassinado o primeiro-ministro, mas a turbulência continuou. Eleições livres em 1950 trouxeram de volta a Wafd, dessa vez com planos de reformas sociais e um compromisso de retirar as tropas britâncias remanescentes do Vale do Nilo. O *Premiê* Nahhas repudiou o Tratado Anglo-Egípcio de 1936 que ele próprio assinara e enviou comandos egípcios para atacar tropas britânicas na zona do Canal de Suez. Os britânicos contra-atacaram, matando cinquenta e cinco policiais egípcios em janeiro de 1952. Agora o rumor de fúria popular se transformara em explosão. Em uma manhã de sábado, centenas de egípcios, melhor organizados do que qualquer gangue de manifestantes jamais se organizara antes, se alastraram pelo centro do Cairo e incendiaram marcos europeus como o Hotel de Shepheard, o Restaurante de Groppi, o Clube de Turfe, a sala de exibições da Ford Motor Company, e muitos bares e clubes noturnos. Somente após grande parte do Cairo ter sido incendiada completamente, Faruq e Nahhas tentaram frear o tumulto, os saques e os assassinatos. O "Sábado Negro" mostrou que o antigo regime não podia mais governar o Egito. Quem poderia? Alguns achavam que a Irmandade Muçulmana havia cometido os incêndios e, em breve, assumiria o poder. Outros olhavam para os comunistas. Poucos suspeitavam de que o exército, humilhado na Palestina e considerado estar sob controle do palácio, assumiria o controle do Egito e derrubaria o rei.

Contudo, em julho de 1952, o exército fez exatamente isso. Uma sociedade secreta de oficiais, usando um general popular, Muhammad Nagib, como seu testa de ferro, assumiu o controle do governo em um golpe de Estado sem derramamento de sangue. Três dias mais tarde, Faruq abdicou e foi para o exílio. Reformas abrangentes seguiram-se à medida que os jovens oficiais patriotas, como seus equivalentes na Turquia uma geração antes, assumiram os poderes do antigo regime. Partidos políticos foram abolidos, e o parlamento foi dissolvido. A junta militar governaria até que um novo sistema político pudesse substituir a desacreditada constituição de 1923. A reforma agrária foi instituída. Novas escolas e fábricas foram abertas. Em 1954, o líder testa de ferro, o General Nagib, admirado no exterior como moderado, foi retirado do poder pelo mentor real dos jovens oficiais, o Coronel Gamal Abd al-Nasir (muitas vezes escrito como Gamal Abdel Nasser).

O capítulo final

O primeiro regime de Nasir desejava completar a independência do Egito de qualquer presença militar estrangeira. Com a pressão posta sobre a Grã-Bretanha pelos Estados Unidos, que esperava levar o Egito a uma aliança anticomunista no Oriente Médio, as conversas Anglo-Egípcias foram retomadas. A Grã-Bretanha finalmente concordou em deixar sua base no Canal de Suez, mas sob a condição de que as tropas britânicas pudessem reocupar o canal no caso de um ataque a qualquer país da Liga Árabe ou à Turquia, presumivelmente pela União Soviética. Técnicos civis britânicos também poderiam permanecer na zona do Canal. Alguns nacionalistas egípcios resistiram às condições de Nasir, assim como haviam se oposto à concessão de Nagib de que o povo sudanês poderia decidir por um plebiscito entre uma união com o Egito e a completa independência (eles votaram pela segunda). Em 18 de junho de 1956, o último soldado britânico estava fora da base do Canal de Suez. Pela primeira vez desde 1882, nenhuma tropa britânica permanecera no Egito.

A luta pela independência do Egito deveria ter terminado então, mas não terminou. Em outubro de 1956, paraquedistas britânicos e franceses saltaram no Porto Said e reocuparam o Canal de Suez, enquanto o exército de Israel se dirigia para o oeste ao longo da Península do Sinai. As duas superpotências do mundo, os Estados Unidos e a União Soviética, juntaram forças para pressionar os britânicos, os franceses e os israelenses a frearem seu ataque e abandonarem o território do Egito. Enquanto isso, o governo de Nasir expulsou milhares de súditos britânicos e cidadãos franceses do Egito, e tomou suas propriedades, encerrando, assim, grande parte do que permanecia de poder econômico ocidental dentro do país. Nasir havia vencido a luta pela independência do Egito, mas a um custo da fúria ocidental contra seu regime e seu país.

Independência para o Líbano, Síria e Iraque

Existem alguns paralelos interessantes com a saga egípcia. França e Grã-Bretanha reconheceram voluntariamente a independência de seus mandatos anteriores, mas foram relutantes em retirar seus exércitos ocupantes. Os Franceses Livres concordaram em deixar o Líbano organizar eleições no verão de 1943, resultando em uma forte maioria a favor da independência, mas resistiram a aceitar os nacionalistas libaneses, e uma rebelião eclodiu em novembro. Pressionada pela Grã-Bretanha, a França reconheceu formalmente o Líbano como uma república independente em 22 de novembro, mas somente em 1945 as últimas tropas francesas deixaram o país. Como os libaneses já haviam firmado um "acordo de cavalheiros" não escrito de que seu presidente sempre seria um maronita, a França deveria partir em breve. A Síria foi uma questão mais difícil, uma vez que ficou perfeitamente claro que sua maioria muçulmana sunita desejava que a França partisse. Um político sunita proprietário de terras, chamado Shukri al-Quwatli, conseguiu obter o reconhecimento formal da França da independência da Síria se posicionando ao lado dos britânicos e dos americanos. Mesmo assim, tropas francesas permaneciam na Síria em 1945, incitando uma revolta nacionalista nas principais cidades que foi suprimida após pesadas perdas de vidas e propriedades, e exigiu a ação do recém-formado Conselho de Segurança da ONU para pressionar a França a retirar suas forças em abril de 1946.

Embora o Iraque tenha sido formalmente independente desde 1932, ainda abrigava bases militares britânicas. A Grã-Bretanha pós-guerra reteve um interese pelo petróleo iraquiano e desejava prosseguir no controle do Golfo Pérsico. A Grã-Bretanha abriu negociações com o Iraque em 1947 sobre suas bases remanescentes no país, e os dois lados chegaram a um acordo em janeiro de 1948 na cidade britânica de Portsmouth para partilharem o controle daquelas bases. Nessa época, a opinião pública iraquiana, refletindo as crescentes tensões na Palestina, estava tão inflamada que uma rebelião nacional irrompeu contra o governo por assinar o Acordo Portsmouth, que nunca fora ratificado. Sua anulação, contudo, deixou as tropas britânicas no controle daquelas bases. O governo iraquiano impôs lei marcial, em parte devido à Guerra Palestina, e tentou desviar o ressentimento do povo contra os britânicos com políticas defendendo o nacionalismo árabe e apoiando projetos de desenvolvimento de grande escala. O Iraque inclusive promoveu uma aliança militar com a Grã-Bretanha, Turquia, Irã e o Paquistão, chamada então o Pacto de Bagdá, para se opor ao "comunismo internacional". Somente em 1958, um grupo de oficiais do exército iraquiano encenou um golpe, espelhado no egípcio de 1952, que expulsou a monarquia hachemita, tirou o Iraque do Pacto de Bagdá, e encerrou a influência militar e política da Grã-Bretanha no país.

Conclusão

Egito, Iraque e Síria foram todos perturbados pelo imperialismo europeu. Compreensivelmente, acreditavam que tinham expulsado os turcos de sua porta da frente na Primeira Guerra Mundial, somente para descobrir que os britânicos e os franceses haviam entrado pelas janelas e estavam sentados na sala de visitas. As potências europeias, durante a guerra, redigiram planos idealísticos para desenvolver esses países e haviam repetidamente feito promessas de independência na época e depois. Os povos desses países pensavam que estavam sendo valorizados não como herdeiros de uma grande civilização islâmica ou como participantes de um despertar árabe, mas como habitantes inconvenientes de terras que possuíam valor estratégico e petróleo para a Grã-Bretanha e a França. Alguns historiadores argumentam que esses estados não eram nações, que não poderiam ter se defendido ou mesmo permanecido unidos caso tivessem sido libertados do controle britânico ou francês, que estavam fraturados por diferenças religiosas e étnicas, e que eram sociedades agrárias cujas elites proprietárias de terras careciam de quaisquer laços com seus agricultores arrendatários. Não podemos dizer o que teria acontecido se o Egito tivesse se tornado uma democracia liberal durante o governo de Sa'd Zaghlul; se os Aliados tivessem reconhecido uma grande Síria incluindo a Palestina (agora, Israel), a Transjordânia (agora Jordânia), o Líbano e Alexandretta; ou se o Iraque tivesse se tornado uma frouxa federação de Basra, Bagdá e Mosul. Podemos dizer que o que esses países experienciaram, sob o imperialismo ocidental, deixou um legado duradouro de raiva que ajudou a envenenar a política do Oriente Médio contemporâneo.

PARTE V

O conflito árabe-israelense

1946	Comitê Anglo-Americano de Investigação visita a Palestina; a Transjordânia se torna independente
1947	A Grã-Bretanha submete o mandato palestino à ONU; a Assembleia Geral da ONU aceita o Plano de Partição palestino
1948	Israel declara independência; os exércitos árabes atacam Israel, mas são derrotados; muitos árabes palestinos fogem
1949	Estados árabes e Israel assinam acordos armistícios; Abdallah anexa a Cisjordânia, criando o Reino Hachemita da Jordânia
1952	Nasir lidera um golpe militar, expulsa Faruq e institui a reforma agrária no Egito
1952-1999	Reino do rei Husayn na Jordânia
1954	Acordo anglo-egípcio exige a evacuação do Canal de Suez em 1956
1954-1970	Presidência de Gamal Abd al-Nasir no Egito
1955	Formação do Pacto de Bagdá; Israel invade Gaza; o Egito compra armas soviéticas; os EU oferecem um empréstimo ao Egito para construir a Represa Alta de Assuã
1956	Os EU retiram a oferta de Assuã; Nasir nacionaliza a Companhia do Canal de Suez; Grã-Bretanha, França e Israel atacam o Egito
1957	EU decretam a Doutrina Eisenhower
1958	Egito e Síria formam a República Árabe Unida; golpe militar expulsa a monarquia do Iraque; EU intervêm na guerra civil libanesa
1961	A Síria se retira da República Árabe Unida
1962	Golpe militar iemenita depõe o imame, levando à intervenção militar egípcia e à guerra civil
1964	A Organização da Libertação da Palestina é formada no Cairo
1964-1975	Reino do rei Faysal na Arábia Saudita
1967	Israel ataca e derrota os estados árabes tomando o Sinai do Egito, a Cisjordânia da Jordânia, e as Colinas de Golan da Síria; a ONU decreta a Resolução 242, exige um acordo de paz e a retirada de Israel dos territórios ocupados

1969	Yazir Arafat é eleito chefe da OLP (Organização da Libertação da Palestina); Nasir declara Guerra de Atrito contra Israel; Qadhafi lidera um golpe na Líbia
1970	Jordânia subjuga a rebelião palestina; Nasir morre
1970-2000	Presidência de Hafiz al-Assad na Síria
1970-1981	Presidência de Anwar al-Sadat no Egito
1973	Ataque-surpresa pelo Egito e Síria contra israelenses no Sinai e Golan; israelenses penetram na Síria e cruzam o Canal de Suez; boicote ao petróleo árabe
1975	Guerra civil inicia no Líbano
1977	Começo do primeiro-ministro israelense eleito; Sadat discursa no Knesset em Jerusalém; Egito e Israel começam negociações de paz no Cairo
1978	Carter chama Begin e Sadat para encontro em Camp David, onde esboçaram um tratado de paz temporário
1979	Egito e Israel assinam um tratado de paz levando outros estados árabes a romperem vínculos com o Egito

16 A disputa pela Palestina

A Palestina, a "terra duas vezes prometida", derramou mais tinta do que qualquer outro tema do Oriente Médio nos tempos modernos – mesmo mais tinta do que sangue. Embora a Questão Palestina, ou o conflito árabe-israelense, não seja o único dilema a afligir a região, é difícil nomear algum problema no Oriente Médio de hoje que não tenha, de algum modo, sido afetado por ela. Certamente, a atenção que as grandes potências, as Nações Unidas e legiões de propagandistas de ambos os lados têm dado ao conflito deveria mostrar quão grande se mostra no mundo hoje.

Origens

Como o conflito árabe-israelense surgiu? É uma guerra religiosa entre judaísmo e islamismo, que pode ser remontada à rivalidade entre os filhos de Abraão, Isaque e Ismael? Os árabes dizem que não e que os judeus sempre foram bem-vindos para se estabelecerem e prosperarem nas terras muçulmanas. Os sionistas respondem que os judeus, sob governo muçulmano, foram usualmente cidadãos de segunda classe (assim como todos os outros não muçulmanos). Ambos os lados concordam em que os cristãos antissemitas foram piores, mas esse preconceito persistente estabelece um padrão pobre para a tolerância religiosa.

Muitos dizem que esses argumentos remontam muito no tempo, mas isso não é realmente verdade. Embora judeus e árabes tenham pretensões à Palestina datando de séculos, a disputa real estava apenas começando quando a Primeira Guerra Mundial eclodiu. Naquela época, poucos previam quão forte se tornaria. A duração e intensidade do que agora chamamos o conflito árabe-israelense, ou palestino-israelense, deveram-se ao surgimento do nacionalismo nos tempos modernos. Você já estudou o movimento nacionalista árabe no capítulo 13; agora, vamos considerar a história do sionismo. Este capítulo levará a disputa pela Palestina (ela própria um termo geográfico discutível) até à criação de Israel como o Estado judeu.

Sionismo político

Vamos, primeiro, definir nossos termos. Sionismo é a crença de que os judeus constituem uma nação (ou um *povo*) e que merecem os direitos de outros grupos assim, incluindo a liberdade de retornar ao que consideram sua pátria ancestral, a terra de Israel (ou Palestina). O sionismo político é a crença de que os judeus deveriam formar e manter um Estado para si lá.

Nem todos os judeus são sionistas. Alguns judeus se identificam apenas com os países nos quais são cidadãos, rejeitam completamente a ideia de nacionalismo, ou acreditam que a única afirmação significativa de judaísmo seja a observância de sua religião, suas leis e suas tradições. Nem todos os sionistas são judeus. Alguns cristãos acreditam que a restauração dos judeus na Palestina ou a criação de Israel preceda a Segunda Vinda de Cristo. Muitos gentis (não judeus) apoiam Israel por admiração pelos judeus ou israelenses ou por culpa por erros passados cometidos contra judeus europeus. Alguns gentis que não gostam dos judeus apoiam Israel porque se opõem à assimilação dos judeus pela sociedade gentil.

Do mesmo modo, antissionistas não são necessariamente antissemitas. Alguns podem ser pró-árabes por convicção sincera. Algumas pessoas que são a favor dos judeus e do judaísmo ainda pensam que o sionismo e a criação de Israel mais prejudicaram do que favoreceram os judeus. Esse é um ponto que os judeus deveriam ter em mente. Por sua parte, não judeus devem reconhecer que expressões de oposição – ou mesmo de ceticismo – para com o sionismo e Israel soam antissemíticas para muitos judeus. Todos nós devemos discutir o sionismo com cuidado, caso judeus e gentis, ou árabes e não árabes, desejem entender-se entre si e fazer a paz.

Alguns americanos podem se perguntar por que os judeus sionistas deveriam se chamar uma "nação". Ninguém fala de uma nação católica ou de uma nação metodista nos Estados Unidos. Apesar disso, muitos judeus acreditam que constituam um povo e que sua sobrevivência coletiva dependa de apoio e cooperação mútuos. Mesmo pessoas de ascendência judaica que não praticam o judaísmo – mesmo aquelas que se converteram a outra religião – são ainda aptas a ser consideradas judias a menos que façam um esforço extremo para provar que não são.

A ideia de que judeus são um povo único e unido está profundamente arraigada na Torá e na Bíblia cristã: uma tribo nômade, os hebreus, passaram a considerar sua deidade como de fato o único Deus verdadeiro, YHWH (Jeová). Ele os escolheu para seu amor e proteção porque eles o escolheram; Ele lhes ordenou a manterem seu pacto e a obedecerem às suas leis de geração a geração; Ele os conduziu para fora do cativeiro egípcio e os levou com segurança para Canaã, que eles chamaram a terra de Israel, pois Ele a havia prometido para aos descendentes de Abraão. Árabes, assim como judeus, alegam descenderem de Abraão, mas o termo *terra de Israel* restringe sua posse aos descendentes de Jacó (i. e., os israelitas). Jerusalém é retratada em preces e expressões comuns, e é um símbolo das esperanças e medos do povo judaico. *Judeu* significava originalmente "uma pessoa da Judeia", a região na qual Jerusalém é a principal cidade; somente mais tarde adquiriu uma importância religiosa.

Os judeus na diáspora

Por ao menos dois milênios, muitos judeus não foram judeanos (*Judeans*). Apenas recentemente poderia ser dito que possuíssem Jerusalém ou mesmo que falassem hebraico (embora não lessem a Torá nessa língua). Judeus mantinham sua identidade como um povo por sua observância da religião e das leis do judaísmo, e por seu desejo de sobreviver como um povo, mesmo sem lei, uma língua comum, um Estado, ou grande parte dos outros atributos de uma nação. Não importa quão tênue os vínculos entre os judeus e sua pátria ancestral pudessem parecer, eles nunca os esqueceram. Sempre houve alguns judeus vivendo na Palestina, e muitos pensavam que somente aqueles que vivessem lá pudessem se sentir completamente judeus. A atitude antissemítica comum dos cristãos europeus aumentou a solidariedade judaica e sua identificação com a pátria. Judeus em terras muçulmanas eram melhor tratados e sabiam que eram livres para viver na Palestina, mas somente alguns de fato fizeram isso.

O iluminismo europeu e o surgimento da democracia liberal libertou muitos judeus ocidentais da discriminação e isolamento. Um iluminismo judaico surgiu no final do século XVIII, levando a Alemanha e os Estados Unidos ao que é chamado Judaísmo Reformista e a uma maior assimilação dos judeus pela sociedade ocidental. Essa assimilação fez com que alguns judeus do século XIX se tornassem cristãos (e. g., o escritor Heinrich Heine e os pais de homens famosos como Karl Marx, Felix Mendelssohn e Benjamin Disraeli).

Se muitos judeus tivessem vivido na Alemanha, Inglaterra ou América e tivessem sito ativamente assimilados, portanto, o sionismo poderia jamais ter surgido. Mas a maioria vivia na Rússia czarista (principalmente na Polônia) e nos declinantes impérios multinacionais dos habsburgos e otomanos. Aqui, a democracia liberal ainda não havia sido implantada. Quando os povos do leste da Europa começaram a adotar o nacionalismo, tiveram de lutar contra monarcas ou nobres despóticos para conquistar a independência. Os judeus locais foram pegos no meio desse processo. Embora obedientes à lei e usualmente leais aos seus governantes, eram muitas vezes vistos pelos nacionalistas como inimigos em seu meio. Alguns governantes tentaram defletir a revolta popular dirigida a eles, usando os judeus como bodes expiatórios, incitando *pogroms* (ataques organizados) contra guetos e aldeias judaicos. Alguns judeus – e mais do que alguns cristãos – diziam que o único modo de os judeus escaparem à perseguição seria se mudarem para a Palestina e reconstruírem seu Estado na terra de Israel. A ideia de que os judeus constituíam uma nação (o sionismo, por nossa definição) não é nova, mas dizer que a nação judaica deveria reviver seu Estado antigo na Palestina (a ideia que chamamos sionismo político) era, na verdade, revolucionária para o século XIX.

Como o sionismo político começou

Como muitas doutrinas revolucionárias, o sionismo político começou com muito poucos apoiadores. Muitos rabinos diziam que os judeus não poderiam ser restaurados na terra de Israel até que Deus tivesse enviado o Messias. Alguns condenavam o nacionalismo como uma forma de amor-próprio coletiva que violava o mandamento básico do judaísmo: "amará o Senhor teu Deus com todo o teu coração, e com toda a tua alma, e com todas as tuas forças" (Dt 6,5). Contudo, Moses Hess, um socialista alemão precursor, argumentou em *Roma e Jerusalém* (*Rome and Jerusalem*) (1862) que os judeus poderiam formar um Estado-nação verdadeiramente socialista na terra de Israel. O livro de Hess permaneceu pouco lido, mas outro trabalho sionista precursor, *Autoemancipação* (*Auto-Emancipation*) (1882), de Leon Pinsker, teve imensa influência na Rússia. Em torno da mesma época, o regime czarista antissemita implementou uma série de "Leis de Maio", que restringiam áreas russas nas quais os judeus poderiam viver e estabeleciam cotas artificialmente baixas de admissão de judeus em universidades e profissões. O livro de Pinsker foi a primeira tentativa sistemática de provar que os judeus eram vulneráveis ao antissemitismo porque careciam de um país próprio. O trabalho inspirou os judeus russos a formarem clubes sionistas e grupos de estudos na Rússia. Sua federação, os Amantes de Sião, espalhou-se da Rússia para outros países onde os judeus viviam. Um movimento mais ativista, Bilu, enviou os primeiros grupos de jovens judeus russos para a Palestina. Imigrantes nessas duas organizações constituíam o que historiadores do sionismo chamam a "primeira *aliya*". *Aliya* significa "ascender", o termo que os judeus há muito usavam para ir a Jerusalém, estabelecer-se entre os montes judaicos, mas passou a denotar "ir para a terra de Israel". Os judeus imigrantes eram chamados *olim* (ascensores).

Primeiros colonos judeus

Os *olim* sionistas encontraram outros recém-chegados judeus na Palestina. Havia sempre místicos e estudiosos indo a Jerusalém e a outros centros importantes da cultura judaica: Tiberias, Safed e Hebron. Além disso, alguns imigrantes judeus já estavam comprando terras e tentando cultivá-las. No final do século XIX, o número total de colonos judeus na Palestina era menos de 20.000; os habitantes locais, cerca de 570.000, falavam o árabe. O país era governado pelo Império Otomano, que desconfiava dos sionistas. Não poucos colonos judeus desistiram desgostosos e voltaram para casa – ou foram para os Estados Unidos.

Theodor Herzl

O sionismo com base apenas nos recursos russos – principalmente de entusiasmo da juventude – provavelmente não teria durado. O que deu continuidade e amplo apelo ao movimento foi o trabalho de um jornalista judeu assimilado que vivia em Viena, Theodor Herzl, que em 1896 escreveu *Der Judenstaat* (O Estado Judeu), um apelo em prol do sionismo político. Como Herzl era um escritor popular, seu livro levou as ideias de Pinsker e de outros sionistas pioneiros a milhares de judeus falantes do alemão. Sua conversão ao sionismo permitiu a Herzl convocar o primeiro Congresso Sionista Internacional na Basileia, na Suíça, em 1897. Em seu término, os conferencistas decidiram que "O objetivo do sionismo é o estabelecimento para o povo judeu de um lar na Palestina garantido pelo direito público". Isso seria atingido pela promoção da colonização judaica da Palestina, da união de todos os judeus, do encorajamento do sentimento nacional judaico e da busca pela aprovação governamental onde fosse necessário em favor da realização do objetivo do sionismo.

Herzl continuou trabalhando incessantemente em favor da formação do Estado judeu escrevendo mais livros, fazendo discursos, e buscando apoio de judeus ricos e de vários governos europeus. Ao mesmo tempo, conseguiu inclusive uma oferta do governo britânico que teria levado os sionistas a se estabelecerem no que mais tarde seria chamado Planalto Branco do Quênia. Mas grande parte dos seguidores de Herzl, especialmente os judeus russos, recusaram-se a formar um Estado fora da terra de Israel, dizendo: "Não pode haver sionismo sem Sião". O movimento se dividiu em relação a esse e outros pontos. Quando Herzl morreu, em 1904, as elevadas esperanças do sionismo inicial pareciam estar evanescendo.

A segunda aliya

Se a vida e ensinamentos de Herzl constituíram o primeiro evento que salvou o sionismo político, o segundo foi a emigração em larga escala de judeus da Rússia em seguida à sua Revolução Abortiva de 1905. Mesmo que muitos tenham decidido buscar liberdade e oportunidade naquela "terra de ouro" ultramarina, os Estados Unidos, um pequeno número de homens e mulheres idealistas escolheram em troca a Palestina. Com fervor e dedicação intensos, esses colonos judeus da segunda *aliya* (1905-1914) construíram as instituições emergentes de uma comunidade na Palestina: escolas, jornais, teatros, clubes de esportes, sindicatos trabalhistas, fábricas de propriedade de trabalhadores e partidos políticos. Não era permitido aos árabes integrarem essas organizações – e nenhum tentava. Como os judeus que entraram na Palestina falavam várias línguas diferentes nos países dos quais haviam vindo, os *olim* fizeram um esforço concertado para reviver o hebraico como uma língua falada e escrita que pudessem partilhar.

Seu feito mais famoso foi um novo experimento em assentamento agrícola chamado *kibbutz* (fazendas coletivas), nas quais todas as casas, animais e equipamentos de cultivo pertenciam ao grupo como um todo, todas as decisões eram tomadas democraticamente, e todas as tarefas (incluindo cozinhar, limpar e cuidar das crianças) eram partilhadas pelos membros. Embora muitos *olim* tivessem se estabelecido em cidades, incluindo o que se tornou a primeira cidade totalmente judaica da história, Tel Aviv, aqueles que haviam escolhido os *kibbutzim* passaram a tipificar o "espírito pioneiro" de Israel: idealista, autossuficiente, e muito desdenhoso dos estrangeiros. Os kibbutzniks estavam determinados a desenvolver suas terras (compradas para eles pelo fundo Nacional Judaico por preços elevados de absenteístas árabes e proprietários de terras turcos) sem recorrer à mão de obra árabe barata, um passo para a autossuficiência judaica, mas também para a exclusão dos palestinos árabes de sua pátria.

Como os pioneiros da segunda *aliya* eram pessoas bravas e inventivas, podemos esquecer que muitos *olim*, em pouco tempo, perderam seu zelo por essa aventura arriscada e pouco gratificante. Verões quentes, invernos ventosos e chuvosos, pântanos infectados com malária, montanhas rochosas, solo desértico arenoso, e frequentes perdas de safras diminuíram o fervor de muitos jovens pioneiros. Nômades árabes e camponeses atacavam os kibbutzim. Seus primos, em Jaffa e Jerusalém, desconfiavam do sionismo. À medida que seus próprios sentimentos nacionalistas cresciam, os árabes compreensivelmente se opuseram a um esquema de colonização que parecia, sem dúvida, desapossá-los, reduzi-los a um *status* de segunda classe, ou dividir a Síria. Eles já estavam protestando em sua imprensa e no parlamento otomano contra esses colonos estrangeiros e seus planos de criar um Estado judeu na Palestina. O governo otomano, antes e depois da Revolução dos Jovens Turcos de 1908, obstruiu a colonização judaica, o que poderia acrescentar ainda outro problema de nacionalidade àqueles que já estavam dividindo seu império. Nenhum governo europeu se arriscaria a ofender Istambul apoiando o assentamento judaico na Palestina.

A Grã-Bretanha e o problema palestino

A Primeira Guerra Mundial foi o terceiro evento que salvou o sionismo político. Ambos os lados pensavam que necessitavam do apoio judeu. Em 1914, Berlim era o principal centro do movimento sionista. Muito articulado politicamente, os judeus viviam nos (e apoiavam os) países que constituíam as Potências Centrais: Alemanha, Áustria-Hungria, e o Império Otomano. Até 1917, quando os Estados Unidos entraram na Primeira Guerra Mundial do lado dos Aliados, os judeus americanos tenderam a favorecer as Potências Centrais porque odiavam a tirania da Rússia czarista, da qual muitos judeus mal conseguiram escapar. A deposição do regime em março de 1917 tornou mais fácil apoiar a Rússia, mas agora o problema que afrontava seu novo governo (que muitos judeus russos favoreciam) era quanto a permanecer ou não na guerra. A Alemanha, também, desejava o apoio judeu, mas não poderia esposar o sionismo, por receio de que isso ofendesse seu aliado, o Império Otomano, que ainda detinha a Palestina. Foi nesse momento que o governo britânico interveio.

A Declaração Balfour

A Grã-Bretanha, embora tivesse relativamente poucos súditos judeus, podia falar mais vigorosamente em favor do sionismo. Lá, o principal defensor do sionismo foi Chaim Weizmann, um químico que ficou famoso no começo da guerra ao sintetizar acetona, usada para fazer explosivos. As descobertas de Weizmann o tornaram conhecido dos principais jornalistas e, assim, dos membros do gabinete de tempo de guerra da Grã-Bretanha. O primeiro-ministro, David Lloyd George, passou a favorecer o sionismo ao ler a Bíblia. Weizmann também ganhou o apoio do secretário de relações exteriores, Lord Balfour. Foi ele quem informou aos sionistas britânicos do gabinete a decisão de apoiar sua causa em uma carta que se tornou conhecida como a Declaração Balfour. A carta declarava:

> O Governo de Sua Majestade vê como favorável o estabelecimento na Palestina de um território nacional para o povo judeu, e envidará seus melhores esforços para facilitar a realização desse objetivo, deixando claramente entendido que nada será feito que possa prejudicar os direitos civis e religiosos das comunidades não judaicas existentes na Palestina, ou os direitos e *status políticos* desfrutados por judeus em qualquer outro país.

Como essa declaração é considerada o documento fundador do sionismo político, merece nosso escrutínio cuidadoso. Ela não diz que a Grã-Bretanha transformaria a Palestina em um Estado judeu. O governo britânico prometeu apenas trabalhar pela criação de um território nacional judaico na Palestina. Além disso, promete não ferir os direitos civis e religiosos (mas não políticos) das "comunidades não judaicas existentes" da Palestina – ou seja, os 93% de seus habitantes, muçulmanos e cristãos, que falavam árabe e temiam a separação de outros árabes como cidadãos de segunda classe dentro de um território nacional judaico. Tanto a Grã-Bretanha como o movimento sionista tinham de encontrar um modo de mitigar esses temores do povo e garantir seus direitos. Nunca o fizeram. Aqui, em suma, o que os árabes veem como o núcleo da disputa pela Palestina. Mesmo agora seu problema mais duro é definir e sustentar os direitos legítimos dos palestinos.

A Declaração de Balfour também tinha de levar em conta as preocupações dos judeus que escolheram permanecer fora da Palestina e que não desejassem perder os direitos e *status* que haviam conquistado em democracias liberais como a Grã-Bretanha, França e Estados Unidos. Até que Hitler assumisse o controle da Alemanha em 1933, o sionismo tinha o apoio de apenas uma minoria desses judeus. O que a Declaração de Balfour parecia assegurar era que o governo britânico, ao obter o controle da Palestina, estaria comprometido em construir o território nacional judaico lá.

A ocupação britânica

Quando a Primeira Guerra Mundial terminou, as forças imperiais britânicas e o exército de Faysal ocuparam conjuntamente a área que se tornaria a Palestina. Os britânicos estabeleceram em Jerusalém um regime que, em breve, se encontraria em meio a um conflito entre colonos judeus, que estavam entrando na Palestina em grandes números e organizando seu Estado, e os habitantes árabes, que estavam impedindo seus esforços.

Escritores sionistas muitas vezes acusam oficiais e funcionários britânicos de terem instigado o ressentimento árabe. Isso é injusto caso se refiram ao período de 1918 a 1922, embora, mais tarde, administradores britânicos tenham favorecido os árabes palestinos. Na verdade, alguns soldados britânicos que vieram do Egito ou do Sudão sabiam melhor como tratar os árabes, que eram usualmente polidos, do que lidar com imigrantes judeus do Leste Europeu, que podiam ser intransigentes devido ao seu sofrimento passado sob o regime de czares e de sultões. Alguns funcionários britânicos assumiam que, devido à tomada do poder comunista na Rússia, os judeus daquele país favorecessem os bolcheviques. De fato, somente alguns o faziam. Havia amplas bases para suspeitas entre imperialistas britânicos e colonos sionistas.

Já em abril de 1920, os palestinos se revoltaram, descarregando suas frustrações e medos em ataques à comunidade judaica. Foi um ataque de abertura na Revolução Nacionalista Árabe na Palestina, um conflito contínuo. Esse foi também o momento em que os Aliados se encontraram em San Remo para designar mandatos no mundo árabe, colocando a Palestina sob o controle britânico. Uma vez que o Escritório Colonial assumiu o controle da administração da Palestina, exercido pelo exército, a Grã-Bretanha deveria ter concebido uma política mais clara e mais justa em relação tanto aos judeus quanto aos árabes. Mas isso não era para ser.

O mandato palestino

Nos anos seguintes, a política palestina da Grã-Bretanha foi em duas direções opostas. Na arena internacional, tendeu a apoiar os objetivos sionistas devido à pressão política judaica sobre Londres e a Liga das Nações. Na Palestina, funcionários britânicos geralmente favoreciam os árabes, influenciados muitas vezes pela preocupação com a opinião muçulmana nos países vizinhos e na Índia. Quando a Liga das Nações criou o mandato palestino em 1922, encarregou especificamente a Grã-Bretanha de implementar a Declaração de Balfour. Em outras palavras, a Grã-Bretanha tinha de encorajar judeus a emigrarem para a Palestina e se assentarem lá, para ajudar a criar o "território nacional" judeu, e inclusive estabelecer uma "agência judaica" para auxiliar as autoridades britânicas no desenvolvimento desse território nacional.

O mandato palestino não poderia ser o mesmo que os mandatos da Liga para a Síria e o Iraque, que deveriam auxiliá-los a evoluírem para estados independentes. Na Palestina, contudo, embora muitos de seus habitantes fossem árabes, era o território nacional judaico que deveria ser criado, uma intenção publicamente declarada de criar uma entidade colonial ocidental. Os árabes suspeitavam de que o mandato britânico os manteria numa submissão colonial até que os judeus atingissem a maioridade na Palestina e pudessem estabelecer seu Estado ("território nacional" era um eufemismo).

O começo da ruptura anglo-sionista

Na realidade, contudo, os britânicos começaram a eliminar os traços pró-sionistas do mandato imediatamente. Em 1922, o secretário colonial Winston Churchill emitiu um Relatório Branco (*white paper*) negando que o governo britânico tivesse intenção de tornar a Palestina tão judaica quanto a Inglaterra era inglesa (expressão de Weizmann) ou de dar preferência aos judeus em detrimento dos árabes. Sua medida fatal foi restringir a imigração judaica para adequar a "capacidade de absorção" da Palestina. Essa restrição não feriu as relações anglo-sionistas na década de 1920, quando as cotas excediam o número de judeus que chegavam, mas após a ascensão de Hitler a questão da capacidade da Palestina para absorver judeus se tornou um problema.

Outra ação britânica que pareceu violar o mandato foi sua criação do Emirado da Transjordânia, removendo dois terços da Palestina situados ao leste do Rio Jordão da área na qual os judeus poderiam desenvolver seu território nacional. Os sionistas criticaram a tentativa britânica de dar a Abdallah um reino como uma concessão desnecessária ao nacionalismo árabe. Os britânicos previram que essa primeira partição da Palestina duraria somente até que a Síria se tornasse um reino árabe independente. Mas, como os franceses não deixaram a Síria e como Abdallah constituiu uma burocracia e um exército (a Legião Árabe comandada pelos britânicos) em

Amã, a separação da Transjordânia se tornou permanente. Muitos líderes judeus na Palestina ainda cooperavam com os britânicos, mas alguns se voltaram para a resistência direta e mesmo violenta. O mais notório desses líderes foi Vladimir Jabotinsky, fundador de um grupo chamado os Revisionistas, que defendia um Estado judeu que incluísse tanto a Palestina quanto a Transjordânia, livre de quaisquer habitantes árabes que se opusessem a ele. Ideias revisionistas influenciaram líderes israelitas como Menachem Begin, Benjamin Netanyahu e Ariel Sharon.

O governador judeu e o mufti nacionalista

O primeiro governador na Palestina foi Sir Herbert Samuel. Embora fosse um proeminente sionista, esforçou-se muito para ser justo com todos os lados. Por exemplo, ele nomeou um jovem nacionalista fervoroso, Hajj Amin al-Husayni, para ser o chefe mufti (oficial legal muçulmano) de Jerusalém. Samuel provavelmente esperava domar Hajj Amin com uma pequena amostra do poder, mas o mufti usou seu controle dos *waqfs* e indicações para postos muçulmanos-chave para se tornar o líder do nacionalismo árabe palestino. Embora sua personalidade ostentosa lhe angariasse tanto inimigos como amigos entre os árabes, ele se tornou tão influente como porta-voz e líder revolucionário que os britânicos tentariam, mais tarde, deportá-lo (cf. Caixa 16.1).

Caixa 16.1 Hajj Amin al-Husayni (1893-1974)

Amin al-Husayni é um herói para muitos árabes palestinos e um vilão para os sionistas. Nascido em uma proeminente família em Jerusalém, educado em al-Azhar no Cairo, e na Academia Militar de Istambul, serviu brevemente como oficial de artilharia no exército otomano. Passou a se interessar pela causa nacionalista árabe e se tornou ativo após a Primeira Guerra Mundial na política nacional palestina. O alto comissário da Grã-Bretanha em Jerusalém decidiu que o melhor modo de domar esse líder local em ascensão era lhe dar alguma responsabilidade. Assim, em 1922, ele foi nomeado grande mufti de Jerusalém e presidente do recém-formado Conselho Muçulmano Supremo. Os britânicos, mais tarde, se arrependeriam dessas indicações.

Usando essas posições em seu benefício, Husayni passou a dominar a motivação árabe palestina pela independência. Seu objetivo de uma Palestina árabe independente o colocou em discordância com o governo do mandato britânico, que apoiava o movimento sionista por uma pátria judaica na Palestina. À medida que um número cada vez maior de imigrantes judeus chegava da Europa, facções palestinas se uniram, em 1936, para formar o Comitê Superior Árabe sob a liderança de Husayni. Exigindo independência e um fim da imigração judaica para a Palestina, o comitê declarou uma greve geral e se recusou a pagar impostos, o que evoluiu para uma rebelião aberta que durou até 1939. Os britânicos removeram Husayni de sua posição como grande mufti e declararam o Comitê Superior ilegal. Husayni teve de fugir, terminando no Iraque, onde participou do levante de 1941 contra os britânicos, e terminou buscando refúgio na Alemanha nazista.

Sua aliança de conveniência com os alemães durante a Segunda Guerra Mundial tornou Husayni controverso no Ocidente. Nunca um nazista, foi o líder de um movimento nacionalista que combatia o imperialismo britânico e o colonialismo sionista. Declarado um fora da lei pelos britânicos, ele poderia ou se render aos seus opressores ou buscar refúgio com inimigos da Grã-Bretanha. Ele escolheu a segunda via. Enquanto viveu na Alemanha, fez apelos via rádio a seus compatriotas árabes, pedindo-lhes que não apoiassem os Aliados, mas provavelmente não teve papel algum no genocídio nazista contra os judeus.

Após a guerra, Husayni foi para o Cairo, onde continuou sua luta por uma Palestina independente, mas, agora, era o governo egípcio (que tinha suas próprias ambições na Palestina) que tentou restringi-lo e manipulá-lo. Nessa época, os sionistas lançaram uma campanha difamatória contra Husayni para conectar o movimento nacionalista palestino inteiro com o Holocausto. Assim, frustrado tanto pela oposição árabe interna como pela oposição sionista, fracassou em conquistar a independência para os palestinos e os árabes. Morreu em Beirute aos oitenta e um anos, desacreditado no Ocidente, mas ainda um herói para muitos palestinos.

Samuel encorajou tanto judeus como árabes a formarem suas próprias instituições. Os judeus, na Palestina, continuaram a desenvolver organizações que abrangiam aproximadamente cada aspecto de suas vidas, incluindo a Agência Judaica para a Palestina, um corpo que representava o judaísmo mundial e designado pelos britânicos como o representante oficial do povo judeu em seu mandato, e o Conselho Nacional Judaico, uma assembleia consultiva para os colonos judeus. Partidos políticos proliferavam, cada um com sua combinação única de socialismo, nacionalismo e religião. A federação trabalhista geral, chamada *Histadrut* (uma forma abreviada para Federação Geral do Trabalho para Trabalhadores na Terra de Israel), fundou fábricas, indústrias processadoras de alimentos e inclusive uma companhia de construção. Ela também criou uma organização de defesa clandestina, *Haganah* (Defesa), formada após a rebelião de 1920. Alguns árabes palestinos continuaram a exigir unidade com a Síria. Outros, divididos por lealdades familiares e religiosas, não puderam criar organizações comparáveis ou mesmo um partido nacionalista unido. Em troca, perseguiam políticas obstrucionistas que dificultavam sua causa fora do país. Em 1923, a Grã-Bretanha tentou estabelecer um conselho legislativo que teria dado aos árabes dez dos vinte e dois assentos, mas eles recusaram, observando acuradamente que os dois assentos designados para os judeus e os dez para os britânicos eram desproporcionalmente altos para seus números. Líderes árabes e muçulmanos, em outros países, encorajavam a resistência árabe palestina. Como estavam fora da Palestina e tinham seus próprios problemas, contudo, deram pouca ajuda material.

Nos dias de Samuel e de seu sucessor imediato, parecia que as diferenças judaico-árabes poderiam ser resolvidas. O número de *olim* judeus diminuiu; em 1926-1928 mais judeus deixaram a Palestina do que entraram. Havia também uma relação complementar – maldisfarçada pela propaganda de cada lado – entre colonos e nativos, entre especialistas técnicos judeus e o conhecimento árabe das condições locais, e entre o capital judaico e a força de trabalho árabe. A sábia administração britânica pode ter moderado suas diferenças. Havia sempre judeus que defendiam relações amigáveis com os árabes, assim como árabes que quietamente acolhiam a imigração e investimentos judaicos. Poderiam eles ter comandado se ambos os lados tivessem abrandado suas pretensões mais extremas?

Um novo confronto árabe-judaico

Quaisquer dessas esperanças foram frustradas pelo incidente do Muro das Lamentações de 1929. Os problemas eram complexos. O Muro das Lamentações (propriamente chamado o Muro Ocidental) é um remanescente do Segundo Templo e um objeto de veneração de muitos judeus. Para alguns, ele simboliza a esperança de que o templo será reconstruído algum dia e que os antigos rituais judeus serão revividos. Contudo, o Muro Ocidental também forma parte da área cercada em torno do histórico Monte do Templo (*al-Haram al-Sharif*, em árabe), no qual se encontra a Cúpula da Rocha e a mesquita al-Aqsa, centros de peregrinação quase tão importantes para os muçulmanos como Meca e Medina. Legalmente, foi um *waqf* desde o tempo de Salah al-din. Os muçulmanos temiam que ações judaicas no Muro Ocidental pudessem levar a reforçar suas pretensões ao Monte do Templo.

Em 1928, fiéis judeus trouxeram bancos nos quais sentar e uma tela para separar homens de mulheres. Os muçulmanos viram esses atos como uma tentativa dos judeus de fortalecer suas pretensões ao Muro. Essas ações violaram regulações mutuamente aceitas que mantinham práticas tradicionais. A colocação da tela bloqueou a estreita passagem usada pelos residentes árabes locais. Incapazes de persuadirem os judeus a removerem os bancos e a tela, a polícia os capturou, incitando violentos protestos sionistas. Vários conflitos se deram entre árabes e judeus. Durante o ano seguinte, esses escalaram em uma pequena guerra civil, provocando numerosas baixas de ambos os lados. Árabes perpetraram massacres em outros lugares na Palestina, notadamente em Hebron, onde mataram muitos dos habitantes judeus e expulsaram outros. A polícia britânica não pôde proteger civis inocentes.

Quando os judeus reclamaram, a Grã-Bretanha enviou uma comissão de investigação, que mais tarde emitiu um relatório que reconhecia os ressentimentos dos árabes. Então, o secretário colonial, Lord Passfield, emitiu um Relatório Branco culpando a Agência Judaica e as compras de terras sionistas de árabes (que haviam deixado alguns camponeses sem teto) pelas perturbações de 1929. Os britânicos também aumentaram as restrições à imigração judaica. Weizmann ficou tão irado por esse relatório que se destituiu da liderança da Agência Judaica. Desapontado, o governo britânico emitiu uma carta explicando o Relatório Branco de Passfield, alienando, assim, os árabes e mostrando-lhes que a influência sionista era forte o bastante para influenciar o governo britânico sempre que favorecesse os interesses árabes. A carta dificilmente apaziguou os sionistas também. Esse incidente mostra quão fraca era a política palestina da Grã-Bretanha:

condenou o mandato ao expor condições em evolução que os britânicos não podiam mais controlar.

A imigração judaica e a resistência árabe

Durante a década de 1930, as relações judaico-árabes pioraram. A ascensão ao poder de Hitler e seu partido nazista na Alemanha colocava os judeus – cerca de meio milhão – em perigo. Muitos permaneceram na Alemanha a despeito de leis discriminatórias, assédio oficial e vandalismo contra eles, mas outros judeus alemães (assim como judeus de países vizinhos como a Polônia) começaram a tentar sair. Mesmo os nazistas tentaram ao menos por um tempo, ajudá-los a partir. Mas que país os receberia? Em muitos países europeus, durante a Grande Depressão, o desemprego havia aumentado. Eles não queriam admitir muitos judeus alemães. Nem os Estados Unidos que, desde 1921, havia limitado estritamente a imigração estrangeira. Restava a Palestina. Após 1933, o fluxo de imigrantes judeus para aquele país se tornou abundante. Naturalmente, os árabes se perguntavam quanto tempo levaria antes de se tornarem uma minoria. Eles não tinham levado Hitler ao poder, e pensavam, então, por que deveriam ter seus direitos sacrificados pelo que os alemães fizeram?

À medida que sentimentos de raiva e impotência cresciam, Hajj Amin al-Husayni foi encarregado do novo Comitê Superior Árabe, que representava aproximadamente todas as facções palestinas muçulmanas e cristãs. O comitê convocou uma greve geral árabe em 1936. A greve se transformou em uma rebelião de grande escala que quase paralisou a Palestina por vários meses. Uma vez mais, o governo britânico enviou uma comissão de investigação, liderada por Lord Peel. Os árabes tentaram impressionar a Comissão Peel com seu poder para boicotá-la até pouco antes que partisse em janeiro de 1937. Consequentemente, os sionistas tiveram mais atenção. O relatório da Comissão Peel, emitido mais tarde naquele ano, recomendava a partição. Ela daria parte do norte e do centro da Palestina aos judeus para formarem seu novo Estado e deixariam grande parte do restante dela aos árabes. O Estado árabe esperava anexar a Transjordânia de Abdallah. Os árabes palestinos, apoiados por outros estados árabes, opuseram-se à partição, uma vez que temiam que a aceitação da Grã-Bretanha do plano da Comissão Peel fosse um passo para sua perda da Palestina. A Grã-Bretanha, em pouco tempo, reduziu gradativamente a oferta e finalmente a retirou.

Buscando uma fórmula pacífica que satisfizesse todas as partes, a Grã-Bretanha convocou uma conferência e mesa-redonda com líderes judeus e árabes (incluindo árabes de outros países) em Londres no começo de 1939. Na época, as diferenças entre judeus palestinos e árabes haviam se tornado tão grandes que se recusaram a sentar em torno da mesma mesa. Nenhum acordo foi obtido, e a conferência terminou inconclusivamente. Na época, a guerra com a Alemanha era iminente e a Grã-Bretanha necessitava do apoio árabe. Ela emitiu, então, uma declaração política, o Relatório Branco, anunciando que o mandato terminaria em dez anos, quando então a Palestina se tornaria completamente independente. Até lá, a imigração judaica seria limitada a 15.000 por ano até 1944, e, após isso, poderia continuar somente com o consentimento árabe (que, dificilmente, parecia promissor). A venda de terras árabes aos judeus foi restrita em algumas áreas e proibida em outras.

Como os árabes anteriormente, os judeus agora estavam com raiva, mas impotentes. O Relatório Branco parecia violar o compromisso da Grã-Bretanha de ajudar a construir o território nacional judaico prometido na Declaração Balfour e no próprio mandato. Isso estava acontecendo após as tropas de Hitler terem marchado na Áustria, após as democracias ocidentais terem consentido em desmembrar a Tchecoslováquia na conferência de Munique, e quando a Polônia estava sendo ameaçada pela agressão alemã. Os judeus europeus estavam em perigo. Devido aos limites estritos de imigração das democracias ocidentais, eles não tinham lugar algum para ir além da Palestina. Agora, a Grã-Bretanha, curvando-se à pressão árabe, havia praticamente fechado os portões da Palestina aos judeus. Os árabes, também, repeliam o Relatório Branco, porque postergava sua independência e não impedia a imigração judaica e as compras de terras completamente.

Durante a Segunda Guerra Mundial, muitos estados árabes permaneceram neutros. Alguns de seus líderes (incluindo o mufti exilado de Jerusalém) buscaram os nazistas, esperando que libertassem o mundo árabe do imperialismo britânico e do sionismo. Os judeus, na Palestina, não tinham escolha. A ameaça de aniquilação pelos nazistas superava os males da pacificação britânica aos árabes; assim, eles se comprometeram com a causa Aliada. Milhares de judeus palestinos se voluntariaram aos serviços armados britânicos, assumindo missões de alto risco em vários cenários de guerra. Alguns também assumiram missões perigosas para resgatar judeus de áreas europeias controladas por Hitler e seus aliados. À medida que a ameaça nazista recedia, contudo, alguns sionistas frustrados se voltaram para ataques terroristas, como o assassinato do ministro residente britânico no Cairo.

O crescimento do papel dos EU

Percebendo que a Grã-Bretanha não suspenderia suas restrições à imigração judaica para a Palestina ou cederia em sua oposição a um Estado judeu, os sionistas recorriam cada vez mais aos Estados Unidos por apoio. O sionismo não havia atraído muitos judeus americanos anteriormente, mas a ascensão de Hitler os havia alertado para os perigos do crescente antissemitismo. Se a Alemanha, outrora entre os países mais seguros para judeus, agora os perseguia, havia algum país no qual os judeus pudessem sobreviver como uma minoria? Talvez, um Estado judeu não fosse uma má ideia no fim, pensavam os americanos, mesmo que poucos deles planejassem se estabelecer lá.

Em 1943, sionistas americanos adotaram o que foi chamado o Programa Biltmore, exigindo que os britânicos rescindissem o Relatório Branco e tornassem a Palestina um Estado judeu. Em breve, a Organização Sionista Mundial endossaria essa resolução. Políticos americanos, conscientes dos sentimentos de seus eleitores, mas não daqueles da maioria árabe vivendo na Palestina, começaram a clamar por um Estado judeu. Essa não foi apenas uma resposta automática ao "voto judaico", pois muitos cristãos esperavam que a formação de um Estado judeu reparasse os feitos vis de Hitler e o passado de perseguição por parte de tantos outros. Por que não foram admitidos mais sobreviventes judeus nos Estados Unidos? Embora pudesse ter aliviado o problema palestino, também minaria o que os sionistas desejavam, o Estado judeu. Além disso, o antissemitismo permanecia forte nos Estados Unidos; muitos cristãos e, inclusive, muitos judeus, não queriam aumentar as cotas de imigração para refugiados judeus da Europa.

À medida que a Segunda Guerra Mundial terminava, a violência palestina crescia. Grupos terroristas sionistas, como a Organização Militar Nacional, comumente chamada os Irgun, e a Gangue Stern, explodiam prédios e instalações britânicas na Palestina. O governo americano começou a pressionar a Grã-Bretanha para eliminar as restrições à imigração judaica e acomodar as exigências para a estatidade judaica. O Comitê Anglo-Americano de Investigação foi à Palestina em 1946 e entrevistou tanto funcionários do mandato como líderes nacionalistas. Sua recomendação mais publicizada foi admitir 100.000 refugiados judeus europeus imediatamente e eliminar todas as restrições a compras de terras pelos judeus. O novo governo Trabalhista na Grã-Bretanha rejeitou esse conselho e defendeu uma Palestina árabe-judaico federada, em troca. Isso não satisfazia ninguém, e o conflito piorou. Finalmente, a Grã-Bretanha se apresentou à Assembleia Geral da ONU em fevereiro de 1947 e admitiu que não poderia mais manter o mandato. Sua política palestina havia fracassado.

O plano de partição da ONU

Coube à nova organização mundial – a Organização das Nações Unidas – resolver o problema. A Assembleia Geral respondeu ao desafio de formar mais outro corpo investigativo, o Comitê Especial da ONU sobre a Palestina. Seus dez estados-membros percorreram a Palestina durante o verão de 1947, mas não puderam divisar uma política com a qual pudessem concordar. Alguns favoreciam um Estado palestino binacional, compartilhado por árabes e judeus. Os árabes ainda constituíam dois terços da população do país, contudo, e esperava-se que fossem resistir à admissão de quaisquer refugiados judeus da Europa. A maioria dos membros do comitê especial recomendou particionar a Palestina em sete seções, das quais três seriam controladas por árabes e três por judeus. A sétima, incluindo Jerusalém e Belém, seria administrada pela Organização das Nações Unidas (Mapa 16.1). Nem os árabes palestinos nem os governos dos países árabes vizinhos acolheram um plano para estabelecer um Estado estrangeiro em seu meio, contra os desejos da maioria árabe do país. Mas os países comunistas, os Estados Unidos e praticamente todas as repúblicas latino-americanas eram favoráveis a ele. O plano de partição passou na Assembleia da ONU por uma votação de trinta e três a treze. Todos os estados-membros árabes se opuseram a ela.

Os sionistas não gostaram de todos os aspectos desse plano, mas o aceitaram como um passo na direção da formação do Estado judeu pelo qual haviam esperado e trabalhado tanto tempo. Os árabes ameaçaram entrar em guerra para bloquear sua implementação. Grupos paramilitares judaicos na Palestina em pouco tempo confiscaram terras não distribuídas para seu lado, e comandos árabes muitas vezes revidavam atacando alvos judeus. Embora membros da Liga Árabe se encontrassem para coordenar sua estratégia, suas ameaças públicas mascaravam conflitos privados e uma falta de preparação militar. Amir Abdallah da Jordânia (a Transjordânia mudou seu nome em 1946) negociou com os sionistas, esperando anexar a

Palestina árabe. Muitos outros países árabes se opuseram a ele, convocando voluntários para lutar na Palestina. No final de 1947, não estava claro se essas nações enviariam seus exércitos para a ação.

A criação de Israel

O plano de partição de 1947 certamente não foi uma resolução pacífica para a disputa pela Palestina. Tanto exércitos judeus como árabes alistavam voluntários e se equipavam tão bem quanto podiam. Ambos os lados cometiam ataques terroristas contra civis inocentes. Por exemplo, os Irgun atacaram Dayr Yasin, uma aldeia árabe próxima a Jerusalém, e massacraram 254 homens, mulheres e crianças. Poucos dias depois, um grupo árabe emboscou um ônibus indo para o Centro Médico Hadassah no Monte Scopus, matando setenta e cinco professores, médicos e enfermeiras judeus. Os britânicos permaneceram indiferentes, uma vez que se preparavam para se retirar totalmente da Palestina.

Cientes da violência crescente na Palestina, o representante dos EU nas Nações Unidas sugeriu, em março de 1948, que o plano de partição fosse posposto por uma trégua de dez anos sob a tutela da ONU. Esse compromisso pode ter satisfeito os árabes, mas certamente não os sionistas, com o Estado judeu agora quase ao seu alcance. Eles pressionaram o Presidente Truman, que finalmente reafirmou seu apoio ao Estado judeu, em detrimento das objeções do Departamento de Estado de seu próprio secretário de defesa. Naquela primavera, os sionistas começaram a implementar seu plano para remover a população árabe das áreas designadas aos judeus e das adjacentes, muitos árabes palestinos entraram em pânico e buscaram refúgio em países vizinhos (criando um problema de refugiados que ainda existe), e finalmente as tropas britânicas se retiraram de Jerusalém.

Em maio de 1948, o Comitê Executivo da Agência Judaica, reunido em Tel Aviv, declarou formalmente que aquelas partes da Palestina, sob controle judeu, eram agora o Estado independente de Israel. Ele também anulou as condições do Relatório Branco de 1939 limitando a imigração judaica e as compras de terras. Os sionistas instaram aos habitantes árabes de Israel "a preservar as vias da paz e desempenhar sua parte no desenvolvimento do Estado, com base na completa e igual cidadania e devida representação em todos os seus órgãos e instituições". Eles também conclamaram os estados árabes vizinhos a cooperar pelo bem comum. Mesmo que essas declarações fossem sinceras, chegaram muito tarde. Muitos árabes palestinos, já tendo

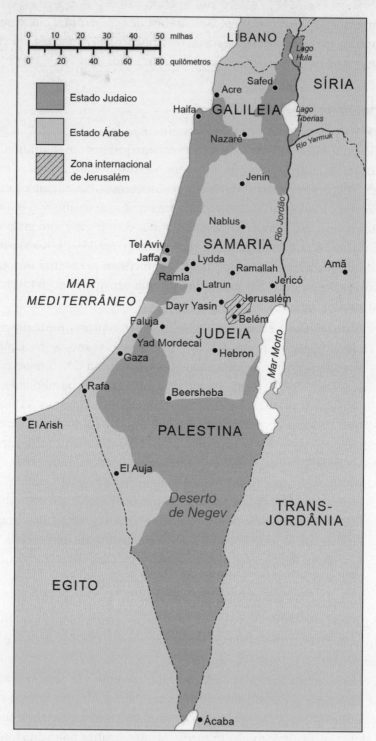

Mapa 16.1 O Plano de Partição da ONU para a Palestina, 1947

fugido de seus lares durante os estágios anteriores do conflito, desconfiavam dos sionistas e recorreram a seus vizinhos árabes por ajuda. No próximo dia, cinco governos árabes enviaram seus exércitos à Palestina para lutar contra o novo Estado de Israel.

Conclusão

A disputa pela Palestina entrou em uma nova fase. Nacionalistas árabes e sionistas políticos, por anos, inflamaram os piores medos uns dos outros durante o incompetente mandato britânico. Agora, eles lutam entre si abertamente. O conflito árabe-israelense, como passou a ser chamado, seria um dos problemas mais intratáveis da diplomacia moderna. Antes de 1948, um acordo poderia ter sido encontrado entre os extremos do nacionalismo árabe e o sionismo político. Mas nenhuma tentativa de acomodação funcionou, e o mundo continua pagando um alto preço por esse fracasso.

17 O renascimento de Israel e o surgimento do nacionalismo árabe

A guerra de 1948 entre o novo Estado de Israel e seus vizinhos árabes foi um evento revolucionário, pondo em movimento muitas mudanças drásticas no Oriente Médio. Para os israelenses e seus admiradores, a guerra era um conflito pela independência judaica, travado, primeiro, contra a resistência dos palestinos locais, mais tarde, contra o imperialismo britânico, e, finalmente, contra os exércitos dos estados árabes. Eles chamaram a vitória de Israel revolucionária porque, pela primeira vez na história moderna, os cidadãos de um país do Oriente Médio conseguiram depor um regime colonial e estabelecer um governo democrático. Do ponto de vista dos árabes, sua derrota na Palestina foi revolucionária, porque humilhou seus exércitos e desacreditou seus regimes. O desastre da Palestina desalojou 725.000 árabes, que buscaram refúgio na Faixa de Gaza (uma pequena parte da Palestina ocupada pelo Egito em 1948), Jordânia, Síria ou Líbano. Esses refugiados palestinos emergiram como uma força potente. Alguns se tornaram fervorosos nacionalistas árabes. Outros adotaram qualquer ideologia ou apoiavam qualquer líder que prometesse restaurar sua dignidade e seus lares. A oposição mais amarga dos Palestinos a Israel era igualada somente por sua hostilidade aos governos árabes que podiam buscar a paz com o Estado de Israel. Eles se tornaram os revolucionários do mundo árabe. De 1948 a 1967, todos os lados tiveram de se ajustar às novas condições criadas pela guerra.

A guerra de Israel pela independência

Como e por que Israel venceu a guerra? Os estados árabes eram maiores e mais populosos. Alguns possuíam grandes exércitos permanentes e um amplo equipamento militar. Em 14 de maio de 1948, quando os líderes da Agência Judaica declararam Israel independente, os exércitos do Egito, da Jordânia e de vários outros países árabes começaram a invadir Israel. Se para eles a guerra estava apenas começando, para os israelenses havia estado em curso por anos. Consequentemente, havia muitos combatentes judeus experientes. Mas eles não pertenciam todos à mesma força. Além da Haganah, que havia se tornado o braço militar da Agência Judaica, vários partidos políticos tinham suas próprias milícias. A mais conhecida era os Irgun, vinculados ao partido que esperava estabelecer o Estado judeu em ambos os lados do Rio Jordão. Durante o governo de Menachem Begin, os Irgun conduziram muitos ataques terroristas, dos quais os mais notórios foram o bombardeio do Hotel King David de Jerusalém, em 1946, e o massacre Dayr Yasin em 1948.

No início, os israelenses estavam divididos, pois os Irgun e a ainda mais extrema Gangue Stern resistiram à incorporação ao Haganah (renomeado a Força de Defesa de Israel (IDF) logo após a independência). Contudo, a invasão árabe e o que os israelenses viam como as consequências sérias de uma vitória árabe uniram o povo. A IDF cresceu rapidamente em número, equipamento e experiência. Igualmente, tendo antecipado um ataque, o Plano Dalet dos israelenses se propunha a estender as fronteiras de Israel além das linhas de partição da ONU e remover tantos árabes palestinos quanto possível. Eles começaram a implementar esse plano mesmo antes de os exércitos árabes atacarem.

As forças concorrentes

Os exércitos árabes opostos terminaram sendo menores do que o esperado. Países como o Egito retiveram a maior parte de suas tropas para preservar a ordem no país. O exército melhor equipado e treinado era a Legião Árabe da Jordânia, mas seu contingente de campo de 10.000 soldados dificilmente poderia se equiparar ao IDF, que aumentou para 100.000 homens e mulheres. Os israelenses enviaram mais soldados para a batalha do que todos os exércitos árabes combinados. No começo da guerra, pequenos bandos de israelenses pobremente armados tinham de repelir grandes exércitos de árabes. Contudo, importava menos o fato de que soldados jovens judeus superassem em número os jovens soldados árabes na Palestina do que aquilo que os árabes pensavam. Mal-informados sobre o caráter e habilidades dos judeus palestinos, líderes árabes tendiam a subestimá-los no início. Então, à medida que o IDF gradualmente aplicou mais força, os árabes reagiram e sobre-estimaram a força dos judeus. A baixa moral dos soldados foi uma razão importante para a derrota árabe.

As forças externas

As atitudes e políticas das grandes potências confundiam ambos os lados, mas essa confusão feriu os árabes mais do que os israelenses. Os Estados Unidos e a União Soviética se apressaram para reconhecer Israel. Embora muitos países tenham cortado armas para ambos os lados, a Tchecoslováquia comunista vendeu grandes quantidades de armas para Israel. Países comunistas apoiaram Israel, em 1948, por várias razões. Primeiro, eles desejavam enfraquecer a influência britânica no Oriente Médio. Segundo, esperavam que o novo Estado judeu pudesse adotar o socialismo ou mesmo o comunismo. Terceiro, desejavam desacreditar os regimes árabes "feudais" e "burgueses". O governo americano se equivocava. A opinião pública favorecia Israel. Com uma eleição presidencial se aproximando, Truman, um incumbente em apuros, competia com seu oponente republicano apoiando o Estado judeu. Contudo, o Departamento de Estado e funcionários do Pentágono temiam que uma política antiárabe prejudicasse os crescentes interesses americanos pelo petróleo no Oriente Médio. Empresários, educadores e missionários que haviam passado anos na área, argumentavam convincentemente contra políticas que antagonizassem o mundo árabe. Mas apoiadores de Israel, especialmente no Congresso, tinham mais influência.

Os árabes esperavam mais apoio da Grã-Bretanha, que havia se distanciado dos sionistas desde o Relatório Branco de 1939. Ela tinha tratados com o Iraque e com o Egito permitindo que tropas britânicas guardassem aeroportos e canais fluviais estratégicos. O comandante da Legião Árabe da Jordânia, Sir John Bagot Glubb, e muitos de seus oficiais eram súditos britânicos. Mas, embora o Ministério de Relações Exteriores e muitos diplomatas seniores favorecessem os árabes, o governo britânico também dependia muito do apoio militar e econômico americano para desafiar abertamente suas políticas para o Oriente Médio. A Europa estava se recuperando da Segunda Guerra Mundial, e muitos liberais simpatizavam com o Estado judeu, parcialmente para se redimir pelo Holocausto.

Os esforços de mediação da ONU

A Organização das Nações Unidas, eclipsada pelos acontecimentos de maio de 1948, tentou resolver o conflito árabe-israelense. Seu mediador, o

Conde Folke Bernadotte, da Suécia, persuadiu ambos os lados a pararem de lutar por um mês. Eles estavam exaustos depois de quatro semanas de batalhas intensas, mas somente os israelenses usaram essa trégua para obter e distribuir armas para suas tropas. Bernadotte publicou um plano que teria dado o Deserto Negev (destinado basicamente aos judeus desde o Plano de Partição de 1947) e Jerusalém para a Jordânia. Em troca, Israel obteria partes do oeste da Galileia que haviam sido destinadas aos árabes. Em 8 de julho, o combate reiniciou em todas as frentes. Durante os próximos dez dias, os israelenses tomaram parte da Galileia e as cidades estratégicas de Lydda e Ramleh. Mas a ONU garantiu outro cessar-fogo, antes que as forças judaicas pudessem capturar a Cidade Antiga de Jerusalém (que contém o venerado Muro Ocidental).

Enquanto ambos os lados se preparavam para mais um ciclo de combates, o mediador da ONU fez um novo apelo pelo apoio árabe. Bernadotte acrescentou ao seu plano uma estipulação para que os refugiados árabes tivessem permissão para retornar para suas casas nas cidades e aldeias agora sob controle de Israel. Mas os israelenses queriam as casas, propriedades e plantações dos árabes para os imigrantes judeus que esperavam atrair. Bernadotte foi assassinado em setembro por extremistas da Gangue Stern. Ralph Bunche, um americano, se tornou o novo mediador das Nações Unidas. O que Israel mais desejava era a Judeia, onde o brigadeiro General Moshe Daya atacou as posições da Legião Árabe em torno de Hebron e Belém até que os Estados Unidos obtivessem um novo cessar-fogo. Enquanto isso, forças israelenses na Galileia levaram o Exército de Libertação Árabe apoiado pela Síria para o norte em direção ao Líbano. Enquanto membros da ONU debatiam o plano de Bernadotte no final de 1948, Israel tentou expulsar os egípcios e as forças da Legião Árabe da área de Gaza e do sul de Negev. Ao final do ano, a principal frente havia cruzado a fronteira antiga em direção ao Sinai. Como o Egito ainda não exigira a paz, a Grã-Bretanha invocou o Tratado Anglo-Egípcio de 1936 para demover os israelenses. Embora esse ato tenha embaraçado o governo egípcio, que não desejava mais a proteção britânica, nenhum país árabe estava disposto a resgatar o Egito.

A ONU agora começava um exercício diplomático bizarro. Nenhum Estado árabe reconheceria a existência de Israel ao negociar com ela, mas em janeiro de 1949 Bunche abriu o que foi chamado "conversações de aproximação" na Ilha de Rhodes. Delegações egípcias e israelenses, em suítes separadas do mesmo hotel, redigiam termos enquanto Bunche levava propostas de um lado a outro, finalmente assegurando um acordo armistício. Três meses mais tarde, após a Legião Árabe ter perdido áreas do Negev que havia ocupado, a Jordânia assinou em Rhodes um acordo separado para ratificar um pacto secreto que o Rei (anteriormente Amir) Abdallah havia feito com os comandantes do exército de Israel. Tendo, portanto, obtido acesso ao Golfo de Ácaba, Israel passou a construir um porto em Eilat. O Egito e a Jordânia não teriam mais contato direto por terra. O Líbano assinou um armistício com Israel em março, e a Síria fez o mesmo em julho de 1949. O Iraque, que também havia enviado tropas à Palestina, nunca assinou um armistício e se opunha a qualquer armistício árabe com Israel.

As consequências da guerra

Esses argumentos levariam a uma paz árabe-israelense abrangente? A Comissão de Conciliação para a Palestina da ONU convocou uma conferência em Lausanne, onde delegações israelenses e árabes deveriam resolver suas diferenças relevantes. As negociações se arrastaram por quatro meses e terminaram inconclusivamente. Israel desejava um acordo de paz abrangente, mas os árabes exigiam, primeiro, que Israel se retirasse de todas as terras não designadas para o Estado judeu pelo Plano de Partição de 1947, e também readmitisse os refugiados palestinos. Os árabes argumentavam que essas estipulações estavam contidas nas resoluções da Assembleia Geral e que Israel havia sido admitido às Nações Unidas sob a condição de obedecê-las. Israel respondeu que foram os árabes que haviam desafiado primeiro o Plano de Partição da Assembleia Geral. As esperanças por uma solução desapareceram em meio a essas discussões. Como muitos membros da ONU reconheciam o Estado judeu, observadores ocidentais esperavam que os governos árabes admitissem que Israel estava no Oriente Médio para ficar. Eles não admitiram.

Divisões árabes

Os árabes falharam em derrotar Israel em 1948 devido a divisões políticas. Todos os estados árabes se opunham ao Plano de Partição de 1947 e à criação de um Estado judeu na Palestina. Como membros da Liga Árabe, prometeram lutar e colocar seus exércitos sob o comando nominal de um general iraquiano. Contudo, alguns se recusaram a se apropriar de fundos ou enviar tropas enquanto os britânicos governassem a Palestina. O rei hachemita da Jordânia, Abdallah, apoiado pelo Iraque governado pelos hachemitas, ainda queria uma "Grande Síria". Em 1948 ele estava disposto a fazer um acordo com os israelenses para anexar partes da Palestina ao seu próprio reino, um primeiro passo na direção de anexar o Líbano e a Síria, cujos poucos cidadãos ainda apoiavam a ideia da Grande Síria. Tanto Faruq do Egito quanto Ibn Sa'ud da Arábia Saudita se opunham ao plano de Abdallah. O Egito aspirava a ser o principal país árabe; tinha a maior população, universidades, jornais e estações de rádio e televisão no mundo árabe. O quartel-general da Liga Árabe ficava no Cairo, e seu vigoroso secretário-geral era egípcio. O Egito não queria um rei hachemita governando na vizinha Palestina, que pudesse mais tarde tentar anexar a Síria e o Líbano. Ibn Sa'ud, tendo expulsado os hachemitas da Arábia, concordava com Faruq.

Os árabes afirmavam estar unidos, mas seus líderes, na verdade, estavam tentando enganar um ao outro. Quando o conflito começou, o exército egípcio e a Legião Árabe minaram um ao outro. Os palestinos tinham o Exército de Libertação Árabe, liderado por um sírio; ele, também, não trabalharia com a Legião Árabe. Abdallah também odiava o famoso nacionalista árabe palestino, Hajj Amin al-Husayni, ex-mufti de Jerusalém, que estava agora trabalhando para Faruq. Enquanto os árabes tinham uma chance de vencer, seus líderes e exércitos competiram para obter o máximo de terras e glórias na Palestina. Quando Israel retirou os árabes, eles discutiram sobre quem deveriam culpar.

Os árabes palestinos

Nenhum governo árabe considerou as necessidades ou os interesses dos árabes palestinos, que até 1948 haviam formado a maioria da população da Palestina. Cerca de 150.000 palestinos conseguiram permanecer em suas casas nas terras controladas por Israel e se tornaram cidadãos israelenses. Esses cidadãos muçulmanos e cristãos falantes do árabe eram uma minoria restrita dentro do Estado judeu. Com o tempo, contudo, os árabes israelenses passaram a desfrutar de direitos políticos, benefícios econômicos e oportunidades educacionais sem equivalentes na maior parte dos vizinhos árabes. Os 400.000 árabes que viviam naquelas partes da Palestina não tomadas por Israel (incluindo a cidade antiga de Jerusalém) passaram ao domínio da ocupação da Legião Árabe. Abdallah, em pouco tempo, anexou essa região, agora usualmente chamada Cisjordânia, ao Estado que já havia renomeado o Reino Hachemita da Jordânia. Embora Israel se opusesse ao governo da Jordânia sobre a cidade antiga de Jerusalém, seus emissários tinham secretamente deixado Abdallah manter a Cisjordânia, esperando por um futuro acordo de paz abrangente. Havia também 200.000 palestinos, muitos deles refugiados, na região de Gaza, onde o Egito estabeleceu um "governo de toda Palestina" sob o comando dos antigos mufti. Contudo, esse truque político contra a pretensão hegemônica de Abdallah à Palestina fracassou. A Faixa de Gaza foi incluída na administração militar do Egito.

No final de 1948, havia cerca de 725.000 refugiados palestinos. Alguns haviam voluntariamente deixado suas casas mesmo antes de a guerra ter começado, enquanto muitos tiveram de fugir durante o conflito. Quem forçou sua fuga? Os apoiadores de Israel afirmam que os governos árabes divulgaram ordens para os civis palestinos saírem de modo que seus exércitos pudessem atacar mais facilmente os israelenses, mas nenhum documento evidencia essa alegação. Os palestinos argumentam (com algum apoio de estudiosos israelenses) que foram aterrorizados por grupos paramilitares sionistas até 14 de maio e que o IDF expulsou outros durante as últimas fases da guerra. Na realidade, ambos os lados cometeram ataques terroristas. No fim, os palestinos terminaram sem um Estado seu.

Os países árabes (exceto a Jordânia) não absorveriam os refugiados, principalmente por razões políticas, mas alguns (como o Egito) teriam sido obrigados a fazê-lo. Os próprios palestinos rejeitavam a assimilação, pois queriam retornar às suas casas. Israel, ocupado absorvendo sobreviventes judeus europeus e relutante em receber uma "quinta coluna" de inimigos implacáveis, não readmitiria refugiados palestinos. A ONU formou a Agência das Nações Unidas de Assistência (UNRWA) como uma medida temporária. A UNRWA abrigava palestinos em campos, dava-lhes alimento e vestimenta suficientes para sobreviverem, e educava seus filhos, esperando que o problema, algum dia e de algum modo, fosse resolvido. Alguns refugiados conseguiram retornar a Israel, e muitos jovens palestinos gradualmente foram absorvidos nas economias dos países árabes; mas muitos outros permaneceram nos campos, aumentando ainda mais a amargura contra Israel, seus apoiadores ocidentais, e os líderes árabes que os haviam traído.

Os países árabes

Em consequência do que em pouco tempo foi chamado o *Nakba* (desastre [da Palestina]), o que ocorreu no mundo árabe? Alguns estados árabes eram estáveis, e alguns eram populares, mas muitos não eram nem uma coisa nem outra. Supostos líderes árabes adotaram o pan-arabismo. Se ao menos os árabes tivessem se unido, eles afirmavam, não teriam perdido a guerra para Israel. Não importa que alegações de unidade possam ter sido feitas por nacionalistas árabes, havia vários estados árabes, muitos líderes, e várias políticas.

A Jordânia

O que fora um emirado no deserto, chamado Transjordânia, se tornou, em 1946, o reino hachemita da Jordânia. Meio milhão de jordanianos, muitos de origem beduína, foram unidos agora por 900.000 palestinos, metade deles agricultores locais ou habitantes de cidades na recém-anexada Cisjordânia e a outra metade refugiados nos campos da UNRWA. Os palestinos, aos quais foi oferecida nacionalidade jordaniana, tendiam a ser mais ocidentalizados e politicamente articulados do que os transjordanianos que haviam sido governados por muito tempo por Abdallah como uma figura paterna. Muitos dos palestinos eram agricultores, mas alguns eram advogados, professores, comerciantes ou burocratas. Alguns eram monarquistas. Para o Rei Abdallah, controlar a cidade antiga de Jerusalém com seus templos muçulmanos como a Cúpula da Rocha, compensava pela perda de Meca e Medina por seu pai para Ibn Sa'ud uma geração anterior. Contente com suas novas terras e o número triplicado de súditos, ele secretamente ofereceu a Israel reconhecimento diplomático em troca de acesso ferroviário para Haifa. Palestinos enfurecidos, especialmente apoiadores dos ex-mufti, denunciaram Abdallah como um traidor. Em 1951, um jovem palestino o assassinou em Jerusalém. Seu filho foi afastado do trono jordaniano devido à sua alegada instabilidade emocional em favor do neto de dezessete anos de Abdallah, Husayn, que assumiu o controle oficialmente em 1952.

A Grã-Bretanha continuou a subsidiar o governo da Jordânia, e Sir John Bagot Glubb comandava a Legião Árabe. Embora a Jordânia tivesse se tornado nominalmente independente em 1946, os soviéticos não concordaram com sua admissão como membro da ONU até 1955. O Rei Husayn aprendeu uma lição com o assassinato de seu avô. Os palestinos podem ter perdido suas casas e aceitado refúgio na Jordânia, mas podiam bloquear qualquer tentativa de enterrar suas pretensões por um acordo de paz. Husayn nunca seria o primeiro a fazer um acordo com Israel. Além disso, ele deixou a ideia da Grande Síria de Abdallah evanescer como uma miragem no deserto.

Síria e Líbano

O que ocorreu ao resto da Grande Síria? O impacto da guerra sobre a Síria e o Líbano foi diferente, mas não menos perturbador. O que era agora a República da Síria havia se tornado ressentida durante uma geração de governo francês indesejado. Os sírios se ressentiam não apenas da amputação de Alexandretta e da criação do Líbano pela França durante a era do mandato, mas também da decisão das potências ocidentais de tomarem a Palestina e a Transjordânia da Síria em 1920. Agora que os britânicos e franceses haviam desistido de seus mandatos, por que não tornar o que fora outrora o reino árabe de Faysal em uma república da Grande Síria?

Mas havia dois obstáculos. Um era a criação de Israel, que os sírios viam como um plano imperialista para manter a área dividida sob o controle ocidental. O outro era Abdallah e sua família. Sem dúvida, havia um grupo de sírios, o Partido do Povo (iniciado durante a grande Revolução Síria de 1925), que desejava a unidade árabe restaurada, durante o governo hachemita, sob a forma de uma união orgânica de todos os estados do Crescente Fértil, incluindo o Iraque. Mas os sírios, no poder desde 1945 (o Bloco Nacional, formado em 1931), desejavam impedir os hachemitas de governar a Síria. Eles, também, desejavam a unidade árabe, mas sob a égide da Liga Árabe; eles favoreciam vínculos mais estreitos com o Egito e a Arábia Saudita do que com o Iraque e a Jordânia. Consequentemente, a Síria lutou contra Israel em 1948 na aliança com o Egito e na disputa com a Legião Árabe pela Jordânia. O mau desempenho das tropas sírias levou a escândalos em Damasco. O desacreditado governo civil foi deposto por golpes militares em 1949, e o Coronel Adib Shishakli assumiu o poder. Sua ditadura populista se tornou o protótipo para as de Nasir do Egito e de outros oficiais militares árabes na década de 1950.

Profundamente dividida por diferenças religiosas e locais, a Síria se tornou notória pela instabilidade e desunião; todavia, seus líderes esperavam unir todos os árabes contra o sionismo e o imperialismo. A deposição de Shishakli em 1954 levou a outra tentativa de governo civil, mas sua burocracia ignorou a necessidade de reformas econômicas e sociais do país. A Síria originou o primeiro movimento socialista árabe, o Partido Ba'ath (Renascença), que apelava aos jovens, oficiais do exército, trabalhadores e palestinos no mundo árabe. Ele exigia reforma agrária, nacionalização de indústrias básicas, unificação dos povos falantes do árabe e resistência militar contra Israel e todos os vestígios de imperialismo na área. Nenhum patriota sírio desejava paz com Israel ou a absorção dos refugiados palestinos. As minorias étnicas e religiosas da Síria, como os armênios, outras seitas cristãs, muçulmanos xiitas, alauitas, drusos e judeus, geralmente, não se deram bem nessa era de surgimento do nacionalismo árabe.

Quanto ao Líbano, com dezessete seitas religiosas reconhecidas, tem sido governado desde 1943 sob um "acordo de cavalheiros" não escrito, que especificava que seu presidente sempre seria um cristão maronita, seu primeiro-ministro um sunita e o presidente de sua Assembleia Nacional um muçulmano xiita. Seu governo era "democrático" porque seus legisladores eram eleitos popularmente, mas funcionava como uma oligarquia constitucional, pois a riqueza e o poder estavam concentrados nas famílias importantes, agora, principalmente líderes comerciais ou industriais. O sistema do Líbano era também discriminatório: para seitas cristãs eram destinados seis assentos parlamentares e postos administrativos para cada cinco destinados a muçulmanos. Essa distribuição proporcional era baseada em um censo feito pelos franceses em 1932. Nenhum censo foi feito desde então, uma vez que os maronitas e outras várias seitas temem que qualquer contagem mostre seu relativo declínio. O influxo em 1948, de cerca de 150.000 refugiados palestinos, afetou o equilíbrio populacional. O Líbano absorveu rapidamente os que eram cristãos, mas a maioria muçulmana teve negada a cidadania e foi confinada em campos de refugiados. Desse modo, o sistema de representação proporcional por seitas religiosas continuou a refletir as condições do Líbano durante o mandato francês. Os líderes também concordaram em cooperar, a despeito de suas diferenças religiosas, para preservar a independência e integridade territorial do Líbano. Esse Pacto Nacional (como é sempre chamado) significava que os cristãos não poderiam manter o Líbano ligado à França ou recriar um Monte Líbano sob seu controle, enquanto os muçulmanos não buscassem unir o país com a Síria ou qualquer possível Estado pan-árabe.

O Pacto Nacional, endossado por todos os líderes cristãos e muçulmanos em 1943, conduziu o Líbano por meio de um golpe de Estado em 1952 e uma guerra civil em 1958 até o catastrófico colapso de 1975 até 1991. O Líbano parecia prosperar sob esse sistema, mas algumas famílias retinham a maior parte da riqueza e poder; o governo e o exército eram muito fracos para proteger o país ou mesmo preservar a ordem, e a imprensa livre de Beirute se tornou uma arena para ideologias concorrentes liberais, pan-árabes e socialistas. O influxo de palestinos, os quais a elite cristã se recusava a assimilar, minaria o sistema, assim como o fez também a urbanização, a educação e a consciência crescente da distância entre ricos e pobres.

Iraque

De todos os estados árabes no sudoeste da Ásia, o mais populoso é o Iraque. Com seus dois grandes rios e crescentes receitas de petróleo, poderia ter se tornado o país árabe líder. Existem várias razões para que não o seja. Primeiro, resultou de uma combinação de três províncias otomanas dos britânicos após a Primeira Guerra Mundial (anteriormente, havia sido brevemente uma província otomana). Seus rios parecem unir essas partes, mas o Eufrates e o Tigre começam na Turquia e o primeiro também flui ao longo da Síria. Além disso, grande parte da terra arável do Iraque passou ao controle dos xeiques de várias tribos semi-independentes. A população muçulmana era dividida entre sunitas e xiitas, com a segunda tendo vínculos com o vizinho Irã. Minorias religiosas incluíam judeus, yazidis e assírios. Um quinto da população do Iraque era curda. Uma parcela menor era turca. O que esses grupos díspares tinham em comum eram quatro séculos de governo otomano, seguidos por uma ocupação militar britânica em 1917, uma revolta nacional em 1920, e a seleção de Amir Faysal como seu primeiro rei em 1921. Embora em 1932 o Iraque fosse o primeiro mandato árabe e se tornar nominalmente independente, as tropas britânicas permaneceram. Mesmo assim, o Iraque alegava ser o líder do nacionalismo árabe.

O exército do Iraque lutou na Guerra Palestina de 1948, mas o país sofreu menos com a derrota do que os vizinhos de Israel. Suas receitas crescentes com o petróleo estavam sendo investidas na irrigação fluvial e outros projetos que prometiam prosperidade futura. Seus gabinetes mudavam frequentemente, os problemas das várias minorias se intensificavam (praticamente todos os judeus tiveram permissão para emigrar para Israel, sem seus bens), a distância socioeconômica entre os xeiques proprietários de terras e as massas camponesas aumentou, e a monarquia pró-Ocidente perdeu o apoio popular. Mas o Ocidente não percebeu. A remanescente presença militar da Grã-Bretanha foi camuflada politicamente em 1955, quando o Iraque se juntou à Turquia, Irã, Paquistão e Grã-Bretanha para formar uma aliança anticomunista chamada Pacto de Bagdá. Para os ocidentais, o Iraque era um modelo de nação em modernização – ou seja, até que sua monarquia fosse derrubada por um golpe militar em 1958, que os ocidentais atribuíram aos ataques da imprensa e da rádio do Egito.

Nasir do Egito e suas políticas

A Revolução de 1952, que levou à ascensão de Nasir ao poder, pode ser vista como o resultado da frustração crescente seja com a ocupação prolongada da Grã-Bretanha do Vale do Nilo ou com a derrota do Egito para Israel.

Muitos historiadores favorecem a segunda interpretação, porque, de 1948 a 1977, as energias do Egito foram dedicadas a lutar contra Israel e disputar a liderança do mundo árabe. A pressão americana e soviética persuadiu os britânicos a desistirem da base do Canal de Suez, em 1954, e o Egito reconheceu a independência sudanesa em 1956. A unidade do Vale do Nilo abriu o caminho para o nacionalismo árabe.

Vamos colocar o papel do Egito como um país árabe na perspectiva histórica. Mesmo que os árabes não tenham sido politicamente unidos desde a Revolução Abássida, em 750, surgiu, no século XX, a ideia de que todo povo falante do árabe constitui uma nação. Eles deveriam se unir em um único Estado, como os alemães tentaram fazer durante o governo de Bismarck e Hitler ou os italianos durante o governo de Mazzini e Mussolini. Um Estado árabe unido, hipoteticamente, deve incluir o Egito, o país árabe mais amplo e aquele que vincula os árabes do norte da África com os do sudoeste da Ásia. Os egípcios acreditavam que somente um mundo árabe forte e unido poderia fazer frente à dominação das potências ocidentais. Eles viam a criação de Israel como uma imposição colonial sobre os árabes. Eles não queriam se tornar comunistas, como alguns observadores britânicos e americanos pensavam, na década de 1950, mas como Moscou não havia governado o mundo árabe no passado, os árabes não se ressentiam dos soviéticos. Seus líderes aproveitaram essa chance para enfraquecer a influência do Ocidente: a União Soviética se afastou de Israel e passou a apoiar os árabes.

O surgimento do pan-arabismo, no Egito, coincidiu com a deposição do General Nagib, líder titular da Revolução de 1952, que expulsou o Rei Faruq pelo Coronel Gamal 'Abd al-Nasir em 1954. Pelos próximos dezesseis anos como presidente do Egito, ele ocuparia enormemente os pensamentos e palavras tanto dos que o amavam quanto dos que o odiavam. Ele podia ser ditatorial ou deferencial, carismático ou suspeitoso, ingênuo ou astuto. Ele reagia mais do que agia. Como filho de um funcionário dos correios e neto de um camponês do Alto Egito, Nasir havia conhecido a pobreza e a humilhação em sua juventude. Temperamental e reservado, o jovem Nasir lia muito, especialmente biografias de líderes como Júlio César, Napoleão e (próximo de casa) Mustafa Kamil. Ele adotou o nacionalismo egípcio, mas não os partidos políticos da década de 1930. Sem poder bancar a escola de direito e ainda assim desejoso de liderar a luta de seu país pela independência, Nasir conseguiu entrar na academia militar do Egito em 1937, o primeiro ano em que homens jovens sem vínculos palacianos ou aristocráticos puderam ser admitidos no corpo de oficiais.

Após ser comissionado, Nasir serviu em vários postos militares e lentamente reuniu um grupo de jovens oficiais de históricos igualmente modestos. Intensamente patriotas, esses homens estavam revoltados com o poder da Grã-Bretanha e com a fraqueza de seu próprio exército, exibida pelo ultimato britânico sem resistência ao Rei Faruq em 1942 e pela derrota do Egito para Israel em 1948. A ligação desses oficiais levou a uma trama conspiratória, pois sentiam que somente pela deposição do desacreditado regime o Egito poderia ser libertado e redimido.

Nasir começou a liderar por trás das cenas, mas concebeu a deposição de Nagib em 1954, porque esse havia se tornado muito popular. Um orador ponderado, no início, Nasir não conquistou apoio público até que desafiou o Ocidente. Um ataque israelense na Faixa de Gaza, no começo de 1955, alegadamente em retaliação por ataques palestinos a Israel, mostrou a Nasir que o Egito necessitava de mais armas. Seus oficiais desejavam obtê-las da Grã-Bretanha ou dos Estados Unidos, mas nenhum dos dois países venderia qualquer arma ao Egito, a menos que se juntasse à aliança anticomunista e se abstivesse de atacar Israel. Nasir rejeitou essas restrições na ajuda ocidental. Ele criticou o Iraque por se juntar ao Pacto de Bagdá antissoviético na primavera de 1955. O Egito denunciava qualquer aliança árabe com o Ocidente.

Em troca, à medida que Nasir emergia como um líder do nacionalismo árabe, ele adotou uma política que chamou "neutralismo positivo" após sua exposição ao nacionalismo e aos líderes comunistas em 1955 na Conferência de Bandung de estados asiáticos e do Oriente Médio contrários à dominação ocidental. Desafiando o Ocidente, ele concordou em comprar 200 milhões de dólares (na época, uma soma enorme) em armas dos países comunistas. Nacionalistas árabes fora do Egito, especialmente os palestinos, saudavam Nasir como seu defensor. O Egito começou a armar bandos de *fidaiyin* (termo árabe para "aqueles que se sacrificam"), constituídos basicamente de palestinos da Faixa de Gaza, a fazerem incursões em Israel.

O governo americano tentou dissuadir Nasir de sua tendência antiocidental adotando uma política muito ambígua. O Secretário de Estado John Foster Dulles queria que Nasir deixasse os outros estados árabes e Israel em paz, oferecendo em troca assistência técnica e econômica, notadamente um grande empréstimo para financiar a construção de uma nova represa em Assuã. Contudo, Dulles censurava o "neutralismo positivo" de Nasir entre o comunismo e o Ocidente, suas ameaças contra Israel e regimes pró-Ocidente, e seu reconhecimento da República Popular da China. Em julho de 1956, logo após o Egito ter decidido aceitar a oferta de empréstimo para a Represa Assuã, Dulles, esperando humilhar Nasir, retirou-a. O líder egípcio respondeu nacionalizando a Companhia Canal de Suez, prometendo usar seus lucros, grande parte dos quais havia ido a investidores europeus desde sua abertura em 1969, para financiar a represa. "Oh, americanos", ele gritava diante de uma multidão, "que vocês se asfixiem em sua fúria!"

Não foram os americanos que se asfixiaram. Afinal, os britânicos e franceses eram os principais usuários do canal, basicamente para importações de petróleo do golfo. Eles começaram a planejar medidas diplomáticas e militares para reavê-lo. Aquele verão e outono testemunharam conferências internacionais, viagens ao Cairo e outros estratagemas ocidentais visavam a retirar o canal da posse de Nasir. Enquanto isso, os árabes saudavam a desobediência de Nasir como uma justa retribuição por tudo que haviam sofrido do imperialismo ocidental. Quando tentativas diplomáticas de sujeitar o canal ao controle ocidental fracassaram, os britânicos e franceses resolveram reavê-lo pela força – e depor Nasir caso pudessem. Significativamente, buscaram em Israel um cúmplice.

Os primeiros anos de Israel

Embora os árabes vissem Israel como um Estado colonial de povoamento, os israelenses se viam como uma nação fortificada buscando assegurar a sobrevivência do povo judeu após o Holocausto. Eles consideravam sua guerra pela independência uma luta de um povo oprimido por liberdade contra a dominação externa. Grande parte dos estados árabes contra os quais Israel lutou, em 1948, ainda era influenciada por conselheiros britânicos e governada por reis e proprietários de terras.

Quando mais tarde revoluções depuseram os desacreditados regimes na Síria e no Egito, os israelenses se desapontaram com o fato de seus novos líderes não lhes fazerem quaisquer propostas de paz. Mas os israelenses estavam ocupados reconstruindo um país devastado pela guerra. Além disso, eles absorveram os milhares de refugiados judeus que haviam sobrevivido à guerra e à morte nos campos da Europa. Eles também tinham de lidar com o influxo inesperado de números cada vez maiores de judeus dos países árabes. Absorver esses novos israelenses, vistos como estrangeiros em língua e cultura por seus primeiros colonizadores, exigiu um severo esforço do país.

Os problemas do Estado Judeu

Israel tinha problemas econômicos. Sua moeda, desvinculada da libra britânica, desvalorizou, e o novo governo não podia tomar emprestado dinheiro o bastante para pagar suas contas. Contudo, o generoso governo americano e a assistência judaica privada, mais tarde aumentada pelas indenizações pagas aos sobreviventes judeus da era de Hitler, aliviaram a pressão econômica. Essa ajuda proveu capital para o desenvolvimento de Israel e reduziu o déficit de sua balança de pagamentos.

Crucial à sobrevivência do país era a convicção dos israelenses de que o povo judeu nunca deveria enfrentar novamente a ameaça de extinção, fosse por fanáticos cristãos, ditadores totalitários ou nacionalistas árabes. Se algum cético perguntasse como a existência da pequena Israel, com 1 milhão de judeus e tantos problemas quanto, asseguraria melhor a sobrevivência judaica do que a presença continuada de 10 milhões de judeus no Ocidente (poucos dos quais escolheram se mudar para Israel), os sionistas objetavam que os judeus da Alemanha também haviam prosperado, mas alguém os salvou de Hitler? Quando alguém acusava os israelenses de criarem um problema de refugiados árabes, eles, por sua vez, culpavam os estados árabes por não absorverem essas vítimas palestinas da guerra de 1948, embora Israel tenha acolhido refugiados judeus das terras árabes. Se Israel não pudesse ter paz sem readmitir os refugiados árabes, como a ONU insistia, então, a paz teria de esperar.

Antes de 1947, poucos judeus na Palestina ou em qualquer outra parte esperavam que o Estado judeu pudesse nascer em sua existência. Como um grupo minoritário em uma terra basicamente árabe, os primeiros colonizadores sionistas haviam trabalhado para começar a plantar no deserto; construir Tel Aviv em meio a dunas de areia ao norte de Jaffa; recriar as escolas, teatros e jornais que haviam conhecido na Europa; e para fundar novas instituições como a Histadrut, que combinava trabalho e capital em uma organização coletivamente organizada. Eles haviam formado partidos políticos que adotavam várias combinações de socialismo, nacionalismo e judaísmo. Haviam revivido o hebraico como uma língua falada e a modernizaram como um meio de comunicação escrita. Mas haviam assumido que a pátria judaica permaneceria na Comunidade Britânica de Nações, que muitos de seus habitantes seriam europeus, e que os árabes teriam ou de partir ou aceitar sua presença. A Segunda Guerra Mundial, o Holocausto e a guerra de 1948 haviam contrariado essas suposições. Agora, Israel era um Estado independente, cercado por países árabes implacavelmente opostos à sua existência, com judeus afluindo de todas as partes do mundo (principalmente do Oriente Médio e do norte da África), e com uma pequena minoria árabe. A despeito de sua inexperiência política e de seus problemas econômicos, os israelenses construíram um Estado-nação com um governo democrático – ao menos para os judeus. O governo fez pouco pelos árabes israelenses, embora tivessem representação no Knesset, o poder legislativo de Israel.

A política em Israel

A democracia de Israel não era uma cópia exata da britânica. Os partidos políticos, alguns deles remanescentes de movimentos da Europa Oriental pré-1914, proliferaram. Nenhum partido jamais conquistou o apoio de uma maioria de eleitores de Israel, que incluía socialistas doutrinários, judeus ortodoxos praticantes, sionistas seculares e a minoria árabe. A representação na Knesset era proporcional ao número de votos recebidos na última eleição por cada partido.

Nos primeiros anos do Estado, o principal político de Israel era David Ben-Gurion, líder do partido trabalhista orientado ao socialismo, conhecido como *Mapai* (Partido dos Trabalhadores Israelenses). Mesmo que Ben-Gurion tenha passado a personificar Israel nas mentes de grande parte de estrangeiros e mesmo de muitos israelenses, o Mapai nunca conquistou mais do que 40% dos votos em qualquer eleição geral. Para formar um gabinete, Ben-Gurion, primeiro, teve de formar uma coalizão com outros partidos, usualmente incluindo o Partido Religioso Nacional, que estava determinado a tornar Israel um Estado judeu mais praticante. O resultado foi uma república socialista sem uma constituição formal e, portanto, sem uma religião oficial do Estado. Todavia, o IDF e todos os funcionários do governo mantinham leis dietéticas kosher, e nenhum ônibus circulava no sabá judaico (do pôr do sol de sexta-feira até o pôr do sol de sábado) exceto em Haifa e em áreas basicamente árabes. Todos os casamentos e divórcios eram administrados por cortes religiosas. Sistemas escolares estatais foram estabelecidos para israelenses que seguiam as leis religiosas e para aqueles que desejavam que suas crianças aprendessem o hebraico, mas não fossem praticantes. Um sistema escolar separado servia árabes israelenses que desejavam que seus filhos fossem educados em sua própria língua.

O complexo sistema de Israel funcionava porque seus líderes, perseguidos pela memória do Holocausto, acreditavam que nenhuma preferência pessoal ou ideológica era mais importante do que a segurança do Estado, que eles comparavam à sobrevivência do povo judeu. Era difícil para um sionista fervoroso como Ben-Gurion admitir que qualquer um pudesse viver uma vida judaica plena fora de Israel, embora a experiência em pouco tempo mostrasse que Israel necessitava do apoio político e financeiro de uma forte e próspera diáspora judaica (cf. Caixa 17.1).

Caixa 17.1 David Ben-Gurion (1886-1973)

Ben-Gurion nasceu David Gruen, em Plonsk, na Polônia. Sua família era fervorosamente sionista e lhe deu uma educação ideologicamente influenciada e secular, embora baseada no hebraico. Por volta de 1904, enquanto estudante na Universidade de Varsóvia, juntou-se ao *Poalei Zion* (Trabalhadores de Sião), um grupo socialista-sionista. Seu sionismo fervoroso o levou a deixar a universidade após dois anos e imigrar para a Palestina, quando tinha vinte anos.

Ao chegar na Palestina, Gruen mudou seu nome para Ben-Gurion e se lançou no projeto sionista. Ajudou a fundar o movimento kibbutz, o Histadrut (sindicato geral) e um grupo de defesa judaica chamado *Hashomer* (o Sentinela). Em 1912, visando a uma autonomia futura sem o Império Otomano, foi a Istambul para estudar o direito e o governo turcos. Seus estudos foram interrompidos pela eclosão da Primeira Guerra Mundial. Ben-Gurion foi deportado como um agitador, em 1915, e terminou em Nova Yorque, onde passou a maior parte dos anos de guerra.

Em 1918, Ben-Gurion retornou à Palestina como membro da Legião Judaica vinculado ao exército britânico. Um homem de enorme energia e ambição, em pouco tempo se tornou o líder tanto do Histadrut como do Mapai, o Partido dos Trabalhadores judaico. Na década de 1930 foi eleito presidente da Executiva Sionista, o órgão mais elevado do sionismo internacional na época, e presidente da Agência Judaica (para a Palestina, que os britânicos haviam designado como a representante oficial do povo judaico em seu mandato). Ele manteria esse poder ao longo do turbulento conflito que levou à criação do Estado de Israel em 1948, quando se tornou o primeiro chefe de governo do país.

> Ben-Gurion era totalmente dedicado ao sionismo, a causa que moldou sua vida, e via o resto do mundo através de suas premissas ideológicas. Simples e sem dúvida bem-sucedido, muitas vezes era difícil se entender com ele. A dedicação à causa sionista também produziu um aspecto nítido, embora amoral, no caráter e comportamento de Ben-Gurion. Ele certa vez admitiu: "Se eu fosse um líder árabe, jamais faria um acordo com Israel... Chegamos aqui e roubamos seu país".
>
> David Ben-Gurion foi, sob muitos aspectos, o pai de seu país. Um político, administrador e comandante, conquistou o que ele e o movimento sionista mais desejavam – um Estado judeu na Palestina. O mundo ocidental glorificou esse feito, mas Ben-Gurion sempre foi muito franco sobre o que estava realmente acontecendo.

As relações exteriores de Israel

A hostilidade árabe complicou a vida israelense. Todo transporte de terra e ar entre Israel e seus vizinhos foi cortado. Os estados árabes se recusaram a comercializar com Israel e boicotaram os produtos de qualquer firma estrangeira que fizesse negócio com eles. Os cidadãos israelenses, judeus do estrangeiro e mesmo gentis estrangeiros, cujos passaportes mostravam que haviam visitado Israel, não puderam entrar mais nos países árabes. Navios que carregavam mercadorias para Israel não podiam passar pelo Canal de Suez ou entrar nos portos árabes. O Egito bloqueou o Estreito de Tiran entre o Mar Vermelho e o Golfo de Ácaba, restringindo o crescimento do porto de Israel em Eilat. Diplomatas árabes no estrangeiro evitavam seus colegas israelenses.

Praticamente todas as partes de Israel estão próximas a um país árabe, e ataques às fronteiras – muitos lançados por palestinos desalojados – ameaçavam cidades judaicas. Muitas vezes Israel revidava contra aldeias árabes e os campos de refugiados culpados pelos ataques. Mortes, prejuízos e perdas materiais cresciam de ambos os lados. A sinuosa linha de armistício entre Israel e a Jordânia colocava problemas especiais de segurança, especialmente quando isolava uma aldeia de suas terras de cultivo ou pastagem. O ataque retaliatório de Israel contra Gaza, em 1955, convenceu Nasir de que o Egito tinha de comprar armas do Bloco Comunista para fortalecer suas forças armadas. Israel comprava parte de suas armas de países amigos como a França, mas sempre que possível manufaturava suas próprias armas.

A frequência crescente dos ataques *fidaiyin* árabes, bem como de propaganda, levaram o gabinete de Israel a promover medidas militares em 1956. Quando a Grã-Bretanha e a França se prepararam para atacar o Egito, Israel se uniu à sua conspiração. Todos os três esperavam punir os árabes, principalmente Nasir, por tomar o Canal de Suez e por ameaçar Israel. Seu interesse declarado era pela segurança dos canais internacionais; o interesse não declarado era pela crescente necessidade da Europa do petróleo árabe (e iraniano).

O petróleo do Oriente Médio

Mesmo que o conflito militar e político entre os árabes e Israel parecesse dominar as notícias, outros eventos estavam ocorrendo na região. As exportações de petróleo se tornaram a principal fonte de receita dos estados que margeavam o Golfo. O principal produtor de petróleo do Oriente Médio, na primeira metade do século XX, era o Irã, um país não árabe. Em 1951, quando a Grã-Bretanha rejeitou um acordo justo de divisão de lucros com o governo iraniano, o primeiro-ministro do Irã, Mohammad Mosaddiq, em meio a um crescendo do nacionalismo, assumiu o controle da Companhia de Petróleo Anglo-Iraniana. Em retaliação, a Grã-Bretanha e grande parte de seus aliados ocidentais se recusaram a comprar petróleo do Irã, levando ao aumento da demanda pelo petróleo árabe, para benefício do Iraque, Arábia Saudita e Kuwait.

Junto ao crescimento vertiginoso da produção e venda do petróleo (e gás natural) árabe, concessões foram revisadas para favorecer os países anfitriões. Isso significava que algumas receitas governamentais árabes também subiram dramaticamente. Em 1950, a Companhia de Petróleo Americana (Aramco) chegou a um acordo com o governo da Arábia Saudita de dividir meio a meio todas as receitas. Em pouco tempo outros países árabes exportadores de petróleo conquistaram aumentos comparáveis em seus pagamentos de *royalties* das companhias estrangeiras de petróleo. Mais tarde, esses reinos do deserto ricos em petróleo conquistariam o poder financeiro para influenciar as políticas dos outros estados árabes e mesmo do Ocidente. No Irã, Mosaddiq foi deposto em 1953 por um golpe patrocinado pelos Estados Unidos e a Grã-Bretanha, e seu governo democraticamente eleito foi substituído pelo regime ditatorial do xá. O xá então entregou a companhia de petróleo nacionalizada do Irã para a administração de um consórcio de companhias estrangeiras, principalmente firmas americanas – um fato observado por muitos iranianos e ignorado por muitos estrangeiros, pois o poder potencial dos produtores de petróleo iranianos e árabes não estava realizado na década de 1950 ou 1960. Todavia, por volta de 1956, os europeus estavam usando mais petróleo do que carvão e importando grande parte de seu petróleo e gás natural do Oriente Médio.

Os sucessores de Ibn Sa'ud

Ibn Sa'ud morreu em 1953. O mais hábil de seus filhos foi Faysal, mas os príncipes e *ulama* concordaram que a sucessão deveria ir para o filho mais velho sobrevivente, Sa'ud, uma figura mais fraca. Em alguns anos, Sa'ud conseguiu aumentar em 300 milhões a dívida, a despeito do aumento da receita de seu governo. Então, uma matéria jornalística sensacional alegava que Sa'ud havia subornado um ministro sírio para assassinar o presidente do Egito, Gamal Abd al-Nasir, que estava no auge de sua popularidade entre os árabes. Em 1958, um ano turbulento na política árabe, os príncipes sauditas concordaram em entregar todos os poderes executivos a Faysal como primeiro-ministro. Seis anos depois, eles depuseram Sa'ud, e Faysal se tornou rei. Durante o período de Faysal, o governo se tornou muito melhor organizado, com ministros regulares, um orçamento anual, planos de desenvolvimento, estradas, escolas e hospitais. À medida que a Arábia Saudita se lançava na modernidade, o rei Faysal se tornava tão influente entre os governantes árabes e ativistas muçulmanos quanto seu pai havia sido.

A Guerra Fria chega ao Oriente Médio

Após a morte de Ataturk, Ismet Inonu se torna presidente da Turquia. Durante os meses tensos que levaram à Segunda Guerra Mundial, a Turquia conseguiu obter tanto da Grã-Bretanha como da França algum auxílio militar e econômico, assim como o controle de Alexandretta, parte do mandato da França sobre a Síria. Contudo, permaneceu neutra ao longo de grande parte da guerra. O custo da Primeira Guerra Mundial à Turquia, em termos de perdas militares e de território, foi tão elevado que ela não quis entrar em outro conflito de grande escala. Após o final da guerra, a União Soviética convocou uma força de ocupação conjunta russo-turca para controlar os Estreitos, uma proposta que teria levado a subjugação da Turquia ao comunismo. A Grã-Bretanha e a França não puderam mais ajudar a Turquia. Em troca, os EU intervieram. Falando em março de 1947, o Presidente Truman exigiu uma ação resoluta para evitar que tanto a Grécia (então, embrulhada em uma guerra civil) como a Turquia caíssem sob o domínio comunista. Essa veio a ser chamada a Doutrina Truman, um passo gigante na direção da formação da Organização do Tratado do Atlântico Norte, em 1949. Assim como as forças armadas americanas vieram em auxílio da Turquia, os turcos também contribuíram com a coalizão das Nações Unidas (liderada pelos EU) no combate aos comunistas na Guerra da Coreia (1950-1953).

Enquanto isso, a Turquia evoluía para um sistema de dois partidos, uma vez que o novo Partido Demokrat desafiava o RPP kemalista. Após uma eleição livre em 1950, os Demokrats, apoiados por empresários, camponeses e muçulmanos devotos, assumiram o poder pacificamente. Essa foi uma rara ocorrência em um país do Oriente Médio. Durante o governo do Partido Demokrat, a Turquia se juntou à Grã-Bretanha, Iraque, Irã e Paquistão em 1955 para formar a Organização do Tratado Central (Central Treaty Organization – Cento), então chamada Pacto de Bagdá, formando geograficamente uma fileira de estados para conter a influência soviética no Oriente Médio. A URSS percebeu essa aliança como uma ameaça e, naquele mesmo ano, a Síria se tornou o primeiro Estado árabe a buscar ajuda militar soviética devido aos seus conflitos fronteiriços com a Turquia, seguida por Nasir, que desejava unir os árabes, não aliá-los aos soviéticos ou aos Estados Unidos. Embora muitos americanos chamassem a Guerra Fria uma disputa entre capitalismo (ou "liberdade") e comunismo, os árabes a viam como "os turcos" contra "os russos".

As grandes potências e o mundo árabe

Como mencionado anteriormente neste capítulo, a decisão de Nasir em julho de 1956 de nacionalizar o Canal de Suez conquistou o aplauso árabe – e provocou aflição ocidental. A Grã-Bretanha, embora tivesse concordado em 1954 em desistir de sua base no Canal de Suez, ainda via o canal como a salvação imperial que fora nas duas guerras mundiais. O primeiro-ministro Anthony Eden, retomando sua própria oposição à política de conciliação da Grã-Bretanha em relação a Hitler no final da década de 1930, queria que Nasir fosse contido antes que pudesse minar a posição do Ocidente no mundo árabe. A França, também, desejava frear Nasir, pois o Egito estava apoiando, com palavras e armas, a Revolução Argelina. Tanto a Grã-Bretanha como a França obtinham a maior parte de seu petróleo de petroleiros que passavam pelo canal. Elas estavam certas de que os egípcios não conseguiriam administrar a companhia ou pilotar navios pelo canal. Muitos americanos desgostavam de Nasir por sua hostilidade a Israel e seus vínculos com os estados comunistas, mas nem o Presidente Eisenhower nem o Secretário de Estado Dulles buscaram um confronto militar. Eisenhower estava, na época, buscando a reeleição com um *slogan* de "paz e prosperidade". Esse não era um momento para uma guerra de Suez.

A Guerra de Suez

A Grã-Bretanha e a França discordavam dos Estados Unidos. Elas se prepararam abertamente para retomar o canal pela força. Israel, ávida por destruir as bases *fidaiyin* em Gaza e romper o bloqueio do Egito ao Golfo de Ácaba, mobilizou-se para um ataque planejado contra o Egito. Enquanto isso, o conselho de Segurança da ONU debatia medidas para evitar uma guerra. O Egito, que estava administrando o canal mais eficientemente do que qualquer um havia esperado, rejeitou propostas para o controle internacional e tratou aquelas preparações militares como um blefe.

Não eram. Em 28 de outubro de 1956, Israel recrutou suas reservas, duplicando, com isso, o número de seus cidadãos armados, e invadiu a Península do Sinai no dia seguinte. Enquanto os atacantes bloqueavam Gaza e se dirigiam ao Sinai, a Grã-Bretanha e a França decretaram um ultimato tanto a Israel quanto ao Egito, exigindo um cessar-fogo imediato e a retirada das tropas para posições a 16 quilômetros do Canal de Suez. Como as forças de Israel, naquele momento, ainda estavam ao leste do Sinai, esse ultimato foi de fato dirigido contra o Egito. Quando Nasir o rejeitou, a Grã-Bretanha e a França bombardearam bases aéreas egípcias, desembarcaram tropas de paraquedistas no Porto Said e ocuparam a metade norte do canal. As armas soviéticas não permitiram que o exército de Nasir defendesse o Egito contra o que ele chamou a "agressão tripartite". Em breve, Israel ocuparia todo o Sinai, e somente uma resistência heroica, mas fútil, atrasou a captura britânica do Porto Said.

Mas Nasir não foi deposto por seu exército nem por seu povo. Em troca, sua derrota militar se tornou uma vitória política. Os Estados Unidos se uniram à União Soviética em condenar o ataque nas Nações Unidas. A Assembleia Geral concordou em estabelecer uma Força de Emergência da ONU (Unef) para ocupar as terras egípcias tomadas pelos invasores. A Grã--Bretanha e a França não puderam manter o canal, Nasir não foi desacreditado aos olhos dos egípcios ou de outros árabes, e Israel não pode obter reconhecimento e paz dos árabes. Quatro meses depois, Israel se retirou sob forte pressão americana. O que ganhou com a guerra foi uma vaga garantia de que seus navios poderiam usar o Golfo de Ácaba, até então bloqueados pelo Egito. O contingente da Unef foi posicionado em Sharm al-Shaykh, um ponto fortificado que controla o Estreito de Tiran entre o Golfo de Ácaba e o Mar Vermelho. Esse arranjo, apoiado informalmente pelas potências marítimas ocidentais, durou até março de 1967.

Nasir sobreviveu à crise de Suez porque as Nações Unidas – especialmente os Estados Unidos – o salvaram. Washington justificou publicamente sua oposição ao ataque tripartite ao Egito assim como seu apoio às pequenas nações afro-asiáticas contra a agressão imperialista. A abortiva Revolução Húngara contra os soviéticos ocorreu ao mesmo tempo. Como os americanos poderiam condenar a intervenção soviética para sufocar uma revolta popular em Budapeste enquanto perdoavam um ataque ocidental ao Porto Said? Uma razão mais cogente, contudo, era que a crise ocorreu somente dias antes da eleição presidencial, dificilmente um momento para um confronto com a União Soviética. Essa nova política americana pode ter antagonizado Grã-Bretanha, França e Israel, mas não obteve um apoio duradouro dos árabes.

A Doutrina Eisenhower

Washington pensava que o dinheiro poderia conquistar alguns governos árabes. Assim, começou a Doutrina Eisenhower, um programa no qual o governo americano oferecia auxílio militar e econômico a qualquer país do Oriente Médio que resistisse à agressão comunista, fosse direta ou indireta. Quando foi anunciada, em janeiro de 1957, a Doutrina Eisenhower provavelmente mostrou ao público americano que o Oriente Médio importava. Ela pode ter dissuadido os soviéticos de uma política mais assertiva na área, mas sua recepção nas capitais árabes foi decididamente fria. Os nacionalistas árabes a viam como uma tentativa americana de assumir o papel da Grã-Bretanha de guardião do Oriente Médio. Para eles, a Guerra de Suez havia provado que o sionismo e o imperialismo punham em perigo o mundo árabe mais do que qualquer ameaça hipotética de agressão comunista. Nasir, no Egito, e o Partido Ba'ath, na Síria, denunciaram veementemente a Doutrina Eisenhower, enquanto Nuri al-Sa'id, um veterano nacionalista árabe, que usualmente colaborava com os britânicos, endossava-a.

A Doutrina Eisenhower foi testada primeiro na Jordânia. Em busca do apoio palestino e do apoio árabe geral, Husayun manteve a Jordânia fora do Pacto de Bagdá. No começo de 1956, ele destituiu o General Glubb da liderança da Legião Árabe. Eleições livres em outubro resultaram em um gabinete da Frente Popular que incluía nacionalistas árabes. Oficiais baathistas e pró-Nasir, no exército da Jordânia, começaram a substituir os monarquistas; no começo de abril de 1957, eles tentaram tomar o palácio de Husayn, seguidos por uma grande base militar jordaniana, mas o rei recrutou os soldados aliados para seu lado e confrontou pessoalmente essa ameaça ao seu governo. Em seguida, dispensou o gabinete da Frente Popular, declarou lei marcial, dissolveu o parlamento e estabeleceu o que equivaleu a uma ditadura militar. Dulles declarou que a integridade territorial da Jordânia era de interesse vital para os Estados Unidos e enviou navios e tropas para o Mediterrâneo Oriental. A Doutrina Eisenhower foi, pela primeira vez, usada para demover uma tomada de poder nacionalista árabe na Jordânia.

Enquanto isso, o governo libanês do Presidente Kamil Sham'un aceitava a Doutrina Eisenhower, anulando os protestos nacionalistas árabes de que essa ação violava o Pacto Nacional. Políticos pró-Ocidente, principalmente cristãos, detinham mais poder do que os nacionalistas árabes, muitos deles eram muçulmanos. O governo de Sham'un foi acusado de burlar as eleições parlamentares de 1957, nas quais muitos líderes da oposição falharam em se reeleger. Os nacionalistas árabes, apoiados por refugiados palestinos no Líbano e pelo Egito e a Síria, opuseram-se às ações pró-Ocidente e acusaram Sham'un de conspirar para permanecer no poder. O cenário estava sendo montado para a guerra civil do Líbano de 1958.

A disputa pelo controle da Síria

Um jornalista britânico escreveu uma análise da política árabe, na qual argumentava que qualquer potência, local ou estrangeira, que busca dominar o Oriente Médio deve controlar a Síria, centralmente localizada. A Grande Síria pode ter incluído o Líbano, Israel e a Jordânia, mas mesmo a truncada República da Síria era uma rinha para rivalidades internacionais. Entre as duas guerras mundiais, a França e a Grã-Bretanha competiram para controlar a Síria geográfica, e na Guerra Fria os Estados Unidos e a União Soviética disputavam seus favores. As rivalidades entre os outros regimes árabes foram ainda mais fortes. Amir Abdallah da Transjordânia, esperando governar a Grande Síria, buscou aliados dentro do país. Assim como seus principais rivais, os reis Faruq e Ibn Sa'ud. A geografia também ditou o interesse do Iraque pela Síria, e o Egito usualmente se opunha a esse interesse, independentemente de quem governasse em Bagdá ou no Cairo.

Os políticos sírios, sensíveis a essas rivalidades, tendiam a se aliar a concorrentes de fora em suas próprias lutas pelo poder em Damasco. Politicamente articulados, os sírios estavam usualmente na vanguarda do nacionalismo árabe. Haviam formado o Partido Ba'ath, que estava comprometido com a unificação de todos os povos árabes. A constituição do Ba'ath declara: "A nação árabe tem uma missão imortal... que visa a reviver os valores humanos, encorajar o desenvolvimento humano, e promover a harmonia e a cooperação entre as nações do mundo".

Para a nação árabe realizar essa missão, os baathistas teriam de assumir o poder em tantos governos árabes quanto possível e juntá-los em uma unidade orgânica. No começo de 1957, após a Guerra de Suez ter comprometido os políticos pró-ocidente da Síria, uma coalizão de baathistas e outros nacionalistas árabes assumiram seu governo. Estimulados pelas transmissões da Rádio Cairo e por generosos empréstimos soviéticos, os novos governantes da Síria adotaram o que o Ocidente via como uma posição hostil. Assustados pelos golpes militares anteriores apoiados por estrangeiros, a Síria acusou Washington de tramar sua deposição e expulsou alguns funcionários da embaixada americana. Enquanto a Turquia concentrava tropas em sua fronteira com a Síria, os Estados Unidos e a União Soviética ameaçavam intervir em favor de seus estados clientes. A crise recedeu em novembro de 1957, mas fez alguns americanos verem a Síria como um satélite comunista.

Os líderes da Síria eram nacionalistas árabes, não comunistas. Uma tomada de poder comunista em Damasco teria suprimido o Ba'ath ou talvez iniciado um contragolpe conservador como o do Rei Husayn na Jordânia. Em fevereiro de 1958, o presidente da Síria, em encontro com Nasir no Cairo, concordou em combinar seus dois países. Dali em diante, Síria e Egito se tornariam, respectivamente, a "região norte" e a "região sul" de um novo Estado, a República Árabe Unida (RAU). Plebiscitos organizados naquele mês em ambas as regiões ratificaram o acordo. O povo votou quase unanimemente por Nasir (a cédula de votação não oferecia outra escolha) para seu presidente. Estrangeiros acusaram o Egito de anexar a Síria, mas foram os sírios que se alegraram mais com a nova união.

A união com o Egito resolveu, ao menos brevemente, a agitação interna na Síria, mas esse movimento em direção à unidade colocou pressão sobre outros governos árabes a fazerem o mesmo. Os reis hachemitas, Husayn da Jordânia e Faysal II do Iraque, reagiram à RAU formando uma união rival. A Arábia Saudita se manteve indiferente. O regime ultraconservador do Iêmen se confederou à RAU, mas essa ação não afetou sua política.

A primeira guerra civil do Líbano e a intervenção americana

O Líbano, contudo, não sentiu os ventos do nacionalismo árabe. O apelo da unidade árabe era forte no Líbano entre vários grupos: palestinos, especialmente os que viviam em campos de refugiados; libaneses muçulmanos, que pensavam que o *status quo* favorecia os cristãos; jovens, principalmente estudantes universitários, que acreditavam que a indiferença do Líbano em relação ao nacionalismo árabe beneficiava o imperialismo e o sionismo; e aqueles políticos libaneses que foram excluídos do poder pelo regime de Sham'un. Demonstrações irromperam em muitas cidades e aldeias. A faísca que acendeu o fogo foi o assassinato do editor de um jornal pró-Nasir em maio de 1958. Os nacionalistas árabes culparam o regime e acusaram Sham'un de tramar para emendar a constituição do Líbano para lhe garantir um segundo mandato como presidente. Uma oposição heterogênea, liderada por políticos da cidade e aristocratas rurais, uniu-se como uma frente nacional. Alguns tiros reacenderam antigas rixas no interior do país, o governo declarou o toque de recolher, e a primeira guerra civil libanesa iniciou.

A guerra era como uma ópera cômica: bombas explodiam ao acaso, líderes rebeldes tinham acesso ao telefone do governo e serviços postais, e o exército de nada sabia. O regime de Sham'un acusou Nasir de ajudar os rebeldes contrabandeando armas através da fronteira síria. Ele apelou à Liga Árabe e depois ao Conselho de Segurança da ONU para cessar essa ameaça à independência do Líbano. Um grupo de observadores da ONU não pôde corroborar as acusações de infiltração massiva da Síria, mas os observadores viajavam somente durante o dia por estradas principais, de modo que não puderam ver muita coisa.

A guerra civil do Líbano poderia ter diminuído quando o Presidente Sham'un deixasse o parlamento eleger seu sucessor. Os líderes rebeldes não queriam realmente que o Líbano se juntasse à RAU, mesmo que acolhessem o apoio de Nasir. O que levou essa guerra a uma arena maior foi um evento concorrente em outro Estado árabe, a Revolução Iraquiana de

14 de julho de 1958. Em um golpe repentino, um grupo clandestino conhecido como os Oficiais Livres tomou o controle dos quartéis da polícia, da estação de rádio, e do palácio real em Bagdá. Os rebeldes mataram o Rei Faysal II e seu tio, Abd al-Ilah, assim como Nuri al-Sa'id; e declararam o Iraque uma república. Muitos árabes se alegraram com a queda da monarquia, mas o Ocidente ficou horrorizado. O novo regime parecia a incorporação do nacionalismo árabe e do comunismo combinados, um triunfo para Nasir, um arauto do destino que esperava o Oriente. A despeito de sua oposição ao ataque tripartite a Nasir em 1956, Washington considerava, agora, invadir o Iraque.

O governo americano despachou os fuzileiros navais para o Líbano, respondendo ao apelo de Sham'un por ajuda durante a Doutrina de Eisenhower, e tropas britânicas voavam para a Jordânia, onde o regime de Husayn parecia estar em perigo. O Ocidente teria intervido no Iraque se houvesse qualquer esperança de restaurar a monarquia. Mas o governo hachemita estava acabado em Bagdá, e alguns iraquianos desejavam restaurá-lo. A nova junta militar garantiu sua popularidade instituindo a reforma agrária, saudando a unidade árabe, e renunciando ao Pacto de Bagdá. Quando o fervoroso jovem nacionalista da junta, que era o segundo no comando, Abd al-Salam Arif, voou para Damasco para encontrar Nasir, todos assumiram que o Iraque se juntaria à RAU. Mas o líder revolucionário supremo, Coronel Abd al-Karim Qasim, percebeu que as receitas com o petróleo do Iraque valeriam muito mais no país caso não a partilhassem com 30 milhões de egípcios e 6 milhões de sírios. Arif foi removido do poder. Qasim começou, então, um jogo arriscado, oscilando entre os nacionalistas árabes e os comunistas. O novo governo do Iraque melhorou as vidas das massas, mas muitos problemas, notadamente uma rebelião curda no norte rico em petróleo, mostrou-se mais difícil de resolver para Qasim do que havia sido para os hachemitas.

As ideias do nasirismo

1958 foi o ponto alto para o governo de Gamal Abd al-Nasir no Egito (ou da RAU). Nasir declarava ser o líder ideológico de todos os revolucionários árabes, mas no que ele acreditava? Para muitas pessoas no mundo árabe, e algumas em outras terras africanas e asiáticas, ele representava seu desejo de desafiar o imperialismo americano. Não apenas o Egito, mas também muitos países árabes – na verdade, muitas nações não ocidentais – se sentiam humilhadas pelo modo que o Ocidente as tratara no passado. Esses sentimentos, e a convicção de que os árabes poderiam criar um futuro melhor, levaram a uma ideologia chamada "nasirismo". Suas principais ideias eram o pan-arabismo, o neutralismo positivo e o socialismo árabe.

O pan-arabismo é o nacionalismo árabe com uma ênfase na unificação política. Nasir e seus apoiadores viam como o imperialismo estrangeiro e as rivalidades dinásticas haviam dividido os povos árabes do Oriente Médio em uma dúzia ou mais de países. Assim divididos, os árabes haviam perdido a Palestina em 1948, e foram ainda submetidos às maquinações de estrangeiros. Mesmo na década de 1950, os benefícios do petróleo árabe estavam indo para poucas monarquias hereditárias e companhias estrangeiras, quando deveriam ter sido partilhados pelos árabes. A unificação política aumentaria a riqueza e poder do mundo árabe como um todo. Os oponentes de Nasir o acusavam de estar tentando assumir o controle do resto do mundo árabe para enriquecer o Egito, em geral, e seu regime, em particular.

O neutralismo positivo – a política de Nasir de não alinhar o Egito com o bloco comunista nem com as alianças militares anticomunistas que os Estados Unidos promoviam – convidou outros países a se juntarem ao Egito em uma associação frouxa de estados não alinhados. O neutralismo poderia reduzir as tensões mundiais e talvez inclusive resolver a Guerra Fria. Críticos consideravam essa política como operando dos dois lados da rua, um meio pelo qual Nasir poderia extrair ajuda militar e econômica do bloco comunista e do Ocidente ao mesmo tempo.

O socialismo árabe evoluiu em reação ao sistema econômico predominante até a década de 1950 em muitas partes do mundo árabe. Era um sistema no qual o "capitalismo" significava realmente a posse estrangeira da maioria das empresas comerciais ou um sistema mais primitivo (muitas vezes nomeado incorretamente feudalismo) no qual a terra, edificações, e outras fontes de riqueza pertenciam a uma pequena elite nativa enquanto as massas de trabalhadores e agricultores árabes viviam na extrema pobreza. Para efetuarem a reforma, os socialistas árabes exigiram que seus governos assumissem o controle das principais indústrias e utilidades públicas, de modo a dividir o bolo econômico mais igualmente entre o povo. Eles argumentavam que esse bolo poderia aumentar com o planejamento estatal abrangente para expandir a manufatura e modernizar a agricultura. Embora tenham emprestado algumas de suas ideias e retórica dos marxistas, muitos socialistas árabes se opunham ao comunismo por seu ateísmo e rejeitavam a noção do conflito de classes. Em troca, tentaram provar que sua ideologia era compatível com o islã e argumentavam que lojistas e comerciantes de pequena escala ("capitalistas nacionais") poderiam desempenhar um papel construtivo no socialismo árabe. Críticos diziam que o socialismo árabe carecia de rigor teórico, inflou a já inchada burocracia do Egito e afastou investidores estrangeiros.

O declínio da maré pan-árabe

O pan-arabismo atingiu seu zênite no verão de 1958. O Iraque de Qasim, em pouco tempo, seguiu seu próprio caminho, como a Arábia Saudita durante o governo do Príncipe Faysal. Os fuzileiros navais americanos que desembarcaram no Líbano confrontaram mais vendedores de Coca-Cola® do que comunistas. O parlamento do Líbano escolheu o neutralista Fu'ad Shihab, o general que manteve o exército fora da guerra civil, para substituir o pró-Ocidente Sham'un. As tropas americanas se retiraram, e todas as facções concordaram em respeitar a independência e neutralidade do Líbano. A Grã-Bretanha também retirou suas tropas da Jordânia, mas o regime de Husayn não caiu, para surpresa de todos. Durante 1958-1961, a pesada burocracia do Egito tentou controlar a economia até aqui capitalista da Síria. Mesmo o Ba'ath se incomodou quando Nasir insistiu em que, como todos os outros partidos sírios, ele se juntasse a seu partido único, a União Nacional.

Por volta do começo da década de 1960, os soviéticos estavam desempenhando um papel crescente na economia da RAU. Nasir passou a acreditar que teria de instituir o planejamento estatal e assumir o controle da maior parte das indústrias para realizar sua promessa de duplicar a receita nacional durante a década de 1960. Em suas Leis de Julho (1961), nacionalizou praticamente todas as fábricas, instituições financeiras e utilidades públicas no Egito e na Síria; reduziu para cerca de 100 acres (42 hectares) o máximo de propriedade de terra permitido a um indivíduo; e limitou o salário que um cidadão da RAU poderia ganhar. Essas leis enfureceram os burgueses sírios tanto que dois meses mais tarde um golpe armado em Damasco encerrou a união da síria com o Egito. Logo em seguida, a RAU (como o Egito continuou a ser chamado, no caso de a Síria mudar de ideia) encerrou sua federação com o Iêmen, após seu imame ter escrito versos satirizando as Leis de Julho. Ao final de 1961, Nasir, o líder que ainda aspirava a unir o mundo árabe, estava só.

O socialismo árabe e o retorno de Nasir

A maré do nasirismo havia recedido. O Egito, agora, olhava para dentro e focava a construção de uma nova ordem sob o socialismo árabe. Nasir reuniu o Congresso Nacional das Forças Populares para redigir o que ele chamou a Carta Nacional (*National Charter*), publicada com grande alarde em 1962. Um novo partido único, a União Socialista Árabe, substituiu a debilitada União Nacional. Metade dos assentos no Conselho Nacional do Egito foram reservados para trabalhadores e camponeses. Trabalhadores foram colocados nos quadros administrativos de algumas companhias nacionalizadas. Pela primeira vez na história do Egito, um trabalhador e uma mulher se tornavam ministros de gabinete. Se seu experimento socialista estimulasse o crescimento econômico e a igualdade social, Nasir raciocinava, outros países árabes imitariam o Egito. Desafiando o isolamento político, adotou um novo *slogan*: "Unidade de objetivos, não unidade de postos".

O primeiro sinal de uma mudança foi a independência da Argélia, em julho de 1962, após um amargo conflito de oito anos com a França. O novo líder da Argélia, Ahmad Ben Bella, apoiava Nasir e todas as causas revolucionárias árabes. O segundo sinal foi um golpe que ocorreu no Iêmen naquele setembro, somente uma semana após o velho imame ter morrido e o Príncipe Badr ter assumido. Um grupo de oficiais militares tomou o poder em San'a e proclamou o Iêmen uma república. Exultante, o governo do Egito saudou o novo regime e assumiu que Badr havia sido morto. Na verdade, ele e seus seguidores haviam fugido para as montanhas, onde membros tribais monarquistas estavam preparados para lutar por seu imame (que, como você pode supor, era um líder tanto religioso quanto político). Eles foram apoiados pelos sauditas, que temiam uma república nasirita subversiva em sua fronteira sul. Nasir enviou uma força egípcia para ajudar o novo regime do Iêmen, mas seus líderes se mostraram incompetentes. A guerra civil que iniciou como uma disputa entre seguidores do Imame Badr (basicamente xiitas saydis nas montanhas do Iêmen) e oficiais republicanos (basicamente sunitas chafistas próximos ao Mar Vermelho) se tornou um conflito intermediário da Arábia Saudita conservadora e do Egito revolucionário.

Nasir foi encorajado no começo de 1963, quando oficiais baathistas encenaram dois golpes sucessivos: a expulsão de Qasim no Iraque por Abd al--Salam Arif, seguida pelo colapso do regime separatista da Síria. Em breve, o Iraque e a Síria adotariam bandeiras idênticas, jurariam eterna irmandade árabe e enviariam representantes ao Cairo para negociar com Nasir uma nova República Árabe Unida. O entusiasmo popular pela unidade árabe atingiu um clímax em abril de 1963, quando o Egito, a Síria e o Iraque publicaram planos para a unificação orgânica. Contudo, Nasir e o Partido Ba'ath discordaram sobre quem deveria liderar o novo Estado, que nunca veio a existir.

O aumento das tensões árabe-israelenses

Foi um movimento israelense que reuniu os árabes. Desde o renascimento de Israel, seus engenheiros tentaram obter mais água fresca para irrigar suas terras. Hidrólogos argumentavam que o Rio Jordão poderia ser canalizado para irrigar tanto Israel quanto a Jordânia. Um emissário americano chamado Eric Johnston havia garantido um acordo de ambos os países sobre os aspectos técnicos de um plano para partilhar as águas do Jordão, mas o governo jordaniano o rejeitou em bases políticas em 1955. Por alguns anos, Israel esperava que a Jordânia pudesse mudar de ideia, mas então decidiu ir adiante e construir um aqueduto nacional para satisfazer suas próprias necessidades, trazendo do Mar da Galileia a parte do Rio Jordão que o acordo de Johnston teria designado a Israel.

Israel ter drenado as águas do Jordão incitou os países árabes à ação. Jordânia, Síria e Líbano esperavam que, se pudessem desviar os principais afluentes do Rio Jordão, poderiam impedir Israel de completar seu aqueduto nacional. Mas Israel ameaçou ataques preventivos contra quaisquer projetos árabes de desvio. Nasir convidou os reis e presidentes árabes para o Cairo para discutirem o problema no começo de 1964. Embora incapaz de concordarem com uma ação concertada, os árabes organizaram outros encontros em 1964 e 1965. Seu consenso foi que os exércitos árabes ainda não poderiam combater Israel, mas que aumentariam sua força militar de modo que a Síria e a Jordânia pudessem desviar os afluentes do Rio Jordão.

A Organização para Libertação da Palestina

Outro ato das reuniões de cúpula de 1964 chamou pouca atenção, mas se mostraria decisivo para o mundo árabe. Os líderes árabes votaram para formar a Organização para a Libertação da Palestina (OLP), que deveria atuar como um grupo guarda-chuva para todas as organizações que servissem aos árabes palestinos. Encorajados por Nasir, representantes palestinos se encontraram na cidade antiga de Jerusalém em 1964, pediram para que um experiente porta-voz chamado Ahmed al-Shuqayri apontasse um quadro executivo para a OLP, e adotaram uma carta nacional. Seus principais princípios eram que os árabes palestinos devem lutar para reconquistar sua pátria dentro do que havia sido as fronteiras do mandato britânico e que somente eles têm o direito de autodeterminação na Palestina, embora judeus de origem palestina ainda possam viver no país libertado. Para substituir o Estado de Israel, a OLP propôs um Estado democrático secular no qual judeus, cristãos e muçulmanos coexistiriam em paz.

A OLP começou reunindo um exército convencional, constituído de refugiados em Gaza, na Jordânia e na Síria. Mas uma força mais efetiva foi um movimento de guerrilha chamado *Fatah* (que pode ser traduzido como "Conquista" ou "Movimento para a Libertação da Palestina"). O Fatah assinalou sua existência em 1 de janeiro de 1965 tentando sabotar parte do sistema do aqueduto nacional de Israel. Seu líder era Yasir Arafat, que lutou contra Israel em 1948, depois se tornou o líder dos estudantes palestinos no Egito, e trabalhou por alguns anos no Kuwait. Mais do que Shuqayri, Arafat falava para os jovens militantes palestinos. Os ataques do Fatah, apoiados pela Síria, mas geralmente lançados a partir da Jordânia, provocaram algumas baixas e perdas materiais israelenses. O governo de Israel, liderado desde 1964 por Levi Eshkol, decidiu frear esses comandos dos exércitos árabes. No final de 1966, as IDF fizeram um ataque retaliatório devastador na Cisjordânia, destruindo grande parte de uma aldeia chamada al-Samu'. Tanto governos ocidentais como árabes condenaram o ataque israelense. Mesmo alguns israelenses pensavam que deveriam ter atacado a Síria, que havia ajudado os comandos, em vez da Jordânia.

O contexto para a guerra

Em meados da década de 1960, a Síria uma vez mais emergiu como o Estado nacionalista árabe mais ardente. Incapaz de formar uma união com o Egito ou mesmo com o Iraque em 1963, seu governo baathista aumentou a pressão pela unidade árabe e por uma ação militar contra Israel. Liderou as tentativas de desviar as fontes do Rio Jordão para as próprias necessidades de água da Síria e armou vários grupos de comando palestinos. Um golpe militar, em fevereiro de 1966, levou ao poder uma ala radical do Partido Ba'ath. Grande parte dos novos líderes pertencia a uma minoria pouco conhecida, os alauitas, muitos dos quais haviam se juntado ao corpo de oficiais sírios para se promoverem socialmente. Esperando convencer a maioria sunita na Síria, esses jovens oficiais alauitas tentaram preservar os princípios do arabismo e, consequentemente, aqueles do conflito contra

Israel. Nessa época, Nasir se apercebeu de que seu exército, ainda envolvido na guerra civil do Iêmen, não estaria pronto para lutar contra Israel por um longo tempo. Ele esperava impedir os líderes radicais da Síria de levarem o Egito a outra guerra forjando uma aliança militar com eles.

Esse foi um sério erro de cálculo. Em abril de 1967, aviões de combate MiG sírios entraram em uma batalha aérea com jatos israelenses, invadindo o espaço aéreo da Síria, e seis foram abatidos. Eshkol avisou a Síria de que Israel iria retaliar a menos que parassem de bombardear os assentamentos israelenses próximos às Colinas de Golan. Muitos árabes acreditavam que o objetivo real de Israel fosse desacreditar e possivelmente expulsar os extremistas baathistas em Damasco. No começo de maio, os soviéticos disseram a Nasir que Israel estava concentrando tropas em seu norte para um ataque preventivo à Síria. O Egito recrutou suas reservas, enviou tanques paras as cidades do Egito e ao Monte Sinai, e fez ameaças contra Israel. Nasir podia estar blefando para impressionar a Síria, mas ninguém pensava assim na época. Por meses, seus líderes rivais o ridicularizaram por se esconder detrás da Unef em Gaza e no Sinai. Em 16 de maio, Nasir pediu às Nações Unidas para retirar algumas de suas unidades de pacificação. O Secretário-geral U Thant retirou prontamente todas as forças da ONU (para surpresa de Nasir), sem sequer consultar o Conselho de Segurança. Tão logo a Unef evacuou todos os pontos chave em Gaza e no Sinai, as tropas egípcias os ocuparam. Entre os pontos estratégicos que ocupavam estava Sharm al-Shaykh, a partir do qual renovaram o bloqueio árabe contra o transporte marítimo israelense através do Golfo de Ácaba. O prestígio de Nasir aumentou novamente por todo o mundo árabe.

Esse bloqueio passou a ser visto por Israel e seus apoiadores como a principal causa da guerra subsequente de junho de 1967. Israel argumentava que não poderia permitir que seu comércio ou seus vínculos crescentes com o sul da Ásia e leste da África fossem cortados. Como os jornais e estações de rádio árabes estavam abertamente convocando uma guerra para destruir o Estado judaico, os israelenses dificilmente podiam assumir que os governos árabes encerrassem o bloqueio do Golfo de Ácaba. Mas o que deveriam fazer? Sua passagem através do Estreito de Tiran havia sido garantida pelas potências ocidentais. O governo americano, envolvido na Guerra do Vietnã, aconselhou precaução. Os governos europeus, percebendo que importavam a maior parte de seu petróleo do mundo árabe, haviam esfriado suas relações com Israel desde a Guerra de Suez. Israel escolheu não esperar por uma flotilha ocidental para forçar a abertura do

Estreito de Tiran ou por uma resolução do Conselho de Segurança da ONU. Os líderes de Israel estavam convencidos de que poderiam derrotar o exército do Egito, equipados com armamento soviético. Contudo, muitos líderes israelenses (e seus apoiadores estrangeiros) temiam o pior.

Após o Rei Husayn voar para o Cairo em 30 de maio para assinar um acordo com Nasir, criando um comando militar árabe conjunto, o gabinete de Israel assumiu que a guerra era inevitável. Muitas unidades da reserva foram convocadas, a economia foi posta em condição de guerra, e os líderes políticos de Israel enterraram suas disputas para formar um novo gabinete, que representaria aproximadamente todos os partidos e facções da nação. Especialmente importante foi a indicação em 2 de junho do General Moshe Dayan como ministro da defesa, a despeito de suas diferenças perenes com o Primeiro-ministro Eshkol. Um herói na guerra de 1948 e na campanha do Sinai em 1956, Dayan deu aos israelenses uma nova esperança no que muitos viam como sua hora de perigo. Ninguém sabia ao certo o que aconteceria em seguida.

Conclusão

A história do Oriente Médio após maio de 1967 foi tão dominada pelo conflito árabe-israelense que a era precedente parece serena em comparação. Contudo, sua história política foi turbulenta e complicada por intervenções estrangeiras. Além disso, mudanças rápidas, especialmente na educação e na tecnologia, romperam modos costumeiros de vida e pensamento. Massas de pessoas, principalmente pobres e jovens, afluíram para as cidades. Ideias e costumes estranhos, adotados pela primeira vez nesses centros urbanos em crescimento, espalharam-se por toda parte por rádio transistor, jornais e revistas, escolas centros de saúde rurais, cinemas e (em alguns países) pela televisão. Ideias de nacionalismo e progresso aumentaram às custas da religião e do respeito pela tradição.

Muitas pessoas favoreceram essas tendências na época, mas muitos *slogans* e ideologias nacionalistas desde então se mostraram falsos, e muitos árabes não entenderam essas ideologias importadas. Como uma mistura de valores tradicionais e modernos, o nasirismo agora soa como um culto à personalidade. O neutralismo positivo foi uma reação natural à Guerra Fria, mas por que a rejeição do Egito tanto ao bloco ocidental como ao comunista era considerada positiva? O neutralismo funcionou somente enquanto ambos os lados estavam competindo pelos favores árabes. O pan-arabismo negligenciou as diferenças arraigadas com o mundo árabe, não apenas entre líderes, mas também entre seus povos, assim como entre países que possuíam e que não possuíam petróleo. O nacionalismo árabe tendeu a alienar as minorias religiosas e étnicas, como os maronitas do Líbano e os xiitas e curdos do Iraque. A democracia parlamentar colapsou quando as massas estavam famintas e sem educação, e quando os oficiais do exército e técnicos recém-formados desejavam governar. O socialismo árabe fracassou em mudar a sociedade árabe de seu individualismo, exclusivismo e patriarcado tradicionais para um sistema econômico coletivo que servisse ao bem comum.

Israel também tinha problemas. O sionismo político havia atingido seu objetivo de criar um Estado judaico, mas foi realmente uma luz para os gentios? O judaísmo, como praticado durante séculos de dispersão, pouco significava para os fundadores de Israel. Ben-Gurion e outros se perguntavam por que tão poucos judeus vinham para Israel do Ocidente. Com metade do povo de Israel tendo que vir de outros lugares no Oriente Médio, estavam se tornando muito semelhantes aos seus vizinhos árabes? Em reação, os israelenses desenvolveram cultos de aptidão física e bravura marcial, de investigações arqueológicas para afirmar seus laços com a terra, de redenção por meio da plantação de árvores. Divididos sobre quão judeus deveriam ser, variavam dos ultraobservantes (alguns se recusavam a reconhecer o Estado judaico até que o Messias viesse) àqueles que negavam a existência de Deus e a relevância da Torá para a vida moderna. A liderança religiosa judaica não era mais forte do que seus equivalentes muçulmanos e cristãos em outros lugares. Que papel poderiam os árabes, na época, um sétimo da população de Israel, desempenhar em um Estado cuja bandeira exibia a estrela de Davi e cujo hino expressava a saudade dos judeus da terra de Sião? E quanto aos árabes que haviam fugido de Israel em 1948 e reivindicavam o direito de retornar? Se os judeus haviam lembrado Sião por dois mil anos, poderiam os palestinos esquecê-lo em pouco mais de vinte? Em meio às névoas de confusão ideológica e à poeira do combate político se preparavam as tempestades que irrompem no Oriente Médio desde 1967.

18 A guerra e a busca pela paz

Em 5 de junho de 1967, Israel lançou uma série de ataques preventivos contra seus vizinhos árabes hostis. Sua consequente vitória sobre Egito, Síria e Jordânia levou apenas seis dias, refutando, com isso, a noção, comum após 1956, de que o Estado judeu não poderia derrotar os árabes sem os aliados ocidentais. A vitória também explodiu o mito de que "a unidade de objetivos" entre os árabes os capacitaria a derrotar Israel e mostrou que as IDF haviam atingido níveis elevados de habilidade, coragem e coordenação.

Como um resultado, um novo mito surgiu, partilhado por apoiadores e inimigos do Estado judeu, de que Israel era invencível. Esse mito durou até outubro de 1973, quando outra guerra, iniciada pelo Egito e pela Síria, mostrou que um exército árabe poderia exercer coragem e habilidade para atingir um sucesso limitado contra o poder militar de Israel. Essa Guerra de Outubro (ou Yom Kippur) foi a mais intensamente travada, a mais custosa em vidas e equipamento, e a maior ameaça à paz mundial que qualquer guerra travada entre árabes e Israel. Ela também levou a um aumento quadruplicado no preço do petróleo e quase iniciou um confronto entre as superpotências. Seu resultado aumentou o papel dos EU em tentar resolver o conflito e estimular Israel e os árabes a um acordo. Finalmente, o Presidente Anwar al-Sadat do Egito, o único líder disposto a assumir um risco real pela paz, rompeu o impasse em novembro de 1977 com um voo dramático para Jerusalém. Uma irrupção de conferências de paz e reuniões de alto nível sucederam. O resultado final foi os Acordos de Camp David, seguidos por um tratado Egípcio-Israelense em março de 1979. Mas não houve uma paz abrangente.

Um dos temas abrangentes da história do Oriente Médio entre 1967 e 1979 foi o conflito árabe-israelense. Muitos judeus da diáspora (embora, certamente, não todos) se tornaram sionistas ardentes. A questão da Palestina começou a importar a estados árabes tão remotos quanto o Marrocos e o Kuwait. Como todos assumiam que Israel – se adequadamente armado pelos Estados Unidos – venceria qualquer guerra convencional, as táticas não convencionais dos *fidaiyin* palestinos passaram a dominar a estratégia árabe contra Israel.

Após 1967, a União Soviética intensificou seu papel de fornecedora de armas e conselheira de muitos estados árabes, como os Estados Unidos faziam com Israel. Isso intensificava o envolvimento das superpotências em um conflito que ameaçava escalar em uma Terceira Guerra Mundial. Como nenhum lado desejava um confronto drástico, eles frequentemente conversavam entre si e com outras potências, esperando impor uma solução ao conflito. Nem os árabes nem os judeus desejavam que as guerras, as ameaças e as tensões prosseguissem para sempre. Mas a que preço poderia cada parte aceitar a paz com a outra? O antigo problema árabe sobre os palestinos desalojados tendeu a ceder a dois outros: o retorno das terras árabes tomadas por Israel, em junho de 1967, e o reconhecimento dos direitos nacionais dos Palestinos. Os israelenses exigiam segurança e o reconhecimento árabe, mas discutiam entre si sobre quais das terras capturadas – Jerusalém, Cisjordânia (que muitos israelenses chamavam Judeia e Samaria), Faixa de Gaza, Monte Sinai e Colinas de Golan – eles deveriam devolver em troca da paz. Enquanto isso, eles desafiavam o direito internacional criando e expandindo assentamentos nas áreas ocupadas. Compras de armas exigiam uma parcela crescente do orçamento de cada governo do Oriente Médio, mais jovens em uniforme se arriscavam a morrer antes de sua hora, e as energias das pessoas tinham de mudar de esforços construtivos para destrutivos. Não importa, ambos os lados acreditavam – sobrevivência e dignidade valiam mais do que o preço elevado que eles (ou seus apoiadores) pudessem pagar.

A guerra de junho de 1967

Na manhã de 5 de junho, a força aérea de Israel atacou as principais bases aéreas do Egito – seguidas pelas da Jordânia e da Síria – e destruiu virtualmente todo seu potencial de guerra. Tendo conquistado o domínio do ar na primeira hora, Israel enviou seu exército ao Sinai e, em quatro dias, tomou a península. Como havia feito em 1956, Nasir ordenou o bloqueio do Canal de Suez, mas ao tomar Sharm al-Shaykh Israel rompeu o bloqueio do Golfo de Ácaba.

Como o Rei Husayn havia feito um pacto com Nasir uma semana antes da guerra, que efetivamente colocou seu exército sob o comando egípcio, a

Jordânia entrou na guerra disparando para o lado israelense de Israel. As IDF então invadiram a parte norte da Cisjordânia e também o lado norte da Jerusalém árabe para assegurar o Monte Scopus (um enclave israelense desde o armistício de 1949) e para atacar a cidade antiga a partir de seu lado leste. Em 7 de junho, os israelenses tomaram a cidade após um feroz combate e rezaram no Muro Ocidental pela primeira vez em dezenove anos. Em outra parte na Cisjordânia, forças israelenses expulsaram os jordanianos, sob o comando direto de Husayn, em um combate extremamente duro. Os árabes acusaram Israel de jogar napalm nas tropas jordanianas e de usar táticas de intimidação para esvaziar alguns campos de refugiados e aldeias da Cisjordânia. Cerca de 200.000 árabes buscaram refúgio do outro lado do Jordão, e novos acampamentos cercaram as colinas em torno de Amã. Muitos palestinos, após ouvirem promessas nas estações de rádio árabes de que Israel seria destruída de modo que seriam capazes de voltar para casa, perguntavam por que os exércitos árabes falhavam em trabalhar juntos pela vitória desejada.

A Síria foi a menos útil. Devido a recentes conflitos na fronteira com a Jordânia, os sírios nada fizeram por Husayn até que fosse derrotado. Na época, Israel pôde atacar as posições fortificadas da Síria nas Colinas de Golan quando nenhum outro país árabe poderia ajudar o regime de Damasco, que já havia exigido um cessar-fogo. Se Israel e Síria não tivessem finalmente concordado em encerrar o conflito em 10 de junho, nada teria impedido os israelenses de tomar Damasco.

Antes da Guerra de 1967, as forças árabes pareciam superiores no papel: só o Egito tinha mais homens armados do que Israel, mesmo que Israel mobilizasse todas as suas unidades de reserva; os árabes tinham 2.700 tanques, comparados aos 800 de Israel, 800 aviões de combate para os 190 de Israel, e 217 navios para os 37 de Israel, e a proporção populacional era de cerca de 25 para 1. Os árabes tinham o apoio cauteloso do Bloco Comunista e de muitas nações asiáticas e africanas em uma época em que a posição de Washington, para citar um porta-voz do Departamento de Estado, era "neutra em pensamentos, palavras e atos". Com 500.000 soldados no Vietnã, os Estados Unidos não poderiam ter intervido facilmente mesmo que Israel lhes tivesse pedido.

Uma razão para a vitória de Israel é ele ter atacado primeiro, destruído a maior parte dos aviões de combate árabes, e depois ter mantido o controle aéreo. Outra razão é que as melhores tropas do Egito ainda estavam lutando na guerra civil do Iêmen. O *New York Times* registrou, durante a guerra, que Israel tinha mais tropas no campo que seus inimigos, empregou melhor poder de fogo, e usou maior mobilidade na batalha. O exército de Israel também era eficiente, tecnologicamente sofisticado e bem coordenado. Os exércitos árabes eram cheios de partidarismo, e seus governos desconfiavam uns dos outros. Mesmo após as mais anacrônicas monarquias e elites proprietárias de terras caírem do poder, mesmo após cerca de quinze anos de pan-arabismo e reformas sociais no Egito e na Síria, e mesmo após bilhões de dólares em armas soviéticas e ocidentais afluírem ao mundo árabe, a desunião dos árabes levou a uma derrota mais rápida, mais devastadora em 1967 do que em 1948. Pouco admira que Nasir, o líder nacionalista árabe, tenha tentado renunciar quando a guerra acabou.

As consequências da guerra

Na época em que as armas silenciaram em 10 de junho, Israel havia expandido seu território em três vezes o que fora seis anos antes, tendo ocupado a Faixa de Gaza, a Península do Sinai, a Cisjordânia, e as Colinas de Golan (cf. Mapa 18.1). Quase 1 milhão de árabes, muitos deles palestinos, havia passado ao domínio de Israel. Israel não tinha antecipado esse aumento territorial e populacional. O ministro da defesa Moshe Dayan e outros oficiais israelenses haviam declarado, durante a guerra, que eles defenderiam, não expandiriam, o território israelense, embora alguns israelenses considerassem Gaza e Cisjordânia uma parte de seu patrimônio bíblico e desejassem absorvê-los. Contudo, muitos ficaram aliviados em saber que a destruição física e as perdas de vidas judaicas foram menores do que qualquer um havia esperado. Muitos israelenses esperavam que líderes militantes árabes fossem expulsos pelos moderados ou que seus governos apelassem à paz. Essas esperanças não se realizaram. Os árabes não negociariam em desvantagem, enquanto Israel escolhesse manter todas as terras ocupadas como trunfo em conversações de paz que esperava que seguiriam. Suas novas fronteiras eram mais curtas e mais defensáveis. A pressa de Israel em anexar Jerusalém Oriental alimentou os medos árabes do expansionismo israelense, mas nenhum outro território ocupado foi anexado em 1967.

Os esforços de paz da ONU

Os árabes pensavam que uma solução justa viria mais provavelmente das Nações Unidas (como em 1956) do que de negociações diretas. Respondendo a um pedido soviético, a Assembleia Geral organizou uma

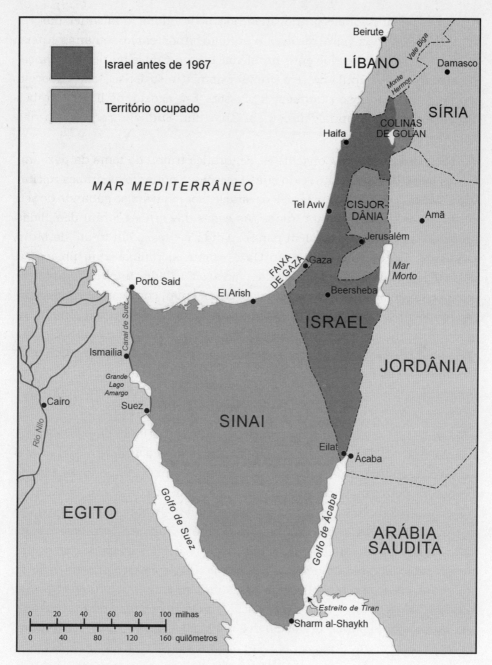

Mapa 18.1 Israel e os territórios ocupados, 1967-1973

sessão especial naquele junho, mas não pôde adotar quaisquer das resoluções propostas para resolver o conflito. Após cinco semanas fúteis, a Assembleia Geral devolveu o problema para o Conselho de Segurança. Uma reunião de cúpula entre o primeiro-ministro soviético Alexei Kosygin e o Presidente Johnson também fracassou. Em agosto, os líderes árabes organizaram sua própria reunião em Khartum, Sudão, e resolveram não negociar com Israel.

Na época em que o Conselho de Segurança tratou do tema da paz, ambos os lados haviam endurecido suas posições. Enquanto os árabes rejeitavam conversas diretas com Israel, os israelenses estavam se gabando de seu controle dos territórios capturados. As casas dos árabes foram demolidas na cidade antiga de Jerusalém para expandir o espaço em frente do Muro Ocidental. *Fidaiyin* suspeitos em Gaza e na Cisjordânia eram presos ou deportados, e suas casas explodidas; aldeias e cidades inteiras foram destruídas. Colonos judeus, com apoio governamental, começaram a construir assentamentos nas Colinas de Golan, nos arredores de Hebron e na Jerusalém Oriental, notadamente nas colinas que conectavam o Monte Scopus com a metade oeste da cidade. A anexação de Israel da Jerusalém Oriental, incluindo a cidade antiga, desafiou a Assembleia Geral e violou o direito internacional. A União Soviética rearmou a Síria e o Egito, enviando mais técnicos e conselheiros. O perigo de outra guerra se aproximava.

Coube ao Conselho de Segurança divisar uma fórmula de paz aceitável a Israel e aos árabes, assim como às superpotências. Durante os debates, o Lorde Càradon da Grã-Bretanha propôs uma fórmula com a ambiguidade necessária com a qual todos os membros permanentes puderam concordar: a Resolução 242. Enfatizava "a inadmissibilidade de aquisição de território por meio da guerra" e exigia uma paz justa e duradoura com base em (1) retirada das forças armadas israelenses dos territórios ocupados no conflito recente, e (2) o direito de cada Estado na área a "viver em paz dentro de fronteiras seguras e reconhecidas livres de ameaças e atos de força". Ela também exigia a liberdade de navegação através de canais internacionais e um "justo acordo para o problema dos refugiados".

Os árabes viram a Resolução 242 como exigindo que Israel retornasse, como uma precondição para a paz, *todas* as terras que havia tomado na Guerra de Junho. Israel alegava que a resolução significava retirada de apenas *algumas* dessas terras, uma vez que cada país deveria viver em paz dentro de fronteiras seguras e reconhecidas. Alguns árabes interpretaram o "acordo justo para o problema dos refugiados" como a readmissão por parte de Israel de todos os palestinos desalojados que desejassem retornar (para tanto, a Assembleia Geral havia aprovado resoluções quase anualmente desde 1948). Israel sustentava que os refugiados palestinos deveriam ser assentados nos países árabes como uma transferência populacional. Os estados árabes, em retaliação por Israel expulsar grande parte dos palestinos, haviam expulsado cidadãos judeus, muitos deles haviam se assentado em Israel.

Jordânia, Israel e Egito concordaram em obedecer à Resolução 242 (a Síria, rejeitando qualquer reconhecimento diplomático de Israel, rejeitou-a até 1974), embora árabes e israelenses discordassem sobre o que ela significava. O Secretário-geral U Thant pediu um mediador, Gunnar Jarring, para aproximar os dois lados. Mas mesmo enquanto começava sua missão, no fundo, infrutífera no começo de 1968, as deficiências da resolução estavam se tornando evidentes. Uma, claramente, era que cada lado esperava que o outro desistisse antes. Outra, era que nenhuma limitação foi posta na corrida armamentista, que se tornou mais descontrolada e financeiramente debilitante do que jamais foi. Outra ainda era que os árabes poderiam travar uma guerra econômica contra Israel e seus apoiadores – o boicote prosseguiria. Finalmente, embora tivesse levado tempo para se tornar clara, a Resolução 242 ignorava os direitos e os interesses do povo palestino.

Os palestinos

A emergência dos palestinos como um fator separado no conflito árabe-israelense foi um dos principais acontecimentos de 1967. A ideia de que os palestinos constituíam um povo distinto é nova. Nunca antes na história, os árabes que viviam na Palestina buscaram ou obtiveram *status* de um Estado separado e independente. Pelo contrário: os árabes daquele território teriam usualmente escolhido, se pudessem exercer alguma escolha, identificar-se como muçulmanos, árabes, ou (grandes) sírios. Antes do renascimento de Israel, os judeus e estrangeiros muitas vezes usavam o termo palestino para denotar os habitantes da Palestina, mas raramente os árabes tinham eles próprios usado essa denominação. Entre 1948 e 1967, os árabes da Palestina, especialmente os refugiados nos países vizinhos, haviam sido os apoiadores mais fervorosos do pan-arabismo. Eles esperavam apagar todas as distinções entre eles e os outros árabes cuja ajuda buscavam.

Mas os palestinos, devido às suas experiências e ideias partilhadas, passaram a se ver como um povo e depois como uma nação, tão seguramente como os judeus do leste da Europa haviam se tornado sionistas no começo do século XX. Conforme os palestinos viam seu próprio passado, os colonos judeus na Palestina evitavam os árabes locais antes que Israel obtivesse a formação do Estado, expulsou-os durante a guerra de 1948 e depois os impediu de retornarem ao que havia se tornado Israel. Os outros estados árabes não os absorveriam. Nenhum país os queria. Mas esses refugiados não queriam se ver ou ser vistos por outros como objetos de piedade, departamentos da UNRWA, ou causas de embaraço para outros árabes. Após a Guerra de 1967 ter revelado a inadequação dos exércitos dos estados árabes, os palestinos decidiram que era hora de declarar sua própria nação, obter armas, treinar-se para combater e reconquistar suas terras.

A resistência palestina

Como um resultado da guerra, portanto, a Organização para a Libertação da Palestina (OLP), criada em 1964 pelos governos árabes, emergiu como um grupo militante. Os antigos líderes, notadamente Shuqayri, deram lugar a mais jovens que, embora não menos determinados a eliminar Israel, sabiam melhor como usar a mídia ocidental para publicizar sua causa. Era fácil obter o apoio do Bloco Comunista, mas a OLP desejava conquistar a opinião da Europa Ocidental e da América do Norte sobre a causa palestina. Para fazer isso, os palestinos não podiam mais exigir a destruição de Israel e o banho de sangue ou o êxodo judeu em massa que muito provavelmente seguiriam. Em troca, propuseram resgatar o que havia sido a Palestina até 1948 da "falsa ideologia" do sionismo, um dogma colonialista que degradava a fé judaica e oprimia os árabes muçulmanos e cristãos que haviam anteriormente constituído a maior parte da população da Palestina. Os israelenses eram comparados aos colonos brancos da Rodésia e do sul da África. Os palestinos viam seus *fidaiyin*, a quem os israelenses chamavam terroristas, como guerreiros da liberdade, como os guerrilheiros que combateram a ocupação nazista da França. A OLP manteria a exigência da destruição de Israel em seu estatuto somente até que pudesse convencer uma maioria dos membros da organização de que ela jamais poderia acontecer.

Já em 1968, a IDF, incitada à ação retaliatória por ataques e bombardeios palestinos, atacou a aldeia jordaniana de Karama, cerca de 40 quilômetros a oeste de Amã. Israel supostamente perdera seis aviões-caça e doze tanques na batalha antes que ambos os lados aceitassem um novo cessar-fogo. Muitas das perdas da Jordânia foram palestinos do Fatah, cujo papel em resistir à IDF deu um novo lustro a Arafat e seus apoiadores. Jovens, nos campos de refugiados e em muitas cidades e aldeias árabes, se uniram ao Fatah. Jornalistas estrangeiros afluíram em massa para entrevistar Arafat e para visitar seus campos de treinamento. Alguns, impressionados por seu nacionalismo fervoroso, exaltavam sua visão de uma Palestina libertada que seria secular e democrática, um Estado onde judeus, cristãos e muçulmanos poderiam viver juntos em paz. Céticos se perguntavam se algum Estado árabe existente era secular, democrático ou capaz de preservar a concórdia entre os vários grupos religiosos vivendo entre suas fronteiras. Os palestinos admitiam que muitos líderes árabes eram reacionários, preconceituosos e vinculados à classe de interesses dos proprietários de terras ou burgueses, mas os *fidaiyin* eram jovens, educados e livres de vínculos com o passado. Seu objetivo de criar um Estado Secular na Palestina parecia sincero, enquanto carecessem de poder.

Esforços de paz abortivos

Enquanto isso, Washington tentava resolver o conflito árabe-israelense por meio de um acordo entre as maiores potências estrangeiras: União Soviética, Grã-Bretanha e França. Os Estados Unidos esperavam que os soviéticos pudessem influenciar os líderes árabes, em consequência, os americanos usariam sua vantagem sobre Israel, provavelmente vendendo ou retendo armamentos avançados, para produzir um acordo de paz baseado na Resolução 242. Eles esperavam que os soviéticos quisessem parar de distribuir armas ao Egito, Síria e Iraque, armas pelas quais eles nunca poderiam pagar e que requeriam grandes missões de treinamento. Na realidade, Moscou vendia basicamente armas defensivas ao Egito e à Síria, aconselhando comedimento de seus governos. Quando as forças soviéticas usavam equipamentos navais e aéreos nesses países, não estavam fazendo mais do que a Sexta Frota dos EU fazia por muito no Mediterrâneo.

Durante a guerra, a União Soviética havia rompido relações diplomáticas com Israel, e muitos estados árabes haviam rompido vínculos com os Estados Unidos. As superpotências eram menos capazes agora de mediar no Oriente Médio. Israel argumentava que um acordo de paz imposto pelas superpotências duraria somente enquanto os estados árabes fossem muito fracos para desafiá-la, como o Egito havia desfeito o tratado imposto após a Guerra de Suez de 1956. Muitos árabes argumentavam que as ações de Israel desafiavam as propostas de paz da ONU, das grandes potências e dos árabes. Eles duvidavam que os governos americano e soviético pudessem resolver os problemas arraigados uma vez que tivessem servido seus próprios interesses no Oriente Médio.

A vitória de Richard Nixon nas eleições presidenciais de 1968 encorajou os árabes; talvez uma nova administração americana pudesse apoiá-los. Nixon enviou um representante especial para o Oriente Médio, que retornou defendendo uma abordagem mais "imparcial", implicando que a administração de Johnson havia se posicionado contra os árabes. Um grande tema nos debates sobre a política no Oriente Médio foi o quanto Washington deveria autorizar vendas de armas para Israel ou, na verdade, para estados árabes amigos como a Jordânia. Johnson havia feito arranjos para vender caças Phantom a Israel, mas Nixon atrasou a transação, esperando fazer com que os israelenses concordassem em devolver as terras aos árabes.

A Guerra de Atrito

Os egípcios, observando a atenção prestada aos *fidaiyin* e às retaliações israelenses, não esperaram. Em março de 1969, Nasir anunciou que o Egito iria aumentar os bombardeios que estavam em curso no Canal de Suez intermitentemente desde 1967, começando (ou continuando) a assim chamada Guerra de Atrito. Essa foi uma estratégia destinada a aumentar a pressão sobre alvos militares. Os israelenses responderam atacando alvos egípcios tanto militares quanto civis (muitas vezes violando as leis de controle de exportação de armas americana). Mais egípcios do que israelenses foram mortos, e as cidades do Egito a oeste do canal tiveram de ser evacuadas. Muitos egípcios temiam um ataque direto sobre a represa de Assuã, que os soviéticos recém haviam completado. Por volta de 1970, tropas israelenses haviam se entrincheirado por trás da linha de Bar Levi a leste do canal; nesse meio-tempo, o Egito se tornou ainda mais vulnerável aos novos caças Phantom fornecidos pelos EU a Israel. Nasir fracassou em prever como Israel reagiria à sua decisão de lançar a Guerra de Atrito; Israel, do mesmo modo, avaliou mal a resposta do Egito aos seus ataques de bombardeios de penetração profunda. Nasir voou para Moscou para pedir à União Soviética que enviasse mais armas, tanques, aviões, mísseis e conselheiros ao Egito. No verão de 1970, pilotos de caças israelenses, envolvidos em batalhas aéreas sobre o Canal de Suez, descobriram que alguns dos pilotos dos MiG estavam falando russo.

Mudanças políticas: 1967-1970

O que mais estava acontecendo durante a Guerra de Atrito? Nenhum governo árabe foi deposto como resultado da derrota de 1967. Contudo, mudanças de liderança ocorreram. Alinhamentos de governos árabes permaneceram caleidoscópicas.

Os dois Iêmens

Durante a cúpula de 1967 de Khartum, o Egito e a Arábia Saudita concordaram em encerrar a guerra civil de cinco anos do Iêmen. Em seguida, Nasir retirou suas tropas, o regime republicano que ele havia apoiado caiu do poder. Seu sucessor tratou de buscar reconciliação com o imame, seus apoiadores tribais e os sauditas. O Iêmen permaneceu uma república, mas, em 1970, seu governo se tornou uma coalizão que incluía monarquistas. Mais ao sul, os britânicos haviam há muito tentado combinar os cidadãos urbanos e politizados da Colônia Aden aos xeiques e sultões tribais da Península Árabe ao sul (o antigo Protetorado Aden). A combinação deveria se tornar a Federação Árabe do Sul. Os líderes tribais, geralmente pró-britânicos, deveriam equilibrar nacionalistas urbanos, que ganharam força na década de 1960 entre os trabalhadores sindicalizados no Porto de Aden. Esse posto avançado do império estava se tornando muito custoso à Grã-Bretanha, de modo que o governo trabalhista decidiu, em 1966, abrir mão dele. Uma vez que a Grã-Bretanha anunciou sua intenção de remover todas as tropas do sul da Arábia, os dois principais grupos nacionalistas começaram a competir pelo controle da área. No final de 1967, a Grã-Bretanha entregou o sul da Arábia à facção vitoriosa, a Frente (de Libertação) Nacional. O novo país foi renomeado para República Popular do Sul do Iêmen. Como seus líderes esperavam que pudessem algum dia se reunir com o norte do Iêmen, mais tarde se tornou República Democrática Popular do Iêmen, o único Estado marxista do mundo árabe. As políticas dos dois estados gradualmente convergiram durante a década de 1980, e se uniram como a República do Iêmen em 1990. A união não foi completa; uma amarga guerra civil irrompeu entre Aden (apoiada pela Arábia Saudita) e o resto da República do Iêmen em 1994, e um conflito interno por poder levou a uma intervenção saudita desde 2015, provocando muitas baixas e muita destruição de propriedade no país mais pobre do mundo árabe.

Iraque

No Iraque, Abd al-Rahman Arif, que em 1966 havia substituído seu irmão, Abd al-Salam, morto em um acidente aéreo, foi expulso por um golpe direitista em julho de 1968. Duas semanas depois, outra facção dissidente do Partido Ba'ath assumiu o poder em Bagdá. O novo regime em breve entraria em conflito com a Síria sobre o uso das águas do Rio Eufrates, ainda que ambos os estados fossem governados pelo Partido Ba'ath. As relações com o Irã se tencionaram porque ambos os países buscavam controlar o Shatt al-Arab, onde o Tigre e o Eufrates se encontram antes de desembocar no Golfo. Curdos no norte do Iraque ainda lutavam por sua independência. Como a rebelião curda, apoiada pelo Irã, ameaçava cada vez mais o controle do Iraque sobre suas províncias do norte ricas em petróleo, Bagdá tentou fazer um acordo com Teerã. Em encontro com o xá, em 1975, o vice-presidente do Iraque Saddam Husayn (muitas vezes escrito Hussein) concedeu ao Irã soberania sobre o Shatt al-Arab do lado iraniano de seu canal mais profundo em troca de o Irã encerrar toda ajuda aos rebeldes curdos. Saddam, então, dispersou 200.000 curdos do norte para outras partes do Iraque, substituindo-os por árabes.

Líbia

Em 1969, golpes militares depuseram governos moderados na Somália, Líbia e no Sudão. O mais notável foi a Revolução da Líbia, que levou ao poder um impetuoso, articulado e dedicado coronel do exército chamado Mu'ammar al-Qadhafi. Esse jovem oficial emergiu como o novo defensor do nacionalismo árabe militante. Ele pressionou os americanos e os britânicos a evacuarem suas bases aéreas na Líbia, fez todos os turistas portarem documentos de viagem escritos em árabe, e ofereceu seu exército para servir junto ao Canal de Suez de Nasir e aos *fidaiyin* na Jordânia e Líbano. Nasir admirava o revolucionário líbio, que o lembrava de quando era um jovem oficial. Qadhafi também esperava unir a Líbia ao Egito.

Israel

O Primeiro-ministro Levi Eshkol morreu em março de 1969. Seu substituto foi a ex-ministra das relações exteriores e secretária-geral do partido Mapai, Golda Meir. Embora pretendesse servir somente como uma interina até as eleições de novembro de 1969, disputas entre outros políticos e facções dentro do Alinhamento Trabalhista que estavam no governo de Israel tornaram-na a líder mais aceitável. Uma vez eleita, formou um amplo governo de coalizão. Mostrou-se uma líder determinada. Nascida na Rússia e criada em Milwaukee, Wisconsin, pôde fazer com que os americanos vissem o Oriente Médio através de lentes israelenses.

O Plano de Paz Rogers

O Departamento de Estado, entre todos os ramos do governo americano, foi um dos menos influenciados por Israel. Assim, foi o Secretário de Estado William Rogers que tentaria mais uma ruptura no impasse árabe-israelense. O Plano Rogers visava a uma paz duradoura "sustentada por um sentimento de segurança de ambos os lados", com fronteiras que "não deveriam refletir o peso da conquista" – significando que Israel deveria abrir mão de quase todos os territórios que havia tomado na guerra. Ele acrescentou que "não pode haver paz duradoura sem um acordo justo sobre o problema dos refugiados", mas não especificou qual poderia ser. Jerusalém não deveria ser anexada por Israel, mas, em troca, ser unida e acessível a todas as religiões e nacionalidades.

No início, Nasir rejeitou o Plano Rogers, mas a intensificação da guerra durante a primeira metade da década de 1970 e a ameaça do envolvimento das superpotências podem ter tornado o plano mais atrativo. A reunião de cúpula árabe organizada naquele mês em Rabat, Marrocos, não ofereceu ajuda militar ou econômica suficiente ao Egito para vencer a Guerra de Atrito, e Nasir esperava que os americanos pudessem lhe dar pela diplomacia o que as forças armadas do Egito haviam falhado em conquistar pela guerra. Em uma mudança política dramática, o Egito aceitou um Plano Rogers revisado em 23 de julho. A Jordânia, perturbada pelas crescentes atividades dos *fidaiyin* em seu solo, em breve faria o mesmo. Israel desconfiava da nova política americana, mas relutantemente cooperou. Um cessar-fogo de noventa dias se efetivou, e Jarring retomou suas visitas às capitais do Oriente Médio (exceto Damasco, que ainda rejeitava a Resolução 242). As dúvidas de Israel pareceram justificadas quando o Egito moveu alguns de seus novos mísseis terra-ar para o alcance do Canal de Suez, uma aparente violação do acordo. O Egito respondeu que estava planejando movê-los antes do cessar-fogo ter sido organizado, devido aos ataques aéreos anteriores de Israel, e observou que Israel havia empregado mais armamento avançado na área sob o pretexto de reabastecer suas tropas. Em outubro de 1973, o Egito usaria seus mísseis contra Israel no Sinai, mas em 1970, Washington se recusou a sabotar as negociações ao forçar uma retirada. Israel, então, encerrou as conversações de paz com Jarring, ainda que os Estados Unidos tivessem oferecido a Jerusalém 500 milhões em créditos, principalmente para comprar jatos Phantom.

Confrontos no Líbano e na Jordânia

O Plano de Paz Rogers iniciou uma crise na Jordânia. Sua causa fundamental foi o problema palestino. Impedido de estabelecer bases nas terras ocupadas de Israel, os *fidaiyin* se posicionaram nos campos de refugiados e aldeias de camponeses no sul do Líbano e no leste do Rio Jordão. Como os ataques de guerrilhas provocavam ataques retaliatórios israelenses através da fronteira, muitos libaneses e jordanianos não queriam abrigar mais os palestinos. O Líbano havia testemunhado vários confrontos no outono de 1969. Um acordo obtido no Cairo entre a OLP e o governo do Líbano limitou a liberdade dos palestinos de atuarem lá. Em 1970, irromperam conflitos entre a OLP e as tropas do Rei Husayn, muitos dos quais eram beduínos hostis aos palestinos.

O confronto foi iniciado por uma facção marxista, a Frente Popular pela Libertação da Palestina (FPLP), liderada por George Habash (que, incidentalmente, era cristão), que acreditava que os palestinos poderiam triunfar somente pela dramatização de sua causa. O grupo escolheu sequestrar aviões de passageiros, começando com um Jato El Al que foi desviado para a Argélia em 1968. Em setembro de 1970, a FPLP atingiu o clímax de sua campanha sequestrando quatro aviões ocidentais, todos cheios de turistas indo para casa, e forçando-os a aterrissarem em uma pista de decolagem no deserto próxima a Amã. Os sequestros embaraçaram tanto o governo jordaniano que o exército de Husayn atacou os palestinos – *fidaiyins* e civis – destruindo seções inteiras de Amã e outras cidades, um ataque que veio a ser chamado "Setembro Negro". A Síria enviou uma coluna blindada para ajudar os palestinos, mas recuou quando Israel ameaçou intervir. O Egito interferiu, como no Líbano, mas tomou literalmente toda força remanescente de Nasir para mediar entre Arafat e Husayn. No dia seguinte, Nasir morreu de um ataque cardíaco. Considerando sua carreira militante, é irônico que o último ato de Nasir tenha sido resgatar Husayn dos Palestinos, preservando assim o plano de paz americano.

O Egito após Nasir

A morte de Nasir iniciou uma extraordinária onda de luto no Egito. Anwar al-Sadat, o vice-presidente de Nasir e entre os últimos dos originais

Oficiais Livres, foi escolhido para sucedê-lo, mas poucos esperavam que fosse durar muito no poder (cf. Caixa 18.1). Outros nasiritas competiam contra Sadat e entre si. Somente em 15 de maio de 1975, Sadat ganhou controle completo de seu governo eliminando seus oponentes. Embora fingindo lealdade aos princípios de Nasir, Sadat iniciou mudanças drásticas. O elaborado aparato de segurança interna de Nasir foi desmantelado. Sadat convidou capitalistas egípcios e estrangeiros para investirem nas empresas locais, efetivamente abandonando o socialismo. O nome do país, que permanecia a República Árabe Unida após a secessão da Síria, foi mudado para República Árabe do Egito. Embora os vínculos soviéticos estivessem aparentemente firmes por um tratado de amizade de quinze anos assinado em maio de 1971, estavam na verdade se desfazendo porque Moscou não venderia armas ofensivas a Sadat para usá-las contra Israel. No ano seguinte, Sadat expulsaria do Egito muitos dos conselheiros e técnicos soviéticos.

Caixa 18.1 Anwar al-Sadat (1918-1981)

Anwar al-Sadat nasceu em uma família de treze crianças na aldeia egípcia de Mit Abul Kom. Ele recebeu uma educação tradicional de aldeia e depois foi admitido na Academia Militar no Cairo. Em 1938, aos vinte anos, foi indicado ao posto de segundo subtenente no exército egípcio e foi enviado ao Sudão, que é onde encontrou Gamal Abd al-Nasir.

Sadat e Nasir, em pouco tempo, formaram uma organização de "Oficiais Livres" que se dedicava a expulsar os britânicos do Egito e igualmente a livrar o país da monarquia. Os membros dessa organização se mostraram persistentes e dispostos a encontrar assistência onde quer que pudessem. No começo da década de 1940, vários deles tentaram abrir uma comunicação secreta com o exército alemão no norte da África, não porque fossem nazistas, mas porque a Grã-Bretanha, não a Alemanha, era a potência de ocupação no Egito. Sua trama foi descoberta, e em 1942 Sadat foi preso por traição. Ele passou vários anos na cadeia antes de escapar. Em 1950, após trabalhar por anos em funções inferiores, Sadat foi autorizado a retornar ao exército em sua antiga posição de capitão.

Sadat nunca perdera o contato com Nasir e os outros Oficiais Livres. A organização havia ajudado a sustentar sua família enquanto esteve na prisão, e ele sentia uma intensa lealdade para com o grupo. Uma vez reunidos, ele participou do golpe de 1952, que depôs o Rei Faruq. Ele inicialmente serviu como agente de relações públicas do grupo e mais tarde como orador da Assembleia Nacional. Alguma tensão surgiu entre ele e Nasir porque Sadat mantinha vínculos com a Irmandade Muçulmana, mas isso terminou após o grupo ter sido declarado ilegal em 1954. A posição de Sadat se mostrava tão segura que em 1969 foi escolhido para ser vice-presidente no governo de Nasir. Com a morte de Nasir em 1970, Sadat se tornou presidente interino do Egito.

Nesse ponto, Sadat surpreendeu quase todo mundo com sua habilidade para sobrepujar seus rivais e, com o apoio do exército, assegurar seu lugar como o líder permanente do Egito. Produzir surpresas se tornou seu forte. Iniciou uma guerra contra Israel em outubro de 1973, ordenando uma travessia bem orquestrada do Canal de Suez. Após isso, Sadat encerrou a aliança do Egito com os soviéticos em favor de vínculos mais estreitos com os Estados Unidos. Como ele explicava, "Os russos podem nos dar armas, mas somente os americanos podem trazer a paz".

Contudo, sua maior surpresa foi sua viagem a Jerusalém em 1977 para confrontar os israelenses com uma oferta de paz. Isso levou às famosas conversações de Camp David sob os auspícios do Presidente Carter. Sadat assinou um tratado separado com Israel e reconquistou o Sinai, mas conseguia obter somente promessas vazias dos israelenses quando se tratava dos palestinos.

A tragédia dos esforços sinceros de paz de Sadat, pelos quais recebeu merecidamente o Prêmio Nobel da Paz de 1978, foi que seus parceiros não eram tão sinceros quanto ele. O sucesso parcial se mostrou pior do que o fracasso, pois a paz separada de Sadat isolou o Egito no mundo árabe e lhe custou o ódio pessoal. Finalmente, em 6 de outubro de 1981, um grupo de oficiais militares egípcios assassinou Sadat durante uma parada militar em honra à "vitória" do Egito na Guerra de Outubro (Yom Kippur).

O fim do Plano de Paz Rogers

O que ocorreu com os esforços de Washington para levar a paz ao Oriente Médio? O cessar-fogo foi renovado durante o outono de 1970 e o inverno de 1971, enquanto Jarring ia e vinha entre Egito e Israel. Em fevereiro, ele enviou bilhetes para ambos os lados, convidando-os a aceitar certos pontos como uma precondição para negociações diretas. O Egito teria de assinar um acordo de paz com Israel incorporando o acordo final. Israel teria de se retirar do que havia sido a fronteira entre o Egito e a Palestina (dando ao Egito o controle do Sinai, mas não da Faixa de Gaza). Sadat propôs assinar um acordo contratual sobre os termos de paz com Israel, que Nasir nunca havia feito. Mas Israel se recusou a se retirar da linha de armistício pré-guerra. Terminava, assim, a missão de Jarring e o Plano Rogers.

Os esforços bem-intencionados dos EU para mediar um acordo árabe--israelense por negociações indiretas falhou em tratar das raízes do problema: o medo de Israel de ser atacado (e, assim, extinto) pelos árabes e o medo dos árabes da expansão (e, portanto, da dominação) dos israelenses. Israel alegava que não poderia arriscar sua segurança concordando de antemão em fazer concessões que pudessem ser correspondidas somente por alguns – ou possivelmente por nenhum – de seus inimigos árabes. O governo e o *establishment* da defesa de Israel estavam confiantes sobre sua superioridade militar em relação às forças árabes combinadas, mas as tensões nacionais estavam aumentando. Os partidos de direita de Israel, que equiparavam expansão territorial com segurança, haviam deixado o governo de coalizão ampla e criticado o Plano Rogers. Então, o Partido Trabalhista de Israel não poderia mais oferecer concessões para fazer a paz.

Quanto ao Egito, Sadat havia cedido tanto quanto pôde. Uma paz separada isolaria o Egito do resto do mundo árabe e os países exportadores de petróleo teriam retirado o apoio da sua economia instável. A Jordânia teria se acertado com Israel caso ela se retirasse da Cisjordânia, incluindo a cidade antiga de Jerusalém. A Síria sustentava que Israel era um Estado expansionista que nunca devolveria pacificamente o que tomara pela força. A União Soviética, buscando uma trégua com o Ocidente, não bloqueou os esforços de paz do EU, mas também não os apoiou. Em troca, prosseguiu armando seus amigos do Oriente Médio, incluindo a Síria e o Iraque, assim como a censurada OLP e grupos de guerrilha relacionados.

Sinais de perigo no Oriente Médio

Os dois anos anteriores a outubro de 1973 foram a calmaria antes da tempestade. Havia sinais de perigo. Qadhafi, que buscava unir a Líbia com o Egito de Sadat, pressionava-o a atacar Israel. Os *fidaiyin* palestinos dramatizavam sua causa de muitos modos ofensivos. Suas vítimas incluíram peregrinos porto-riquenhos no Aeroporto Lod de Israel, atletas israelenses nos Jogos Olímpicos de Munique em 1972, o embaixador dos EU para o Sudão, e um trem com emigrantes judeus soviéticos entrando na Áustria. Os aviões da IDF contra-atacavam fortes palestinos, tirando também vidas inocentes. A ONU condenou as represálias de Israel, mas não as ações palestinas que as haviam inspirado.

Enquanto isso, a imprensa e o povo ocidentais começavam a se preocupar com o futuro dos suprimentos de energia e os riscos de uma sobredependência das importações de petróleo. A Europa e o Japão se sentiam especialmente vulneráveis. Enquanto a produção do Oriente Médio aumentava rapidamente, as companhias de petróleo haviam mantido seus preços baixos. Elas já os haviam baixado em 1959 e 1960 sem consultar seus governos anfitriões. Como os dois lados haviam concordado na época em dividir os lucros do petróleo meio a meio, as ações unilaterais das companhias baixaram as receitas dos governos. Esses cortes de preços podem ter refletido os baixos custos de produção e um mercado de petróleo saturado, mas o petróleo e o gás natural são recursos insubstituíveis assim como a principal fonte de receita nacional para alguns dos países exportadores. A pedido da Venezuela, Irã, Iraque, Kuwait e Arábia Saudita se encontraram em Bagdá, em 1960, para criar a Organização dos Países Exportadores de Petróleo (Opep). Mais tarde se juntaram a eles Abu Dhabi (agora os Emirados Árabes Unidos), Argélia, Equador, Indonésia, Líbia, Nigéria e Qatar.

Durante a década de 1960, a Opep foi discreta. Mas como seus membros passaram a se conhecer e a aprender mais sobre a economia do petróleo, a organização se tornou mais assertiva. Em 1968, insistiu que seus membros explorassem novos recursos por si sós, comprassem ações nas companhias de petróleo, restringissem suas áreas de concessão e colocassem preços fixados em seus produtos (quedas passadas no preço do petróleo haviam cortado suas receitas). Dois anos depois, as companhias concordaram em trabalhar para uniformizar – e aumentar – os preços fixados e a pagar impostos mais elevados cobrados sobre seus ganhos. Como a demanda mundial continuava aumentando, os exportadores de petróleo começaram a flexionar seus músculos econômicos.

O que isso significou em termos de preços? Um barril (42 galões americanos ou 159 litros) de petróleo cru do Iraque vendido em 1950 por US$ 2.42, caiu para $ 2,15 em 1960. O preço se recuperou para $ 2.41 em 1970, atingindo $ 3.40 em 1972 (os preços não foram ajustados pela inflação monetária). O aumento quadruplicado do preço que atingiu o Ocidente no final de 1973, como consequência da guerra discutida acima, provocou uma fúria real tanto contra os produtores de petróleo árabes como contra as grandes companhias petrolíferas. Os usuários de automóveis americanos não se aperceberam de que poucas outras matérias-primas ou bens manufaturados haviam mantido os mesmos preços entre 1950 e 1970. Eles achavam que seu modo de vida estivesse ameaçado pelos árabes.

Prelúdio à guerra

Em setembro de 1973, o Oriente Médio parecia estar em paz. Os israelenses, celebrando o vigésimo quinto aniversário de seu país, estavam se preparando para outra eleição Knesset. O grupo que havia governado Israel desde 1948 esperava reter o poder. O assim chamado Alinhamento Trabalhista era um bloco de partidos moderados e progressistas. Liderando o Alinhamento estava o Mapai, outrora liderado por Ben-Gurion e agora liderado por Golda Meir. O Alinhamento no governo estava em coalizão com o Partido Religioso Nacional, apoiado por muitos judeus ortodoxos. Menachem Begin, líder dos nacionalistas da direita, havia servido nos gabinetes de coalizão durante o Governo Trabalhista de 1967 a 1970, quando se resignou a protestar contra a aceitação de Israel do Plano Rogers. Ele, então, uniu os partidos conservadores de Israel em uma coalizão chamada *Likud* (Consolidação).

As preocupações dos EU

Os americanos estavam focados no caso Watergate, no qual a administração Nixon tentou esconder seu envolvimento em uma invasão do centro de operações do Partido Democrático no prédio de escritórios Watergate em Washington. Aqueles preocupados com questões de longo alcance notaram a crescente lacuna entre o consumo e a produção americana de petróleo, um déficit que estava sendo compensado pela importação de mais petróleo e gás natural do Oriente Médio. Algumas companhias de petróleo argumentavam que a menos que Washington adotasse uma abordagem mais equilibrada em relação ao conflito do Oriente Médio, os árabes parariam de vender petróleo e gás para o Ocidente. Dado o poder do *lobby* sionista em Washington, essa mudança era improvável.

Embora a pressão de grupos judaicos (e gentios) tivesse apressado o reconhecimento americano de Israel em 1948, o *lobby* sionista havia sido retardado no começo da década de 1950 pelo número e variedade de organizações judaicas e grupos de pressão em Washington. A criação em 1954 do Comitê de Assuntos Públicos Americano-Israelense (Aipac) era destinada a unificar as várias vozes para Israel influenciar o Congresso (que tendia a favor de Israel) e o Departamento de Estado (que não era). Em 1973, o Aipac era uma organização bem financiada que poderia influenciar praticamente todos os membros do Congresso, devido aos seus vínculos com seus constituintes judaicos (e, em alguns casos, cristãos evangélicos). Nenhum grupo de pressão árabe chegou perto de se equiparar ao poder do Aipac.

Nixon, esperando desviar a crítica ao Watergate, havia recém-nomeado seu conselheiro de segurança nacional, Henry Kissinger, como seu secretário de Estado. Alguns árabes temiam que Kissinger, que era judeu, pudesse favorecer Israel, mas ele assegurou publicamente os estados árabes de sua imparcialidade. Ávido por promover uma trégua, Kissinger desejava que as superpotências freassem a corrida armamentista e levassem a paz ao Oriente Médio, onde o perigo de um confronto permanecia alto.

As frustrações árabes

Tanto Washington como Jerusalém subestimaram a frustração dos governos árabes com relação à ocupação prolongada e cada vez mais profunda de Israel das terras tomadas em 1967. Os apoiadores de Israel assumiam que os árabes se fixavam no tema territorial para distrair os estrangeiros de seu objetivo real de destruir o Estado de Israel. Eles afirmavam que faltavam aos estados árabes a vontade ou o poder para expulsarem os israelenses. Afinal, os árabes nunca lutaram contra Israel sem ter o Egito em sua vanguarda. Sadat aparentemente enfraquecera a habilidade de luta do Egito ao expulsar seus conselheiros e técnicos soviéticos em 1972. Contudo, ele alertava os EU e jornalistas europeus que o Egito poderia em breve atacar tropas israelenses em algum lugar no Sinai para criar uma crise que forçaria as superpotências a intervirem.

Sadat desejava tanto a guerra quanto a paz. Uma guerra com Israel seria custosa para o Egito, mas se seu exército e força aérea, equipados com um impressionante arsenal de tanques, aviões e mísseis soviéticos, pudessem reconquistar algumas das terras que Nasir havia perdido em 1967, o Egito estaria mais disposto e capaz de se acertar com Israel. Sadat havia purgado seu governo de quaisquer nasiritas opostos a suas políticas, mas os militares poderiam se rebelar. Muitos oficiais e soldados, mantidos em alerta desde 1967, estavam sedentos fosse por uma batalha ou pelo retorno à vida civil. Os egípcios assistiram à campanha de eleição de Israel, na qual tanto o Alinhamento Trabalhista como o Likud fizeram inflamadas promessas sobre os assentamentos judaicos e o desenvolvimento de cidades no Sinai, especialmente na Faixa de Gaza.

Preparações para a guerra

Sadat começou, portanto, a se aconselhar pública e privadamente com outros chefes de Estado árabes sobre atacar Israel. Ele não poderia mais trabalhar com Qadhafi, que fazia frequentes e não anunciadas visitas ao Cairo para discursar ao povo egípcio sobre o dever dos árabes de combater o sionismo, sobre o lugar próprio da mulher muçulmana e sobre a iniquidade dos clubes noturnos do Cairo. A união projetada do Egito com a Líbia, que deveria começar em setembro de 1973, foi posposta e depois esquecida.

Em troca, Sadat se voltou para a Arábia Saudita, o principal apoiador financeiro do Egito, e para outros estados que faziam fronteira com Israel, ou seja, Síria e Jordânia. Afiz al-Assad, que se tornou presidente da Síria em 1970 (logo após a pobre demonstração da Síria no Setembro Negro), estava mais comprometido que seus precursores com reviver a economia de seu país e menos inclinado a subverter as políticas da Jordânia. Husayn queria encerrar o isolamento de seu reino no mundo árabe. No começo de setembro, Sadat se encontrou com os dois líderes, e concordaram em reviver sua frente unida contra Israel. Os oficiais egípcios e sírios de alto nível começaram a planejar, silenciosamente, um ataque surpresa coordenado aos territórios ocupados israelenses nas Colinas de Golan e na margem leste do Canal de Suez.

Muitos sionistas afirmavam que a Síria e o Egito planejavam invadir e derrotar Israel, presumivelmente para libertar a Palestina, mas esse não era o objetivo declarado de Sadat. Os líderes árabes planejavam pegar Israel despreparado. Eles achavam que os americanos, paralisados pela derrota do Vietnã e pelo escândalo de Watergate, não interviriam. Concordaram em que a Jordânia, que não possuía defesa com mísseis contra a força aérea israelense, abster-se-ia durante as primeiras fases da guerra. Especialistas discordam sobre se a Síria e o Egito escolheram deliberadamente o Yom Kippur (o Dia Judaico do Perdão) como a data para seu ataque. O plano original era começar logo após o pôr do sol, em um dia em que a lua estava praticamente cheia. Os soviéticos haviam recém-lançado um satélite espião sobre a região para guiar as manobras árabes.

A Guerra de Outubro (Yom Kippur)

A eclosão da guerra foi assinalada por um massivo ataque aéreo e de artilharia sobre a linha Bar Lev de Israel a leste do Canal de Suez, junto a uma invasão de larga escala de tanques sírios das Colinas de Golan. Com apenas 600 oficiais e soldados na linha Bar Lev e setenta tanques guardando o Golan, Israel não pôde mitigar esse primeiro ataque. Em algumas horas, milhares de egípcios haviam cruzado o Canal. Usando seus mísseis terra-ar para abater aviões da IDF, eles efetivamente negaram ao inimigo seu costumeiro controle do ar; também invadiram grande parte da linha Bar Lev. Os sírios retomaram o Monte Hemon e fizeram invasões na metade sul das Colinas de Golan; poderiam ter invadido Israel.

A resposta de Israel

Mobilizar as reservas de Israel era rápido e direto; no Yom Kippur muitos reservistas eram fáceis de encontrar, fosse em casa ou rezando nas sinagogas. Em pouco tempo centenas de unidades estavam se agrupando e se dirigindo às duas frentes. Contudo, Israel foi tomado de surpresa. Israel e a inteligência americana haviam percebido a acumulação de tropas egípcias e sírias na semana precedente, mas assumiram que fosse em manobras de rotina. Além disso, duvidavam que exércitos muçulmanos atacassem durante o Ramadan, o mês do jejum do islã. Israel escolheu não convocar suas reservas, tendo feito isso, com um grande custo, alguns meses antes. Quando se apercebeu de que a guerra era inevitável, Israel havia perdido a chance de fortalecer sua linha de frente o bastante para deter os exércitos árabes. Reunindo-se em uma sessão de emergência na manhã de 6 de outubro, o gabinete considerou um ataque aéreo preventivo, mas Meir o descartou, por receio de que Washington cortasse toda ajuda a Israel.

O curso do combate

O ataque árabe foi bem-sucedido, no início, mas depois parou. Os egípcios poderiam ter adentrado mais no Sinai, e os sírios poderiam ter se deslocado para baixo das Colinas de Golan no norte de Israel. Por que se detiveram? Sadat havia planejado fazer os israelenses adentrarem no Sinai e, depois, freou seu avanço. Ele não pretendia invadir Israel; ele assumiu que Washington interviria e as negociações começariam enquanto o Egito mantivesse uma vantagem em terra.

Durante a primeira semana de combate, os israelenses concentraram sua pressão no norte, temendo uma revolta se as forças sírias avançassem em áreas principalmente de árabes, como a Galileia ou a Cisjordânia ocupada. Em pouco tempo eles fizeram os sírios recuarem para além da linha do armistício de 1967. Unidades israelenses alcançaram uma cidade a meio-caminho entre Kunaitra (a principal cidade do Golan) e Damasco. Então, pararam, parcialmente para evitar uma intervenção da União Soviética, Jordânia e Iraque, mas também porque o ataque principal de Israel havia mudado para a frente egípcia. Após cruzarem o Canal, dois exércitos do Egito assumiram posições a cerca de 10 quilômetros adentro do Sinai, mas a inteligência israelense encontrou um ponto fraco entre eles. Na segunda semana, em meio a batalhas de tanques comparáveis às da Segunda Guerra Mundial, os israelenses penetraram aquela zona intermediária, atingiram o Canal, e o cruzaram. O fogo e o bombardeio egípcio mataram grande parte das unidades de avanço de Israel, mas alguns conseguiram construir uma ponte terrestre que permitiu a outras tropas atingirem o lado oeste do Canal. Quando o exército israelense se dirigiu à cidade de Suez, Sadat começou a se preocupar.

Suprimentos de armas e o embargo de petróleo

Um fator importante para mudar drasticamente a situação foi o reabastecimento de armas a Israel promovido pelos EU. Washington havia retido munição e peças de reposição na primeira semana da guerra, esperando tornar Israel mais flexível. Depois, sob pressão intensa do *lobby* pró-Israel, iniciou uma massiva ponte aérea. Como os árabes poderiam desencorajar esse reabastecimento? A arma que há muito retinham – um embargo à venda de petróleo aos Estados Unidos – agora acenava. Formalmente, o mercado de petróleo estava saturado, mas antes de outubro de 1973, muitos países industrializados temiam escassez. O Egito, há muito tempo, havia insistido que os Estado do Golfo negassem petróleo aos Estados Unidos como um meio de fazer Israel abrir mão dos territórios ocupados.

No dia após os Estados Unidos enviarem armas para Israel, os estados árabes produtores de petróleo anunciaram que reduziriam sua produção em 5% naquele mês e que essas reduções continuariam até que Israel tivesse se retirado de todos os territórios ocupados e tivesse reconhecido os direitos dos Palestinos. Alguns membros da Opep subiram repentinamente os preços do petróleo até 50% . Então, os estados árabes (mas não o Irã) concordaram em impor um embargo aos Estados Unidos e a qualquer país europeu pró-Israel. Eles escolheram os Países Baixos, não tanto devido à política do governo holandês, mas porque grande parte do petróleo transportado para o norte da Europa passava pelo Porto de Roterdã. O embargo fracassou em frear a ponte aérea, mas levou muitos países europeus a negarem direitos de pouso a aviões americanos que carregassem armas para Israel. Todos esses países apoiavam publicamente a interpretação árabe da Resolução 242. Mesmo assim, o abastecimento de petróleo diminuiu. Com o inverno chegando, os governos europeus adotaram medidas de austeridade para reduzir o consumo de combustível e evitar uma crise.

As superpotências e o cessar-fogo

Por volta da terceira semana da guerra mais longa que os árabes e israelenses haviam lutado desde 1958, tanto o Egito quanto a Síria enfrentaram uma derrota militar. O governo soviético, ansioso por evitar seu colapso, convidou Kissinger para ir a Moscou. O governo americano poderia ter explorado o desejo dos soviéticos pela estabilidade do Oriente Médio, mas tinha seus próprios problemas. Além de seu medo da arma do petróleo e da ameaça de que mais estados árabes pudessem entrar na guerra, Washington estava no caos. O vice-presidente Spiro Agnew havia renunciado. O Presidente Nixon havia demitido o procurador especial do Watergate e aceitado a renúncia de seu procurador-geral, prejudicando sua própria credibilidade. Kissinger voou para Moscou para esboçar com o presidente do Partido Comunista, Leonid Brezhnev, uma resolução aceitável do Conselho de Segurança. Eles propuseram um cessar-fogo operacional, uma reafirmação da Resolução 242, e negociações imediatas entre as partes em conflito. Essa resolução foi adotada pelo Conselho de Segurança da ONU e aceita pelo Egito e por Israel – mas não pela Síria. O combate continuou em ambas as frentes, contudo, com o Egito e Israel acusando um ao outro de má-fé. Quando, o Conselho de Segurança aprovou uma nova resolução dois dias depois, as forças de Israel, no Egito, haviam cercado a cidade de Suez e tomado mais terras sírias ao redor do Monte Hermon.

Muitos israelenses não desejavam esse cessar-fogo; o Terceiro Exército do Egito foi capturado no Sinai, ao leste de Suez, e as forças israelenses poderiam tê-lo exterminado. Mas Kissinger ponderou que o Egito estaria mais apto a fazer a paz se pudesse manter alguns de seus ganhos iniciais. O cessar-fogo foi instável, linhas de tropas estavam misturadas e muitos observadores temiam que o combate fosse retomado em breve. Kissinger colocou as forças americanas em alerta vermelho no dia posterior, alegadamente porque navios soviéticos estavam descarregando ogivas nucleares em Alexandria – um relato falso. Uma razão mais provável foi que Moscou estava insistindo em que Israel aceitasse o cessar-fogo. Finalmente, sob pressão, os israelenses obedeceram.

As consequências da guerra

A guerra de junho de 1967 havia destruído qualquer influência que os Estados Unidos tinham no Egito e na Síria. Surpreendentemente, após a Guerra de Outubro de 1973, os EU reconquistaram sua influência, graças à diplomacia de Kissinger. Mesmo que nunca tivesse passado um tempo nos países árabes ou mostrado muito interesse neles antes de se tornar secretário de Estado, ele conseguiu lidar inteligentemente com seus líderes, fortalecendo seus vínculos com Washington, que alegava que poderia sozinho pôr pressão real sobre Jerusalém. Ele tentou vários meios para reunir os árabes e os israelenses; se um falhasse, ele sugeria outro. No começo de novembro, comandantes militares egípcios e israelenses se encontraram em uma tenda armada próxima ao marcador do quilômetro 101 da estrada Cairo-Suez, para identificar e ordenar as linhas que separavam os dois lados e para providenciar alimento e suprimentos médicos para o Terceiro Exército do Egito capturado. Após essas conversações, Kissinger começou a organizar uma conferência de paz geral, a ser organizada em Genebra no final de dezembro sob a presidência conjunta das superpotências. A Síria ficou de fora porque a OLP não fora convidada, mas Egito e Israel foram. Após um dia de discursos de abertura, a conferência foi adiada, enquanto um comitê técnico tentava separar as forças israelenses e egípcias em torno de Suez. Ela nunca se reuniu novamente.

A diplomacia de vaivém

Em janeiro de 1974, Kissinger começou a voar entre Jerusalém e Assuã (onde Sadat passava o inverno) e conseguiu um acordo de "separação de forças", pelo qual as tropas de Israel se retirariam de todas as terras a oeste do Canal, e estabelecer uma linha de armistício a cerca de 35 quilômetros ao leste de Suez (cf. Mapa 18.2). Uma nova Força de Emergência da ONU patrulharia uma zona neutra a leste do Canal, permitindo Sadat manter as terras que suas forças haviam tomado e reconquistar aquelas que haviam perdido depois na guerra. Israel foi autorizada a desmobilizar grande parte de seus reservistas. Sadat ficou tão satisfeito com esse acordo que persuadiu o Rei Faysal a suspender o embargo de petróleo.

A Síria, também, concordou em negociar um desligamento de forças com Israel. Esse acordo se mostrou mais difícil de concluir. Manteve Kissinger no Oriente Médio durante grande parte de maio de 1974, mas finalmente os israelenses concordaram em devolver à Síria o que haviam tomado na Guerra de Outubro, mais a principal cidade de Golan, Kunaitra. Uma Força Observadora de Desligamento da ONU foi admitida em Golan, mas somente por um período de seis meses, que teriam de ser renovados pelo consentimento de ambos os lados. A despeito de alguns momentos ansiosos, no final de um período de seis meses, Síria e Israel renovaram o acordo dali em diante.

A crise nacional de Israel

Enquanto Kissinger estava conduzindo sua diplomacia, o governo de Israel experienciava uma severa crise. A eleição geral, planejada para outubro de 1973, havia sido adiada até o final de dezembro devido à guerra. Quando foi organizada, o Likud obteve ganhos importantes às custas do Alinhamento Trabalhista e de seus parceiros de coalizão tradicionais. Os eleitores estavam reagindo aos erros feitos pelo gabinete de Meir logo antes da guerra. Meir, incomodada pela crítica sobre a guerra, renunciou. Quando o desligamento com a Síria tomou efeito em junho de 1974, Yitzhak Rabin se tornou o novo primeiro-ministro.

Efeitos do embargo do petróleo

A crise de 1973-1974 impôs problemas econômicos e políticos importantes para o mundo industrializado. Os preços do petróleo bruto flutuavam descontroladamente enquanto os países começavam a competir entre si, e a escassez de petróleo desafiava as indústrias e consumidores em todas as partes do mundo. Para países como a Arábia Saudita, Kuwait e Irã, contudo, o repentino aumento da receita do petróleo abriu novas perspectivas para o desenvolvimento econômico e vantagem política. Mas mesmo eles foram desafiados: os empresários ocidentais abarrotaram seus hotéis

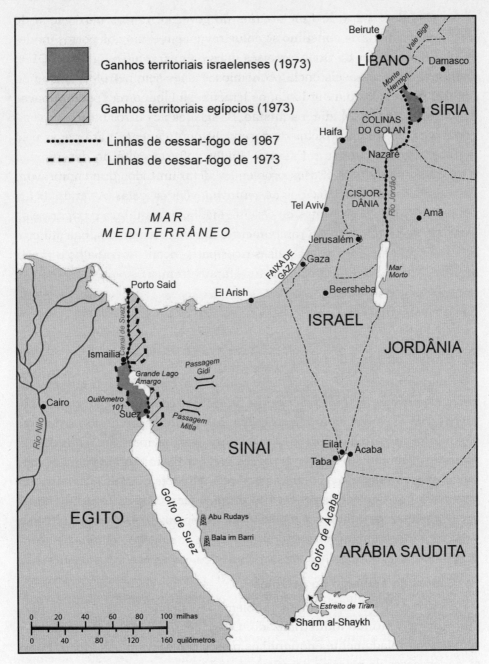

Mapa 18.2 A situação territorial no final da Guerra de Outubro de 1973

e as salas de espera de funcionários de governo, navios carregados de maquinário e bens de consumo se enfileiravam em torno dos portos inadequados dos estados do Golfo, e países mais pobres, como o Egito (e a OLP), os assediavam por assistência econômica. Países sem petróleo, incluindo estados árabes como a Jordânia, os Iêmens e o Líbano não podiam pagar os preços mais altos. Índia, Paquistão, Bangladesh e outros países não ocidentais engavetaram projetos de desenvolvimento apenas para pagar pelo petróleo. Europa, Japão e Estados Unidos sofreram alta no desemprego e na inflação em 1974. Esses problemas afetaram todos que compravam dessas nações industrializadas ou tentavam vender a elas. A venda de armas dos EU aos governantes do Oriente Médio, que ajudava a pagar pelas compras de petróleo, subiu rapidamente. Egípcios, iemenitas, palestinos e libaneses afluíam para novos países ricos para encontrar trabalho e enviar grande parte de seus ganhos para suas famílias em seus países, melhorando seus estilos de vida.

O poder da OLP em seu zênite

Países estrangeiros, buscando melhores vínculos com os árabes, apoiaram a causa palestina mais do que jamais o fizeram. Mesmo que poucos palestinos tivessem lutado na Guerra de Outubro de 1973, ganhavam vantagem com os governos árabes. Muitos já haviam migrado para os países produtores de petróleo para ganhar a vida e agora pertenciam à elite administrativa e força de trabalho de países como o Kuwait, onde os palestinos constituíam um quarto da população total. O governo do Kuwait também apoiava a OLP financeiramente. Em outubro de 1974, os chefes de Estado árabes, encontrando-se em Rabat, reconheceram a OLP como a "única representante legítima do povo palestino em qualquer território palestino libertado". O Rei Husayn inclusive concedeu à OLP o direito de negociar pela Jordânia. A Assembleia Geral da ONU convidou o presidente da OLP, Arafat, para falar. Mais tarde, ela reconheceu o direito dos palestinos à independência e soberania e garantiu à OLP o *status* de observador nas Nações Unidas. Enquanto isso, a Organização Educacional, Social e Cultural (Unesco) cortou a ajuda financeira a Israel devido à sua "persistência em alterar as características históricas de Jerusalém". Em 1975 Israel se tornou ainda mais isolado quando a Assembleia Geral aprovou por uma grande maioria uma resolução, mais tarde repelida, condenando o sionismo como uma forma de racismo.

A OLP se tornou reconhecida como um movimento que buscava a libertação nacional e se opunha aos esforços sionistas para desacreditar suas ações como "terroristas". Ela justificava atos de sabotagem e violência contra civis israelenses como retaliação na mesma moeda. Algumas pessoas argumentavam que se os palestinos tivessem um Estado na Cisjordânia e na Faixa de Gaza, eles se tornariam mais dispostos a aceitar Israel nas suas fronteiras de 1967. Mas os israelenses não queriam se arriscar.

O retorno da diplomacia de vaivém

No inverno de 1975, Kissinger lançou uma série de conversações com Egito e Israel com vistas a um acordo temporário pelo Sinai para manter o ímpeto das negociações e fortalecer Sadat contra a oposição árabe crescente, usando sua diplomacia de vaivém que havia funcionado antes. Mas as conversações cederam com a recusa de Israel em devolver os campos de petróleo do Sinai, ou as passagens estratégicas de Gidi e Mitla, e na recusa do Egito em se comprometer com a não beligerância enquanto Israel mantivesse partes do Sinai. Quando o Rei Faysal da Arábia Saudita foi morto em março por seu sobrinho, muitos esperavam novos problemas no mundo árabe.

Mais tarde naquele ano, contudo, tanto o Egito como Israel se tornaram mais flexíveis. Após mais uma rodada de diplomacia de vaivém, Kissinger conseguiu um novo acordo pelo Sinai. Israel abriu mão das passagens e dos campos de petróleo, enquanto uma centena de técnicos civis americanos se juntava à Unef na zona neutra que separava os exércitos egípcios e israelenses. O Egito renunciou à guerra como um meio de resolver o conflito no Oriente Médio, uma declaração interpretada em outras capitais árabes como uma deslealdade. Nem os palestinos nem qualquer líder árabe poderiam impedir a marcha de Sadat na direção de uma paz separada com Israel.

O Líbano: a arena para um novo conflito árabe

No Líbano, uma crise separada, mas relacionada, estava em gestação: uma guerra civil muito mais duradoura, custosa e amarga do que a de 1958. Esse longo conflito pode ser interpretado de vários ângulos.

O ângulo religioso

O conflito foi inicialmente visto como sendo entre cristãos e muçulmanos. O Líbano era um país profundamente dividido ao longo de linhas religiosas. Os maronitas, a maior seita cristã separada, há muito tempo detinham um poder desproporcional à sua parcela da população. Os muçulmanos do Líbano, a maioria de fato, buscavam direitos iguais. Nem todos os cristãos se alinhavam ao lado dos maronitas, e nem todos os muçulmanos tinham os mesmos interesses. O número de muçulmanos xiitas estava crescendo, em relação aos historicamente preponderantes sunitas, e, enquanto a guerra continuava, exigiam reconhecimento de seu *status*. Mais tarde tanto cristãos quanto muçulmanos se dividiriam em facções na guerra uns contra os outros.

O ângulo nacionalista

Alguns especialistas viam a guerra como sendo entre legalistas libaneses, que viam seu país como uma ligação entre o Ocidente e o Oriente Médio, e os nacionalistas árabes, que buscavam vínculos mais estreitos com a Síria e outros estados árabes. Esse aspecto do conflito convidou outros estados do Oriente Médio a intervirem. Como nenhum Estado árabe favoreceria abertamente o particularismo libanês em detrimento do nacionalismo árabe, como qualquer governo agiria dependeria do quanto quisesse agradar a Síria, cuja política mudava com frequência. Os apoiadores de Israel descreviam os palestinos como uma força estrangeira que estava atacando os libaneses (ou seja, os maronitas, a quem Israel estava silenciosamente apoiando). Meio milhão de palestinos viviam no Líbano, principalmente no sul e em campos de refugiados em torno de Beirute, excluídos da vida política e econômica do Líbano. Após 1970, a OLP, expulsa da Jordânia, fez do Líbano sua base operacional. Ela não desejava entrar na guerra civil, mas apoiava qualquer grupo que desejasse libertar a Palestina. Foi um ataque maronita a um ônibus palestino que provocou o conflito em abril de 1975, vinculando a OLP ao lado nacionalista árabe.

O ângulo econômico

O conflito libanês foi também um conflito entre uma classe privilegiada de proprietários de terras e comerciantes tentando preservar o *status quo* e uma massa de pessoas pobres lutando por mais igualdade. A lacuna entre ricos e pobres, especialmente em Beirute, era imensa. Prédios de apartamentos de muitos andares ladeavam barracões construídos com blocos de cimento e ferro corrugado. Incapaz de tributar as receitas dos ricos, o governo impunha uma tributação elevada sobre cigarros e outros produtos consumidos pelos pobres. Muitos empregadores não pagavam o salário-mínimo porque podiam contratar refugiados palestinos ou recém-chegados das áreas rurais, que estavam desesperados por trabalho, por menos dinheiro.

O ângulo ideológico

Dadas essas condições sociais, alguns jornalistas e estudiosos viam a guerra como um conflito entre a direita (os guardiões do *status quo*) e a esquerda (aqueles que desejavam mudanças). Isso é parcialmente verdadeiro. Aqueles que eram ricos, bem conectados e cristãos tendiam a favorecer a direita; aqueles que não eram geralmente se tornavam esquerdistas. Alguns marxistas entraram no conflito. Os rifles e lançadores de granadas tendiam a ser de fabricação soviética, embora armas americanas, europeias e israelenses fossem usadas pelas forças da direita. Muitos estados do Oriente Médio haviam se armado pesadamente por anos, e o Líbano havia sido um refúgio de contrabandistas mesmo em tempos de paz. Alguns de seus cidadãos possuíam muitas bombas e armas.

Uma tentativa de sumário

Todos esses ângulos tinham alguma verdade, embora nenhum fosse totalmente verdadeiro. As pessoas lutavam por razões diferentes da religião, nacionalidade, interesse de classe ou ideologia. As lealdades libanesas eram baseadas também no hábito, família, apoio ou mesmo região ou vizinhança da habitação. Ressentimentos antigos e rixas dormentes foram revividos. Favores passados ou insultos eram pagos na mesma moeda – ou pior. O Líbano possuía numerosas facções armadas, indo desde gangues de rua a milícias privadas. Os dois principais partidos libaneses no conflito eram os falangistas, uma força antiga e basicamente maronita, e o Movimento Nacional Libanês, que era liderado por membros da família drusa Jumblat, enquanto seus constituintes tendiam a ser muçulmanos. O Presidente Sulayman Franjiyah apoiava abertamente o lado "cristão". O lado "muçulmano" conquistou o apoio do presidente da OLP, Arafat. O combate selvagem se alternava com cessar-fogos instáveis de oito meses, especialmente em e em torno de Beirute, onde a região de hotéis, o porto e áreas residenciais se tornaram zonas de batalha. Aproximadamente 70.000 libaneses (principalmente civis) foram mortos, mais de 500.000 pessoas ficaram desalojadas e as perdas materiais excederam a 1 bilhão apenas em 1975-1976.

O papel da Síria

Um aspecto desconcertante dessa guerra foi a mudança da política da Síria em 1976. Profundamente ressentidos com a separação do Líbano pela França durante o período do mandato, os sírios, desde a independência, desejavam reunir os dois países. Basicamente muçulmana e geralmente a líder do nacionalismo árabe, a Síria tendia a se associar a qualquer facção que enfraquecesse os maronitas no Líbano. O Presidente Hafiz al-Assad, no início, apoiou os rebeldes moral e materialmente na guerra civil libanesa, mas em janeiro de 1976, conseguiu fazer com que Franjiyah e seus oponentes aceitassem um cessar-fogo e um acordo político que mudaria o equilíbrio de poder do Líbano ligeiramente a favor dos muçulmanos. Os muçulmanos libaneses, auxiliados pela OLP, rejeitaram seu compromisso proposto. Assad, furioso, mudou de lado. A Síria enviou tanques e tropas para impor seu acordo cuidadosamente elaborado, atacou os muçulmanos libaneses e a OLP, e os atacaram até que se rendessem no outono de 1976.

Uma reunião de cúpula árabe, organizada em Riyadh naquele outubro, concebeu uma fórmula pela qual o Líbano seria ocupado por uma força de paz da Liga Árabe constituída principalmente de sírios. O Presidente Franjiyah foi sucedido por um político pró-Síria. Assad, um autoproclamado defensor do nacionalismo árabe, protegia os interesses cristãos no Líbano porque desejava manter a OLP fraca para que seu governo pudesse controlá-la. O Líbano se acomodou em uma trégua desconfortável, mas o conflito havia, de fato, dividido o país – e Beirute – entre cristãos e muçulmanos. Embora alguns cristãos ainda vivessem pacificamente nas zonas "muçulmanas" como Beirute ocidental, os maronitas construíram um novo porto e aeroporto no norte da cidade e tratavam sua área como uma versão cristã de Israel. Na verdade, os israelenses pareciam concordar. Como uma prévia das invasões maiores por vir, em 1976, forças israelenses entraram no sul do Líbano para destruir bases palestinas. Israel avisou a Síria para não posicionar suas tropas próximas à fronteira do Líbano. Os árabes acusaram Israel de usar o Líbano para provar sua perspectiva tradicional de que Estados multirreligiosos não podiam durar no Oriente Médio.

A estrada para Camp David

Washington suspendeu sua busca pela paz no Oriente Médio durante sua eleição presidencial de 1976. O Presidente Gerald Ford e seu adversário, Jimmy Carter, comprometeram-se a apoiar um Israel forte. Ambos ignoraram os palestinos. Os Estados Unidos não ficaram imunes à guerra civil libanesa, uma vez que seu embaixador foi assassinado em 1976 e a OLP ajudou a embaixada a evacuar civis americanos de Beirute. Mas como Kissinger havia excluído negociações com a OLP durante suas conversações de paz de 1975, Washington não negociaria com ela. Muitos americanos concordavam porque seus noticiários e políticos ecoavam a visão de Israel de que a organização de Arafat era um guarda-chuva para grupos terroristas. Após a eleição de Carter, contudo, ele tentaria uma nova iniciativa para resolver o conflito árabe-israelense, a Questão Palestina e, talvez, também a guerra civil libanesa.

A chave para o pensamento da nova administração sobre o Oriente Médio residia em um relatório da Instituição Brookings chamado *Toward Peace in the Middle East* (*Em Direção à Paz no Oriente Médio*). O documento insistia em que os estados árabes reconhecessem Israel dentro de suas fronteiras pré-junho de 1967 (com pequenos ajustes de fronteiras). Israel deveria devolver a Faixa de Gaza e a Cisjordânia para um governo de palestinos, mas não necessariamente a OLP. O relatório também exigia uma reconvocação da Conferência de Genebra para chegar aos acordos necessários. Carter deu prioridade à paz no Oriente Médio e começou a conversar com outros chefes de Estado, esperando ressuscitar a Conferência antes do final de 1977.

Problemas políticos

Novos empecilhos apareceram. Israel desconfiava intensamente de qualquer conferência que a União Soviética copresidisse junto aos Estados Unidos. A diplomacia vaivém de Kissinger havia mantido Moscou fora do processo de paz, mas agora Washington parecia começar a trazer os soviéticos de volta, embaraçando os israelenses e mesmo Sadat. Muitos estados árabes desejavam convidar os palestinos para a reunião proposta. Se fossem deixados de fora, algum grupo ou indivíduo palestino poderia agir para bloquear um processo que estava decidindo seu destino sem consultá-los. Se tivessem sido incluídos, a Cúpula de Rabat de 1974, teria decidido que a OLP deveria representá-los. Negociar com a OLP era totalmente inaceitável para Israel, que argumentava que a Jordânia era um Estado palestino e que não havia necessidade de outro, especialmente um cujo pacto exigia a destruição de Israel. Embora poucos esperassem que a OLP reconhecesse Israel, ela desejava falar pelos palestinos na reconvocação da Conferência de Genebra.

Mudanças políticas em Israel complicaram os planos de Carter. Embora sua administração estivesse buscando a paz, Israel estava organizando uma eleição geral. O Alinhamento Trabalhista havia sido enfraquecido pela dissensão interna, escândalos no governo, inflação galopante e problemas sociais crescentes. O eleitorado de Israel se voltou contra o Trabalhista em favor do Likud de direita. Seu líder, Menachem Begin, formou uma coalizão com o Partido Religioso Nacional e, assim, tornou-se primeiro-ministro. Nunca antes o posto havia sido ocupado por um israelense não pertencente a qualquer um dos partidos trabalhistas. Begin se apressou em afirmar que a Cisjordânia (que ele chamava Judeia e Samaria) era uma parte integral da terra de Israel que havia sido libertada, não ocupada, em 1967. Desprezando a Quarta Convenção de Genebra (1949), que tratava da proteção dos civis em tempo de guerra, e que Israel e muitos outros países assinaram, Begin começou a insistir em que os judeus se estabelecessem em partes estratégicas do que era basicamente área árabe. Os árabes chamavam Begin terrorista. Quando liderava o Irgun, havia realizado o massacre Dayr Yasin de 1948. Qual líder árabe conversaria com um israelense chauvinista assim? Surpreendentemente, havia um.

Sadat lidera a busca pela paz

Falando à Assembleia Popular do Egito, Sadat declarou que estava disposto a ir diante do Knesset israelense para argumentar o caso de seu país pela paz. Questionado mais tarde pelo jornalista de televisão Walter Cronkite, Begin disse que acolheria o presidente egípcio. Arranjos foram feitos rapidamente, e em 19 de novembro de 1977, Sadat voou para Israel. No dia seguinte, apresentou diante do Knesset um discurso que foi transmitido para grande parte do mundo pelo rádio e pela televisão. Ele oferecia aos israelenses a paz com o Egito se eles se retirassem de todas as terras que haviam ocupado na Guerra de 1967 e reconhecessem um Estado palestino. Embora Israel estivesse disposto a fazer a paz com o Egito, Sadat desejava um acordo abrangente incluindo a Síria, Jordânia e os palestinos. Mas nenhum outro líder árabe desejava a reconciliação com Israel que Sadat oferecia. Em troca, Qadhafi e Arafat o estigmatizaram como um traidor da causa árabe.

Em seguida à sua visita a Jerusalém, Sadat convocou uma conferência geral em dezembro de 1977. Como apenas Israel e os Estados Unidos apareceram, ela terminou inconclusivamente. Todavia, o povo egípcio, sobrecarregado por pesadas despesas militares, via a paz com Israel como um passo na direção de sua recuperação econômica. Begin e Sadat se encontraram e combinaram negociações concomitantes: conversações militares no Cairo e conversações políticas em Jerusalém. Na época em que as conversas começaram, em janeiro, contudo, cada lado estava profundamente desconfiado do outro. A exigência de Begin de que os assentamentos judaicos na Cisjordânia e nas cidades industriais no Sinai permanecessem sob a proteção do exército israelense lembrava Sadat da ocupação britânica do Egito; assim, retirou seus negociadores de Jerusalém.

Israel e Egito também diferiam em como resolver o problema palestino. Begin ofereceu autogoverno (com uma ocupação israelense indeterminada) aos árabes nas áreas ocupadas. Sadat desejava autodeterminação para o povo palestino. Como Begin poderia esperar que Sadat aceitasse o controle israelense indefinido sobre os palestinos quando os árabes haviam lutado, durante grande parte do século, para se libertar do governo estrangeiro? Como poderia Sadat esperar que Begin, que acreditava que Deus havia prometido a Cisjordânia para os judeus, comprometesse seu governo a dar aquela terra aos palestinos, que jamais reconheceram o direito de Israel de existir? Israelenses judeus não se importavam em admitir que os árabes palestinos desejavam a liberdade tanto quanto eles, embora o Egito (e outros países árabes) não se apercebessem do quanto a preocupação de Israel com a segurança resultasse dos medos judaicos de extinção após o Holocausto, seguido por anos de tensão devida ao conflito árabe-israelense. Poderíamos argumentar que reter e colonizar territórios ocupados, na época, habitados por mais de 2 milhões de palestinos frustrados, poderia aumentar a insegurança de Israel.

Uma perspectiva limitada assim era trágica, pois ambos os lados necessitavam da paz. Alguns israelenses estavam se mudando para outros países porque estavam cansados dos impostos confiscatórios, convocações frequentes para serviço de reserva militar, e tensão incessante. Alguns árabes também haviam partido para o exterior, especialmente jovens adultos instruídos buscando liberdade intelectual e oportunidades profissionais. O Egito necessitava reconstruir sua economia claudicante. Protestos contra a fome haviam irrompido no Cairo e nas cidades do Delta em janeiro de 1977.

O governo americano se envolveu mais do que nunca na busca pela paz. Os americanos temiam que a União Soviética se beneficiasse se as conversações de paz fracassassem; o comunismo se espalharia e o petróleo árabe poderia ser negado aos compradores ocidentais. Carter e seu gabinete dedicaram uma parcela desproporcional de seu tempo e energia para o conflito árabe-israelense, visitas às capitais do Oriente Médio, fórmulas de compromisso, vendas equilibradas de armas e reuniões de nível superior.

O Tratado Egípcio-Israelense

Uma cúpula espetacular, consistindo de Begin, Sadat e Carter junto aos ministros de gabinete e conselheiros dos três países correspondentes, encontraram-se em Camp David (o retiro campestre para os presidentes americanos em Maryland) em setembro de 1978. Doze dias de intensas negociações produziram documentos chamados "A Framework for the Conclusion of a Peace Treaty between Egypt and Israel" (Uma diretriz para a conclusão de um tratado de paz entre Egito e Israel) e "A Framework for Peace in the Middle East" (Uma diretriz para a paz no Oriente Médio). A segunda se destinava a trazer outras partes para o acordo, mas a Jordânia, Arábia Saudita, Síria e a OLP rejeitaram esses pactos, que ofereciam aos palestinos pouca esperança para a autodeterminação. Após um longo e ressentido debate, o Knesset de Israel concordou em retirar suas tropas do Sinai e, consequentemente, seus assentamentos e campos de pouso das terras que devolveriam ao Egito. Mas as conversações que seguiram em Camp David fracassaram na tentativa do Egito de vincular o estabelecimento de vínculos diplomáticos ao afrouxamento do controle israelense dos palestinos de Gaza e da Cisjordânia. O prazo final de três meses, acordado em Camp David, passou sem um tratado.

Enquanto isso, a Opep alertou que durante 1979 aumentaria os preços fixados do petróleo em 14,5% (mais tarde, após a Revolução Iraniana, ela os aumentaria mais e mais rápido), elevando o déficit da balança de pagamentos do Ocidente. Travando uma guerra de nervos um contra o outro, Egito e Israel disputavam o apoio de Carter, do Congresso e do povo americano. Ambos os países rejeitavam compromissos. Os outros governos árabes organizaram uma reunião de cúpula em Bagdá em novembro de 1978, ofereceram incentivos ao Egito para abandonar as conversações pela paz, e ameaçaram represálias se assinasse um tratado. Israelenses de linha dura alertaram que bloqueariam qualquer abandono das terras que Begin havia oferecido devolver ao Egito.

Preocupado com a erosão da posição americana no Oriente Médio, no começo de março de 1979, Carter decidiu voar ao Cairo e Jerusalém para finalizar negociações pelo acordo de paz. Sua iniciativa arriscada compensou, uma vez que ele e seus assistentes resolveram os problemas entre Sadat e

Begin. Um tratado complexo, encerrando formalmente o estado de guerra entre Egito e Israel, foi assinado no gramado da Casa Branca em 26 de março de 1979. Esse tratado se mostraria custoso aos Estados Unidos, tanto econômica como politicamente. Begin quebrou promessas de não acrescentar assentamentos judaicos na Cisjordânia, fazendo Sadat parecer como se tivesse traído os palestinos. Quase todos os governos árabes condenaram o tratado e acusaram Sadat de traição. Os palestinos se sentiram traídos, e uma chance real para a paz havia fracassado principalmente porque Israel estava determinado a manter a Cisjordânia e Gaza (o acordo de Egito e Israel de manter conversações autônomas foi uma folha de figo* diplomática). Washington desejava a paz, mas a maioria dos povos do Oriente Médio rejeitava os termos aceitos pelo Cairo e Jerusalém. A busca pela paz enfrentaria um futuro ominoso.

Os direitos à água e conflitos políticos

Embora tenhamos dedicado grande parte da história das regiões a guerras convencionais e conflitos, a hidropolítica durante esse período, basicamente a construção de represas, resultou em conteúdos latentes que persistem ainda hoje. Na verdade, as ações adotadas enquanto esses estados buscavam se modernizar pela adoção da energia hidroelétrica, resultou hoje em a água ter se tornado possivelmente uma das principais causas de conflitos futuros no Oriente Médio, principalmente porque muitos estados partilham fontes de água corrente como o Tigre, o Eufrates e o Nilo.

O Nilo sempre foi a força vital do Egito. O Egito negociou vários tratados diplomáticos com outros países africanos, especialmente o Sudão. Contudo, a independência do Sudão do Sul poderia ameaçar esse tratado da água de mais de cinquenta anos (que foi assinado em 1959 antes que começasse a construção da Represa Alta de Assuã). Mesmo que mais de 80% da água do Nilo se origine na Etiópia, o Egito, no extremo mais baixo do rio, alega que possui direitos iguais à água ao do resto dos países que a usam. Contudo, o tradicional princípio legal islâmico garante às comunidades o montante direito a mais parcelas de água do que àqueles nos seus extremos mais baixos. Em 1970, o Egito ameaçou a Etiópia após relatos de uma proposta de represa no lago Tana no Nilo. Em 1970, Anwar al-Sadat declarou

---

* No original: *fig leaf*, no sentido de algo que oculta ou esconde de forma insuficiente ou inadequada [N.T.]

que a única coisa que "poderia levar o Egito à guerra é a água". Esse problema se tornou mais agudo desde 2013, quando a Etiópia estava tentando novamente construir represas no Nilo. Membros do exército egípcio fazem declarações periódicas sobre o direito do Egito de defender suas parcelas do Nilo. Dado o fato de que o Egito recebe pouca chuva anual, sua água potável para agricultura vem, basicamente, do Nilo. A importância estratégica do Nilo para a sobrevivência do Egito levou sua liderança a negociar o tratado da Iniciativa da Bacia do Nilo com os países que partilham os recursos da bacia do Nilo.

A construção da Represa Alta de Assuã deu ao Egito a segurança hídrica necessária para lidar com a seca intermitente, embora tenha também indiretamente levado à séria degradação ambiental no Delta do Nilo. O Lago Nasser continua a capturar grandes quantidades de sedimentos que costumavam reabastecer o delta. As correntes marítimas também erodem a sedimentação anual inadequada, contribuindo para a destruição do delta. Isso é importante, dada a probabilidade de o aquecimento global provocar a elevação do nível do mar. Nessas circunstâncias, o delta e seus centros urbanos concentrados, incluindo Alexandria, Porto Said, Mansura e Damietta, poderiam ficar vulneráveis a inundações. Um nível de água mais elevado é também um grande problema para o Egito, uma vez que pode levar ao risco aumentado de inundações, que poderiam minar tanto monumentos antigos como construções modernas.

O Eufrates e o Tigre impõem um desafio político diferente ao Iraque e à Síria. Desde o final da década de 1950, a Turquia iniciou um programa de conservação de água que envolvia a construção de uma série de represas no rio para sustentar suas indústrias agrícolas e sua produção de energia. Em 1980, o Projeto Sudoeste da Anatólia foi finalmente lançado como um programa nacional para revitalizar a região curda extremamente pobre e limitar sua comoção política. A Síria e o Iraque viam as represas de vinte e dois anos da Turquia como uma grande ameaça à sua segurança hídrica. De fato, em 1990, a Turquia cortou completamente o fluxo do Eufrates das cidades sírias por quase três semanas em retaliação pelo apoio da Síria ao Partido dos Trabalhadores curdo. A Turquia não tem escrúpulos em alegar seus direitos primordiais às águas do Tigre e Eufrates. De fato, após a abertura da Represa Ataturk, o ex-Primeiro-ministro Suleyman Demirel observou:

> Nem a Síria nem o Iraque podem exigir direito sobre os rios da Turquia mais do que Ancara poderia exigir sobre seu petróleo. Esse

é um tema de soberania. Temos direito de fazer o que quisermos. Os recursos hídricos são da Turquia, os recursos petrolíferos são deles. Não dizemos que partilhamos de seus recursos petrolíferos, e eles não podem dizer que partilham nossos recursos hídricos.

O Iraque e a Síria também disputam entre si o Tigre e o Eufrates. Na década de 1970, o Iraque reclamava à Liga Árabe sobre a Síria ter desviado em vão o fluxo dos rios. Ambos os países entraram em guerra antes de a Arábia Saudita negociar um acordo que garantisse 60% do fluxo a jusante do Eufrates para as províncias do Iraque. Nas duas últimas décadas, os fluxos do Tigre e Eufrates têm estado muito baixos. O redirecionamento dos fluxos dos rios destruiu os pantanais do Iraque e as comunidades que viviam às margens do Tigre. A água de Bagdá e a infraestrutura de águas de esgoto está em más condições devido a anos de negligência, embargos econômicos e guerras. A despeito de seus proclamados direitos sobre as fontes de água a montante, a Turquia ainda não cortou o fluxo total de água do Iraque e da Síria. A Turquia é consciente de que interromper o fluxo do Tigre e do Eufrates inflamaria a desordem social nessas nações e ativaria uma migração indesejada que poderia afetar sua estabilidade política relativa. Ainda assim, as represas a montante já criaram uma crise ambiental, uma vez que terras iraquianas férteis nas margens de ambos os rios estão secas. A escassez de água e a desertificação no Iraque são consideradas as causas das nuvens de poeira que desceram o Golfo Árabe em verões recentes. Governos iraquianos e sírios problemáticos têm também exacerbado a crise, uma vez que mais água é desperdiçada devido à ineficiência de seus programas e políticas.

Conclusão

O que queremos dizer com paz? A paz pode ser definida como a ausência de conflito. Mas no Oriente Médio muitos conflitos ardem lentamente por anos e depois irrompem repentinamente. O conflito árabe-israelense ficou emudecido entre 1956 e 1967, no entanto, não havia paz. Poderíamos definir a paz de outro modo: como uma condição de harmonia dentro e entre cada pessoa, grupo e nação no mundo. Duas pessoas não podem estar em paz uma com a outra a menos que se sintam em paz consigo mesmas. Se os membros de um grupo discordam entre si, não podem concordar com outro grupo. Um país cindido por hostilidade partidária, local ou étnica não pode fazer a paz com outro Estado. Contudo, uma condição idílica como essa raramente ocorre na vida humana. Muitas disputas na história evanesceram, permitindo às partes pararem de lutar, mesmo que tenham fracassado em chegar a um acordo.

Mas, então, Israel é apenas um Estado judaico? É um país habitado por judeus e árabes que devem encontrar uma base de coexistência que não envolva a dominação ou repressão de um lado pelo outro. Contudo, israelenses árabes – assim como palestinos sob ocupação de Israel – não gozam dos mesmos direitos, poder e *status* do que os israelenses judeus. Os sionistas que ignoram os sentimentos desses árabes também impedem a reconciliação. Não pode haver paz sem segurança. Não pode haver paz sem justiça. Para ambos os lados. Ponto.

PARTE VI

A ressurgência islâmica

1951	Mosaddiq nacionaliza a Companhia de Petróleo Anglo-Iraniana
1953	Partidários do xá, auxiliados pelos EU, depõem Mosaddiq
1954	Um consórcio estrangeiro estabelecido para administrar o petróleo do Irã
1963	O xá proclama a Revolução Branca no Irã
1978	Khomeini exilado inspira protestos de massas contra o xá
1979	O xá deixa o Irã; Khomeini retorna e proclama a República Islâmica; Saddam Husayn assume o poder no Iraque; estudantes iranianos tomam a embaixada americana; revolucionários muçulmanos ocupam a mesquita de Meca; a União Soviética invade o Afeganistão
1980	O Iraque invade o Irã
1981	Sadat é assassinado, e é sucedido por Husni Mubarak
1982	O Irã confronta as forças iraquianas; Israel invade o Líbano, confronta as forças sírias e da OLP, e cerca Beirute; tropas da OLP se retiram
1984	Forças de paz ocidentais deixam o oeste de Beirute quando extremistas xiitas assumem o controle
1986	Reagan ordena o bombardeio de Trípoli
1987	A ONU aprova a Resolução 598 do Conselho de Segurança, exigindo o fim da Guerra Irã-Iraque; intifada palestina irrompe em Gaza e na Cisjordânia
1988	Iraque e Irã aceitam a Resolução 598
1989	O Aiatolá Khomeini morre e é sucedido por Ali Khamanei como o líder supremo do Irã
1990	Forças iraquianas invadem e ocupam o Kuwait; uma coalizão liderada pelos EU envia forças e suprimentos para a Arábia Saudita na Operação Escudo do Deserto
1991	A Operação Tempestade do Deserto começa e o massivo ataque terrestre da coalizão liderada pelos EU precipita a retirada iraquiana do Kuwait; rebeliões abortivas de curdos iraquianos e xiitas
1992	Yitzhak Rabin forma uma coalizão estreita e autoriza contatos secretos com enviados da OLP em Oslo

1993	OLP e representantes israelenses assinam a Declaração de Princípios
1995	OLP e Israel chegam a um novo acordo sobre as retiradas das tropas israelenses em estágios; extremista israelense assassina Rabin
1999	Abdallah II sucede Husayn como rei da Jordânia
2000	Hafiz al-Assad morre e é sucedido por seu filho, Bashar, como presidente da Síria; visita de Ariel Sharon ao Monte do Templo incita novo protesto palestino
9/11 de 2001	Ocorrem ataques; a coalizão liderada pelos EU invade o Afeganistão
2002	Inspetores da ONU retomam a busca por armas de destruição em massa no Iraque
2003	Estados Unidos e Reino Unido lançam ataques aéreos massivos e invadem o Iraque; tropas americanas no Iraque capturam Saddam Husayn
2006	Guerra Hezbollah-Israel

19 A reafirmação do poder islâmico

Em 1979, um ano crucial na história do Oriente Médio, a perspectiva para a paz era quase tão estável quanto um passeio na montanha-russa. Grande parte do mundo desejava uma solução justa e pacífica para o conflito árabe-israelense. Todavia, a montanha-russa das esperanças de paz e medos de guerra no Oriente Médio desciam e afundavam, pendiam para a esquerda e para a direita, e assim por diante. Enquanto evitava os recentes Camp David e o gramado da Casa Branca, um novo ponto problemático surgia – o Irã. Um país saudado pelo Presidente Carter em uma visita de Ano-novo em 1978 como "uma ilha de estabilidade em uma das áreas mais problemáticas do mundo" se tornou, antes que o ano terminasse, paralisado por greves e manifestações. Carter, em seu brinde de Ano-novo, disse ao líder do Irã, Shahanshah (rei dos reis) Mohammad Reza Pahlavi Aryamehr: "Esse é um grade tributo a vós, Vossa Majestade, e ao respeito, admiração e amor que vosso povo vos dá". Um ano mais tarde, o xá ficaria gravemente doente e distante de seus súditos rebeldes. Funcionários de Carter estavam discutindo modos de retirá-lo calmamente do Irã.

Enquanto isso, as câmeras de televisão se voltavam a um magro octogenário de barba branca em um turbante preto, capa marrom e uma túnica verde, vivendo uma existência espartana em um subúrbio de Paris: o Aiatolá Ruhollah Khomeini. Um idoso professor xiita, Khomeini estava conquistando os corações e mentes de milhões de iranianos, em seu país e no exterior. Por trinta e sete anos, o xá havia trabalhado para modernizar o Irã – ou assim pensavam os ocidentais. Mas, agora, novas forças, inspiradas grandemente por fundamentalistas muçulmanos, estavam assumindo o controle. Repentinamente, o "islamismo" era uma força no mundo, e "especialistas" em Oriente Médio escreviam livros, davam palestras e cursos sobre ele. No começo de 1979, o xá deixa o Irã "para umas férias estendidas", e o aiatolá é recebido em casa com tumultuosas boas-vindas. Soldados abandonaram suas armas e se juntavam às multidões em celebração. Alguns iranianos de classe alta e média fugiram do país. Os iranianos que ficaram para trás votaram para estabelecer uma república islâmica. O islamismo, não o socialismo, parecia, agora, ser a onda do futuro.

Por anos, os governos americanos e iranianos haviam sido aliados diplomáticos, militares e econômicos. O novo regime, uma reação contra as antigas políticas dos xás, aventou seu ressentimento contra o Ocidente. Estudantes militantes, auxiliados por seus novos líderes, assumiram o controle da embaixada americana em Teerã e tomaram mais de sessenta reféns americanos, exigindo o retorno do xá, seus familiares e suas posses para o Irã. Enquanto multidões enchiam as ruas, gritando "Morte à América", o povo americano, desinformado sobre a política anterior do país, perguntava-se o que havia dado errado. Seu país, a nação mais forte sobre a Terra desde a Segunda Guerra Mundial, parecia ter se tornado um gigante impotente entre os novos povos assertivos do Oriente Médio. Seus embaixadores poderiam ser assassinados e suas embaixadas invadidas ou incendiadas. A União Soviética poderia invadir o Afeganistão, e o governo americano não poderia efetivamente revidar. Seu povo poderia, contudo, eleger o assertivo Ronald Reagan em lugar do mais circunspecto Jimmy Carter. No dia em que Reagan assume o posto, os reféns americanos foram libertados, mas, em breve, ele teria seus próprios problemas ao lidar com o Irã e outras partes do Oriente Médio.

Vários conflitos regionais se intensificaram enquanto líderes do Oriente Médio adotavam táticas agressivas. Os turcos permaneceram no Chipre e os sírios no Líbano, os soviéticos aumentaram seu controle sobre o Afeganistão, o Iraque invadiu o Irã, em 1980, e Israel ocupou a metade sul do Líbano em 1982. O custo da agressão se mostrou elevado aos agressores, mas isso se tornou claro apenas lentamente. Ao final da década, rebeldes afegãos, apoiados por voluntários de todo mundo muçulmano, expulsaram os soviéticos. O Irã expulsou os invasores iraquianos, mas não pôde derrotar o regime iraquiano. Os israelenses se retiraram para uma estreita "zona de segurança", deixando o Líbano mais caótico.

Muitos funcionários trabalhavam para solucionar esses conflitos, somente para se envolver e seus governos mais do que nunca. Sadat, a quem o Ocidente via como tendo feito o máximo para promover a paz no Oriente Médio, caiu sob uma saraivada de balas de metralhadora em 1981. Os Estados Unidos enviaram tropas para se juntarem a três potências europeias para forçar a retirada das forças sírias e israelenses do Líbano e para persuadir as partes em conflito do país a reformar seu governo. Em troca, as potências europeias tiveram de partir, incapazes de se defender sequer contra os guerreiros sectários do país. Nenhum ocidental vivendo no Líbano estava livre de raptores, principalmente xiitas libaneses. A Guerra Irã-Iraque prosseguiu intensamente até agosto de 1988, custando cerca de 1 trilhão de dólares e 1 milhão de vidas, mas seus problemas básicos não foram resolvidos. Os palestinos, sempre resistindo ao governo israelense, lançaram uma revolta massiva, a *intifada* ("sacudida"), em dezembro de 1987, e declararam os territórios ocupados "independentes", um ano mais tarde. Washington enfureceu os palestinos, ao continuar sua ajuda a Israel, e os israelenses, ao conversar com a OLP.

A mudança do papel da religião na política

Mesmo que muitas pessoas do Oriente Médio tivessem conhecido a independência formal por uma geração, antigos complexos sobre o colonialismo perduravam. Devido ao poder econômico de corporações multinacionais e à influência dominante da cultura *pop*, algumas formas de dependência estavam aumentando. Ao final do século XX, a influência do Ocidente, além de seu auxílio político e militar aos regimes repressores, era cultural, econômica, intelectual e social. Muitos muçulmanos saudavam sua revivificação religiosa como uma resposta à "coca-colonização" de seu modo de vida.

No passado, muitos muçulmanos haviam sustentado que seu único Estado legítimo era a *umma*, uma comunidade de muçulmanos que acreditava em Deus, anjos, livros sagrados, mensageiros divinos e no Dia do Juízo Final, e que seguiam os passos de Muhammad e seus sucessores. Seus líderes deveriam governar com justiça e de acordo com o Alcorão e o exemplo de Muhammad, a xaria, para preservar a segurança interna e a harmonia. Não muçulmanos poderiam viver, trabalhar, orar e possuir propriedades na *Dar al-Islam*, ou a "Casa do Islã", mas não tinham permissão para assumir o controle. Terras que não estivessem sob o domínio muçulmano eram chamadas *Dar al-Harb*, ou a "Casa da Guerra". Os muçulmanos acreditaram, por muito tempo, em expandir a Dar al-Islam contra a Dar al-Harb, mas, em troca, perdas territoriais estavam ocorrendo. Seus governantes importavam armas, táticas e organização militar aos poucos do Ocidente. Quando esses estratagemas fracassaram, alguns adotaram reformas ocidentalizadoras abrangentes.

Embora a ocidentalização tivesse introduzido melhoras na educação, transportes e comércio, costumes valiosos se perderam no processo. Os antigos líderes morais e intelectuais, os *ulama*, foram destituídos, mas não realmente substituídos, pois as novas elites ocidentalizadas careciam da relação dos *ulama* com o povo. Muitos artesãos e comerciantes perderam seus meios de vida. A tirania e a corrupção dos governos, longe de desaparecerem, aumentaram com o telégrafo e as ferrovias. Contornando princípios políticos muçulmanos, reformadores nativos adotaram o nacionalismo secular, mas essa ideologia não freou a difusão do domínio ocidental ou a exploração dos pobres e minorias. Em troca, o nacionalismo subverteu instituições populares e exaltou ditadores como Ataturk, o Xá Reza, Nasir e Qadhafi. Poucos estados muçulmanos (Indonésia, Argélia e Iêmen do Sul são exceções) conquistaram sua independência por conflitos revolucionários armados. Após a independência, muitos não construíram uma unidade nacional ou derrotaram seus inimigos. Quando o nacionalismo falhou em manter o valor próprio dos muçulmanos modernos, outras ideologias importadas também se mostraram inadequadas: o fascismo degradava o indivíduo para exaltar o Estado, e o comunismo negava completamente os preceitos básicos do islã. As pessoas atingem liberdade e dignidade não imitando outros, mas afirmando o que é verdadeiro nelas.

A Revolução Iraniana

A revivescência religiosa tocou o mundo muçulmano inteiro e afetou diretamente o Irã, cuja língua, cultivo consciente de uma herança pré-islâmica, e a adesão ao xiismo dos Doze Imames eram únicas. No Irã, o surgimento do nacionalismo foi reforçado pelas crenças dos *ulama* e do povo. Os *ulama* xiitas tinham um grande poder e prestígio. Como você pode recordar do capítulo 8, eles eram mais livres do que seus equivalentes sunitas para interpretar a xaria. Suas ideias tinham potencial revolucionário, especialmente sua crença de que a autoridade de nenhum governante era legítima exceto aquela do décimo-segundo imame ausente. Até que esse imame retorne, os legisladores para o islã xiita foram os *mujtahids* (especialistas legais islâmicos). Suas escolas e mesquitas trabalhavam separadas (e muitas vezes em oposição aos) dos governantes seculares. Os *ulama*, junto às guildas de comerciantes de bazares e os clubes atléticos, opuseram-se aos xás qajars durante o boicote ao tabaco de 1892 e ao movimento constitucionalista de 1906. Eles foram inconsistentes em relação à dinastia Pahlavi, apoiando-a contra a União Soviética e o Partido *Tudeh* (Trabalhadores), mas resistindo às suas reformas secularizadoras. Eles se opuseram às tentativas do xá de tomar suas terras doadas e de aliar o Irã às potências ocidentais, notadamente os

Estados Unidos. A imprensa ocidental enfatizava a oposição dos *ulama* a características da Revolução Branca do xá como o sufrágio feminino, mas nem mulheres nem homens puderam eleger seus representantes durante grande parte de seu reinado. A observância muçulmana era central nas vidas de muitos iranianos, e os *ulama* provavelmente sabiam melhor do que o xá e seus ministros o que os devotos iranianos sentiam.

A monarquia

A dinastia Pahlavi, que governou de 1925 a 1979, consistia de dois xás: Reza Khan e seu filho, Mohammad Reza. Eles (com sua crescente família) controlavam uma enorme parcela de terras, casas, lojas, hotéis e fábricas do Irã. Ao redor deles, pululava um quadro de burocratas, proprietários de terras, oficiais militares e profissionais que vinculavam suas vidas e fortunas à estrela Pahlavi. Alguns eram iranianos patriotas que acreditavam que as políticas do xá beneficiariam o país; outros eram oportunistas ardilosos, que enriqueciam explorando o governo. O Xá Reza foi um ditador que admirava e emulava Ataturk, mas seu filho, Mohammad, era mais complexo. Quando sucedeu a seu pai, parecia um mero protegido ocidental. Por vezes, hesitava em exercer o poder. No início de seu regime, deixou o governo do Irã aos seus ministros e os líderes tribais e locais reconquistarem poderes e terras que haviam perdido durante o governo de seu pai. As majlis declararam seu direito constitucional de governar. Mais tarde, ele foi eclipsado por um primeiro-ministro popular, Mohammad Mosaddiq, que nacionalizou a Companhia de Petróleo Anglo-Iraniana em 1951.

Os Aliados da Segunda Guerra Mundial trataram o Irã como uma linha de suprimento, uma fonte de petróleo, um lugar conveniente de reunião e um aliado subordinado. Quando a guerra acabou, a União Soviética tentou estabelecer repúblicas comunistas no norte do Irã, mas retirou suas tropas em 1946, sob pressão da ONU. Os comunistas, então, exploraram o descontentamento crescente dos trabalhadores na Companhia de Petróleo Anglo-Iraniana (Anglo-Iranian Oil Company – Aioc).

Porque nacionalizou a Aioc, o governo de Mosaddiq se tornou popular no país, mas enfureceu a Grã-Bretanha e os Estados Unidos. Após o xá ter sido restaurado ao poder por um golpe militar apoiado pela Agência Central de Inteligência (Central Intelligence Agency, CIA), em 1953, ele parecia ofuscado por seus conselheiros americanos e militares. O Irã, situado entre a União Soviética e o Golfo, desempenhou um papel estratégico nos esforços americanos em conter o expansionismo soviético. Quando o Pacto de Bagdá (mais tarde renomeado Organização do Tratado Central, ou Cento) foi formado em 1955, o Irã aderiu. No começo da década de 1960, os americanos insistiam em que o xá freasse aqueles grupos que viam como bloqueando a modernização do Irã: proprietários de terras, *ulama* e comerciantes de bazares. Mohammad Reza poderia ser impiedoso em sua busca pelo poder e ao impor suas reformas ocidentalizadoras contra os desejos dos grupos poderosos e entrincheirados no Irã, ou poderia cortejar a popularidade. A Revolução Branca, proclamada em 1963, após um referendo popular, exigia (dentre outras coisas) a redistribuição de terras, a nacionalização das florestas do Irã, a privatização das empresas estatais, emancipação das mulheres, divisão dos lucros na indústria, e formação de um grupo de alfabetização para auxiliar a educação das aldeias. Ela também alienou os *ulama*.

Eles instigaram revoltas contra o programa do xá em várias partes do Irã. Um dos críticos mais ferozes da Revolução Branca foi um professor na cidade santuário xiita de Qom, Aiatolá Ruhollah Khomeini. A polícia secreta do xá, Savak (basicamente treinada pelos Estados Unidos e Israel), usou várias ameaças e incentivos para silenciá-lo. Quando tudo o mais falhou, Khomeini foi exilado. O xá usou dinheiro e patrocínio para recompensar aqueles *ulama* que endossassem suas políticas. Alguns endossaram. Outros desaprovavam silenciosamente e sutilmente comunicaram essa posição aos seus discípulos mais jovens nas *madrasas* de Qom e Mashhad. Um dos pontos mais reveladores de Khomeini na mobilização dos *ulama* contra o xá foi seu ataque a um acordo isentando o pessoal civil e militar americano da jurisdição iraniana. Mesmo que essas isenções sejam comuns em acordos de ajuda estrangeiros, elas lembravam os iranianos das Capitulações. A campanha de Khomeini visava à influência americana, não apenas à Revolução Branca (cf. Caixa 19.1).

As políticas do xá eram revolucionárias em sua tentativa de mudar o estilo de vida do povo iraniano. Seus resultados, em termos de represas, pontes, estradas, escolas, clínicas, fábricas e cooperativas de agricultores, parecia impressionante. O aumento da receita de petróleo iraniano, de 817 milhões em 1968 para 2,25 bilhões em 1972-1973 para mais de 20 bilhões em 1975-1976, financiou a construção de escolas, fábricas e bases militares. A proliferação de escolas e universidades do Irã resultou em milhares de graduados, que, especialmente nas artes liberais, direito e comércio, eram muito numerosos para serem absorvidos pela economia. Esses graduados, junto a outros que buscavam as ciências, medicina e engenharia foram ao exterior para obter graduações mais elevadas; muitos se casaram com estrangeiros e nunca voltaram. Aqueles que voltaram, ou aqueles que nunca partiram, escolhiam viver em Teerã em vez de nas cidades e aldeias provinciais onde seus serviços eram mais necessitados. A capital inchou de cerca de 1 milhão de habitantes em 1945 para 5 milhões em 1977, levando a congestionamento de tráfego, poluição e inflação, particularmente aumentos elevados de aluguéis. O potencial para a revolução crescia à medida que intelectuais desempregados e subempregados se concentravam em Teerã.

Caixa 19.1 Sayyid Ruhollah Musavi Khomeini (1902-1989)

Aiatolá Khomeini, líder da Revolução Iraniana de 1979, era o mais jovem de uma família de seis filhos em uma pequena aldeia, Khomein, no Irã Central. Khomeini recebeu uma educação religiosa na tradição xiita, que enfatiza os erros históricos cometidos contra essa comunidade minoritária tendo como pano de fundo um conflito constante entre o bem e o mal, grande parte dela na cidade sagrada de Qom no Irã. Inteligente, disciplinado e esforçado, tornou-se um *mujtahid* reconhecido na década de 1930. Deferente para com os líderes clericais do país, que permaneciam fora da vida pública, Khomeini só se tornou politicamente ativo muito mais tarde.

A visão de Khomeini sobre o islã embasava sua crença na perfectibilidade humana e de suas instituições, e no dever dos líderes esclarecidos de levarem a *umma* à perfeição moral e social. Essa crença o colocou em conflito com os xás corruptos e seculares Pahlavi e o tornou crítico ao *establishment* clerical tipicamente passivo do Irã. Durante a Segunda Guerra Mundial, tendo atingido a condição de sênior na hierarquia xiita, tornou-se mais vocal em sua oposição. Ele declarou que "o governo só pode ser legítimo quando aceita o governo de Deus, e o governo de Deus significa a implementação da xaria". Portanto, quando em 1963 o Xá Mohammad Reza implementou reformas seculares que incluíam sufrágio feminino e a redistribuição de terras, os agora enfurecidos mujtahids encontraram no Aiatolá (um título que significa "sinal de Deus") Khomeini seu líder militante. Preso e exilado em 1964, terminou em Paris.

Esse exílio não impediu a oposição de Khomeini ao xá. Na verdade, ajudou-o ao colocá-lo além do alcance do xá, embora ainda lhe permitindo continuar a dirigir a revolução a distância. Nunca duvidando de que terminaria prevalecendo, Khomeini simultaneamente refinava sua noção de um Estado islâmico no centro do qual estaria um poderoso guia muçulmano, ou *Velayat-e Faqih*.

Inevitavelmente, Khomeini achava que teria de fazer concessões para seu Estado e sociedade islâmicos ideais, como era evidente no pobre registro de direitos humanos do Irã logo após o estabelecimento da República Islâmica. O governo muçulmano assumiu uma forma vingativa no Irã de Khomeini. Contudo, ele sinceramente trabalhou para o bem-estar das massas iranianas, particularmente os pobres. Sua condição econômica melhorou desde 1979.

O ódio de Khomeini aos Estados Unidos, que ele certa vez chamou o "Grande Satã", originou-se de sua oposição à ditadura do Xá. O Xá Mohammad Reza havia dependido demais do apoio americano. Os Estados Unidos não somente armaram pesadamente o regime Pahlavi, mas também o ajudaram a organizar algumas de suas ramificações mais repressivas, como a Savak. Se o xá foi um governante ímpio aos olhos de Khomeini, seu principal apoiador estrangeiro também era.

O xá herdou a tendência autoritária de seu pai. Quando suas reformas fracassaram em satisfazer as expectativas de seus súditos, ele recorreu à propaganda, censura e sua polícia secreta (Savak) para se manter no poder. A Savak vigiava dissidentes, censurava seus escritos e aprisionou milhares. A Anistia Internacional registrou que muitos artistas, escritores e *ulama* presos foram torturados, mutilados e mortos. Quanto aos camponeses, a Revolução Branca deu a poucos deles alguma parcela das grandes propriedades que ela separou, e suas cooperativas rurais não forneciam os recursos necessários aos agricultores. Os agricultores afluíram às cidades em busca de oportunidades lucrativas de trabalho em fábricas. A corrupção se espalhou entre empregados do governo e empreiteiros, que se opunham aos objetivos da Revolução Branca, mas tentavam enriquecer a si e a suas famílias. Todos invejavam os milhares de conselheiros americanos das companhias de petróleo e militares, que eram importados pelo regime do xá e recompensados com salários magníficos.

Os oponentes do xá, especialmente estudantes iranianos nas universidades ocidentais e os *ulama*, muitas vezes o retratavam como um ditador autoritário ou uma marionete do imperialismo americano. Suas ambições eram presunçosas. Ele sonhava em aumentar a produção industrial do Irã ao nível da Itália ou França por volta de 1990. Ele reuniu um arsenal de armas, tanques e aviões, dificilmente o bastante para frear uma hipotética invasão soviética de seu país, mas adequado para apaziguar seus oficiais de elite, para intimidar seus críticos civis e para tornar o Irã o policial do Golfo após a retirada da Grã-Bretanha em 1971. O xá revelou sua megalomania nas elaboradas cerimônias para sua coroação e de sua esposa em 1967, e para o aniversário de 2.500 anos da monarquia iraniana em 1971 (em um custo registrado de 200 milhões). Essa celebração apenas enfureceu a oposição, que condenava a erosão dos valores muçulmanos, e ampliação da distância entre ricos e pobres, as enormes somas gastas em armas, o fracasso da reforma agrária e o regime opressivo do xá.

A louvada "modernização" do Irã foi somente superficial. Bilhões de petrodólares não puderam resolver os problemas do Irã ou sustentar um governante cujo povo o rejeitava. Além do xá excessivamente ambicioso, houve várias outras razões para o fracasso da Revolução Branca: (1) a elite burocrática do Irã tinha menos experiência com a reforma ocidentalizadora do que a da Turquia e a do Egito, mas enfrentou mais resistência dos líderes tradicionais, como os proprietários de terras rurais, xeiques tribais, comerciantes de bazares e *ulama*, especialmente porque a reforma agrária ameaçava seus meios de vida; (2) as crescentes receitas do petróleo criaram mais riqueza do que a economia podia absorver; (3) tanto as elites tradicionais como a emergente classe média que ascenderam ao poder através do *boom* do petróleo se tornaram divididas e corruptas; e (4) os valores materialistas questionavam a crença religiosa entre todas as classes sociais.

Embora observadores ocidentais tivessem conhecimento desses problemas, tendiam a subestimar a oposição nacional ao xá. O pessoal da embaixada americana era proibido de se encontrar com políticos da Frente Nacional de Mosaddiq, mesmo que fossem mais moderados do que os oponentes verdadeiramente fortes do xá. Os vociferantes eram os estudantes iranianos no exterior; eles eram desconsiderados como inexperientes, infiltrados por agentes da Savak, e muitas vezes muito alienados para voltar para casa. A despeito de seus protestos contra o xá, muitos estudantes tinham ajuda financeira para seus estudos do governo iraniano ou da Fundação Pahlavi. Os inimigos nacionais do xá como o supostamente comunista Partido Tudeh, eram fracos. Paradoxalmente, Moscou apoiou o governo do xá por tanto tempo quanto Washington.

Embora sucessivos governos americanos o apoiassem como um reduto contra o comunismo, muitos americanos questionavam seu compromisso com os direitos humanos. A preocupação de Carter com os direitos humanos expôs uma falha no regime do xá, que deveria ter perturbado administrações anteriores, que haviam empoderado o Irã para defender o Golfo e para escolher que armas desejava comprar de companhias americanas e europeias. Muitos legisladores americanos tendiam a ignorar o Irã porque se preocupavam mais com a solução do conflito árabe-israelense.

A queda da monarquia

Quando 1978 iniciou, o Irã parecia estável e a posição do xá segura, como sugerido pelo brinde de Carter. O problema começou uma semana mais tarde, quando o ministro da informação do xá colocou um artigo no principal jornal de Teerã atacando Khomeini. Isso levou a um protesto sentado de estudantes religiosos em Qom, que foram atacados e mortos pela polícia. Dali em diante, revoltas irromperiam a cada quatro dias, sendo o costume muçulmano organizar um serviço memorial no quadragésimo dia após uma morte. Em resposta à propagação de protestos, o xá substituiu seu chefe na Savak e seu primeiro-ministro. Um incêndio no Teatro Abadã, matando 428 pessoas, foi amplamente atribuído aos agentes da Savak. No começo de setembro, tropas abriram fogo em uma manifestação de massa na Praça Jaleh em Teerã, provocando entre 300 e 1.000 mortes e muitos feridos. Nessa época, o principal aiatolá em Tabriz contou ao novo primeiro-ministro que as revoltas continuariam até que ele restaurasse o governo parlamentar conforme a constituição de 1906 e deixasse Khomeini retornar de seu exílio de quatorze anos na cidade sagrada xiita de Najaf no Iraque. Em vez de readmitir o aiatolá, o governo iraniano pediu ao Iraque que o expulsasse.

Esse movimento feriu o xá, pois Khomeini se mudou para um subúrbio de Paris, onde outros líderes opositores exilados se reuniram em torno dele. Em breve, o aiatolá, visto no Ocidente como um retrocesso à Idade Média, espalharia sua mensagem islâmica por meio de chamadas de longa distância, fitas-cassete e transmissão de notícias televisivas em emissoras ocidentais. Sua convocação para uma greve de trabalhadores quase fechou a indústria petrolífera do Irã. Companhias e consumidores estrangeiros, recordando do embargo do petróleo de 1973, temiam novos desabastecimentos. Os preços do petróleo aumentaram. À medida que a gravidade da crise iraniana se tornava clara em Washington, os conselheiros de Carter debatiam quanto a oferecer mais apoio militar ao xá ou substituí-lo por uma regência de seu filho de dezoito anos sob um governo de coalizão liberal. O xá declarou lei marcial no começo de novembro, nomeou um general como seu primeiro-ministro, e baniu todas as manifestações durante os dez dias dedicados ao enlutamento pelo martírio do neto do Profeta, Husayn. A greve de trabalhadores petrolíferos se espalhou a outras indústrias. Multidões saquearam e incendiaram butiques de Teerã, lojas de bebidas, cinemas e outros símbolos da influência ocidental. Quase todos os membros da família real, muitos estrangeiros e muitos iranianos ricos e educados deixaram o país. Comícios e revoltas continuaram. O enviado especial de Carter exortou o xá para que formasse um gabinete de coalizão que incluísse oponentes de seu regime. Em 6 de janeiro de 1979, ele pediu ao vice-presidente da Frente Nacional de Mossadiq, Shapur Bakhtiar, para presidir um governo; dez dias depois o xá deixa o Irã para sempre.

Manifestações de alegria seguiram sua partida, mas a crise continuava enquanto Khomeini, ainda em Paris, insistia em que os iranianos depusessem o governo de Bakhtiar. O aiatolá estava gradualmente assumindo o comando enquanto operava seu Conselho Islâmico Revolucionário e se recusava a se comprometer com Bakhtiar, que consentira à pressão popular de deixá-lo retornar. Em pouco tempo, após a chegada de Khomeini, o exército iraniano parou de proteger o governo; muitos soldados abandonaram suas armas e se juntaram aos manifestantes. Em 11 de fevereiro, a guarda imperial do xá caiu, assim como o gabinete de Bakhtiar. Em momento algum os Estados Unidos ou qualquer outra potência estrangeira intervieram para salvar o regime.

O estabelecimento da república

O primeiro gabinete revolucionário, chefiado por Mehdi Bazargan, um engenheiro que havia administrado a indústria de petróleo nacionalizada durante o governo de Mosaddiq, combinou reformadores moderados com muçulmanos de linha dura. Convocou os grevistas para voltarem ao trabalho (muitos voltaram) e instituiu um plebiscito nacional sobre o futuro governo do Irã. Organizado em março, o referendo quase unanimemente apoiou uma república islâmica, como defendida pelo aiatolá. Uma assembleia de advogados e *ulama* redigiu uma nova constituição; comitês e milícias revolucionários efetuaram mudanças drásticas ao longo do país. Símbolos da realeza foram destruídos em ações que iam desde explodir estátuas a cortar a figura do xá das notas de dinheiro. Os pobres tomaram e ocuparam palácios abandonados, ruas foram renomeadas, manuais foram reescritos, prisões políticas foram esvaziadas (para serem, em breve, reocupadas), e agentes do antigo regime foram processados e executados. Quando os ocidentais deploraram esses atos muitas vezes violentos, os iranianos perguntavam por que o governo do xá havia cometido atrocidades piores sem ser censurado pela mídia ocidental.

O novo regime de Teerã, em pouco tempo, foi questionado por revoltas nacionalistas – turcos no Azerbaijão, curdos, árabes, baluques e turcomanos no Khurasan –, todos buscando maior autonomia. Era a velha história das forças regionais e étnicas do Irã lutando contra o governo central em uma época de crise. O regime revolucionário teve de restaurar o exército e a polícia secreta – inclusive alguns do pessoal do xá – para se proteger. Conforme a nova constituição, a autoridade legislativa seria investida em uma majlis, cujos candidatos dos *ulama* inspecionariam. Os *ulama* também dominariam as cortes, e, em casos contestados, vereditos seriam dados por Khomeini atuando como o principal *faqih* (especialista judicial) do Estado. Em meados de 1979, os *ulama* ainda não haviam assumido o controle completo. O Primeiro-ministro Bazargan e outros moderados estavam tentando manter alguns vínculos com o Ocidente, e tanto os comitês revolucionários de esquerda quanto os remanescentes generais de direita representavam ameaças potenciais ao regime.

A crise dos reféns

A revolução abalou as relações americano-iranianas. Expôs os pontos fracos da política de Washington para o Oriente Médio, que haviam dependido de um regime pró-Ocidente em Teerã. Carter havia reunido Egito e Israel para assinar um tratado de paz, que incitou raiva muçulmana (não apenas árabe) generalizada contra Sadat. Os iranianos tomaram a embaixada de Israel em Teerã, entregaram-na para a OLP, e convidaram Arafat para vir ao Irã. Em fevereiro, militantes invadiram a embaixada americana, mas o governo prontamente os expulsou. Os iranianos assistiam ansiosamente aos movimentos do xá deposto, recordando como ele havia fugido no auge do poder de Mosaddiq em 1953, somente para retornar após o golpe apoiado pela CIA. O xá se mudou do Egito para o Marrocos e de lá para o Caribe e, depois, ao México, enquanto sua saúde declinava. A administração Carter, ansiosa quanto aos americanos ainda no Irã, esperava que o xá não viesse para os Estados Unidos. Em outubro, contudo, seus médicos o aconselharam a ir a Nova Yorque para um tratamento especializado. Pressionado pelos amigos do xá, o governo americano o admitiu.

Em resposta a essa provocação, um grupo de estudantes mulheres, seguido por homens armados, invadiu a área cercada da embaixada americana (cuja guarda de fuzileiros navais havia sido ordenada a não resistir) e tomaram sessenta e três reféns americanos. Eles exigiam que os Estados Unidos enviassem o xá de volta ao Irã para julgamento e se desculpassem por seu papel em seus crimes e abusos dos direitos humanos contra o povo iraniano. O governo e o povo americanos viram esse ato como uma violação flagrante do direito internacional. *Slogans* populares como "Nuke Iran" (Bombardeie o Irã com armas nucleares) articulavam a fúria do povo, e muitos americanos insistiam em que Carter punisse o Irã. Contudo, atacar o Irã enfureceria todos os muçulmanos e colocaria em perigo os reféns. Washington parou de comprar petróleo do Irã, congelou mais de 11 bilhões em recursos iranianos depositados em bancos americanos, exigiu que os 50.000 iranianos com visto de estudante se registrassem, e tomou várias medidas em outros países (e na Otan, na ONU, e na Corte Mundial) para pressionar o governo do Irã a fazer os militantes libertarem os reféns de seu cativeiro na embaixada. Nada funcionou.

A restrição do governo americano não pôde impedir as multidões enfurecidas de atacarem suas embaixadas no Paquistão e na Líbia. Militantes sunitas capturaram a principal mesquita em Meca e a ocuparam por duas semanas antes que o exército saudita e a guarda nacional a retomassem em um conflito sangrento. Militantes xiitas protestaram no leste da Arábia Saudita. Com efeito, o aiatolá e os estudantes militantes que ocupavam a embaixada simbolizavam uma nova assertividade contra o poder ocidental de povos de países não ocidentais; aos olhos do público americano, eles expunham os pontos fracos de Washington contra o islã militante. Por que percepções tão diferentes? A maior parte dos americanos sabia muito pouco sobre sua política externa e como ela afetava outros povos. Contudo, Irã e os Estados Unidos, embora hostis um ao outro, em novembro de 1979, ainda necessitariam um do outro no longo prazo. A União Soviética os lembrou disso no mês seguinte quando enviou tropas para o vizinho Afeganistão.

A crise dos reféns, durante seus 444 dias de duração, produziu mudanças importantes: a substituição do Primeiro-ministro Bazargan por um declarado apoiador de Khomeini; a ocupação soviética do Afeganistão em dezembro de 1979; a mobilização de forças americanas no Oceano Índico; a tomada de poder pelo exército na Turquia para encerrar a luta entre suas facções muçulmanas e marxistas; a invasão do Irã pelo Iraque em setembro de 1980; e a vitória decisiva de Reagan sobre Carter na eleição de 1980. O Irã não podia mais vender petróleo a clientes ocidentais, provocando desemprego e inflação de preços no país. A crise dos reféns também fortaleceu os *ulama* militantes contra seus rivais: nacionalistas seculares, reformadores moderados, marxistas e separatistas. Quando um nacionalista secular, Abol-Hasan Bani-Sadr, venceu a eleição presidencial do Irã, aumentando as esperanças de que libertaria os reféns, o aiatolá se certificou de que fosse impedido por militantes muçulmanos no gabinete e na nova majlis.

Nenhum político de formação ocidental, independentemente de quão fortemente tivesse se oposto ao xá, pôde manter o poder no novo regime do Irã, mas o exército iraniano reconquistou parte de seu lustro (e poder) quando a tentativa americana de resgatar os reféns fracassou em abril de 1980. As condições mudaram quando o Iraque invadiu o Irã naquele setembro. Como o Irã se encontrava em guerra com o Iraque, começou a buscar dinheiro e apoio militar. O xá morrera. Portanto, o Irã não tinha razão para continuar mantendo os cinquenta e dois reféns (alguns dos cativos já haviam sido libertados). Após a paciente mediação de diplomatas argelinos, o Irã concordou em libertar os reféns em troca da liberação de seus recursos congelados, dos quais seria deduzido um fundo de garantia para cobrir alegações feitas contra o governo iraniano (a quantia devolvida foi cerca de 8 bilhões), e uma promessa *pro forma* de os Estados Unidos não interferirem em seus assuntos internos.

Quando os reféns foram libertados, o Irã desapareceu das mentes dos americanos. Em 1981, a intranquilidade política se intensificou ao longo do Oriente Médio; bombas e balas assassinavam aleatoriamente aiatolás, presidentes, primeiros-ministros e líderes de partidos. O presidente eleito do Irã, Bani-Sadr, apoiava publicamente as forças iranianas combatendo o Iraque, mas foi gradualmente desprovido de seu poder. Forçado, finalmente, a resignar, partiu para o exílio na França, onde se juntou ao crescente número de iranianos tramando para depor o aiatolá. A tão temida invasão soviética nunca veio, a despeito da ajuda iraniana aos rebeldes afegãos. Em troca, Moscou enviou armas e conselheiros ao novo regime, que consolidou seu poder, mas se tornou tão repressivo quanto o governo do falecido xá. Em agosto de 1979, o governo havia formado um exército auxiliar, a Divisão da Guarda Revolucionária Islâmica (Islamic Revolutionary Guard Corps), que treinava militantes muçulmanos (especialmente xiitas) de muitos países nas técnicas de insurgência. Os resultados dessas atividades se tornaram evidentes em vários incidentes violentos que ocorreram na década de 1980, notadamente no Líbano e em alguns dos estados do Golfo.

A luta pela supremacia do Golfo

Durante a década de 1970, grande parte do petróleo comprado por países industriais não comunistas vinha de estados ao redor do Golfo: Omã, os Emirados Árabes Unidos, Qatar, Bahrain, Arábia Saudita, Kuwait, Iraque e Irã (cf. Mapa 19.1). Enormes petroleiros carregavam petróleo através do Estreito de Hormuz e do Golfo de Omã para o Mar Arábico e o Oceano Índico. Mesmo quando o Irã, o segundo maior produtor de petróleo da Opep até 1978, cortou sua produção durante a revolução, a diferença foi logo compensada pela Arábia Saudita e por seus vizinhos. A revolução também encerrou o papel do Irã, desempenhado pela Grã-Bretanha, como o policial da área do Golfo. Os outros países tinham grandes recursos de petróleo e receitas, pequenas populações nativas (o Iraque era a exceção), e muitos trabalhadores imigrantes. Intelectuais temiam que esses trabalhadores – usualmente homens jovens, solteiros ou sem suas famílias, e muitas vezes oriundos de países distantes – pudessem subverter as sociedades conservadoras do Golfo. Nunca o fizeram.

O governo americano temia a possibilidade da invasão soviética pelo Irã, pois os russos há muito pensavam em explorar o Golfo e seu petróleo. O governo soviético, em resposta, notou vários discursos e artigos nos quais os americanos ameaçavam tomar os campos de petróleo para protegê-los contra revolucionários. Os governantes árabes locais, monarcas hereditários, exceto no Iraque, temiam revoluções como a que estava convulsionando o Irã, mas não queriam abrir suas terras para bases militares americanas. Quando alguns americanos expressaram a esperança de que Israel defendesse seus interesses pelo petróleo, os árabes responderam que temiam a expansão israelense mais do que a difusão do poder soviético.

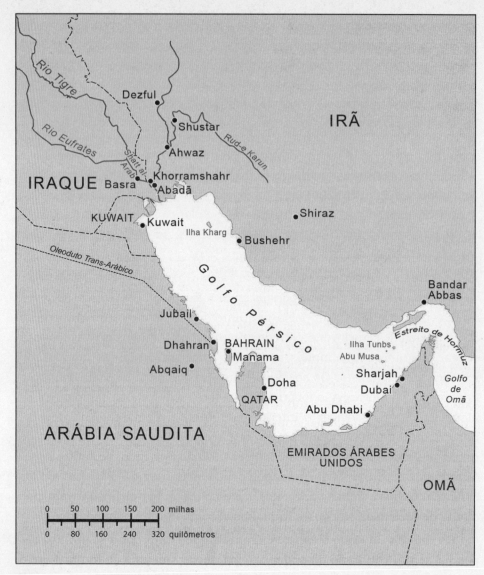

Mapa 19.1 A área do Golfo Pérsico

Essa perspectiva foi abalada quando a União Soviética, incomodada com a inaptidão do regime marxista que ajudou a estabelecer no Afeganistão, invadiu o país no final de 1979. Esse influxo repentino de tropas soviéticas a uma terra montanhosa pobre em recursos petrolíferos, mas estrategicamente próxima tanto do Paquistão quanto do Irã, influenciou ligeiramente as percepções árabes, mas galvanizou Washington a agir. Em discurso dirigido ao Congresso, em janeiro de 1980, Carter alertava que qualquer tentativa de uma força externa para obter o controle da área do Golfo seria vista como um ataque aos interesses nacionais vitais dos Estados Unidos e poderia levar à guerra. Essa Doutrina Carter, como passou a ser chamada, foi uma declaração arriscada dos Estados Unidos em uma época em que sua embaixada no Irã (o país mais apto a ser invadido) estava ocupada por militantes apoiados por seu próprio governo. Os americanos careciam de meios para transportar, enviar tropas e manter uma força de combate grande o bastante para deter a agressão soviética, caso alguma fosse contemplada. Nessa época, nenhum Estado do Golfo desejava servir de base ao pessoal naval ou militar americano. Os estados do Golfo compraram mais armas, treinaram mais soldados e coordenaram seu planejamento militar, durante seu novo Conselho de Cooperação do Golfo (CCG), formado em 1981.

Nenhum confronto de superpotências ocorreu na região do Golfo, porque nenhum lado arriscaria uma guerra para ocupá-la. Em 1979-1980, os Estados Unidos pareciam perigosamente fracos, mas a União Soviética estava vulnerável também, pois um quinto de seu povo – e uma proporção mais elevada de seus jovens – era de muçulmanos. A rádio de Teerã poderia chegar a muitos muçulmanos soviéticos, e alguns ouviam a propaganda islâmica e nacionalista. Os soviéticos também achavam que sua ocupação prolongada do Afeganistão foi custosa em termos de vidas e equipamentos, insuficiente para pacificar o interior montanhoso e amargamente ressentida em outros países muçulmanos, que receberam cerca de 4 milhões de refugiados afegãos. Os Estados Unidos e a União Soviética, portanto, impediram um ao outro de se tornar a potência dominante no Golfo, mas ambos enviaram navios e tropas para a região e escoltaram petroleiros kuwaitianos diante de pretensos atacantes iranianos sob suas próprias bandeiras.

Os estados do Golfo se aperceberam de que sua própria segurança dependia de um equilíbrio de poder: nunca deixar um país se tornar forte o bastante para controlar os outros. Durante a década de 1970, o Irã havia dominado o Golfo devido à expansão militar do xá. Quando uma rebelião, auxiliada pelo Iêmen do Sul (e indiretamente pelos soviéticos), ameaçou o sultão de Omã, tropas iranianas o resgataram em 1973. Quando a revolta curda contra o Iraque se intensificou em 1973-1974, o Irã parou de armar os rebeldes somente após o Iraque concordar, em 1975, em partilhar seu controle do Canal Shatt al-Arab, um acordo que o Iraque denunciaria em 1980 e reviveria em 1990. A Revolução Islâmica eclipsou a predominância do Irã, ao menos por enquanto.

A Arábia Saudita era muito esparsamente povoada e inadequadamente armada para substituir o Irã como guardião do Golfo. Mas o Iraque aspirava a substituí-lo. O segundo maior dos estados do leste árabe em área e em população, o Iraque usava seus abundantes recursos petrolíferos desde a década de 1930 para construir uma infraestrutura apropriada ao desenvolvimento tanto industrial quanto agrícola. A turbulência política de 1958 a 1970 (mais a revolta curda) desacelerou seu crescimento, porém mais tarde o Iraque se tornou mais estável, durante o governo autoritário de Saddam Husayn, e se desenvolveu rapidamente. O país foi armado pela e alinhado à União Soviética (embora os Estados Unidos e a Europa também o tenham ajudado).

Todavia, o Iraque não desenvolveu seu potencial. Com dois rios, petróleo abundante, desertos, montanhas e vales férteis, poderia ter exercido maior poder, não fosse pelas divisões entre seu povo. Os muçulmanos do Iraque eram mais de 60% xiitas, e cerca de 30% de seus muçulmanos sunitas eram ou curdos ou turcos – embora o governo tenha sempre sido controlado por uma elite muçulmana e árabe sunita. Ainda assim, o Iraque aspirava a unir os árabes, como a Prússia havia liderado a unificação da Alemanha. Exigiu direito ao Kuwait no começo da década de 1930, tentou anexá-lo em 1961, e o ocuparia em 1990. O Iraque, nunca tendo feito um acordo armistício com Israel, reuniu todos os outros chefes de Estado árabes para condenar o tratado de paz egípcio-israelense em 1979 e para bloquear os esforços de paz de Sadat. Quando a organização da Liga Árabe do Egito foi suspensa, o Iraque esperava substituí-la como o Estado árabe líder. Mas como o Iraque poderia dar provas disso?

Sua resposta foi atacar o Irã revolucionário em setembro de 1980. O Presidente Saddam Husayn acusou o Irã de violar o tratado de 1975 (que ele havia negociado em nome do Iraque). Ele também atacou a ocupação contínua do Irã de três ilhas do Golfo, embora tenha sido o xá que tivesse tomado as ilhas dos Emirados Árabes Unidos em 1971 devido à sua proximidade com o Estreito de Hormuz. O Iraque esperava que as minorias insubordinadas do Irã, especialmente os árabes étnicos do Cuzistão, rico em petróleo, rebelassem-se contra Teerã e ajudassem seus libertadores iraquianos. O Irã, pela mesma lógica, esperava enfraquecer o Iraque, apelando à sua maioria muçulmana xiita. Nenhuma tática funcionou. Cada lado tentou usar seu poder aéreo para destruir as tubulações e refinarias de petróleo do outro ou desmoralizar civis. O Iraque invadiu as províncias iranianas do Curdistão e Cuzistão, tomou Khorramshahr e cercou Abadã, cuja refinaria de petróleo foi praticamente destruída. Perdas civis e militares em pouco tempo excederam às de qualquer outra guerra no Oriente Médio moderno, e a Guerra Irã-Iraque durou muito mais do que o Iraque planejara. Eles contavam com a instabilidade interna do Irã, com sua inabilidade para comprar peças de reposição para seu arsenal herdado de armas americanas, e com o apoio ocidental para ajudar a derrotar o Irã durante a crise dos reféns.

A administração de Carter não apoiou um lado nem o outro, no início, temendo que uma derrota iraniana aumentasse o poder soviético. A União Soviética vendia armas para os dois lados. O Iraque conseguiu ajuda da Jordânia, Arábia Saudita e mesmo do Egito, enquanto o Irã tinha o apoio da Síria e da Líbia. Os estados *status quo* gravitavam na direção de Bagdá e os revolucionários na direção de Teerã. O Irã tinha muitos oficiais e soldados treinados, tanques e aviões americanos, e três vezes mais pessoas do que o Iraque. Os dois lados permaneceram num impasse por mais de um ano, mas, em 1982, o Irã revidou. Incitado pelos apelos religiosos do aiatolá, o exército do Irã (aumentado por voluntários adolescentes) retomou aproximadamente todas as terras que o Iraque havia conquistado anteriormente. Teerã exigiu que o Iraque admitisse ter começado a guerra, pagasse uma indenização e depusesse Saddam Husayn.

Os soviéticos se voltaram ao Irã; o Iraque, sem renunciar a seus vínculos com Moscou, fez propostas para a administração Reagan. Israel também entrou em cena ao bombardear o reator nuclear de construção francesa do Iraque em 1981, pouco antes que entrasse em operação, e ao vender armas e peças de reposição ao Irã, a despeito da agressiva retórica antissionista de Teerã, porque temia que uma vitória iraquiana pusesse em ação militantes árabes contra o Estado judaico. Os Estados Unidos condenaram publicamente essa política e se inclinaram ao Iraque em 1984 ao retomar relações diplomáticas, mas, em 1986, veio a público que a administração Reagan havia promovido ocultamente a venda israelense de mísseis e peças de reposição ao Irã na esperança de assegurar a libertação dos americanos mantidos reféns pelos militantes xiitas no Líbano. A receita das vendas foi canalizada através de contas bancárias suíças para ajudar rebeldes do Contra, que estavam tentando depor o regime sandinista da Nicarágua. Para aplacar o Iraque, Washington proveu Bagdá com informações sobre o Irã.

À medida que a guerra prosseguia, Estados Unidos e Israel esperavam evitar que um lado ou o outro vencessem decisivamente. Contudo, a guerra prolongada ameaçava empobrecer tanto o Irã quanto o Iraque, arrastar seus apoiadores ao conflito, colocar em perigo qualquer um que transportasse petróleo através do Golfo, e enfraquecer as economias de todos os estados exportadores de petróleo na região. Tanto Irã quanto Iraque atacaram petroleiros, não apenas um do outro como também os de países neutros. O governo americano mudou a nacionalidade de alguns navios kuwaitianos, e sua marinha os escoltava por entre minas e lanchas iranianas. Em 1988, o Irã não pôde mais comprar armas ou peças de reposição o bastante. O Iraque estava usando gás mostarda e outras armas químicas contra o Irã e seus aliados curdos (que eram cidadãos iraquianos). Quando o navio da marinha americana abateu um avião de passageiros iraniano, matando 290 pessoas, e o coro de protestos foi curiosamente emudecido, Teerã se apercebeu de que lhe restavam poucos amigos no mundo. Praticamente falido, o Irã aceitou, em 1987, a resolução do Conselho de Segurança exigindo um cessar-fogo. O conflito encerrou em agosto de 1988.

O retiro de Camp David

Após terem sido inimigos por trinta anos e terem lutado cinco guerras um contra o outro, Egito e Israel concordaram, em 1977-1978, em fazer as pazes porque necessitavam de um intervalo no conflito – ou assim pensavam na época. A prolongada corrida armamentista e a destrutividade de suas guerras haviam empobrecido o Egito e transformado Israel em um Estado-fortaleza. A perspectiva de um fim para esse ciclo de guerra e rearmamento encorajava tanto egípcios quanto israelenses. Os termos do tratado de paz egípcio-israelense, o maior feito da administração Carter, parecia satisfazer as necessidades básicas de cada lado: a restauração em etapas ao Egito da Península do Sinai (tomada por Israel em 1967); garantias, apoiadas por uma força multinacional que incluía americanos, de que nenhum lado reuniria suas tropas para atacar o outro; reconhecimento diplomático mútuo; e facilitação do comércio, comunicações, turismo, intercâmbio cultural e auxílio técnico. Os Estados Unidos ajudariam as conversações em andamento entre Israel e Egito – e mais, se possível, a Jordânia e os palestinos – a promover a autonomia para aqueles palestinos sob a administração israelense. Mas esse objetivo, em pouco tempo, foi frustrado pelo governo de Begin.

Assinar o tratado de paz com Israel expôs Sadat ao ódio dos outros estados árabes, mas ele desdenhosamente ignorava suas lisonjas e evitava seus insultos, mesmo quando os países ricos em petróleo cortaram a ajuda ao Egito. O povo egípcio não gostou de abandonar os estados árabes para apoiar Israel, mas alguns também estavam cansados de sacrificar seus homens jovens em cada guerra árabe contra o Estado judaico. Sadat esperava que outros estados árabes cedessem e apoiassem a política de paz do Egito. Muitos o fariam mais tarde, mas somente Omã e Sudão o apoiaram em 1979.

Se os outros estados árabes não aderiram à plataforma da paz, parte da culpa coube ao governo de Israel, que explorou seu acordo com o Egito para reprimir os 2 milhões de árabes em Gaza, Cisjordânia e Colinas de Golan. A completa autonomia, o Primeiro-ministro Begin explicava, seria concedida aos habitantes dessas áreas ocupadas, desde que os palestinos não obtivessem controle sobre a defesa, polícia ou mesmo do fornecimento de água do qual suas plantações e rebanhos dependiam. Os judeus foram encorajados por hipotecas subsidiadas para se estabelecerem nessas áreas, de modo a que nenhuma potência estrangeira (sem falar das Nações Unidas) jamais pudesse entregar as terras à maioria árabe.

Obviamente, o Conselho Nacional Palestino (o braço executivo da OLP) frustrou o processo de paz, também, por sua adesão ao estatuto de 1964, exigindo o controle árabe de toda Palestina (significando a destruição de Israel). Ninguém sabia o que a OLP poderia fazer para forçar ou persuadir os israelenses a entregarem seu país, ou mesmo uma parte do que havia sido mandato palestino, aos palestinos. Israel poderia, de algum modo, coagir ou convencer os palestinos a renunciarem a OLP? Os dois lados diferiam sobre como fazer a paz.

O assassinato de Sadat

O tratado de paz com Israel aumentou as esperanças do povo egípcio de que algum dinheiro destinado à defesa pudesse ser transferido para programas nacionais. O reconquistado Sinai se tornaria uma nova fronteira para assentamento e desenvolvimento. O Egito, em paz, atrairia investidores e turistas ocidentais, outro impulso para a recuperação econômica. O boicote árabe ao Egito, por assinar o tratado de 1979, não impediu a recuperação econômica do país. Embora o investimento estrangeiro não tivesse correspondido às esperanças do Egito, ganhos com a venda do petróleo do Egito, pedágios do Canal de Suez, receitas com o turismo e remessas de dinheiro de emigrantes aumentaram após Camp David, dando ao Egito, em 1980, pela primeira vez em anos, um superávit na balança de pagamentos. Esse superávit não ocorreu novamente, nem o crescimento beneficiou grande parte do povo egípcio. A política de portas abertas de Sadat beneficiou somente alguns empresários novos ricos.

A média egípcia, espremida pela inflação de preços, custos de moradia e deterioração dos serviços públicos, desejava se mudar para os países produtores de petróleo. O Egito se tornou superpovoado na segunda metade do século XX e permaneceu assim desde então. Sua agricultura não pode alimentar sua população. O controle de natalidade e o planejamento familiar estão em alta, assim como habitação e indústrias, que competem com a agricultura pela escassa terra do Egito. O desemprego (ou subemprego) limita os salários egípcios, e o Egito possui muitos solteiros em seus vinte e trinta anos que ainda vivem com seus pais ou outros parentes até que possam poupar o bastante para se mudar e casar. As mulheres se casam mais jovens, mas muitas vezes com homens que têm o dobro de sua idade. Há números crescentes de mulheres educadas que, caso encontrem trabalho, enfrentam discriminação sexual (incluindo assédio) em um ambiente de trabalho dominado por homens.

O nível de frustração no começo da década de 1980, portanto, era alto. Muitos egípcios acreditavam que as políticas de Sadat não poderiam ou não os ajudariam. Embora alguns egípcios (especialmente os mais educados) tivessem se tornado marxistas, o comunismo não tinha apelo geral em uma sociedade altamente religiosa. A religião obteve ganhos importantes, entre os cristãos cópticos assim como muçulmanos, após a derrota do Egito em 1967. Os grupos islâmicos permeavam praticamente todos os aspectos da vida egípcia. Os Irmãos Muçulmanos sobreviveram aos expurgos de Nasir, e novas sociedades secretas surgiram. Algumas recorriam a atos terroristas. No início, Sadat promoveu a formação de clubes muçulmanos não revolucionários para conter os marxistas e nasiritas, especialmente nas universidades. Os muçulmanos exigiam que a xaria fosse aplicada a todas as leis do país. Os coptas, um décimo da população do Egito, também se tornaram mais politizados, e um violento conflito coletivo eclodiu em um distrito de trabalhadores do Cairo em julho de 1981. Mesmo antes disso, Sadat vinha impondo restrições a ativistas religiosos, usando referendos populares para aprovar leis para restringir a oposição às suas políticas, incluindo a paz com Israel. Em setembro de 1981, ele baniu a revista popular da Irmandade Muçulmana; impôs censura aos sermões nas mesquitas; e prendeu 1.500 supostos oponentes sem julgamento. Como o governo americano estava gastando 2 bilhões ao ano em assistência econômica, técnica e militar ao Egito, principalmente como resultado do tratado com Israel, muitos americanos falharam em ver que Sadat havia perdido o contato com seu povo.

Em 6 de outubro, o oitavo aniversário da bem-sucedida travessia do Egito do Canal de Suez para atacar os israelenses que ocupavam o Sinai, Sadat e muitos de seus altos funcionários estavam assistindo a uma parada militar em Vitória, um subúrbio do Cairo. Um caminhão do exército parou, aparentemente devido a uma falha mecânica, diante do palanque presidencial. Quatro soldados pularam do caminhão. Pensando que tivessem parado para saudá-lo, Sadat se levantou para encontrá-los, e então eles voltaram suas metralhadoras em direção a ele e abriram fogo, assassinando o presidente e vários de seus auxiliares. Todos os assassinos, com exceção de um, foram mortos. As investigações policiais descobriram uma ampla conspiração, tanto dentro do exército quanto ao longo do Egito, assim como uma rede de grupos terroristas – o mais conhecido da imprensa era *al-Takfir wal-Hijra* (Expondo a Descrença e Evitando o Mal). Os terroristas capturados, incluindo o assassino sobrevivente, foram postos em julgamento. Vários líderes árabes, notadamente Qadhafi da Líbia, alegraram-se com a morte de Sadat; somente alguns egípcios lamentaram sua morte. Sadat foi morto por mais de uma razão: a deterioração econômica e as condições sociais do Egito, a revivificação do islã militante, mas também, muito provavelmente, o fato de ter feito uma paz separada com Israel.

O vice-presidente Husni Mubarak, que havia comandado a força aérea do Egito durante a guerra de 1973, foi escolhido pela Assembleia Nacional (seguida por um referendo popular) para suceder Sadat. Ele declarou um estado de emergência, impôs controle rígido às universidades e imprensa, e prendeu mais revolucionários. Mas ele também libertou alguns dos principais líderes políticos e religiosos que Sadat havia prendido, incluindo Ayman al-Zawahiri, que mais tarde estabeleceria a Al-Qai'da. Mubarak restaurou a confiança pública no governo ao prometer reformas econômicas e sociais e ao se vincular ao legado de Nasir às custas do de Sadat. Conversas com Israel sobre a autonomia palestina se prolongaram e, em abril de 1982, o Egito reconquistou o resto do Sinai. A invasão de Israel do Líbano seis semanas mais tarde levou Mubarak a trazer de volta o embaixador do Egito em Tel Aviv, e as relações entre os dois estados se converteram em uma "paz fria". Israel suspeitava que o Egito evitasse o tratado para reconquistar sua liderança do mundo árabe. O governo egípcio foi embaraçado pela ocupação de Israel do sul do Líbano e por suas políticas cada vez mais repressivas na Cisjordânia e em Gaza. O Egito retomou vínculos diplomáticos com a Jordânia e ajudou o Iraque em sua guerra contra o Irã. Recepcionou Arafat no Cairo, em 1983, embora, ao mesmo tempo, aceitasse bilhões em ajuda americana e continuasse sua guerra de nervos com Qadhafi.

Em 1984, o Egito organizou suas eleições parlamentares mais livres desde 1952. O Partido Democrático Nacional de Mubarak venceu a maioria dos assentos da Assembleia do Povo, mas partidos de oposição, notadamente o Novo Wafd, ganharam terreno. A economia do Egito piorou à medida que os preços do petróleo caíram. Em 1986, distúrbios da polícia de segurança afugentaram turistas estrangeiros, uma importante fonte de receita nacional. As relações com Estados Unidos e Israel por vezes se desgastavam, mas a paz prevaleceu, e Mubarak permaneceu no poder. Os outros governos árabes restauraram vínculos diplomáticos com o Cairo em 1987, o Egito foi readmitido na Liga Árabe, e Mubarak liderava na promoção do processo de paz.

A militância crescente de Israel

A paz com o Egito não fez Israel se sentir segura quanto à sua posição como uma ilha judaica em um mar árabe. Cada vez mais, ela considerava os Estados Unidos seu único aliado real. A administração Reagan pensava que poderia formar um "consenso estratégico" de governos opostos à expansão soviética no Oriente Médio, incluindo Egito, Israel, Jordânia, Arábia Saudita e Paquistão. Um modo de construir esse consenso foi vender armas. Logo após o assassinato de Sadat, o senado americano – pressionado pela Casa Branca e contra o *lobby* da Aipac – votou por uma margem estreita para aprovar a venda de quatro aviões de sistema de advertência e controle aéreo (Awacs) para a Arábia Saudita. Os esforços de Washington para cortejar governos árabes pró-Ocidente foram tanto um resultado como uma causa da posição cada vez mais militante de Israel em relação aos estados árabes e à OLP. Desde sua formação em 1977, o governo de Begin havia seguido uma dura política contra os palestinos nas áreas ocupadas. Seu governo também apoiava esforços de militantes judeus para formarem novos assentamentos e para atraírem mais judeus para aqueles assentamentos já estabelecidos na Cisjordânia.

Embora os palestinos, nos territórios ocupados e em outros países, vissem a OLP como seu representante, Israel a considerava um grupo terrorista com o qual nunca negociaria pela paz. Se Israel desejasse enfraquecer a OLP, teria de atacar o Líbano, o centro de operações da OLP desde o Setembro Negro de 1970. A OLP havia relutantemente se unido ao lado muçulmano na guerra civil libanesa e havia se tornado dominante em partes do Líbano, incluindo o oeste de Beirute, enquanto as tropas sírias ocupavam grande parte do país.

Os *fidaiyin* palestinos lançariam ataques dramáticos contra alvos civis dentro de Israel. Alguns desses foram em retaliação pelos ataques israelenses que mataram muitos civis palestinos. Em março de 1978, o exército israelense ocupou o Líbano até o Rio Litani. O Conselho de Segurança da ONU condenou a invasão e estabeleceu uma força neutra multinacional de 4.000 soldados para substituir os israelenses e restaurar a paz no sul do Líbano. Sob pressão americana, o gabinete de Israel concordou em retirar as forças israelenses, contanto que a OLP fosse mantida fora da zona neutra. Os israelenses não acreditavam em uma força de paz da ONU; em troca, confiavam na milícia cristã de Sa'd Haddad, um coronel libanês renegado que, em 1979, criou sua "República do Líbano Livre" no sul.

Israel prosseguiu fazendo ataques aéreos intermitentes contra fortes da OLP no Líbano, ignorando a presença da ONU lá. Esses ataques foram, por vezes, destinados a provocar ataques palestinos. Begin também afirmou o direito de Israel de bombardear "terroristas" no Líbano, mesmo sem provocação anterior. A situação piorou, em 1981, quando os palestinos dispararam foguetes ao norte de Israel e a artilharia israelense atacou as cidades costeiras de Sidon e Tyre. Ambos os lados aceleraram seus ataques. Duas vezes em julho, aviões israelenses bombardearam Beirute, matando centenas e ferindo milhares de civis libaneses e palestinos. A administração de Reagan enviou um negociador especial, Philip Habib, para arranjar um cessar-fogo que Arafat, Begin e todas as facções libanesas aceitaram, mas o Líbano permanecia tenso. A Síria se recusou a remover os mísseis terra-ar que havia instalado no Vale Biqa do Líbano, a despeito das ameaças de Israel de bombardeá-los como fizera com o reator nuclear do Iraque.

Israel mostrava hostilidade em relação aos árabes de outros modos. Na Cisjordânia, periodicamente, fechava escolas e universidades árabes, expulsava prefeitos eleitos que apoiavam a OLP, e aumentava o tamanho e número de assentamentos judeus. De acordo com numerosas organizações internacionais que monitoravam a ocupação israelense, a sociedade palestina foi se desintegrando gradualmente. Mesmo que alguns palestinos prosperassem, poucos estavam dispostos a lidar diretamente com Jerusalém para ganhar mais autonomia. Mesmo a substituição do governo militar por um civil não amenizou as políticas de ocupação de Israel ou aplacou os palestinos. Em troca, eles se tornaram mais ressentidos e militantes durante a década de 1980.

O governo de Begin executou suas obrigações do tratado para com o Egito. Israel (com a ajuda do governo americano) dispensou vastas somas para mover seu equipamento militar do Sinai para bases recém-construídas no Deserto de Negev. Ela ofereceu incentivos generosos para colonos israelenses deixarem suas casas, fábricas e jardins no Sinai, pois o Egito não deixaria israelense algum permanecer lá. Quando alguns resistiram, a IDF removeu os colonos recalcitrantes e derrubou todas as construções pouco antes que a área fosse devolvida ao Egito.

A invasão do Líbano por Israel

O conflito no Líbano – cristãos contra muçulmanos, ricos contra pobres, separatistas libaneses contra nacionalistas árabes – não tinha fim. Em maio de 1982, Israel bombardeou uma base palestina próxima a Beirute, matando vinte e cinco pessoas. Os palestinos bombardearam o norte de Israel, e agentes não identificados mataram um diplomata israelense em Paris e feriram gravemente o embaixador de Israel em Londres. Esse último ato forneceu o pretexto para uma invasão massiva da IDF ao sul do Líbano em 6 de junho. Ignorando todos os esforços diplomáticos para terminar o combate, Israel avançou em direção ao norte, evitando as tropas da ONU e repelindo tanto as forças da OLP quanto sírias. Os árabes sofreram muitas baixas. Milhares de civis, tanto libaneses quanto palestinos, perderam suas casas. Tirando vantagem da surpresa e do completo controle do ar, os israelenses bombardearam pesadamente Beirute e destruíram muitos mísseis no Vale Biqa. Uma extensa cobertura pela imprensa e televisão mostrou a eficiência da invasão da IDF – e seu custo em sofrimento humano. Israel admitiu ter usado bombas de fragmentação feitas nos Estados Unidos contra "terroristas" (muitas das vítimas eram civis).

Os estados árabes, incluindo o Egito, condenaram a invasão, assim como os vetos americanos que haviam bloqueado duas resoluções do Conselho de Segurança contra Israel. Observando que os Estados Unidos continuavam armando Israel, os árabes acusaram os americanos de apoiar a invasão. Nenhum Estado árabe enviou tropas para ajudar os sírios e palestinos no Líbano, e somente o Irã ofereceu ajuda. Em meados de junho, a IDF havia cercado Beirute. Pela primeira vez, Israel estava cercando uma capital árabe, mas os árabes não puderam defendê-la. Os soviéticos esbravejaram e ameaçaram – mas não agiram. Foi nessa época que os iranianos estabeleceram seus centros de treinamento revolucionário no Vale Biqa.

Washington estava livre para agir, mas a administração Reagan estava dividida. O Secretário de Estado Alexander Haig, que poderia ter apoiado Israel na destruição da OLP no Líbano, abandonara a função. Outros funcionários americanos se ressentiram da invasão israelense, preocuparam-se com possíveis represálias árabes contra interesses americanos, e desejavam pacificar o Líbano. Alguns esperavam por uma paz geral no Oriente Médio. O novo secretário de Estado, George Shultz, redigiu o Plano de Paz de Reagan, anunciado em setembro de 1982, exigindo a retirada de Israel da Cisjordânia e de Gaza, eleições livres e um período de transição de cinco anos de autonomia para os palestinos e uma provável federação com a Jordânia. Israel e a OLP rejeitaram o plano, o Egito o aceitou, a Jordânia o examinou com muito cuidado, e os americanos quietamente o engavetaram. Os chefes de Estado árabes, encontrando-se em Fez, no Marrocos, uma semana mais tarde, propuseram um Estado palestino e deram indícios de um reconhecimento de Israel. Os americanos ignoraram a iniciativa árabe.

Todos estavam observando o Líbano, onde Washington agia inconsistentemente. Vetar as resoluções do Conselho de Segurança da ONU e armar as forças de Israel tornaram os Estados Unidos um cúmplice, de fato, da invasão. O diplomata americano Philip Habib foi e voltou de Jerusalém, Beirute e Damasco até fazer um acordo exigindo uma retirada parcial israelense e uma retirada completa palestina do oeste de Beirute, ambas as quais deveriam ser supervisionadas por fuzileiros navais americanos e por soldados franceses e italianos. A negociações continuariam entre as partes para estabelecer um novo governo e retirar todas as forças estrangeiras do Líbano. Em agosto, o conflito em Beirute diminuiu, permitindo às forças de Israel se retirarem e à OLP se dirigir à Tunísia. Enquanto isso, o parlamento do Líbano – inalterado por dez anos – se encontrou para eleger um novo presidente. O único candidato era Bashir Jumayyil, o líder dos falangistas. Devido a seus vínculos com o lado cristão na guerra civil, muitos deputados da oposição boicotaram a sessão na qual Jumayyil foi eleito. Contente, Begin esperava que Israel pudesse conquistar uma paz duradoura com um Líbano dominado por falangistas.

O outro lado não desistiu. Em 14 de setembro, uma bomba explodiu a central falangista no leste de Beirute, matando os ocupantes, incluindo Bashir Jumayyil. A IDF prontamente ocupou o oeste de Beirute e começou a abater os combatentes remanescentes da resistência da OLP, que, de acordo com o plano de paz de Habib, deveriam ter se retirado. A IDF permitiu que os falangistas entrassem nos subúrbios palestinos de Shatila e Sabra, onde cristãos libaneses massacraram centenas de homens, mulheres e crianças palestinos, durante uma convulsão de dois dias. Todo mundo ficou chocado, incluindo os israelenses, que estabeleceram uma comissão para investigar as causas dos massacres. A comissão israelense descobriu que o ministro da defesa federal, Ariel Sharon, havia facilitado os massacres e exigiu sua exclusão de futuros gabinetes (mas ele se tornou primeiro-ministro em 2001). A força franco-ítalo-americana foi trazida de volta a Beirute – para uma estada mais longa dessa vez – para restaurar a paz. O parlamento do Líbano elegeu Amin Jumayyil, o irmão mais velho de Bashir, para servir como presidente.

Para o Líbano ter paz, as facções nacionais teriam de revisar a constituição de seu governo e desarmar seus numerosos grupos de milícia. Tropas estrangeiras – os sírios autorizados pela Liga Árabe a ocupar o Líbano, *fidaiyin* palestinos, invasores israelenses, a força neutra da ONU e a força multinacional de França, Itália e Estados Unidos (integrados também pela Grã-Bretanha) – teriam de deixar o país. Mas em que ordem? Os Estados Unidos desejavam uma retirada em etapas, a ser negociada por todas as partes envolvidas. A Síria desejava que as outras tropas estrangeiras se retirassem incondicionalmente. No final de 1982 e no começo de 1983, representantes do Líbano, Israel e Estados Unidos levaram adiante longas deliberações para um tratado laboriosamente elaborado pelo Secretário de Estado Shultz. O tratado, em pouco tempo colapsou, uma vez que a IDF não se retiraria a menos que os sírios e a OLP retirassem simultaneamente seus exércitos das partes do Líbano que estavam ocupando. O presidente sírio Hafiz al-Assad, oposto por sunitas islâmicos na Síria (ele havia massacrado ao menos 20.000 deles e destruído metade de Hama em 1982), recusou-se a comprazer os americanos saindo do Líbano. Embora Amin Jumayyil tivesse assinado o Tratado libanês-israelense, esse era letra morta.

A força emergente no Líbano foi uma que ninguém jamais havia observado antes. Nos primeiros anos da guerra, observadores externos assumiram que os principais grupos religiosos fossem cristãos maronitas e muçulmanos sunitas. Os ocidentais ignoraram os muçulmanos xiitas, que predominavam no Vale Biqa e em partes do sul do Líbano. Gradualmente, contudo, eles haviam se tornado a maior seita do país, e muitos estavam afluindo aos distritos mais pobres de Beirute em busca de trabalho. Muitos xiitas, no início, saudaram a invasão de Israel, esperando que pudesse enfraquecer os libaneses sunitas e os palestinos. Mas quando as forças israelenses se recusaram a se retirar, os xiitas se voltaram contra elas. Cada vez mais jovens xiitas se voluntariavam para se tornar mártires para expulsar os israelenses e seus reconhecidos aliados, as tropas americanas. Seguiu-se uma série de explosões suicidas, atingindo as embaixadas americanas e quartéis dos fuzileiros navais e centrais militares francesas. Represálias americanas e israelenses contra aldeias, consideradas refúgios de combatentes xiitas, deixaram muitos libaneses desabrigados e o povo ainda mais ressentido contra os estrangeiros. As 241 mortes americanas provocadas pela explosão dos quartéis dos fuzileiros navais, as ameaças contra outros cidadãos americanos no Líbano e o assassinato do diretor Malcolm Kerr, da Universidade Americana de Beirute, minaram a vontade da missão da força de paz americana. Reagan decidiu remover o contingente para a Sexta Frota costeira, e os contingentes franceses, britânicos e italianos também se retiraram no começo de 1984.

O oeste de Beirute caiu sob o controle das milícias xiitas e drusas. Em outra parte do Líbano, o conflito se intensificou. O governo de Amin Jumayyil não pôde restaurar a ordem, mesmo que renunciasse ao tratado com Israel. Conflitos internos dividiram grande parte das seitas e também os palestinos, uma vez que a Síria apoiava uma facção anti-Arafat. Em meados da década de 1980, cidadãos americanos e outros estrangeiros que permaneceram no Líbano estavam sendo raptados por gangues xiitas obscuras e mantidos para exigir resgate, que os governos ocidentais prometiam nunca pagar (mas secretamente pagavam). O sequestro de um avião de passageiros e mesmo de um navio de cruzeiro aumentaram a reputação do Oriente Médio de terrorismo. Muçulmanos xiitas do Líbano ganharam muito mais do que a OLP havia ganho às custas dos israelenses, que se retiraram de grande parte do Líbano – sem um tratado – em 1985. A organização palestina tinha o apoio diplomático e financeiro de grande parte dos países árabes, mas os grupos xiitas, o predominantemente secular *Amal* (Esperança), liderado por Nabih Berri, e o pró-iraniano *Hezbollah* (Partido de Deus), ganharam crédito por expulsarem do Líbano tropas israelenses e ocidentais. Um fator no sucesso dos xiitas foi sua disposição em sacrificar suas vidas por sua causa, inspirados pelos ensinamentos de Khomeini, o sucesso da Revolução do Irã, e, especialmente, no exemplo dado em 680 pelo neto de Muhammad, Husayn, contra seus opressores.

Os palestinos: seu conflito e uma paz elusiva

Ao final da década de 1980, o conflito árabe-israelense se tornara palestino-israelense. Sionistas costumavam atribuir o problema à recusa dos estados árabes em reconhecerem Israel. Bem, o Egito a reconheceu em 1979, a Jordânia a reconheceria em 1994, e mesmo a OLP, em 1988. O povo palestino ainda era a vítima. Alguns governos árabes, notadamente o Líbano, recusaram-se a absorvê-los, mas outros estados árabes, como a Jordânia, garantiram aos palestinos cidadania e emprego. Antes da Guerra do Golfo, muitos palestinos conseguiram trabalhos lucrativos em países como o Kuwait. Alguns deles prosperaram durante o controle israelense, mas muitos sofreram com a ocupação militar, com a anexação de suas terras e com a discriminação. Em nenhum caso, o povo palestino foi absorvido, política ou economicamente. O que aconteceu e por quê?

A primeira intifada

A história começou em dezembro de 1987, com uma pequena rebelião das crianças e adolescentes de Gaza contra o exército de ocupação de Israel. A discórdia, em pouco tempo, se espalhou ao longo das áreas ocupadas. Os palestinos, sob ocupação israelense, coordenaram sua oposição e efetivamente refutaram a alegação de Israel de que muitos deles eram felizes e prósperos sob seu governo. O arremesso de pedras e a queima de pneus, que lançaram essa *intifada* (sacudida), fez com que todos notassem a aflição palestina. Eles boicotaram manufaturas israelenses, como sabão, cigarros e tecidos. Alguns palestinos, que costumavam ir para Israel trabalhar por salários mais altos do que podiam ganhar na Faixa de Gaza ou na Cisjordânia, ficaram em casa. Uma aldeia se recusou a pagar impostos às autoridades israelenses. A intifada foi inicialmente um movimento local de protesto espontâneo, pois a OLP estava na Tunísia desde 1983. Alguns dos líderes locais, desiludidos com a OLP secularista, fundaram um movimento de resistência muçulmano, espelhado no Hezbollah, chamado *Hamas* ("Coragem" ou "Movimento de Resistência Islâmica"). Pesquisas acadêmicas mostraram que Israel o ajudou, secretamente, a emergir como um rival da OLP.

Se os árabes palestinos estavam incomodados com a ocupação militar israelense desde 1967, por que levaram vinte anos para tentar se livrar dela? Sempre houve uma resistência, tanto aberta como velada, na Cisjordânia e na Faixa de Gaza. Israel havia se beneficiado materialmente de seu governo prolongado, usando os palestinos como uma força de trabalho barata e um mercado para suas manufaturas. Embora alguns tenham prosperado por entrarem na economia israelense, todos os palestinos viam mais colonos judeus ocupando suas terras e usando seus escassos recursos hídricos. Havia muita tensão e pouca integração em sua relação. Ninguém sabia se a absorção gradual de Israel dos territórios ocupados seria revertida por uma troca de terra por paz, provavelmente com a Jordânia sob patrocínio dos Estados Unidos, ou levada à sua conclusão lógica pela completa anexação e possivelmente, como alguns extremistas israelenses propunham, pela expulsão forçada de todos os palestinos. Muitos observadores atribuíram sinais da revolta crescente palestina às políticas das autoridades de ocupação israelenses e às ações de vigilantes dos colonos judeus bem armados.

Um evento-chave que precedeu a intifada foi a reunião de cúpula organizada em Amã em novembro de 1987, quando os chefes de Estado árabes fizeram falsas promessas à causa palestina, mas permitiram um ao outro retomar vínculos diplomáticos com o Egito, que havia estado isolado de muitos governos árabes desde 1979 por sua paz separada com Israel. Em breve, embaixadores sauditas, kuwaitianos e mesmo iraquianos retornariam ao Cairo. Em 1989, o Egito foi readmitido na Liga Árabe. A mensagem não dita aos palestinos foi que os estados árabes não estavam mais dispostos a punir o Egito e que a OLP não obteria seu apoio diplomático e militar. Quando os palestinos começaram a lutar por sua liberdade, conquistaram o respeito de outros árabes. Mais de 1.100 foram mortos por israelenses e cerca de 1.000 por outros palestinos. Poucos israelenses morreram ou foram feridos devido à intifada.

A OLP usou essa revolta para obter reconhecimento estrangeiro e legitimidade internacional. O Rei Husayn validou a rebelião ao renunciar às pretensões da Jordânia à Cisjordânia em julho de 1988. Em novembro daquele ano, o Conselho Nacional Palestino votou para declarar um "Estado da Palestina" independente, que em breve ganharia reconhecimento diplomático de ao menos uma centena de outros países. O Presidente Arafat renunciou publicamente ao terrorismo e propôs reconhecer Israel, consternando alguns revolucionários palestinos, a fim de abrir as negociações com Washington. Os israelenses ainda rejeitavam reconhecer a OLP como um governo no exílio, sem falar como um parceiro de negociações. Muitos outros povos e países argumentaram que o único modo de resolver o conflito palestino-israelense era através de uma "solução de dois estados". Muitos palestinos se opunham à paz com Israel; seus atos violentos em breve sabotariam a reconciliação entre Washington e a OLP. A rebelião continuou enquanto o Hamas adquiria armas de fogo para combater o exército israelense e ataques coordenados em Gaza e, mais tarde, na Cisjordânia, e a violência se intensificava ao longo dos territórios ocupados.

A formação da política ocidental e o Regime Islâmico

Reagan e seus partidários haviam atacado o governo Carter por sua fraqueza em lidar com a crise de reféns americana no Irã, mas sua própria administração lidou muito pior com o Líbano e teve problemas em conceber políticas para eliminar as causas do terrorismo, como o contínuo conflito palestino-israelense, a guerra civil no Líbano, a Guerra Irã-Iraque, urbanização e pobreza. O Conselho de Segurança da ONU tentou, por anos, tratar desses problemas com pouco sucesso, em parte porque os Estados Unidos muito frequentemente vetavam suas resoluções.

Formular políticas é difícil para governos popularmente eleitos, especialmente para os Estados Unidos, com seu poder dividido entre a Casa Branca e o Congresso. Na década de 1980, Washington carecia de uma política para o Oriente Médio, e sua suscetibilidade tanto aos sionistas quanto aos *lobbies* do petróleo tornaram ainda mais difícil formular uma. Foi também um desafio para Israel que, de 1984 a 1988, foi dominada por uma combinação instável do Partido Trabalhista, liderado por Shimon Peres, e o Likud, presidido após 1983 por Yitzhak Shamir. Como os dois blocos conquistaram números praticamente equivalentes assentos nas eleições ao Knesset de 1984, concordaram em formar um gabinete de coalizão no qual Peres foi primeiro-ministro até 1986, sendo então substituído por Shamir pelos próximos dois anos. Os dois discordavam sobre suas políticas árabes: Peres era a favor de uma conferência de paz internacional destinada a devolver grande parte da Cisjordânia à Jordânia. Shamir desejava controle israelense indefinido das terras tomadas na guerra de 1967. Os palestinos, também, estavam divididos. Alguns apoiaram a intifada como um conflito geral contra a ocupação, enquanto outros defendiam que aqueles que haviam estado sob a administração de Israel por duas décadas deveriam tomar uma parte ativa na política israelense. Em dezembro de 1987, escolheram lutar por sua causa. Debates políticos de ambos os lados não trouxeram paz.

Governos com uma política sobre um tema particular identificarão seus objetivos e escolherão os meios mais prováveis para atingi-los. Como o Irã, no começo da década de 1980, tentou espalhar o domínio islâmico ao longo do Oriente Médio, formulou uma política de subversão revolucionária para minar governos estabelecidos nos estados muçulmanos ao apelar aos seus *mostazafan* (literalmente, "despossuídos", o povo que se sentia alienado pela ocidentalização do Oriente Médio) e ao imbuí-los de um zelo pelo autossacrifício para combater seus opressores. Essa política funcionou por um tempo no Líbano, mas fracassou em realidades econômicas duras na guerra contra o Iraque, e Khomeini terminaria tendo de admitir que o Irã não mais poderia arcar com o conflito contra o Iraque nem financiar grupos xiitas revolucionários no Líbano. A recuperação econômica se tornou o objetivo do Irã, não a exportação de sua revolução. Se, na década de 1980, Israel desejava assegurar sua sobrevivência em um mundo árabe hostil, a melhor política parecia ser intimidar tanto os inimigos a ponto de ninguém atacá-la. Mas a intimidação não poderia garantir a segurança, porque os xiitas libaneses e os palestinos se recusavam a ser intimidados e aumentaram seus ataques a Israel.

Desejosa de um Oriente Médio amigo, a administração Reagan tentou, inicialmente, construir um consenso estratégico de governos anticomunistas, mas muitos governos do Oriente Médio temiam Israel, um ao outro, ou revoluções internas mais do que uma invasão soviética. Mais tarde, ele buscaria a paz entre Israel e os árabes e entre facções em disputa no Líbano com base em compromissos que ignoravam os verdadeiros objetivos de ambos os lados. Mesmo depois, ele tentaria tranquilizar o público americano, condenando o rapto de pessoas no Líbano e outros atos de terrorismo, ainda que vendendo armas para barganhar, indiretamente, com raptores terroristas em troca da libertação de seus reféns. Reagan usou uma abordagem positiva; a sua não era uma política de meios e fins.

A elaboração de políticas na década de Khomeini foi deficiente. A República Islâmica do Irã conseguiu sobreviver a todas as tentativas – internas, iraquianas e americanas – de derrubá-la e inclusive pagou uma dívida de 7 bilhões herdada do xá; mas a república praticamente arruinou sua economia e apressou o êxodo de seus cidadãos melhor educados e ricos. O Irã não persuadiu qualquer outro país a se tornar uma república islâmica. Khomeini e seus apoiadores afirmaram que poderiam restabelecer a xaria como a lei do país, mas os iranianos ainda evitavam suas proibições aos cosméticos das mulheres, uso de drogas (a adição ao ópio aumentou no Irã), ao *rock*. Os estados árabes continuaram a perseguir políticas que os levava a brigarem entre si. As políticas israelenses desmoralizavam o país e não aumentavam sua segurança. O governo americano não sabia como lidar com o fundamentalismo do Oriente Médio, fosse muçulmano, judaico ou cristão. Suas tentativas de reprimir o terrorismo, bombardeando aldeias libanesas em 1983 e a capital líbia em 1986, enfureceram as pessoas que poderiam ter apoiado seus interesses. A República Islâmica de Khomeini, a Grande Israel de Begin e Shamir, o equívoco de Arafat e o patriotismo de Reagan falharam todos em iluminar suas políticas.

A Revolução Islâmica no Oriente Médio, como inspirada pelo Aiatolá Khomeini, terminou com sua morte em julho de 1989. Na verdade, vinha declinando por vários anos, já que o zelo revolucionário do Irã diminuiu e o Iraque reconquistou as terras que havia perdido anteriormente. O islã é uma religião e um modo de vida; não uma ideologia. Antes de 1979, os ocidentais subestimavam o poder do islã sobre os corações e mentes dos muçulmanos; durante a década de 1980, eles o sobre-estimaram. Ao longo da história, crenças e instituições islâmicas influenciaram os habitantes do Oriente Médio, mas nenhum líder, nem mesmo Muhammad, pôde tornar o islã o único determinante do que os muçulmanos pensaram e fizeram. A xaria e outros sistemas legais sempre coexistiram, incluindo os decretos de reis e governadores. A tradição imperial do Irã aquemênida e a visão islâmica de Muhammad sempre coexistiram. Funcionários civis e oficiais militares exerceram o poder numa contínua simbiose (ou rivalidade) com califas e *ulama*.

A Revolução Islâmica permitiu aos *mostazafan* encontrarem sua voz e descarregarem sua raiva em governantes e conselheiros estrangeiros que glorificavam a riqueza material e o poder em nome da modernização. A raiva pode ser uma poderosa ferramenta, mas não faz política, alimenta os famintos, abriga os desabrigados, vence a guerra ou lança as bases para a paz. A religião pode ser uma fonte de significado e moralidade para seus seguidores, mas o mundo de hoje é muito mais complexo do que aquele no qual a xaria tomou forma. Muitas habilidades são necessárias para satisfazer seus desafios, seja nos países do islã ou entre muçulmanos e não muçulmanos. Todas as pessoas tocadas pela revivificação fundamentalista podem se inspirar na sabedoria religiosa para solucionar problemas econômicos e sociais, resolver conflitos e criar a paz. Quão ótimo seria se todos os povos trabalhassem juntos em uma base de compreensão e respeito mútuos. O próximo capítulo mostrará como, na década de 1990, as superpotências, os países do Oriente Médio e muçulmanos geralmente ignoraram essas exortações.

20 A Guerra do Golfo de 1991 e o processo de paz

A Guerra Fria terminou em 1991. Desde então, contudo, temos vivido em um mundo de dolorosas mudanças e conflitos crescentes entre e dentro de nações. As pessoas estão frustradas com seus governos, com as condições de suas vidas cotidianas, e com a falta de respeito que pensam merecer de outras pessoas ou dos governos. A frustração provoca revoltas contra regimes estabelecidos, conflitos religiosos e étnicos, exigências por mais participação popular na política e governos repressivos. No Oriente Médio esses problemas eram menos visíveis na década de 1990 do que em outras partes da África e da Ásia, mas espreitavam longe da vista e reapareceram no novo milênio. Seguindo o colapso da União Soviética, três estados caucasianos e cinco da Ásia Central nasceram. O comunismo perdeu seu poder e atrativo no Oriente Médio.

Enquanto isso, a mídia e políticos ocidentais batiam na tecla do "terrorismo" e do "fundamentalismo islâmico". Povos do Oriente Médio também se sentiam ameaçados. O poder do Ocidente estava crescendo, notadamente na expansão militar na Arábia Saudita, em resposta à invasão do Kuwait pelo Iraque em agosto de 1990. Além disso, a Guerra do Golfo de 1991, na qual uma coalizão de forças americanas, europeias e árabes expulsou de volta o Iraque após ataques aéreos, devastou grande parte do país, mas não derrubou seu líder.

O mundo árabe se sentia dividido, indefeso e desanimado com sua incapacidade de determinar seu próprio curso. Muitos árabes, que outrora esperavam replicar o salto da Turquia em direção à modernidade, aperceberam-se de que ideologias e programas importados os haviam dividido. A Revolução Islâmica do Irã mostrou uma nova direção a seguir, mas seu modelo atraía principalmente indivíduos e movimentos e não seus governos. Líderes árabes iniciaram negociações abertas com Israel em Madri e Washington e, secretas, em Oslo e em outros lugares. Israel violou um antigo tabu quando conversou com a OLP. Um laborioso processo de paz começou entre os dois lados, mas nenhum dos dois estava disposto a oferecer o que mais mitigaria os medos do outro. Ameaças de violência e aniquilação árabes ainda assombravam os israelenses, e a realidade do domínio e represálias de Israel dificultava a vida dos palestinos, que desafiavam abertamente os soldados de Israel. A Turquia tentou integrar a União Europeia, mas não pôde satisfazer os padrões ocidentais de respeito pelos direitos humanos, enquanto confrontava uma rebelião curda em suas províncias no sudoeste. O Irã tentou exportar princípios islâmicos para o resto do Oriente Médio, mas seus cidadãos elegeram, por duas vezes, um presidente cujas políticas moderaram sua revolução no país para reconstruir sua própria sociedade.

O período de 1990-2001 foi marcado por guerras, conflitos de poder entre e dentro dos países do Oriente Médio, atos de terrorismo (definidos de forma variada), e a miragem de uma paz entre Israel e os palestinos. Foi uma época frustrante para todos.

A crise do Golfo

Um fato geológico criou uma anomalia histórica. O petróleo e o gás natural abundavam em terras áridas ao redor do Golfo, onde, até a década de 1960, a população era esparsa, predominantemente nômade e ignorada pelo mundo externo. Muitas dessas terras permaneciam sob controle de xeiques e emires tribais enquanto oficiais do exército, em outras partes do Oriente Médio, estavam substituindo monarquias por repúblicas. Durante a terceira metade do século XX, um sortimento variado de estados emergiu. Esses abrangiam desde a Arábia Saudita, unida por Ibn Sa'ud e enriquecida por descobertas de petróleo muito além do que ele ou seus súditos jamais poderiam ter imaginado, a minúsculos emirados como Fujairah, mais conhecido por seus selos postais, e Bahrain, um fenecente produtor de petróleo que desenvolveu serviços bancários e turísticos. Chamamos cada país uma "nação", mas principados como Qatar e Dubai devem sua existência às lealdades políticas de seus cidadãos? A combinação de dois países bem armados e populosos, ricos em reservas de petróleo, Irã e Iraque, com muitos pequenos estados que também tinham petróleo, mas não meios de autodefesa, poderia facilmente provocar conflitos. O problema percebido diminuiu durante a Guerra Irã-Iraque de 1980-1988, mas o perigo potencial ressurgiu quando a guerra acabou.

Reclamações e pretensões do Iraque

O Iraque costumava se incomodar por ser o segundo no mundo árabe. O Egito possui mais universidades influentes, editoras, jornais e estações de rádio e televisão. A Síria foi precursora no surgimento do nacionalismo árabe, mesmo que o Iraque tivesse se tornado independente antes e defendesse a unidade árabe antes de o Egito defendê-la. E o petróleo da Arábia Saudita, embora descoberto depois que o do Iraque, progrediu rapidamente em produção e em reservas comprovadas. Os iraquianos sentiam, portanto, que os outros países não os respeitavam. Embora muitos estados árabes tenham emprestado somas generosas e fornecido armas ao regime de Saddam Husayn durante sua guerra contra o Irã, o Iraque despendeu sangue e riqueza para supostamente proteger o mundo árabe da militância islâmica de Teerã.

Muitos iraquianos pensam que o imperialismo britânico conteve o desenvolvimento de seu país ao esculpir um emirado separado chamado Kuwait. O Iraque argumentava que o Kuwait não tinha direito à independência. Sua família governante, Sabah, havia reconhecido a suserania otomana sobre o Kuwait durante o século XIX. Em 1899, contudo, o Xeique Mubarak Al-Sabah (r. 1896-1915) assinou um tratado tornando os britânicos responsáveis pela defesa e relações exteriores do Kuwait, separando-o do controle otomano. A Grã-Bretanha, para proteger suas rotas para a Índia, já havia feito tratados similares com outros líderes tribais ao longo do Golfo Pérsico. Durante o século XX, esses pactos preservaram um alinhamento político arcaico naquela área muito tempo depois que outros estados do Oriente Médio tivessem abandonado o governo monárquico e da dependência colonial. Quando os britânicos estabeleceram as fronteiras do Iraque em 1921, seus líderes reclamaram que a excisão do Kuwait deixava o Iraque quase sem acesso ao Golfo. Quando o Iraque se tornou independente, em 1932, exigiu ajustes de fronteiras. Quando as forças britânicas deixaram o Kuwait em 1961, Abd al-Karim Qasim tentou substituí-las pelas do Iraque, mas os outros estados árabes e a Grã-Bretanha enviaram tropas para impedi-lo de anexar o emirado. Bagdá continuou a alegar que o Kuwait era legalmente território iraquiano e que jamais reconhecera formalmente a independência kuwaitiana.

Durante seus oito anos de guerra com o Irã, contudo, o Iraque necessitou de empréstimos mais do que de terras, emprestando mais de 15 bilhões do

Kuwait – uma soma que não devolveria após a guerra. O Kuwait tinha ilhas, até então não desenvolvidas, que poderiam ter servido como locais para carregamento e transporte para as exportações de petróleo do Iraque. Tanto o Iraque quanto o Irã tentaram aumentar sua receita de petróleo após 1988 para reconstruir suas economias dizimadas pela guerra. Para aumentarem suas receitas, eles tinham de ou extrair mais petróleo ou vendê-lo por mais dinheiro. Nem Bagdá nem Teerã apreciavam as vendas agressivas de petróleo do Kuwait a preços baixos.

A legendária riqueza do Kuwait, derivada da venda de petróleo descoberto e desenvolvido por estrangeiros, serviu principalmente para enriquecer a dinastia Sabah e alguns kuwaitianos que poderiam provar que suas famílias tinham por muito tempo vivido no emirado, não a torrente de imigrantes pobres de outros estados árabes ou de países distantes como Bangladesh e as Filipinas. Esses trabalhadores estrangeiros, por mais valorizados que fossem por sua força, cérebros e trabalho, não desfrutavam dos direitos dos kuwaitianos. Raramente estrangeiros podiam obter cidadania kuwaitiana, mesmo que tivessem trabalhado no país por quarenta anos; nem seus filhos, mesmo que tivessem vivido lá suas vidas inteiras. Por qual mérito especial os kuwaitianos acumulavam tais fortunas enquanto muitos dos outros árabes permaneciam pobres?

Os kuwaitianos respondiam que no século XVIII seus ancestrais beduínos se estabeleceram em uma enseada abrigada, próxima ao extremo noroeste do Golfo, e lá construíram um pequeno forte (*kuwayt*, em árabe). Em 1756, os colonos escolheram um membro da Família Sabah para tratar de seus assuntos. Embora muitos kuwaitianos permanecessem nômades, alguns começaram a comercializar, transportar, colher pérolas e pescar. No final da década de 1930, uma firma anglo-americana encontrou petróleo. Somente após 1945 (quando o Kuwait tinha 150.000 habitantes), o petróleo se tornou a base da riqueza nacional, e a população aumentou subitamente.

Os kuwaitianos investiram astutamente suas receitas com o petróleo para construir uma infraestrutura moderna, educar seus jovens, investir bilhões de dólares no exterior, reservar fundos para um futuro quando os poços de petróleo pudessem secar, e apoiar estados árabes menos opulentos, mas mais populosos, que pudessem protegê-los contra agressão. Como até 1990 um quarto dos habitantes do Kuwait era de palestinos, o regime apoiava a OLP econômica e politicamente. Longe de depender do Ocidente, o Kuwait foi o primeiro pequeno Estado do Golfo a formar vínculos diplomáticos com países comunistas. Foi o único Estado do Golfo a ter um parlamento eleito popularmente, embora o emir o tenha dissolvido duas vezes e o sufrágio fosse limitado a homens que pudessem provar sua descendência de habitantes pré-1920.

A anexação do Kuwait pelo Iraque

O exército iraquiano invadiu e ocupou o Kuwait logo após a meia-noite de 2 de agosto de 1990. O emir kuwaitiano, Xeique Jabir al Ahmad Al-Sabah, alguns de seus parentes e altos oficiais, e muitos de seus súditos fugiram para a vizinha Arábia Saudita. De lá, exortaram a comunidade internacional, principalmente os Estados Unidos, a ajudá-los a reconquistar seu país. O presidente iraquiano Saddam Husayn havia acusado o Kuwait de extrair a parcela de petróleo de seu país a partir do campo de petróleo que possuíam conjuntamente em Rumayla e de conspirar para empobrecer o Iraque, superproduzindo petróleo para fazer baixar seu preço no mercado mundial. O líder iraquiano também pressionou o Kuwait a perdoar a dívida do Iraque, mas o Kuwait insistia em que o Iraque reconhecesse as fronteiras já demarcadas entre os dois estados, que Saddam se recusava a reconhecer. Em julho, esforços de mediação do presidente do Egito, Husni Mubarak e do rei saudita Fahd não satisfizeram o líder iraquiano. Fontes de inteligência estrangeiras sabiam que as forças iraquianas estavam sendo mobilizadas próximas à fronteira do Kuwait no final de julho, mas poucos esperavam que Saddam ordenasse uma invasão. Até 1990, os estados árabes raramente invadiam um ao outro.

A invasão do Iraque e a subsequente anexação do Kuwait iniciou uma crise diplomática. Os outros estados árabes reagiram lentamente; uma cúpula árabe de emergência foi convocada, mas depois cancelada. Os líderes árabes ignoraram o perigo óbvio? Se o Iraque escapasse da punição invadindo outro país árabe, o que impediria outros estados fortes de tomarem seus vizinhos vulneráveis? Em contraste, Washington condenou prontamente a invasão e congelou todos os recursos iraquianos e kuwaitianos nos Estados Unidos. Após obter o consentimento do governo saudita, o Presidente George H.W. Bush ordenou que tropas e suprimentos fossem enviados ao reino do deserto, que havia anteriormente proibido tropas estrangeiras em seu território. Ao final de outubro, mais de 200.000 americanos estavam posicionados no nordeste da Arábia Saudita. No mês seguinte, Bush dobraria o tamanho dessa força, adicionando unidades ofensivas, mostrando o comprometimento de Washington em expulsar as forças iraquianas do

Kuwait. Muitos outros países, incluindo o Egito e a Síria, enviaram tropas para se integrarem a uma coalizão aliada com as forças americanas no que foi oficialmente chamado Operação Escudo do Deserto.

O Conselho de Segurança da ONU aprovou uma série de resoluções em agosto, insistindo em que o Iraque se retirasse incondicionalmente do Kuwait e em que outros estados-membros lhe impusessem sanções econômicas até que se retirasse. O Iraque não poderia importar quaisquer mercadorias, exceto por pequenas quantidades de comida e medicamentos, nem poderia exportar petróleo para obter o dinheiro necessário para reconstruir sua economia devastada pela guerra. À medida que as sanções endureciam e Saddam não cedia, o Presidente Bush e a Primeira-ministra Margaret Thatcher ameaçaram atacar o Iraque. Os Estados Unidos e seus aliados recusaram tentativas de mediação do rei da Jordânia Husayn e de outros líderes, ordenando que o Iraque obedecesse às resoluções do Conselho de Segurança imediata e incondicionalmente. Saddam e seus apoiadores viram essas exigências como uma provocação direta e se recusaram a se retirar.

Tropas iraquianas saquearam casas, escolas, bibliotecas e comércios kuwaitianos. As forças de Saddam detiveram milhares de cidadãos estrangeiros pegos no Kuwait pela invasão, enviaram-nos de ônibus a Bagdá, e abrigaram alguns como "escudos humanos" contra-ataques estrangeiros. Bagdá ordenou que embaixadas estrangeiras deixassem o Kuwait, proclamou-o a décima nona província do Iraque, e tentou destruir todas as evidências da existência separada do Kuwait. Qualquer resistência de habitantes locais era reprimida. Milhares de kuwaitianos fugiram para outros países árabes.

Sadder, todavia, era o local de trabalhadores estrangeiros de longa duração no Kuwait e, em um grau menor, no próprio Iraque. Destituídos das mercadorias e dinheiro que haviam adquirido, egípcios, iemenitas, paquistaneses, cingaleses e filipinos se dispersaram através do deserto em direção à Jordânia, onde lotavam campos de refugiados provisórios até que seus países pudessem trazê-los de volta para casa com segurança. Muitos eram homens e mulheres jovens que vinham de lares pobres do Kuwait ou do Iraque para ganhar dinheiro para enviar às suas famílias. Agora que haviam perdido tudo, encontrariam perspectivas sombrias de desemprego em casa. Seus países sentiriam falta da receita em dinheiro gerada por suas remessas.

Preços do petróleo em alta, aumento do desemprego e deslocamentos provocados pelas sanções anti-Iraque golpearam as já cambaleantes economias do Oriente Médio e do Ocidente. Como poderiam os governos, que desejavam enviar tropas e suprimentos para auxiliar a Operação Escudo do Deserto, encontrar os recursos para pagá-los? A Alemanha e outros países europeus, assim como o Japão, a Arábia Saudita e o governo no exílio do Kuwait prometeram bilhões de dólares. Como muitos países enviaram tropas, tanques, aviões e dinheiro para as operações, quem tomaria as decisões militares? Por quanto tempo a coalizão aliada permaneceria unida?

Muitos observadores esperavam que as Nações Unidas tratassem de outros problemas internacionais, mas a situação era tensa. Saddam ofereceu evacuar o Kuwait somente se todos os outros exércitos inimigos (uma observação sarcástica a Israel e Síria) se retirassem das terras do Oriente Médio que estavam ocupando. O povo temia uma guerra prolongada, o bombardeio aéreo de cidades e obras públicas, incêndio de poços e refinarias de petróleo, ataques com mísseis, gás venenoso e mesmo guerra biológica. Durante o outono de 1990, as tensões cresceram em outros conflitos, notadamente, entre Israel e os palestinos.

A crise de legitimidade árabe

Para muitos árabes (e para alguns muçulmanos não árabes), Saddam era um herói popular que desafiou o Ocidente e fez todo mundo reexaminar as regras pelas quais as políticas do Oriente Médio eram conduzidas. Muitos palestinos, ressentidos com a negligência ocidental, a opressão israelense e o abuso de outros árabes, admiravam-no. Demonstrações pró--Saddam se espalharam na Jordânia e nos territórios ocupados de Israel, assim como em muitas terras remotas, como a Tunísia, Líbia e Iêmen. Em países cujos regimes temiam a dominação iraquiana do mundo árabe, notadamente Síria e Egito, algumas pessoas saudavam Saddam em demonstrações que eram prontamente reprimidas. Contudo, os árabes que haviam sofrido indignidades do exército iraquiano e haviam perdido seus meios de vida e remessas de dinheiro faziam manifestações contra Saddam.

O sistema político do Iraque era altamente ditatorial. O Estado controlava as principais indústrias do país, todas as instituições educacionais e os meios de informação. Enormes retratos de Saddam adornavam estradas e prédios públicos. Ninguém podia criticar suas políticas. Execuções sumárias, tortura e prisões de longo prazo, sem julgamento, eram comuns. Muitos dos oficiais militares e funcionários civis que haviam pertencido à sua facção do Partido Ba'ath quando este tomou o poder em 1968 ou que o haviam ajudado a se tornar presidente, em 1979, foram mais tarde removidos, exilados ou dispensados sem pensão. Saddam cercou-se de uma clique de parentes e amigos de sua cidade natal, Tikrit. Seu exército, incluindo a Guarda Republicana, o Exército Popular e reservistas, chegavam a mais de 1 milhão de indivíduos e era o maior e melhor equipado no mundo árabe. França, Alemanha, União Soviética e mesmo os Estados Unidos haviam vendido armas ao Iraque durante sua guerra contra o Irã. O uso de gás venenoso pelo Iraque contra iranianos e mesmo contra curdos iraquianos, durante essa guerra, aumentou a reputação de crueldade de seu exército.

Saddam anunciou, em agosto de 1990 (esperando fazer o Irã desafiar as sanções da ONU), que o Iraque estava pronto para restabelecer o acordo de 1975, que permitiria ao Irã partilhar como o Iraque o controle sobre o Shatt al-Arab. Saddam também ofereceu o petróleo iraquiano a países não ocidentais que estivessem sofrendo com as altas de preços provocadas pela invasão. Isso, após ter reclamado de que o Kuwait estava reduzindo os preços do petróleo que o Iraque queria aumentar. Os interesses proteanos de Saddam ditavam essas guinadas políticas.

Os governos sírios e egípcios, como os principais rivais árabes do Iraque, juntaram-se à coalizão aliada, ignorando a oposição de seu povo às políticas sauditas e americanas. Outros governos, como a Jordânia e o Iêmen, apoiavam Saddam devido aos seus vínculos econômicos com o Iraque, sob o risco de ofender seus outros vizinhos. Quase todo regime árabe se sentia inseguro quanto à sua própria legitimidade. Em uma crise, muitos regimes árabes recorrerão a alguma forma de coerção para assegurar a obediência de seus cidadãos. Carente de um sistema de segurança coletiva, todos são vulneráveis à invasão. Se a rica Arábia Saudita necessitava da Operação Escudo do Deserto para se defender contra o Iraque, que nunca ameaçara ocupar o reino saudita, como seu governo era visto por seus próprios súditos, que não tinham meios constitucionais para apoiar ou se opor às suas políticas? Quão efetivamente os sauditas usavam os custosos exércitos que haviam trazido do Ocidente? Até agosto de 1990, o exército saudita poderia proteger seus próprios súditos e proteger as cidades sagradas de Meca e Medina. Em janeiro de 1991, foi guardada por 500.000 soldados estrangeiros. O Iraque, contudo, não possuía soldados estrangeiros em seu solo.

Operação Tempestade do Deserto

A rejeição por parte do Iraque das doze resoluções do Conselho de Segurança exigindo sua retirada incondicional do Kuwait, combinada à recusa de Bush de se comprometer, levou à eclosão da guerra em 17 de janeiro de 1991. A Operação Tempestade do Deserto, a campanha renomeada da coalizão aliada, começou com bombardeios massivos às instalações militares do Iraque e muitos alvos civis. O Iraque lançou mísseis Scud contra Israel (que não era parte da coalizão aliada), esperando atraí-la para a guerra. Saddam calculava que se Israel retaliasse contra o Iraque, os exércitos da Arábia Saudita, Egito e Síria abandonariam a aliança. Sob pesada pressão americana para não retaliar, Israel obedeceu, mas ameaçou revidar mais tarde, com medo de que os palestinos e outros árabes assumissem que Jerusalém fosse fraca e tivesse de se esconder detrás de uma bateria de mísseis Patriot instalados apressadamente pelos americanos. Os ataques do Iraque com os mísseis Scud continuaram ao longo da guerra, atingindo a Arábia Saudita assim como Israel, mas não tinham valor estratégico.

Alguns contra-ataques do Iraque aos milhares de ataques aéreos dos aliados foram mais danosos. Saddam ordenou que as torneiras de petróleo do Kuwait fossem abertas, derramando milhões de galões de petróleo cru no Golfo, prejudicando praias, vida selvagem e mesmo as usinas de dessalinização de água. Pilotos aliados derrubados por iraquianos eram capturados, torturados e obrigados a confessar na televisão crimes contra o povo iraquiano. Enquanto se retiravam, soldados do Iraque colocaram fogo nos campos de petróleo do Kuwait. Bush e seus parceiros de coalizão ordenaram que o Iraque obedecesse a todas as resoluções do Conselho de Segurança. Quando rejeitou suas exigências, a coalizão lançou uma ofensiva terrestre que, em 100 horas, expulsou as tropas iraquianas do Kuwait. As armas silenciaram em 27 de fevereiro de 1991.

Após a tempestade

A coalizão liderada pelos Estados Unidos parecia ter conquistado uma grande vitória em um período surpreendentemente curto. As pessoas esperavam que a administração Bush reunisse todos os países do Oriente Médio para resolverem suas diferenças políticas. Muitas também temiam que o conflito continuasse no Iraque, o que certamente ocorreu. Quando as forças de coalizão ocuparam partes do sul do Iraque, os xiitas locais se rebelaram contra o regime de Bagdá, como fizeram os curdos mais ao norte. Embora os líderes da coalizão tivessem encorajado essas rebeliões, não deram qualquer ajuda militar aos xiitas, que poderiam ter formado uma república islâmica no sul do Iraque, nem aos curdos, cuja criação de um Curdistão autônomo poderia ter incitado exigências similares dos curdos da Turquia. Eles não removeram Saddam, que impediu tentativas, militares e civis, de depô-lo.

Em troca, a coalizão tentou destruir o presumido estoque de armas nucleares, biológicas e químicas do Iraque, visando ao potencial militar geral do Iraque. Os Estados Unidos e seus parceiros de coalizão mantiveram por quase doze anos as sanções das Nações Unidas que empobreceram o povo iraquiano sem sequer prejudicar seus líderes. Saddam acreditava que tinha vencido a guerra porque permaneceu no poder, enquanto Bush perdeu as eleições em 1992. O Iraque conseguiu reconstruir seu exército e a Guarda Republicana, ameaçando o Kuwait novamente em 1993 e 1994, e desafiando as equipes de inspeção de armas da ONU em 1997 e 1998. Enquanto isso, uma estimativa da ONU registrou que mais de um milhão de iraquianos morreram devido às sanções. Após anos de resistência, Saddam concordou com um acordo da ONU que lhe permitiu vender 2 bilhões (em pouco tempo aumentado para uma quantia ilimitada) de petróleo iraquiano a cada seis meses em troca de alimentos, medicamentos e outras necessidades importados, começando em 1997. Grande parte da receita foi apropriada por Saddam e seus homens de confiança. Embora os inspetores da ONU tenham terminado acessando a maior parte das instalações militares e palácios presidenciais do Iraque, foram ordenados por Washington a se retirar em 1998, pouco antes de uma campanha anglo-americana de bombardeio que feriu muitos civis iraquianos. O embargo ao Iraque era cada vez mais ressentido no Oriente Médio. Em 2001, muitos estados árabes, Turquia e o Irã estavam comercializando com o Iraque como se as sanções tivessem sido suspensas.

O Kuwait prontamente extinguiu seus campos de petróleo em chamas, mas os reparos aos danos provocados pelas tropas iraquianas às suas instalações de petróleo custaram 5,5 bilhões. O país organizou eleições parlamentares em 1992, mas as mulheres ainda não podiam votar e trabalhadores estrangeiros ainda não podiam se tornar cidadãos. Milhares de palestinos que haviam construído a economia do Kuwait haviam sido exilados (sem suas posses) e não foram readmitidos. Seus postos de trabalho foram assumidos por egípcios e outros cidadãos estrangeiros.

O fim da guerra civil do Líbano

Após o Ocidente ter retirado suas tropas do Líbano em 1984, o governo quase deixou de operar em Beirute. Nenhuma polícia restou para impedir o sequestro de americanos, europeus e mesmo de sauditas e iranianos pelas várias milícias. Dividido, de fato, desde 1976, o Líbano viu menos conflito entre muçulmanos e cristãos do que antes de 1984, porém mais dentro de cada grupo religioso ou político. Tão logo uma facção parecia forte o bastante para restaurar a ordem, dividia-se em duas ou mais facções dissidentes concorrentes. Os muçulmanos xiitas combateram os palestinos em 1985; em 1988 estavam lutando entre si, com o secular Amal, apoiado pela Síria, rivalizando com o militantemente islâmico Hezbollah, apoiado pelo Irã. Somente a intervenção diplomática desses dois patrocinadores externos encerrou a disputa intraxiita.

Enquanto isso, os maronitas, que haviam perdido sua pluralidade da população do Líbano para os xiitas em 1980, não chegavam a um acordo quanto a um líder. Quando o mandato presidencial de Amin Jumayyl terminou no verão de 1988, as milícias impediram os membros do parlamento de se reunir em Beirute para eleger seu sucessor. Os 40.000 soldados do governo sírio poderiam ter permitido que isso determinasse o próximo presidente do Líbano, mas a voz mais elevada dos maronitas foi o General Michel Awn, apoiado pelo Iraque, que exigiu que todos os sírios deixassem o Líbano, e inclusive se mudou para o palácio presidencial, desafiando um governo provisório dirigido por um primeiro-ministro sunita.

Em outubro de 1989, após um impasse de um ano, o governo saudita convidou todos os membros sobreviventes do parlamento do Líbano (nenhuma eleição popular de deputados havia ocorrido desde 1972) para irem a Taif para escolherem um novo presidente. O homem que elegeram, um cristão moderado aceitável para a Síria, foi assassinado após somente dezessete dias no poder, mas o parlamento bravamente se reuniu novamente para eleger um substituto, Ilyas Harawi. As facções Awn e Harawi lutavam entre si tão acrimoniosamente em 1990 quanto os grupos xiitas lutaram entre si anteriormente. Somente quando o Iraque ocupou o Kuwait, parou de apoiar Awn. Em pouco tempo foi derrotado pelas forças de Harawi, apoiadas pela Síria. Líbano e Síria assinaram um pacto em maio de 1991, dando a Damasco o controle sobre os assuntos estrangeiros e militares do Líbano.

Especialistas discordam sobre se a ocupação prolongada do Líbano pela Síria, que duraria até 2005, estabilizara ou intimidara o país. Os acordos de Taif de 1989 propunham uma partilha do poder entre as seitas, facções e milícias do Líbano, que quase equiparavam suas percentagens à população do país. Com o Líbano finalmente em paz, Beirute e grande parte do interior do país retornaram ao normal. O povo libanês podia reconstruir seu país. As tropas de Israel, tendo se retirado em 1985 para uma zona de segurança próxima à sua fronteira ao norte, deixariam o país completamente em 2000.

O processo de paz nas relações árabe-israelenses

A Guerra do Golfo mudou a relação de Israel com seus vizinhos árabes e com os palestinos. Os soviéticos mudaram sua política para o Oriente Médio, pois a visão de governo de Mikhail Gorbachev não se opunha à coalizão liderada pelos Estados Unidos. Permitia a seus cidadãos judeus emigrarem e retomarem relações diplomáticas com o Estado judaico. Isso levou ao influxo para Israel de quase um milhão de judeus soviéticos. Interrompeu o armamento da Síria e outros confrontos árabes contra Israel e Egito. Auxiliou os esforços americanos de convocar uma conferência geral de paz. Quando Gorbachev dissolveu a união no final de 1991, os Estados Unidos eram a única superpotência que podia agir independentemente do Oriente Médio. Esperando que Washington apoiasse os interesses essenciais de Israel, concordou em entrar em conversações de paz com a Síria, Arábia Saudita e Jordânia (com uma delegação de palestinos, da qual nenhum era publicamente vinculado à OLP). Os governos árabes exportadores de petróleo sabiam que sua segurança dependia de manterem boas relações com Washington, e de evitarem qualquer ameaça futura à sua segurança – uma ameaça mais propensa a vir do Iraque ou do Irã do que de Israel. A Síria concordou em entrar em conversações de paz se pudesse recuperar as Colinas de Golan tomadas por Israel na guerra de 1967. Para a Jordânia e à OLP, seu apoio público às políticas do Iraque haviam danificado sua credibilidade entre os outros regimes exportadores de petróleo que os haviam anteriormente apoiado financeira e diplomaticamente. Ambos haviam sofrido perdas com a Guerra do Golfo. Ambos confirmaram sua prontidão em negociar com Israel.

O Secretário de Estado americano James Baker organizou uma conferência geral que iniciou em Madri em outubro de 1991. A presença de representantes árabes na mesma sala com representantes israelenses marcou um passo na direção da paz, embora a Conferência de Madri não tenha produzido progressos. Conversas multilaterais sobre vários problemas concernentes ao Oriente Médio como um todo, como direitos aos recursos hídricos, refugiados, desenvolvimento econômico e controle de armas, prosseguiram durante os anos seguintes em vários lugares, fazendo um progresso marginal, mas recebendo pouca publicidade. Discussões bilaterais ocorreram, titubearam e foram retomadas durante 1992-1993, quando primeiro Israel e depois Estados Unidos elegeram governos novos e mais liberais.

Muitos grupos árabes temiam que a paz com Israel os prejudicasse. A resistência violenta à ocupação de Israel foi executada pelo Hezbollah no Líbano e pelo Hamas na Cisjordânia e em Gaza. Atos terroristas contra líderes políticos do Egito e turistas estrangeiros marcaram o poder crescente desses elementos extremos como seu Grupo Islâmico. O terrorismo se espalhou inclusive pelos Estados Unidos, quando um grupo de egípcios expatriados foi preso após colocar bombas que danificaram parte do World Trade Center de Nova York em fevereiro de 1993. Um milionário saudita exilado, Osama bin Laden, fundou células terroristas no Sudão e depois no Afeganistão. Ele é usualmente considerado suspeito de ter inspirado a explosão do World Trade Center em 1993 e os ataques às embaixadas americanas no Quênia e na Tanzânia em 1998. Bombardeios retaliatórios na suposta base de bin Laden, no Afeganistão, e a uma fábrica farmacêutica, em Khartum, não diminuíram seu apelo.

Em 1993, Israel continuou a bombardear as aldeias libanesas (deixando 500.000 aldeãos desalojados), a expandir seus assentamentos na Cisjordânia e a ferir ou matar manifestantes palestinos. Podia sujeitá-los também a detenções preventivas e tortura, explodir casas, reduzir sua água e impor toques de recolher na Faixa de Gaza e na Cisjordânia. A esperança pela paz parecia estar reacendendo de novo.

O Acordo de Oslo I

Um progresso maior foi feito longe da atenção pública, contudo, sob os auspícios do ministro das relações exteriores da Noruega, que manteve conversas secretas entre representantes da OLP e o novo governo de Israel a despeito de suas declarações públicas em contrário. Após a notícia vazar, em agosto de 1993, Oslo entregou seu papel mediador a Washington. Em 13 de setembro, os ministros das relações exteriores de Israel e da OLP e o secretário de Estado americano se encontraram para uma cerimônia pública, também chamada o Acordo de Oslo I. A cerimônia incluiu breves discursos do presidente americano Bill Clinton, do primeiro-ministro israelense Yitzhak Rabin e do presidente da OLP Yasir Arafat (cf. Caixa 20.1). A cerimônia encerrou com um aperto de mão entre o veterano israelense e os líderes palestinos, simbolicamente terminando sua longa inimizade. De acordo com a declaração, Israel deveria retirar suas forças da Faixa de Gaza e de Jericó em três meses, permitindo à OLP instaurar uma autoridade autogovernante como um primeiro passo para a total autonomia dos territórios ocupados, exceto por Jerusalém (cujo *status* seria negociado mais tarde). Os palestinos teriam permissão para organizar eleições livres para uma assembleia nacional (cujo tamanho e poderes não foram especificados) tão logo as tropas israelenses se retirassem de seus principais centros populacionais. Os assentamentos judaicos, na Cisjordânia e na Faixa de Gaza, permaneceriam sob proteção israelense. Nem a exigência dos palestinos de completa autonomia nem as necessidades de segurança dos israelenses foram completamente satisfeitas pela Declaração de Princípios. Mas nem Arafat nem Rabin se beneficiariam de abandonar o processo de paz.

Caixa 20.1 Yasir Arafat (1929-2004)

Fontes discordam de sobre onde Yasir Arafat nasceu. Alguns dizem que foi em Jerusalém; outros, no Cairo. Sua família era definitivamente palestina e, quando tinha quatro anos, estava vivendo em Jerusalém, onde seu pai tinha um comércio de tecidos. Quando tinha oito anos, a família se mudou para o Cairo. Arafat foi educado principalmente no Egito, ingressando na Universidade do Cairo. Lá, tornou-se politicamente ativo e, em 1946, estava contrabandeando armas do Egito para a Palestina. A derrota árabe na guerra de 1948 e o estabelecimento de Israel o desencorajaram brevemente, mas em pouco tempo se dedicaria a questionar seu resultado.

Como suas atividades políticas muitas vezes o desviavam de seus estudos, Arafat só concluiu sua graduação em engenharia civil em 1956. Após servir brevemente no exército egípcio, durante a Guerra de Suez de 1956, mudou-se para o Kuwait, onde estabeleceu sua própria firma de construção. Em 1959, Arafat fundou o Fatah, pois estava convencido de que os palestinos tinham de lutar para libertar sua pátria e não esperar que Estados árabes fizessem isso por eles. Em 1965, o Fatah estava executando operações militares dentro de Israel.

Os palestinos passaram a ver Arafat e seus companheiros como heróis. Seus esforços inspiraram a formação de outros movimentos de resistência, que Arafat conseguiu unir sob o âmbito da OLP. Mesmo que seus combatentes da OLP não pudessem derrotar Israel militarmente, Arafat manteve os *fidaiyin* juntos em um nível que exigiu a atenção do mundo. Ele argumentava sempre que "todas as opções estão abertas, incluindo o conflito armado, se necessário". Arafat deixava claro que a violência e o "terror" do Fatah e dos outros grupos de resistência se equiparavam aos atos destrutivos de Israel contra a sociedade palestina como um todo. Seu conflito não havia sido compreendido no Ocidente, que distorcia consistentemente Arafat e descrevia as ações do Fatah sem qualquer contexto significativo.

Esse tratamento obscureceu seus feitos positivos e impediu qualquer reposta apropriada, particularmente do governo americano, às suas iniciativas. Por exemplo, em 1988, Arafat convenceu a OLP a aceitar a Resolução 242 da ONU, a reconhecer o direito de Israel de existir dentro de suas fronteiras de 1967 e a renunciar ao "terrorismo". Em 1991, ele apoiou a convocação da Conferência de Madri, e, em 1993, aceitou os acordos de Oslo e apertou a mão do primeiro-ministro israelense Yitzhak Rabin no gramado da Casa Branca. A despeito de tudo isso, ele era constantemente chamado o homem "que fracassou em obter a paz", especialmente devido à sua rejeição à oferta de Clinton e Ehud Barak na Cúpula de Camp David em 2000.

Em janeiro de 1996, na primeira eleição livre e justa organizada na Palestina, Arafat foi escolhido presidente por uma maioria esmagadora de 87%. Embora mais tarde tenha se mostrado um administrador incompetente de um território ocupado amplamente controlado por Israel, muitos palestinos o amavam e respeitavam, mesmo que tivessem se tornado cada vez mais críticos ao seu estilo presidencial autoritário.

As negociações subsequentes entre Israel e a OLP não validaram Oslo I. A declaração deixou problemas importantes não resolvidos, e ambos os lados tenderam a jogar para seus apoiadores. Israel retirou suas tropas daquelas partes de Gaza e Jericó não colonizada por judeus, permitindo a Arafat retornar e criar instituições políticas. Mas também expandiu assentamentos judaicos existentes, violando o espírito do Oslo I. Uma força de polícia palestina, recrutada e treinada para manter a ordem, gradualmente se tornou uma milícia anti-Israel. Governos estrangeiros retiraram grande parte dos 2 bilhões que haviam prometido para apoiar a autoridade autogovernante da OLP (que, na época, passou a ser considerada um Estado) e para reconstruir a economia palestina, porque Arafat exigia o controle do dinheiro sem nenhuma prestação de contas pública. Sua administração, incapacitada por autoridades rivais e por agências de segurança, também foi questionada pelo Hamas. As condições econômicas em Gaza, longe de melhorarem, pioraram, assim como as condições nas terras ocupadas não sob a Autoridade Palestina. Em 1994, um colono judeu armado entrou na mesquita na Tumba dos Patriarcas, em Hebron, e matou 29 e feriu 125 fiéis muçulmanos antes de ser subjugado e morto. A desconfiança mútua se intensificava.

Ganhos e perdas no processo de paz

Mesmo que a Declaração de Princípios não tivesse trazido paz ou prosperidade aos palestinos, abriu a porta para acordos com Israel de outros países árabes. O rei da Jordânia Husayn havia há muito conversado secretamente com Israel sobre paz; agora, ele e seu governo trabalhavam abertamente para encerrar seu estado de guerra. Em outubro de 1994, Clinton, Husayn e Rabin se encontraram no deserto, na fronteira entre o sul de Israel e a Jordânia para assinar um tratado de paz formal jordaniano-israelense. Tunísia e Marrocos formaram vínculos consulares com Israel, e vários dos pequenos estados do Golfo se apressaram em fazer negócios com o Estado judaico. De 1994 a 1997, muitos países do Oriente Médio participaram de uma conferência de desenvolvimento econômico anual. Os Estados Unidos esperavam que o governo da Síria assinasse um tratado de paz com Israel em troca de uma retirada gradativa das tropas israelenses das Colinas de Golan, mas mesmo a visita pessoal de Clinton a Assad, em 1994, não eliminou o abismo entre Damasco e Jerusalém. Os estados árabes se encontraram naquele ano para coordenar suas estratégias diplomáticas, pois eventos recentes lhes mostraram que eram tão desunidos para fazer a paz quanto para fazer a guerra.

Em setembro de 1995, Israel e os palestinos assinaram outro acordo, chamado Oslo II, contendo um plano intrincado para a retirada gradual de Israel da Cisjordânia (mas não do leste de Jerusalém). Oslo II estabeleceu três zonas da Cisjordânia. A Zona A consistia de oito cidades da Cisjordânia que os árabes já controlavam. Autoridades palestinas assumiriam a responsabilidade pela segurança interna e pela ordem pública da zona, exceto pelos bairros de Hebron que continham colonos judeus. A Zona B consistia de outras cidades e aldeias da Cisjordânia, onde a polícia palestina terminaria mantendo a ordem, mas Israel reteria autoridade superior em relação à segurança. A Zona C incluía assentamentos judaicos, áreas subpopuladas e terras de Israel vistas como estratégicas. Israel manteve autoridade completa quanto à segurança para a Zona C, até conversações sobre o "estatuto final". Tropas israelenses seriam remanejadas a cada seis meses. Israel e os palestinos deveriam formar patrulhas conjuntas, e Israel construiria vias secundárias para seus colonos. Os palestinos foram empoderados para eleger um presidente e um conselho de oitenta e dois membros. Os habitantes árabes de Jerusalém não podiam concorrer a cargos eletivos, mas poderiam votar a distância nas eleições, que foram organizadas em janeiro de 1996.

Extremistas israelenses e palestinos se combinaram para sabotar o processo de paz. O Primeiro-ministro Rabin foi morto por um fundamentalista judeu logo após discursar em um comício pela paz em novembro de 1995. Seu sucessor, Shimon Peres, tinha menos apoio popular, como as eleições gerais de maio de 1996 mostraram. Alarmados com os dois ataques suicidas a bomba do Hamas, durante uma crise incitada por um túnel israelense sob o Haran al-Sharif/Monte do Templo, os israelenses votaram por uma estreita margem para substituir Peres e seu governo trabalhista pelo líder do Likud, Benjamin Netanyahu. O Likud desconfiava das conversações de *status* permanente com a OLP, mas prometeu cumprir os compromissos de Israel conforme os acordos de Oslo. Netanyahu inclusive concordou em retirar as tropas israelenses de grande parte de Hebron em janeiro de 1997. Mas Israel pospôs abrir mão das outras áreas da Cisjordânia, devido a novos bombardeios pelos quais Netanyahu responsabilizou Arafat. Clinton e sua nova secretária de Estado, Madeleine Albright, insistiram repetidamente em que Netanyahu desistisse das terras ocupadas e em que Arafat interrompesse o terrorismo. Arafat não podia fazer isso após Israel ter atacado a infraestrutura de segurança da OLP nos territórios ocupados, tornando impossível para ele conter o Hamas. Os palestinos ficavam cada vez mais frustrados com um processo de paz que não lhes dava qualquer esperança de liberdade ou mesmo de emprego. Eles também se ressentiam da política de Israel de construir novos assentamentos em suas terras, violando a Quarta Convenção de Genebra, que proíbe qualquer transferência de população em territórios militarmente ocupados.

Conforme a Declaração de Princípios de 1993, um período de transição de cinco anos deveria levar às conversações sobre o estatuto final, que deveriam ocorrer em 1998, sobre temas contenciosos como (1) o futuro de Jerusalém (que tanto palestinos como israelenses alegavam ser sua capital), (2) o direito dos palestinos desalojados de retornarem às suas casas ou de receberem compensação de Israel, (3) o futuro dos assentamentos judaicos em territórios concedidos aos palestinos, (4) a configuração das fronteiras finais entre Israel e o Estado palestino projetado, e (5) o *status* da Autoridade Palestina. A intimidação israelense e o terrorismo palestino se combinaram para impedir as conversações sobre o estatuto final.

Israel organizou eleições gerais em maio de 1999. O Partido dos Trabalhadores obteve ganhos às custas do Likud e formou um gabinete de coalizão que incluía vários partidos dissidentes e desfrutava do apoio tácito de árabes israelenses. Na primeira eleição separada jamais organizada para a posição de primeiro-ministro, Ehud Barak derrotou habilmente Netanyahu. Clinton esperava que Barak pudesse se acertar tanto com a Autoridade Palestina quanto com a Síria, mas isso não aconteceu. Hafiz al-Assad da Síria não conversaria com Israel a menos que prometesse de antemão devolver ao seu país todas as Colinas de Golan ocupadas. Representantes palestinos e israelenses se encontraram na Travessia Erez entre Gaza e Israel, em uma propriedade no River Wye em Maryland, e, em julho de 2000, com Bill Clinton em uma cúpula tripartida em Camp David. Mas não houve avanços para a paz. Israel não deixaria os palestinos reconquistarem a Cisjordânia inteira e o leste de Jerusalém, nem concordariam em readmitir os refugiados palestinos (e seus descendentes) da guerra de 1948. Os palestinos prometeram conter o terrorismo, mas na prática continuaram atacando os israelenses.

Apoiadores de Israel perguntaram por que Arafat rejeitou os termos de paz de Barak em Camp David, pois pareciam generosos, mas não eram, mesmo depois de modificados em encontros posteriores em Taba e Sharm al-Shaykh. Israel oferecia aos palestinos um Estado truncado que não controlaria suas próprias fronteiras, suprimento de água, espaço aéreo e processos de imigração. Eles não teriam permissão para ter armas para se defender contra um vizinho que os atacava com frequência. Enquanto isso, colonos judeus continuavam a construir novos assentamentos e a ampliar antigos (no final de 2000, a população de colonos judeus na Cisjordânia e em Gaza excedia 200.000). Eles se apropriavam dos recursos hídricos dos palestinos e, por vezes, da terra. Novas autoestradas cruzavam a área.

A segunda intifada

Em 28 de setembro de 2000, o General Ariel Sharon fez uma visita altamente pública aos santuários muçulmanos no topo do Monte do Templo, ou al-Haram al-Sharif, acompanhado por aproximadamente 1.500 soldados e policiais, para mostrar a soberania de Israel sobre esse local sagrado muçulmano. Esse ato enfureceu os palestinos, que começaram a atacar assentamentos judaicos com pedras e, por vezes, com armas de fogo. A IDF revidou com ataques retaliatórios massivos, matando centenas e ferindo milhares de palestinos, muitos dos quais inocentes espectadores ou mesmo crianças pequenas pegas na linha de fogo. Conforme os acordos de Oslo, Israel e a Autoridade Palestina poderiam ter realizado uma ação policial conjunta. Em troca, o que ocorreu foi uma operação militar israelense que incluiu explosão de casas, arrancamento de oliveiras e laranjeiras, atirar em manifestantes e cobrir aldeias inteiras com gás lacrimejante. Os israelenses ficaram consternados quando civis árabes atacaram soldados judeus em Nazaré, porque haviam assumido que os árabes israelenses nunca se rebelariam contra eles. Os palestinos sofreram não apenas mortes e ferimentos como também a perda de seu meio de vida, quando, por razões de segurança, Israel fechou os postos de fronteira aos palestinos que eram trabalhadores em Israel.

Essa revolta palestina, em pouco tempo, foi chamada a Intifada de al--Aqsa (com referência à grande mesquita do Monte do Templo). Ela conquistou o apoio de praticamente todos os árabes, que exigiram que seus governos cortassem laços diplomáticos e comerciais com Israel. Somente o Egito e a Jordânia (cujo Rei Husayn havia morrido de câncer e fora substituído por seu filho, Abdallah II) mantiveram relações formais com o Estado judaico. Os israelenses alegavam que sua segurança estava em risco. Debates inflamados ocorreram no Knesset com relação ao que muitos membros pensaram ser as abertamente generosas ofertas de Barak em Camp David. O primeiro-ministro concordou em abreviar seu mandato e buscar a reeleição. Seu oponente se mostrou ser Ariel Sharon. Os palestinos e outros árabes se decepcionaram com Barak, mas chamaram Sharon um criminoso de guerra por seu papel em apoiar os massacres de 1982 em Sabra e Shatila e em outras ações militares contra árabes durante sua longa carreira militar.

Durante a campanha de eleição, Sharon alegava ser um líder que era duro o bastante para levar os árabes a uma paz real. Ele derrotou Barak por uma margem de 20%. Contudo, como a eleição não envolveu o Knesset, o Partido dos Trabalhadores ainda manteve sua pluralidade de assentos lá.

Sharon formou uma ampla coalizão, incluindo políticos do Partido dos Trabalhadores. Shimon Peres se tornou seu ministro das relações exteriores. Seria difícil para esse gabinete divisar uma política israelense unificada ou atingir um pronto acordo com a Autoridade Palestina. A última, ainda liderada por Arafat, era quase totalmente desacreditada entre os palestinos por sua corrupção e ineptidão. O Hamas (auxiliado pelo Hezbollah) aproveitou a iniciativa para os palestinos, enviando bombardeiros suicidas a Israel e atirando em colonos judeus na Cisjordânia e Gaza. Tropas israelenses reocuparam a Faixa de Gaza, bombardearam prédios da Autoridade Palestina e detiveram muitos palestinos sem julgamento.

Até onde vai o Islã?

A máxima popular da década de 1990 era "o islã é a solução", embora esse fundamentalismo tenha falhado em resolver os problemas no Irã e em outros países onde foi tentado. Grupos muçulmanos entregaram benefícios sociais a massas de cidadãos recentemente urbanizados do Oriente Médio, cujas necessidades não são bem servidas por governos ou antigas organizações de caridade. A revivificação de alguns costumes muçulmanos, como o cultivo de barbas por homens e o uso de lenços de cabeça por mulheres, espalharam-se ao longo do mundo islâmico. A observância religiosa elevada pode bem ser um desenvolvimento positivo em uma área e era tensas. Mas o problema é a combinação do islã com política.

Ganhos e perdas islâmicas: um registro de desempenho da década de 1990

Em países como a Jordânia, que permitiam alguma participação pública na política, partidos islâmicos conquistaram votos em decorrência da austeridade econômica, desencanto com o processo de paz, e raiva dos Estados Unidos. No Egito, onde partidos políticos proliferavam, mas aqueles baseados na religião eram banidos, a oposição às políticas de Husni Mubarak, e de seus apoiadores americanos, foi expressa por ataques terroristas contra funcionários do governo, coptas, turistas estrangeiros e escritores seculares. Os islâmicos conquistaram o controle dos sindicatos profissionais de advogados, médicos e engenheiros nas eleições de 1992; mais tarde, o regime de Mubarak revisou as regras eleitorais dos sindicatos. Mas não pôde exterminar completamente o fundamentalismo: em 1995, um juiz tentou forçar uma mulher a se divorciar de seu esposo, um professor da Universidade do

Cairo, após ele ter publicado um artigo acadêmico que o magistrado considerou anti-islâmico. O Sudão, empobrecido por anos de conflito civil, teve um governo admitidamente islâmico que exportava propagandistas para o resto do mundo árabe. Alguns sudaneses tentaram assassinar Mubarak em 1995 durante um encontro na Etiópia.

Os revolucionários islâmicos que expulsaram o exército soviético do Afeganistão em 1987-1991 formaram uma rede chamada Al Qaeda, que treinava ativistas em outros países muçulmanos, incluindo o Egito e o Sudão. No próprio Afeganistão, o *Taliban* (estudantes muçulmanos) conquistaram o controle de grande parte do país contra milícias melhor armadas em 1996 e impuseram severas restrições às mulheres e intelectuais ocidentalizados. No Irã, o Presidente Muhammad Khatami, eleito em 1997, tentou facilitar algumas restrições islâmicas e abrir melhores relações com o Ocidente, em contraste com as políticas de linha dura do líder religioso do país, o Aiatolá Ali Khamanei, que, conforme a constituição de 1979, detinha grande parte do poder.

O Partido do Bem-Estar pró-islâmico da Turquia conquistou votos o bastante na eleição geral de 1995 para liderar um governo de coalizão por alguns meses, mas suas abordagens diplomáticas ao Irã e à Líbia, mais sua ameaça de desfazer o legado de Ataturk, enraiveceram tanto os oficiais do exército que seu líder voluntariamente renunciou em 1997 e deixou os seculares reconquistarem o poder. Os governos islâmico e secularista da Turquia fortificaram igualmente vínculos militares com Israel. O país mais ameaçado por essa aliança era a Síria, onde revolucionários islâmicos ainda não eram fortes o bastante para ameaçar os Assads, fosse Hassiz (que morreu em 2000) ou seu filho e sucessor, Bashar. A Síria continuou a insistir em que Israel poderia ter a paz somente se devolvesse as Colinas ocupadas de Golan. A Síria também obtinha grande parte de sua água de irrigação da Turquia, cujas massivas represas controlavam agora os rios Eufrates e Tigre.

Durante a década de 1990, os islâmicos podiam apenas sonhar em algum dia expulsar um regime árabe há muito estabelecido. A Jordânia havia sido governada pelos hachemitas desde 1921, a Síria pela Família Assad desde 1970, o Iêmen por Ali Abdallah Salih desde 1978, o Egito por Mubarak desde 1981, e a Arábia Saudita pela Família Sa'ud desde 1932. As forças de segurança desses países poderiam então frustrar qualquer revolução islâmica. Uma perspectiva mais atrativa poderia ter sido tomar o controle de uma das emergentes repúblicas caucasianas ou da Ásia Central, dentre as quais o Azerbaijão, o Cazaquistão e o Turcomenistão tinham reservas de petróleo que estavam apenas começando a ser exploradas. Turquia, Arábia Saudita e Irã estavam todos competindo por influência nas terras onde czares e comissários anteriormente detinham o poder.

Conclusão

Grande parte dos problemas do Oriente Médio, como superpopulação, escassez de água e de outros recursos, má distribuição de riqueza e infraestrutura inadequada para industrialização não foram resolvidos combinando islã com política. Líderes islâmicos poderiam estabelecer um tom moral mais elevado para suas sociedades, denunciar líderes que falham em servir ao seu povo e em alguns casos, inclusive, ajudar a construir instituições democráticas. Nenhum rei ou presidente governando um Estado muçulmano do Oriente Médio, durante a década de 1990, gozou de muita popularidade ou mostrou muita visão. Mas a falta de legitimidade dos estados do Oriente Médio levaria seus súditos a buscarem soluções em outra parte, usualmente em alguma forma de fundamentalismo religioso ou de nacionalismo extremo. No passado, o controle estatal das transmissões via rádio e televisão poderia restringir o que as pessoas sabiam, mas estações de televisão por satélite, antenas parabólicas e a internet deram aos cidadãos do Oriente Médio acesso a fatos e ideias que ameaçariam seus governos – e seus apoiadores ocidentais – apenas uma década depois.

21 A década Pós-11/9 no Oriente Médio

O leste dos Estados Unidos estava se deleitando na morna manhã de 11 de setembro de 2001. Carros que levavam homens e mulheres para seus trabalhos afluíam a cidades, fábricas e *shopping centers*. Ônibus amarelos deixavam crianças nas escolas. Caminhões, trens, navios e aviões estavam levando carga de um ponto ao outro em todas as partes do país. De repente, um avião de passageiros colidiu com o World Trade Center na cidade de Nova Yorque. Deve ter sido um acidente terrível, as pessoas presumiam, até que, vinte minutos depois, um segundo avião de passageiros espatifou a frente e o lado da Torre Sul. Em uma hora, um terceiro avião colidiu com o lado oeste do Pentágono, em Arlington, na Virgínia. Um quarto avião caiu em um campo ao leste de Pittsburgh. Foi o ataque mais aterrorizante que os americanos jamais experienciaram. Quantos aviões mais colidiriam? Quem poderia ter imaginado uma atrocidade dessas? Como poderiam aqueles, nas cabines de pilotos, ter tomado os aviões de passageiros e os chocado contra grandes prédios? Que razão poderiam ter tido para fazer isso?

"Por que eles nos odeiam?" era o que muitos americanos se perguntavam naquele momento. Muitos sabiam menos do que você sabe agora sobre a história do Oriente Médio, sobre as políticas americanas para a região e sobre como elas afetavam seus povos. Poucos americanos se perguntavam se as políticas para o Oriente Médio de seu governo ajudavam ou impediam a democracia, o desenvolvimento econômico ou os direitos humanos. Em troca, as pessoas repetiam explicações equivocadas como: "Esses muçulmanos odeiam nossas liberdades". Os americanos tradicionalmente sabiam pouco sobre política estrangeira ou sobre as condições no exterior. Grupos de interesse especiais, alguns do quais com bolsos fundos e pouca concorrência, haviam conquistado o controle das decisões de Washington sobre áreas estrangeiras que lhes interessavam. Suas preocupações paroquiais passaram a ser vistas, na Casa Branca, nos corredores da academia, no Congresso americano e na mídia de massa como o interesse nacional.

O atacante, naquela manhã de setembro, foi a Al Qaeda, um corpo coordenado para movimentos de resistência muçulmana operando em vários países e chefiado por um empresário saudita exilado chamado Osama bin Laden (cf. Caixa 21.1). O ataque dramático começou como uma operação de sequestro por dezenove militantes árabes. Tirou 2.977 vidas, rompeu a apatia do povo americano, e focou a atenção do mundo na ameaça terrorista. Em dias, as Nações Unidas aprovaram uma resolução condenando o terrorismo, o presidente americano George W. Bush declarou guerra contra o terrorismo, sua administração prendeu e deteve milhares de suspeitos, e os aviões americanos começaram a bombardear o Afeganistão, que abrigava bin Laden e seus campos de treinamento. Uma coalizão liderada por americanos ocupou grande parte do Afeganistão, depôs seu governo talibã, e perseguiu os combatentes da Al Qaeda nas montanhas próximas ao Paquistão.

Caixa 21.1 Osama bin Laden (1957-2011)

Osama bin Laden nasceu no rico clã bin Laden da Arábia, que possui uma das maiores companhias de construção do país e é próxima da família real saudita. Bin Laden foi educado em Jidda e estudou administração de empresas na Universidade do Rei Abdulaziz. Criado como um muçulmano devoto, tinha uma experiência limitada além do mundo muçulmano.

Logo após a invasão soviética do Afeganistão, bin Laden começou a levantar recursos para os combatentes da resistência, e, em 1984, estabeleceu uma "casa de hóspedes" no Paquistão para combatentes árabes com destino à frente afegã. Ela se transformou em um centro logístico que provia treinamento e apoio religioso, além de canalizar homens e equipamentos ao Afeganistão. Em 1986, bin Laden estava construindo seus próprios campos de combatentes no Afeganistão, e nomeou essa operação Al Qaeda, ou "a base firme". Ele esteve pessoalmente envolvido em ao menos cinco grandes batalhas contra os soviéticos. Nesse ponto, suas ações estavam alinhadas com as políticas dos Estados Unidos, que lhe proveram de ajuda financeira e militar.

Bin Laden retornou à Arábia Saudita, em 1989, convencido de que seus esforços desempenharam um papel importante na expulsão do exército soviético do Afeganistão. Quando os iraquianos invadiram o Kuwait, bin Laden propôs ao governo saudita mobilizar os combatentes que havia comandado no Afeganistão para confrontar os iraquianos. Os sauditas rejeitaram sua oferta e, em troca, se voltaram aos americanos, o que levou à presença de milhares de soldados não muçulmanos na terra sagrada da Arábia – uma escolha que chocou bin Laden.

Em 1991, bin Laden deixou a Arábia Saudita e terminou retornando ao Afeganistão, agora, sob governo talibã. Em 1996, fez seu primeiro *bayan* (anúncio público), alertando os Estados Unidos a que retirassem seus soldados da Arábia, ou então os mesmos combatentes que haviam derrotado a União Soviética entrariam em guerra contra a América. Essa ameaça foi percebida nos ataques às embaixadas americanas no leste da África em 1998, e ao navio militar *Cole*, no Iêmen em 2000.

Bin Laden também chegou a ver as políticas americanas na Palestina e no Iraque, e o apoio americano a ditaduras, do Egito à Arábia Saudita, como parte de uma guerra ocidental contra o islã. De seu ponto de vista, os ataques de 11 de setembro ao Pentágono e ao World Trade Center foram retaliatórios. No Ocidente, ele se tornou o mais conhecido e mais procurado "gênio terrorista". Bin Laden deu uma entrevista após o 11 de setembro à TV Al Jazeera, declarando que "vamos trabalhar para continuar essa batalha, com a permissão de Deus, até à vitória ou até nos encontrarmos com Deus... Se matar aqueles que matam nossos filhos é terrorismo, então, deixe a história testemunhar que somos terroristas".

No fim, operações de inteligência americana localizaram bin Laden vivendo em um prédio em Abbottabad, no Paquistão. Em 21 de maio de 2011, o prédio de bin Laden foi invadido pelo pessoal das Forças Especiais americanas, e ele foi morto. Embora a administração Obama tenha saudado esse feito para avançar a Guerra contra o Terrorismo, a morte de bin Laden certamente não eliminou a Al Qaeda, uma vez que estabelecera ramificações no Iêmen, Síria, norte da África e Iraque, com a última terminando por se transformar no Estado Islâmico do Iraque e da Síria (Eiis).

Quase todo governo no mundo, incluindo os do Oriente Médio, condenaram o ataque aos Estados Unidos e o terrorismo em geral. Contudo, a resposta americana, de repressão nacional e agressão no Oriente Médio, gradualmente transformou o apoio simpático em oposição antagonista. O problema fundamental para muitos governos e povos foi o ataque unilateral americano ao Iraque, que começou em março de 2003, alegadamente, para livrar o país de suas armas de destruição de massa e substituir o regime ditatorial de Saddam Husayn por uma democracia estável. Em troca, a ocupação americana provocou uma resistência ressentida de iraquianos muçulmanos tanto sunitas como xiitas. Também permitiu à Al Qaeda recrutar mais combatentes antiamericanos e voluntários para ataques terroristas. Finalmente, aumentou enormemente a influência do Irã no Iraque, cujos cidadãos, sendo predominantemente xiitas, elegeram um governo xiita. Uma revolta palestina em grande escala, a "al-Aqsa Intifada", durou de 2000 a 2005. O conflito palestino-israelense ainda estava em ebulição, embora Israel unilateralmente tivesse se retirado de Gaza em 2005. Lamentavelmente, os palestinos também continuavam a lutar entre si.

Três problemas do Oriente Médio dominaram a atenção das pessoas entre 2001 e 2011: a assim chamada Guerra contra o Terrorismo, a Guerra do Iraque e o conflito debilitante entre Israel e os palestinos.

Exame do terrorismo

Quando representantes dos governos mundiais se encontraram na Assembleia Geral da ONU, alguns dias depois dos ataques terroristas, que chamamos 11 de setembro, quase todo mundo concordava que o terrorismo merecia condenação unânime, mas não concordava com uma definição. Nem as várias agências do governo americano, nem grande parte dos acadêmicos. A CIA define terrorismo como a ameaça ou uso da violência com propósitos políticos por indivíduos ou grupos, seja agindo em favor ou em oposição à autoridade governamental estabelecida, quando essas ações se destinam a chocar ou intimidar um grande grupo maior do que as vítimas imediatas. Os Estados Unidos e seus aliados muitas vezes agiram desse modo. Argumentamos que as forças americanas praticaram terrorismo de Estado em seu uso de drones não tripulados no Iêmen, Afeganistão e Paquistão, e por Israel em seus territórios ocupados.

Em linguagem coloquial, o terrorismo é executado por indivíduos ou por sociedades secretas em oposição a um governo estabelecido, seja eleito ou ditatorial. Terrorista pode ser qualquer pessoa, jovem ou velho, homem ou mulher. Atos que são encomendados e pagos por governos estabelecidos são chamados terrorismo patrocinado pelo Estado. Mas pode um governo cometer um ato terrorista? Se uma bomba explode em uma escola, mercado ou carro constitui terrorismo, o que diremos de uma bomba jogada de um avião ou disparada de um lançador de longa distância? Ambas são escolhas deliberadas. Ambas têm consequências inadvertidas. Os atacantes têm de ver suas vítimas para serem chamados terroristas? Atos terroristas podem ser cometidos por soldados, marinheiros ou pilotos usando o uniforme de seu país? Pode um ataque contra um soldado, marinheiro, ou piloto uniformizado ser chamado "terrorista"?

Como conduzimos uma guerra contra o terrorismo, como funcionários americanos e israelenses alegam ter feito por muitos anos? No capítulo 19, destacamos a escolha entre resolver as causas do terrorismo e atacar terroristas diretamente. Muitos ocidentais agora acreditam que um governo não pode combater o terrorismo simplesmente educando as pessoas, eliminando a pobreza ou corrigindo a injustiça. Mas o conflito é o da imposição da lei, medidas contraterroristas clandestinas ou do confronto militar tradicional? Em outras palavras, podemos derrotar o terrorismo com polícia, agentes secretos ou soldados uniformizados, que podem, eles mesmos, agir como terroristas? Essas não são perguntas fáceis.

Os países do Oriente Médio, na primeira década do século XXI, tinham vários sistemas políticos, economias e condições sociais. Seus líderes responderam diferentemente aos terroristas e às consequências da violência, resistência, autossacrifício e terrorismo, como fizeram governos estrangeiros.

Turquia

Geográfica e talvez culturalmente, a Turquia é o país que melhor pode alegar ser uma ponte entre a Europa e a Ásia. Um pioneiro nas reformas de ocidentalização a partir de cima, vive desconfortavelmente com o legado do Tamzimat e de Kemal Ataturk. Desde 2002, tem sido governada por uma coalizão liderada por um partido islâmico e um primeiro-ministro, e um número crescente de cidadãos turcos desejava restaurar os costumes e leis islâmicas. Ela possui vínculos estreitos com os países árabes, mas até 2009 tinha uma aliança estratégica de fato com Israel contra a Síria, principalmente porque a Turquia controla as fontes dos rios Tigre e Eufrates. Ela também tinha vínculos econômicos crescentes com a Europa e, por muito tempo, buscou aceitação na União Europeia.

Um obstáculo foi o registro de direitos humanos da Turquia, que caía abaixo dos padrões europeus. Isso se devia principalmente ao seu conflito com o separatismo curdo. Desde 1984, a Turquia enfrenta, em suas províncias do sul, uma rebelião curda que, se bem-sucedida, teria ameaçado sua integridade territorial. O Partido dos Trabalhadores curdo (*Partiya Karkeren Kurdistan*, ou PKK) lutava abertamente pela independência e cometia atos terroristas na Turquia. O exército turco respondia com táticas que violavam os direitos dos cidadãos turcos e que quase equivaliam a um terrorismo de Estado. Quando a Turquia capturou o líder do PKK, Abdullah Ocalan, em 1999, o conflito diminuiu. O governo turco deixou os curdos usarem sua língua nas escolas e mesmo na rádio patrocinada pelo Estado. Os refugiados curdos retornaram para casa. O PKK mudou seu nome e se tornou um grupo de pressão não violento, mas os incidentes violentos continuaram, e as forças separatistas curdas usaram o norte do Iraque como uma base de operações contra o exército turco.

Alguns ataques contra turistas estrangeiros e estabelecimentos comerciais ocorreram em 2001-2011, mas o terrorismo na Turquia foi detido por uma forte agência contraterrorista e pela polícia. A economia industrial relativamente avançada do país, boas escolas e universidades, e um sistema político democrático próspero preservou a ordem interna. As relações comerciais e diplomáticas com a Grécia e outros países europeus melhoraram. A Turquia manteve seus 35.000 soldados no norte do Chipre, enquanto as negociações entre líderes cipriotas gregos e turcos se arrastaram inconclusivamente. Um novo líder emergiu: Recep Tayyip Erdogan, prefeito de Istambul, que fundou o Partido da Justiça e do Desenvolvimento em 2001. No ano seguinte, em uma eleição livre para a Grande Assembleia Nacional, seu partido pró-islâmico conquistou 34% do voto popular, sobrepujando o secular Partido Republicano do Povo com 19%. Erdogan se tornou primeiro-ministro. Seus seguidores também venceram eleições em 2007 e 2011. O kemalismo, tradicionalmente sustentado pelas forças armadas, recuou diante da exigência dos turcos pela observância da xaria. Mas a democracia, não o terrorismo, afetou essa tendência.

Irã

A Revolução Islâmica durou quase quarenta anos. Muitos dos 82 milhões de cidadãos do Irã são muito jovens para lembrar do regime do xá. A República Islâmica passou a ser vista pela maioria dos jovens iranianos como um regime de homens velhos, dificilmente o bando idealista de jovens que depôs o xá e ocupou a embaixada americana em 1979. A economia do Irã se beneficiou de novas descobertas de petróleo e gás natural. Contudo, o domínio de empresas de propriedade do Estado dificultou a industrialização. Tensões políticas crescentes com os Estados Unidos e a Europa impediram o desenvolvimento econômico. O governo dera passos para reduzir a distância entre ricos e pobres, e corrigir os piores abusos da reforma agrária e outros vestígios do regime do xá. O que existe internamente de terrorismo vem de elementos extremistas entre as minorias étnicas do Irã. O regime, gradualmente, abrandou sua retórica de espalhar a Revolução Islâmica e manteve sua distância da Al Qaeda, mas deu apoio material e moral ao Hezbollah, no Líbano, ao Hamas, na Palestina, e aos combatentes da resistência, no Iraque, durante a ocupação americana de 2003 a 2011.

Muitos iranianos se sentiram ameaçados pela invasão americana do vizinho Afeganistão em 2001, e do Iraque em 2003, temendo o mesmo destino para si próprios. Esse medo foi alimentado pela retórica da administração Bush, notadamente a referência do presidente ao Irã, Iraque e Coreia do Norte como o "Eixo do Mal". A eleição do prefeito de Teerã, Mahmud Ahmadinejad, como presidente do Irã em 2005, afastou mais ainda o Irã dos Estados Unidos. O Ocidente temia o programa de energia nuclear do Irã, alegando que seu objetivo era produzir armas nucleares. Nenhuma evidência concreta apoiava essas alegações, e o programa nuclear do Irã é legal de acordo com o tratado de não proliferação de armas nucleares. Todavia, o Irã era capaz, em 2010, de enriquecer urânio que poderia ser usado em armas nucleares e, em breve, seria capaz de produzir sua própria bomba atômica. A pressão direta de governos ocidentais, tomando a forma de crescentes sanções da ONU, visavam a impedir o alegado programa de armas nucleares iraniano. O governo insistia em que seu programa era inteiramente pacífico, e os apoiadores do país perguntavam por que Índia, Paquistão e Israel podiam ter armas nucleares, mas o Irã não.

A participação popular no governo do país aumentava gradualmente nos níveis locais e provinciais. O Majlis (o parlamento do Irã) debate, mesmo que não determine, as políticas do Irã. Todos os homens e mulheres acima de dezoito anos podem votar. O apoio à República Islâmica é profundo, mesmo que muitos iranianos exigissem mais reformas democráticas e maior liberdade pessoal. Eles argumentavam que a reeleição de Ahmadinejad como presidente, em junho de 2009, fora manipulada pelo governo, provocando manifestações de protesto por todo país, comumente chamadas o Movimento

Verde, que seguiu após a eleição. O governo reprimiu brutalmente essas manifestações, assim como outras menores que ocorreram em 2011. A oposição popular ao regime não significava que o povo iraniano acolheria um ataque israelense ou americano devido às supostas armas nucleares do país.

Os estados árabes do Crescente Fértil

Entre 2001 e 2011, a Síria liderou os governos do Oriente Médio em oposição às políticas americanas. Como você pode recordar, a Síria foi o primeiro país árabe a formular uma ideologia nacionalista e socialista árabe e a importar armas e conselheiros soviéticos. Mesmo após a dissolução da União Soviética, em 1991, a Síria permaneceu sob a influência russa. Mesmo que a guerra civil do Líbano tivesse terminado, as tropas sírias continuavam a ocupar o país.

Desde 1966, a Síria tem sido governada por um ramo radical do Partido Ba'ath. Após a morte de Hafiz al-Assad, em 2000, que havia servido como seu presidente desde 1970, seu filho, Bashar, sucedeu-o. Seu governo não tolerava oposição. Suas indústrias pesadas e serviços de utilidade pública continuaram sob controle do Estado. Indústrias leves eram propriedade privada de famílias ligadas ao regime, mas os bancos foram privatizados em 2004. Os israelenses e o governo americano consideravam a Síria uma ameaça aos seus interesses no Oriente Médio, principalmente porque pensavam que ela promovia o terrorismo. Eles falavam abertamente sobre substituir seu governo ditatorial por um regime mais democrático, mas, em 2001, a Síria auxiliou a guerra do governo americano contra o terrorismo, e negociou secretamente com Israel a devolução das Colinas de Golan e o fim do estado de guerra entre os dois países. A Síria se opôs à Guerra do Iraque, liderada pelos Estados Unidos, e deu asilo a mais de 1,2 milhão de refugiados iraquianos. Ela também retirou suas tropas do Líbano, em 2005, parcialmente em resposta à resolução do Conselho de Segurança da ONU, mas também devido à pressão internacional após a morte do primeiro-ministro do Líbano, Rafiq Hariri, pela explosão de um carro-bomba. Muitas pessoas atribuíram o assassinato ao serviço de inteligência da Síria, embora Damasco tivesse negado qualquer envolvimento. Um terrorista suicida, talvez do Hezbollah, pode ter sido o responsável.

O Líbano, a despeito da ocupação síria (ou em decorrência dela), recuperou-se economicamente de sua longa guerra civil e restaurou sua democracia parlamentar. A economia do país cresceu rapidamente durante a década de 1990, mas desacelerou após 2000. Muitas indústrias e empresas são propriedade privada. Em 2004, surgiu uma disputa entre partidos pró--Síria centrados no Hezbollah e aqueles partidos apoiados pelo Ocidente, sobre quem se tornaria o próximo presidente do Líbano. O confronto, mais tarde, se tornou violento quando o governo libanês ordenou que o Hezbollah desarmasse sua milícia e desmantelasse seus sistemas de comunicação. O Hezbollah se opôs à ordem com sucesso. A crise só foi resolvida em maio de 2008, quando um acordo obtido em Doha levou à formação de um novo governo no qual o Hezbollah (basicamente xiita) e seus aliados (que incluíam alguns partidos drusos e cristãos) passariam a dominar as políticas do Líbano. Muçulmanos xiitas são agora o maior grupo religioso do Líbano, seguidos pelos sunitas. Os cristãos há muito deixaram de ser a maioria, embora nenhum censo oficial tenha sido feito desde 1932, quando predominavam.

A violência periódica do Líbano provém de fontes tanto estrangeiras quanto nacionais. Após Israel retirar unilateralmente suas tropas de sua zona de segurança, em 2000, acusou o Líbano de permitir invasões e ataques com mísseis contra o território israelense, executando ocasionalmente ataques retaliatórios ao Líbano. Em julho de 2006, um ataque do Hezbollah a uma patrulha de fronteira israelense levou à captura de dois soldados israelenses. Esse incidente iniciou uma guerra de três dias entre forças do Hezbollah e o exército israelense. Jatos combatentes israelenses metralharam e bombardearam Beirute e cidades portuárias do sul. Pela primeira vez, desde a Operação Tempestade do Deserto, cidades israelenses estiveram sob ataques de mísseis. Mesmo que as armas tecnologicamente avançadas de Israel tivessem danificado seriamente a infraestrutura civil do Líbano, perdeu, essencialmente, o conflito para os combatentes profundamente entrincheirados, bem liderados e altamente motivados do Hezbollah. Finalmente, em meados de agosto, um cessar-fogo da ONU foi obtido, permitindo às forças armadas libanesas e unidades de uma Força Interina das Nações Unidas no Líbano (Unifil) assumirem posições no sul do Líbano. Os corpos dos soldados israelenses capturados, que haviam morrido logo após terem sido pegos, em 2006, foram trocados em agosto de 2008 por prisioneiros palestinos mantidos por Israel. O Hezbollah, especialmente seu líder, Hassan Nasrallah (cf. Caixa 21.2), gozava de um prestígio aumentado no Líbano e no resto do mundo árabe. O povo libanês uma vez mais reconstruiu seu país.

A Jordânia foi bem-sucedida em evoluir de um principado no deserto para um reino estável e próspero porque reteve apoio político e, por vezes, econômico dos outros países árabes. Embora tenha se tornado líder em urbanização e educação, sofreu com a invasão do Iraque liderada pelos Estados Unidos em 2003, devido à perda de seu petróleo e pelo influxo de cerca de meio milhão de refugiados iraquianos, o que a levou a uma taxa de desemprego de aproximadamente 20%. Além disso, o governo enfrentou o desafio de equilibrar as relações sociais e políticas entre jordanianos "da margem leste" e jordanianos-palestinos.

Caixa 21.2 Hassan Nasrallah

Nascido em 1961, Hassan Nasrallah assumiu a liderança do Hezbollah, a organização paramilitar e política xiita libanesa, em 1992, após o assassinato de Abbas Musawi pelas forças de Israel, o cofundador e primeiro secretário-geral do Hezbollah. Ele começou sua carreira política e militar dentro de outro movimento político xiita conhecido como Amal; a organização era mais secular do que o Hezbollah. A educação islâmica de Nasrallah começou no seminário de Baalbek, que seguiu os ensinamentos do iraquiano Mohammed Baqir al-Sadr, que vinha de uma famosa família religiosa com origens no Líbano. Após a invasão do Líbano por Israel, Nasrallah deixou o Amal e se juntou ao Hezbollah. Muitos xiitas libaneses acreditavam que, a despeito do papel do Amal durante a guerra civil, havia necessidade de uma organização mais ativista e religiosa. Uma guerra civil irrompeu entre dois campos xiitas, levando à emergência do Hezbollah como o principal representante xiita na política libanesa. No final da década de 1980, Nasrallah ia e vinha entre o Irã e o Líbano enquanto realizava seus estudos na cidade de Qon – sua lealdade ao Irã foi estabelecida naqueles dias.

Sob a liderança de Nasrallah, o Hezbollah intensificou suas operações militares contra Israel. Nasrallah instituiu um novo programa militar aumentando o alcance de seus mísseis com a ajuda do Irã e da Síria. A despeito da destruição da infraestrutura libanesa por Israel, ele liderou muitos confrontos militares com Israel que terminaram com algumas tréguas breves desde 1992. Com o aumento das mortes de Israel na década de 1990, políticos israelenses exigiram a retirada do sul do Líbano, e Ehud Barak aprovou a saída do exército israelense em 2000. Isso foi visto como um enorme sucesso pela resistência do Hezbollah e transformou Nasrallah em uma celebridade política no mundo árabe. Em 2004, recebeu o crédito por organizar a troca dos prisioneiros palestinos com Israel.

Em julho de 2006, combatentes do Hezbollah mataram e raptaram soldados israelenses em um esforço para forçar Israel a libertar três prisioneiros libaneses. Israel lançou uma grande operação militar que resultou na morte de mais de mil libaneses e no desalojamento de centenas de famílias. Nasrallah ganhou ainda mais apoio no mundo árabe, especialmente após suas forças paramilitares terem conseguido atingir vários alvos israelenses em Haifa e outras cidades.

A despeito da acusação de membros do Hezbollah no assassinato do ex-primeiro-ministro libanês Rafiq Hariri, Nasrallah conseguiu manter uma coexistência pacífica entre o Hezbollah e outros partidos políticos no Líbano. Em maio de 2013, Nasrallah declarou seu apoio ao regime de Bashar al-Assad contra a crescente oposição islâmica a Assad, e as forças paramilitares de Nasrallah se juntaram ao combate com o exército sírio. Nasrallah argumentou que o sucesso do Eiis no Iraque e na Síria representava um perigo ao Líbano, Jordânia, Arábia Saudita e outros estados do Golfo.

Cerca de 1,8 milhão de refugiados palestinos vivem na Jordânia. Em 2001, muitos haviam sido integrados ao sistema político, social e econômico da Jordânia. Muitos jordanianos são cautelosos com os motivos da América e se opõem fortemente a Israel. O governo jordaniano anda sobre uma linha tênue entre a dependência econômica dos Estados Unidos, a necessidade de manter seu tratado de paz com Israel e seus próprios cidadãos ressentidos. Terroristas, possivelmente iraquianos vinculados à Al Qaeda, atacaram a Jordânia em 2005 com atentados a bomba coordenados em três hotéis de propriedade de ocidentais em Amman, matando 60 e ferindo 115 jordanianos e palestinos. Nenhum ataque terrorista ocorreu na Jordânia desde então. O Rei Abdallah, que sucedeu seu falecido pai, Husayn, em 1999, ainda aponta o primeiro-ministro e outros ministros, assim como metade dos senadores. Ele pode dissolver o parlamento ou atrasar suas eleições, mas não tem abusado de seus poderes.

O Iraque foi o país árabe no vórtice da crise do Oriente Médio na primeira década do novo século. A despeito do governo despótico do Partido Ba'ath de 1968 a 2003, o país estava, até a invasão americana, entre os mais modernos no mundo árabe. Sua população era bem-educada, e possuía uma grande classe média profissional. Como o Iraque também era bem-armado, muitos outros árabes o viam como o país mais provável para enfrentar Israel ou os Estados Unidos. Enquanto isso, o Iraque era condenado pelos americanos e alguns europeus como uma ditadura militar que invadia seus vizinhos, assassinava seus cidadãos curdos com gás venenoso, menosprezava os direitos humanos, e esperava reter o desenvolver armas de destruição em massa. Antes da invasão do Kuwait, em 1990, Estados Unidos, União Soviética e alguns países europeus vendiam armas ao Iraque de Saddam. O suprimento para o programa de armas biológicas de Saddam veio dos Estados Unidos sob licença do governo durante a Guerra Irã-Iraque, e a tecnologia de satélite americana ajudou a fornecer as informações de alvos para ataques convencionais e de gás venenoso contra os iranianos durante os oito anos de conflito.

Após a Guerra do Golfo de 1991, contudo, as administrações tanto de Clinton quando de George W. Bush mantiveram as sanções impostas pela ONU contra o Iraque, que debilitaram sua economia e custaram mais de um milhão de vidas. Eles buscavam isolar o país, acusando Saddam de encorajar atos de terrorismo contra Israel e os Estados Unidos, pois ele se gabava de sua habilidade de atingir Israel com mísseis Scud e publicamente dava dinheiro às famílias de terroristas suicidas palestinos. Os Estados Unidos acusavam o Iraque de abrigar terroristas vinculados à Al Qaeda e de ter facilitado os ataques de 11 de setembro. Essas acusações, que permanecem sem provas, ajudaram a provocar a Guerra do Iraque. Os outros países árabes, assim como a França, Alemanha e Rússia, desobedeceram às sanções e se opuseram a qualquer ação militar.

Arábia Saudita e outros estados do Golfo

O reino saudita é muitas vezes referido, tanto por amigos como por inimigos, como um grande aliado e parceiro comercial dos Estados Unidos. Estritamente falando, os dois países não têm uma aliança formal, mas milhares de soldados americanos foram postos na Arábia Saudita de 1990 a 2003, e muitos sauditas receberam treinamento militar avançado nos Estados Unidos. A participação direta dos Estados Unidos na administração do petróleo saudita diminuiu quando o governo saudita comprou os direitos da Aramco entre 1972 e 1980. Mais da metade das exportações de petróleo bruto saudita vai aos países asiáticos, mas, em 2011, o país ficava atrás apenas do Canadá na exportação de petróleo para os Estados Unidos. A Arábia Saudita desempenhou um papel importante na estabilização dos preços do petróleo bruto ao aumentar ou diminuir sua produção de acordo com as condições do mercado. Uma parcela crescente era consumida pelos próprios sauditas. Embora os preços do petróleo tivessem caído na década de 1980 e permanecido baixos durante grande parte da década de 1990, aumentaram para 140 dólares por barril em 2008, voltaram a cair, para aumentar novamente em 2011-2012.

O governo saudita permanece uma monarquia absoluta. Possui uma Assembleia Consultiva (*Maklis al-Shura*). Todos os seus 150 membros são indicados pelo rei; até 2011 todos eram homens. Outro grupo indicado, a Comissão Lealdade, foi formado em 2007 e é responsável por selecionar o sucessor do rei. O governo saudita baseia grande parte de sua legitimidade em sua adesão estrita às regras e leis do islã, como interpretadas pelo rito hanbali, e o movimento wahhabi permanece influente entre muitos sauditas, especialmente os *ulamas* e graduados das *madrasas* islâmicas. Riyahd, por muito tempo, exerceu influência sobre outros países árabes por ser a guardiã de Meca e Medina, e porque muitos árabes de fora da Arábia Saudita trabalharam na indústria petrolífera do reino. A Arábia Saudita enfrenta questionamentos de estados vizinhos que também exportam petróleo e têm menos leis restritivas contra o consumo de álcool e casas noturnas.

Um número crescente de jovens sauditas está completando o ensino superior ou exigências de treinamento técnico, mas, enquanto puderem encontrar trabalho, poucos ousaram exigir mais democracia durante a primeira década do século XXI. Contudo, o regime foi questionado diretamente por militantes islâmicos que acusaram os líderes do reino de frouxidão moral e deferência excessiva aos americanos, levando a ataques ao pessoal militar nas Khobar Towers em 1996, incidentes terroristas em Riyadh em 2003 e 2004, e um ataque ao consulado americano em Jidda em dezembro de 2004. Em resposta, o governo saudita incrementou suas forças de segurança. Também instituiu reformas políticas e educacionais e contratou mais cidadãos sauditas para substituir trabalhadores estrangeiros (que, na época, constituíam um quarto da população do reino saudita). Mas críticos afirmam que ainda abriga grupos militantes vinculados à Al Qaeda. Osama bin Laden veio da Arábia Saudita, assim como os quinze sequestradores dos aviões que atacaram os Estados Unidos em 11 de setembro.

O Iêmen possui, tradicionalmente, uma relação tensa com a Arábia Saudita, parcialmente porque muitos iemenitas e seus líderes são xiitas, especificamente zaydis comumente conhecidos como houthis. O Iêmen é o Estado mais pobre do mundo árabe, possui poucos recursos conhecidos, e por muito tempo dependeu da Arábia Saudita para o emprego de seus trabalhadores e para ajuda econômica. A união da República Árabe do Iêmen (norte do Iêmen) à República Democrática do Povo do Iêmen (sul do Iêmen) durava desde 1990, resistindo a uma guerra civil em 1994, mas permaneceu precária. Descobertas de petróleo ajudaram modestamente a economia do Iêmen durante a década de 1990. Eleições para presidente e uma assembleia representativa foram organizadas em 1997, mas o Iêmen dificilmente progrediu na direção da democracia. Terroristas atacaram socialistas iemenitas em 1992, turistas estrangeiros em 1998, um destróier naval americano no Porto de Aden em 2000, e a embaixada americana em 2008. A Al Qaeda, na Península Árabe, foi um agente importante nos conflitos internos do Iêmen. Contudo, o país não era considerado estável ou livre do terrorismo.

Todos os outros estados do Golfo são membros do Conselho de Cooperação do Golfo e são grandes produtores de petróleo. Omã possui uma elevada renda *per capita*, uma pequena população, nenhuma disputa atual com seus vizinhos e, a despeito de rumores recentes de atividade da Al Qaeda, nenhuma ameaça terrorista. Permanece uma monarquia, com um gabinete e um senado indicados e uma câmara baixa eleita por cerca de um quarto da população adulta de Omã. Cerca de um sétimo dos residentes do país vem da Índia e do Paquistão, e seus vínculos históricos têm sido mais voltados ao leste e ao sul (do outro lado do Mar Arábico) do que ao oeste (do outro lado do deserto).

Os Emirados Árabes Unidos são uma federação de sete principados do Golfo com abundantes receitas de petróleo e gás natural, o que dá ao país uma influência política substancial entre os outros estados árabes. Seus cidadãos nativos (ou emiratis) constituem 11,5% da população do país. Em outras palavras, estrangeiros constituem uma vasta maioria da população dos EAU. O rei indica o primeiro-ministro e o gabinete, e os eleitores emirados têm um Conselho de Estado Federal (também indicado). O rei ancião morreu em outubro de 2004, e seu filho o sucedeu sem oposição. Embora a participação popular no governo seja insignificante, nenhuma ameaça terrorista existe atualmente.

O Qatar, uma península do lado leste da Península Árabe, desfruta de uma elevada renda *per capita* devida às receitas de petróleo e gás natural.

Sua população nativa árabe é praticamente igual à dos imigrantes, principalmente indianos, paquistaneses e iranianos. Serve, desde 2003, como a principal área de preparação para tropas americanas na região do Golfo e, paradoxalmente, é sede da estação de televisão por satélite Al Jazeera, que muitas vezes critica as políticas americanas e é amplamente aprovada pelos árabes, mas nem sempre por seus governantes. O Qatar é também um *resort* popular para sauditas buscando uma fuga das restrições de seu país ao álcool e à licença sexual. Com uma constituição desde 1999, esse pequeno Estado organiza eleições municipais desde abril de 2007. Todos os cidadãos adultos (menos de 15% da população), incluindo mulheres, receberam o direito de votar. Quanto ao terrorismo, um terrorista suicida conseguiu explodir o Teatro Players em Doha em 2005, matando um cidadão britânico e ferindo outras quinze pessoas. Houve ataques fracassados às instalações militares americanas no Qatar. Americanos e russos acusaram o governo do Qatar de financiar grupos terroristas em outros países. Em 2010, o Qatar foi escolhido para sediar a Copa Mundial de Futebol em 2022, o primeiro país árabe a fazê-lo.

Bahrain é um reino constituído de uma grande ilha e várias pequenas outras estrategicamente localizadas no Golfo. Embora desfrute de padrões elevados de vida, suas reservas de petróleo estão relativamente esgotadas, tendo desenvolvido, assim, serviços financeiros e outros que irão gradualmente compensar por um declínio antecipado nas receitas com o petróleo. Sua família governante é sunita, mas dois terços de seu povo são xiitas, e cerca de 10% são descendentes de iranianos. O país possui uma constituição desde 1999, e organizou suas primeiras eleições para uma câmara representativa em 2002. O Irã não tem insistido ultimamente em seu direito histórico ao Bahrain, e a ameaça terrorista e revoltas sociais do começo da década de 1980 diminuíram por uma geração. Desde 2011, contudo, uma das rebeliões árabes surgiu lá.

O Kuwait se recuperou da ocupação iraquiana de 1990-1991. Sua economia próspera continua a atrair imigrantes do exterior. Os árabes kuwaitianos equivalem a menos de metade da população, que inclui egípcios, libaneses, turcos, palestinos (menos do que antes de 1991), paquistaneses e indianos. Embora sob um governo monárquico, o Kuwait tem uma constituição desde 1963. Em suas eleições parlamentares, organizadas em 2003, muitos dos representantes escolhidos eram islâmicos. O direito de votar era (e ainda é) limitado aos descendentes dos súditos kuwaitianos como desde 1920; as mulheres kuwaitianas foram emancipadas em 2005. A população é cerca de 35% xiita. O risco terrorista atual é pequeno. Embora alguns jovens kuwaitianos tenham ido para o Iraque para se juntar ao jihad contra a ocupação americana e algumas pessoas mais velhas tenham dado dinheiro para a Al Qaeda no Iraque ou ao Talibã no Afeganistão, o único ataque terrorista importante foi quando o Estado Islâmico do Iraque e da Síria (Eiis) atacou xiitas kuwaitianos no verão de 2015.

Egito

O vale inferior e delta do Nilo foi liderado por Husni Mubarak desde 1981, quando sucedeu a Anwar al-Sadat como presidente, até 2011, quando renunciou sob pressão popular (e militar). Ele foi reeleito sem oposição quatro vezes; em sua quinta tentativa em 2005, teve dois oponentes importantes, o mais proeminente deles foi processado e aprisionado após a eleição. Conforme sua constituição de 1971, o Egito tinha uma legislatura bicameral, consistindo de uma Assembleia do Povo eleita e uma Assembleia Consultiva parcialmente indicada. Em todas as eleições parlamentares o Partido Democrático Nacional conquistou a maioria dos assentos em ambas as casas; as eleições eram cada vez mais manipuladas, e os eleitores eram coagidos a apoiar seus candidatos.

Embora as condições econômicas tenham melhorado durante a década de 1990, o crescimento agregado estagnou após 2000, e muitos egípcios buscavam trabalhos que pagavam mais no exterior. A oposição a Mubarak veio de grupos islâmicos, especialmente da Irmandade Muçulmana, que havia renunciado ao terrorismo e, por vezes, apresentava candidatos para cargos públicos. Sociedades mais clandestinas e terroristas incluíam al-jihad, que havia assassinado Sadat e tinha vínculos com a Al Qaeda, e o Grupo Islâmico. Entre 1990 e 1997, esses dois grupos extremistas atacaram líderes políticos, coptas, residentes estrangeiros e turistas. Mas um ataque em 1997 que tirou as vidas de cerca de sessenta turistas europeus em Luxor desacreditou os militantes aos olhos do público egípcio, muitos dos quais dependiam do turismo para viver. O regime de Mubarak adotou medidas severas para reprimir as células terroristas. Contudo, alguns egípcios não esconderam sua satisfação com o ataque de 2001 ao World Trade Center (quatro dos sequestradores dos aviões eram egípcios); muitos expatriados trabalhavam para a Al Qaeda, e o sentimento antiamericano se intensificou durante a Guerra do Iraque, a despeito da provisão contínua de Washington de ajuda militar e econômica que totalizava quase 2 bilhões ao ano.

Um resumo sobre o terrorismo

De 2001 a 2010, a violência interna, incluindo alguns ataques de natureza terrorista, ameaçou principalmente Iraque, Arábia Saudita, Iêmen, Israel e os territórios palestinos. Durante essa década, ocorreram dois grandes incidentes terroristas, ambos atribuídos à Al Qaeda: o ataque a bomba ao trem de Madri em 2004, matando 192 e ferindo 2.050 pessoas, e o ataque ao Underground (metrô) e a um ônibus de Londres em 2005, matando 56 e ferindo 784 pessoas.

Esforços contraterroristas de alguns governos do Oriente Médio e estrangeiros ameaçaram civis e figuras públicas muito mais do que a Al Qaeda e seus afiliados fizeram. Os principais praticantes do contraterrorismo são Estados Unidos, Grã-Bretanha, Israel, Paquistão e os governos que foram estabelecidos como resultado das invasões do Afeganistão em 2001 e do Iraque em 2003. Seus esforços não frearam o terrorismo; em alguns casos o desaceleraram, e, em outros, o influxo de tropas europeias e americanas incitou mais resistência violenta. O contraterrorismo se tornou mais sutil e direcionado. Na década em consideração, a opinião popular nos países árabes, Turquia, Irã, Afeganistão e Paquistão se voltou contra as invasões e bombardeios massivos que foram chamados a "Guerra contra o Terrorismo". Muitos habitantes locais a chamavam uma "Guerra contra Militantes Muçulmanos".

O islã é um modo de vida – muitas vezes um sistema político e social também – e a resistência popular, usualmente chamada nacionalismo ou islamismo, irrompe quando não muçulmanos invadem e dominam muçulmanos. Por que árabes, iranianos, turcos, afegãos e paquistaneses deveriam se juntar em uma guerra contra o que acreditam? Por que deveriam combinar guerra com "libertação"? Líderes americanos e britânicos podem pensar que o terrorismo no Oriente Médio desaparecerá se substituírem autocracias repressivas por "democracias" pró-ocidentais. Mas governos completamente independentes do Oriente Médio, eleitos democraticamente, frustrarão os países ocidentais que tentaram manipulá-los e apoiarão povos que abertamente desafiaram o Ocidente. A invasão do Afeganistão resultou na eleição formal de Hamid Karzai em outubro de 2004, mas o país permaneceu profundamente dividido entre linhas étnicas, tribais e sectárias. É questionável se as eleições de 2005, patrocinadas pelos Estados Unidos no Iraque ocupado, pudessem ser chamadas livres e justas, porque é improvável que as autoridades de ocupação americanas tivessem tolerado um governo que se opusesse à sua presença no país. Como discutiremos nos próximos dois capítulos, a guerra civil na Síria desde 2011, o surgimento do Eiis e seu sucesso em atrair muçulmanos convertidos ocidentais demonstram o fracasso do contraterrorismo americano e europeu.

A Guerra do Iraque

Após a coalizão de aliados ter retirado as tropas iraquianas do Kuwait em 1991, alguns americanos argumentaram que deveriam ter continuado a guerra, invadido Bagdá e expulsado Saddam Husayn. O primeiro Presidente Bush se recusou a fazer isso, temendo que levasse os Estados Unidos a um imbróglio fatal. Em troca, a América e seus aliados concordaram em um cessar-fogo, permitiram ao exército do Iraque operar helicópteros e outras armas leves, deixaram de ajudar curdos e árabes xiitas que se revoltaram contra Bagdá (esperando ajuda estrangeira), e mantiveram as sanções do Conselho de Segurança da ONU sobre o comércio com o Iraque até que os inspetores da organização mundial pudessem verificar se o governo iraquiano não possuía armamento nuclear, biológico ou químico (i. e., armas de destruição em massa). Os poderes do Iraque foram ainda mais limitados por duas zonas de exclusão aérea que barravam a navegação aérea dos terços norte e sul do país, embora as Nações Unidas jamais tivessem autorizado uma restrição assim. Os aviões americanos e mísseis de longo alcance atingiram o Iraque em 1993, 1996 e 1998, e houve também deserções e esforços ocasionais para subverter as forças militares do Iraque. As sanções mantiveram apenas provisões vitais para o povo iraquiano, ao custo de mais de um milhão de vidas devido à má nutrição e doenças. Por fim, as Nações Unidas e o Iraque concluíram um acordo pelo qual o Iraque era autorizado a vender petróleo em troca de alimentos e medicamentos, mas esse acordo "petróleo por comida" trouxe poucos benefícios para muitos dos iraquianos e provavelmente encheu os bolsos de altos funcionários de ambos os lados. A administração Clinton e o Congresso dominado pelos republicanos elaboraram planos para invadir o Iraque e depor Saddam, mas problemas internos em Washington desviaram o governo americano dessa ação.

Bush e os neoconservadores

A eleição de George W. Bush em 2000 levantou novas possibilidades para a ação americana. Entre aqueles que ingressaram em sua administração estava um grupo influente conhecido como "neoconservadores": Paul Wolfowitz, Richard Perle e Douglas Feith, dentre outros. Wolfowitz, que se tornou subsecretário de defesa, era autor de "Defense Planning Guidance" (Guia de Planejamento de Defesa), de 1992, que propunha diretrizes militares para o Pentágono: (1) a política americana deveria se esforçar para impedir a emergência de uma superpotência rival, (2) a política deveria preservar os interesses americanos e promover os valores americanos, e (3) os Estados Unidos deveriam estar preparados para agir unilateralmente [militarmente] quando a ação coletiva não pudesse ser orquestrada. Em um espírito similar, Perle, auxiliado por Feith e outros, escreveu um breviário político em 1996 para o Likud de Israel chamado "A Clean Break: A New Strategy for Securing the Realm" (Uma Interrupção Clara: Uma Nova Estratégia para Defender o Domínio). O texto orientava Israel a trabalhar com a Turquia e a Jordânia para conter, desestabilizar e afastar ameaças à sua existência, especialmente a Síria. Israel deveria exercer o direito de perseguir terroristas nas áreas palestinas e de promover alternativas a Yasir Arafat como líder. O Estado deveria forjar uma nova relação com o governo americano, abandonar sua busca por uma paz abrangente com os árabes, e, possivelmente, ajudar a Jordânia na restauração da monarquia hachemita no Iraque, enfraquecendo, com isso, tanto a Síria quanto o Irã. Israel, durante o mandato do Primeiro-ministro Netanyahu, não adotou a "nova estratégia". Israel não se reunia regularmente com a Turquia e a Jordânia, mas parou de ver Arafat como um parceiro para a paz e passou a rejeitar qualquer processo de paz que pudesse levar a um Estado palestino independente.

Como você pode ver, os neoconservadores têm pouco uso para a diplomacia. Por um longo tempo, e em muitos países, estadistas e acadêmicos formularam duas abordagens contrastantes para as relações internacionais. Uma favorece a diplomacia e a mediação como o primeiro recurso quando surge um conflito internacional. Essa abordagem apoiaria e fortaleceria o direito internacional e manteria as Nações Unidas viáveis, esperando promover os direitos e a dignidade humanos ao redor do mundo. Nos Estados Unidos, muitos democratas e republicanos importantes promoveram essa posição logo após a Segunda Guerra Mundial, embora alguns não. A abordagem oposta vê a diplomacia como uma fachada, por trás da qual a força, no sentido do poder militar e do desejo de usá-lo, resolve disputas internacionais. Seus defensores, incluindo os neoconservadores, desdenham o direito internacional e veem as Nações Unidas como uma inconveniência. Eles argumentam que os Estados Unidos podem vencer qualquer conflito quando realmente o desejam, responsabilizando sua derrota no Vietnã a uma falha de força de vontade. Eles admiram a assertividade e os esforços de Israel para manter o controle sobre os territórios que ocupa desde 1967. Consequentemente, eles se alinharam com os partidos de direita de Israel, notadamente o Likud.

Os neoconservadores, promovendo o que chamaram o Projeto para o Novo Século Americano, escreveram uma carta aberta a Bill Clinton em 1998, aconselhando-o a remover Saddam Husayn do poder. Aliados a esses três homens estavam o Instituto Judaico de Assuntos de Segurança Nacional; o Instituto Washington de Políticas do Oriente Médio e sua organização superior, Aipac; *Commentary*; a *National Review*; a *New Republic*; e o *Washington Times* de Sun Myung Moon. Muitos cristãos evangélicos apoiavam esses grupos devido à sua crença de que todos os judeus devem se reunir em Israel antes do Dia do Juízo Final.

Muitos americanos concordavam que Washington deveria promover os valores americanos e defender os interesses dos Estados Unidos. Eles provavelmente não eram favoráveis a unilateralmente derrubar o governo da Síria ou invadir o Iraque como parte de uma iniciativa neoconservadora para espalhar a democracia ao longo do Oriente Médio. Antes da eleição de 2000, George W. Bush e Dick Cheney haviam sido executivos de companhias de petróleo ávidas por preservar o acesso ao petróleo do Oriente Médio, um interesse constante dos Estados Unidos. Ambos eram suscetíveis aos apelos dos neoconservadores para combater o terrorismo espalhando a influência e domínio americanos, que eles chamavam liberdade e democracia. Com sua eleição, Bush ignorou o aviso constante do Presidente Clinton sobre a ameaça da Al Qaeda e focou em troca no Iraque de Saddam com suas alegadas armas de destruição em massa. Sua ameaça imaginada aos Estados Unidos poderia facilmente impressionar os americanos; já o desejo dos neoconservadores de fortalecer a aliança com Israel era mais difícil de vender.

Logo após os ataques terroristas ao World Trade Center e ao Pentágono, o governo americano começou a preparar uma invasão ao Afeganistão para capturar Osama bin Laden e destruir os campos de treinamento da Al Qaeda. Muitos outros países ofereceram ajuda à administração Bush contra essa ameaça terrorista, que era palpável aos governos europeus e asiáticos, e a invasão e ocupação do Afeganistão foi executada por uma coalizão de países, notadamente incluindo o Paquistão, que anteriormente apoiara o Talibã. O regime talibã saiu de Kabul, e um novo regime foi pavimentado na Alemanha com Hamid Karzai como primeiro-ministro. Embora o país não estivesse verdadeiramente unido, conseguiu reunir um conclave tribal (*loya jirga*) em 2003 e organizar eleições em 2004.

A administração Bush se aliou a muitos governos asiáticos e africanos contra grupos insurgentes ligados à ou inspirados pela Al Qaeda. Esses esforços militares e diplomáticos constituíram a Guerra contra o Terrorismo. Esse *slogan* ou política foi aceito por muitos americanos e europeus, embora o terrorismo não possa ser derrotado com o bombardeio de cidades e envio de tropas. Possivelmente, o verdadeiro contraterrorismo incluiria o fortalecimento da polícia, armar secretamente os rivais locais dos terroristas, praticar a diplomacia silenciosa, promovendo intercâmbios culturais e removendo as condições que permitem ao terrorismo florescer como um método ou doutrina.

Atos de resistência às ambições políticas americanas não constituem necessariamente terrorismo. Durante o século passado, as políticas americanas para o Oriente Médio enfureceram povos e governos e incitaram antiamericanismo e violência contra os Estados Unidos e seus aliados. Se Washington deseja verdadeiramente combater o terrorismo, deve mudar sua própria atitude e políticas. Isso não ocorreu durante a administração Bush. Muitos esperavam que o Presidente Barack Obama reavaliasse as ações americanas no Oriente Médio. Ele fez um discurso comovente no Cairo em junho de 2009 apoiando a melhoria das relações muçulmano-americanas, mas seus feitos não corresponderam às suas palavras.

A invasão do Iraque

Enquanto Washington estava se apressando para lutar no Afeganistão, seu mais proeminente neoconservador, Paul Wolfowitz, exigiu a invasão do Iraque, possivelmente como um primeiro passo para mudar todos os governos árabes que se opunham aos Estados Unidos e Israel. Controlar o petróleo do Iraque era outro objetivo americano. Ele quase venceu o secretário de defesa Donald Rumsfeld e o vice-presidente Cheney. O Presidente Bush, em pouco tempo, concordou, redirecionando os recursos que poderiam ter sido usados contra a Al Qaeda no Afeganistão para invadir o Iraque, cuja conexão com a rede terrorista foi muitas vezes declarada, mas nunca provada. Em outubro de 2002, ambas as casas do Congresso aprovaram, por margens esmagadoras, uma resolução autorizando Bush a enviar tropas para o Iraque. Eles aceitaram a insistência da administração Bush de que o Iraque possuía, e estava para usar, armas de destruição em massa. Sob pressão americana, o Conselho de Segurança da ONU também aprovou uma resolução exigindo que o Iraque desse satisfações e entregasse suas armas nucleares, biológicas e químicas ou "enfrentaria sérias consequências". Os times de inspeção da ONU, que haviam sido apressadamente retirados em 1998 sob ordens da administração Clinton, retornaram ao Iraque para encontrar suas armas de destruição em massa. Nenhuma foi encontrada. A administração Bush argumentou que os times da ONU estavam sendo enganados pelo regime de Saddam e nunca seriam bem-sucedidos. Washington intensificou sua propaganda, pressão diplomática e preparações militares.

A Guerra do Iraque começou com ataques aéreos e uma invasão anglo-americana em 20 de março de 2003. Um motivo foi proteger os campos e instalações de petróleo do Iraque. Outra razão declarada foi derrubar a ditadura de Saddam e substituí-la por um governo democrático, junto à promoção da liberdade e direitos humanos. Encontrar e remover as armas de destruição em massa do Iraque foi o que disseram ao público. Elas nunca foram encontradas, e um relatório posterior dos Estados Unidos admitiu que, em 2003, elas não existiam mais. Os neoconservadores desejavam depor ou ao menos neutralizar os governos do Iraque, Irã e Síria, e promover o poder e segurança de Israel. Os americanos esperavam uma guerra breve. Um exilado iraquiano que liderava o Congresso Nacional iraquiano apoiado pelos Estados Unidos, Ahmad Chalabi, convenceu os políticos dos Estados Unidos de que os invasores americanos seriam saudados como libertadores e que ele poderia inclusive intermediar uma paz entre Iraque e Israel. A administração Bush acreditava que o povo americano apoiava a guerra e, consequentemente, votaria para reeleger Bush em 2004.

No curto prazo, isso foi verdadeiro. Os invasores derrotaram rapidamente o exército iraquiano e retiraram Saddam Husayn e os baathistas do poder. Ataques aéreos e mísseis guiados destruíram muitas fortalezas, assim como casas, lojas, escolas e estradas iraquianas, em uma campanha "Choque e pavor". Embora a França, Alemanha, Rússia e mesmo o Canadá tivessem se oposto à guerra, os americanos reuniram uma "coalizão da vontade", que incluía ao menos forças simbólicas de quarenta países. As baixas da coalizão foram poucas. Ninguém registrou quantos soldados iraquianos ou civis foram mortos, feridos ou desapareceram. Uma estátua de Saddam foi derrubada em uma grande praça de Bagdá, e as imagens foram transmitidas para manifestar a repulsa popular contra o ditador deposto, embora, de fato, a demolição tenha sido realizada principalmente pelos invasores. A coalizão estabeleceu um governo de ocupação em um dos palácios de Saddam, e planos ambiciosos de reconstrução foram anunciados. O restante do exército e da força policial foi dissolvido, e todos os membros do Partido Ba'ath foram dispensados de seus trabalhos. Esses foram erros tolos: em vez de cooptar as forças iraquianas para o lado dos invasores, os americanos as tornaram desempregadas, destituídas e dispostas a se juntar a uma resistência militante. Mais tarde, muitos ex-oficiais se juntariam ao Estado Islâmico.

Em breve, os membros da coalizão se aperceberiam, especialmente os americanos, de que não tinham ideia de como restaurar a ordem no país (cf. Mapa 21.1a e b), ou sequer em Bagdá, com 6 milhões de habitantes. Saqueadores invadiram o Museu Nacional Iraquiano, a Biblioteca e Arquivo Nacionais, e muitos escritórios do governo (soldados americanos ficaram de prontidão, protegendo apenas o Ministério do Petróleo). Escolas permaneceram fechadas. A energia elétrica foi cortada e apenas lenta e parcialmente restaurada em Bagdá. Em clínicas e hospitais faltavam suprimentos básicos. Esgoto sem tratamento era lançado ao Tigre, uma vez que as usinas de tratamento estavam destruídas. Sem proteção policial, gangues de criminosos invadiam as casas das pessoas, raptavam civis, roubavam carros e desonravam mulheres e meninas se elas corressem para as ruas. Ninguém guardava os depósitos de munições iraquianos. Com as fronteiras iraquianas sem proteção, voluntários de outros países afluíam para se juntar aos iraquianos que desejavam libertar sua nação das tropas estrangeiras.

Embora Bush tenha proclamado um fim para o conflito em 1º de maio de 2003, os insurgentes intensificaram sua resistência, e um número crescente de soldados americanos e britânicos foi morto. O Triângulo Sunita, um complexo de cidades ao noroeste de Bagdá, que havia desfrutado do poder durante o governo de Saddam, tornou-se um importante centro de resistência, foi invadido pelas forças da coalizão com helicópteros, tanques e morteiros. Cidades predominantemente xiitas, como Basra, Cufa, Najaf e Sadr (anteriormente Saddam), também se rebelaram. Terroristas suicidas e carros-bomba proliferaram enquanto o moral dos soldados da coalizão decaía. Um grande número de civis iraquianos foram mortos ou feridos, morreram de doenças devidas a problemas de saneamento básico ou má nutrição, ou viram suas casas invadidas, saqueadas e destruídas. Ao menos 4 milhões fugiram para áreas mais seguras no Iraque ou se refugiaram em países vizinhos. Milhares de iraquianos foram presos sem acusações. Em Abu Ghraib (uma das maiores e mais temidas prisões de Sad-

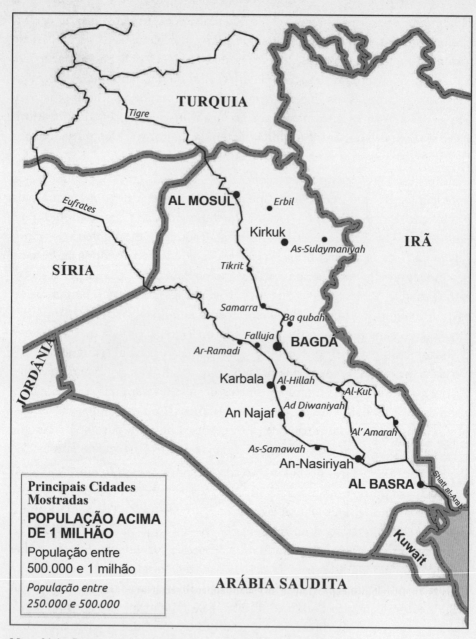

Mapa 21.1a Iraque

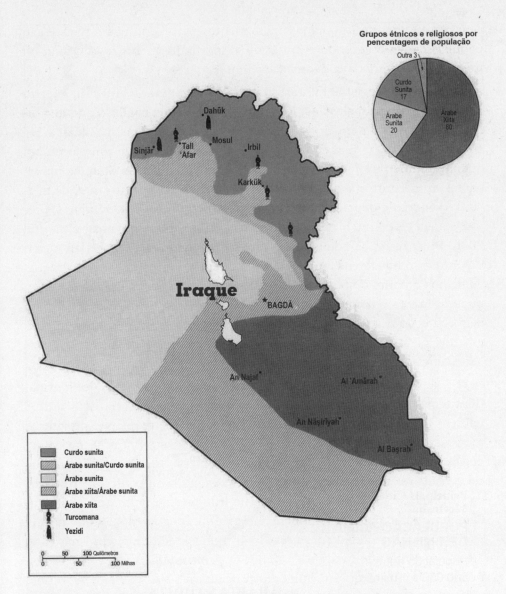

Mapa 21.1b Distribuição aproximada de grupos étnicos e sectários do Iraque

dam), soldados americanos torturavam e humilhavam alguns dos detentos. O Triângulo Sunita se tornou uma fortaleza insurgente. Após um ataque fracassado em maio, as forças de coalizão invadiram Falluja em novembro de 2004, expulsando a maior parte de seus habitantes civis e matando milhares de insurgentes em meio à pesada destruição de hospitais, escolas, mesquitas, lojas e casas. Saddam foi capturado, aprisionado, julgado em uma corte iraquiana, e finalmente enforcado, mas a resistência popular estava crescendo entre sunitas (particularmente a Al Qaeda no Iraque) e uma variedade de milícias xiitas.

Muitos estrategistas militares haviam argumentado antes da guerra, e durante seus primeiros estágios, que as tropas de coalizão que invadiram o Iraque eram em número insuficiente para ocupar, pacificar e reconstruir o país. O Secretário Rumsfeld insistira em que uma força pequena, altamente móvel, bastaria. Mas à medida que os ataques insurgentes aumentaram e alguns parceiros da coalizão se retiraram, os neoconservadores e depois Rumsfeld deixaram o governo americano. Os republicanos perderam o controle do senado e do parlamento nas eleições de 2006, Bush tinha de adotar uma nova estratégia. Em 2007, ele anunciou um aumento nas forças americanas para derrotar a insurgência no Iraque, ao menos a ponto de permitir que o governo iraquiano, basicamente xiita, pudesse fazer a paz com os líderes sunitas e negociar um acordo de partilha de receitas do petróleo com os sunitas e os curdos. Para implementar essa estratégia, ele ordenou um adicional de 28.500 soldados americanos para serem enviados ao Iraque, alguns pela terceira ou quarta vez.

Na verdade, a violência diminuiu, e as baixas americanas declinaram. Contudo, a redução da violência se deveu principalmente a três outros fatores: (1) a completa remoção dos sunitas de vizinhanças e províncias religiosamente mistas, reduzindo o número de assassinatos sectários; (2) pagamentos americanos a líderes tribais sunitas para reorientarem seus esforços de resistência ao governo do Iraque para lutar contra o terrorismo da Al Qaeda; e (3) a decisão do governo iraniano de promover a estabilidade no Iraque, dada sua influência crescente no governo xiita do país e, com isso, sua habilidade para restringir a milícia xiita mais proeminente, o exército Mahdi de Muqtada al-Sadr. O governo, líderes e a mídia americanos afirmaram que "o aumento funcionara". Na realidade, contudo, somente os iraquianos poderiam ter vencido a Guerra do Iraque atingindo a paz e a democracia.

Ao final de 2008, o mandado da ONU, sob o qual as tropas americanas operavam no Iraque, expirou. Após longas negociações, os Estados Unidos e o presidente do Iraque, Nuri al-Maliki, redigiram um Acordo de Estatuto de Forças, que foi endossado pelo parlamento iraquiano. Esse acordo bilateral estabelecia um prazo final de 31 de dezembro de 2011 para a completa retirada das forças americanas. Elas, na verdade, se retiraram naquela data. O Iraque terminou com um governo xiita sob influência parcial do Irã. Esses resultados não estavam entre os objetivos do Presidente Bush e seus conselheiros neoconservadores. Perguntamo-nos se a Guerra do Iraque compensou o que custou aos contribuintes e soldados americanos e, é claro, ao povo iraquiano.

A invasão do Iraque foi a primeira vez que os Estados Unidos invadiram, ocuparam e administraram um Estado árabe. Quase todos os povos árabes se opuseram à ocupação anglo-americana do Iraque, mesmo que alguns de seus governos continuassem a facilitar a movimentação de tropas e sobrevoos. Ela também levou ao controle do primeiro governo liderado pelo xiismo duocecimano, o primeiro Estado liderado por essa seita no mundo árabe moderno, um ponto de convergência para sunitas que, mais tarde, seria usado pelo Eiis, que discutiremos mais adiante.

A disputa pela Palestina (revisitada)

Embora a década 1990 tenha marcado uma época em que muitos estrangeiros e alguns habitantes do Oriente Médio esperavam uma solução para a centenária disputa judaico-árabe pela Palestina, eventos do começo do século XXI frustraram essas esperanças. Tanto israelenses quanto palestinos sofreram com os contínuos e violentos ataques entremeados por periódicos cessar-fogos.

Interrupção do "processo de Paz"

A expressão amplamente usada *processo de paz* é um conceito difícil de definir. Conflitos podem ser abertos e violentos ou velados e sutis. Podem envolver conflito físico ou apenas discussão verbal. Alguns são resolvidos por mediação, arbitragem ou diplomacia paciente. Mas a resolução não ocorre a menos que todas as partes em alguma medida busquem um fim para o conflito e estejam dispostas a ceder e, possivelmente, fazer alguns sacrifícios. Elas devem também esperar se beneficiar de sua resolução. Se o processo de paz deve ocorrer em fases, como entre Egito e Israel entre 1977 e 1982, ambas as partes têm de ver os benefícios de cada fase e esperar que esses benefícios continuem. Se as negociações são conduzidas publicamente por chefes de Estado ou primeiros-ministros, todas as partes devem se preparar com negociações silenciosas por diplomatas de nível inferior que conheçam as necessidades dos participantes e podem propor concessões que não coloquem em risco a segurança nacional de qualquer integrante.

Durante a administração Clinton, o governo americano desempenhou um papel importante nas conversações entre Israel e os governos árabes, incluindo a Autoridade Palestina, liderada por Yasir Arafat. As negociações intermediadas pelos americanos, que podem ser vistas como sucessos parciais, incluíam o tratado de paz entre Jordânia e Israel em 1995 e o Acordo de Hebron de 1997 entre Israel e a Autoridade Palestina. Os acordos Oslo I e II, tentativas de resolver o conflito constante palestino-israelense com o primeiro acordo face a face entre os dois países, eram destinados a ser uma estrutura para futuras negociações e relações entre os governos israelense e palestino. O sucesso dos acordos é discutível. Eles podem ser vistos como passos progressivos frustrados por eventos posteriores. Contudo, podem ser interpretados também como tendo falhas inerentes condenadas desde o início porque Washington se recusou a pressionar Israel quando, logo após os acordos terem sido assinados, continuou a expandir seus assentamentos estabelecidos nos territórios ocupados. Cada lado cometia atos terroristas contra outros civis.

As falhas incluíam as conversações sírio-israelenses que foram rompidas em janeiro de 2000 sobre a definição de sua futura fronteira e, mais conspicuamente, a Cúpula de Camp David entre Yasser Arafat e Ehud Barak, organizada por Bill Clinton, em julho do mesmo ano. Muitos americanos pensavam que Arafat deveria ter aceitado a oferta, aparentemente generosa de Barak, que teria possibilitado uma retirada israelense de quase toda Cisjordânia e Faixa de Gaza e dado aos palestinos o controle sobre os lugares sagrados cristãos e muçulmanos na cidade antiga de Jerusalém. Contudo, a oferta de Barak teria fragmentado a Cisjordânia em vários distritos, que faziam fronteira com estradas controladas por Israel para os assentamentos judaicos. Não haveria um Estado palestino viável e independente. Arafat também foi culpado por insistir no "direito de retorno" dos palestinos, uma exigência que foi repetida em resoluções aprovadas quase anualmente pela Assembleia Geral da ONU desde 1948.

Possivelmente, é duvidoso que muitos palestinos vivos agora fizessem uma exigência assim de se tornarem, em efeito, como os árabes israelenses, mas Arafat era um político que tinha de considerar seus eleitores. Ele não poderia negar os direitos de milhões de refugiados palestinos com base no direito internacional assim como as Nações Unidas. Contudo, podemos entender por que muitos israelenses desejam manter o caráter predominantemente judaico de seu Estado e por que muitos israelenses e americanos se exasperaram com o estilo intransigente de negociação de Arafat em Camp

David. Negociadores israelenses e palestinos se encontraram posteriormente em Sharm al-Shaykh e Taba, fazendo mais progressos nos detalhes de um acordo (amenizando os termos para os palestinos), auxiliados pelo "Documento Ponte" de Clinton. Tanto Clinton como seu principal negociador, Dennis Ross, declararam que os dois lados chegaram mais perto de um acordo de paz em 2000 do que jamais haviam chegado antes ou desde então.

A intensificação do conflito

Lamentavelmente para os negociadores, os eventos na Palestina mudaram para pior, pois a visita de Sharon ao Monte do Templo, em 28 de setembro de 2000, levou a contramanifestações palestinas marcadas pelo arremesso de pedras contra fiéis judeus no Muro Ocidental logo abaixo do Monte do Templo (que os muçulmanos chamam "o Recinto Sagrado"). Revoltas maiores ocorreram no dia seguinte no leste de Jerusalém e, em pouco tempo, o conflito piorou ao longo da Cisjordânia. Dois soldados israelenses foram linchados por uma multidão furiosa e publicamente estripados. Um menino adolescente israelense foi atraído por uma menina palestina a Ramallah e assassinado. Enquanto isso, o tempo Clinton terminara, e George W. Bush entrava na Casa Branca com uma agenda diferente que refletia seu compromisso cristão evangélico com uma Grande Israel. Influenciado por neoconservadores como Paul Wolfowitz e autointitulados realistas como Condolezza Rice, Bush buscou enfraquecer Arafat, a quem culpava pela violência renovada que seguiu o fracasso da Cúpula de Camp David, levando às severas represálias israelenses e à eleição do candidato de linha mais dura Ariel Sharon como primeiro-ministro de Israel. Sharon se tornou um visitante frequente da Casa Branca. Arafat, considerado um apoiador do terrorismo, não era mais bem-vindo. O "Documento Ponte" foi engavetado.

Em 2001, alguns palestinos recorreram ao ataque de terroristas suicidas para matar transeuntes: um *shopping center*, uma discoteca popular em Tel Aviv chamada Dolphinarium, uma estação de trem e ônibus lotados em Haifa e Jerusalém. Esses ataques atingiram seu pico em março de 2002, no que os israelenses chamaram "Páscoa Negra". Os israelenses revidaram, bombardeando as casas das famílias dos suicidas suspeitos e invadindo cidades da Cisjordânia (especialmente Jenin) com pesados tanques e buldôzers. Mais tarde, um "Mapa de Estradas" para a paz, elaborado pelos Estados Unidos em colaboração com a Rússia, os europeus e as Nações Unidas, fracassou com a recusa de Israel em parar de expandir seus assentamentos na Cisjordânia, mesmo que as propostas tivessem favorecido seus interesses mais do que o Documento Ponte. O governo americano não podia mais alegar ser um intermediário honesto entre israelenses e palestinos.

Os ataques suicidas mataram muitos israelenses inocentes, mas os palestinos contestaram que nenhum ataque suicida ocorrera até um fundamentalista judeu americano, na Cisjordânia ocupada, entrar em uma mesquita em Hebron em 1994 e matar vinte e nove fiéis a sangue-frio. Ele, depois, passou a ser visto como um mártir e herói pelos colonos judeus ortodoxos nos territórios ocupados. Os israelenses responderam que a maioria deles, também, havia condenado o ataque à mesquita de Hebron, mas os palestinos muitas vezes saudavam seus terroristas suicidas como "mártires" e, inclusive, nomeavam ruas em homenagem a eles.

Os israelenses também começaram a construir um muro como uma barreira contra incursões de terroristas suicidas e outros (cf. Mapa 21.2). Essa "cerca de segurança" é uma série de cercas eletronicamente monitoradas, com arame farpado e barreiras de concreto até 9 metros de altura. Muitos partidos israelenses (e seus apoiadores no exterior) foram favoráveis à sua construção. No início, alguns palestinos a apoiaram sob a suposição equivocada de que seria construído ao longo das fronteiras pré-1967. De fato, contudo, os israelenses a assentaram profundamente no território ocupado, tomando terras internacionalmente reconhecidas como pertencentes ao futuro Estado palestino. A Corte Internacional de Justiça de Hague declarou o muro em violação do direito internacional em 2004, uma decisão ignorada pelo governo de Sharon. A suprema corte de Israel determinou que partes do muro deveriam ser movidas, mas sua construção continuou.

O muro criou uma barreira física que dividiu as cidades e aldeias da Cisjordânia em distritos virtuais, ou províncias pequenas e separadas. Comprimiu 4,3 milhões de palestinos em guetos com os maiores índices mundiais de desemprego (18% na Cisjordânia e 41% em Gaza), poucos recursos para desenvolvimento e pobreza indefinida. Os palestinos são, muitas vezes, assediados não somente por soldados israelenses, mas também por seus colonos bem-armados. Os israelenses acreditam que o muro diminuiu os ataques suicidas, mas sua cessação refletia mais a mudança de estratégias de grupos como o Hamas. Os palestinos adotaram outras formas de resistência violenta, como bombardeio de cidades israelenses e o ataque a indivíduos israelenses, fazendo-os se sentirem ainda menos seguros.

Mapa 21.2 Assentamentos nas áreas da Cisjordânia e na Faixa de Gaza, 1967-2010

Se americanos e israelenses ficaram horrorizados com cenas dos resultados dos ataques suicidas durante o que passou a ser chamado a al-Aqsa Intifada (2000-2005), os árabes partilhavam a fúria e repulsa dos palestinos quando viram televisionado imagens dos tanques israelenses rugindo pelas ruas de Jenin e Nablus, buldôzers derrubando as casas dos supostos terroristas em Gaza, helicópteros atirando mísseis contra centros urbanos povoados, e tropas cercando a igreja de Belém da Natividade. Apoiadores de Israel observam que mil israelenses, principalmente civis, morreram durante o conflito, enquanto as estações de televisão por satélite árabes, como a Al Jazeera, anunciavam que pelo menos três vezes mais palestinos, incluindo muitas mulheres e crianças, haviam morrido nas mãos de soldados israelenses.

A economia de Israel sofreu com a consequente perda de investimentos e receitas do turismo. A dos palestinos decaiu, uma vez que um bloqueio israelense cortou seu comércio com o mundo exterior e impediu muitos de irem para seu trabalho em Israel. Em 2003, Arafat se tornou um prisioneiro em seu complexo presidencial em Ramallah. Por insistência dos Estados Unidos, ele nomeou como primeiro-ministro Mahmud Abbas e, depois, Ahmad Quray. Mas o governo de Sharon se recusava a conversar com qualquer um da Autoridade Palestina enquanto o terrorismo continuasse. Cada vez mais, ataques a israelenses eram realizados pelo Hamas ou pelo jihad islâmico apoiado pelo Irã, nenhum deles respondia à Autoridade Palestina.

Após a morte de Arafat em 2004, alguns ocidentais e israelenses esperavam que o "processo de paz" voltasse à vida. Os palestinos elegeram um novo presidente, embora muitos tivessem boicotado a eleição. O vencedor da eleição foi Mahmud Abbas, o líder do Fatah. Ele buscou a paz com Israel. Ele e seus apoiadores renunciaram à resistência armada, esperando que negociações com Israel levassem a uma solução de dois estados. Em 8 de fevereiro de 2005 Abbas e Sharon organizaram uma Cúpula de um dia, mediada pelo Egito e pela Jordânia, em Sharm al-Shaykh. Eles concordaram em encerrar o conflito, e Sharon concordou em libertar prisioneiros de guerra mantidos por Israel. O conflito não cessou totalmente, mas basicamente a segunda Intifada havia terminado.

Em 2006, os palestinos que viviam na Cisjordânia e na Faixa de Gaza votaram em uma eleição internacionalmente supervisionada para os 132 membros do Conselho Legislativo palestino. Três quartos dos eleitores aptos a votar, votaram. O resultado chocou todos: os israelenses, seus apoiadores, Abbas e mesmo os vencedores. A lista Mudança e Reforma, cujos membros eram associados ao Hamas, conquistou mais da metade dos assentos. Esse resultado perturbou os planos da administração Bush, de Israel e da Autoridade Palestina, todos os quais estavam buscando uma solução de dois estados. Embora o Hamas tenha dito que negociaria com Israel, desejava mais do que uma trégua de dez anos. A administração Bush, o governo israelense e a Autoridade Palestina rejeitaram prontamente o resultado das eleições. Essa decisão teve consequências terríveis para os palestinos da Faixa de Gaza.

Israel havia retirado todas as suas tropas e colonos de Gaza em 2005, deixando a Faixa essencialmente autogovernada. A política havia sido proposta pelo Primeiro-ministro Sharon em 2003 e adotada por seu gabinete em 2004 (a despeito de um referendo popular que rejeitava a retirada). A execução unilateral do plano, que incluía o desmantelamento de vinte e um assentamentos na Faixa, não levou verdadeira autonomia aos palestinos de Gaza ou paz aos judeus de Israel. Os israelenses ainda exercem o controle sobre o perímetro externo de Gaza (exceto sua fronteira ao sul, controlada pelo Egito), seus portos marítimos, espaço aéreo e a passagem de pessoas e mercadorias. Um governo do Hamas assumiu o controle em 2007 e tem permanecido no poder desde então. A reconciliação entre o Hamas e a Autoridade Nacional Palestina se mostrou elusiva.

Envolvimento de estrangeiros

Tanto israelenses quanto palestinos têm apoiadores estrangeiros influentes. O governo dos Estados Unidos aumentou o suprimento de armas para Israel e cada vez mais coordenou a estratégia com o Estado judaico na guerra contra o terrorismo. Os sionistas cooperaram com os neoconservadores para reforçar o apoio americano a Israel. Isso minou o papel da América como um "mediador honesto" entre Israel e os palestinos. E como poderia o governo americano promover a democracia no Oriente Médio?

Os governos árabes vocalmente (mas não militarmente) apoiavam a resistência palestina e atacavam as políticas americanas e israelenses. Eles fracassaram em usar seu controle do petróleo para influenciar as políticas e comportamento americanos e europeus. A Arábia Saudita propôs, em um encontro da Liga Árabe em 2002, um plano abrangente que teria oferecido a Israel paz e reconhecimento diplomático em troca da retirada de Israel das terras que capturou em 1967. A oferta foi repetida em um encontro de cúpula árabe cinco anos depois. Israel a ignorou em ambas as vezes.

Vínculos comerciais foram formados entre Israel e alguns países do norte da África, e o ministro das relações exteriores de Israel visitou o Qatar em abril de 2008, mas as relações diplomáticas entre Israel e Egito estavam congeladas. As relações entre Israel e a Jordânia estavam mais aquecidas no nível governamental, mas não no popular. Os árabes geralmente acreditavam que Israel treinava americanos para interrogar, torturar e atormentar prisioneiros iraquianos. Israel apoiava os curdos no Iraque e na Turquia e esteve profundamente (mas secretamente) envolvido na Guerra do Iraque. Os israelenses apontavam o Irã como um fator crescente no conflito e expressaram alarme por seu programa nuclear, com o crescente alcance e acurácia de seus mísseis, e ameaças de líderes do Irã de destruir o Estado judaico. Israel, muitas vezes, ameaçou atacar os sítios de desenvolvimento nuclear do Irã. O conflito está se tornando um conflito muçulmano-judaico em vez do que costumava ser o conflito palestino – ou árabe-israelense. Um conflito entre religiões tende a ser mais emocional e difícil de resolver do que um confronto de nacionalismos.

A preocupação de Israel com segurança emana da preocupação dos judeus com sobrevivência, sempre presente, mas intensificada desde o Holocausto. Os israelenses observam que a Carta Nacional Palestina exige a sua destruição, mas os palestinos começaram a anular essa parte do estatuto em 1996 e Arafat anunciou em 1997 que havia sido abolida. O medo dos palestinos da colonização israelense pode ser parte de uma ansiedade maior árabe sobre o imperialismo ocidental, agora aumentado pela invasão e ocupação americanas do Iraque. Tanto israelenses como palestinos devem fazer concessões para a paz. Se ambos os lados considerarem os custos esmagadores e as consequências horríveis de uma guerra prolongada e ilimitada, podem abrir mão de suas tendências e retórica extremistas.

Desde 2007, o governo do Hamas democraticamente eleito ficou isolado na Faixa de Gaza. O Presidente Abbas declarou um controle unilateral sobre aquelas partes pequenas da Cisjordânia ainda governadas pelos palestinos. Pressionado pelos Estados Unidos e Israel, tentou anular a vitória do Hamas na Eleição Legislativa de 2006. Nesse meio-tempo, o Hamas e milícias islâmicas aliadas intensificaram ataques às comunidades israelenses ao sul, usando mísseis feitos em Gaza. Esses ataques provocaram danos, mortes e ferimentos mínimos, mas alarmaram os habitantes do sul de Israel. Israel retaliou em 2008-2009, atacando a população de Gaza e tentando restringi-los economicamente. Finalmente, o Egito mediou um cessar-fogo entre Israel e o Hamas, ainda que uma guerra mais longa e mais amarga tenha eclodido em Gaza no verão de 2014.

Conclusão

Os ataques de 11 de setembro aos Estados Unidos levaram a uma ampliação do abismo de desconfiança e raiva entre americanos e muitos dos povos do Oriente Médio. Essa alienação foi evidente nos níveis governamental e popular, de ambos os lados. As subsequentes invasões americanas do Afeganistão e do Iraque custaram ao governo americano mais de um trilhão até agora. Os custos do povo afegão e iraquiano são incalculáveis, preparando as condições para a emergência do Eiis, e para a ressurgência do Talibã, auxiliado pelo Eiis, no Afeganistão.

A Guerra contra o Terror ainda está em curso, como escrevemos. Seu custo aos países e povos no Oriente Médio, em termos de suas culturas, economias e vidas, é incalculável.

PARTE VII

A Primavera Árabe e suas consequências

2010	Autoimolação de Mohamad Bouazizi em protesto à política de confisco de sua carroça, espalhando manifestações ao longo da Tunísia
2011	Protestos tunisianos levam à renúncia de Zayn al-Abidin ben Ali
2011	Aumento das manifestações ocorrem no Cairo e em outras cidades egípcias até Mubarak renunciar à presidência em favor do Conselho Supremo das Forças Armadas
2011	Protestos irrompem em Dar'a e se espalham ao longo da Síria, tornando-se uma insurreição armada em abril
2011	Protestos irrompem em Bahrain contra o Rei Hamad ibn Isa Al Khalifa, a Arábia Saudita envia tropas
2011	O presidente do Iêmen Ali Abdallah Salih renuncia; o vice-presidente Abd Rabbuh Mansur Hadi assume o poder
2011	Protestos contra Qadhafi irrompem em Benghazi; o Conselho de Segurança da ONU autoriza uma zona de exclusão aérea sobre a Líbia; ataques aéreos da Otan às tropas líbias; rebeldes líbios entram em Trípoli e matam Qadhafi
2012	Mohamed Morsi vence as eleições presidenciais no Egito
2013	Morsi é deposto em um golpe de Estado militar
2013	O Hezbollah intervém contra os rebeldes sírios
2014	Ex-membros da Al Qaeda formam o Estado islâmico do Iraque e da Síria (Eiis); o Eiis lança uma ofensiva militar ao longo do norte do Iraque; os Estados Unidos iniciam uma campanha aérea
2014	Recep Tayyip Erdogan é eleito presidente da Turquia
2015	O Rei Abdullah ibn Abdulaziz da Arábia morre e é sucedido por Salman; os houthis assumem o controle da capital do Iêmen e a Arábia Saudita intervém
2016	Tentativa de golpe militar na Turquia fracassa
2017	O Eiis perde o controle territorial no Iraque e na Síria

22 Na estação do descontentamento árabe

No começo de 2010, o mundo árabe entrou em uma nova fase popularmente chamada Primavera Árabe. Revoltas, maiores ou menores, ocorreram em quase todo país árabe durante esse tempo. Muitos foram iniciados por trabalhadores ou estudantes. No começo, obtiveram apoio tanto nacional quanto no exterior. As manifestações se transformaram em rixas, lutas, nuvens de gás lacrimejante, canhões pulverizando água, tiros e explosões de bombas. Regimes entrincheirados podem resistir amargamente, com prisões, tortura e inexplicáveis mutilações e assassinatos. Nos estados árabes, onde as revoltas foram bem-sucedidas em mudar a liderança, como Tunísia, Egito e Líbia, as forças do autoritarismo, militarismo e tribalismo persistem e podem negar as exigências democráticas de alguns dos manifestantes. É muito cedo para falar de uma revolução, e a Primavera Árabe se converteu em um amargo inverno em países como o Bahrain, Síria, Líbia e Iêmen.

Análise das condições preexistentes

O mundo árabe experienciou rebeliões populares de grande escala do norte da África ao Golfo Pérsico. Elas começaram em dezembro de 2010 na Tunísia e se espalharam durante o mês seguinte para o Egito, e depois para a Síria, Jordânia, Iêmen, Bahrain, Líbia e outras partes. Nem todas essas revoltas foram arautos da primavera. Os egípcios conseguiram um governo democrático em 2011. Contudo, tensões entre o exército e o primeiro presidente eleito democraticamente, Mohamed Morsi, terminaram levando à sua deposição e à restauração do exército no poder em 2013, o que possivelmente anula as exigências dos manifestantes. Em outra parte, a supressão das aspirações populares por um ambiente político mais justo e democrático trouxe miséria e desencanto.

Conhecemos as condições que levaram às eclosões das revoltas: problemas econômicos como o alto desemprego, inflação de preços e erosão das empresas locais, provocada pela concorrência do exterior devido às políticas de "livre-comércio"; corrupção desenfreada que concentra riqueza na clique governante; e o poder entrincheirado que usa a repressão cruel, e mesmo criminosa, pelos "serviços de segurança do Estado" para proteger regimes criminosos. Em todos os países árabes, alguns ou todos esses problemas persistem por décadas.

Algumas tendências positivas também levaram à revolução. Mais homens e, especialmente, mulheres, estavam completando doze ou mesmo dezesseis anos de escolaridade. Eles exigiam uma voz em seu governo. A percentagem de habitantes urbanos estava aumentando. Tomando a Síria como um exemplo, aproximadamente 35% de sua população era urbana em 1960; em 2016, o país era quase 58% urbano. Isso significava que a maior parte das pessoas vivia mais próxima uma da outra. Rádio, televisão e internet ampliaram essa proximidade e a possibilidade da difusão de uma revolta. Uma severa seca em 2008 havia elevado os preços dos alimentos; na verdade, havia uma inflação geral de preços no mundo árabe.

Mais especificamente, a prolongada ocupação israelense da Cisjordânia, a invasão americana do Iraque e o discurso de Obama no Cairo em 2009 ampliaram a consciência árabe sobre processos políticos estagnados.

A "Primavera Árabe"

Contra esse pano de fundo podemos traçar uma evolução geral dos protestos que ocorreram:

1) As posições-padrão das pessoas que vivem sob ditaduras são medo e passividade. Os serviços de segurança criam uma atmosfera de medo que reforça a inclinação natural da maior parte das pessoas para serem apolíticas, cuidarem de sua própria vida e a permanecerem sem se envolver;

2) Contra esse pano de fundo, algum incidente ultrajante ou inspirador pode ocorrer. Na Tunísia, foi a autoimolação de Mohamed Bouazizi; no Egito, foi um assassinato brutal de um jovem comerciante, Khalid Sa'id, pela polícia. Uma tal atrocidade basta para superar o medo e passividade das pessoas e levá-las às ruas;

3) Nesse ponto, o regime em questão muitas vezes ataca os manifestantes. Isso pode significar matar alguns deles, como aconteceu durante o

Movimento Verde no Irã em junho de 2009. Aqui, o ativador foi a contestada reeleição presidencial de Mahmud Ahmadinejad. Isso pode calar os protestos, mas somente por um tempo. A multidão pode retornar à sua triste passividade anterior, ou um movimento clandestino pode surgir, possivelmente levando a uma guerra civil;

4) Se, contudo, o regime hesita, como ocorreu na Tunísia e no Egito, ou aquiesce em algumas das exigências do povo, ou se elementos importantes dos serviços de segurança ou do exército se recusam a obedecer às ordens, mais pessoas abandonam sua usual apatia, medo e passividade. Todo descontentamento e ódio que acumularam ao longo de décadas transbordam no que os árabes chamavam "dias de fúria";

5) Se e quando as pequenas multidões se tornam enormes, o regime pode oferecer meias-medidas, como rearranjo de gabinetes, comitês de "diálogo" e promessas vagas, na esperança de minar os protestos, como ocorreu no Marrocos e em Omã;

6) Se a multidão desconfia de meias-medidas e os protestos persistem, os regimes ditatoriais podem cair, ou uma brutal guerra civil pode seguir, como está acontecendo na Síria.

Grande parte dos principais eventos do Oriente Médio árabe (Mapa 22.1) de dezembro de 2010 em diante foram considerados "a Primavera Árabe", representando otimismo tanto de cidadãos comuns do Oriente Médio quanto de observadores estrangeiros. Contudo, as repercussões e reações às revoltas podem igualmente ser chamadas o Outono e o Inverno Árabes, particularmente porque propiciaram o surgimento do Estado Islâmico do Iraque e da Síria (Eiis).

Tunísia

Zayn al-Abidin ben Ali governou a Tunísia como um ditador por quase um quarto de século. O desemprego rondava a cifra de 14% durante grande parte daquela época, mas para os graduados de universidades as coisas eram ainda piores: 25% não conseguiam encontrar trabalho. Muitos tunisianos não viam futuro para eles ou seus filhos. A corrupção florescia entre aqueles próximos ao círculo do ditador, incluindo os próprios membros de sua família, assim como dentro da polícia. A força policial era um elemento privilegiado que protegia e era protegida pelo regime. Seus interesses eram, portanto, isolados dos interesses da população maior da Tunísia.

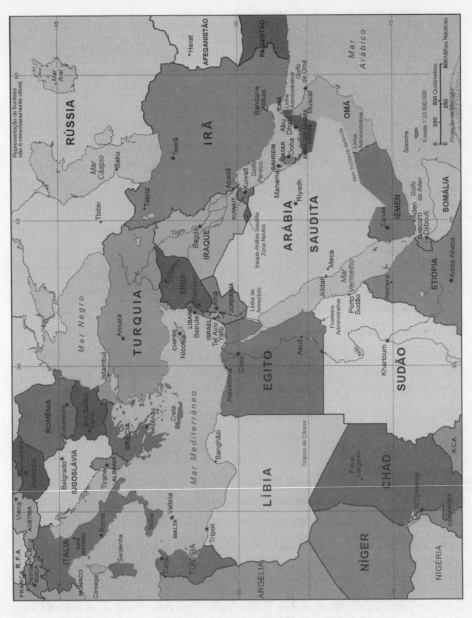

Mapa 22.1 Mapa político do Oriente Médio na véspera da Primavera Árabe, 2011

Essa era a situação quando, em 17 de dezembro de 2010, Mohamed Bouazizi, de vinte e seis anos, foi abusado pela polícia na cidade de Sidi Bouzid. O único meio de sustento de Bouazizi era uma carroça na qual vendia frutas e legumes. Uma policial confiscou-a, a despeito de seu protesto. As autoridades se recusaram a ouvir seu apelo subsequente. Essa mistura tóxica de desespero econômico, brutalidade policial e indiferença burocrática à sua adversidade levou Bouazizi a atear fogo a si diante da prefeitura municipal de Sidi Bouzid. Essa foi a atrocidade que iniciou os protestos em massa na Tunísia.

Ao final de 2010, os confrontos estavam ocorrendo diariamente ao longo da Tunísia. A violência policial aumentou, mas não rápida ou cruelmente o bastante para conter os protestos. Em pouco tempo um grande número de advogados e estudantes se manifestou em solidariedade àqueles pobres e desempregados que haviam sido presos, feridos e mortos pela polícia. No começo de 2011, uma organização ciberativista anônima proclamou a Operação Tunísia, atacando websites governamentais e os tirando temporariamente do ar. Então, o regime intensificou a violência, ordenando franco-atiradores a atirarem aleatoriamente nas multidões. Em vez de conter os protestos, essa ação chocou muitos tunisianos e conquistou o apoio nacional aos manifestantes.

Nesse ponto, o regime tentou se salvar oferecendo concessões. Era muito tarde. Abandonado por outros membros de seu regime, Ben Ali fugiu do país, logo após membros da polícia prenderem aqueles membros de sua família e aliados que permaneceram. Os ministros de gabinete ficaram desorientados, como elementos sobreviventes da elite governante agarrados ao poder. A população continuava a protestar, insistindo em que qualquer governo tinha de ser livre da antiga elite governante. Em um desenvolvimento paralelo, a ordem interna se dissipou junto à força policial do regime. Somente então o exército tunisiano assumiu o controle.

Muitos tunisianos estavam dispostos a tolerar o controle temporário do exército porque, diferente da polícia, ele rejeitou ordens para atirar nas multidões de manifestantes. O exército tunisiano é pequeno e recrutado a partir da população. Muitos dos soldados teriam desafiado uma ordem para atirar nas pessoas como eles. O exército manteve a ordem durante o vácuo político que seguiu, o que poderia, por outro lado, ter levado ao caos.

Egito

Os egípcios haviam suportado por muito tempo a ditadura de Husni Mubarak, um oficial da força aérea que assumiu o governo após o assassinato de Anwar al-Sadat em 1981. O crescimento econômico do Egito era impressionante, mas a distância entre ricos e pobres havia aumentado, e o país havia entristecido. Uma greve de trabalhadores têxteis, na cidade industrial de al-Mahalla al-Kubra, inspirou um grupo de estudantes a estabelecer o Movimento de 6 de abril para apoiá-los. Em 2010, o assassinato de um jovem comerciante alexandrino pela polícia, Khalid Sa'id, e o posterior encobrimento do crime enfureceu muitos egípcios. Parte dessa raiva foi aventada em manifestações organizadas via internet, notadamente em uma página do Facebook chamada "Somos Todos Khalid Sa'id". Embora a rede social eletrônica tenha certamente facilitado o movimento de protesto do Egito, é um exagero dizer que provocou esses protestos. Foram os elevados preços de alimentos e combustível, desemprego, desespero econômico, repressão e corrupção que os incitaram.

É contra esse pano de fundo que os ativistas egípcios, alguns deles usuários habilidosos da rede social na internet, foram inspirados pelos eventos na Tunísia. Em 25 de janeiro, um feriado que Mubarak desprezou para homenagear a polícia, muitos cidadãos tomaram as ruas no que chamaram um Dia de Fúria, protestando contra abusos atribuídos a alguns membros da polícia. Em pouco tempo as manifestações estavam ocorrendo diariamente no Cairo (centradas na famosa Praça Tahrir), Alexandria, Suez, Ismaília e em outros lugares. Como na Tunísia, um grande número de advogados e estudantes se juntou aos protestos.

Com o tempo, a violência policial aumentou. Finalmente, o exército egípcio recebeu ordens para ir às ruas do Cairo, Alexandria e Suez como uma mostra de força, mas os soldados se recusavam a reprimir os manifestantes.

Nesse ponto, Mubarak começou a destituir e substituir membros de seu regime na esperança de que mudanças superficiais pudessem aplacar o público. Ele demitiu seu gabinete e nomeou Omar Suleiman, seu chefe de inteligência, vice-presidente, com ordens para lidar com a emergência. Depois, prometeu não concorrer à reeleição e revisar a Constituição. Ele também reduziu os preços dos alimentos. Mas a situação já havia ido longe demais.

O regime começou a atacar os manifestantes com munição verdadeira e tanques militares agora rugiam pelas ruas, assim como criminosos de Mubarak em cavalos e camelos. Contudo, líderes do exército egípcio decidiram que não poderiam ordenar as tropas a atacarem as multidões de manifestantes. Como na Tunísia, o exército do Egito é de conscritos. As tropas vinham do mesmo contexto dos manifestantes. Essa decisão provavelmente precipitou o anúncio de Mubarak, em 11 de fevereiro, de que renunciaria e entregaria o poder ao Conselho Supremo das Forças Armadas (CSFA). Os comandantes do exército prometeram um rápido processo que levaria a um governo democrático. Na realidade, contudo, o poder do CSFA nunca foi desmantelado e serviria como um poder nos bastidores durante o processo de transição, quando o Egito organizaria suas primeiras eleições.

A queda de Mubarak não encerrou a revolta egípcia. Entre fevereiro de 2011 e junho de 2012, durante o período de transição liderado pelo exército, manifestações de massa ocorreram muitas vezes na Praça Tahrir, as tropas mataram e feriram alguns manifestantes e detiveram e torturaram outros. O exército, liderado pelo CSFA, receava se submeter a qualquer governo civil. Desde que o exército egípcio depôs o Rei Faruq, em 1952, seus oficiais se viam como o coração e alma do Egito moderno. Gamal Abd al-Nasir, que liderou o golpe militar contra o rei e, mais tarde, se tornou o presidente do país, foi possivelmente o líder mais popular do Egito moderno. A autopercepção dos oficiais, mais seu envolvimento na economia egípcia, colocou-os no topo da ordem social da nação. Essa atitude não mudou com a queda de Mubarak, que foi aprisionado, julgado e condenado por ordenar o uso de força letal contra os manifestantes, provocando 880 mortes (após os militares tomarem o poder em 2013, Mubarak e seus filhos seriam julgados novamente e absolvidos dessa acusação em 2014).

Bahrain

O pequeno reino insular do Bahrain, no Golfo Pérsico, outrora governado pela Pérsia, desde 1786, tem sido governado pela Família Khalifa, e o rei atual é Hamad ibn Isa Al Khalifa. Muitos dos problemas do reino se originam do fato de, embora os Khalifas serem sunitas, quase dois terços dos cidadãos de Bahrain serem xiitas. Por gerações, os xiitas têm sofrido discriminação religiosa, política e econômica de seus senhores sunitas, que controlam o governo, principais empresas e o exército e outras forças de segurança.

Inspirados pelas revoltas na Tunísia e no Egito, protestos começaram em Bahrain em 14 de fevereiro de 2011. A data foi o décimo aniversário da constituição inicial da nação, embora inadequada, popularmente conhecida como a Constituição da Ação Nacional. Os primeiros protestos, principalmente de jovens, foram pacíficos e ordeiros e exigiam medidas na direção de um governo mais justo e a investigação da corrupção generalizada no regime existente.

Essas manifestações encontraram uma força repressora massiva. O núcleo dos protestos, uma intersecção central em Manama, sua capital, foi atacado pela polícia, resultando em muitos feridos e alguns mortos. Seu monumento histórico, conhecido como a "Praça da Pérola", foi então destruído por ordem do governo para impedir que servisse como um futuro ponto de reunião. A despeito da repressão, as manifestações de massa continuaram, por vezes atraindo milhares de cidadãos. O governo respondeu com a demisssão de alguns funcionários inferiores e com a libertação de alguns presos políticos, mas não ofereceu mudanças substanciais ao povo.

Consequentemente, os protestos aumentaram suas exigências. Em março, exigiram a substituição da monarquia por uma república democrática. Foi nesse ponto que as autoridades bahrainenses declararam lei marcial e pediram ajuda externa. Em meados de março, tropas da Arábia Saudita e algumas dos emirados do Golfo estavam afluindo a Manama a pedido do governo bahrainense, enquanto o governo intensificava sua violência e prendia milhares de bahrainenses. Os protestos não resultaram em qualquer mudança na elite governante, mas inaugurariam um período subsequente de repressão contínua.

Líbia

Como em Bahrain, a experiência de protestos da Líbia foi alterada pela intervenção estrangeira. Contudo, diferente de Bahrain, a intervenção na Líbia veio para o lado dos manifestantes. Os protestos começaram na cidade leste de Benghazi, que reclamava que o governo da Líbia favorecia as províncias do oeste. Os primeiros estágios da revolta da Líbia tiveram fortes ressonâncias seccionais e tribais, não diferente do que aconteceu no Iêmen.

Os protestos contra o regime repressivo de Qadhafi irromperam em 18 de fevereiro de 2011, em Benghazi e também em Bayda, onde conflitos com a polícia em pouco tempo se tornaram violentos. Diferente da experiência nos outros países do Oriente Médio, contudo, os manifestantes líbios muitas vezes sobrepujaram as forças de segurança, capturando alguns, que eram muitas vezes selvagemente mortos. Outros elementos das forças de segurança passavam para o lado dos manifestantes. Em dias, toda região leste da Líbia estava em rebelião aberta, e novos protestos estavam irrompendo mais próximo à capital, Trípoli.

O governo lançou uma contraofensiva no começo de março. Em meados daquele mês, forças leais estavam se aproximando de Benghazi. Foi quando o Conselho de Segurança da ONU impôs uma zona de exclusão aérea no espaço aéreo líbio – alegadamente para impedir o aumento das baixas civis – e alguns dias depois impôs um bloqueio naval na costa líbia. Apesar disso, as forças do governo entraram em Benghazi. Em seguida, aviões de guerra da Otan, auxiliados por aviões do emirado do Golfo de Qatar, entraram no conflito do lado dos rebeldes.

A intervenção da Otan na Líbia pode bem ter se devido ao desdém do Ocidente pelo líder líbio, Mu'ammar Qadhafi, mas o argumento tanto para a zona de exclusão aérea quanto para a intervenção dos aviões da Otan foi que essas ações evitariam um assassinato em massa de não combatentes por tropas governamentais vingativas. O conflito já durava um mês, e ambos os lados haviam matado ou ferido muitos civis. Na verdade, a introdução de jatos de guerra de alta velocidade em batalhas muitas vezes travadas em áreas urbanas só poderia aumentar a taxa de "dano colateral".

A intervenção da Otan, oculta pela resolução da ONU, mudou o destino da guerra na Líbia. Muito rapidamente, tanto a força aérea líbia como seus sistemas de defesa aérea foram destruídos, e as forças governamentais começaram a recuar. Do final de março ao verão de 2011, forças rebeldes, consistentemente apoiadas pelos aviões e navios de guerra da Otan, lentamente exauriram as tropas cada vez menores leais ao regime. Em meados de agosto, Trípoli foi cercada. Os porta-helicópteros da Otan foram ativos no conflito.

No começo de setembro, o regime havia caído. O próprio Qadhafi foi capturado e morto nas ruas. Os países ocidentais, envolvidos no ataque à Líbia, haviam ajudado a realizar a queda de um ditador. Infelizmente, isso não tornou a Líbia uma nação democrática estável. A ausência de um governo central forte, as forças centrífugas inerentes na constituição tribal da nação se tornaram evidentes. Após as tropas remanescentes de Qadhafi se retirarem em direção a Misrata, combatentes rebeldes entraram em Trípoli em 21 de agosto de 2011. Mustafa Abdeljalil, o líder do Conselho Transicional nacional (NTC), declarou o fim do governo de Qadhafi em outubro de 2011; contudo, a tarefa de reunir em um governo estável as várias facções que emergiram durante a revolta se mostraria desanimadora.

Iêmen

A República do Iêmen é o país árabe mais pobre e um dos mais instáveis. Sua população está organizada em facções tribais e essas, por sua vez, estão divididas entre tribos do norte e do sul. Essas duas regiões estão unidas apenas desde 1990. Até recentemente, o Iêmen era governado por um ditador, Ali Abdallah Salih. Um marechal de campo no exército iemenita, Salih foi também presidente do Iêmen do Norte de 1978 a 1990.

Em 28 de janeiro de 2011, irromperam protestos no Iêmen. Embora, inicialmente, focados em problemas econômicos, os protestos iemenitas, em pouco tempo, centraram-se no Presidente Salih. Seus apoiadores no Parlamento desejavam emendar a Constituição para permitir que Salih servisse como presidente para sempre. Esse esforço levou ao colapso da coalizão faccional que, por muito tempo, apoiara o governo de Salih. Em pouco tempo, deserções no governo, assim como nas forças armadas, inflaram o movimento de protesto e levaram o país na direção de uma possível guerra civil.

Manifestações irromperam em San'a, a capital do país, e em suas maiores cidades provinciais. Elas atraíram dezenas de milhares de pessoas e eram organizadas sob nomes coloridos como um Dia de Fúria, uma Sexta-feira de Fúria e uma Sexta-feira de Não Retorno. Forças leais ao presidente muitas vezes reprimiram os manifestantes com armas letais, e centenas morreram.

No final de abril, o CCG, ou Conselho de Cooperação do Golfo (ao qual o Iêmen não pertencia), emitiu uma proposta, endossada pela ONU, que exigia que Salih resignasse em favor de seu vice-presidente, Abd Rabbuh Mansur Hadi, em troca de imunidade contra processos judiciais. Salih concordou com a proposta do CCG três vezes, mas então recuava na última hora.

Um pesado conflito de rua perturbou a vida em San'a durante maio. Em 3 de junho, uma bomba explodiu na mesquita do palácio enquanto Salih e outros funcionários estavam orando. Salih foi seriamente ferido e subsequentemente levado para a Arábia Saudita para tratamento médico. O conflito diminuiu em sua ausência; muitos iemenitas esperavam que ele jamais retornasse.

Foi somente em novembro que um Salih parcialmente recuperado foi finalmente induzido a assinar um acordo de transferência de poder. Embora isso finalmente tenha removido Salih do poder, não satisfez muitos daqueles que haviam passado o último ano protestando nas ruas. Eles particularmente se ressentiam de garantir a Salih imunidade contra o julgamento por ter assassinado alguns dos protestantes.

Essa convulsão teve consequências adicionais. Como a ordem pública havia colapsado, grupos locais afiliados à Al Qaeda se tornaram ativos. Isso, por sua vez, atraiu agentes secretos americanos ao Iêmen, tornando-o uma frente na Guerra contra o Terrorismo e levando à morte e ferimento não apenas de alegados terroristas, mas também de iemenitas civis inocentes. Mesmo muitos americanos ficaram chocados quando um drone não pilotado matou um terroristas suspeito, Anwar al-Awlaki, que era um cidadão americano.

Após a deposição de Salih, foram organizadas eleições presidenciais em fevereiro de 2012, mas Hadi, vice-presidente de Salih, foi o único candidato na eleição. Isso incitou novos protestos, particularmente no sul do Iêmen, onde o povo, mais urbano e sofisticado do que o do norte, desejava um governo democrático, autonomia e possivelmente independência. Contudo, o maior desafio ao novo governo de Hadi não vinha do sul, de onde ele vinha, mas de Sa'ada no norte, o bastião dos zayidis iemenitas, os quais discutiremos mais adiante no capítulo.

Síria

Por quase meio século, a Síria tem tido uma ditadura sob o secular Partido Ba'ath, que tem sido controlado pela Família Assad desde 1970. Os Assads pertencem à seita minoritária alauíta da Síria. Um ramo do islamismo xiita, os alauítas constituem 12% da população do país. Vistos por alguns sunitas como sequer muçulmanos, a melhor esperança de avanço dos alauítas era no exército. Ao longo do tempo, tornaram-se dominantes nas forças armadas da Síria e terminaram por controlar os serviços de segurança do país.

A Síria partilha os mesmos problemas nacionais de outros países árabes sob regimes autoritários, incluindo problemas econômicos. Ao longo dos últimos quatro anos, o regime se moveu do socialismo para uma economia de livre-mercado, que resultou em um corte dos subsídios estatais para os produtos básicos, tornando a vida dos pobres mais difícil. O comércio mais livre tirou indústrias e oficios locais do mercado, elevando a taxa de desemprego. Tensões étnico-religiosas também persistiram. O controle alauíta do governo e seu capitalismo de compadrio tinha o ressentimento de segmentos da maioria sunita, um número crescente dos quais havia se voltado ao fundamentalismo islâmico. Cerca de 9% da população síria são curda, e ela se rebelou várias vezes. O regime mantinha esses problemas cobertos por meio da repressão generalizada. Por cinquenta anos, o Partido Ba'ath governou sob Estado de Emergência, o que negava as proteções constitucionais à população. A polícia e o exército da Síria haviam usado seu poder ilimitado de prisão e detenção para silenciar a oposição.

Como em outros países árabes, os eventos de 2011 foram precedidos de protestos esporádicos e rebeliões recentes. Para a Síria, a famosa atrocidade, uma que infelizmente serve como um precedente para as ações presentes e seus serviços de segurança, foi o ataque do governo a Hama. Essa cidade fora o bastião de um movimento conservador sunita que lançou uma rebelião contra a ditadura secular Ba'ath em 1976. A resistência ao regime durou até 1982, quando o exército sírio cercou Hama e, usando tanques e artilharia, atacou a cidade indiscriminadamente. Cerca de 25.000 civis foram mortos. As revoltas curdas e árabes, que irromperam em 2004 e 2010, foram também brutalmente suprimidas. Essa história ajuda a explicar a disposição do regime de recorrer à violência para defender sua ditadura.

Pequenos protestos começaram na Síria em janeiro de 2011. Como chamaram pouca atenção, no começo de fevereiro a Al Jazeera chamou a Síria "um reino do silêncio". Somente em meados de março, os protestos se espalharam. Em 15 de março, manifestações simultâneas, obviamente coordenadas, irromperam em várias cidades sírias. Três dias depois, seguindo as orações públicas de sexta-feira, milhares de manifestantes tomaram as ruas ao redor do país para exigir o fim da corrupção. Esse protesto centrou-se em Dar'a, uma capital provincial no sul da Síria próxima à sua fronteira jordaniana, onde um jovem da cidade fora aprisionado e morto sob custódia após pintar com tinta *spray slogans* contra o governo. Em pouco tempo, manifestantes em Dar'a estavam pondo fogo em prédios do governo e na central do Partido Ba'ath. Aos protestos contra a corrupção foram agora acrescidas exigências pelo fim do Estado de Emergência e pela libertação de presos políticos. Essas manifestações, coordenadas usualmente, irrompiam nas sextas, apontando para a Irmandade Muçulmana como os instigadores. O regime foi rápido em culpar os fundamentalistas e "terroristas".

O governo convocou prontamente o exército para reprimir os dissidentes, contando muito com aquelas divisões em cujos oficiais e soldados eram principalmente alauítas. Recordando o precedente de Hama em 1982, o regime começou a usar artilharia, rajadas de morteiros e tiros de tanque, assim como franco-atiradores em telhados, em Dar'a e em outros lugares.

Ao mesmo tempo, contudo, o regime oferecia concessões. Libertou 200 presos políticos no final de março e prometeu encerrar o Estado de Emergência, o que ele fez, ao menos nominalmente, três semanas depois. O gabinete foi reordenado. Nem o ritmo nem o tamanho das manifestações diminuíram. Mas o regime de Assad conseguiu montar grandes contrademonstrações ao longo da Síria em apoio ao governo.

Foi também em março que as manifestações contra o regime assumiram um novo caráter. Alguns dos manifestantes antigoverno estavam armados com armas que haviam sido contrabandeadas através da fronteira libanesa. Alguns soldados começaram a desertar do exército sírio. Em junho de 2011, centenas de policiais de segurança síria foram mortos na rebelião. Simultaneamente, a raiva nas minorias sírias, particularmente cristãos que apoiavam o regime, cresceu entre os manifestantes. O crescimento da violência sectária na Síria se tornou uma preocupação real.

Em outubro, líderes do protesto haviam formado o Conselho Nacional Sírio para coordenar as atividades internas e externas de grupos antigoverno. O conselho rapidamente conquistou o apoio dos Estados Unidos, uma vez que o governo Obama havia exigido que Assad abdicasse do poder, e da Liga Árabe, que suspendeu o *status* de membro da Síria em novembro, alegadamente por não cumprir com um plano de paz que havia sugerido.

Em dezembro, a Liga Árabe enviou observadores para a Síria, mas o governo frustrou seus esforços. Eles focaram a cidade de Homs, que possuía vizinhanças tanto sunitas quanto alauítas. Aqui, os desertores do exército sírio haviam confrontado as forças do governo, e a situação havia se deteriorado em um cerco do governo à cidade. Simultaneamente, carros-bomba explodiram em Damasco, matando ao menos quarenta e quatro pessoas. O aumento da violência levou os observadores da Liga Árabe a se retirarem. Os eventos em terra haviam evoluído de protestos inicialmente dirigidos ao monopólio baathista do poder à beira da guerra civil.

Quando o exército sírio atacou Homs em fevereiro de 2012, isso precipitou uma resolução do Conselho de Segurança da ONU, proposta pelos Estados Unidos e pela União Europeia, exigindo sanções econômicas draconianas à Síria. A resolução foi vetada pela Rússia e pela China.

O breve "Verão Árabe"

Enquanto os eventos na Síria estavam escalando a uma violência crescente, ao menos na Tunísia, Egito, Líbia e Iêmen, parecia que os protestos populares haviam trazido mudanças no regime. No mundo árabe isso havia sido sem precedentes, uma vez que muitas mudanças no governo ocorriam por meio de golpes militares. Parecia que essas rebeliões haviam sido bem-sucedidas, e alguns inocentemente esperavam, em 2012, que, mesmo na Síria e no Bahrain, a vontade popular prevalecesse. As rebeliões de 2011, inicialmente, pareciam favorecer a Irmandade Árabe no Egito, e, similarmente, o partido afiliado da Irmandade, *al-Nahda* (Despertar), parecia estar a ponto de garantir o poder na Tunísia. A Irmandade e seus afiliados, na Tunísia e na Líbia, adotaram o modelo de conquistar o poder por meio de eleições. A Turquia, que também adotara políticas islâmicas eleitorais, endossou-os. O Qatar, mesmo que tivesse uma monarquia, também colocou suas apostas nesses movimentos islâmicos recém-empoderados como um modo de expandir sua influência além do Golfo. A Arábia Saudita costumava ter vínculos históricos com a Irmandade, mas temeu seu crescimento após 2011, pois via esses movimentos como um questionamento ao seu modelo político e espiritual para o mundo sunita árabe. A Irmandade representava movimentos islâmicos de baixo para cima, que ameaçavam a monarquia saudita, junto ao seu *establishment* religioso wahhabista-salafista. Os Emirados Árabes Unidos eram aliados da Arábia Saudita, em uma aliança contrarrevolucionária a esses movimentos. Embora os EAU não possuam um *establishment* wahhabista-salafista, sua legitimidade repousa em um islamismo oficial de cima para baixo, controlado pelo Estado, como na Arábia Saudita.

A Arábia Saudita e os EAU tentaram obstruir a Irmandade após ela ter vencido as eleições do Egito, e terminariam apoiando um golpe militar no Egito liderado pelo General Abd al-Fattah Sisi. Uma vez deposto, Egito, Arábia Saudita e EAU rivalizariam o Qatar e a Turquia, que haviam se aliado à Irmandade e aos islâmicos após 2011. Essas coalizões rivais de governos árabes exacerbariam a guerra civil na Líbia entre suas facções islâmicas e anti-islâmicas.

Tunísia

Mais tarde nesse ano, em 23 de outubro, foram organizadas eleições para os 217 membros da Assembleia Constituinte. A vitória nessas eleições foi do Partido islâmico moderado *al-Nahda*, liderado por Hamadi Jebali, conquistando 41,4% dos votos. A nova assembleia elaborou uma nova constituição para a Tunísia, que refletia um balanço viável entre ideologias islâmicas e seculares. Beji Caid Esssebsi serviu durante o governo de Ben Ali como ministro das relações exteriores, mas após a Primavera Árabe se reinventou como um tecnocrata. Seu partido secular *Nida' Tunis* (O Chamado pela Tunísia) derrotou o *al-Nahda* nas eleições legislativas de 2014, pondo um fim ao seu governo islâmico.

A Tunísia é um dos poucos exemplos bem-sucedidos a sair do "verão árabe". Um partido islâmico chegou ao poder, governou e depois perdeu a eleição. A experiência do Egito com um partido islâmico não seguiria a mesma trajetória.

Egito

O Egito organizou eleições alternadas para uma câmara baixa do Parlamento no final de 2011 e no começo de 2012. Os resultados, mais ainda do que na Tunísia, favoreceram os islâmicos. O Partido Liberdade e Justiça do Egito, afiliado à Irmandade Muçulmana do país, conquistou 47% dos votos, enquanto o Partido *Nour* (Luz) dos salafistas, de linha dura, obteve 29. Os salafistas são islâmicos ultraconservadores que partilham um histórico islâmico com a Irmandade Muçulmana, que eles apoiaram após Mubarak; todavia, adotavam uma versão estrita do islamismo. Os salafistas mais tarde apoiariam o golpe militar contra Morsi. A Coalizão liberal Bloco Egípcio, uma coalizão dos três pequenos partidos liberais, obteve somente 8,9% dos votos. As eleições para o Conselho Shura, ou câmara alta do Parlamento do Egito, organizada em fevereiro de 2012, produziu resultados similares. As eleições presidenciais ocorreram em maio e junho de 2012. Mohamed Morsi, o candidato da Irmandade Muçulmana, derrotou, por uma margem estreita, Ahmed Shafik, que foi favorecido pela CSFA, mas o governo militar já havia embotado o triunfo de Morsi ao dissolver o Parlamento, emitindo uma constituição interina, e limitado os poderes do presidente.

Parecia provável que o governo islâmico recém-eleito seria ofuscado pelos oficiais militares do CSFA. Contudo, o equilíbrio do poder mudou após atacantes misteriosos terem matado dezesseis soldados egípcios no norte do Sinai no começo de agosto de 2012. Em alguns dias, o Presidente Morsi conseguiu pressionar o presidente do CSFA, Muhammad Husayn al-Tantawi, que também era seu ministro da defesa e havia sido presidente interino desde a renúncia de Mubarak até a posse de Morsi, a se aposentar como chefe de Estado-Maior do exército. Nos primeiros estágios da revolução, os militares cooperaram com a Irmandade Muçulmana, na qual milhões de egípcios colocaram no poder pelo voto. Contudo, as aspirações políticas da Irmandade Muçulmana foram abortadas após um ano de governo incompetente, deixando o Egito mais fraco, mais desorganizado e menos próspero do que antes da Primavera Árabe.

Em junho de 2013, o *Tamarod* (ou *Tamarrud*), significando "recalcitrância" ou "oposição", um movimento popular de oposição à Irmandade Muçulmana, trabalhando com muitos outros grupos políticos e civis da sociedade, coletou mais de 20 milhões de assinaturas exigindo antecipação das eleições presidenciais. O Tamarod foi ao ponto de apoiar um golpe militar contra Morsi. Em 30 de junho, após uma onda de manifestações que resultaram em confrontos entre apoiadores dos islâmicos e do Tamarod, os militares, liderados por Sisi, que fora indicado por Morsi, emitiu um ultimato que dava à liderança política egípcia até 3 de julho para satisfazer as exigências dos manifestantes, especialmente a renúncia do Presidente Morsi, uma nova eleição presidencial e parlamentar, e a elaboração de uma nova constituição. Quando Morsi se recusou renunciar, o exército egípcio o depôs, indicando um chefe de Estado interino, e começou a prender líderes e apoiadores da Irmandade Muçulmana. Uma onda de violência seguiu, e a organização foi banida.

Bahrain

Após os protestos em Bahrain terem sido suprimidos pelo uso da força, com a ajuda da vizinha Arábia Saudita, uma violenta repressão seguiu. Médicos pelos Direitos Humanos e Médicos sem Fronteiras declararam que o governo havia sistematicamente detido, torturado e acusado de crimes o pessoal médico que tratava os manifestantes, todos exemplos extremos das táticas repressivas usadas contra os manifestantes da Primavera Árabe ao longo da região. No começo de abril, o governo fechou o único jornal independente do país, *al-Wasat* (O Centro), e sistematicamente destruiu locais históricos xiitas, incluindo trinta mesquitas antigas.

Ao final de maio, quando o Rei Hamad pensava que seu regime havia intimidado suficientemente os xiitas, convocou "um diálogo nacional". Esse terminou sendo um processo muito superficial desconsiderado pela maioria dos grupos de oposição. O rei também autorizou uma investigação independente sobre o comportamento da polícia e do exército durante os protestos. Previsivelmente, esse relatório mostrou que agentes do governo haviam consistentemente usado força excessiva, incluindo tortura. Pouco resultou desse relatório, exceto que o reino contratou alguns chefes de polícia notoriamente de "linha dura" dos Estados Unidos e da Europa para orientar a polícia bahrainense.

O Bahrain permaneceu tenso, e seu regime, precário, por conta do processo. Em fevereiro de 2012, novas manifestações irromperam, marcando o aniversário dos protestos originais. Eles, também, foram violentamente suprimidos, porém mais protestos foram registrados em março. Algumas forças sauditas e dos Emirados Árabes Unidos permaneceram em Bahrain, e o reino insular continuou a albergar a Quinta Frota dos Estados Unidos, o que naturalmente leva Washington a apoiar o regime existente. A despeito dos incidentes intermitentes de violência contra o regime, o Bahrain foi bem-sucedido em suprimir sua oposição. A repressão aumentou a distância entre as populações sunita e xiita, uma vez que os protestos eram, em grande medida, liderados por muçulmanos xiitas que exigiam participação política. Mais de cinco anos depois dos protestos de 2011, a única resposta do governo a esses apelos foi prender ativistas, líderes religiosos e defensores dos direitos humanos com base na segurança nacional, sem quaisquer medidas significativas para lidar com os ressentimentos subjacentes. O Bahrain ou encarcerou líderes da oposição ou excluiu partidos de oposição do parlamento, indicando a preferência da monarquia pela supressão em detrimento do diálogo e de reformas.

Líbia

Foi somente em julho de 2012 que o governo transicional da Líbia pôde obter controle suficiente sobre o país para organizar eleições, onde a votação foi justa e transparente, para um congresso nacional a fim de substituir o Conselho de Transição Nacional. Em agosto de 2012, o governo de transição oficialmente entregou o poder ao novo congresso. Secularistas liberais venceram a eleição, e Mohammed Yousef al-Magariaf, do Partido da Frente Nacional Liberal, foi escolhido como presidente interino de Estado em 8 de agosto de 2012. Contudo, a Líbia permaneceu instável, uma vez que as tribos ainda estavam armadas e lutavam entre si por controle de território e recursos. O outro problema, como no Iraque após 2003, foi que os partidos da Líbia foram formados apressadamente em um vácuo pós-autoritarismo. Eles representavam interesses estreitos, comunitários ou de clã e, em tão pouco tempo, nenhum partido poderia emergir capaz de dirimir as divisões da Líbia. O Congresso Nacional Geral, o novo parlamento da Líbia, foi dividido por essas facções, que também competiam pelo controle dos ministérios.

Um exemplo dos perigos, que seguiram do caos político ocorrido em 8 de setembro de 2012, foi quando atacantes da *Ansar al-Shari'a*, uma milícia salafista que emergiu durante a revolta de 2011, invadiram a embaixada americana em Benghazi, matando o Embaixador Christopher Stevens e três outros americanos. Após ter fracassado em formar um governo, Magariaf renunciou, e Ali Zeidan assumiu e foi empossado no governo em 15 de outubro de 2012. Todavia, em meio a preocupações com segurança, os países ocidentais começaram a retirar sua equipe diplomática da Líbia. Ali Zeidan foi raptado, e só foi libertado cerca de um ano mais tarde.

Os problemas que a Líbia enfrentou podem ser remontados ao legado do governo ditatorial de Qadhafi e à natureza da rebelião que o depôs. Assim como no Iraque de Saddam, o líder líbio criou um Estado personalizado, e quando foi deposto, seu Estado foi com ele. Além disso, o movimento que o depôs nunca teve um líder comum para servir de apoio, ou uma visão de como seria uma Líbia pós-Qadhafi.

As milícias que se formaram durante o conflito para remover Qadhafi tomaram arsenais, depois serviços como aeroportos, portos e refinarias, para transformá-los em benefícios políticos no dia seguinte. Em pouco tempo, os líderes das milícias tentaram capturar ministros ou ministérios inteiros. Eles também competiam por apoiadores estrangeiros.

O novo governo da Líbia não tinha um exército nacional confiável, além de ser incapaz de dissolver as milícias, mas, como no Iraque após 2003, membros do parlamento desenvolveram uma relação simbiótica com eles. Os vários grupos armados foram colocados sob o controle nominal do Ministério do Interior ou da Defesa, que parecia oferecer um verniz governamental de controle, mas, de fato, meramente fornecia subsídios para as milícias.

Um exemplo proeminente do poder das milícias emergiu no surgimento de Khalifa Haftar, um ex-oficial militar da era Qadhafi, que formou o autoproclamado "Exército Nacional Líbio". Em maio de 2014, lançou a Operação Dignidade em Benghazi, ostensivamente para remover a *Ansar al-Shari'a* e restaurar a segurança na cidade. O nome da operação, em pouco tempo, se tornou uma abreviatura para a aliança que ele forjou com uma miríade de milícias, que incluía a da cidade de Zintan a oeste, que mais tarde tentaria declarar sua autoridade na capital, Trípoli.

Iêmen

O movimento houthi recebe seu nome de seu líder Hussein al-Houthi. Seu movimento se desenvolveu no começo da década de 1990 como um programa religioso para promover o xiismo zaydi entre os jovens em Sa'ada e seus arredores, em resposta ao proselitismo wahhabi saudita em sua região. O Iêmen é 35% xiita zaydi, que estão concentrados basicamente no norte. No capítulo 6, examinamos as divisões dentro do xiismo, como os xiitas dos Sete Imames e os xiitas dos Doze Imames. Como xiitas, os zaydis seriam "Os Cinco", reconhecendo somente os primeiros cinco dos Doze Imames. Eles também diferem dos "Os Doze" no Irã e no Iraque na medida em que não têm aiatolás ou hierarquia religiosa.

O movimento houthi, em pouco tempo, se transformou em um partido com membros do parlamento, mas o governo de Salih tentou reduzir seu poder. Quando enviou forças militares para Sa'ada, os houthis começaram a comprar armas dos mercados de armas iemenitas. Em 2004, Hussein foi morto no conflito com as forças governamentais de Salih, mas o movimento continuou sob a liderança de seu pai e de seu irmão, e o conflito continuou até 2010. O que começou como um movimento estudantil se transformou em uma milícia experienciada, chamada *Ansar Allah* (Os Apoiadores de Deus). Seu apelo foi além dos estudantes zaydis, chegando aos iemenitas opostos ao governo de Salih. As manifestações que irromperam no Iêmen em 2011 deram aos houthis a oportunidade de minar Salih. Contudo, quando ele renunciou, os houthis foram excluídos de qualquer posição importante dentro do governo de unidade nacional transicional.

Como o governo transicional da Líbia, o iemenita foi debilitado por faccionalismo interno, enquanto a situação econômica e de segurança se deteriorava. Os houthis, tirando vantagem da impopularidade do governo transicional, ocuparam Sana'a em setembro de 2014, junto a protestantes simpáticos na cidade, que esperavam que fossem satisfazer as exigências dos protestos de 2011. Com a capital sob controle houthi, Hadi fugiu para a cidade portuária ao sul, Aden, estabelecendo um governo no exílio, alegando que ainda era o presidente do país.

Embora os houthis sejam zaydis, seu apelo ia além de sua base sectária, chegando aos iemenitas desejosos de um governo confiável. O sucesso houthi também teve a ver com uma aliança tática com oficiais ainda leais a Salih, que depôs o presidente, que ainda tinha influência nos bastidores. O próprio Salih é zaydi, mas quando era presidente envolveu-se em uma guerra cruel contra seus companheiros zaydis, os houthis, e foi responsável pela morte de seu líder em 2004. Durante seu governo, Salih se projetou como um oficial nacionalista, tentando evitar qualquer lealdade aos zaydis provinciais, mas em seguida à sua deposição, ele e o corpo de oficiais assumiram a causa dos houthis. Foi uma aliança de conveniência em vez de uma baseada em afiliação sectária compartilhada, e as tensões persistiram entre as duas facções.

Embora os iemenitas esperassem que os houthis usassem seu controle sobre a capital para formar um governo inclusivo para tratar dos problemas da nação, eles insistiram ainda mais em sua campanha militar, capturando a cidade portuária do norte de Hodeida, e chegando ao subúrbio de Aden, colocando o Iêmen em uma guerra civil.

Síria

Mesmo após o fim da Guerra Fria, a Rússia continuou vendendo grandes quantidades de armas para a Síria e mantendo uma base de abastecimento naval em Tartus na costa mediterrânea, mesmo antes de a guerra civil ter eclodido lá. Ela também tinha uma relação muito antiga com a Líbia, durante e após a Guerra Fria. Moscou achava que os Estados Unidos e a Otan haviam excedido os parâmetros da Resolução do Conselho de Segurança da ONU de 2016, que havia sido adotada em resposta ao iminente perigo que as forças de Qadhafi representavam aos civis em Benghazi, mas terminou servindo como uma cobertura diplomática para os membros da Otan decretarem uma mudança de regime. A Rússia não deixaria isso acontecer com a Síria. A Rússia interveio, diplomaticamente, em agosto de 2013, quando os Estados Unidos estavam prestes a lançar ataques contra a Síria, após o exército sírio ter sido acusado de usar armas químicas contra civis. A Rússia propôs um plano para a Síria abrir mão de seu arsenal de armas químicas para impedir a ação militar americana, com o qual a administração Obama concordou, a fim de evitar outra campanha militar.

Os prolongados "Outono" e "Inverno" árabes

Ao longo da guerra civil na Síria, o regime perdeu grande parte de seu território a nordeste para o Eiis. O Estado Islâmico no Iraque (Eii), formado em 2006, começou originalmente como um afiliado da Al Qaeda. Tornou-se um participante importante da guerra civil síria após enviar seus combatentes à Síria para formar a *Jabhat al-Nusra* (A Frente da Vitória). O Eiis se formou quando o Eii consolidou seu controle sobre seu ramo sírio, para o desapontamento da liderança da Al Qaeda, que desejava que as organizações permanecessem separadas. Composto basicamente de combatentes extremistas sunitas, o Eiis assumiu o poder do governorado (*governorate*) de Raqqa, que se tornou sua capital. Essa derrota militar imposta pelo Eiis intensificou o medo entre os alauítas, especialmente após os combatentes do Eiis terem capturado bases militares e tropas do governo.

Sob seu líder, Abu Bakr al-Baghdadi, o Eiis invadiu o Iraque, conseguiu capturar Mosul e ameaçar outras áreas iraquianas. No verão de 2014, o Eiis tomou Mosul e Tikrit, e estendeu seu controle político ao longo de grande parte do Iraque sunita. Em 29 de junho, Al-Baghdadi, do púlpito da mesquita de Nuri em Mosul, anunciou a criação de um califado sob sua autoridade, e o Eiis se declarou o Estado Islâmico (EI) (cf. Caixa 22.1). Usando táticas brutais para infligir medo na população, os combatentes do Eiis recorriam a limpeza religiosa, assassinato público e violência sexual contra mulheres e crianças em seus territórios tanto na Síria quanto no Iraque. Eles forçavam yezidis e cristãos a se converterem à sua interpretação do islã, com as alternativas sendo pagar um imposto alto, abandonar suas casas e propriedades ou serem mortos. O Eiis usou a cidade síria de Raqqa como sua central de operações para lançar suas instituições governamentais e serviços sociais e econômicos aparentemente islâmicos. Baseado em interpretações rígidas e literais do islã, o Eiis rejeitava outras visões islâmicas como desvios do islã puro. Eles pregavam e usavam a violência para restaurar o primeiro califado islâmico e seus fundamentos religiosos.

Caixa 22.1 Abu Bakr al-Baghdadi

Abu Bakr al-Baghdadi, o autodeclarado califa do Estado Islâmico, nasceu em 1971 em Sararra, como seu nome original indica, Ibrahim Awwad Ibrahim Ali al-Badri al-Samarrai. De acordo com um estudo investigativo conduzido no Iraque, seu pai foi um imame na mesquita Ahmad ibn Hanbal na cidade. Durante os anos da campanha de fé de Saddam, um período em que o Estado iraquiano promoveu um papel visível maior para o islã no domínio público após a Guerra do Golfo de 1991, Al-Baghdadi ingressou na Universidade Islâmica do Iraque, em Bagdá, uma instituição estabelecida durante esse período. Ao longo de seus estudos, foi introduzido aos escritos da Irmandade Muçulmana, mas, em 2003, gravitou em torno do salafismo durante a insurgência do Iraque. Ele havia aparentemente terminado seu mestrado em estudos islâmicos na mesma universidade e contemplava continuar com seu doutorado quando foi preso em 2004, enquanto visitava um amigo, que era afiliado à Al Qaeda no Iraque (AQI).

Nesse ponto, Al-Baghdadi não era um membro da organização, mas foi preso após o ataque e encarcerado em Camp Bucca, administrada pelos Estados Unidos, uma prisão no deserto próxima à fronteira com o Kuwait. Lá, ele conduzia orações e dava sermões na sexta-feira, e entrou em contato com Haji Bakr, o nome de guerra de Samir al-Khlifawi, um ex-oficial durante o governo baath, mas que se juntara desde então à AQI. Foi durante esse período que Al-Baghdadi adotou a ideologia da AQI, e expandiu as redes de grupos na prisão. Ele foi libertado em dezembro de 2004, tendo sido encarcerado por menos de um ano, mas tendo se transformado durante esse período. O Eiis declara que Al-Bahdadi completou seu doutorado sobre a xaria na Universidade Islâmica após sua libertação, mas embora essas declarações sejam difíceis de substanciar, ele definitivamente buscou galgar posições na AQI nesse período.

O líder da AQI, Abu Musab al-Zarqawi, foi morto em um ataque em 7 de junho de 2006, e foi sucedido por Abu Ayyub al-Masri, um construtor de bombas. Al-Masri, percebendo que um iraquiano teria um papel de liderança na insurgência do Iraque, promoveu Abu Umar al-Baghdadi como o líder do recém-declarado Estado Islâmico do Iraque (Eii), ostensivamente designado para ser um grupo representativo dos grupos insurgentes iraquianos. Abu Bakr conquistou a confiança de Abu Umar al-Baghdadi, e galgou posições para chegar ao Conselho de nove homens Mujahidin Shura, o corpo executivo de tomada de decisões mais elevado do grupo. Tanto Al-Masri como Abu Umar foram mortos em abril de 2010, durante um ataque conjunto de forças americanas e iraquianas próximo a Tikrit. Haji Bakr, o ex-oficial da era Saddam, que desde então havia sido libertado de Camp Bucca, apoiou

Abu Bakr como o próximo emir da AQI, aparentemente buscando alguém com credenciais religiosas para assumir o grupo como um líder espiritual, e os membros do Conselho Shura concordaram.

Quando Abu Bakr al-Baghdadi se tornou o líder da AQI/EII, um grupo estabelecido por não iraquianos e combatentes estrangeiros havia sido transformado por Abu Umar e Haji Bakr, ambos da antiga guarda do governo de Saddam Husayn, que lançou uma tomada de controle gradual da liderança desse movimento em seu país nativo, o Iraque.

Em 29 de junho de 2014, Abu Bakr al-Baghdadi, do púlpito da mesquita de Nuri em Mosul, declarou um califado, e o Eiis dali em diante seria referido pelo grupo como Estado Islâmico. Faz três anos que a mesquita foi capturada por forças militares iraquianas, e no final de 2017 sua capital na Síria, Raqqa, foi libertada. Nessa época, o destino e paradeiro de al-Baghdadi eram desconhecidos.

O Eiis emergiu devido à confluência de eventos no nível nacional dentro do Iraque desde 2003. Começou como um grupo insurgente intratável, nascido sob a liderança do jordaniano Abu Mus'ab al-Zarqawi durante a insurgência do Iraque contra os invasores americanos em 2003, e se fundiu à Al Qaeda em 2004; foi derrotado pelas tribos sunitas árabes no Iraque, em 2008, mas por volta de 2010 cada vez mais os oficiais militares e de inteligência da era Saddam se juntavam ao Eiis, levando para ele valiosas habilidades e conhecimento local do terreno iraquiano. O grupo era capaz de apelar a faixas da população sunita árabe iraquiana, que haviam perdido seus trabalhos e perspectivas para o futuro após as forças armadas do Iraque terem sido dispensadas pela Autoridade Provisional da Coalizão em 2003 ou serem recusadas em ofertas de trabalho, devido ao fato de as novas leis iraquianas barrarem o antigamente onipotente Partido Ba'ath. O grupo ganhou um impulso na Síria quando seu Estado colapsou em 2011, separou-se da Al Qaeda em 2014, tornando-se seu rival.

O Eiis, ao declarar um califado governando um "Estado Islâmico", leva-nos de volta ao ponto de partida em termos da história da região, se não da religião. O Eiis retratava sua ofensiva como uma medida corretiva para dois eventos traumáticos que discutimos nos capítulos 13 e 14: primeiro, os tratados que dividiram a região, e, segundo, o fim do califado.

Primeiro, quando as forças do Eiis assumiram o controle do posto de fronteira sírio-iraquiano no caminho de Mosul, produziu um espetáculo bem publicizado apagando o que era considerado a fronteira "Sykes-Picot". Esse espetáculo tentou situar a ação do Eiis além dos conflitos na Síria e no Iraque como uma retificação do tratado aliado secreto que foi o precursor do sistema de mandatos e das fronteiras que separavam o Iraque da Síria, que foram, na verdade, estabelecidas pelo Acordo de San Remo e, consequentemente, pelo Tratado de Sèvres de 1920. Essa ação buscava reverter o tratado que, na visão do Eiis e de outros islâmicos, dilacerou o núcleo orgânico árabe do mundo islâmico.

Não obstante a natureza simbólica de apagar a fronteira de sua leitura pobre da história, esse evento foi importante no sistema estatal árabe que foi formado após a Conferência de San Remo e o Tratado de Sèvres em 1920, um sistema que você estudou anteriormente. Pela primeira vez, um ator não estatal islâmico entalhava um novo Estado no mundo árabe, um sistema de estados cujas fronteiras haviam permanecido relativamente inalteradas ao longo de um século. Embora a formação de Israel em 1948 e a invasão iraquiana do Kuwait em 1990 tenham alterado as fronteiras nesse sistema, a diferença no caso do Estado Islâmico foi sua ressurreição de um califado sob Abu Bakr al-Baghdadi, que alegava autoridade tanto religiosa como temporal entre seguidores em seu Estado e globalmente.

No período de um verão, o Eiis conquistou uma vitória tanto secular quanto religiosa que os atores no Oriente Médio e no mundo islâmico buscaram desde o fim da Primeira Guerra Mundial. Nacionalistas árabes, como o presidente egípcio Nasir, o Partido Ba'ath de Michel Aflaq e Mu'ammar Qadhafi da Líbia, tentaram o apagamento das fronteiras estabelecidas pela política colonial de britânicos, franceses ou italianos na região. Como você leu no capítulo 17, Nasir foi bem-sucedido em unificar o Egito e a Síria por três anos antes que esse projeto colapsasse, e a visão de Qadhafi de uma união da Líbia com a Tunísia, ou a união do Iraque baathista com a Síria, nunca avançou além do estágio da discussão. O projeto de unificação do Estado Islâmico durou cerca de três anos, junto a outros atores seculares que tentaram apagar as fronteiras estabelecidas pelas potências europeias.

Segundo, como você leu no capítulo 14, em 1924, Mustafa Kemal Ataturk dissolveu o califado. A declaração do Estado Islâmico de um novo califado representava a primeira tentativa bem-sucedida de ressuscitar essa instituição dentro das fronteiras de um novo Estado desde então. O Eiis conquistou uma vitória religiosa que outros atores regionais e islâmicos haviam falhado em conquistar: a restauração de um califado. O Eiis atingiu esse objetivo dentro de um pedaço relativamente grande de território, mas apelando a um grupo marginal de seguidores em um imaginário islâmico global.

Tunísia

Como você aprendeu neste capítulo, a Tunísia não foi somente o local de nascimento da Primavera Árabe, mas o único caso de uma nação que não sucumbiu ao ressurgimento do autoritarismo, caos ou guerra civil. Organizou eleições bem-sucedidas em 2011 e 2014. Todavia, a despeito desse sucesso, é a Tunísia que forneceu o maior número de combatentes estrangeiros para o Eiis, *per capita*. De uma população relativamente pequena de 11 milhões, 7.000 tunisianos homens e mulheres se juntaram ao grupo. Muitos jovens tunisianos foram atraídos após 2011. A razão para essa tendência parece paradoxal, uma vez que a Tunísia pode ter se tornado uma vítima de seu próprio sucesso democrático.

Primeiro, as recentes liberdades na Tunísia, com o colapso de sua ditadura, permitiram aos jihadistas uma maior liberdade para se organizarem e viajarem. Segundo, os tunisianos esperavam que o novo governo oferecesse mais serviços e criasse mais empregos. Aqueles que foram marginalizados não viram quaisquer melhorias se materializarem com a liderança recém--eleita democraticamente. Após 2011, o desemprego foi estimado em 15%, uma estimativa que é o dobro para os jovens, que viam poucas oportunidades de um futuro melhor. O desencantamento com o *status quo* levou alguns tunisianos a adotarem o Eiis. Os tunisianos no Eiis lançaram dois ataques terroristas no Porto El-Kantaoui, matando trinta e oito pessoas. Muitos dos civis eram turistas estrangeiros.

Egito

O exército aumentou seu controle sobre a política egípcia quando Sisi se tornou presidente em 8 de junho de 2014, seguindo uma eleição na qual nenhum islâmico foi autorizado a concorrer. O exército estava ostensivamente de volta ao poder. Desde os protestos em 2011, havia operado nos bastidores. Ellis Goldberg, um acadêmico, escreveu sucintamente sobre o poder do exército desde 2011:

O exército, não os manifestantes das ruas, terminou removendo o Presidente Hosni Mubarak em 11 de fevereiro. O exército, não os civis, governaram o Egito entre a remoção de Mubarak e a posse de Morsi em 30 de junho de 2012. E o exército, não os civis, removeram Morsi em 3 de julho de 2013.

A antiga guarda egípcia reafirmou o controle político e econômico sobre as políticas nacionais e estrangeiras do Egito.

Como você verá neste capítulo, o Eiis foi capaz de tirar vantagem da Primavera Árabe, atraindo recrutas da Tunísia, e estabelecendo bases na Síria e depois no Iraque, Líbia e Iêmen. Também estabeleceu uma base na Península do Sinai. Sua violenta campanha envolveu desde colocar uma bomba em um avião civil russo que saiu do Sinai em outubro de 2015 a uma série de bombardeios direcionados a coptas cristãos do Egito no Domingo de Ramos em abril de 2017. A violência do Eiis no Egito apenas forneceu a Sisi um argumento para restaurar sua autoridade, declarando um estado de emergência nacional, que foi rapidamente aprovado pelo parlamento.

O autoritarismo foi consolidado no Egito, com as liberdades políticas no governo de Sisi mais cerceadas do que no de Mubarak. Grupos de oposição real foram suprimidos, como dezenas de milhares de oponentes políticos, tanto islâmicos como seculares, foram encarcerados. A Praça Tahrir do Cairo, que outrora representava um símbolo da Primavera Árabe do Egito, tornou-se um mero círculo de tráfego hoje.

Líbia

Em junho de 2014, o primeiro-ministro da Líbia renunciou em consequência da instabilidade contínua, e uma nova série de eleições parlamentares foi convocada. Membros do atual parlamento dominado por islâmicos perderam o voto para candidatos liberais e federalistas. Além disso, a aliança da Dignidade de Haftar levou à emergência de uma contramobilização em Trípoli chamada "o Movimento Aurora", basicamente constituído por milícias islâmicas e pela milícia da cidade de Misurata. Essas forças expulsaram a milícia de Zintan, aliada de Haftar, do Aeroporto de Trípoli. Como os islâmicos e seus apoiadores se recusaram a reconhecer o corpo recém-eleito, isso levou à emergência de dois governos rivais: um islâmico em Trípoli, e o outro na cidade de Tobruk ao leste, reconhecida pela comunidade internacional e confiante em Haftar.

Para piorar as coisas, participantes regionais usaram essas alianças para servirem como seus próprios representantes. O Egito e os EAU apoiaram o governo do leste e as forças de Haftar, inclusive enviando suas forças aéreas para apoiá-lo, enquanto a Turquia e o Qatar apoiavam o governo em Trípoli, controlado pela coalizão Aurora. Como esses apoiadores de fora ofereciam treinamento, armas e apoio financeiro, as milícias tinham pouco incentivo para encerrar o conflito. Além disso, em 2015, começaram a surgir divisões em ambas as alianças.

O Estado fraturado e o conflito entre as milícias Dignidade e Aurora criaram um vácuo. Grupos islâmicos, como o *Ansar al-Shari'a*, haviam atacado o que permaneceu do exército nacional. A Al Qaeda, no Maghreb Islâmico (AQMI), também tirou vantagem do caos, expandindo-se para o deserto sem lei a sudoeste da Líbia. O mesmo fez o Estado Islâmico, despachando Abu Nabil-al-Anbari, um ex-oficial militar da era Saddam, para a Líbia em 2014, para estabelecer um ramo na cidade de Sirte. Lá, afastou os desertores do Ansar al-Sharia e da AQMI. Conduziu decapitações bem publicizadas de vinte e um coptas egípcios em fevereiro de 2015, e atacou instalações de petróleo, cortando a produção da Líbia. Embora Anbari tenha sido assassinado próximo a Derna durante o ataque aéreo americano no final de 2015, a presença do Eiis na Líbia perdurou, principalmente porque os esforços ocidentais para combater o Eiis na Líbia foram obstruídos pela falta de uma força militar líbia confiável com uma cadeia central de comando.

Com o colapso do exército da Líbia, particularmente suas forças de fronteira e guarda costeira, milícias também tiraram vantagem das rotas de contrabando trans-saarianas, traficando não apenas armas, mas pessoas que fugiam de conflitos e pobreza africanos para uma nova vida na Europa. Refugiados e migrantes eram contrabandeados através do Mediterrâneo em embarcações superlotadas na esperança de desembarcar na Itália, e de lá entrar na UE. Em reposta a essa crise, a pressão ocidental tentou reconciliar dois governos líbios rivais conforme um plano patrocinado pela ONU para formar um governo unitário. Contudo, a unidade se mostrou elusiva, e qualquer governo será incapaz de governar os grupos armados da Líbia. A Líbia se transformou em uma constelação de cidades-Estado, incluindo Trípoli, Benghazi, Misrata e Zintana, com uma miríade de milícias, tribos e terroristas competindo pelo controle.

Iêmen

Após assegurar Sana'a e precipitar a fuga de Hadi para Aden, os houthis, como uma força militar, atuavam relativamente bem militarmente, assegurando o restante montanhoso do norte do país. Contudo, quando suas forças chegaram a Aden, estavam operando em um território não familiar, um terreno basicamente plano, deserto e habitado principalmente por sunitas. Enquanto os houthis se aproximavam, Hadi fugiu para a Arábia Saudita, e em março de 2015 a Riyadh iniciou uma campanha aérea para restaurar seu governo. Os Estados Unidos forneceram à Arábia Saudita inteligência, armas e navios para participarem de um bloqueio naval de Hodeida.

O objetivo estratégico da Arábia Saudita era um bombardeio aéreo para forçar os houthis a se renderem. Não havia indicação de que o reino estivesse considerando uma campanha terrestre. Em troca, a guerra se arrastou, e, na época deste escrito, mais de 10.000 pessoas haviam sido mortas, mais de 2 milhões estavam desalojadas e, com um bloqueio imposto ao Iêmen, cerca de 7 milhões de pessoas estão à beira da fome. Para piorar as coisas, o Iêmen já enfrentava uma escassez de água mesmo antes da campanha saudita. A falta de saneamento básico e abastecimento de água resultou em uma epidemia de cólera que infectou mais de 600.000 pessoas.

A justificativa da Arábia Saudita para o uso da força militar foi a de restaurar o controle do governo iemenita aprovado pelo plano CCG/ONU. Contudo, o motivo subjacente para a ofensiva militar de Riyadh foi sua percepção dos houthis como afins ao Hezbollah libanês, um representante iraniano, mas, nesse caso, na fronteira sul da Arábia Saudita, por isso mais ameaçador.

Embora o conflito no Iêmen pareça um conflito sectário entre xiitas e sunitas iemenitas, apoiados pelo Irã xiita e pela Arábia Saudita sunita, respectivamente, o conflito é mais sobre descontentamentos iemenitas nacionais, e Riyahd e Teerã encontrando uma oportunidade para expandir sua esfera de influência, em vez de meras motivações sectárias.

O apoio iraniano aos zaydis, e a campanha saudita contra eles, não pode ser explicado apenas por motivações sectárias. É difícil alegar que o Irã esteja apoiando os zaydis em consequência da afiliação sectária, uma vez que os zaydis possuem uma diferença importante em relação aos Doze do Irã. A República Islâmica inclusive insistiu para que os estudantes iemenitas, em Qom, adotassem o xiismo dos Doze e o difundissem quando voltassem ao Iêmen. O ex-Presidente Salih, um zaydi, combateu os houthis zaydi enquanto esteve no poder, acusando-os de serem agentes do Irã. Mais tarde, contudo, formou uma aliança com os houthis e o Irã na iteração mais recente do conflito do Iêmen, resultando em sua morte em dezembro de 2017 pelas mãos dos houthis, devido às suas tentativas de uma aproximação com a Arábia Saudita.

Embora a guerra fria iraniano-saudita possa explicar a decisão de Riyadh de lançar uma campanha no Iêmen contra as forças houthi, motivações sectárias, a despeito da retórica corrente de a Arábia Saudita sunita impedir a ascensão dos xiitas iemenitas aliados ao Irã xiita, não são os determinantes básicos nas motivações iranianas ou nas motivações sauditas. Como discutimos no capítulo 17, a Arábia Saudita formou uma aliança com a monarquia xiita zaydi do Iêmen para lutar contra forças republicanas aliadas ao Egito de Nasir, uma vez que ele estava envolvido em uma guerra regional com a Arábia Saudita naquela época de 1962-1967. O conflito iraniano-saudita é mais baseado em uma rivalidade regional com Síria, Líbano e Bahrain do que em uma dinâmica sectária. Riyadh anunciou uma aliança sunita árabe, incluindo países desde o Marrocos ao Egito, para combater os houthis, a fim de buscar um equilíbrio contra a influência do Irã no Iêmen, mas é a Arábia Saudita e os EAU que estão basicamente envolvidos. O apoio do Irã aos houthis é relativamente limitado em comparação com o apoio material que fornece ao Hezbollah, mas, da perspectiva de Riyadh, o Irã está buscando flanquear a Arábia Saudita, e, assim, a intervenção saudita pode ser explicada por argumentos sobre equilíbrio de poder para impedir a hegemonia do Irã.

Nesse conflito sobre o Iêmen envolvendo potências regionais, assim como os Estados Unidos, o caos subsequente permitiu à Al Qaeda na Península Árabe (AQPA) no Iêmen se expandir, similar à situação que permitiu à AQMI se ramificar na Líbia. Assim como na Líbia, o Eiis também buscou fazer ataques no Iêmen.

Do mesmo modo que na Líbia, que está dividida por dois governos em Trípoli e em Benghazi, o Iêmen está dividido entre dois governos em Sana'a e Aden. Finalmente, como na Líbia, o Iêmen testemunhou o surgimento de milícias, e assim como existem oficiais militares leais a Qadhafi, também existem oficiais leais a Salih. Os problemas supracitados somente complicam o desenvolvimento de uma estratégia para lidar com o Eiis e com os grupos afiliados à Al Qaeda. A Líbia tentou lidar com sua crise de segurança formando um governo unitário. Essa opção parece a única solução política viável para a crise no Iêmen, mas é improvável que ocorra enquanto a Arábia Saudita continuar sua campanha aérea incapacitante. A intervenção saudita no Iêmen foi uma falha estratégica que já atingiu seus resultados, de cortar o poder houthi e restaurar o governo de Hadi. Lamentavelmente, no Oriente Médio, como em qualquer Estado, é impossível para seus líderes admitirem a derrota.

Síria

Após o Estado Islâmico ameaçar a região curda do Iraque, a administração Obama enviou tropas americanas para se juntarem aos apoiadores árabes e aliados ocidentais para limitarem sua influência crescente. Contudo, milhares de combatentes estrangeiros provenientes de todo mundo muçulmano, assim como da União Europeia, juntaram-se ao Estado Islâmico. Quando os americanos bombardearam as tropas do Eiis, eles retaliaram decapitando jornalistas estrangeiros e prisioneiros.

Os Estados Unidos preferiram operações a distância no combate ao Eiis no Iraque e na Síria, com bombardeios aéreos, em vez de empregar um grande número de soldados em terra para campanhas estendidas. Buscando forças de terra confiáveis, os Estados Unidos encontraram um parceiro confiável afiliado ao PKK da Síria, as Unidades de Proteção do Povo (referidas por seu acrônimo curdo, YPG), a despeito do fato de o PKK estar na lista de grupos terroristas do Departamento de Estado americano.

Como resultado do colapso do controle estatal sírio, o YPG declarou o território sob seu controle como "Rojava", o nome coletivo das regiões curdas autônomas, de fato, que se formaram no norte e no nordeste da Síria durante sua guerra civil. O Eiis se mostrou determinado a combater o YPG, particularmente em sua cidade Kobani, não apenas por território, mas porque a combinação de não sectarismo e etnonacionalismo seculares do grupo era um anátema para a identidade islâmica transnacional do Estado Islâmico. O YPG foi bem-sucedido em resistir a um cerco do Eiis a Kobani de outubro de 2014 a janeiro de 2015, parcialmente auxiliado pelos ataques aéreos americanos. Subsequentemente, o YPG prosseguiu na ofensiva, expulsando o Eiis da cidade síria de Tal Abyad na fronteira turca em junho de 2015. A elite política e o *establishment* de segurança turcos temiam uma entidade curda ressurgente em sua fronteira, especialmente porque o YPG desfrutava de uma série de sucessos desde 2015 contra o Eiis na Síria, parcialmente devido à sua campanha terrestre junto ao apoio dos ataques aéreos americanos, que levou a um desgaste da relação entre

Ancara e Washington. A combinação de combate renovado com o PKK em 2015 dentro da Turquia, e uma ressurgência do YPG assinalou o empoderamento dos curdos turcos e sírios. A Turquia provinha apoio contínuo aos seus representantes rebeldes na Síria, e, na verdade, enviou seu exército para lá para conter o avanço do YPG.

A despeito de tanta oposição, o regime da Síria tinha tantos apoiadores quanto inimigos, e foi capaz de resistir. Durante grande parte da guerra civil síria, facções rebeldes puderam tomar território, mas o Estado sírio manteve um monopólio da força aérea, tanques e artilharia pesada, criando um impasse sangrento. Em abril de 2015, o impasse foi superado quando um bom número de facções rebeldes cooperou pela primeira vez, o que contribuiu para seu rápido sucesso em capturar a área de Idlib no norte da Síria. Naquele momento, Bashar Al-Assad admitiu publicamente que o exército havia sofrido reveses após perder Idlib para os rebeldes. Após o sucesso dos rebeldes as taxas de deserção entre as forças armadas sírias aumentou, combinada à desmoralização do exército à medida que o Estado dependia cada vez mais do Hezbollah e do Irã. Alguns meses depois, em setembro de 2015, a Rússia declarou que enviaria seu exército, tanto forças aéreas quanto terrestres, para a Síria. Observadores ocidentais argumentaram que a Rússia estava entrando num imbróglio. De fato, foi a intervenção russa que alterou o curso da guerra civil.

Nessa época, o Estado sírio não possuía recursos militares suficientes para obter uma vitória completa contra seus oponentes, particularmente na recuperação do leste de Alepo, controlada pelos rebeldes, que o governo perdera em 2012. Os rebeldes foram expulsos de Alepo, em dezembro de 2016, mas com a ajuda de uma aliança de participantes não sírios, incluindo Rússia, Irã, o Hezbollah libanês e combatentes estrangeiros xiitas iraquianos e afegãos, e ao custo da destruição de muitas partes da cidade. No momento deste escrito, a área de Idlib ainda permanecia fora do controle do governo, onde a afiliada à Al Qaeda al-Nusra controla uma coalizão de exércitos jihadistas, conhecida como *Tahir al-Sham* (A Libertação da Síria). Os curdos da Síria conseguiram uma região para eles, quando o Eiis foi expulso de Raqqa, mas estão aderindo a mediadores no vale do Eufrates. Embora o Estado sírio tenha ganhado força na guerra civil, seu território permanece fraturado, uma vez que várias milícias sírias que apoiam Assad se tornaram essencialmente chefes militares, além de o controle do Hezbollah sobre amplas faixas de território próximos à fronteira libanesa. A Síria hoje é essencialmente uma coleção de feudos de chefes militares.

De todos os países do Oriente Médio que foram questionados por rebeliões populares, a guerra na Síria se mostrou muito perturbadora para a região. Fazendo fronteira com Iraque, Jordânia, Líbano, Turquia e Israel, o conflito na Síria impactou todos esses estados. Em 2017, de acordo com as Nações Unidas, 400.000 sírios haviam sido mortos na guerra civil desde 2011, cerca de metade deles civis, 6,3 milhões foram desalojados internamente, e 5 milhões tiveram de fugir do país, muitos buscando refúgio nos vizinhos Jordânia, Líbano e Turquia, ou se arriscando a viajar até a Europa. Finalmente, foi a guerra civil síria que criou o vácuo que permitiu ao Eiis se reagrupar e se distinguir da Al Qaeda, e depois se espalhar pelo vizinho Iraque, o evento que serviu como o catalisador para sua declaração de um califado em 2014, que examinaremos no próximo capítulo.

Conclusão

A primavera não durou no mundo árabe. Muitas das rebeliões árabes foram suprimidas e cooptadas, embora possam bem inspirar rebeliões recorrentes no futuro próximo. As condições dos palestinos sob ocupação israelense não melhorará devido às revoltas árabes. Podem, inclusive, piorar no longo prazo. Contudo, as mudanças positivas que encontramos na política árabe servirão como um modelo para o futuro. Muitos desses eventos são projetos em andamento. A última palavra ainda está para ser dita. Temos de observar atentamente os elementos progressistas, liberais e democráticos, cujas vozes serão mais altas e mais recorrentes com o tempo. Elas competirão com as vozes dos Irmãos Muçulmanos, Hamas e outros grupos islâmicos pelo domínio do Oriente Médio. Não podemos ter certeza de quem finalmente exercerá o poder nesses países. Na Líbia e no Iêmen, lealdades tribais e familiares também disputam o poder político, o que também ocorre em outros lugares no Oriente Médio. Os árabes acreditam que muitos problemas permanecem não resolvidos: reforma democrática, vingança por aqueles que foram mortos em protestos, e a diminuição da distância entre ricos e pobres. Muitos iemenitas permanecerão, portanto, inquietos. Como, na verdade, muitos tunisianos, egípcios, sírios e iraquianos.

23 A guerra fria regional no século XXI

Tudo que é bom acaba, mesmo nos manuais de história. Quaisquer historiadores escrevendo um manual que inclua o passado recente, com os eventos desde 2015, caminham sobre ovos. Eventos ocorrem repentinamente no Oriente Médio. Todavia, projeções são arriscadas. Quem sabe o que futuros leitores verão como tendo sido os principais eventos do Oriente Médio de 2008 a 2018? Vamos dar a você um exemplo olhando para trás. No início do século XX, um problema urgente era a construção de uma estrada de ferro Berlim-Bagdá por uma companhia alemã. Nossos antepassados acreditavam que essa estrada de ferro aumentaria o poder alemão no Império Otomano e prejudicaria os interesses da Grã-Bretanha, França e Rússia. Em contraste, alguns observaram que um indivíduo britânico obteve do governo persa uma concessão que levou à primeira grande descoberta de petróleo no Oriente Médio. Ainda hoje, vemos o petróleo do Oriente Médio como muito mais importante do que uma estrada de ferro que nunca foi finalizada. Do mesmo modo, um incidente que agora vemos como um grande evento parecerá trivial em 2020?

Nos estados árabes onde as revoltas conseguiram mudar a liderança, como Tunísia, Egito, Líbia e Iêmen, as forças do autoritarismo, militarismo e tribalismo persistiram e tentaram negar as exigências democráticas de alguns dos manifestantes. Como você aprendeu nos capítulos anteriores, é muito cedo para falar de uma revolução, e a Primavera Árabe se converteu em um amargo inverno em países como o Bahrain, Síria, Líbia e Iêmen. Apenas em 2017, o Oriente Médio testemunhou a guerra civil síria diminuir, o Eiis ser expulso de seus principais bastiões na Síria e no Iraque, e antes que a poeira desse conflito sequer baixasse, surgiram tensões entre curdos e árabes no Iraque sobre a declaração de independência dos primeiros.

Sectarismo e a guerra fria regional

A Arábia Saudita tem sido a principal força contrarrevolucionária na região desde 2011, receosa das mudanças no *status quo*. O governo de Bahrain, com ajuda saudita, conseguiu manter o *status quo* dentro de suas fronteiras sem qualquer grande mudança de sua elite governante. Contudo, a implicação da revolta de Bahrain aumentou profundamente o sectarismo na região, e somente elevou as tensões entre a Arábia Saudita e o Irã. A condenação de Riyadh da revolta de Bahrain – como uma conspiração apoiada pelo Irã para fomentar uma dissensão entre os xiitas da ilha – e seu emprego de forças militares em fevereiro de 2011 transformaram um evento nacional na primeira fase de uma nova guerra fria regional, que levou aos conflitos por procuração (*proxy conflicts*) na Síria, Iêmen e depois mesmo no Qatar.

Como discutimos na seção sobre Bahrain, as tensões lá, e mais tarde na Síria, levaram a uma rivalidade iraniano-saudita que foi chamada uma "guerra fria regional", uma vez que Teerã e Riyadh lutaram entre si ao armar governos atuais ou grupos rebeldes. A expressão "guerra fria sectária" também se popularizou entre analistas e a mídia para explicar essa crise no Oriente Médio. Ocorre, portanto, que muitos dos aliados nacionais e intermediários da Arábia Saudita são sunitas, enquanto os do Irã são xiitas. Contudo, seria equívoco ver apenas os argumentos sectários como a base para esse conflito. A rivalidade saudita-iraniana tem sido parte da ordem regional desde 1979, e essa rivalidade não tem sido um conflito duradouro baseado em identidades primordiais desde a batalha de Karbala em 680, que abordamos no capítulo 4. Além disso, não podemos falar de um bloco "sunita" durante essa guerra fria. Turquia e Arábia Saudita, os dois pesos-pesados regionais, são ambos sunitas, ainda que discordem acerca de temas que vão desde quem apoiar na guerra civil síria ao bloqueio de Riyadh imposto sobre seu vizinho Qatar em 2017. Durante a última crise, a Turquia sunita e o Irã xiita vieram em auxílio do Qatar sunita. Contudo, vamos examinar uma guerra fria regional neste capítulo, que não é teológica em suas origens.

Irã

A noção de uma guerra fria sectária se origina em uma Síria cuja população é principalmente sunita, mas cujos governantes são alauítas, e no apoio do Irã ao regime sitiado de Bashar al-Assad. Essa posição levou o Irã a perder o apoio de alguns sunitas árabes. O Irã continua a argumentar que a derrota de Bashar al-Assad e seu regime beneficiaria Israel e os Estados Unidos. Contudo, o Hamas, um grupo palestino sunita, que historicamente tem se beneficiado do apoio sírio, declinou de apoiar Assad, que dependia basicamente do apoio político e militar do Irã e Hezbollah xiitas. Portanto, desde 2015, o governo iraniano tem ajudado o governo predominantemente xiita do Iraque em sua luta contra o Estado Islâmico e pode também ter apoiado a tomada do poder no Iêmen pelos houthis.

Contudo, existem restrições à influência iraniana quando se trata de apoiar outras populações xiitas inquietas na região. Os iranianos hesitaram em se envolver nas revoltas árabes em que participaram xiitas no Golfo Pérsico e na região da Península Árabe. Os xiitas dominaram a revolta no Bahrain, e alguma perturbação ocorreu na população xiita no leste da Arábia Saudita. Como essas são áreas onde os Estados Unidos possuem interesses estratégicos, especialmente com relação ao petróleo, qualquer intervenção iraniana aberta lá arriscaria um confronto com os americanos.

Em junho de 2013, quando os iranianos se concentraram em grandes números para eleger como seu novo presidente Hassan Rouhani, que concorreu com uma plataforma baseada na tradição, reforma e diálogo com o Ocidente, muitos esperavam que as relações americano-iranianas melhorassem. A despeito das esperanças de Rouhani, ele deve se submeter ao líder religioso supremo, o Aiatolá Ali Khamanei, e à Guarda Revolucionária, que permanece cética quanto às intenções americanas. Uma economia fraca, queda nos preços do petróleo e sanções internacionais devido à hostilidade de Estados Unidos, União Europeia e Israel, prejudicavam a economia iraniana quando Rouhani assumiu seu posto. Essas sanções eram motivadas pela ansiedade quanto ao programa de energia nuclear civil do Irã, bem como por seu apoio ao governo sírio. Assim como as sanções internacionais ao Iraque prejudicaram seus cidadãos muito antes da invasão de 2003, as sanções ao Irã também prejudicaram muito a população. Funcionários israelenses, ecoados por membros do Congresso americano, preveniram publicamente sobre um Irã com armas nucleares e disseram que estavam dispostos a atacar esse país para impedi-lo de "obter a bomba", mesmo sem evidências críveis de que Teerã tivesse um programa de pesquisa sobre armas nucleares.

Em julho de 2015, o Irã chegou a um acordo em Viena com os cinco membros do Conselho de Segurança da ONU (Estados Unidos, Reino Unido, França, Rússia e China), além da Alemanha, que suspendeu as sanções à sua economia em troca de limitações definidas ao seu programa nuclear.

Esse acordo serviu como um marco na medida em que pela primeira vez, desde 1979, os Estados Unidos e a República Islâmica do Irã mitigaram suas tensões bilaterais através do diálogo.

O acordo foi recebido com reações misturadas na região. Embora Turquia e Irã fossem rivais em relação à Síria, Ancara estava interessada em retomar o comércio com o Irã, porque importa gás natural da República Islâmica. Israel temia que a habilidade do Irã de manter sua infraestrutura nuclear intacta lhe permitisse criar armas nucleares no futuro, desafiando seu monopólio nuclear na região. A Arábia Saudita temia que sua tradicional aliança com os Estados Unidos colapsasse quando Washington se voltasse ao Irã. Nesse contexto, para tranquilizar Riyadh, os Estados Unidos forneceram apoio militar e armas para sua guerra no Iêmen.

Contudo, o futuro do acordo foi posto em dúvida agora, quando Trump buscou desfazer o legado diplomático da administração anterior de Obama, argumentando que o acordo nuclear do Irã falhou em impedir o desenvolvimento do programa de mísseis balísticos de Teerã e de encerrar seu apoio ao terrorismo. Em maio de 2018, Trump se retirou do acordo iraniano. Tecnicamente, o acordo é endossado por uma Resolução do Conselho de Segurança da ONU, e os outros membros permanentes que negociaram o acordo permanecem comprometidos com ele. Contudo, a importância simbólica da ação de Trump não pode ser desfeita. Da perspectiva de Teerã, especialmente de Khamenei e das guardas revolucionárias de linha dura, os Estados Unidos permaneceram uma ameaça desde 1979. Essa última ação somente confirmou sua visão. Lamentavelmente, as tensões entre os Estados Unidos e a República Islâmica, um problema sistemático na região, tendem a continuar.

Turquia

Em 10 de agosto de 2014, o Partido da Justiça e do Desenvolvimento (Partido AK) manteve seu sucesso político, uma vez que Recep Tayyip Erdogan, o primeiro-ministro da Turquia desde 2003, foi eleito presidente. As relações comerciais e diplomáticas com a Grécia e outros países europeus estão melhorando. A Turquia ainda não retirou seus 35.000 soldados do norte do Chipre, embora negociações com a Grécia e líderes cipriotas turcos tenham começado em 2008 e têm se arrastado inconclusivamente.

Durante a Primavera Árabe, Erdogan endossou as mudanças na Tunísia, Líbia, Egito e depois na Síria em 2011, particularmente, porque serviam como oportunidades para partidos islâmicos similares ao seu Partido AK, como o tunisiano *Al-Nahda* ou o Partido da Liberdade e da Justiça egípcio (vinculado à Irmandade Muçulmana), para obter o poder por meios eleitorais. Por um breve período, durante o auge inicial da Primavera Árabe, a Turquia representava um modelo de uma democracia muçulmana que esses estados poderiam tentar emular, e Erdogan, muito provavelmente, previa que estaria na liderança desse novo bloco regional. Erdogan havia encorajado Bashar al-Assad a fazer reformas diante dos protestos de 2011, mas quando o presidente sírio se recusou, os dois, que eram amigos, afastaram-se por essa época. Ancara exigiu que ele renunciasse e desse apoio à rebelião crescente, prevendo que a Síria poderia obter um líder islâmico sunita e se juntasse a esse bloco.

Contudo, como você viu no último capítulo, nenhuma onda assim de democracias lideradas por islâmicos se espalhou pela região. Além disso, o próprio Erdogan foi contestado por protestos nacionais. Enquanto o mundo árabe estava se recuperando das consequências das rebeliões, buldôzers do governo começaram a demolir o Parque Gezi na Praça Taksim para construir um novo projeto de desenvolvimento – um *shopping center* e uma réplica dos quartéis militares otomanos em Istambul – em 27 de maio de 2013. Cidadãos locais ocuparam o parque como um protesto contra o projeto. O Primeiro-ministro Erdogan rejeitou as exigências dos protestantes para suspender a demolição, e seu governo reprimiu os manifestantes com canhões de água, gás lacrimejante e, por vezes, com balas de borracha. A despeito da pesada crítica internacional, Erdogan definiu os manifestantes como saqueadores e terroristas e alegou que eram parte de um plano estrangeiro para desestabilizar a Turquia. Muitas pessoas foram feridas durante os confrontos com as forças de segurança, e alguns morreram. Como as manifestações aumentaram e persistiram, o Presidente Abdullah Gul anunciou a suspensão do projeto de desenvolvimento no Parque Gezi. Embora os protestos intermitentes e protestos sentados continuassem, Erdogan foi ainda capaz de reunir sua base para vencer as eleições locais e presidenciais em 2014 e 2018.

Ele planejava transformar o sistema político da Turquia para concentrar mais poder executivo na presidência, a qual ele próprio assumiria. Ao fazer a transição de primeiro-ministro para o papel basicamente cerimonial de presidente, Erdogan não estava abandonando o poder, mas (esperava) aumentando-o. Seu plano foi contestado pelo resultado das eleições parlamentares de junho de 2015. Durante essa campanha, as aspirações dos curdos da Turquia foram apoiadas por um novo partido político turco, o Partido Democrático do Povo, referido por seu acrônimo turco como HDP. O partido tinha a tácita bênção do líder preso do PKK, Abdullah Ocalan, para representar as aspirações dos curdos da Turquia. Para o HDP entrar no parlamento da Turquia tinha de passar um limiar de 10% dos votos totais. Ele sucedeu, conquistando 78 dos 550 assentos da Grande Assembleia Nacional. Na história da república turca, essa vitória foi a primeira vez que um partido dominado por curdos étnicos, com uma frouxa afiliação com o PKK, ingressava no parlamento. Seu sucesso derivou não apenas dos votos curdos, mas também de sua plataforma progressiva, apelando a eleitores que buscavam protestar contra o Partido AK, mas que, ao mesmo tempo, estavam desencantados com o secular Partido Republicano do Povo, ou CHP. Nesse momento na história turca, o partido do fundador da Turquia, Ataturk, tornou-se um partido de oposição fraco sem apelo popular. O Partido AK garantiu cerca de 41% dos votos, tornando-se o maior partido no parlamento, mas sem uma maioria, representando seu pior resultado eleitoral desde 2002. Esse resultado impediu Erdogan de obter a supermaioria requerida para impulsionar as mudanças constitucionais necessárias para transferir poder do primeiro-ministro para o presidente.

Erdogan acusou o HDP de ser um "alarme político" do PKK, e, com isso, uma ameaça à segurança da Turquia. Por essa época, um cessar-fogo entre o PKK e o governo turco se rompeu, e um conflito armado no sudeste da Turquia, que havia perdurado entre 1984 e 1999, foi retomado. Usando a instabilidade resultante como um pretexto, o HDP foi excluído do poder, com seu líder preso, e novas eleições parlamentares marcadas em novembro de 2015. Concorrendo com uma plataforma de prover segurança para a nação turca, o Partido AK conseguiu assegurar sua maioria nessa fase de eleições.

A transição de Erdogan ao poder parecia segura, até que um frustrado golpe militar foi lançado em julho de 2016. Aviões de guerra conectados ao golpe voaram sobre Istambul e Ancara, e a polícia pró-Erdogan e soldados pró-golpe se envolveram em conflitos de rua. Contudo, somente partes das forças armadas participaram do golpe, enquanto outras permaneciam leais a Erdogan. Os idealizadores do golpe planejavam capturar Erdogan enquanto estivesse participando de uma conferência na cidade mediterrânea de Marmaris. Ele evitou a captura, recorrendo a um aplicativo de mídia social, FaceTime, para se conectar com a estação privada da SKY TV turca. De seu celular, reuniu seus apoiadores. De alto-falantes dos minaretes do país, usualmente dedicados à chamada para as orações, os imames convocaram as massas para invadirem as ruas para apoiar Erdogan e contestarem o golpe. As multidões assumiram o controle do Aeroporto de Istambul, que havia sido tomado pelos golpistas, e, em horas, o avião de Erdogan desembarcava em Istambul, onde pôde mobilizar um contragolpe. Soldados enviados para as pontes sobre o Estreito de Bósforo em Istambul foram recebidos por manifestantes e se retiraram. Ainda assim, no decorrer de uma noite, 260 pessoas morreram na operação frustrada.

O exército militar turco havia conduzido três golpes militares bem-sucedidos na história da república, e esse fracasso representava o fim de uma era da República. Contudo, diferente de golpes anteriores, essa tentativa continha um elemento islâmico. Erdogan culpou não apenas elementos renegados nas forças armadas, mas seu ex-aliado político, Fethullah Gulen, um clérigo muçulmano exilado nos Estados Unidos pelo golpe, como também os seus simpatizantes. Gulen não lidera um partido político, mas um movimento popular bem organizado chamado *Hizmet* (Serviço), que é uma rede de empresas e escolas, dentro e fora da Turquia, cujos membros também possuem posições no governo. Remoções no exército, judiciário e universidades seguiram em nome do desmantelamento do "Estado paralelo" de Gulen, embora alguns dos planejadores do golpe fossem ostensivamente secularistas ou da seita alevi xiita turca, e possivelmente sem vínculos com um clérigo muçulmano sunita exilado.

Depois da tentativa fracassada de golpe, o Partido AK foi capaz de reformular a constituição, que foi elaborada pelos militares em 1982, após terem tomado o poder por meio de um golpe em 1980. Em janeiro de 2017, a Grande Assembleia Nacional aprovou a mudança que, essencialmente, transformava o sistema parlamentar em um sistema presidencial, o que foi subsequentemente aprovado em um referendo nacional.

Os militares turcos se viam como os guardiões do legado kemalista. Esse pilar do Estado havia sido restringido por Erdogan, reduzindo seu papel na política. O CHP foi eclipsado pelo Partido AK. A Turquia havia se desviado da visão secularista de Ataturk e, com Erdogan abalado pelos protestos de 2013 e pela tentativa de golpe de 2016, evoluiu para uma democracia iliberal.

Arábia Saudita

A Arábia Saudita tem sido a principal força contrarrevolucionária na região desde 2011, se não antes, com receio de quaisquer mudanças no *sta-*

tus quo. Riyadh acolheu o presidente tunisiano Ben Ali; ficou consternada após um aliado, Husni Mubarak, do Egito, ter renunciado; enviou tanques para conter os protestos em Bahrain e assistiu ao seu vizinho ao sul, o Iêmen, sucumbir à instabilidade quando Salih fugiu para a Arábia Saudita, após ser ferido em um ataque a bomba. O Rei Abdallah, da Arábia Saudita, tinha um ressentimento pessoal contra Qadhafi, da Líbia, com o último tendo-o chamado de "macaco" durante uma cúpula da Liga Árabe, mas o rei também temia a instabilidade na Líbia. Ele inclusive hesitou em pedir a deposição de Bashar al-Assad, e somente interveio quando outras potências regionais, como Turquia e Qatar, começaram a apoiar os rebeldes.

Durante essa instabilidade regional, o rei saudita, Abdallah, morre em janeiro de 2015. Seu sucessor foi seu meio-irmão, de setenta e oito anos, o príncipe da coroa Salman. Em um movimento sem precedentes, o novo rei elevou seu filho de vinte e oito anos, Mohammed bin Salman, para a posição de ministro da defesa no mesmo ano, tornando-o o ministro da defesa mais jovem do mundo. Foi o filho que liderou a decisão de 2015 de intervir no Iêmen. Além disso, ele foi promovido a presidente do quadro da Aramco, o primeiro membro da família real a administrar diretamente a companhia de petróleo.

Essas duas posições eram destinadas a melhorar sua imagem no país e no exterior, aparentemente com a intenção de preparar seu caminho ao trono. Apenas dois anos depois, em junho de 2017, o rei elevou seu filho à posição de seu herdeiro aparente. O aspecto mais inusual da decisão de Salman foi a idade do Príncipe Mohammed, trinta e um anos. Antes dessa decisão, o príncipe da coroa era Muhammed bin Nayif, de vinte e cinco anos, e um ex-ministro do interior responsável por suprimir o braço da Al Qaeda na Arábia Saudita. O processo de sucessão saudita permanece opaco, mas, historicamente, o reinado tem sido outorgado aos filhos do fundador do reino, ibn Sa'ud, que neste século encontrava-se muito velho para assumir o poder. A decisão do rei de promover seu filho para o primeiro na linha sucessória representa uma mudança de poder generacional importante. O movimento ocorreu em meio a rumores quanto à má saúde do rei, indicando que poderia abdicar em favor de seu filho.

A crise no Qatar

O abalo na família real saudita ocorreu durante a crise que emergiu em 5 de junho de 2017, quando Riyadh declarou um bloqueio econômico contra seu vizinho, o Qatar, um parceiro do CCG. Três membros do CCG, Arábia Saudita, os EAU e o Bahrain, além do Egito de Sisi, impuseram o bloqueio, ostensivamente pelo alegado apoio do Qatar ao terrorismo, o que em suas palavras significa apoio à Irmandade Muçulmana e ao Irã. O quarteto liderado pela Arábia Saudita havia provido o Qatar com uma lista de treze exigências a fim de suspender o embargo, incluindo o encerramento de seu apoio à Irmandade Muçulmana, o fechamento de sua estação de TV Al Jazeera e o corte de seus vínculos com o Irã. O Qatar havia dado refúgio ao pregador da Irmandade Muçulmana, Yusuf al-Qaradawi, e ao líder do Hamas, Khalid Mash'al, e eles recebiam uma audiência regional através da rede de TV Al Jazeera sediada em sua capital, Doha. O apoio a essas figuras, e o próprio canal, permitiu ao Qatar contestar o poder de seu maior vizinho importante, a Arábia Saudita, muito antes da Primavera Árabe, e Doha se

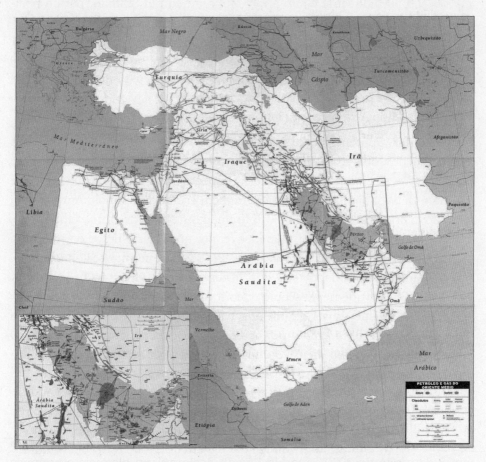

Mapa 23.1 Mapa político do Oriente Médio, com depósitos de gás e óleo, 2018

recusou a ceder às exigências de Riyadh. Além disso, o Qatar partilha um enorme campo de gás no Golfo com o Irã, e devem cooperar para explorar o recurso pacificamente.

A iniciativa liderada pelos sauditas veio logo após a visita de Trump a Riyadh em maio de 2017, onde ele denunciou o Irã e exigiu seu isolamento internacional através de sanções. Trump inclusive apoiou a ação saudita contra o Qatar, declarando-a uma ação positiva contra o "terrorismo", talvez se esquecendo de que o Qatar havia sediado uma base aérea americana crucial na região, que foi essencial para a Guerra do Iraque em 2004 e para a campanha contra o Eiis. Os Estados Unidos tentaram rapidamente mediar. A Turquia também apoiou o Qatar ao enviar suas forças militares para lá a fim de evitar qualquer invasão. O boicote econômico fracassou em prejudicar o Qatar, um dos países mais ricos do mundo, e dois outros membros do CCG, Kuwait e Omã, além do Irã e da Turquia, continuam a comercializar com o Qatar.

O bloqueio que a Arábia Saudita impôs em junho se arrastou, e ambos os lados se recusaram a retroceder, a despeito das tentativas americanas e árabes de reconciliar os países. Além disso, em agosto de 2017, a Arábia Saudita teve sua própria crise nacional, quando enviou forças militares para a cidade de Awamiya, predominantemente xiita, sua solução para um protesto que poderia ser denominado a "Primavera Árabe Saudita". Os xiitas constituem cerca de 15% da população da Arábia Saudita, mas vivem basicamente na província rica em petróleo de al-Hasa no leste do Golfo. Eles são sistematicamente discriminados pelo governo saudita, não desfrutam da benesse petrolífera sobre a qual vivem, e o *establishment* religioso saudita os considera heréticos.

Quando a rebelião na vizinha Bahrain ocorreu em 2011, liderada tanto por xiitas como por sunitas da oposição na ilha, os protestos também haviam irrompido na Província de Hasa. O líder do movimento foi Nimr al-Nimr, um clérigo xiita de Awamiya. A Arábia Saudita reprimiu seus protestos nacionais, assim como na vizinha Bahrain. Em julho de 2012, a polícia saudita prendeu al-Nimr, incitando novos protestos. Em 2 de janeiro de 2017, al-Nimr foi executado, agravando as tensões sectárias ao longo da região. Multidões enfurecidas saquearam a embaixada saudita em Teerã, e Riyadh cortou relações diplomáticas com o Irã. A execução de al-Nimr falhou em conter o descontentamento xiita, manifesto pelo recurso do reino à força militar em Awamiya em agosto de 2017. A Arábia Saudita, muito provavelmente, executou al-Nimr para distrair as audiências nacionais, tornando al-Nimr um bode expiatório nacional, e culpando o Irã xiita pelo descontentamento xiita local. Todavia, veremos por quanto tempo essas táticas funcionarão na Arábia Saudita. Internacionalmente, falhou em atingir seus resultados desejados na Síria, Iêmen e Qatar. Nacionalmente, o reino tem de encontrar emprego para uma população crescente em uma época de estagnação dos preços do petróleo. Ficou bastante claro pela situação nacional da Arábia Saudita, que se manteve no comando da aliança contrarrevolucionária em 2011, que ela também é vulnerável a exigências por mudanças.

A queda do Eiis no Iraque e na Síria

No auge de seu poder em 2014, o Eiis controlava cerca de um quarto do território iraquiano. O Eiis foi expulso de Mosul, em julho de 2017, pelo exército iraquiano e por milícias curdas e xiitas, e de sua capital em Raqqa, em outubro de 2017, pelos curdos sírios e por milícias árabes com a ajuda dos bombardeios aéreos americanos. Contudo, diferente de um inimigo convencional, não havia um tratado de rendição formal do Eiis. Os combatentes do Eiis que sobreviveram se dispersaram, alguns para seus países de origem na Europa e para outros países árabes, e com o potencial de continuar sua luta por meio de atos de terrorismo. Ele se mostrou capaz de lançar ataques suicidas em cidades iraquianas e sírias. O Eiis é também uma organização transnacional, estabelecendo braços, ou o que ele chama "províncias" do Estado Islâmico, na Península do Sinai do Egito, Líbia, Iêmen, Afeganistão e Paquistão. O Eiis tem sido capaz de inspirar ataques terroristas além de suas fronteiras, no Kuwait, Líbano e Turquia, em cidades europeias como Paris, Bruxelas, Londres e Barcelona, e mesmo em subúrbios americanos, em San Bernardino e Orlando. Embora o Eiis não controle um vasto território no Iraque e na Síria, o medo permanece, tanto no Oriente Médio quanto longe, de modo que pode continuar a conduzir atos de terrorismo.

O governo brutal do Eiis durou por mais de três anos, mas criou um Estado revolucionário dinâmico e violento nas regiões do Iraque e da Síria onde o governo havia falhado, coletando impostos e fornecendo serviços. Ao mesmo tempo, contudo, a população, vivendo sob o governo do Estado Islâmico, experienciou privações físicas e emocionais durante seu governo, particularmente em Mosul e Raqqa. A recuperação do governo do Eiis na Síria permanece uma tarefa mais desanimadora do que no Iraque, uma vez que mesmo que Bashar al-Assad tenha sobrevivido, ele de modo algum exerce um controle completo sobre o país. Ao menos o governo iraquiano pode alegar controlar a maior parte do país e possui receitas maiores de petróleo à sua disposição, ainda que o futuro de sua região curda permaneça em dúvida após ter organizado um referendo de independência em setembro de 2017. O futuro da estabilidade do Iraque depende de como reintegra politicamente o ex-território do Estado Islâmico. O Estado iraquiano apelou aos sunitas árabes distantes nas províncias de Niveveh, Anbar e Salah al-Din, onde o Eiis exercia o controle. O governo iraquiano terá de corrigir desigualdades estruturais, incluindo a corrupção e o abuso de poder pelas forças de segurança estatais e agentes paramilitares, além das instituições do setor de justiça. Todavia, meses após a libertação de Mosul, o governo iraquiano ainda não tratou as condições subjacentes que levaram à emergência do Eiis originalmente, como conter a corrupção, criar empregos, controlando abuso de poder das forças de segurança, e forjando uma coesão nacional entre as conflitantes elites xiitas e sunitas árabes, e os partidos curdos.

Apenas para complicar as coisas, o Iraque sofria uma crise no momento em que obteve a vitória contra o Eiis. Os curdos iraquianos organizaram um referendo sobre a independência em 25 de setembro de 2017. A votação foi oposta não somente por Bagdá, mas também por Ancara e Teerã, com medo do efeito do resultado em seus próprios cidadãos curdos. Uma semana após a votação, o exército do Iraque retomou Kirkurk das forças curdas. As aspirações curdas pela independência dependiam da cidade e de suas reservas de petróleo, uma vez que teria fornecido os recursos econômicos para um Estado economicamente autossuficiente.

O Iraque serve como um microcosmo da região, onde descontentamentos socioeconômicos e privação contínua, além de crises de identidade e isolamento, têm levado jovens homens e mesmo mulheres a se juntarem às fileiras da Al Qaeda e do Eiis. Na região, fornecer serviços como segurança, educação, cuidados médicos e criação de trabalho aliviariam as condições que geraram essa forma de violência. Essas eram as demandas dos protestos de 2011, que criaram elevadas esperanças entre os árabes. Lamentavelmente, essas exigências não só não foram realizadas ao longo da maior parte da região como parece improvável que sejam em um futuro próximo.

Conclusão

De uma perspectiva histórica, os eventos que focamos neste capítulo, de 2015 até o momento em que estamos escrevendo, representam conti-

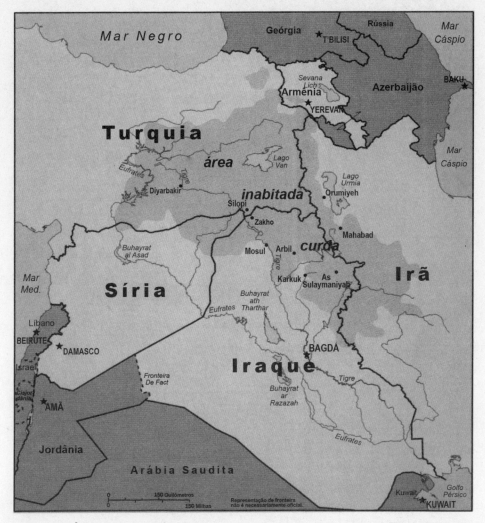

Mapa 23.2 Áreas com maiorias curdas

nuidades e mudanças com o passado. Como você leu anteriormente, golpes militares ocorreram na Turquia em três ocasiões anteriores: 1960, 1971 e 1980, embora o golpe de 2016 tenha sido o primeiro a fracassar. O CCG, que se formou como uma aliança durante a Guerra Irã-Iraque, enfrentou uma grande crise quando um de seus membros, o Kuwait, foi invadido em 1990. Todavia, 2017 foi a primeira vez que um membro, a Arábia Saudita, voltou-se contra outro, o Qatar, impondo um bloqueio e dividindo igualmente a aliança de seis membros. Os curdos do Iraque, que tinham relações tensas com o governo central desde que o país foi formado em 1920, organizaram sua primeira votação pela independência. As relações tensas entre os Estados Unidos e o Irã que começaram em 1979 pareciam melhorar quando concordaram com o acordo nuclear em 2015, para depois verem esses esforços comprometidos sob a administração Trump que assumiu o posto em 2017.

A natureza da guerra também mudou muito na região. Ao longo do século XX, a região testemunhou guerras convencionais travadas principalmente entre exércitos nacionais, como os de Israel, Egito, Síria e Jordânia, de 1948 a 1973, ou do Irã e Iraque, de 1980 a 1988, ou do Iraque e dos Estados Unidos em 1991 e 2003. Contudo, a guerra fria regional que tomou forma após a Primavera Árabe testemunhou conflitos por procuração, com milícias apoiadas ou pelo Irã ou pela Arábia Saudita lutando em seu nome. Certamente, a guerra civil libanesa de 1975 a 1991, levou todos os seus países vizinhos, e Iraque, Irã, Líbia e Arábia Saudita, a apoiarem facções durante seu conflito. O que é diferente com relação ao atual conflito por procuração, contudo, é sua extensão geográfica e consequente devastação, com conflitos indo da Líbia, no norte da África, ao Iêmen, Síria e Iraque, ao pesado custo de vidas, saúde e propriedade de civis.

Finalmente, ao longo deste livro você viu o papel de participantes estrangeiros na região. Podemos retroagir essa tendência da invasão francesa do Egito em 1798 à ascensão da Grã-Bretanha na região até à Segunda Guerra Mundial. A Guerra Fria testemunhou a rivalidade americano-soviética sobre a região, para então o poder de Moscou esvanecer quando a URSS colapsou. Todavia, a guerra civil síria viu a Rússia determinar a sobrevivência do regime de Bashar al-Assad, enquanto o comprometimento da América com o Oriente Médio permanece em dúvida.

Vamos, agora, retornar àqueles problemas do Oriente Médio listados no capítulo de abertura: (1) a transição incompleta das comunidades baseadas na religião e na obediência à lei divina para estados-nação impondo leis humanas para aumentar sua segurança e bem-estar neste mundo (mais tarde, essa tendência parece ter se invertido); (2) a crença resultante da parte de muitos povos do Oriente Médio de que seus governos são ilegítimos e não são obedecidos voluntariamente (cada nação, exceto os judeus em Israel); (3) a busca por dignidade e liberdade por parte de povos (ou nações) altamente articulados que experienciaram séculos de sujeição e estão determinados a nunca mais perder sua independência (que foi o principal tema deste livro desde o capítulo 13); (4) o envolvimento de governos e indivíduos estrangeiros que não reconhecem as esperanças e medos dos povos do Oriente Médio, e, no pior caso, tiram vantagem deles para servirem aos seus propósitos (como pode ser visto na Guerra do Iraque e nos conflitos que ocorrem agora); (5) a concentração crescente de armas altamente destrutivas em países que são voláteis e vulneráveis (Irã e Israel são dois exemplos, mas existem outros); (6) o aumento da necessidade de alimento, água e combustíveis fósseis ao redor do mundo enquanto as quantidades disponíveis para consumo diminuem (Israel, Jordânia e Síria, p. ex.); (7) a superpopulação de alguns países e a ampliação da distância entre alguns povos ricos e muitos pobres (olhe para o Egito); (8) o fracasso em conter ou resolver o conflito palestino-israelense; (9) tensões sectárias e étnicas (podemos pensar em Turquia, Síria e Iraque); e (10) refugiados palestinos, iraquianos, sírios e iemenitas no exterior e internamente populações desalojadas (esse problema está crescendo na maioria dos países do Oriente Médio, assim como em alguns países europeus).

Você pode ter terminado de ler este livro, mas pode ver que os problemas do Oriente Médio são numerosos e crescentes. Pode prosseguir aprendendo sobre eles, ou ao menos sobre alguns deles. Pode propor formas de resolvê-los. Não assuma que os métodos e instituições de nosso país natal são necessariamente aqueles que funcionarão no Oriente Médio. Se você é estudante, tente conhecer colegas que vêm de países do Oriente Médio. Você vai descobrir que muitos são amigáveis e ávidos por lhe falar sobre suas vidas, suas famílias e seus países natais, mesmo que tenham sido traumatizados por guerras e possivelmente pelo exílio. Faça o que puder para que as vidas deles, e a sua, sejam melhores no futuro.

Apêndice I

Estatística da população e área do Oriente Médio

Nome do país	Área em km²	População	PIB ($)	PIB/capita ($)
Afeganistão	645.800	34.124.811	21 bilhões	1.900
Arábia Saudita	2.149.690	28.571.770	678.5	55.300
Argélia	2.381.741	40.969.443	175.5	15.100
Bahrain	720	1.410.942	23.87	51.800
Egito	997.739	97.041.072	337.3	13.000
Emirados Árabes Unidos	83.600	6.072.475	378.7	68.200
Iêmen	555.000	28.036.829	25.67	2.300
Irã	1.628.554	82.121.564	427.7	20.000
Iraque	434.128	39.920.111	192.7	17.000
Israel	21.643	8.299.706	348	36.200
Jordânia	89.342	10.248.069	40.49	12.500
Kuwait	17.818	2.875.442	118.3	69.700
Líbano	10.400	6.229.724	52.7	19.500
Líbia	1.759.540	6.653.210	33.3	9.800
Marrocos	710.850	33.886.655	110.7	8.600
Omã	309.500	4.613.241	71.93	45.500
Qatar	10.836	2.314.307	166.3	124.900
Síria	185.180	18.028.549	24.6	2.900
Sudão	1.861.464	37.345.925	119	4.600
Tunísia	163.170	11.403.800	39.88	12.000
Turquia	783.562	80.845.215	841.2	26.500

Fonte: CIA World Factbooks. Estimativas populacionais de julho de 2017. Grande parte das estimativas do PIB é de 2016.

Apêndice II

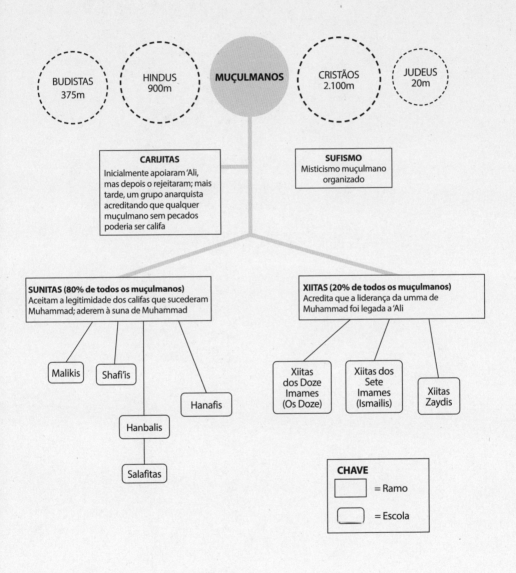

Glossário

Abadã: a principal refinaria de petróleo do Irã.

Abbas, Khedive: vice-rei do Egito (1892-1914).

Abbas, Mahmoud: primeiro-ministro palestino (2003) e presidente da Autoridade Palestina (2005-).

Abbas I, xá: governante safávida (1587-1629).

Abássida, dinastia: família árabe descendente do tio de Muhammad, Abbas, que governou a partir de Bagdá partes do mundo muçulmano (750-1258).

Abd al-Malik: califa omíada (685-705) que terminou a segunda fitna.

Abd Rabbuh Mansur Hadi: presidente do Iêmen (2012-2015), apoiado pela Arábia Saudita desde 2015.

Abdallah: Filho de Amir Husayn de Meca, participante da Revolta Árabe, e emir da Transjordânia (1921-1951).

Abdallah: rei da Arábia Saudita (2005-2015).

Abdallah II: rei da Jordânia (1999-).

Abdallah ibn al-Zubayr: rival dos omíadas, que habitava Meca, de 683 a 692, quando foi assassinado.

Abduh, Muhammad: reformador muçulmano egípcio (m. 1905).

Abdulhamid II: sultão otomano (1876-1909) que promoveu o pan-islamismo e se opôs ao governo constitucional.

Abdulmejid I: sultão otomano (1839-1861) que favoreceu reformas ocidentalizadoras.

Abu-Bakr: primeiro califa (632-634), que debelou revoltas tribais e iniciou conquistas fora da Península Árabe.

Abu Ghraib: grande prisão próxima a Bagdá, lugar de atrocidades por parte de soldados americanos contra detidos iraquianos.

Abu-Muslim: líder persa da revolta abássida (m. 754).

Abu Nasr al-Farabi: filósofo e teólogo muçulmano (m. 950).

Abu-Talib: tio e protetor de Muhammad (m. 619).

Ácaba: (1) baía do Mar Vermelho, (2) cidade no sul da Jordânia.

Acordo de separação de forças: fórmula de Kissinger para assegurar a retirada de Israel de alguns territórios egípcios e sírios tomados na Guerra de Outubro.

Acordo Portsmouth: pacto abortivo de 1948 entre Grã-Bretanha e Iraque com relação a bases militares, fortemente oposto pelos nacionalistas árabes iraquianos e nunca ratificado.

Acre: cidade portuária mediterrânea estratética no norte de Israel, capturada por Salah al-Din, cruzados, mamelucos, otomanos por Mehmet Ali, dentre outros.

Aden: cidade portuária entre o Mar Vermelho e o Arábico, governada pela Grã-Bretanha (1839-1967), agora, parte do Iêmen.

Agência Britânica: escritórios e residência do principal oficial político e diplomático da Grã-Bretanha no Cairo até 1914, mais tarde chamada Residência e, agora, Embaixada Britânica.

Agência das Nações Unidas de Assistência aos Refugiados da Palestina (UNRWA): organização internacional que fornece ajuda e educação para os refugiados palestinos desde 1949.

Agência Judaica: organização estabelecida durante o mandato palestino para trabalhar com a Grã-Bretanha por um território nacional judaico; mais tarde encarregado de ajudar a imigração judaica e sua absorção por Israel.

Aglábida, dinastia: família árabe governante da Tunísia (800-909).

Ahmad, xá: último governante qajar da Pérsia (1909-1925).

Ahmad ibn Hanbal: jurista e teólogo muçulmano (m. 855).

Ahmad ibn Tulun: fundador turco da dinastia tulunida do Egito (868-908).

Ahmadinejad, Mahmoud: presidente do Irã (2005-2013).

Ahmed III: sultão otomano (1703-1730) durante a Era Tulipa.

Aiatolá: título dado pelo umala a especialistas legais xiitas respeitados.

Aisha: filha de Abu-Bakr, uma das esposas de Muhammad, e oponente de Ali na Batalha do Camelo (656).

Aiúbida, dinastia: Salah al-Din e seus descendentes, que governaram o Egito (1171-1250) e a síria (1174-1260).

AK, Partido: Justiça e Desenvolvimento, o maior partido turco no parlamento desde sua vitória eleitoral (2002), representando eleitores conservadores, religiosos; cf. Erdogan.

al-Afghani, Jamal al-Din: influente agitador e reformador pan-islâmico (m. 1897).

al-Ahd: sociedade secreta nacionalista de oficiais árabes no exército otomano antes e durante a Primeira Guerra Mundial.

al-Ahram: jornal diário influente do Cairo.

al-Aqsa: importante mesquita de Jerusalém.

al-Ash'ari: teólogo muçulmano (m. 935) que se opôs a Mu'tazila.

al-Assad, Bashar: presidente da Síria (2000-).

al-Assad, Hafiz: presidente da Síria (1970-2000).

Alauita: ramo do islamismo xiita prevalente em parte do norte da Síria.

al-Awlaki, Anwar: americano-iemenita afiliado à Al Qaeda na Península Arábica, morto por um ataque de drone americano em 2011.

al-Azhar: universidade-mesquita muçulmana no Cairo.

al-Baghdadi, Abu Bakr: autoproclamado primeiro califa do Estado Islâmico (EI) (2014-2017).

al-Barudi, Mahmud Sami: primeiro-ministro nacionalista egípcio (1882).

Alcorão: a coleção das revelações que os muçulmanos acreditam que Deus fez a Muhammad via Gabriel, e uma das principais fontes da lei, literatura e cultura islâmicas; também chamado Corão.

Alepo: cidade no norte da Síria, lugar de um combate acirrado durante a guerra civil síria.

Alexandretta: porto marítimo mediterrâneo e seu interior, agora chamado Iskenderun, controlado pela Turquia desde 1939, mas reivindicado pela Síria.

Alexandria: cidade egípcia na costa mediterrânea.

al-Fatat: primeiro grupo de estudantes nacionalistas árabes.

al-Gaylani, Rashid Ali: líder do governo nacionalista árabe de 1941 no Iraque, deposto pelos britânicos.

al-Ghazali, Abu-Hamid: importante teólogo muçulmano (m. 1111).

al-Hajjaj: governador autoritário do Iraque (m. 714).

al-Hakim: califa fatimida (996-1021), venerado pelos drusos.

al-Husayni, Hajj Amin: mufti de Jerusalém e líder nacionalista palestino (m. 1974).

Ali: quarto dos primeiros califas (656-661), considerado pelos muçulmanos xiitas o primeiro imame (líder) após Muhammad.

Alid: pertencente a Ali, seus descendentes, ou apoiadores de seu papel como imames muçulmanos.

Alinhamento Tabalhista: coalizão de partidos trabalhistas de Israel, que governou até 1977, governando juntamente com o Likud (1984-1990), e no poder de 1992 a 1996 e de 1999 a 2001.

Aliya: imigração judaica para Israel.

Al Jazeera: influente estação de televisão, sediada no Qatar, mas assistida ao longo do Oriente Médio.

al-Kawakibi, Abd al-Rahman: escritor nacionalista árabe (m. 1902).

al-Kindi: filósofo e cientista muçulmano (m. 873).

Allenby, Edmund: comandante da força expedicionária egípcia na Primeira Guerra Mundial, conquistador da Palestina, mais tarde alto comissário para o Egito e Sudão (1919-1925).

al-Mahdi: líder da bem-sucedida rebelião do Sudão contra o governo egípcio (m. 1885).

Amã: capital da Jordânia.

Amal: movimento xiita, liderado por Nabih Berri e apoiado pela Síria.

al-Maliki, Nuri: primeiro-ministro do Iraque (2006-2014).

al-Ma'mun: califa abássida (813-833).

al-Mansur, Abu-Ja'far: califa abássida (754-775) que começou a construção de Bagdá.

Amin: califa abássida (809-813).

Amr ibn al-As: primeiro general árabe, conquistador do Egito, e representante moáuia na arbitragem (m. 663).

al-Nahda, Partido: partido islâmico moderado da Tunísia, que conquistou a pluralidade de assentos nas eleições de 2011; também conhecido como Ennahda.

al-Nahhas, mustafá: líder do Partido Wafd do Egito (1927-1952).

al-Nasir, Gamal Abd: líder do golpe militar de 1952 que depôs a monarquia do Egito; mais tarde primeiro-ministro, depois presidente (1954-1970); também grafado Gamal Abdel Nasser.

al-Nimr, Nimr: um clérigo xiita de Awamiya, Arábia Saudita, preso e executado pelas autoridades sauditas em 2 de janeiro de 2017.

al-Nusra, Frente: ramo da al-Waida operando na Síria, mais tarde liderou uma coalizão de exércitos jihadistas, conhecida como Tahrir al-Sham (A Libertação da Síria).

al-Qadhafi, Mu'ammar: líder da Líbia (1969-2011).

al-Qadisiyya: região central iraquiana e local da batalha de 637, na qual os árabes derrotaram os persas sassânidas.

Al-Qaeda: cf. Al Qaeda.

Al Qaeda: rede de organizações militantes, liderada por Osama bin Laden e depois por Ayman al-Zawahiri; muitas vezes grafada Al Qaeda.

Al Qaeda na Península Árabe (AQPA): o ramo da Al Qaeda sediado no Iêmen.

Al Qaeda no Maghreb Islâmico (AQMI): o ramo da Al Qaeda situado ao longo do norte da África.

al-Quwatli, Shukri: presidente da Síria (1943-1949 e 1955-1958).

Al-Sabah: família governante do Kuwait.

al-Sadat, Anwar: presidente do Egito (1970-1981).

al-Sadr, Muqtada: teólogo e líder xiita iraquiano do exército Mahdi.

al-Samu': aldeia árabe submetida a uma severa represália israelense após os ataques palestinos à fronteira de 1966.

al-Shaytan: satã, ou o diabo, na crença muçulmana.

al-Shuqayri, Ahmad: primeiro líder da OLP (1964-1968).

al-Sisi, Abdel Fattah: presidente do Egito (2014-).

al-Tantawi, Muhammad Husayn: presidente do Conselho Supremo das Forças Armadas do Egito e chefe de Estado atuante (2011-2012).

Anatólia: Península entre o mar Mediterrâneo, Negro e Egeu.

Anbar: Província no oeste do Iraque, área da resistência sunita à invasão americana em 2003-2004 e de reconciliação durante o levante (2007-2008) e durante o controle do Eiis (2014-2017).

Antioquia: antiga cidade ao sul da Anatólia; primeiro centro cristão importante.

Antissemitismo: termo popular para o preconceito contra os, ou perseguição aos, judeus.

Aquemênida, dinastia: família governante persa (550-330 AEC).

Árabes: (1) falante nativa do árabe, (2) pessoa que se identifica com a tradição cultural árabe, (3) habitante da Arábia, (4) pessoas cidadãs de um país no qual a língua e a cultura predominantes são árabes, (5) nômades a camelo.

Arábia: continente árabe original, uma península delimitada pelo Mar Vermelho, Mar Arábico, Golfo e pelo Crescente Fértil.

Arábia Saudita: reino na Península Árabe governado pela dinastia Sa'ud.

Arábico: (1) língua semítica falada pelos árabes, (2) pertencente à cultura dos árabes.

Arafat: planície próxima a Meca.

Arafat, Yasir: nacionalista palestino, fundador do al-Fatah, presidente da OLP e da Autoridade Palestina (1996-2004).

Aramaico: antiga língua semítica.

Aramco: Companhia de petróleo árabe-americana, que desenvolveu a indústria do petróleo na Arábia Saudita.

Arameu: falante nativo do aramaico.

Ariano: pertencente à crença de alguns dos primeiros cristãos de que Jesus era humano, não da mesma substância que o Deus Pai.

Ariano: pertencente à família de línguas indo-europeias (muitas vezes usada em justaposição com o termo semítico).

Arif, Abd al-Salam: líder nacionalista árabe do Iraque (1958, 1963-1966).

Armas de destruição em massa (WMDs): armas biológicas, químicas ou nucleares, expressão especialmente aplicada para aquelas atribuídas (incorretamente) ao Iraque antes da invasão americana em 2003.

Armênia: (1) região montanhosa do leste da Anatólia; (2) reino dos armênios, conquistado pelos turcos no século XI; (3) a República da Armênia.

Armênios: (1) falantes nativos da língua armênia, (2) cidadãos da Armênia, (3) pessoas que se identificam com a cultura armênia ou com uma seita armênia do cristianismo.

Asabiya: sentimento de solidariedade grupal, analisado pelo estudioso Ibn Khaldun.

Asquenazes: judeus cujos ancestrais recentes vieram da Europa Oriental ou Central.

Assassinos: membros de um grupo militante dos xiitas ismailis que lutaram contra os seljúcidas e outros governantes sunitas (1092-1256).

Assembleia do Povo: câmara baixa eleita popularmente do parlamento do Egito desde 1971.

Assírios: pertencentes aos cristãos nestorianos na Síria, Iraque e Irã.

Aswan: (1) cidade do Alto Egito, (2) local da represa construída pelos britânicos no Egito (1902), (3) local do Grande Represa, construída pelo Egito e pela União Soviética (1958-1970).

Atrito, Guerra de: conflito terrestre e aéreo entre Egito e Israel (1969-1970).

Autoridade Palestina (Autogovernada): organização política estabelecida pelo acordo Oslo I para administrar áreas entregues por Israel aos palestinos; desde 2007, seu controle está limitado à Cisjordânia.

Awn, Michel: general maronita que reivindicou a presidência do Líbano (1988-1990).

Ayn Jalut: vitória crucial mameluca sobre os mongóis em 1260.

Azerbaijão: região montanhosa do noroeste do Irã.

Ba'ath: partido nacionalista e socialista árabe que governa a Síria desde a década de 1960 e o riaque (1968-2003).

Badr, Batalha de: primeira vitória de Muhammad sobre os mecanos (624).

Bagdá: capital do Iraque; sede dos abássidas (762-1258).

Bahrain: (1) país insular no Golfo, (2) leste da Arábia durante o período califal.

Bakhshish: presente, gorjeta, suborno ou pagamento por serviços.

Bakhtiar, Shapur: o último xá primeiro-ministro indicado do Irã (1979).

Balcânicas, Guerras: dois conflitos entre o Império Otomano e vários outros estados e vários outros estados do sudeste europeu em 1912 e 1913.

Bálcãs: região montanhosa do sudeste da Europa.

Balfour, Declaração de: declaração britânica oficial em 1917 apoiando uma pátria nacional judaica na Palestina.

Barak, Ehud: primeiro-ministro de Israel (1999-2001).

Bar Lev, linha: linha de defesa de Israel ao leste do Canal de Suez violada pelo Egito em outubro de 1973.

Barmaquida: família persa de vizires durante o governo dos primeiros abássidas.

Basra: cidade no sul do Iraque, fundada por Umar para tropas de guarnição.

Bast: ato individual ou grupal de buscar refúgio em uma mesquita ou outro lugar público para evitar a prisão, um costume persa.

Baybars: general e sultão mameluco (1260-1277).

Bayezid I: sultão otomano (1389-1402), que estendeu o controle nos Bálcãs e na Anatólia.

Bayezid II: sultão otomano (1481-1512).

Bayt al-Hikma: centro muçulmano de aprendizagem durante o governo dos abássidas.

Bazaar: (1) grande centro de comércio e manufaturas, (2) comerciantes urbanos como um corpo uma corporação, especialmente nas cidades iranianas.

Bazargan, Mehdi: primeiro-ministro do Irã (1979) após a Revolução Islâmica.

Beduínos: nômades árabes a camelo.

Begin, Menachem: líder da ala direita da coalizão do Likud de Israel e primeiro-ministro (1977-1983).

Beirut: cidade portuária, centro comercial e capital do Líbano.

Bektashi: ordem sufista, popular entre janízaros otomanos.

Benghazi: principal cidade no leste da Líbia, onde a revolta contra o regime de Qadhafi começou em fevereiro de 2011 e onde o embaixador dos Estados Unidos foi assassinado em 2012.

Ben-Gurion, David: pioneiro sionista, escritor, política e ministro da defesa e primeiro-ministro de Israel (1948-1953 e 1955-1963).

Berbere: habitante nativo de partes do norte da África.

Berlin, Tratado de: acordo definitivo de paz da Guerra russo-turca, assinado em agosto de 1878 e que substituiu o tratado de San Stefano.

Berlin-Baghdad, Ferrovia: linha ferroviária proposta que, se completada, teria ampliado o poder da Alemanha no Império Otomano antes da Primeira Guerra Mundial.

Bernadotte, Folke: mediador sueco da ONU, assassinado durante a Guerra Palestina de 1948.

Biltmore, Programa: resolução sionista americana em 1942 que exigia abertamente um Estado judaico na Palestina.

bin Laden, Osama: líder da Al Qaeda, originalmente da Arábia Saudita, que operou no Afeganistão até 2001, e foi morto pelas forças americanas em 2011.

Biqa': vale predominantemente xiita no leste do Líbano.

Boicote, Desinvestimento e Sanções: movimento de apoio aos palestinos que resistiam à ocupação israelense.

Bósforo: estreito que conecta o Mar Negro e o Mar de Marmara.

Bouazizi, Mohamed: vendedor de rua tunisiano que ateou fogo a si em dezembro de 2010, lançando a revolução na Tunísia e a Primavera Árabe.

Buída, dinastia: família de persas xiitas que se estabeleceu ao sul do Mar Cáspio. Posteriormente, conquistou e governou a Pérsia e o Iraque (932-1062). Também chamada buvaida.

Bunche, Ralph: diplomata americano e mediador da ONU na Palestina (1948-1949).

Bursa: cidade a noroeste da Anatólia, primeira capital otomana.

Cairo: capital do Egito, fundada pelos fatimidas (969); sede dos aiúbidas e mamelucos.

Calcedônia: local do 451º concílio cristão no qual os bispos ortodoxos condenaram a visão monofisista da natureza de Cristo.

Califa: sucessor de Muhammad como chefe da umma.

Califado: instituição política liderada pelo califa.

Camelo, Batalha do: primeiro conflito entre exércitos muçulmanos (656), no qual Ali derrotou Talha, Zubayr e Aisha.

Camp David: (1) residência de férias de presidentes americanos o norte de Maryland, (2) local de conversações de paz intensivas entre Begin, Carter e Sadat em setembro de 1978, (3) adjetivo aplicado aos acordos egípcio-israelenses ou ao tratado de paz de 1979, (4) local de conversações de paz abortivas entre Arafat, Barak e Clinton em julho de 2000.

Capitulações: sistema pelo qual estados muçulmanos garantiam imunidade extraterritorial das leis e impostos locais a cidadãos de países ocidentais.

Caradon, Lord: diplomata britânico que redigiu a Resolução 242 do Conselho de Segurança.

Carijitas: "secessionistas" que se opuseram a Ale após ter aceito a arbitração da Batalha de Siffin (657) e que o mataram (661); mais tarde, um grupo anarquista que acreditava que qualquer muçulmano sem pecado poderia ser califa.

Carta Nacional: documento egípcio de 1962 descrevendo os objetivos do socialismo árabe.

Carter, Doutrina: documento de política americana que declarava qualquer invasão estrangeira ao Golfo um ataque aos interesses vitais americanos.

Cartum: (1) capital do Sudão, (2) local da cúpula árabe de 1967 que se opunha às negociações de paz com Israel.

Cáucaso: cadeia de montanhas entre o Mar Negro e o Cáspio.

Centro de Suprimentos do Oriente Médio: organização sediada no Cairo que coordenou a manufatura e distribuição nos estados árabes e no Irã durante a Segunda Guerra Mundial.

Chalabi, Ahmad: líder do Congresso Nacional iraquiano, que convocou a invasão americana.

Chaldiran, Batalha de: grande vitória otomana sobre a Pérsia safávida (1514).

Chipre: ilha mediterrânea próxima à Anatólia e à Síria.

Churchill, documento branco: documento oficial de 1922 sobre a política britânica para a Palestina, limitando a imigração judaica à capacidade de absorção do país.

Cidadela: cidade, como Basra, Cufa ou Fustat, estabelecida pelos primeiros califas para abrigar soldados árabes.

Cilícia: (1) região do sudoeste da Anatólia, (2) reino armênio (ca. 1080-1198) aliado aos estados cruzados.

Circassianos: nativos (ou descendentes de nativos) da região do Cáucaso ao leste do Mar Negro.

Cirenaica: leste da Líbia.

Cisjordânia: área da Palestina anexada pela Jordânia em 1948 e capturada por Israel em 1967, chamada Judeia e Samaria por alguns israelenses; parcialmente governada pela Autoridade Palestina desde 1996.

Coalizão do Bloco Egípcio: combinação de vários partidos políticos liberais que concorreram com candidatos nas eleições parlamentares do Egito em 2011.

Comissão de Mandatos Permanentes: corpo da Liga das Nações que supervisionava a administração dos mandatos.

Comissão Peel: comitê britânico que visitou a Palestina em 1937 e recomendou pela primeira vez a partição em estados judeu e árabes.

Comitê de Assuntos Públicos Americano-Israelense (Aipac): lobby influente pró-Israel.

Comitê de Investigação Anglo-Americano: Delegação que visitou a Palestina em 1946, insistindo na continuação do mandato e na admissão de 100.000 judeus.

Comitê Superior Árabe: organização nacionalista palestina da década de 1930.

Companhia de Petróleo Anglo-Persa: firma que detém os direitos de exploração, perfuração e refinamento de petróleo no Irã; renomeada Companhia de Petróleo Anglo-Iraniana; nacionalizada por Mosaddiq em 1951.

Conferência de Paz de Paris: encontro dos Aliados vitoriosos após a Primeira Guerra Mundial para estabelecer a paz na Europa e no Oriente Médio.

Conselho Nacional Sírio: coalizão de grupos (formada em 2011) oposta ao regime de Bashar al-Assad na Síria.

Congresso Nacional Iraquiano: organização, liderada por Ahmad Chalabi, que defendeu a invasão americana ao Iraque em 2003 para derrubar o governo de Saddam Husayn.

Conselho de Cooperação do Golfo (CCG): organização política, econômica e militar influente, constituída pela Arábia Saudita, Kuwait, Bahrain, Qatar, Omã e Emirados Árabes Unidos, criada em 1981.

Conselho Legislativo Palestino: o parlamento eleito pelos palestinos na Cisjordânia e Gaza, suspenso desde 2007.

Conselho Nacional Palestino: a assembleia representativa para a Organização pela Libertação da Palestina, criada em 1964 e que se reúne a cada ano; elege um grupo executivo chamado Conselho Central Palestino, atualmente liderado por Mahmoud Abbas.

Conselho Supremo das Forças Armadas (CSFA): comitê militar, indicado por Husni Mubarak, que assumiu o controle do Egito após sua renúncia em fevereiro de 2011.

Conselho Transicional Nacional: organização líbia que liderou a rebelião, ajudada pela Otam, contra Qadhafi e que assumiu o controle do governo da Líbia em agosto de 2011.

Constantino: imperador romano (306-337) que se converteu ao cristianismo.

Constantinopla: cidade no Bósforo e no Mar de Marmara, originalmente chamada Bizâncio, que se tornou capital do Império Bizantino (330-1204 e 1262-1453) e do Império Otomano (1453-1922); chamada Istambul desde 1923.

Constitucionalistas: pessoas que acreditam que governos deveriam assegurar um conjunto de leis básicas limitando os poderes dos governantes; mais especificamente, os nacionalistas persas por volta de 1906.

Controle Financeiro Duplo: administração econômica anglo-francesa conjunta no Egito (1876-1882).

Convenção comercial anglo-otomana: acordo de 1838 limitando as tarifas de importação otomanas.

Coptas: cristãos monofisistas egípcios (ou etíopes).

Córdoba: cidade espanhola, capital do rival omíada após a expulsão de Damasco (756-1030).

Cortes mistas: tribunais egípcios para casos civis envolvendo cidadãos estrangeiros (1876-1949).

Cossaco: (1) soldado de cavalaria do sul da Rússia, (2) membro de uma brigada persa treinado e chefiado por oficiais cossacos russos até 1921.

Crane, Charles: manufaturador e filantropo americano, membro da Comissão King-Crane (1919), e conselheiro de Ibn Sa'ud (1931).

Crescente Fértil: expressão moderna para as terras que se estendem do leste do Mediterrâneo, via Síria e Mesopotâmia, até o Golfo.

Crimeia: península ao norte do Mar Negro.

Crimeia, Guerra da: conflito entre potências com interesses imperiais no Oriente Médio (1853-1856), no qual Grã-Bretanha, França e o Império Otomano derrotaram a Rússia.

Cromer, Lord: cônsul britânico no Egito (1883-1907), reformador financeiro, que foi ressentido pelos nacionalistas egípcios.

Cruzadas: expedições militares cristãs contra muçulmanos (e, por vezes, contra cristãos ortodoxos gregos) entre os séculos XI e XV.

Ctesifonte: capital sassânida, a sudeste da Bagdá moderna.

Cúpula da Rocha: santuário muçulmano em Jerusalém, construído em 692 no local do templo judaico; local do sacrifício de Abraão e da jornada noturna milagrosa de Muhammad.

Curdistão: (1) Estado autônomo projetado pelo Tratado de Sèvres (1920) e ainda desejado por muitos nacionalistas curdos, (2) província no Irã.

Curdos: membros do grupo linguístico-cultural concentrado no sudeste da Turquia, norte do Iraque, noroeste do Irã e em partes da Síria.

Curzon, Lord: principal representante da Grã-Bretanha na Conferência de Lausanne de 1923.

Cuzistão: província rica em petróleo do sudoeste do Irã.

Damasco: capital da Síria; sede dos primeiros omíadas (661-750).

Dar'a: cidade síria do sul onde a rebelião contra Bashar al-Assad começou em março de 2011.

Dar al-Islam: terras onde o islamismo predomina.

Darazi, xeique: fundador sírio da religião drusa.

Dardanelos: estreitos que conectam o Mar Egeu ao Mar de Marmara.

Dayan, Moshe: general e líder político israelense (1915-1981).

Dayr Yasin: aldeia palestina próxima a Jerusalém onde o Irgun massacrou civis árabes (1948).

Declaração de Princípios: nome formal da declaração assinada pelos representantes palestinos, israelenses e americanos em 1993.

Demirel, Suleyman: presidente da Turquia (1993-2000).

Demokrat, Partido: partido político turco na década de 1950.

Devshirme: sistema otomano de tomar jovens cristãos, convertê-los ao islamismo e treiná-los para o serviço militar ou administrativo.

Dhahran: cidade do leste árabe, local da primeira greve do petróleo em 1938.

Diáspora: grupo de pessoas, usualmente judeus, mas por vezes armênios, palestinos ou africanos, que foram separados de sua pátria e se espalharam a várias partes do mundo.

Dinshaway, Incidente: atrocidade britânica contra camponeses egípcios (1906).

Diplomacia do vaivém: método de Kissinger para mediar a paz entre estados árabes e Israel em 1974-1975.

Divan: conselho otomano de ministros; diwan, em árabe.

Doha, Acordo de: acordo, mediado em 2008 pelo Qatar, que permitia maior participação do Hezbollah e seus aliados no governo do Líbano.

Drone: aeronave não tripulada, muitas vezes controlada remotamente a partir de uma estação terrestre, usada para matar supostos terroristas.

Drusos: pertencentes à religião secreta praticada por alguns árabes na Síria, Líbano e Israel, e fundada pelo xeique Darazi, que pregava que o califa fatímida al-Hakim fora o último de uma série de emanações de Deus.

Dubai: cidade nos Emirados Árabes Unidos.

Eden, Anthony: primeiro-ministro britânico durante o Caso Suez de 1956.

Edessa: cidade mesopotâmica do noroeste e Estado cruzado (1098-1144), conhecida como Urfa hoje, no sudeste da Turquia.

Egito Jovem: movimento nacionalista egípcio na década de 1930.

Eilat: porto de Israel no Golfo de Ácaba.

Eisenhower, Doutrina: declaração política oficial americana se opondo à difusão do comunismo no Oriente Médio (1957).

Elburz: cadeia de montanhas no norte do Irã.

Emergência, Lei de: expressão usada para vários decretos que suspendiam direitos humanos no Egito, Síria e vários outros estados árabes, inspirando manifestações de protesto durante a Primavera Árabe.

Emir: governante ou príncipe muçulmano.

Emirados Árabes Unidos: Federação de principados do Golfo, formada em 1971.

Emir al-mu'minin: comandante dos verdadeiros fiéis, um título dado ao califa.

Emirado: Estado governado por um emir.

Enver: jovem líder revolucionário turco (m. 1922).

Erdogan, Recep Tayyip: primeiro-ministro (2003-2014) e presidente (2014-) da Turquia.

Ertugrul: líder ghazi turco (m. ca. 1280), pai de Osman I.

Erzurum: cidade no leste da Anatólia; local do congresso nacionalista turco de 1919.

Escopo, Monte: montanha a nordeste de Jerusalém, local do campus da primeira Universidade Hebraica e do Hospital Hadassah, cercada por territórios controlados pelos jordanianos (1949-1967).

Escudo do Deserto: nome americano para o incremento militar multinacional na Arábia Saudita em oposição à ocupação do Kuwait em 1990.

Eshkol, Levi: primeiro-ministro de Israel (1963-1969).

Etiópia: país do leste africano, principalmente cristão desde o século IV, envolvido na política árabe até a época de Muhammad.

Estado Islâmico do Iraque e da Síria (Eiis): um grupo rebelde, composto principalmente por combatentes extremistas sunitas, que controla territórios no Iraque e na Síria; também conhecido como Estado Islâmico do Iraque e do Levante (Eiil); renomeou-se Estado Islâmico (EI) em 2014, com Abu Bakr al-Baghdadi como seu primeiro califa.

Eufrates: o mais a oeste dos dois rios do Iraque.

Evren, Kenan: líder do golpe de 1980 que restaurou a ordem na Turquia.

Exército de Liberação Árabe: grupo sírio-palestino que combatia Israel em 1948.

Fahd: rei da Arábia Saudita (1982-2005).

Falanges: organização paramilitar dedicada a preservar o domínio maronita cristão no Líbano.

Faqih: especialista legal muçulmano.

Faruq: último rei do Egito (1936-1952).

Fatah: grupo de guerrilha palestino fundado por Yasir Arafat.

Fatima: filha de Muhammad que se casou com Ali.

Fatimida, dinastia: família árabe de xiitas ismailis que alega descender de Ali e Fatima, governou o norte da África (909-972) e o Egito (969-1171), e reivindicou o controle da Síria, Hijaz e Iêmen.

Faysal: rei da Arábia Saudita (1964-1975).

Faysal: Filho de Husayn de Meca, líder da Revolta Árabe, que chefiou o governo provisional árabe em Damasco (1918-1920); expulso da França, mais tarde se tornou rei do Iraque (1921-1933).

Faysal II: último rei do Iraque (1939-1958).

Ferid, Damad: primeiro-ministro otomano apoiado pelo sultão e pelas potências ocidentais (1919-1920).

Ferrovia Trans-Iraniana: linha ligando o Mar Cáspio e o Golfo, construída durante o governo do xá Reza.

Fez: cobertura de cabeça carmin sem abas usada por funcionários homens no final do Império Otomano e alguns estados sucessores; proibido na Turquia por Kemal Ataturk.

Fida'iyin: comandos, pessoas, que se sacrificavam por uma causa, termo muitas vezes aplicado a palestinos que lutam contra Israel ou militantes xiitas.

Fiqh: a ciência da leis islâmica (jurisprudência).

Fitna: termo aplicado a várias guerras civis no começo da história islâmica.

Fogo grego: uma substância líquida que entrava em combustão em contato com a água, usado pelos bizantinos e, mais tarde, por marinheiros muçulmanos para destruir navios inimigos.

Força das Nações Unidas de Observação da Separação: exército internacional posicionado entre Síria e Israel (1974-).

Força de Emergência das Nações Unidas (UNEF): exército internacional entre Egito e Israel (1957-1967 e 1974-1979).

Franjiyah, Sulayman: presidente do Líbano (1970-1976).

Frente de Ação Islâmica: ramo jordaniano da Irmandade Muçulmana.

Frente (de Libertação) Nacional: o movimento de independência bem-sucedido de Aden em 1967.

Frente Popular pela Libertação da Palestina: grupo palestino marxista, famoso por seus sequestros de aviões e liderado por George Habash.

Fuad: sultão e rei do Egito (1917-1936).

Fundo Nacional Judaico: agência sionista de compra de terras e de desenvolvimento na Palestina/Israel, fundada em 1901.

Fustat: cidadela egípcia no começo dos tempos islâmicos; mais tarde, um centro administrativo, próximo à Cairo moderna.

Gabriel: anjo, na crença muçulmana, que transmitiu o Alcorão a Muhammad.

Galileia: área montanhosa ao norte de Israel, que contém muitas aldeias árabes.

Galípoli: península estratégica no estreito de Dardanelos, disputada pelos bizantinos e pelos primeiros otomanos, e o local de um ataque Aliado malsucedido na Turquia em 1915-1916.

Gaza, Faixa de: pequena parte do sudoeste da Palestina controlada por forças egípcias em 1948 e habitada por árabes, administrada pelo Egito (1948-1956 e 1957-1967), capturada por Israel em 1956 e 1967, e governada por Israel (1967-1994), pela OLP (1994-2006), e pelo Hamas (2006-); evacuada por Israel em 2005, mas atacada e invadida por Israel (2008-2009 e 2014).

Genghis Khan: guerreiro, conquistador e governante mongol de grande parte da Ásia (m. 1227).

Gênova, conferência de: reunião de dezembro de 1973 de Israel, Egito e Jordânia, copresidida pelos Estados Unidos e pela União Soviética.

Ghazi: guerreiro de fronteira muçulmano.

Ghazi: rei do Iraque (1933-1939).

Ghazna: cidade afegã, onde começou o Império Gaznávida.

Gaznávida: império turco, abrangendo o Afeganistão e partes do Irã e Ásia Central, que conquistou grande parte da Índia (977-1186).

Ghulam: escravo homem, usualmente militar ou administrativo, especialmente no Império Safávida.

Gibraltar: (1) montanha no sul da Espanha, (2) estreitos entre o Atlântico e o Mediterrâneo (originalmente Jebel Tariq, nomeado em homenagem ao berbere que comandou a conquista muçulmana da Espanha em 711).

Gidi, Passagem: ponto estratégico no oeste do Sinai, capturado por Israel em 1956 e 1967, entregue a uma força da ONU, em 1975, e devolvida ao Egito em 1982.

Glubb, Sir John Bagot: comandante britânico da Legião Árabe Jordaniana, demitido em 1956, muitas vezes chamado Glubb Pasha.

Golan, Colinas do: área montanhosa do sudoeste da Síria, ocupada por Israel desde 1967 e cena de um combate intenso em 1973.

Golfo, Guerra do: (1) Guerra Irã-Iraque (1980-1988), (2) campanha da coalizão liderada pelos Estados Unidos para fazer o Iraque se retirar de Kuwait (1991).

Golfo Pérsico: corpo de água que separa o Irã da Península Árabe e conecta o Shatt al-Arab ao Már Arábico; também chamado Golfo ou Golfo Árabe.

Granada: capital do último Estado muçulmano na Espanha, que caiu em 1492.

Grande Assembleia Nacional: legislatura representativa da república turca.

Grande Khan: título do imperador mongol durante o século XIII.

Grande Rota da Seda: rota de comércio que conectava o Irã com a China, cruzando as estepes e as passagens montanhosas da Ásia Central.

Grego ortodoxo: pertencente ao ramo do cristianismo que aceita a autoridade espiritual do patriarca de Constantinopla e adota as doutrinas cristológicas adotadas nos concílios da Igreja em Niceia (325) e Calcedônia (451).

Grupo Islâmico: movimento islâmico clandestino egípcio.

Guantânamo: local cubano da base naval americana, local de prisão construído para combatentes inimigos capturados durante invasões do Afeganistão e do Iraque lideradas pelos Estados Unidos.

Guardas Revolucionários: movimento de guerrilha iraniano organizado, ativo em vários países muçulmanos.

Guerra Russo-Turca: conflito (1877-1878) entre a Rússia e o Império Otomanono qual o segundo perdeu territórios na Anatólia e nos Bálcãs.

Gulen, Fethullah: clérigo muçulmano turco no exílio nos Estados Unidos, líder do Hizmet (Serviço), uma rede de empresas e escolas, na Turquia e no exterior, alegadamente envolvido na tentativa de golpe na Turquia em 2016.

Gush Emunim: grupo de colonos israelenses religiosamente praticantes na Cisjordânia.

Habash, George: líder da Frente Popular para a Libertação da Palestina, um grupo árabe palestino marxista (1926-2008).

Habib, Philip: negociador americano entre Síria, Líbano e Israel (1981-1982).

Habsburgo: família alemã que controlou o Império Sagrado Romano (1273-1806) e a Áustria (até 1918).

Hachemita: (1) membro da família descendente de Hashim, (2) apoiador de uma seita xiita extremista mawali no final da era omíada, (3) membro da dinastia governante do Hijaz (1916-1925), Síria (1918-1920), Iraque (1921-1958) e Jordânia (1921-).

Hadith: uma declaração, documentada por uma cadeia de testemunhas confiáveis, com relação a um dito ou ação de Muhammad, ou a uma ação de um de seus companheiros que ele tenha aprovado; por isso, uma fonte oficial da xaria.

Haftar, Khalifa: ex-oficial militar líbio da era Qadhafi, tornou-se líder do autoproclamado "Exército Nacional Líbio" em Benghazi, e uma aliança de milícias conhecida como "Dignidade".

Haganah: exército da Agência Judaica na Palestina (1920-1948).

Hagar: segunda esposa de Abraão, mãe de Ismael, ancestral dos árabes.

Haifa: principal cidade portuária de Israel.

Hajj: rito muçulmano de peregrinação a Meca, ou (com uma vogal alongada) um muçulmano que completou os ritos de peregrinação.

Hama: cidade síria, local do massacre perpetrado pelas tropas de Hafiz al--Assad em 1982.

Hamad ibn Isa Al Khalifa: rei do Bahrain (2002-), oposto por muitos xiitas.

Hamas: grupo islâmico palestino.

Hamdanida, dinastia: família árabe cujos ramos governaram em Alepo e Mosul (892-1004).

Hanafi: rito de jurisprudência muçulmana sunita muito difundido, originário do Iraque, enfatizando o consenso comunitário como uma fonte da xaria.

Hanbali: rito de jurisprudência muçulmana que baseava todas as regras de conduta no Alcorão e nos hadiths.

Hanif: crente verdadeiro árabe no Deus bíblico antes do surgimento do islã.

Haniya, Isma'il: líder do Hamas que governou Gaza (2006-2014).

Harawi, Ilyas: presidente do Líbano (1989-1995).

Harém: a porção de uma casa muçulmana usada pelas mulheres e pelas crianças pequenas, não aberta a homens não relacionados.

Hariri, Rafiq: primeiro-ministro do Líbano (1992-1998 e 2000-2004), assassinado em 2005.

Harun al-Rashid: califa abássida (786-809).

Hasan: filho mais velho de Ali e Fatima, nomeado por Ali seu sucessor, mas foi substituído por Mu'awiya; reconhecido como segundo imame xiita (m. 669).

Hebraico: língua semítica da Israel antiga e moderna.

Hebron: cidade na Judeia (a Cisjordânia), reverenciada por judeus e muçulmanos, local de um massacre de palestinos muito um colono judeu em 1994.

Helenista: pertencente à sociedade e cultura da área mediterrânea que usava o grego como sua principal língua literária e administrativa.

Heráclio: imperador bizantino (610-641) que combateu os sassânidas, mas mais tarde perdeu a Síria e o Egito para os árabes.

Hermon: montanha no sudoeste da Síria, parcialmente ocupada por Israel desde 1967.

Herut: partido de direita de Israel, liderado por Begin até 1983; agora, parte da coalizão do Likud.

Herzl, Theodor: escritor e fundador do sionismo político (m. 1904).

Hess, Moses: socialista alemão e defensor de um Estado judaico (m. 1875).

Hijaz: área montanhosa do oeste da Arábia.

Hijra: emigração de Muhammad e seus seguidores de Meca para Medina em 622 (ano 1 do calendário muçulmano).

Hisham: califa omíada (724-743).

Histadrut: principal sindicato trabalhista de Israel, proprietário de várias empresas de negócios e administrador de planos de seguro de saúde.

Hezzbollah: grupo de comando xiita sediado no Líbano.

Homs: cidade Síria, local de intensos combates em 2012.

Horda de Ouro: grupo de mongóis islamizados com uma maioria turca que governou a Rússia do século XIII ao XV.

Houthis: zaydis, principalmente xiitas tribais do norte do Iêmen, que depuseram Abd Rabbuh Mansur Hadi em 2015; também chamado Ansar Allah.

Hudaybiyya: tratado feito por Muhammad com os mecanos em 628, permitindo aos emigrantes muçulmanos fazerem a hajj.

Hulagu: governante mongol (m. 1265), neto de Genghis Khan, que estendeu a conquista mongol da Pérsia e do Iraque e fundou a dinastia ilcanida.

Hunkar-Iskelesi: tratado (1833) no qual a Rússia garantia a integridade territorial do Império Otomano.

Husayn: filho mais jovem de Ali e Fatima, morto em uma revolta antiomíada em Karbala (680), por isso, um mártir para os muçulmanos xiitas e seu terceiro imame; também grafado Hussein.

Husayn: emir e xarife de Meca (1908-1924), rei do Hijaz (1916-1924) e líder da Revolta Árabe contra os otomanos de 1916-1918.

Husayn: rei da Jordânia (1952-1999).

Husayn, Saddam: presidente do Iraque (1979-2003) que começou a guerra Irã-Iraque (1980-1988) e invadiu o Kuwait em 1990, levando à Operação Tempestade do Deserto; deposto pela invasão americana em 2003, e capturado, processado e executado em 2006; também grafado Hussein.

Husayn, Taha: escritor egípcio (1889-1973).

Husayn Kamil: sultão do Egito (1914-1917).

Husayn-McMahon, Correspondência: cartas trocadas entre o xarife Husayn e o alto comissário da Grã-Bretanha no Cairo (1915-1916), oferecendo ajuda britânica para a independência dos árabes em troca do apoio árabe contra o Império Otomano.

Ibn: filho de, normalmente usado em nomes árabes; às vezes grafado bin ou ben.

Ibn Khaldun: historiador e pensador social notável (m. 1406).

Ibn Rushd: filósofo muçulmano, conhecido como Averroës em latim (m. 1198).

Ibn Sa'ud: líder árabe que conquistou grande parte da Península Arábica entre 1902 e 1930, e governante da Arábia Saudita (1932-1953); também chamado Abd al-Aziz ibn Abd al-Rahman.

Ibn Sina: filósofo, teólogo e cientista muçulmano (m. 1037); conhecido como Avicenna em latim.

Ibrahim: filho de Mehmet, conquistador e governador da Síria (1832-1840), e vice-rei do Egito (1848).

Id al-Adha: expressão árabe para Banquete do Sacrifício, feriado muçulmano anual em comemoração à obediência de Abraão à ordem de Deus para que oferecesse seu filho Ismael (Isma'il) em sacrifício; décimo dia do mês de peregrinação.

Id al-Fitr: expressão árabe para Banquete da Interrupção do Jejum, feriado anual muçulmano após o jejum do ramadã.

Iêmen: (1) região montanhosa do sudoeste da Arábia, (2) nome comum para a República Árabe do Iêmen ou Iêmen do Norte, (3) a República Democrática Popular do Iêmen (RDPI) ou Iêmen do Sul, (4) república formada pela união em 1990 da República Árabe do Iêmen e o RDPI

Ijtihad: uso do raciocínio para determinar uma regra específica na lei islâmica.

Ikhwan: (1) soldados beduínos sedentarizados por Ibn Sa'ud, (2) membros da Sociedade da Irmandade Muçulmana.

Ilcanida: dinastia sucessora mongol na Pérsia (1256-1349).

Imame: (1) líder religioso ou político, (2) um dos líderes de sucessão, começando com Ali, visto pelos xiitas como legítimo, (3) líder do culto congregacional muçulmano, significando literalmente "em frente de".

Imperial, Rescrito: decreto otomano (1856), que dava direitos e *status* iguais a todos os súditos, independentemente de religião; por vezes chamado Hatti-Humayun.

Império Bizantino: império romano do leste (330-1453), que governou a partir de Constantinopla e professava o cristianismo ortodoxo grego.

Império Otomano: Estado islâmico multinacional (1299-1922) que começou no noroeste da Anatólia e se espalhou através do Bálcãs, grande parte do sudoeste da Ásia, Egito e costa norte-africana.

Inonu: (1) local de duas vitórias turcas sobre os gregos no oeste da Anatólia (1921), (2) sobrenome assumido por Ismet, líder turco naquelas batalhas.

Intifada: (1) rebelião palestina contra a ocupação israelense (1987-1990), (2) rebelião palestina (2000-2005) que seguiu à visita de Ariel Sharon à mesquita al-Aqsa.

Iqta': concessão de terras de um governante para serviços militares ou administrativos por um cliente.

Irã: nome preferido desde 1935 para o que era a Pérsia.

Irã-Contra, Caso: venda de armas da administração Reagan ao Irã para assegurar a libertação dos reféns americanos no Líbano e a doação dos procedimentos para ajudar os insurgentes Contra na Nicarágua (1986).

Irã-Iraque, Guerra: conflito ideológico e territorial entre o Irã e o Iraque (1980-1988).

Iraque: nome árabe para Mesopotamia.

Irgun Tzvei Le'umi: grupo de guerrilha sionista de direita, comandado por Begin e ativo até 1948.

Irmandade Muçulmana, Sociedade da: grupo político, forte no Egito (1930-1952, 1978-) e em vários outros países árabes, exigindo um sistema político e social e se opondo à influência e poder ocidentais.

Isfahan: cidade no Irã central e capital safávida (1597-1736).

Islã: a religião, agora prevalente no Oriente Médio e em muitas partes da Ásia e da África, que acredita que um Deus revelou a uma série de profetas, que culmina com Muhammad, a quem o Alcorão foi confiado.

Islamita: pertencente a qualquer pessoa ou grupo que defende o governo de acordo com os princípios muçulmanos estritos.

Ismael: ancestral mítico dos árabes; Isma'il árabe.

Isma'il: último imame legítimo dos sete imames xiitas.

Isma'il, Khedive: vice-rei do Egito (1863-1879).

Isma'il, xá: fundador (1501-1524) da dinastia safávida.

Ismaili: pertencente ao xiismo dos Sete Imames.

Ismet: general turco, representante turco da Turquia na Conferência de Lausanne (1923), e presidente da república (1938-1950 e 1961-1965); de sobrenome Inonu.

Isnad: cadeia de testemunhas de verificação de um hadith.

Israel: (1) sobre nome de Jacó e seus descendentes, (2) antigo reino judaico do norte, (3) moderno Estado judaico, localizado no que costumava ser a Palestina.

Israelenses: cidadãos da moderna Israel.

Israelitas: descendentes de Jacó; muitas vezes o termo para o povo judeu como um todo.

Istambul: nome moderno para Constantinopla.

Izmir: cidade anatoliana do oeste, anteriormente chamada Esmirna.

Jabotinsky, Vladimir: fundador do Partido Revisionista (sionismo de direita) (1880-1940).

Jacobita: cristão monofisista sírio.

Jaffa: cidade portuária na Palestina/Israel, agora parte de Tel Aviv.

Janissário: soldado de infantaria conscrito cristão no exército otomano convertido ao islã e treinando para usar armas de fogo.

Jarring, Gunnar: mediador da ONU entre Israel e os estados árabes (1967-1971).

Jemal: jovem líder turco e governador da Síria (m. 1922).

Jerusalém: principal cidade da Judeia; principal centro religioso para os judeus, cristãos e muçulmanos; proclamada por Israel como sua capital.

Jihad: (1) defesa do islã contra agressores, (2) luta muçulmana contra o mal no indivíduo, em seus associados e na umma, (3) nome de vários grupos islâmicos.

Jinn: na crença muçulmana, criaturas invisíveis que vivem sobre a Terra, capazes de fazer bem ou mal.

Jizya: imposto per capita pago anteriormente por homens não muçulmanos que viviam na Jordânia de governo muçulmano.

Jordânia, Reino Hachemita da: Estado formado a partir do Emirado da transjordânia e de partes da Palestina árabe (comumente chamada Cisjordânia) anexada por Abdallah em 1948.

Jovens Turcos: grupo de nacionalistas turcos que assumiu o controle do governo otomano em 1908, restaurou sua constituição e instituiu reformas ocidentalizadoras; sua principal organização era o Comitê de União e Progresso.

Judéis: área montanhosa do leste da Palestina/Israel.

Jumayyil, Amin: presidente do Líbano (1982-1988); por vezes grafado Gemayel.

Jumayyil, Bashir: proeminente líder falangista, eleito presidente do Líbano em 1982, mas assassinado antes de assumir o posto.

Jumblat, Kamal: líder druso libanês (m. 1977).

Junayd, xeique: líder sufista xiita dos safávidas no Azerbaijão (m. 1460), avô do xá Isma'il.

Jundishapur: centro sassânida e muçulmano de aprendizagem; universidade no Irã moderno.

Ka'ba: santuário muçulmano em Meca que abriga a Pedra Negra, servindo como o ponto focal para a hajj indicando a direção para o culto muçulmano.

Kabul: capital do Afeganistão.

Kadima, Partido: partido centrista-liberal israelense, formado em 2005 para apoiar o plano de retirada de Sharon; parte da coalizão governante (2006, 2009, e 2012-).

kalb: tribo árabe do sul, importante no início do islã.

Kamil, Mustafa: nacionalista egípcio (1874-1908).

Karbala: cidade iraquiana, local da rebelião e martírio de Husayn (680); desde então um centro de peregrinação xiita.

Karlowitz: tratado (1699) no qual os otomanos cediam a Hungria à Áustria.

Karzai, Hamid: líder afegão, presidente (2004-2014).

Kemal, Mustafa (Ataturk): general, líder nacionalista e presidente ocidentalizador turco (1923-1938).

Kemalismo: princípios do nacionalismo turco e da reforma ocidentalizadora de Kemal.

Khadija: primeira esposa de Muhammad (m. 619).

Khalid ibn al-Walid: general árabe; conquistador da Arábia, Síria, Iraque e Pérsia.

Khamanei, aiatolá Ali: líder supremo do Irã (1989-).

kharaj: imposto sobre terras pago pelos camponeses sobre a produção.

Khatami, Muhammad: presidente do Irã (1997-2005).

khazar: tribo turca do norte do Mar Cáspio, convertida ao judaísmo no século VIII.

Khomeini, aiatolá Ruhollah: líder da Revolução Islâmica no Irã (1978-1979) e faqih (líder espiritual supremo do Irã) (1979-1989).

Khurasan: província persa do leste do Mar Cáspio; centro de muitos movimentos dissidentes no começo da história islâmica.

Khwarizm: região sul do Mar Aral.

khwarizm-shah: dinastia turca da Ásia Central (1077-1231) derrotada por Genghis Khan.

kibbutz (pl. kibbutzim): assentamento judaico de Israel – inicialmente agrícola, agora principalmente industrial – no qual grande parte da propriedade é de posse coletiva.

King-Crane, Comissão: comitê americano enviado à Conferência de Paz de Paris em 1919 para verificar as aspirações sírias e palestinas; mas seu relatório, simpático ao nacionalismo árabe, não foi posto em prática.

Kitchener, Lord: comandante do exército anglo-egípcio que retomou o Sudão (1896-1898), mais tarde cônsul geral britânico no Egito (1911-1914).

kizilbash: turcos xiitas, especialmente soldados de cavalaria safávida.

Knesset: legislatura unicameral de Israel.

Konya: cidade anatoliana do sul, capital do Estado seljúcida de Rum (1077-1300).

koprulu: família de vizires otomanos.

Kosovo, Batalha de: local da vitória otomana sobre a Sérvia em 1389.

Kuchuk-Kainarji: tratado (1774) no qual a Rússia reivindicava o direito de proteger os súditos cristãos ortodoxos do sultão.

Kufa: cidadela iraquiana fundada por 'Umar; mais tarde um importante centro comercial e intelectual.

Kunaitra: principal cidade nas Colinas do Golan, capturada por Israel em 1967, disputada em 1973 e devolvida à Síria em 1974.

Kuwait: principado rico em petróleo no Golfo, ocupado pelo Iraque (agosto de 1990-fevereiro de 1991).

Lahud, Emile: presidente do Líbano (1998-2007).

Lampson, Sir Miles: alto comissário e embaixador britânico no Egito (1934-1946).

Lausanne: (1) conferência e tratado entre Turquia e os Aliados da Primeira Guerra Mundial de 1923, que substitui o Tratado de Sèvres, (2) conferência de paz de 1949 entre Israel e os estados árabes.

Lawrence, T. E.: oficial de inteligência britânico que ajudou a Revolta Árabe; escritor talentoso e defensor do nacionalismo árabe (m. 1935).

Legião árabe: antigo nome do exército da Transjordânia (ou Jordânia).

Lepanto, Batalha de: vitória naval europeia sobre os otomanos (1571).

Levantino: pertencente ao Levante ou às margens ao leste do Mediterrâneo, ou aos seus habitantes, especialmente não muçulmanos.

Líbano, Guerra do: conflito de 2006 entre Israel e o Hezbollah, também chamada "Segunda Guerra do Líbano" em Israel e "Guerra de Julho" no Líbano, marcada pela pesada destruição de Beirute e sul do Líbano, encerrada pela Resolução do Conselho de Segurança em 1701.

Liga Árabe: associação política de estados árabes, fundada em 1945.

Likud: coalizão de partidos de direita de Israel, no poder de 1977 a 1984, em coalizão com o Partido dos Trabalhadores (1984-1990 e 2001-2003), com os partidos religiosos (1990-1992, 1996-1999, 2003-2004, e 2009-2012), e com o Partido Kadima (2012-2015).

Livre-arbítrio: doutrina religiosa segundo a qual Deus criou os entes humanos que podem escolher suas ações; o oposto da predestinação.

Loya jirga: encontro de tribos afegãs, notadamente em 2003.

Madrasa: escola muçulmana, especialmente de direito.

Mahdi: o corretamente guiado, precursor do Dia do Juízo Final.

Mahdi, Exército: milícia xiita iraquiana fundada por Muqtada al-Sadr em 2003.

Mahmud: governante gaznávida (998-1030); conquistador da Índia.

Mahmud II: sultão otomano (1808-1839) e reformador ocidentalizador.

Majlis: legislatura bicameral do Irã.

Maliki: rito de jurisprudência muçulmana sunita que se originou em Medina e enfatiza o uso de hadiths como fontes legais oficiais.

Malikshah: sultão seljúcida (1072-1092).

Mameluco: (1) soldado escravo turco ou circassiano, (2) membro de uma oligarquia militar que governou o Egito (1250-1517) e Síria (1260-1516) e dominante em algumas áreas até o século XIX.

Mandato: (1) autorização dada pela Liga das Nações a uma potência ocidental para preparar um ex-território da Alemanha ou do Império Otomano para um eventual autogoverno, (2) um país governado sob essa relação tutelar.

Maniqueísmo: religião dualista formulada por Mani, um persa do século III, exigindo que a alma se liberte do corpo através de vários exercícios espirituais, inicialmente forte no Iraque, Pérsia e algumas partes da Ásia Central e Oriental.

Manzikert, Batalha de: vitória seljúcida sobre os bizantinos (1071).

Mapa de Estradas: plano para a paz israelense-palestina, a ser executado em estágios, preparado em 2002 por George W. Bush, com a União Europeia, Rússia e a ONU, mas não aceito por Israel.

Mapai: partido trabalhista moderado de Israel.

Ma'rib: (1) antiga capital sabeísta, (2) local da represa construída no século VIII AEC, (3) represa no Iêmen moderno.

Maronita: pertencente a uma seita cristã, principalmente no norte do Líbano, cuja crença distinta é a de que Cristo continha duas naturezas em um arbítrio e que tem estado em comunhão com a Igreja Católica desde as Cruzadas.

Marwan: califa omíada (684-685).

Marxismo: sistema de pensamento socialista, fundado por Karl Marx e outros, que ensina que o capitalismo deve ser deposto por uma revolução levando a um Estado de trabalhadores, que mais tarde cederá em favor de uma sociedade sem classes e harmoniosa; aceito várias vezes por alguns líderes do Oriente Médio.

Mawla (pl. mawali): (1) membro cliente de tribo árabe, com direito a proteção, mas não a todos os privilégios de pertencimento, (2) convertido não árabe ao islã durante as primeiras conquistas árabes.

McMahon, Sir Henry: alto comissário britânico no Egito (1914-1916), que iniciou a Correspondência Husayn-McMahon.

Meca: local de nascimento do Profeta Muhammad e principal centro comercial e de peregrinação no oeste da Arábia.

Medina: oásis agrícola no noroeste árabe, anteriormente Yathrib, para onde Muhammad e seus seguidores foram em 622.

Mehmet I: sultão otomano (1413-1421).

Mehmet II: sultão otomano (1451-1481), conquistador de Constantinopla.

Mehmet Ali: aventureiro albaniano que assumiu o controle do Egito e instituiu muitas reformas ocidentalizadoras (1805-1849); também chamado Muhammad Ali.

Meir, Golda: primeira-ministra de Israel (1969-1974).

Mesopotamia: nome grego para as terras entre os rios Tigre e Eufrates, especialmente o Iraque.

Mesquita: local coletivo de prece para muçulmanos.

Messias: de acordo com a Bíblia, o salvador esperado do povo judeu e, de acordo com os cristãos, Jesus Cristo.

Midhat: reformador liberal otomano (1822-1883).

Millet: comunidade político-social otomana baseada na afiliação religiosa e cujos líderes eram nomeados pelo sultão.

Milner, Lord: estadista britânico que presidiu a comissão de investigação de 1919 ao Egito e, mais tarde, negociou sem sucesso com Sa'd Zaghlul.

Minarete: nome turco para a torre da mesquita da qual um muezin convoca os fiéis a orar cinco vezes ao dia.

Mitla, Passagem de: ponto estratégico no oeste do Sinai, capturado por Israel em 1956 e 1967, cedido a uma força neutra da ONU em 1975, e devolvido ao Egito em 1982.

Mizrachim: judeus cujos ancestrais vêm da Espanha, Portugal ou do mundo muçulmano; por vezes chamados sefardi.

Mohammad Reza Pahlavi, xá: xá do Irã (1941-1979).

Mongol: cavaleiro nômade do nordeste da Ásia; membro de uma coalizão tribal que durante o governo de Genghis Khan e seus descendentes ocupou grande parte da Ásia no século XIII.

Monofisista: pertencente aos cristãos (principalmente do Oriente Médio) que acreditam que Cristo tinha somente uma natureza, completamente divina; visão condenada pelo Concílio da Calcedônia em 451.

Monoteísta: pertencente à crença em um deus, como no judaísmo, cristianismo e islamismo.

Monte do Templo: área de Jerusalém contendo a Cúpula da Rocha e a mesquita al-Aqsa e considerado ser o local do antigo Templo judaico; chamado al-Haram al-Sharif em árabe.

Morea: o Peloponeso, ou sul da Grécia.

Morsi, Mohamed: presidente do Egito, da Irmandade Muçulmana, foi deposto por um golpe militar (2012-2013).

Mosaddiq, Mohammad: primeiro-ministro do Irã (1951-1953), que nacionalizou a Companhia de Petróleo Anglo-Iraniana e, mais tarde, foi deposto em um golpe planejado pelo xá, pelos britânicos e pela CIA (m. 1967).

Mostazafan: pessoas que foram despojadas devido às políticas de ocidentalização.

Mosul: cidade no norte do Iraque.

Movimento de 6 de abril: grupo egípcio, composto principalmente por jovens adultos instruídos, que se opunham ao regime de Mubarak (2008-2011).

Movimento Verde: movimento de protesto iraniano logo após à reeleição, possivelmente fraudada, de Ahmadinejad em 2009, e violentamente suprimido pelas tropas do governo.

Mu'awiya: califa omíada (661-680).

Mubarak, Husni: presidente do Egito (1981-2011).

Muçulmana: (1) uma pessoa que se submete à vontade de Deus, (2) qualquer pessoa que acredite que Deus revelou o Alcorão a Muhammad.

Mudros: ilha egeia na qual o Império Otomano se rendeu aos Aliandos na Primeira Guerra Mundial em 1918.

Muezin: homem que convoca outros muçulmanos para prece coletiva, usualmente do telhado de uma mesquita ou da sacada de um minarete.

Mufti: (1) consultor legal muçulmano, (2) nos tempos modernos, líder ulama em um Estado muçulmano sunita.

Mugais; cf. Dinastia timúrida.

Muhammad (Maomé): líder religioso árabe, nascido em Meca e fundador da umma islâmica, visto pelos muçulmanos como um mensageiro de Deus, cujas revelações foram registradas no Alcorão.

Muhammad: líder khwarizm-Shah derrotado por Genghis Khan.

Muhammad al-Muntazar: último dos Doze Imames legítimos, que desapareceu por volta de 878, mas cujo retorno algum dia é esperado pelos Doze Imames Xiitas.

Muhammed bin Salman: filho do rei saudita Salman, nomeado príncipe da Coroa em 2017.

Muhammad ibn Abd al-Wahhab: fundador do movimento wahhabi no século XVIII.

Mujtahid: muçulmano erudito que interpreta a xaria, especialmente na jurisprudência xiita.

Mulá: termo persa para um mestre religioso.

Murad I: sultão otomano (1360-1389).

Murad II: sultão otomano (1421-1451).

Murad IV: sultão otomano (1623-1640).

Muro das Lamentações, Incidente do: perturbação em Jerusalém (1929) levando a ataques árabes generalizados contra judeus na Palestina.

Muro, o: "cerca de segurança" de Israel, construído a partir de 2002 para separar áreas predominantemente palestinas de Israel e dos assentamentos judaicos na Cisjordânia.

Muro ocidental: resquício do último Templo em Jerusalém, reverenciado por judeus.

Muruwwa: código pré-islâmico de virtudes árabes.

Mu'tazila: formulação racionalista da teologia islâmica, enfatizando que Deus criou o Alcorão.

Nacionalismo: (1) desejo de um grupo de pessoas de preservar ou obter uma estatidade comum, (2) ideologia que enfatiza a lealdade ao Estado-nação ou que busca a independência de um grupo nacional.

Nacionalismo Árabe: movimento que busca a unificação de todos os países árabes e sua independência do controle não árabe.

Nadir, xá: líder militar que se tornou xá da Pérsia (1736-1747), expulsou os invasores afegãos e conquistou parte da Índia.

Nagib, Muhammad: líder titular da Revolução Egípcia de 1952.

Najaf: cidade iraquiana onde Ali foi assassinado (661); por isso, um centro de peregrinação xiita.

Nakba: termo árabe para a derrota árabe na Guerra da Palestina (1948-1949), comemorada em 15 de maio.

Nasirismo: termo ocidental para a filosofia e programa político de Nasir, incluindo nacionalismo, neutralismo e socialismo árabes.

Nasiruddin, xá: governante qajar (1848-1896).

Nasrallah, Hassan: líder islâmico do Hezbollah do Líbano desde 1992.

National, Bloco: movimento de independência da Síria desde 1931. Cf. tb. Partido Nacionalista.

Negev: deserto no sul de Israel.

Neoconservadora: pessoa pertencente a um grupo político, principalmente americano, que defende uma política militantemente pró-Estados Unidos no Oriente Médio e favorece o apoio a Israel e o enfraquecimento de seus inimigos.

Neoplatônica: pessoa que apoia um sistema filosófico, fundado no século III, baseado nas ideias de Platão e comum no Oriente Médio até às conquistas árabes.

Nestoriana: pessoa pertencente ao grupo de cristãos que acredita nas naturezas divina e humana separadas de Cristo, condenado no Concílio de Éfeso de 430.

Netanyahu, Benjamin: primeiro-ministro de Israel (1996-1999 e 2009-).

Neutralismo positivo: política de Nasir de não alinhamento com os países comunistas nem com os ocidentais, que buscava reconciliar os dois blocos.

Niceia: cidade do noroeste da Anatólia, local do concílio da igreja cristão em 325 que aceitou a visão trinitária da natureza de Deus: Pai, Filho e Espírito Santo.

Nida' Tunis: (Chamado pela Tunísia), liderado por Beji Caid Essebsi, um partido secular que derrotou al-Nahda nas eleições legislativas tunisianas de 2014.

Nizam-i-jedid: programa de reforma militar promulgado por Selim III, mas derrubado pelos janissários em 1807.

Nour, Partido: grupo salafista egípcio que emergiu após 2011.

Novos Otomanos: movimento político turco na década de 1870 que exigia uma constituição, governo parlamentar e outras reformas ocidentalizadoras.

Nur al-Din: sultão zengid de Mosul e Damasco (1146-1174).

Nuri al-Sa'id: líder iraquiano pró-Ocidente, morto na Revolução de 1958.

11/9 ou 11 de setembro: ataque coordenado por militantes árabes que sequestraram aviões de passageiros americanos e voaram em direção ao World Trade Center de Nova Iorque e contra o Pentágono em Washington, nomeado 11 de setembro (2001), a data dos ataques.

Olim: imigrantes judeus para Israel.

Olmert, Ehud: primeiro-ministro de Israel (2006-2009).

Omíada, Dinastia: clã da Tribo Quraysh que governou Damasco (661-750) e Córdoba (756-1030).

Organização dos Países Exportadores de Petróleo (Opep): um grupo formado em 1960 para manter um preço acordado pelo barril de petróleo.

Organização do Tratado Central (Cento); cf. Pacto de Bagdá.

Organização pela Libertação da Palestina (OLP): grupo formado em 1964 por chefes de Estado árabes, agora representante de muitas organizações militares, políticas, econômicas e sociais palestinas.

Orhan: sultão otomano (1326-1360).

Oslo: (1) local das negociações secretas entre Israel e OLP (1992-1993), (2) termo aplicado para a Declaração de Princípios de 1993, (3) termo aplicado para o acordo Israel-OLP de 1995.

Osman I: primeiro sultão otomano (ca. 1280-1326).

Osmanli: pertencente aos descendentes de Osman I, seus soldados e administradores, ou sua língua.

Otomanismo: identificação dom o Império Otomano (como oposto a nacionalismo separatista), encorajado pelos primeiros ocidentalizadores.

Outubro, Guerra de: guerra iniciada por Egito e Síria em 1973 para retomar as terras ocupadas por Israel desde 1967; também chamada Guerra Yom Kippur ou Guerra Ramadã.

Ovelha Branca, Turcomanos da: dinastia turca xiita que governou a Pérsia, leste da Anatólia e Iraque (1378-1508).

Ovelha Negra, Turcomanos da: dinastia turca xiita que governou a Pérsia (1378-1469).

Oxus, rio: nome romano para Amu Darya, um rio da Ásia Central que flui das montanhas Pamir no noroeste para o Mar Aral.

Ozal, Turgut: primeiro-ministro da Turquia (1983-1989) e presidente (1989-1993).

Pacto de Bagdá: aliança anticomunista formada em 1955, renomeada de Organização do tratado Central (Cento) e desfeita em 1979.

Pacto Nacional: acordo de partilha de poder de 19443 entre grupos religiosos e políticos do Líbano.

Pahlavi: (1) língua persa pré-islâmica, (2) família governante do Irã (1925-1979).

Palestina: (1) termo geográfico para o sul da Síria, (2) nome do mandato britânico de 1922 a 1948, (3) termo preferido de muitos árabes para algumas ou todas as terras atualmente governadas pelo Estado de Israel, (4) áreas da Cisjordânia governadas desde 1994 pela Autoridade Palestina.

Palestinos: habitantes da Palestina; agora, o termo usado por árabes que vivem na Palestina, vieram de lá ou descendem de imigrantes desse território.

Pan-arabismo: movimento para unir todos os árabes em um Estado.

Pan-eslavismo: movimento para unir todos os eslavos, especialmente sob liderança russa.

Pan-islâmismo: ideia ou movimento exigindo a unidade de todos os muçulmanos, promovido por alguns sultões otomanos e por alguns líderes populares.

Pan-turanismo: movimento para unir todos os povos falantes de línguas turcas.

Parta: dinastia persa (248 AEC-224 AEC) precedente dos sassânidas.

Partido da Justiça: partido conservador turco (1961-1980).

Partido da Justiça e do Desenvolvimento; cf. Partido AK.

Partido de Descentralização Otomana: movimento político liberal favorecido pelos nacionalistas árabes moderados antes da Primeira Guerra Mundial.

Partido Democrático do Povo: referido por seu acrônimo turco como HDP, concorreu na eleição legislativa turca de 2015, partido dominado por curdos étnicos que entrou no parlamento.

Partido do Bem-Estar: partido islâmico que conquistou uma pluralidade de assentos nas eleições de 1995 na Turquia e liderou um governo de coalizão até 1997.

Partido do Povo: movimento de independência sírio de 1925 e partido pró-iraquiano após a Segunda Guerra Mundial.

Partido dos Trabalhadores Curdos: movimento de independência curda que se rebelou no sudeste da Turquia (1984-1999); também chamado PKK (Partiya Karkeren Kurdistan).

Partido Liberdade e Justiça: importante partido islâmico do Egito, vinculado à Irmandade Muçulmana.

Partido Nacional: movimento egípcio buscando a independência do controle estrangeiro, liderado por Urabi em 1881-1882 e por Mustafa Kamil em 1895-1908.

Partido Nacionalista: principal partido da Síria após a Segunda Guerra Mundial.

Partido Religioso Nacional: partido de judeus praticantes em Israel.

Partido Republicano do Povo: partido turco liberal fundado por Kemal Ataturk em 1923.

Partido Republicano Islâmico: principal movimento político do Irã Revolucionário (1979-1987).

Partido Revisionista: movimento sionista de direita fundado por Jabotinsky.

Plano de Partição para a Palestina: divisão proposta do mandato palestino em estados judeu e árabe, aprovada pela Assembleia Geral da ONU em 1947.

Praça da Pérola: círculo de tráfego de Manama, a cena dos protestos antirregime no Bahrain em 2011.

Peres, Shimon: primeiro-ministro de Israel (1984-1986), líder do Partido Trabalhista (1977-1992), ministro de relações internacionais (1992-1996), primeiro-ministro atuante (1995-1996) e presidente (2007-2014).

Pérsia: nome usado para o Irã até 1935.

Pinsker, Leon: sionista russo (1821-1891), autor de *Autoemancipação* (1882).

Pogrom: massacre organizado de judeus.

Porto Said: cidade egípcia onde o Canal de Suez encontra o Mediterrâneo.

Predestinação: a crença de que Deus determinou o que acontecerá a cada pessoa viva; o oposto do livre-arbítrio.

Primavera Árabe: nome popular para manifestações revolucionárias que começaram na Tunísia em dezembro de 2010 e se espalharam para muitos outros estados árabes; também chamada de rebeliões árabes.

Punjab: uma região do noroeste da Índia, agora parcialmente no Paquistão.

Qadi: juiz muçulmano.

Qajar, dinastia: família de origem turca que governou a Pérsia (1794-1925).

Qanat: canal subterrâneo de irrigação.

Qarmatianos: membros de um grupo xiita ismaili que estabeleceu uma república, legadamente praticando comunismo de propriedade e esposas, no século X no Bahrain e na Arábia.

Qasim, Abd al-Karim: presidente do Iraque (1958-1963).

Qays: tribos do norte da Arábia, rival da kalb no começo dos tempos muçulmanos.

Qom: centro religioso e educacional xiita no Irã.

Quatorze Pontos: plano do presidente Wilson para resolver problemas que haviam provocado a Primeira Guerra Mundial, exigindo a autodeterminação de todos os povos.

Quatro Pontos Reservados: limitações britânicas à sua declaração unilateral de independência do Egito (1922).

Quediva: título do vice-rei do Egito (1867-1914).

Quray, Ahmad: primeiro-ministro da Autoridade Palestina (2003-2004).

Quraysh: tribo importante do noroeste da Arábia, especialmente Meca.

Rabat, Cúpula de: encontro de 1974 de chefes de Estado árabes, reconhecendo a OLP como o único representante palestino.

Rabin, Yitzhak: primeiro-ministro de Israel (1974-1977 e 1992-1995).

Rafsanjani, Ali Akbar Hashimi: presidente do Irã (1989-1997).

Ramadã: mês do calendário árabe durante o qual os muçulmanos se abstêm de comer, beber e de praticar sexo do nascer ao pôr do sol, comemorando as primeiras revelações do Alcorão a Muhammad.

Ramallah: cidade palestina da Cisjordânia ao norte de Jerusalém.

Raqqa: cidade síria que se tornou o quartel general do EIIS até ser expulso em 2017.

Rashid, dinastia: família governante no nordeste da Arábia, rival dos sauditas no começo do século XX.

Rashiduns, califas: para os muçulmanos sunitas, sucessores de Muhammad como líderes da umma: Abu-Bakr, Umar, Uthman e Ali.

Refugiados palestinos: árabes que fugiram ou foram retirados de áreas agora parte de Israel durante as guerras de 1948 ou 1967.

Relatório Branco: declaração política britânica (1939) limitando a imigração judaica e os direitos de compra de terras dentro do mandato palestino, atacado por sionistas.

Relatório Branco de Passfield: relatório oficial britânico culpando tanto judeus como árabes pelas revoltas do Muro das Lamentações de 1929 na Palestina.

República Árabe Unida: união de Egito e Síria (1958-1961).

República Democrática do Iêmen: nome usado (1969-1990) para o que costumava ser chamado Aden e o Protetorado de Aden, depois Federação do Sul da Arábia, depois sul do Iêmen.

Rescrito Nobre da Câmara Rosa: promessa otomana de 1839 de reformas judiciárias e administrativas (por vezes chamado *Hatt-i-Sherif* de Gulhane), que introduz a Era Tanzimat.

Reshid, Mustafa: reformador otomano ocidentalizador no começo da Era Tanzimat (m. 1858).

Revolta Árabe: rebelião de árabes apoiados por britânicos, principalmente no Hijaz, contra o governo otomano (1916-1918).

Resolução 242 do Conselho de Segurança: declaração de princípios de novembro de 1967 para obter a paz entre os árabes e Israel, aceito por ambos os lados, mas com diferentes interpretações.

Resolução 338 do Conselho de Segurança: resolução de cessar-fogo suspendendo a Guerra de Outubro de 1973, exigindo conversações árabe-israelenses diretas.

Resolução 598 do Conselho de Segurança: resolução exigindo o fim da Guerra Irã-Iraque, aceita pelo Iraque em 1987 e pelo Irã em 1988.

Resolução 1.701 do Conselho de Segurança: resolução exigindo o fim da Guerra do Líbano de 2006.

Resolução 1.860 do Conselho de Segurança: resolução exigindo o cessar-fogo na guerra Israel-Hamas (2009).

Revolução Branca: amplo programa de reforma proclamado pelo xá do Irã em 1963.

Reza Pahlavi, xá: governante do Irã (1925-1941).

Rhodes: ilha mediterrânea; local das "conversas de aproximação" de 1949 entre estados árabes e Israel, mediadas por Ralph Bunche.

Ribeirinha: terra situada ao longo de um rio.

Ridda: rebelião das tribos árabes contra o governo de Media após a morte de Muhammad, sufocada por Caliph Abu-Bakr.

Rio Jordão: rio que flui através da Síria, Jordânia e Israel.

Riyadh: capital da Arábia Saudita.

Rogers, Plano de Paz: proposta americana em 1969-1970 para encerrar a Guerra de Atrito, exigindo de Israel que devolvesse as terras ocupadas desde 1967 e dos árabes que reconhecessem Israel.

Rojava: o nome coletivo para as regiões curdas autônomas de fato que se formaram no norte e nordeste da Síria durante sua guerra civil, governada pelo YPG.

Rum: (1) palavra árabe, persa e turca para Anatólia, (2) termo coletivo para cristãos ortodoxos gregos.

Rumayla: grande campo de petróleo partilhado por Iraque e Kuwait.

Rushdi, Husayn: primeiro-ministro do Egito (1914-1919).

Sa'ada: cidade no norte do Iêmen, centro histórico do xiismo zaydi.

Sabá: antigo reino árabe no Iêmen, cujos habitantes eram chamados sabeus.

Sabra: (1) judeu nativo de Israel, (2) campo de refugiados de Beirute, local do massacre palestino de 1982.

Safávida, Dinastia: família turca do Azerbaijão, no início sufista, que governou a Pérsia (1501-1736) e apoiou o xiismo dos Doze Imames e promoveu a cultura persa.

Sa'id: vice-rei do Egito (1854-1863).

Sa'id, Khalid: jovem empresário egípcio, torturado e morto em 2010 pela polícia de segurança egípcia; o tema de uma página do Facebook que enfureceu muitos egípcios contra o regime de Mubarak.

Salafistas: muçulmanos que baseiam seu comportamento nas práticas do começo da comunidade muçulmana; termo muitas vezes aplicado a muçulmanos extremamente radicais, como os membros do Partido Nour.

Salah al-Din: nome árabe para um aventureiro militar curdo que tomou o Egito dos fatímidas e a Síria dos zengids, derrotou os cruzados em 1187, e reconquistou Jerusalém para o islã, mas falhou em expulsar os cruzados de Acre (1171-1192); também conhecido como Saladin.

Salam: palavra árabe para "paz", por vezes significando "trégua"; também uma saudação muçulmana.

Salat: oração, ou culto, ritual no islã.

Salih, Ali Abdallah: presidente do Iêmen (1978-2011), obrigado a renunciar pelos revolucionários da Primavera Árabe.

Salman: rei da Arábia Saudita (2015-).

Samânida, dinastia: família persa que assumiu o controle do Khurasan e da Transoxiana no final do século IX e, mais tarde, importou nômades turcos, como os gaznávidas e seljúcidas, para servir como guardas de fronteira.

Samaria: nome bíblico usado por alguns israelenses para a parte norte da Cirjordânia.

Samarqand: maior cidade na Transoxiana e primeira capital timúrida.

Samuel, Sir Herbert: alto comissário britânico na Palestina (1920-1925).

San'a: capital do Iêmen.

San Remo: conferência de 1920 na qual Grã-Bretanha e França determinaram as fronteiras dos mandatos.

Sânscrito: a língua clássica da Índia.

San Stefano: aldeia próxima a Istambul; local do tratado abortivo russo-turco de fevereiro de 1878 que teria fortalecido a posição da Rússia nos Bálcãs.

Santo Sepulcro: suposto lugar do sepultamento de Jesus e uma importante igreja em Jerusalém.

Sassânida, dinastia: família governante persa (224-651).

Sa'ud, Dinastia: família árabe de Najd que apoiava as doutrinas wahhabi desde o reino de Muhammad ibn Sa'ud (1746-1765); governantes de grande parte da Península Árabe durante o século XX.

Sa'ud ibn Abd al-Aziz: rei saudita da Arábia (1953-1964).

Savak: polícia secreta do Irã durante o governo do xá Mohammad Reza Pahlavi.

Selim I: sultão otomano (1512-1520) que conquistou a Síria, Egito e o Hijaz.

Selim II: sultão otomano (1566-1574).

Selim III: sultão reformador otomano (1789-1807).

Seljuk: líder tribal turco da Ásia Central que adotou o islã em 956.

Seljúcida: família governante descendente de Seljuk.

Semítico: pertencente a um subgrupo de línguas asiáticas, incluindo o árabe e o hebraico, tendo sistemas de escrita consonantais, gramaticas flexionais e morfologias estruturadas; falante de uma dessas línguas.

Sérvia: antigo reino balcânico, parte da Iugoslávia (1918-1991); agora uma república independente.

Sèvres: tratado abortivo imposto pelos Aliados da Primeira Guerra Mundial ao Império Otomano em 1920; mais tarde substituído pelo Tratado de Lausanne.

Shafi'i: rito de jurisprudência muçulmana, originário do Cairo, que faz uso considerável da analogia.

Shahid: testemunha profissional na lei muçulmana.

Shajar al-Durr: governante do Egito em 1250; por vezes chamada Shajarat al-Durr.

Shamir, Yitzhak: primeiro-ministro de Israel (1983-1984 e 1986-1992), chefe da coalizão Likud e ex-líder da Gangue Stern.

Sham'un, Kamil: presidente do Líbano (1952-1958).

Sharm al-Shaykh: ponto fortificado no sul do Sinai, próximo ao Estreito de Tiran.

Sharon, Ariel: general israelense, ministro da defesa durante a invasão de Israel ao Líbano em 1982, e suposto facilitador dos assassinatos de Sabra e Shatila; primeiro-ministro (2001-2006).

Shatila: campo de refugiados de Beirute, local do massacre de palestinos de 1982.

Shatt al-Arab: confluência dos rios Tigre e Eufrates, disputada na Guerra Irã-Iraque.

Shaykh al-Islam: chefe legal e oficial religioso otomano, indicado pelo sultão.

Shishakli, Adib: presidente da Síria (1949-1954).

Shura: conselho escolhido por 'Umar em 644 para eleger seu sucessor.

Shu'ubiya: movimento literário do século IX no qual os persas buscavam poder e *status* iguais aos dos árabes.

Sidi Bouzid: cidade tunisiana onde Mohamed Bouazizi confrontou a polícia local, levando à sua autoimolação e, por fim, à queda do governo da Tunísia; e, consequentemente, à Primavera Árabe.

Sidon: cidade no sul do Líbano.

Siffin, Batalha de: confronto inconclusivo em 657 entre partidários de Ali e de Mu'awiya, que desejavam vingar a morte de 'Uthman.

Sind: região do Vale Indo inferior, agora parte do Paquistão.

Sionismo: (1) ideologia nacionalista enfatizando a solidariedade do povo judeu, (2) movimento para criar ou manter um Estado judaico, especialmente na Palestina/Israel.

Sionistas: os que acreditam no nacionalismo judaico.

Sipahi: soldado de cavalaria otomano apoiado por um timar.

Síria: (1) região ao leste do Mediterrâneo, incluindo partes do sul da Turquia, da República da Síria, Líbano, Israel, Jordânia e norte do Sinai, também chamada o Levante, (2) a República da Síria.

Smyrna; cf. Izmir.

Socialismo árabe: ideologia que defende o controle estatal das economias árabes.

Sogut: cidade do noroeste da Anatólia onde o Império Otomano iniciou.

Stern, Gangue: grupo sionista, também chamado Lehi, que rompeu com o Irgun e executou atos de guerrilha na Palestina até 1949.

Suez, Canal de: canal construído entre os mares Mediterrâneo e Vermelho.

Suez, Caso: ataque britânico, francês e israelense ao Egito em 1956, logo após Nasir nacionalizar a Companhia do Canal de Suez.

Sufismo: misticismo muçulmano organizado.

Sufista: pertencente aos muçulmanos místicos ou às suas crenças, práticas ou organizações.

Suleyman, o Magnífico: sultão otomano (1520-1566).

Sulh: acordo abrangente de paz.

Sultão: título para governante de vários estados muçulmanos, incluindo os impérios Seljúcida e Otomano.

Sunitas: (1) muçulmanos que aceitam a legitimidade dos califas que sucederam Muhammad e adotam um dos ritos legais desenvolvidos no começo do período califal, (2) praticante cuidadoso da sunna de Muhammad.

Sunna: os ditos e ações de Muhammad com relação ao comportamento ou crença muçulmano correto; assim, depois do Alcorão, é a fonte mais importante da lei muçulmana.

Sykes-Picot, Acordo: pacto secreto (1916) entre Grã-Bretanha, França e Rússia esboçando seu plano de partição do Império Otomano.

Tabaco, boicote do: recusa persa organizada de comprar tabaco em 1891-1892 após o xá Nasiruddin ter vendido para uma companhia britânica a concessão para processar e comercializar o produto.

Tabriz: cidade no Azerbaijão e antiga capital safávida.

Tahrir, Praça: grande área aberta no centro do Cairo; local de muitas manifestações políticas, notadamente o protesto de dezoito dias em 2011 que levou à renúncia de Husni Mubarak.

Taif: cidade montanhosa no oeste da Arábia, próximo a Meca; local da conferência de 1989 que reestruturou a política libanesa.

Talat: jovem líder turco influente (m. 1921).

Talibã: grupo islâmico que controlou grande parte do Afeganistão (1996-2001).

Tamarod (ou Tamarrud): significando "recalcitrância" ou "oposição", um movimento popular de posição à Irmandade Muçulmana que apoiou o golpe militar contra Morsi.

Tanzimat: programa intensivo de reformas ocidentalizadoras do governo otomano, especialmente de 1839 a 1876.

Tawfiq: vice-rei do Egito (1879-1892).

Teerã: capital da Pérsia/Irã desde 1794.

Tel Aviv: cidade costeira e centro comercial em Israel.

Tempestade do Deserto: nome americano para o ataque militar multinacional no Iraque, dirigindo suas tropas a partir do Kuwait em 1991.

Templo: quando com inicial maiúscula, um dos vários edifícios construídos em Jerusalém como os principais centros de culto judaico em tempos bíblicos.

Terrorismo: ameaça ou uso da violência por indivíduos, grupos ou governos para chocar ou intimidar um grupo maior do que as vítimas imediatas; muitas vezes usado como termo de propaganda.

Tigre: o mais a leste dos dois rios do Iraque.

Timar: concessão de terras dos sultãos otomanos à cavalaria por serviço militar.

Timur Leng: conquistador da Ásia Central do Khurasan, Pérsia, Iraque e Síria (1369-1405); também conhecido como Tamerlane.

Timúrida, dinastia: família descendente de Timur, que governou a Ásia Central (1370-1506) e a Índia, onde eram chamados mugais (1526-1857).

Tiran: estreito ligando o Golfo de Ácaba ao Mar Vermelho.

Trácia: área da costa norte do Mar Egeu.

Transjordânia: emirado ou principado ao leste do rio Jordão eliminado pelos britânicos de seu mandato palestino em 1921; tornou-se independente em 1946 e renomeado Reino Hachemita da Jordânia em 1951.

Transoxiana: território a nordeste do rio Oxus, conquistado pelos árabes no século VIII e mais tarde invadido sucessivamente por turcos e mongóis.

Tratado Anglo-Egípcio: pacto de 1936 que definia a posição militar da Grã--Bretanha, questionado pelo Egito em 1951, e oficialmente encerrado em 1954.

Tribo: grupo de pessoas (frequentemente nômades) partilhando descendência real ou fictícia de um ancestral comum, assim como tradições, costumes e líderes comuns.

Trincheira, Batalha do: cerco malsucedido mecano pagão dos muçulmanos medinenses em 627.

Trípoli: (1) cidade no norte do Líbano, (2) Estado cruzado do século XII, (3) capital da Líbia.

Truman, Doutrina: declaração política americana (1947) prometendo ajuda à Grécia e Turquia contra os comunistas.

Tudeh: partido pró-comunista dos trabalhadores do Irã.

Turcos: (1) falantes de uma língua turca, (2) cidadãos da Turquia, (3) pertencentes à língua e cultura dos turcos.

Ubaydallah: fundador (909-934) da dinastia fatímida, tendo sua capital em Mahdiya, próximo à Tunísia moderna; chamado al-Mahdi (O Corretamente Guiado) por seus seguidores.

Uhud, Batalha de: derrota mecana dos muçulmanos em 625.

Uigures: povos turcos do noroeste da China que governaram um grande reino nos séculos outo e nove.

Ulama: eruditos e juristas muçulmanos.

Umar I: segundo dos califas rashidun (634-644); líder das primeiras conquistas árabes.

Umar II: califa omíada (717-720) que reduziu a discriminação contra convertidos não árabes ao islamismo.

Umma: a comunidade política, social e espiritual dos muçulmanos.

União Socialista Árabe: partido político egípcio (1962-1977).

Uniatas, católicos: cristãos de vários ritos do Oriente Médio que estão em comunhão com a Igreja Católica Romana.

Unidades de Proteção do Povo: referidas por seu acrônimo curdo, YPG, afiliado ao PKK da Síria que emergiu durante a guerra civil de 2011.

Universidade Protestante Síria: Universidade Americana de Beirute, até 1920.

Urabi, Ahmad: oficial do exército e nacionalista egípcio que liderou a rebelião popular contra o Controle Dual em 1881-1882.

Uthman: terceiro dos califas rashidun (644-656).

Uzbeques: turcos da Ásia Central, rivais dos safávidas no século XVI.

Venizelos, Eleftherios: primeiro-ministro grego durante a invasão da Anatólia (1919-1922) e forte defensor de uma grande Grécia.

Vizir: ministro de governo em um Estado muçulmano; wazir em árabe.

Wafd: (1) delegação não oficial egípcia para a Conferência de Paz de Paris de 1919, (2) principal partido nacionalista do Egito de 1923 a 1952, revivido em 1978.

Wahhabi: seita muçulmana puritana fundada por Muhammad ibn Abd al-Wahhab; agora dominante na Arábia Saudita.

Waqf (pl. awqaf): concessão muçulmana de terras ou outras propriedades, usualmente estabelecidas para um propósito beneficente ou religioso.

Weizmann, Chaim: líder sionista britânico que ajudou a obter a Declaração de Balfour; primeiro presidente de Israel (1948-1952).

Wingate, Sir Reginald: alto comissário britânico no Egito (1916-1919).

Xamã: mago ou adivinho turco pré-islâmico que acreditava ser capaz de se comunicar com os mortos, curar os doentes e preservar a tradição tribal.

Xaria: o código altamente articulado de comportamento muçulmano aprovado, baseado no Alcorão e na sunna, e, secundariamente, na analogia, consenso e opinião judiciária.

Xarife: descendente de Muhammad.

Xeique: (1) líder tribal árabe, (2) governante, (3) muçulmano erudito.

Xiita dos Sete Imames: qualquer muçulmano que acredita que a verdadeira liderança da umma foi passada a Ali através de uma linha de herdeiros terminando em Isma'il; também chamados ismailis ou Os Sete.

Xiitas: muçulmanos que acreditam que a liderança de Muhammad da umma foi legada a Ali, a que poderes legislativos especiais e conhecimento espiritual foram concedidos.

Xiitas dos Doze Imames: quaisquer muçulmanos que acreditem que a umma deveria ter sido liderada por Ali e seus descendentes, dos quais o décimo segundo está escondido, mas um dia retornará para restaurar a retidão; também conhecidos como imames, jafaris ou os Doze.

Yarmuk, rio: tributário do rio Jordão, local da vitória árabe em 636.

Yathrib: nome original de Medina.

Yazd: cidade no Irã famosa por sua arquitetura.

Yazid I: califa omíada (680-683).

Yezidis: grupo religioso sediado basicamente no norte do Iraque e na Síria, combinando elementos do zoroastrismo e sufismo, perseguidos durante o governo do Eiis; grafado também como yazidis.

Yom Kippur, Guerra do; cf. Guerra de Outubro.

Zaghlul, Sa'd: líder nacionalista egípcio (m. 1927).

Zakat: cota de receita ou propriedade fixada que todos os muçulmanos devem pagar como imposto ou caridade para o bem-estar dos necessitados.

Zayd: quinto imame xiita, líder de uma revolta abortiva no começo do século VIII, e fundador do ramo zaydi do xiismo.

Zayd ibn Haritha: filho adotado de Muhammad.

Zaydis, xiitas: muçulmanos que acreditam que Zayd legou sua liderança da umma a sucessores designados.

Zaynab: esposa do filho adotado de Muhammad, Zayd ibn Haritha, que se divorciou dela para que Muhammad pudesse desposá-la.

Zayn al-Abidin ben Ali: presidente da Tunísia (1987-2011), cuja deposição incitou a Primavera Árabe.

Zengi: general turco que fundou um Estado em Mosul (1127-1146).

Zindiques: (1) heréticos muçulmanos, (2) maniqueus ou adeptos a qualquer outra religião persa pré-islâmica.

Ziyad: governador árabe do Iraque durante o governo do califa Mu'awiya.

Ziya ud-Din Tabatabai, Sayyid: líder civil da revolta persa nacionalista de 1921, que levou Reza ao poder.

Zona de Segurança: termo israelense para área no sul do Líbano ocupada pelo exército israelense (1982-2000).

Zonas de exclusão aérea: (1) áreas iraquianas nas quais o Iraque foi proibido pelos Estados Unidos de trafegar com aviões militares (1991-2003), (2) áreas líbias noas quais a Líbia foi proibida de trafegar com seus aviões pela Otan em 2011.

Zoroastrismo: religião persa pré-islâmica no século XI AEC de Zoroastro, que pregava a existência de uma deidade suprema e de um conflito cósmico entre o Bem e o Mal.

Zubayr: associado de Muhammad que desafiou Ali na Batalha do Camelo de 656, na qual Zubayr morreu; pai de Abdallah ibn al-Zubayr.

Ensaio bibliográfico

Como escrevemos este trabalho para introduzir a história do Oriente Médio, primeiramente, a estudantes e, secundariamente, ao público geral, recomentamos estes livros e outras fontes por sua legibilidade e confiabilidade. A seleção não foi fácil, para citar Eclesiastes: "Não há limite para a produção de livros". Daremos atenção especial a websites de boa reputação e úteis no Ensaio Bibliográfico da Web. 1ª ed.

Ira M. Lapidus, *History of Islamic Societies*, 3ª ed. (Cambridge University Press, 2014); Albert Hourani, *History of the Arab Peoples* (reimpressão, Faber & Faber, 2013); e John Esposito, ed., *The Oxford History of Islam* (Oxford University Press, 1999) são sínteses bem escritas sobre a história do islã adequadas para estudantes que leram este manual. Marshall Hodgson, *The Venture of Islam*, 3 vols. (University of Chicago Press, 1974) é um trabalho de síntese brilhante, mas somente estudantes avançados podem esperar lê-lo todo — ou mesmo parte dele. Um bom livro para usar junto a esses trabalhos de nível superior é Youssef Choueiri, ed., *A Companion to the History of the Middle East* (Blackwell, 2005). Esse manual introdutório pode ser lido junto a uma coletânea de fontes originais em tradução. Temos várias em mente: Marvin E. Gettleman e Stuart Schaar, eds., *The Middle East and Islamic World Reader* (Grove Press, 2003); Akram Khater, *Sources in the History of the Modern Middle East*, 2ª ed. (Wadsworth, 2011); William H. McNeill e Marilyn Waldman, *The Islamic World* (University of Chicago Press, 1983); e F.E. Peters, *A Reader on Classical Islam* (Princeton University Press, 1994). Nota do instrutor: os Drs. Wald-man e William A. Graham editaram *Islam-Fiche*, publicado Islamic Teaching Materials Project (Projeto Materiais de ensino Islâmico) e distribuído por Inter Documentation of Zug (Suíça), do qual você pode escolher os textos traduzidos que gostaria de atribuir aos seus alunos.

Auxílios gerais à pesquisa

Uma boa ferramenta de pesquisa para estudantes é *The Longman Companion to the Middle East since 1914*, 2ª ed. (Longman, 1998) de Ritchie Ovendale. Outros livros de referência geral são Joseph W. Meri, ed., *Medieval Islamic Civilization: An Encyclopedia* (Routledge, 2006); e Philip Mattar, ed., *Encyclopedia of the Modern Middle East and North Africa* (Macmillan Reference USA, 2004).

Enquanto escrevíamos este livro, apoiamo-nos na *The Encyclopaedia of Islam*, 2ª ed. (Brill, 1954-2004), disponível online em Archive.org. Os primeiros quatro volumes foram publicados. Úteis também são a *Encyclopedia Judaica*, 16 vols. (Keter Publishing House, 1972), atualizada e disponível em CD-ROM (Judaica Multimedia, 1997) (a segunda edição (Macmillan, 2007) também está disponível como ebook); e John Esposito, ed., *Oxford Encyclopedia of the Islamic World*, 6 vols. (Oxford University Press, 2009). Atlas históricos incluem David Nicolle, *Historical Atlas of the Islamic World* (Checkmark, 2003); Malise Ruthven, *Historical Atlas of Islam* (Harvard University Press, 2004); e Francis Robinson, *Atlas of the Islamic World Since 1500* (Facts on File, 1982). Para artigos e capítulos acadêmicos nos volumes editados, use o *Index Islamicus* (Mansell, 1955-), preferivelmente na versão online que está publicada pela ProQuest. Os volumes impressos são pesados.

Capítulo 1 Introdução

Vários escritores famosos sobre o Oriente Médio partilharam suas visões sobre a história: Sir Hamilton Gibb, *Studies on the Civilization of Islam*, eds. Stanford J. Shaw e William R. Polk (Beacon Press, 1962); Albert Hourani, *Islam in European Thought* (Cambridge University Press, 1991); e Bernard Lewis, *History – Remembered, Recovered, Invented* (Princeton University Press, 1975). Compêndios recentes sobre as visões de historiadores do Oriente Médio incluem Nancy E. Gallagher, ed., *Approaches to the History of the Middle East: Interviews with Leading Middle East Historians* (Ithaca Press, 1997); e Thomas Naff, ed., *Paths to the Middle East: Ten Scholars Look Back* (Suny Press, 1993). Zachary Lockman, *Contending Visions of the Middle East: The History and Politics of Orientalism*, 2ª ed. (Cambridge University Press, 2010) oferece uma história da história do Oriente Médio. A melhor introdução {a geografia da área permanece a de Stephen H. Longrigg e James Jankowski, *The Geography of the Middle East*, 2ª ed. (Aldine, 2009). Os alunos deveriam depois ler Colbert C. Held, John Thomas Cummings e John V. Cotter, *Middle Eastern Patterns: Places, Peoples, and Politics*, 7ª ed. (Routledge, 2018). As principais sociedades e culturas do Oriente Médio são analisadas em Dale Eickelman, *The Middle East and Central Asia: An Anthropological Approach*, 4ª ed. (Prentice Hall, 2002); e Daniel Bates e Amal Rassam, *Peoples and Cultures of the Middle East* (Prentice Hall, 2001). Para dados etnográficos, iniciantes podem recorrer a Richard V. Weekes, *Muslim Peoples: A World Ethnographic Survey*, 2ª ed. (Greenwood Press, 1984). Outra boa referência é Donna Lee Bowen, Evelyn A. Early e Becky Schulthies, *Everyday Life in the Muslim Middle East*, 3ª ed. (Indiana University Press, 2015).

Capítulo 2 O Oriente Médio antes de Muhammad

A história do Oriente Médio, antes de Muhammad, é um campo em si. A melhor introdução agora disponível é William W. Hallo e William Kelly Simpson, *The Ancient Near East: A History*, 2ª ed. (Harcourt Brace, 1998). Ver também Milton Covensky, *The Ancient Near Eastern Tradition* (Harper and Row, 1966); e Marc Van de Meeroop, *A History of the Ancient Near East*, ca 3000-323 BC (Harper, 2008). A história bizantina é coberta em detalhes por George Ostrogorsky, *History of the Byzantine State*, trad. Joan Hussey (Rutgers University Press, 1986). Iniciantes podem preferir Averil Cameron, *The Byzantines* (Blackwell Publishing, 2007); Cyril Mango, ed., *The Oxford History of Byzantium* (Oxford University Press, 2002); ou Jonathan Harris, ed., *Palgrave Advances in Byzantine History* (Palgrave Macmillan, 2005). Sobre as Igrejas cristãs orientais, ver Philip Jenkins, *The Lost History of Christianity: The Thousand Year Golden Age of the Church in the Middle East, Asia, and Africa, and How It Died* (Harper Collins, 2008); e sobre o zoroastrismo, ver Janet Kestenberg Amighi, *The Zoroastrians of Iran* (AMS Press, 1990); Mary Boyce, *The Zoroastrians: Their Religious Beliefs and Practices* (Routledge, 1985); e Peter Clark, *Zoroastrianism: An Introduction to an Ancient Faith* (Sussex Academic Press, 1998). Para uma rápida referência, G. W. Bowersock, Peter Brown e Oleg Grabar, eds., *Late Antiquity* (Harvard University Press, 1999) possui artigos detalhados e breves verbetes. Histórias gerais do Egito são Jason Thompson, *A History of Egypt from Earliest Times to the Present* (American University in Cairo Press, 2008); e Robert L. Tignor, *Egypt: A Short History* (Princeton University Press, 2010). Estudantes mais avançados podem se beneficiar da *Cambridge History of Egypt* (Cambridge University Press, 1998), em dois volumes. Você deve ter cuidado com livros gerais sobre o Irã (ou Pérsia). Comece com Monika Gronke, *Iran: A Short History from Islamization to the Present*, trad. Steven Rendall (Markus Wiener, 2008). Estudantes avançados deveriam consultar *The Cambridge History of Iran*, 8 vols. (Cambridge University Press, 1968-1991). Cada vez mai útil é a *Encyclopaedia Iranica*, ed. Ehsan Yarshater (Routledge e Kegan Paul, 1982-1992; Mazda, 1993-), que agora chegou ao volume 16, ou as letras "Keg". Também está disponível online em www.iranicaonline.org. A Islam Chamber Society possui um website sobre história e cultura iranianas que inclui narrativas, ilustrações e fontes. Pode ser encontrada em www.iranchamber.com. O Levante, frequentemente chamado "Grande Síria", também coloca um desafio, mas comece com William W. Harris, *The Levant: A Fractured Mosaic* (Markus Wiener, 2003), uma análise abrangente. Os árabes antes do islã são tratados em Robert G. Hoyland, *Arabia and the Arabs: From the Bronze Age to the Coming of Islam* (Routledge, 2001); e Jan Retsö, *The Arabs in Antiquity: Their History from the Assyrians to the Umayyads* (Routledge Curzon, 2003). *The Camel and the Wheel* (Harvard University Press, 1975), de Richard Bulliet, é um livro envolvente sobre a domesticação do camelo. Traduções da poesia árabe, tradicionalmente chamada "pré-islâmica", incluem Arthur J. Arberry, *The Seven Odes* (Macmillan, 1957). Análises sobre o começo da história árabe incluem Hugh Kennedy, *The Prophet and the Age of the Caliphates*, 2ª ed. (Pearson Longman, 2004); Bernard Lewis, *The Arabs in History*, 6ª ed. (Hutchinson, 2002); David L. Lewis, *God's Crucible: Islam and the Making of Europe, 570 to 1215* (Norton, 2008); e John J. Saunders, *A History of Medieval Islam* (Routledge, 1978). Comece com Saunders.

Capítulo 3 Muhammad e o surgimento do islã

Se você é iniciante, comece com *Muhammad: Prophet and Statesman* (Oxford University Press, 1961), de W. Montgomery Watt; e depois tente *Mohammed* (Pantheon, 1974), de Maxime Rodinson. Mais próximos ao espírito muçulmano estão Martin Lings, *Muhammad: His Life Based on the Earliest Sources* (Inner Tradition International, 1983); e Karen Armstrong, *Muhammad: A Prophet for Our Time* (Atlas, 2006). Das várias biografias de escritores muçulmanos, para não muçulmanos, as mais fáceis de ler são Yahiya Emerick, *The Life and Work of Muhammad* (Alpha, 2002); e Tariq Ramadan, *In the Footsteps of the Prophet* (Oxford University Press, 2007).

Um livro recente sobre Muhammad, como um líder militar, é o de Russ Rodgers, *The Generalship of Muhammad: Battles and Campaigns of the Prophet of Allah* (University Press of Florida, 2012). Embora o Alcorão não possa ser realmente traduzido, versões em inglês ajudarão os leitores que não sabem árabe. A mais literária é a de Arthur J. Arberry, *The Koran Interpreted*, 2 vols. (Macmillan, 1955); a mais tecnicamente acurada é a de Seyyed Hossein Nasr e outros, *The Study Quran: A New Translation and Commentary* (Harper Collins, 2015). Michael Sells, *Approaching the Quran: The Early Revelations*, 2ª ed. (White Cloud Press, 2007), enfatiza ver e ouvir o Alcorão e inclui um CD contendo suras gravadas. Livros de escritores ocidentais sobre crenças e práticas islâmicas muitas vezes revelam suposições que ofendem os muçulmanos, embora aqueles escritos por muçulmanos possam confundir informações sobre sua fé com doutrinação religiosa. Exceções no primeiro grupo incluem Daniel W. Brown, *A New Introduction to Islam* (Blackwell, 2004); Frederick M. Denny, *An Introduction to Islam*, 2ª ed. (Macmillan, 1994); John Esposito, *Islam: The Straight Path*, 4ª ed. rev. (Oxford University Press, 2011); Bernard Lewis e Buntzie Ellis Churchill, *Islam: The Religion and the People* (Wharton School Publishing, 2009); e Richard C. Martin, *Approaches to Islam in Religious Studies* (OneWorld, 2001). No segundo grupo, ver Imam Feisal Abdul Rauf, *What's Right with Islam: A New Vision for Muslims and the West* (Harper, 2004); Seyyed Hossein Nasr, *The Heart of Islam: Enduring Values for Humanity* (HarperCollins, 2004); e Fazlur Rahman, *Islam*, 2ª ed. (University of Chicago Press, 1979). Muitos livros sobre o islã parecem negligenciar o xiismo, mas os trabalhos de Moojan Momen, *An Introduction to Shiite Islam: The History and Doctrines of Twelver Shiism* (Yale University Press, 1985); e o de Juan Cole, *Sacred Space and Holy War: The Politics, Culture, and History of Shi'ism* (Tauris, 2002) restabelecem o equilíbrio, junto ao de Roy Mottahedeh, *The Mantle of the Prophet* (Simon and Schuster, 1985). Os ritos de peregrinação são descritos em Ali Shari'ati, *Hajj*, 2ª ed., trad. Ali A. Behzadnia e Najla Denny (Free Islamic Literatures, 1978); e em F. E. Peters, *The Hajj: The Muslim Pilgrimage to Meccu and the Holy Places* (Princeton University Press, 1994).

Capítulo 4 O início das conquistas árabes

Sobre os primeiros califas, comece com livro bem escrito de Barnaby Rogerson, *The Heirs of Muhammad: Islam's First Century and the Origins of the Sunni-Shi'a Split* (Overlook Press, 2007); seguido pelo de Wilferd Madelung, *The Succession to Muhammad* (Cambridge University Press, 1997); e pelo de Lesley Hazeleton, *After the Prophet: The Epic Story of the Sunni-Shi'a Split* (Anchor, 2010). Biografias curtas e acessíveis de Umar e Mu'awiya (e de outros primeiros "grandes") podem ser lidas em Philip Hitti, *Makers of Arab History* (Harper and Row, 1968). Sobre as primeiras conquistas, uma história introdutória é a de Hugh Kennedy, *The Great Arab Conquests: How the Spread of Islam Changed the World We Live In* (Da Capo Press, 2007), que pode ser complementada pela de Fred Donner, *The Early Islamic Conquests* (Princeton University Press, 1980). Uma história detalhada da capital dos omíadas, da antiguidade a 1918, é a de Ross Burns, *Damascus: A History* (Routledge, 2005). Até alguém escrever uma biografia de Mu'awiya, uma boa introdução é o verbete de Donald P. Little na Britannica Online. Qualquer estudante que esteja pretendendo escrever um trabalho para uma cadeira ou uma tese para uma pós-graduação sobre a história desse período, ou sobre aqueles tratados nos capítulos 6-7, deveria ler cuidadosamente R. Stephen Humphreys, *Islamic History: A Framework for Inquiry* (Princeton University Press, 1991), que define temas históricos importantes e avalia o trabalho feito até agora por estudiosos muçulmanos e não muçulmanos.

Capítulo 5 O alto califado

Para o período do Alto Califado, ver Saleh Said Agha, *The Revolution Which Toppled the Umayyads* (Brill, 2007); Andre Clot, *Harun al-Rashid and the World of the Thousand and One Nights*, trad. John Howe (Saqi, 2005); Gerald R. Hawting, *The First Dynasty of Islam*, 2ª ed. (Routledge, 2000); Hugh Kennedy, *The Court of the Caliphs: The Rise and Fall of Islam's Greatest Dynasty* (Weidenfeld and Nicolson, 2004); Michael G. Morony, *Iraq After the Muslim Conquest* (Princeton University Press, 1984); Roy Mottahedeh, *Loyalty and Leadership in an Early Islamic Society* (Princeton University Press, 1980); e Moshe Sharon, *Black Banners from the East: The Establishment of the Abbasid State* (Magnes Press, 1985). Um livro recente sobre Abd al-Malik também explica a pretensão de Abdallah ibn Zubayr ao califado: Chase F. Robinson, *Abd al-Malik* (OneWorld, 2005). Importante para a história assim como para a arte é o trabalho de Oleg Grabar, *The Formation of Islamic Art*, ed. rev. (Yale University Press, 1987). Maher Y. Abu-Munshar, *Islamic Jerusalem and Its Christians* (Tauris Academic Studies, 2007) explica os princípios e práticas islâmicas com relação aos cristãos na Palestina muçulmana. O trabalho de Nancy Khalek, *Damascus After the Mongol Conquest* (Oxford University

Press, 2011) é forte sobre as relações muçulmano-cristãs naquela cidade durante o governo dos omíadas. John Haldon, ed., *Money, Power, and Politics in Early Islamic Syria* (Ashgate, 2010) é uma coletânea de ensaios sobre o Estado e a aristocracia sírios nessa era.

Capítulo 6 O surgimento do xiismo e o influxo dos turcos

Uma história detalhada da dinastia buída será publicada em breve; até lá, consulte a *Cambridge History of Iran*, já citada. Sobre o xiismo ismaili, ler Farhad Daftary, *The Isma'ilis: Their History and Doctrines* (Cambridge University Press, 1992), e, sobre os fatímidas, Paul E. Walker, *Exploring an Islamic Empire: Fatimid History and Its Sources* (I.B. Tauris, 2002). Um livro recente sobre o califa fatímida mais recente é o de Paul E. Walker, *Caliph of Cairo: Al Hakim bi-Amr Allah, 996-1021* (American University in Cairo Press, 2009). Sobre o começo do Cairo, ler Nezar AlSayyad, *Cairo: Histories of a City* (Harvard University Press, 2011). A melhor introdução sobre a hitória turca é Carter Findley, *The Turks in World History* (Oxford University Press, 2005), a ser seguida pela *The Cambridge History of Turkey*, 4 vols. (Cambridge University Press, 2006-2013). Um livro sobre os seljúcidas é o de David Durand Guedy, *Iranian Elites and Turkish Rulers: A History of Isfahan in the Saljuq Period* (Routledge, 2010). Para um banquete visual, ver David Roxburgh, *Turks: A Journey of a Thousand Years, 600-1600* (Royal Academy of Arts, 2005); Giovanni Curatola, *Turkish Art and Architecture from the Seljuks to the Ottomans*, trad. Jo-Ann Titmarsh (Abbeville Press, 2010); e Sheila R. Canby e outros, *Court and Cosmos: The Great Age of the Seljuqs* (Metropolitan Museum of Art, 2016). O Shahnameh é um épico nacional da Pérsia, mas, em sua forma escrita, foi dedicado ao sultão gaznávida. Dois livros de manuscritos ilustrados são Stuart Cary Welch, *A King's Book of Kings: The Shah-Nameh of Shah Tahmasp* (Metropolitan Museum of Art, 1972), incluindo descrições do próprio Ferdowsi e de muitas cenas rurais; e Barbara Brend e Charles Melville, *Epic of the Persian Kings: The Art of Ferdowsi's Shanameh* (I.B. Tauris, 2010), uma suntuosa coletânea de pinturas persas e indianas.

Capítulo 7 As invasões dos cruzados e dos mongóis

Possivelmente devido ao 11/9, surgiram muitos novos livros sobre as Cruzadas. Um bom começo para estudantes é o de Malcolm Lambert, *God's*

Armies: Crusade and Jihad (Pegasus Books, 2016). Mas olhe também para a muito acessível *History of the Crusades*, 3 vols. (Cambridge University Press, 1951-1954), de Steven Runciman. Uma perspectiva muçulmana aparece em Philip K. Hitti, ed. e trad., *An Arab-Syrian Gentleman and Warrior in the Period of the Crusades* (reimpressão de Khayat, 1964). O cavalheiro árabe-sírio é o tema de Paul M. Cobb em *Usama Ibn Munqidh: Warrior Poet of the Age of Crusades* (One World, 2005). Ver também Danielle Talmon-Heller, *Islamic Piety in Medieval Syria* (Brill, 2007). Amin Maalouf, *The Crusades Through Arab Eyes*, trad. Jon Rothschild (New York: Schocken, 1985) é muito acessível. Dentre os vários livros sobre Salah al-Din, ver Geoffrey Regan, *Saladin and the Fall of Jerusalem* (Croom Helm, 1987). Para referência, use Peter Luck, *The Routledge Companion to the Crusades* (Routledge, 2006); e veja as ilustrações em James Harpur, *The Crusades: An Illustrated History* (Thunder's Mouth Press, 2005). Quanto aos mongóis, comece com o trabalho de David Morgan, *The Mongols*, 2ª ed. (Blackwell, 2007); ou com o de Morris Rossabi, *The Mongols: A Very Short Introduction* (Oxford University Press, 2012). Um livro breve, mas bem ilustrado, é o de Stephen Turnbull, *Genghis Khan and the Mongol Conquests, 1190-1400* (Routledge, 2003). Algumas fontes contemporâneas foram traduzidas e editadas no trabalho de Bertold Spuler, *History of the Mongols*, trad. Helga Drummond e Stuart Drummond (reimpressão, Dorset Press, 1989); and also in Morris Rossabi, ed., The Mongols and Global History: A Norton Documents Reader (Norton, 2008). Uma série de conferências mostra como os persas se adaptaram e sobreviveram: Ann Lambton, *Continuity and Change in Medieval Persia* (Tauris, 1988).

Capítulo 8 A civilização islâmica

Muitos autores, tanto muçulmanos como ocidentais, escreveram descrições sinópticas da civilização islâmica. Além dos trabalhos citados anteriormente, esses incluem Seyyed Hossein Nasr, *Islamic Life and Thought* (Suny Press, 1985); e Gustave Von Grunebaum, *Medieval Islam*, 2ª ed. (University of Chicago Press, 1953; disponível online). Esforços colaborativos incluem C. E. Bosworth e Joseph Schacht, eds., *The Legacy of Islam* (Oxford University Press, 1974); John R. Hayes, ed., *The Genius of Arab Civilization: Source of the Renaissance*, 2ª ed. (MIT Press, 1983); Bernard Lewis, ed., *Islam and the Arab World* (Knopf, 1976); e Francis Robinson, ed., *The Cambridge Illustrated History of the Islamic World* (Cambridge University Press, 1996).

Sobre a xaria, ver Joseph Schacht, *An Introduction to Islamic Law* (Oxford University Press, 1964); e Noel J. Coulson, *A History of Islamic Law* (University of Edinburgh Press, 1965). O pensamento político é tratado por Ann K.S. Lambton, *State and Government in Medieval Islam* (Oxford University Press, 1981). Sobre teologia, comece com W. Montgomery Watt, *Islamic Philosophy and Theology* (University of Edinburgh Press, 1985). Um tratamento simpático do sufismo pode ser encontrado em Seyyed Hossein Nasr, *Sufi Essays* (Suny Press, 1972); James Fadiman e Robert Frager, *Essential Sufism* (Harper, 1997); e Annemarie Schimmel, *Mystical Dimensions of Islam* (University of North Carolina Press, 1975). O trabalho de Julian Baldick, *Mystical Islam* (NYU Press, 1989) sintetiza a recente erudição sobre a história sufista. Biografias curtas sobre muçulmanos espiritualmente avançados podem ser encontradas no trabalho de John Renard, *Friends of God: Islamic Images of Piety, Commitment, and Servanthood* (University of California Press, 2008). As histórias padrão sobre mulheres são Leila Ahmed, *Women and Gender in Islam* (Yale University Press, 1992); e Nikki Keddie e Beth Baron, *Women in the Middle East: Past and Present* (Princeton University Press, 2007). Sobre a literatura dos povos muçulmanos, ver Edward G. Browne, *A Literary History of Persia*, 4 vols. (Cambridge University Press, 1928); Sir Hamilton Gibb, *Arabic Literature: An Introduction*, 2ª ed. (Clarendon Press, 1963); Reynold A. Nicholson, *A Literary History of the Arabs* (Scribner's, 1907); e James Kritzeck, *Anthology of Islamic Literature* (Holt, Rinehart e Winston, 1964). O trabalho de Ibn Khaldun, *Muqaddimah*, foi traduzido ao inglês em três volumes por Franz Rosenthal (Bollingen, 1958); e condensado por N.J. Dawood (Princeton University Press, 1967). A introdução mais acessível à arte islâmica, profusamente ilustrada, é a de Ernst Grube, *The World of Islam* (McGraw-Hill, 1966). Acompanhe com Jonathan Bloom e Sheila Blair, *Islamic Arts* (Phaedon Press, 1997); Sheila Canby, *Islamic Art in Detail* (Harvard University Press, 2005); Annette Hagedorn, *Islamic Art* (Taschen, 2009); Nuzhat Kazmi, *Islamic Art: The Past and Modern* (Rolli and Janssen, 2009); Nasser D. Khalili, *Islamic Art and Culture: A Visual History* (Overlook Press, 2006); Luca Mazzati, *Islamic Art* (Prestel, 2010); e Henri Stierlin, *Islamic Art and Architecture* (Thames and Hudson, 2002). Oleg Grabar escreveu muitos livros e artigos que os estudantes podem ler e entender: *Islamic Art and Beyond* (Variorum, 2006) e *Early Islamic Art, 650-1100* (Variorum, 2006) são apenas dois exemplos. Uma princesa jordaniana, Wijdan Ali, escreveu *The Arab Contribution to Islamic Art from the Seventh to the Fifteenth Centuries* (American University in Cairo Press,

1999). Você pode aprender sobre algumas conquistas técnicas muçulmanas com M. Watson, *Agricultural Innovation in the Early Islamic World* (Cambridge University Press, 1983); Seyyed Hossein Nasr, *Islamic Science: An Illustrated Study* (World of Islam Festival Publishing, 1976); e Donald R. Hill, *Islamic Science and Engineering* (Edinburgh University Press, 1993). A cozinha islâmica medieval é tratada em Lilia Zaouali, *Medieval Cuisine of the Islamic World* (University of California Press, 2007).

Capítulo 9 Armas de fogo, escravos e impérios

A fase ilcanida da história mongol é tratada por Judith Kolbas, *The Mongols in Iran: Chingis Khan to Uljaitu, 1220-1309* (Routledge, 2006); Beatrice Forbes Manz, *Power, Politics, and Religion in Timurid Iran* (Cambridge University Press, 2007); e Maria Subtelny, *Timurids in Transition: Turco-Persian Politics and Acculturation in Medieval Iran* (Brill, 2007). Uma introdução acessível aos mamelucos é Daniel Pipes, *Slave Soldiers and Islam: The Genesis of a Military System* (Yale University Press, 1981); seguida pela de Michael Winter e Amalia Levanoni, eds., *The Mamluks in Egyptian and Syrian Politics and Society* (Brill, 2004) e Stephan Conermann, *History and Society during the Mamluk Period* (1250-1517) (Bonn University Press, 2016). Justin Marozzi, *Tamerlane: Sword of Islam, Conqueror of the World* (Da Capo Press, 2004), trata o começo da história timúrida. A história das armas de fogo do manual é baseada em Carlo M. Cipolla, *Guns, Sails, and Empire* (New York: Minerva Press, 1965); e Hodgson, *The Venture of Islam*, citado anteriormente. Introduções amplas aos grandes "Impérios da Pólvora" (termo de Hodgson) são Stephen Frederick Dale, *The Muslim Empires of the Ottomans, Safavids, and Mughals* (Cambridge University Press, 2010); e Douglas Streusand, *Islamic Gunpowder Empires: Ottomans, Safavids, and Mughals* (Westview Press, 2011). Uma história política do Império Otomano, fortemente apoiada em fontes turcas, é Stanford J. Shaw (com Ezel Kural Shaw no vol. 2), *History of the Ottoman Empire and Modern Turkey*, 2 vols. (Cambridge University Press, 1976-1977). Como os iniciantes podem achar esse trabalho intimidante, vamos sugerir o de Soraya Farouqi, *The Ottoman Empire: A Short History* (Markus Wiener, 2009), seguido por seu *Approaching Ottoman History: An Introduction to the Sources* (Cambridge University Press, 1999), e *The Ottoman Empire and the World Around It* (Tauris, 2004); Caroline Finkel, *Osman's Dream: The Story of the Ottoman Empire* (Basic Books, 2006); Raphaela Lewis, *Everyday Life in Ottoman Turkey* (Putnam's, 1971);

Douglas A. Howard, *A History of the Ottoman Empire* (Cambridge University Press, 2017); e Andrew Wheatcroft, *The Ottomans* (Viking, 1993). Uma história traduzida para estudantes turcos é Sina Akşin, Turkey: *From Empire to Revolutionary Republic* (New York University Press, 2007). Uma descrição vívida da conquista otomana de Istambul é a de Steven Runciman, *The Fall of Constantinople, 1453* (Cambridge University Press, 1965). Sobre Mehmet II, ver Franz Babinger, *Mehmed the Conqueror and His Time*, ed. William C. Hickman, trad. Ralph Manheim (Princeton University Press, 1977). Um outro grande sultão é estudado em Andre Clot, *Suleiman the Magnificent* (New Amsterdam, 1992). Sobre o famoso confronto naval, ver T. C. F. Hopkins, *Confrontation at Lepanto: Christendom vs. Islam* (Tom Doherty, 2006); ou Niccolò Capponi, *Victory of the West: The Great Christian-Muslim Clash at the Battle of Lepanto* (Da Capo Press, 2006). A carta sobre o poder otomano, citada no capítulo, pode ser encontrada agora em meio ao conjunto completo traduzido por by Edward Seymour Forster, *The Turkish Letters of Ogier Ghiselin de Busbecq* (Louisiana State University Press, 2005). Pode-se aprender muita coisa sobre os vínculos entre o Império Otomano e a Europa no trabalho de Christine Isom-Verhaaren, *Allies with the Infidel: The Ottoman and French Alliance in the Sixteenth Century* (Tauris, 2011). Ver também Giancarlo Casale, *The Ottoman Age of Exploration* (Oxford University Press, 2010). Outros trabalhos gerais sobre o Império Otomano incluem Rif'at Ali Abou el-Haj, *Formation of the Modern State: The Ottoman Empire, Sixteenth to Eighteenth Centuries*, 2ª ed. (Syracuse University Press, 2005); Suraiya Faroqhi, ed., *The Cambridge History of Turkey*, vol. 3 (Cambridge University Press, 2006); Colin Imber, *The Ottoman Empire, 1300-1650: The Structure of Power* (Palgrave Macmillan, 2002); Halil Inalcik, *The Ottoman Empire: The Classical Age, 1300-1600*, 2ª ed. (Caratzas, 1989); Jacob M. Landau, *Exploring Ottoman and Turkish History* (Hurst, 2004); Donald Quataert, *The Ottoman Empire, 1700-1922*, 2ª ed. (Cambridge University Press, 2005); e L. S. Stavrianos, *The Balkans Since 1453* (Rinehart, 1958). Historiadores otomanos agora analisam as tendências econômicas e sociais, notadamente em cidades. Ver, por exemplo, Edhem Elhem, Daniel Goffman e Bruce Masters, eds., *The Ottoman City Between East and West* (Cambridge University Press, 1999), apoiando-se em suas monografias anteriores; Elru Boyar e Kate Fleet, *A Social History of Ottoman Istanbul* (Cambridge University Press, 2010); e Halil Inalcik com Donald Quataert, eds., *An Economic and Social History of the Ottoman Empire, 1300-1914* (Cambridge University Press, 1994). A expansão inicial é tratada por Reşat Kasaba, *A Moveable*

Empire: Ottoman Nomads, Migrants, and Refugees (University of Washington Press, 2009); e Heath W. Lowry, *The Nature of the Early Ottoman State* (Suny Press, 2003). Sobre a arte otomana, ver Esen Atil, *Süleymanname: The Illustrated History of Süleyman the Magnificent* (National Gallery of Art, 1986); Walter Denny, Iznik: *The Artistry of Ottoman Ceramics* (Thames and Hudson, 2004); Oleg Grabar, *Islamic Visual Culture*, 1100-1800 (Variorum, 2006); Salih Gulen, *The Ottoman Sultans: Mighty Guests of the Throne* (Blue Dome Press, 2010); May Rogers, *Istanbul Exchanges: Ottomans, Orientalists, and Nineteenth Century Visual Culture* (University of California Press, 2015); e J. M. Rogers, ed., *Empire of the Sultans: Ottoman Art from the Collection of Nasser D. Khalili* (Nour Foundation, 1995). Livros sobre sultãos otomanos são fáceis de encontrar, mas um recente sobre uma rainha é Leslie Peirce, *Empress of the East: How a European Slave Girl Became Queen of the Ottoman Empire* (Basic Books, 2017). Um livro recente interpretando a história persa dos safávidas à República Islâmica é Abbas Amanat, *Iran: A Modern History* (Yale University Press, 2017). O trabalho padrão sobre os safávidas é Roger M. Savory, *Iran Under the Safavids* (Cambridge University Press, 1980). Depois, ver Andrew J. Newman, *Safavid Iran: Rebirth of a Persian Empire* (Tauris, 2006). Willem Floor, *Safavid Government Institutions* (Mazda, 2001), descreve seu governo. O declínio é tratado em Rudi Matthee, *Persia in Crisis: Safavid Decline and the Fall of Isfahan* (Tauris, 2012). Sobre a arte e arquitetura de Isfahan, ver Sussan Babaie, *Isfahan and Its Palaces* (Edinburgh University Press, 2008). Para relações entre os dois estados, ver Adel Allouche, *The Origins and Development of the Ottoman-Safavid Conflict* (Klaus Schwarz Verlag, 1983); e Michel Mazzaoui, ed., *Safavid Persia and Her Neighbors* (University of Utah Press, 2003). J.J. Saunders, ed., *The Muslim World on the Eve of Europe's Expansion* (Prentice Hall, 1966), apresenta algumas fontes originais e acessíveis em tradução. O trabalho de Michael Axworthy, *The Sword of Persia: Nader Shah from Tribal Warrior to Conquering Tyrant* (Tauris, 2009), trata do último grande xá.

Capítulo 10 Interesses europeus e imperialismo

A Questão Oriental era um produto básico da estirpe evanescente de historiadores diplomáticos europeus. O tratamento mais completo, embora árduo, é o de M. S. Anderson, *The Eastern Question* (St. Martin's Press, 1966). Mais acessíveis aos estudantes são A.L. Macfie, *The Eastern Question*, ed. rev. (Longman, 1996); e Daniel Goffman, *The Ottoman Empire and*

Early Modern Europe (Cambridge University Press, 2002). Sobre a política britânica para o Oriente Médio, ver Marvin Swartz, *The Politics of British Foreign Policy in the Era of Disraeli and Gladstone* (St. Martin's Press, 1985); e Sir Charles Webster, *The Foreign Policy of Palmerston*, 2 vols. (G. Bell, 1969). Uma série de livros de Edward Ingrams foca as políticas da Grã-Bretanha em relação à Pérsia: *Beginnings of the Great Game in Asia, 1828-1834* (Clarendon Press, 1979), *Commitment to Empire* (Clarendon Press, 1981), e *Britain's Persian Connection, 1798-1828* (Clarendon Press, 1992). Quanto à França, ler William Shorrock, *French Imperialism in the Middle East: The Failure of Policy in Syria and Lebanon, 1900-1914* (University of Wisconsin Press, 1975); e Caesar E. Farah, *The Politics of Interventionism in Ottoman Lebanon, 1830-1861* (Tauris, 2000). Sobre a rivalidade entre Inglaterra e França no Oriente Médio, ver John Marlowe [pseud.], *Perfidious Albion* (Elek, 1971). Sobre as atividades dos dois países no Egito, ver David S. Landes, *Bankers and Pashas* (Harvard University Press, 1958). Sobre a rivalidade asiática da Grã-Bretanha com a Rússia, ver Peter Hopkirk, *The Great Game: The Struggle for Empire in Central Asia* (Kodansha, 1994). Leon Carl Brown argumenta que as regras da Questão Oriental ainda influenciam as políticas e a política contemporâneas no Oriente Médio em *International Politics and the Middle East: Old Rules, Dangerous Game* (Princeton University Press, 1984). Quanto à visão do exército otomano da situação, ver Virginia H. Aksan, *Ottoman Wars, 1700-1870* (Pearson Education, 2007). A era outrora vista como uma de "declínio" é estudada em Dana Sajdi, ed., *Ottoman Tulips, Ottoman Coffee: Leisure and Lifestyle in the Eighteenth Century* (Tauris Academic Studies, 2007). Como os pintores orientalistas viam o Oriente Próximo é tratado em Charles Newton, *Images of the Ottoman Empire* (Victoria and Albert Publications, 2007). As condições locais são tratadas em James Grehan, *Life and Consumer Culture in 18th Century Damascus* (University of Washington Press, 2000); John Guest e Peter Gwynvay Hopkins, *The Ancient Road: From Aleppo to Baghdad in the Days of the Ottoman Empire* (Kegan Pail, 2005); Abraham Marcus, *The Middle East on the Eve of Modernity: Aleppo in the Eighteenth Century* (Columbia University Press, 1989); Roxani Eleni Margariti, *Aden and the Indian Ocean Trade: 150 Years in the Life of a Medieval Arabian Port* (University of North Carolina Press, 2007); Alan Mikhail, *Nature and Empire in Ottoman Egypt: An Environmental History* (Cambridge University Press, 2011); André Raymond, *The Great Arab Cities in the 16th to 18th Centuries: An Introduction* (New York University Press, 1984); e Sarah Shields, *Mosul Before Iraq: Like Bees Making Five-*

-*Sided Cells* (Suny Press, 2000). Sobre o Oriente Médio durante os séculos XVIII e XIX, ver (além dos trabalhos já citados) M. Şükrü Hanioğlu, *A Brief History of the Late Ottoman Empire* (Princeton University Press, 2008); Eugene Rogan, *The Arabs: A History* (Basic Books, 2009); Thomas Naff e Roger Owen, eds., *Studies in Eighteenth-Century Islamic History* (Southern Illinois University Press, 1977); William Polk e Richard Chambers, eds., *The Middle East in the Nineteenth Century* (University of Chicago Press, 1967); Alan Palmer, *The Decline and Fall of the Ottoman Empire* (M. Evans, 1992); Baki Tezcan, *The Second Ottoman Empire: Political and Social Transformation in the Early Modern World* (Cambridge University Press, 2010); e M.E. Yapp, *The Making of the Modern Near East, 1792-1923* (Longman, 1987). *The Modern Middle East*, 2ª ed. (I.B. Tauris, 2004), editado por Albert Hourani, Philip S. Khoury e Mary C. Wilson, reúne artigos acadêmicos e capítulos de livros que tratam de aspectos da história do Oriente Médio, da Questão Oriental até a Intifada, em um estilo acessível. Outro trabalho, Edmund Burke III e David Yaghoubian, eds., *Struggle and Survival in the Modern Middle East*, 2ª ed. (University of California Press, 2006), contém esboços biográficos sobre homens e mulheres do Oriente Médio que viveram durante o século XIX ou XX. Ver também o trabalho de Robert P. Pearson, *Through Middle Eastern Eyes*, 4ª ed. (Apex Press, 2002). Fontes originais em tradução inglesa incluem M.S. Anderson, ed., *The Great Powers and the Near East, 1774-1923* (Edward Arnold, 1970); e J.C. Hurewitz, ed., *The Middle East and North Africa in World Politics*, 2 vols. (Yale University Press, 1975).

Capítulo 11 Reformas ocidentalizadoras no século XIX

Para uma análise da história egípcia moderna, comece com Arthur Goldschmidt, *A Brief History of Egypt* (Checkmark, 2008); e depois leia P.J. Vatikiotis, *History of Modern Egypt from Muhammad Ali to Mubarak*, 4ª ed. (Johns Hopkins University Press, 1991). Sobre as mudanças intelectuais, ver Nadav Safran, *Egypt in Search of Political Community* (Harvard University Press, 1981). O começo da ocidentalização do Egito pode ser descrito através de Juan Cole, *Napoleon's Egypt: Invading the Middle East* (Palgrave Macmillan, 2007); Kenneth M. Cuno, *The Pasha's Peasants: Lands, Society, and Economy in Lower Egypt, 1740-1858* (Cambridge University Press, 1992); e Khaled Fahmy, *Mehmed Ali: From Ottoman Governor to Ruler of Egypt* (One World, 2009) e *All the Pasha's Men: Mehmet Ali, His Army, and the Making of Modern Egypt* (Cambridge University Press, 1997). A era seguinte a Mehmet

Ali é tratada em Ehud R. Toledano, *State and Society in Mid-Nineteenth-Century Egypt* (Cambridge University Press, 1990). Um livro bem escrito sobre o Canal de Suez é o de Zachary Karabell, *Parting the Desert: The Creation of the Suez Canal* (Knopf, 2003). Seu estudo sobre a ocidentalização otomana deveria começar com Bernard Lewis, *The Emergence of Modern Turkey*, 3ª ed. (Oxford University Press, 2002). Depois com Feroz Ahmad, *The Making of Modern Turkey* (Routledge, 2005); Karen Barkey, *Empire of Difference: The Ottomans in Comparative Perspective* (Cambridge University Press, 2005); M. Şükrü Hanioğlu, *A Brief History of the Late Ottoman Empire* (Princeton University Press, 2008); Roderic H. Davison, *Essays in Ottoman and Turkish History, 1774-1923* (University of Texas Press, 1990); e Erik Jan Zürcher, *Turkey: A Modern History*, 4ª ed. (I.B. Tauris, 2017). Sobre Selim III, ler Stanford J. Shaw, *Between Old and New* (Harvard University Press, 1971). Sobre a era tamzimat, ver Virginia H. Aksan, *Ottoman Wars, 1700-1870: An Empire Besieged* (Pearson, 2003); Carter V. Findley, *Bureaucratic Reform in the Ottoman Empire: The Sublime Porte, 1789-1922* (Princeton University Press, 1980), e *Ottoman Civil Officialdom: A Social History* (Princeton University Press, 1989); Şerif A. Mardin, *The Genesis of Young Ottoman Thought* (Princeton University Press, 1962); e Şevket Pamuk, *The Ottoman Empire and European Capitalism, 1820-1913* (Cambridge University Press, 1987). Os gregos fanariotas desempenharam um importante papel no governo do império até a Era Tanzimat, de acordo com Christine M. Philliou, *Biography of an Empire: Governing Ottomans in an Age of Revolution* (University of California Press, 2011). Algumas memórias de mulheres estão agora disponíveis em inglês: Selma Ekrem, *Unveiled: The Autobiography of a Turkish Girl* (Gorgias Press, 2005); e Melek Hanim, *Thirty Years in the Harem* (Gorgias Press, 2005). Sobre a vida das mulheres aristocráticas em geral, ler Fanny Davis, *The Ottoman Lady: A Social History from 1718 to 1918* (Greenwood Press, 1986). Leila Fawaz, *An Occasion for War: Civil Conflict in Lebanon and Damascus in 1860* (University of California Press, 1994), fala sobre um caso no qual as reformas ocidentalizadoras levaram a consequências sombrias. Sobre a Pérsia do século XIX, ler Abbas Amanat, *Pivot of the Universe: Nasir al-Din Shah Qajar and the Iranian Monarchy* (University of California Press, 1997); Nikki Keddie, *Qajar Iran and the Rise of Reza Khan, 1796-1925* (Mazda, 1999); Ann K.S. Lambton, *History of Qajar Persia* (Tauris, 1987); Guity Nashat, *The Origins of Modern Reform in Iran* (University of Illinois Press, 1981); Elton Daniel, ed., *Society and Culture in Qajar Iran: Studies in Honor of Hafiz Farmayan* (Mazda, 2002); e Roxane Farmanfarmaian, ed., *War and*

Peace in Qajar Persia (Routledge, 2008). Duas coletâneas de fontes úteis para este e os últimos capítulos são Robert G. Landen, ed., *The Emergence of the Modern Middle East* (Van Nostrand Reinhold, 1970); e George Lenczowski, ed., *The Political Awakening of the Middle East* (Prentice Hall, 1970).

Capítulo 12 O surgimento do nacionalismo

O surgimento do nacionalismo egípcio durante o auge do imperialismo britânico é tratado em Peter Mansfield, *The British in Egypt* (Holt, Rinehart e Winston, 1972); Afaf Lutfi al-Sayyid [Marsot], *Egypt and Cromer: A Study in Anglo-Egyptian Relations* (John Murray, 1968); e Robert Tignor, *Modernization and British Colonial Rule in Egypt, 1882-1914* (Princeton University Press, 1966). Uma nova publicação contesta a descrição convencional do movimento nacionalista do Egito: o trabalho de Adam Mestyan, *Arab Patriotism: The Ideology and Culture of Power in Late Ottoman Egypt* (Princeton University Press, 2017). Sobre Urabi, ver o trabalho de Juan Cole, *Colonialism and Revolution in the Middle East: Social and Cultural Origins of Egypt's Urabi Movement* (Princeton University Press, 1993). Exite agora um volume editado sobre o Egito nos primeiros anos da ocupação britânica: Marilyn Booth e Anthony Gorman, eds., *The Long 1890s in Egypt: Colonial Quiescence. Subterranean Resistance* (Edinburgh University Press, 2014). Sobre o nacionalismo na Turquia, ver David Kushner, *The Rise of Turkish Nationalism, 1876-1908* (Frank Cass, 1977); Niyazi Berkes, *The Development of Secularism in Turkey* (McGill University Press, 1964) e os trabalhos já citados de Bernard Lewis e Stanford J. Shaw e de Ezel Kural Shaw. Uma biografia popular de Abdulhamid é a de Joan Haslip, *The Sultan* (Holt, Rinehart e Winston, 1958). Prossiga com Selim Derengil, *The Well-Protected Domains: Ideology and the Legitimation of Power in the Ottoman Empire* (Tauris, 1998). M. Hakan Yavuz e Peter Sluglett editaram uma coletânea de ensaios chamada *War and Diplomacy: The Russo-Turkish War of 1877--1878 and the Treaty of Berlin* (University of Utah Press, 2008). M. Şükrü Hanioğlu, *The Young Turks in Opposition* (Oxford University Press, 1995) trata do começo do CUP antes de tomar o poder; para seu desenvolvimento posterior, ver seu *Preparation for a Revolution: The Young Turks, 1902-1908* (Oxford University Press, 2001) e *The Young Turks and the Ottoman Nationalities* (University of Utah Press, 2014); Feroz Ahmad, *The Young Turks: The Committee of Union and Progress in Turkish Politics, 1908-1914* (Clarendon Press, 1969); Feroz Ahmad, *From Empire to Republic: Essays on the Late Ot-*

toman Empire and Modern Turkey, 2 vols. (Istanbul Bilgi University Press, 2008); Ebru Boyar, *Ottomans, Turks, and the Balkans: Empire Lost, Relations Altered* (Tauris Academic Studies, 2007); Ahmet Kansu, *The Revolution of 1908 in Turkey* (Brill, 1997); Michael Provence, *The Last Ottoman Generation and the Making of the Modern Middle East* (Cambridge University Press, 2017); Uğur Ümit Üngur, *The Making of Modern Turkey: Nation and State in Eastern Anatolia* (Oxford University Press, 2011); e Erik Jan Zürcher, *The Unionist Factor: The Role of the Committee of Union and Progress in the Turkish National Movement, 1905-1926* (Brill, 1984). Sobre o Egito e a Turquia, ver também os ensaios editados por William Haddad e William Ochsenwald, *Nationalism in a Non-National State* (Ohio State University Press, 1986). Sobre Jamal al-Din al-Afghani, ver Nikki Keddie, *Sayyid Jamal al-Din "al-Afghani"* (University of California Press, 1972). Keddie escreveu muitos artigos sobre o começo do nacionalismo persa ou iraniano, mas ver também Hamid Algar, *Religion and the State in Iran, 1785-1906: The Role of the Ulama in the Qajar Period* (University of California Press, 1969 e 1980) e os escritos de Richard Cottam citados em outra parte. O movimento constitucionalista persa é tratado em Janet Afari, *The Iranian Constitutional Revolution, 1906--1911* (Columbia University Press, 1996); Fakhreddin Azimi, *The Quest for Democracy in Iran: A Century of Struggle Against Authoritarian Rule* (Harvard University Press, 2008); Mangal Bayat, *Iran's First Revolution: Shiism and the Constitutional Revolution of 1905-1909* (Oxford University Press, 1991); Reza Zia Ibrahimi, *The Emergence of Iranian Nationalism: Race and the Policy of Dislocation* (Columbia University Press, 2016); Meir Litvak, ed., *Constructing Nationalism in Iran: From the Qajars to the Islamic Republic* (Routledge, 2017); e Vanessa Martin, *Islam and Modernism in the Iranian Revolution of 1906* (Syracuse University Press, 1989). Sobre a história da Pérsia durante a Primeira Guerra Mundial, ver Touraj Atabaki, ed., *Iran and the First World War: Battleground of the Great Powers* (Tauris, 2006). O surgimento dos principados do Golfo é tratado em Frederick F. Anscombe, *The Ottoman Gulf: The Creation of Kuwait, Saudi Arabia, and Qatar* (Columbia University Press, 1997), que refuta as pretensões territoriais do Iraque sobre o Kuwait. Sobre o maior governante do Kuwait, ver Souad M. Al-Sabah, *Mubarak Al-Sabah: The Foundation of Kuwait*, trad. Leila Asser (I.B. Tauris, 2014).

Capítulo 13 As raízes do ressentimento árabe

Sobre as origens e ascensão do nacionalismo árabe, a descrição clássica é a de George Antonius, *The Arab Awakening* (Lippincott, 1939). Ela foi corrigida detalhadamente na introdução de Sylvia Kedourie a *Arab Nationalism: An Anthology* (University of California Press, 1976). Ver também Adel Beshara, ed., *The Origins of Syrian Nationhood* (Routledge, 2011); Youssef M. Choueiri, *Arab Nationalism: A History* (Blackwell, 2000); David Dean Commins, *Islamic Reform: Politics and Social Change in Late Ottoman Syria* (Oxford University Press, 1990); Albert Hourani, *Arabic Thought in the Liberal Age, 1798-1939* (Cambridge University Press, 1983); James Jankowski, ed., *Rethinking Nationalism in the Arab Middle East* (Columbia University Press, 1997); Hasan Kayali, *Arabs and Young Turks: Ottomanism, Arabism, and Islamism in the Ottoman Empire, 1908-1918* (University of California Press, 1997); Rashid Khalidi et al., eds., *The Origins of Arab Nationalism* (Columbia University Press, 1991); Philip S. Khoury, *Urban Notables and Arab Nationalism in the Politics of Damascus* (Cambridge University Press, 1984); e Zeine N. Zeine, *Emergence of Arab Nationalism* (Khayat's, 1966). A decisão otomana de ir à guerra do lado da Alemanha é tratada em Mustafa Aksakal, *The Ottoman Road to War in 1914* (Cambridge University Press, 2008). As relações anglo-árabes durante a Primeira Guerra Mundial foram analisadas por Elie Kedourie em *England and the Middle East, 1914-1921* (Bowes and Bowes, 1956), *The Chatham House Version and Other Middle Eastern Studies* (Weidenfeld and Nicolson, 1970), e *In the Anglo-Arab Labyrinth* (Cambridge University Press, 1976). Como uma compensação à antipatia Kedourie em relação ao nacionalismo árabe, ler C. Ernest Dawn, *From Ottomanism to Arabism* (University of Illinois Press, 1973); Rashid Khalidi, *British Policy Toward Syria and Palestine* (Ithaca Press, 1980); e A.L. Tibawi, *Anglo-Arab Relations and the Question of Palestine* (Luzac, 1977). Mais próximo à visão de Kedourie está o trabalho de Isaiah Friedman, *Palestine: A Twice-Promised Land?*, vol. I (Transaction, 2000). James Gelvin mostra que muitos sírios, mesmo resistindo aos franceses, não favoreceram os hachemitas durante a breve era de reinado árabe em *Divided Loyalties: Nationalism and Mass Politics in Syria at the Close of Empire* (University of California Press, 1998). Sobre uma decisão britânica desafortunada em tempo de guerra, ler Jonathan Schneir, *The Balfour Declaration: The Origins of the Arab-Israeli Conflict* (Random House, 2010). Sobre a diplomacia europeia em relação ao Oriente Médio durante e após a Primeira Guerra Mundial, ver Roger Adelson, *London and the Invention of the Middle East: Money, Power, and War, 1902-1922* (Yale University Press, 1995); David Fromkin, *A Peace to End All Peace: Creating the Modern Middle East* (Phoenix, 2000); Sean McMeekin, *The Ottoman Endgame: War, Revolution, and the Making of the Modern Middle East,*

1908-1923 (Penguin Press, 2015); Eugene Rogan, *The Fall of the Ottomans: The Great War in the Middle East* (Basic Books, 2015); e Howard M. Sachar, *Emergence of the Middle East, 1914-1924* (Knopf, 1969). Uma coletânea geral de biografias de vários europeus envolvidos no Oriente Médio é a de Karl E. Meyer e Shareen Blair Brysas, *Kingmakers: The Invention of the Modern Middle East* (W.W. Norton Co., 2009). Livros sobre T.E. Lawrence abundam, mas comece com um autorizado, o de Jeremy Wilson, *Lawrence of Arabia* (Collier Books, 1992), mas depois leia um corretivo, o de Scott Anderson, *Lawrence in Arabia* (Anchor Books, 2013).

Capítulo 14 Governantes modernizadores e os estados independentes

Como este livro atinge o período moderno, vamos recomendar alguns livros gerais sobre vários aspectos do Oriente Médio contemporâneo. As análises políticas mais úteis são William Cleveland e Martin Bunton, *History of the Modern Middle East*, 6ª ed. (Westview Press, 2016); James L. Gelvin, *The Modern Middle East: A History*, 4ª ed. (Oxford University Press, 2016); Mehran Kamrava, *The Modern Middle East: A Political History Since the First World War*, 3ª ed. (University of California Press, 2013); e Malcolm Yapp, *The Near East Since the First World War* (Longman, 1996). Há muitos livros escritos sobre os massacres armênios durante a Primeira Guerra Mundial. Um trabalho acadêmico que tenta ser justo tanto com os turcos quanto com os armênios é o de Ronald Grigor Suny, *They Can Live in the Desert but Nowhere Else: A History of the Armenian Genocide* (Princeton University Press, 2017). Dois outros estudos recentes são Yucel Guçlü, *Armenians and the Allies in Cilicia* (University of Utah Press, 2010), que é pró-turco; e David Gaunt, *Massacres, Resistance, Protectors: Muslim-Christian Relations in Eastern Anatolia During World War I* (Gorgias Press, 2006). Justin McCarthy, *The Ottoman Peoples and the End of Empire* (Oxford University Press, 2001) utiliza dados demográficos para mostrar que ambos os lados sofreram baixas e deslocamento. Na Primeira Guerra Mundial, um ponto de partida para o estudo da história turca moderna é Stephen Kinzer, *Crescent and Star: Turkey Between Two Worlds*, 2ª ed. (Farrar, Straus e Giroux, 2008); Reşat Kasaba, ed., *The Cambridge History of Turkey*, Vol. IV: *Turkey in the Modern World* (Cambridge University Press, 2008) contém capítulos detalhados sobre a história recente da Turquia. Hakan Özoğlu, *Kurdish Notables and the Ottoman State* (Suny Press, 2004) trata dos curdos no final do Império Otomano e no período republicano inicial, incluindo a ascensão do nacionalismo curdo. Ver também Gareth Stansfield e Muhammad Shareef, eds., *The Kurdish Question Revisited* (Oxford University Press, 2017). Michael A. Reynolds, *Shattering Empires: The Clash and Collapse of the Ottoman and Russian Empires, 1908-1918* (Cambridge University Press, 2011) compara a desintegração dos dois importantes impérios. O trabalho de Andrew Mango, *Ataturk* (Overlook Press, 2000), é o melhor de muitas biografias, mas ver também o de M. Şükrü Hanioğlu, *Ataturk: An Intellectual Biography* (Princeton University Press, 2011). Halide Edib [Adivar], *Turkey Faces West* (Yale University Press, 1973); Irfan Orga, *Phoenix Ascendant: The Rise of Modern Turkey* (Hale, 1958); e Ahmed Amin Yalman, *Turkey in My Time* (University of Oklahoma Press, 1956), fornecem visões sobre a era kemalista. Sena Karasipahi, *Muslims in Modern Turkey: Kemalism, Modernism, and the Revolt of the Islamic Intellectuals* (Tauris, 2009) trata dos intelectuais. Erik Jay Zürcher, *Political Opposition in the Early Turkish Republic: The Progressive Republican Party, 1924-1925* (Brill, 1991) trata de um grupo oposto às reformas de Kemal. Dietrich Jung e Wolfango Piccoli, *Turkey at the Crossroads: Ottoman Legacies and a Greater Middle East* (Zed, 2001), trata das relações estrangeiras da Turquia, assim com o trabalho de Graham E. Fuller, *The New Turkish Republic* (United States Institute of Peace, 2008). Sarah D. Shields, *Fezzes in the River: Identity Politics and European Diplomacy in the Middle East on the Eve of World War II* (Oxford University Press, 2011), mostra como a Turquia conquistou a província de Hatay da Síria sob o mandato francês. Um livro recente sobre a vida social em Istambul, agradável de ler, é o de Charles King, *Midnight at the Pera Palace: The Birth of Modern Istanbul* (Norton, 2014). Como a dinastia Pahlavi foi controversa, histórias sem viés sobre o xá Reza demoraram a aparecer. Agora, estão disponíveis a de Cyrus Ghani, *Iran and the Rise of Reza Shah: From Qajar Collapse to Pahlavi Rule* (Tauris, 1998); e a de Mohammad Gholi Majd, *Great Britain and Reza Shah: The Plunder of Iran* (University Press of Florida, 2001). Ver também Stephanie Cronin, ed., *The Making of Modern Iran: State and Society Under Riza Shah, 1921-1941* (Routledge, 2003) e, da mesma autora, *Tribal Politics in Iran: Rural Conflict and the New State, 1921-1941* (Routledge, 2007). O livro mais detalhado sobre o famoso filho de Reza é o de Gholam Reza Afkhami, *The Life and Times of the Shah* (University of California Press, 2009). Ver também Andrew Scott Cooper, *The Fall of Heaven: The Pahlavis and the Final Days of Imperial Iran* (Henry Holt, 2016). Pahlavi e o exército do Irã republicano são os tópicos do trabalho de Steven R. Ward,

Immortal: A Military History of Iran and Its Armed Forces (Georgetown University Press, 2009). Sobre o Irã moderno, em geral, ver Richard Cottam, *Nationalism in Iran*, 2ª ed. (University of Pittsburgh Press, 1979); Elton Daniel, *History of Iran*, 2ª ed. (ABC-Clio, 2012); e Nikki Keddie, *Modern Iran: Roots and Results of Revolution*, 2ª ed. (Yale University Press, 2006). Jamil Hasanli, *At the Dawn of the Cold War: The Soviet-American Crisis over Iranian Azerbaijan, 1941-1946* (Rowman and Little-field, 2006), revisa as primeiras interpretações da Guerra Fria sobre a crise do Azerbaijão. Homa Katouzian escreveu uma biografia abrangente, *Musaddiq and the Struggle for Power in Iran* (Tauris, 1990). Leia depois o volume editado por Mark Gasiorowski, *Mohammad Mosaddeq and the 1953 Coup in Iran* (Syracuse University Press, 2004). Negar Mottahedeh, *Representing the Unpresentable: Historical Images of National Reform from the Qajars to the Islamic Republic of Iran* (Syracuse University Press, 2008), mostra como a fotografia, registro de som e cinema floresceram na cultura iraniana. A Arábia Saudita desafia os escritores devido ao imenso poder de sua família governante em relação aos seus súditos. Para iniciantes, ler Robert Lacey, *Inside the Kingdom: Kings, Modernists, Terrorists, and the Struggle for Saudi Arabia* (Penguin, 2009). A história padrão é a de Madawi Al-Rasheed, *A History of Saudi Arabia*, 2ª ed. (Cambridge University Press, 2010). Pode ser complementada pela de David E. Long e Sebastian Maisel, *The Kingdom of Saudi Arabia*, 2ª ed. (University Press of Florida, 2010). As melhores descrições da vida de Ibn Sa'ud são as de David Howarth, *The Desert King* (McGraw-Hill, 1964); e a de Leslie McLaughlin, *Ibn Saud: Founder of a Kingdom* (St. Martin's Press, 1993). Introduções ao surgimento da Arábia Saudita incluem a de Joseph Kostiner, *The Making of Saudi Arabia, 1916-1936: From Chieftaincy to Monarchical State* (Oxford University Press, 1993); a de Karl Twitchell, *Saudi Arabia, with an Account of the Development of Its Natural Resources*, 3ª ed. (Princeton University Press, 1958); e a de James Wynbrandt, *A Brief History of Saudi Arabia* (Checkmark, 2004). Estudos sobre os contextos incluem os de R. Bayly Winder, *Saudi Arabia in the Nineteenth Century* (St. Martin's Press, 1965); e o de William Ochsenwald, *Religion, Society, and State in Arabia: The Hijaz Under Ottoman Control* (Ohio State University Press, 1984). Sobre petróleo, ver as seções relevantes do trabalho de Daniel Yergin, *The Prize: The Epic Quest for Oil, Money, and Power*, ed. rev. (Free Press, 2008). Para a conexão da Arábia Saudita com Estados Unidos, ler Parker T. Hart, *Saudi Arabia and the United States* (Indiana University Press, 1998).

15 O Egito e o Crescente Fértil durante o domínio europeu

Sobre o Egito monárquico após a Primeira Guerra Mundial, comece com Selma Botman, *Egypt from Independence to Revolution, 1919-1952* (Syracuse University Press, 1991). Estudantes avançados se beneficiarão do trabalho de Arthur Goldschmidt, Amy Johnson e Barak Salmoni, eds., *Re-Envisioning Egypt, 1919-1952* (American University in Cairo Press, 2005). Outros livros sobre esse período incluem Malak Badrawi, *Political Violence in Egypt, 1910-1924* (Curzon, 2000); Israel Gershoni e James Jankowski, *Egypt, Islam, and the Arabs: The Search for Egyptian Nationhood, 1900-1930* (Oxford University Press, 1986), bem como seu *Confronting Fascism in Egypt: Dictatorship vs. Democracy in the 1930s* (Stanford University Press, 2010); Afaf Lutfi al-Sayyid Marsot, *Egypt's Liberal Experiment, 1922-1936* (University of California Press, 1977); Richard Mitchell, *The Society of Muslim Brothers* (Oxford University Press, 1993); Lucie Ryzova, *The Age of the Efendiyya: Passages to Modernity in National-Colonial Egypt* (Oxford University Press, 2014); Wilson Chako Jacob, *Working Out Egypt: Effendi Masculinity and Subject Formation in Colonial Modernity, 1870-1940* (Duke University Press, 2011); William Stadiem, *Too Rich: The High Life and Tragic Death of King Farouk* (Carroll and Graf, 1991); e Robert L. Tignor, *State, Private Enterprise, and Economic Change in Egypt, 1918-1952* (Princeton University Press, 1984). Sobre como o Egito influenciou o pensamento britânico sobre o império, ver James Whidden, *Egypt: British Colony, Imperial Capital* (Manchester University Press, 2017). Os britânicos no Cairo se envolveram profundamente nos esforços de Fuad e Faruq para reviver o califado islâmico. Isso é tratado no trabalho de Sean Oliver-Dee, *The Caliphate Question: The British Government and Islamic Governance* (Lexington, 2009). Uma história sobre os cristãos de 1805 a 19953 é a de Vivian Ibrahim, *The Copts of Egypt: Challenges of Modernization and Identity* (Tauris Academic Studies, 2011). Deborah Starr, *Remembering Cosmopolitan Egypt: Literature, Culture, and Empire* (Routledge, 2009), trata das minorias e especialmente de sua criatividade. Sobre a queda da monarquia, ler Joel S. Gordon, *Nasser's Blessed Movement: Egypt's Free Officers and the July Revolution* (Columbia University Press, 1997). Sobre o Caso Suez de 1956, ver Sir Anthony Eden, *The Suez Crisis of 1956* (Beacon Press, 1968); Mohamed H. Heikal, *Cutting the Lion's Tail* (Arbor House, 1987); William Roger Louis e Roger Owen, eds., *Suez 1956: The Crisis and Its Consequences* (Oxford University Press, 1989); e Derek Varble, *The Suez Crisis 1956* (Osprey, 2003). Uma fonte útil para historiadores é Cyrus Schayegh e Andrew Arsan, eds., *The Routledge

Handbook of the History of the Middle Eastern Mandates (Routledge, 2015). Sobre o Iraque durante o mandato britânico, ler Toby Dodge, *Inventing Iraq: The Failure of Nation-Building and a History Denied* (Columbia University Press, 2003); Michael Eppel, *Iraq from Minority to Tyranny* (University Press of Florida, 2004); Reeva Simon, *Iraq Between the Two World Wars: The Militarist Origins of Tyranny* (Columbia University Press, 2004); e Peter Sluglett, *Britain in Iraq: Contriving King and Country, 1914-1932* (Columbia University Press, 2007). Sobre a Síria, ver Philip S. Khoury, *Syria and the French Mandate: The Politics of Arab Nationalism, 1920-1945* (Princeton University Press, 1986). Sobre a principal revolta da Síria contra os franceses, ver Michael Provence, *The Great Syrian Revolt and the Rise of Arab Nationalism* (University of Texas Press, 2005). Para comparar os dois países, ler Eliezer Tauber, *The Formation of Modern Syria and Iraq* (Frank Cass, 1995). Ver também Howard M. Sachar, *Europe Leaves the Middle East, 1936-1954* (Knopf, 1972). Um estudo recente sobre os mandatos britânico e francês é o de James Barr, *A Line in the Sand: The Anglo-French Struggle for the Middle East, 1914-1948* (Norton, 2012).

Capítulo 16 A disputa pela Palestina

A literatura sobre a disputa pela Palestina é abundante, mas é difícil separar erudição de propaganda. Os trabalhos mais próximos ao primeiro incluem Ian Bickerton, *The Arab-Israeli Conflict: A Guide for the Perplexed* (Continuum, 2012); James Gelvin, The Israel-Palestine Conflict: One Hundred Years of War, 3ª ed. (Cambridge University Press, 2014); Gregory Mahler e Alden Mahler, *The Arab-Israeli Conflict: An Introduction and Documentary Reader* (Routledge, 2010); Charles D. Smith, *Palestine and the Arab-Israeli Conflict*, 9ª ed. (Bedford/St. Martin's Press, 2017); e Mark Tessler, *A History of the Israeli-Palestinian Conflict*, 2ª ed. (Indiana University Press, 2009). Uma coletânea acessível de documentos é a de Walter Laqueur e Dan Schueftan, eds., *Israel-Arab Reader*, 7th ed. (Penguin, 2016). Sobre o mandato britânico, ver Tom Segev, *One Palestine, Complete: Jews and Arabs Under the British Mandate*, trad. Haim Watzman (Henry Holt, 2000); Naomi Shepherd, *Ploughing Sand: British Rule in Palestine, 1917-1948* (Rutgers University Press, 2000); e Bernard Wasserstein, *The British in Palestine: The Mandatory Government and the Arab-Israeli Conflict, 1917-1929*, 2ª ed. (Blackwell, 1991). Sobre políticas agrárias, ver Martin Bunton, *Colonial Land Policies in Palestine, 1917-1936* (Oxford University Press, 2007); e

Kenneth W. Stein, *The Land Question in Palestine, 1917-1939* (University of North Carolina Press, 1984). Jerusalém é retratada no trabalho de Abigail Jacobson, *From Empire to Empire: Jerusalem Between Ottoman and British Rule* (Syracuse University Press, 2011); e no de Ruth Kark e Michal Oren-Nordheim, *Jerusalem and Its Environs, Quarters, Neighborhoods, Villages, 1800-1948* (Hebrew University Magnes Press, 2001). Dentre as histórias gerais de Israel, também úteis para nossos últimos capítulos, as melhores são Ahron Bregman, *A History of Israel* (Palgrave Macmillan, 2003); Ilan Pappé, *A History of Modern Palestine: One Land, Two Peoples*, 2ª ed. (Cambridge University Press, 2006); Howard M. Sachar, *A History of Israel from the Rise of Zionism to Our Time*, 3ª ed. (Knopf, 2007); e Anita Shapira, *Israel: A History*, trans Anthony Berris (Brandeis University Press, 2012). Especialmente acessíveis são Abba Eban, *My Country* (Random House, 1972); e Amos Elon, *The Israelis: Founders and Sons*, ed. rev. (Penguin, 1983). A história do sionismo é tratada por Shlomo Avineri, *The Making of Modern Zionism* (Basic Books, 1981); Rafael Medoff, *Zionism and the Arabs: An American Jewish Dilemma, 1898-1948* (Praeger, 1997); e três histórias de David Vital: *The Origins of Zionism* (Oxford University Press, 1980), *Zionism: The Formative Years* (Clarendon Press, 1982), e *Zionism: The Crucial Phase* (Clarendon Press, 1987). Leituras complementares aparecem em Arthur Hertzberg, ed., *The Zionist Idea* (Jewish Publication Society, 1997). Sobre as mulheres, ver Ruth Kark, Margalit Shilo e Galit Hasan-Rokem, eds., *Jewish Women in Pre-State Israel* (Brandeis University Press, 2008). A politização dos árabes da Palestina pode ser encontrada no trabalho de Yehoshua Porath, *The Emergence of the Palestinian National Movement, 1918-1929* (Hebrew University Press, 1973), e em seu *The Palestinian Arab National Movement From Riots to Rebellion, 1929-1939* (Frank Cass, 1978). Ver também Mustafa Kabha, *The Palestinian People: Seeking Sovereignty and State* (Lynee Rienner, 2014); Baruch Kimmerling e Joel Migdal, *The Palestinian People: A History* (Harvard University Press, 2003); Klaus Gensicke, *The Mufti of Jerusalem and the Nazis*, trad. Alexander Fraser Grim (Valentine Mitchell, 2011); e Muhammad Y. Muslih, *The Origins of Palestinian Nationalism* (Columbia University Press, 1988). Esses trabalhos podem ser complementados por Walid Khalidi, ed., *From Haven to Conquest* (Institute for Palestine Studies, 1971). Ver também os trabalhos de George Antonius e Philip S. Khoury já citados, bem como o de Rashid Khalidi, *Palestinian Identity: The Construction of Modern National Consciousness* (Columbia University Press, 1997). Um trabalho que favorece os árabes da Palestina é o de David Hirst, *The Gun and the Olive Branch:*

The Roots of Violence in the Middle East, 3ª ed. (Nation Books, 2003). Os palestinos falam por si no trabalho de Staughton Lynd, Sam Bahour e Alice Lynd, eds., *Homeland: Oral Histories of Palestine and Palestinians* (Olive Branch Press, 1994). Os últimos dias do mandato britânico na Palestina são tratados por Yehuda Bauer, *From Diplomacy to Resistance: A History of Jewish Palestine, 1939-1945* (Atheneum, 1973); Michael J. Cohen, *Palestine and the Great Powers, 1945-48* (Princeton University Press, 1982); Martin Jones, *Failure in Palestine: British and US Policy After the Second World War* (Mansell, 1986); e William Roger Louis e Robert W. Stookey, *End of the Palestine Mandate* (Tauris, 1986). Sobre o apoio americano ao sionismo, ler Peter M. Grose, *Israel in the Mind of America* (Knopf, 1983); como um contra-argumento, ler Lawrence Davidson, *America's Palestine: Popular and Official Perceptions From the Balfour Declaration to Israeli Statehood* (University Press of Florida, 2001). Uma leitura agradável é a história de um árabe e uma família judaica que viveram na mesma casa em Ramleh, no trabalho de Sandy Tolem, *The Lemon Tree* (Bloomsbury, 2006).

Capítulo 17 O renascimento de Israel e o surgimento do nacionalismo árabe

Joel Peters and David Newman, eds., *The Routledge Handbook on the Israeli-Palestinian Conflict* (Routledge, 2013) é um trabalho de referência valioso. Sobre a Guerra Palestina de 1948, ou a guerra de independência de Israel, ver o volume editado de Eugene Rogan e Avi Shlaim, *The War for Palestine: Rewriting the History of 1948*, 2ª ed. (Cambridge University Press, 2007); seguido por David Tal, *War in Palestine 1948: Strategy and Diplomacy* (Routledge, 2004). Para uma interpretação revisionista, comece com Ilan Pappé, *The Making of the Arab-Israeli Conflict, 1947-1951* (Tauris, 1994). Uma posição intermediária é adotada por Benny Morris, *1948: A History of the First Arab-Israeli War* (Yale University Press, 2008) e seu volume editado, *Making Israel* (University of Michigan Press, 2007). Para a versão da Jordânia, ver Ma'n Abu Nuwar, *The Jordanian-Israeli War, 1948-1951: A History of the Hashemite Kingdom of Jordan* (Garnet Press, 2002). Sir John Bagot Glubb defende eloquentemente seu papel em *The Story of the Arab Legion* (Hodder and Stoughton, 1948) e em *A Soldier with the Arabs* (Hodder and Stoughton, 1957). O papel de Glubb é também estudado por Benny Morris, *The Road to Jerusalem: Glubb Pasha, Palestine, and the Jews* (Palgrave Macmillan, 2002). A *Journal of Palestine Studies* publicou memórias relevantes de seus líderes árabes, incluindo Fawzi al-Qawuqji (em 1972) e Gamal Abd al-Nasir (em 1973). Benny Morris lidera os revisionistas árabes com três livros sobre as relações de Israel com os árabes: *The Birth of the Palestinian Refugee Problem* (Cambridge University Press, 1987), *1948 and After: Israel and the Palestinians* (Oxford University Press, 1990), e *Israel's Border Wars, 1949-1956: Arab Infiltration, Israeli Retaliation, and the Countdown to the Suez War* (Oxford University Press, 1993). Um soldado israelense recentemente opinou sobre os palestinos: Yoav Gelber, *Palestine 1948: War, Escape, and the Emergence of the Palestinian Refugee Problem* (Sussex Universities Press, 2001). Para uma visão palestina, ver os escritos de Nur Masalha, especialmente *The Politics of Denial: Israel and the Palestinian Refugee Problem* (Pluto Press, 2003). Memórias palestinas desse período são analisadas em Ahmad H. Sa'di e Lila Abu-Lughod, eds., *Nakba: Palestine, 1948, and the Claims of Memory* (Columbia University Press, 2007). Os palestinos anexados pela Jordânia podem ser estudados em Amnon Cohen, *Political Parties in the West Bank Under the Jordanian Regime, 1949-1967* (Cornell University Press, 1982). Em paralelo ao êxodo árabe de Israel, houve um influxo de judeus para os países árabes, tratado em Malka Hillel Shulewitz, ed., *The Forgotten Millions: The Modern Jewish Exodus from Arab Lands* (Cornell University Press, 1999) e Rachel Shabi, *Not the Enemy: Israel's Jews from Arab Lands* (Yale University Press, 2009), uma descrição envolvente sobre a complexa relação ashkenazim e mizrahim. Sobre o novo Estado de Israel, ver David Ben-Gurion, *Rebirth and Destiny of Israel*, trad. Mordekhai Nurock (Philosophical Library, 1954); Simha Flapan, *The Birth of Israel: Myths and Realities* (Pantheon, 1987); e Zeev Sternhell, *The Founding Myths of Israel* (Princeton University Press, 1998) Uma biografia simpática sobre o nêmesis de Ben-Gurion é a de Avi Shilon, *Menachem Begin: A Life* (Yale University Press, 2012). Sobre a Jerusalém dividida desse período, ver Kai Bird, *Crossing Mandelbaum Gate: Coming of Age Between the Arabs and the Israelis, 1956-1978* (Scribner's, 2010); Raphael Israeli, *Jerusalem Divided: The Armistice Regime, 1947-1967* (Frank Cass, 2002); e Bernard Wasserstein, *Divided Jerusalem: The Struggle for the Holy City* (Yale University Press, 2008). Sobre as mediações de 1949, ver Elad Ben-Dror, *Ralph Bunche and the Arab-Israeli Conflict: Mediation and the UN*, trad. Diana File and Lenn Schram (Routledge, 2016). Sobre os países árabes nessa época, consulte Bruce Maddy-Weitzman, *The Crystallization of the Arab State System, 1945-1954* (Syracuse University Press, 1993); Malek Mufti, *Sovereign Creations: Pan-Arabism and Politics* (Cornell University Press, 1996); Beverley

Milton-Edwards e Peter Hinchcliffe, *Jordan: A Hashimite Legacy*, 2ª ed. (Routledge, 2009); e Matthew Eliot, *"Independent Iraq": The Monarchy and British Influence, 1941-1958* (Tauris, 1996). Ver também Orit Bashkin, *The Other Iraq: Pluralism and Culture in Hashemite Iraq* (Stanford University Press, 2009). Gamal Abd al-Nasir e suas políticas são tratadas por Said Aburish, *Nasser: The Last Arab* (St. Martin's Press, 2004); Kirk Beattie, *Egypt During the Nasser Years* (Westview Press, 1994); R. Hrair Dekmejian, *Egypt Under Nasir: A Study in Political Dynamics* (Suny Press, 1971); P.J. Vatikiotis, *Nasser and His Generation* (St. Martin's Press, 1979); e Peter Woodward, *Nasser* (Longman, 1992). A intervenção egípcia na primeira guerra civil do Iêmen é analisada em Jesse Ferris, *Nasser's Gamble: How Intervention in Yemen Caused the Six Day War and the Decline of Egyptian Power* (Princeton University Press, 2013). As políticas árabes de Nasir são tratadas simpaticamente em Charles D. Cremeans, *The Arabs and the World: Nasser's Nationalist Policy* (Praeger, 1963). Mohamed Heikal, *The Cairo Documents* (Doubleday, 1972) enfatiza as relações de Nasir com os líderes estrangeiros. Sobre suas relações com Washington, compare Miles Copeland [pseud.], *The Game of Nations* (Simon and Schuster, 1969), com Wilbur Crane Eveland, *Ropes of Sand: America's Failure in the Middle East* (Norton, 1980). As políticas americanas são descritas e analisadas em Douglas Little, *American Orientalism: The United States and the Middle East Since 1945*, 3ª ed. (University of North Carolina Press, 2006). Sobre a dinâmica das políticas inter-árabes durante esse períoso, ler, sequencialmente, Patrick Seale, *The Struggle for Syria: A Study of Postwar Arab Politics, 1945-1958*, ed. rev. (Tauris, 1987); e Malcolm H. Kerr, *The Arab Cold War: Gamal Abd al-Nasir and His Rivals, 1958-1970*, 3ª ed. (Oxford University Press, 1971). A primeira guerra civil libanesa e seu contexto são tratados por Irene L. Gendzier, *Notes from the Minefield*, ed. rev. (Columbia University Press, 2006); e Claude Boueiz Kanaan, *Lebanon, 1860-1960: A Century of Myth and Politics* (Saqi, 2005). O rival de Nasir no IRaue é simpaticamente tratado por Uriel Dann, *Iraq Under Qassem: A Political History, 1958-1963* (Praeger, 1969). Dann também escreveu *King Husayn and the Challenge of Arab Radicalism: Jordan, 1955-1967* (Oxford University Press, 1989). Ver também Johen Franzén, *Red Star Over Iraq: Iraqi Communism Before Saddam* (Hurst, 2011). Livros sobre a Jordânia incluem Philip Robins, *A History of Jordan* (Cambridge University Press, 2004); Robert Satloff, *From Abdullah to Husayn: Jordan in Transition* (Oxford University Press, 1994); e Lawrence Tal, *Politics, the Military, and National Security in Jordan, 1955-1967* (Palgrave Macmillan, 2006). Os esforços americanos para cortejar outro rival de Nasir são descritos em Nathan J. Citino, *From Arab Nationalism to Opec: Eisenhower, King Sa'ud, and the Making of U.S.-Saudi Relations* (Indiana University Press, 2002). Uma boa análise sobre a Síria é A.L. Tibawi, *A Modern History of Syria, Including Lebanon and Palestine* (St. Martin's Press, 1969). Sobre o começo do partido Ba'th Party, consulte Robert W. Olson, *The Ba'th and Syria, 1947 to 1982* (Kingston Press, 1982). O envolvimento americano no Oriente Médio se tornou importante nesse período, mas para o contexto, ver Michael B. Oren, *Power, Faith, and Fantasy: America in the Middle East, 1776 to the Present*, updated ed. (Norton, 2011), que favorece Israel; deve ser contrastado com Ussama Makdisi, *Faith Misplaced: The Broken Promise of U.S.-Arab Relations, 1820-2001* (Public Affairs, 2010). Um livro acadêmico reativamente recente é Roby Carroll Barrett, *The Greater Middle East and the Cold War: US Foreign Policy Under Eisenhower and Kennedy* (Tauris, 2007). Compare esse com Rashid Khalidi, *Sowing Crisis: The Cold War and American Dominance in the Middle East* (Beacon Press, 2009); e Joseph Heller, *The United States, the Soviet Union, and the Arab-Israeli Conflict, 1948-1967* (Manchester University Press, 2010). Sobre os eventos que levaram à Guerra de Junho de 1967, ver Ibrahim Abu-Lughod, ed., *The Arab-Israeli Confrontation of June 1967: An Arab Perspective* (North-western University Press, 1970); Walter Laqueur, *The Road to Jerusalem* (Macmillan, 1968); e Kennett Love, *Suez: The Twice--Fought War* (McGraw-Hill, 1969). As memórias de U Thant, publicadas postumamente em 1978, tentam transferir parte da culpa dela para Nasir, mas as do comandante da Unef commander, Major General Indar Jit Rickye, *The Sinai Blunder* (Frank Cass, 1980), servem como um corretivo.

Capítulo 18 A guerra e a busca pela paz

Com relação à Guerra de Junho de 1967, comece com William Roger Louis e Avi Shlaim, eds., *The 1967 Arab-Israeli War: Origins and Consequences* (Cambridge University Press, 2012). Pró-Israel, mas acadêmico, é o trabalho de Michael Oren, *Six Days of War: June 1967* (Oxford University Press, 2002). Seguido do trabalho do jornalista Jeremy Bowen da BBC, *Six Days: How the 1967 War Shaped the Middle East* (Simon and Schuster, 2003); Tom Segev, *1967: Israel, the War, and the Year That Transformed the Middle East*, trad. Jessica Cohen (Henry Holt, 2007); e Yael Dayan, *A Soldier's Diary: Sinai 1967* (Weidenfeld and Nicolson, 1967). Sobre a derrota (e recuperação) do Egito, ver Youssef H. Aboul-Enein, ed., *Reconstructing a*

Shattered Egyptian Army (Naval Institute Press, 2017). O papel da Jordânia é descrito por dois jornalistas, Vick Vance e Pierre Lauer, que entrevistaram o Rei Husayn em *My "War" with Israel*, trad. J.P. Wilson e W.B. Michaels (Morrow, 1969). Um volume editado sobre o período entre as guerras de junho e de outrubro é o de Nigel J. Ashton, ed., *The Cold War in the Middle East: Regional Conflict and the Superpowers, 1967-1973* (Routledge, 2007). As políticas soviéticas são analisadas em Yaacov Ro'i e Boris Morozov, eds., *The Soviet Union and the June 1967 Six Day War* (Stanford University Press, 2008). A política pró-Israel dos Estados Unidos é criticada em Maxime Rodinson, *Israel and the Arabs*, trad. Michael Perl (Pantheon, 1968); Hisham Sharabi, *Palestine and Israel: The Lethal Dilemma* (Pegasus Press, 1969); e David Waines, *The Unholy War: Israel and Palestine, 1897-1971* (Medina University Press International, 1971). Uma noção geral da reação dos árabes à guerra pode ser obtida no romance de Halim Barakat, *Days of Dust*, trad. Trevor Le Gassick (Medina University Press International, 1974). Descrições pessoais palestinas incluem Abu Iyad [Salah Khalaf] com Eric Rouleau, *My Home, My Land*, trad. Linda Butler Koseoglu (Times Books, 1981); e Fawaz Turki, *Soul in Exile: Lives of a Palestinian Revolutionary* (Monthly Review Press, 1988). Sobre políticas palestinas em geral, ler Yazid Sayigh, *Armed Struggle and the Search for State: The Palestine National Movement, 1949-1993* (Clarendon Press, 1997). Os primeiros debates sobre os assentamentos judaicos de Israel são tratados em Gershom Gorenberg, *The Accidental Empire: Israel and the Birth of the Settlements, 1967-1977* (Times Books, 2006) e, mais recentemente, em Ahron Bregman, *Cursed Victory: Israel and the Occupied Territories* (Pegasus Books, 2015) e Gershon Shafir, *A Half Century of Occupation: Israel, Palestine, and the Sworld's Most Intractable Conflict* (University of California Press, 2017). Há inúmeros livros sobre a Guerra de Outubro (ou Yom Kippur) de 1973. Sobre o contexto árabe, ver Mohamed Heikal, *The Road to Ramadan* (Quadrangle, 1975); com relação a Israel, ver Michael Handel, *Perception, Misperception, and Surprise: The Case of the Yom Kippur War* (Hebrew University Press, 1975). Sobre os eventos da própria guerra, recomendamos o trabalho de Saad al-Shazly, *The Crossing of the Suez* (American Mideast Research, 1980), uma descrição egípcia hostil a Sadat; os dois livros de Chaim Herzog, *The War of Atonement* (Greenhill Books, 2003) e *The Arab-Israeli Wars* (Random House, 1982); o trabalho jornalístico, mas detalhado, de Abraham Rabinovich, *The Yom Kippur War: The Epic Encounter That Transformed the Middle East*, ed. rev. (Schocken, 2017); e o de Howard Blum, *The Eve of Destruction: The Untold Story of the Yom*

Kippur War (Perennial, 2003). Sobre os aspectos políticos, ver Walter Z. Laqueur, *Confrontation: The Middle East War and World Politics* (Quadrangle, 1974); Richard Parker, *The October War: A Retrospective* (University Press of Florida, 2001); e os ensaios editados por Naseer Aruri chamados *Middle East Crucible: Studies on the Arab-Israeli War of 1973* (Medina University Press International, 1975). Ver também Asaf Siniver, ed., *The Yom Kippur War: Politics, Legacy, Diplomacy* (Oxford University Press, 2013). Dois israelenses cujas reputações sofreram devido à Guerra de Outubro de 1973, recentemente, foram honrados com biografias: Mordechai Bar-On, *Moshe Dayan: Israel's Controversial Hero* (Yale University Press, 2012) e Meron Medzini, *Golda Meir: A Political Biography* (DeGruyter Oldenbourg, 2017). O papel de Kissinger nas negociações de paz pós-guerra é enaltecido no trabalho de Edward Sheehan, *The Arabs, Israelis, and Kissinger* (Reader's Digest Press, 1976); atacado no trabalho de Matti Golan, *Secret Conversations of Henry Kissinger* (Quadrangle, 1976); e analisado em Ishaq L. Ghanayem e Alden H. Voth, eds., *The Kissinger Legacy: American Middle East Policy* (Praeger, 1984). Sobre as políticas americanas em geral, compare Joseph Churba, *The Politics of Defeat: America's Decline in the Middle East* (Cyrco Press, 1977); com Cheryl A. Rubenberg, *Israel and the American National Interest* (University of Illinois Press, 1986). Uma abordagem comparativa às negociações de paz é Kenneth W. Stein, *Sadat, Kissinger, Carter, Begin, and the Quest for Arab-Israeli Peace* (Routledge, 1999).

O islã político dificilmente foi notado na década de 1970, mas deveria ter sido, de acordo com Abdullah Al-Arian, *Answering the Call: Popular Islamic Activism in Sadat's Egypt* (Oxford University Press, 2014). Vários atores importantes em busca da paz no Oriente Médio justificaram seus papéis: Henry Kissinger em *Years of Upheaval* (Little, Brown, 1982); Golda Meir em *My Life* (Dell, 1976); e Boutros Boutros-Ghali em *Egypt's Road to Jerusalem* (Random House, 1997). A mudança do equilíbrio de poder no Golfo Pérsico é tratada por W. Taylor Fein, *American Ascendance and British Retreat in the Persian Gulf Region* (Palgrave Macmillan, 2008). Com relação à Opep e ao petróleo no Oriente Médio após 1973, ver Shukri M. Ghanem, *OPEC: The Rise and Fall of an Exclusive Club* (KPI, 1986); Ian Skeet, *Opec: Twenty-Five Years of Princes and Politics* (Cambridge University Press, 1988); e Benjamin Shwadran, *Middle Eastern Oil Crises Since 1973* (Westview Press, 1986). As conversações de paz de 1978 são tratada de vários ângulos em Jimmy Carter, *Keeping Faith: Memoirs of a President* (Bantam, 1982); Moshe Dayan, *Breakthrough: A Personal Account of the Egypt-Israel Peace Negotiations*

(Knopf, 1982); Mohamed Ibrahim Kamel, *The Camp David Accords* (Routledge and Kegan Paul, 1986); William B. Quandt, *Camp David: Peacemaking and Politics*, reimpressão (Brookings Institution Press, 2016); Shibley Telhami, *Power and Leadership in International Bargaining: The Path to the Camp David Accords* (Columbia University Press, 1990); e Lawrence Wright, *Thirteen Days in September: Carter, Begin, and Sadat at Camp David* (Knopf, 2014). Alguns bons livros sobre a segunda guerra libanesa são Latif Abul-Husn, *The Lebanese Conflict: Looking Inward* (Lynne Rienner, 1998); Farid el Khazen, *The Breakdown of the State in Lebanon, 1967-1976* (Harvard University Press, 2000); Robert Fisk, *Pity the Nation*, 4ª ed. (Nation Books, 2002); Edgar O'Ballance, *Civil War in Lebanon, 1975-92* (St. Martin's Press, 1998); e Itamar Rabinovich, *The War for Lebanon, 1970-1985*, ed. rev. (Cornell University Press, 1985). Jean Said Makdisi, *Beirut Fragments: A War Memoir* (Persea, 1990) é uma comovente descrição pessoal. Usando documentos, memórias e registros e registros da imprensa, James R. Stocker escreveu *Spheres of Intervention: US Foreign Policy and the Collapse of Lebanon, 1967-1976* (Cornell University Press, 2016). A vida de um rei árabe influente é tratada no trabalho de Joseph A. Kéchichian, *Faysal: Saudi Arabia's King for All Seasons* (University Press of Florida, 2008).

Capítulo 19 A reafirmação do poder islâmico

Antes de 1979, os intelectuais e o público negligenciavam o estudo do islã como uma base para compreender o Oriente Médio moderno; desde então, quase todos os escritores sobre o Oriente Médio têm de explicar o islã. Você pode começar melhor com o trabalho de uma não especialista, Karen Armstrong, *Islam: A Short History* (Modern Library, 2002), ou com o de uma especialista como Tamara Sonn, *Islam: A Brief History*, 2ª ed. (Wiley-Blackwell, 2010). Ver também Noah Feldman, *The Rise and Fall of the Islamic State* (Princeton University Press, 2008); Fawaz Gerges, *Journey of the Jihadist: Inside Muslim Militancy* (Harcourt, 2006); Michael Gilsenan, *Recognizing Islam: Religion and Society in the Modern Arab World*, 2ª ed. (Tauris, 2000); e Malise Ruthven, *Islam in the World*, 3ª ed. (Oxford University Press, 2006). Coletâneas de escritos muçulmanos modernos incluem John J. Donohue e John L. Esposito, eds., *Islam in Transition: Muslim Perspectives*, 2ª ed. (Oxford University Press, 2007); e Rudolph Peters, *Jihad in Classical and Modern Islam* (Markus Wiener Publishers, 1996). O terrorismo político é outro tópico favorito para escritores; o livro mais relevante sobre o Oriente

Médio, na década de 1980, é Robin Wright, *Sacred Rage: The Wrath of Militant Islam*, atualizado com novos capítulos (Simon and Schuster, 2001). Sobre os escritos xiitas, ver Juan R. Cole e Nikki Keddie, eds., *Shiism and Social Protest* (Yale University Press, 1986) e Matthew Pierce, *Twelve Infallible Men: The Imams and the Making of Shi'ism* (Harvard University Press, 2016). Sobre a arte xiita, ler Fahmide Suleman, ed., *People of the Prophet's House: Artistic and Ritual Expressions of Shi'i Islam* (Azimuth Editions, 2015). Edward Said escreveu vários livros sobre os erros no pensamento ocidental sobre o Oriente Médio: *Orientalism* (Pantheon, 1978), sobre acadêmicos, *The Politics of Dispossession: The Struggle for Palestinian Self-Determination, 1969-1994* (Vintage, 1995), sobre formuladores de políticas, e *Covering Islam* (Pantheon, 1981), sobre jornalistas. Uma resposta detalhada ao primeiro livro é o trabalho de Robert Irwin, *For the Lust of Knowing: The Orientalists and their Enemies* (Allen Lane, 2006). Histórias do Irã moderno incluem Ervand Abrahamian, *A History of Modern Iran* (Cambridge University Press, 2008); Ali M. Ansari, *Modern Iran Since 1921: The Pahlavis and After* (Pearson Education, 2003); Michael Axworthy, *Iran: What Everyone Needs to Know* (Oxford University Press, 2017); Richard Foltz, *Iran in World History* (Oxford University Press, 2016); e Hamid Dabashi, *Iran: A People Interrupted* (New Press, 2007). Um trabalho referência detalhado, em dois volumes, é Mehran Kamrava e Manouchehr Darraj, *Iran Today: An Encyclopedia of Life in the Islamic Republic* (Greenwood Press, 2004). O ano da Revolução Iraniana, um ano tumultuoso para o Oriente Médio, é descrito em David W. Lesch, *1979: The Year That Shaped the Middle East* (Westview Press, 2001). A Revolução Iraniana foi descrita de vários ângulos. Em particular, ver Geneive Abdo e Jonathan Lyons, *Answering Only to God: Faith and Freedom in Twenty-First-Century Iran* (Touchstone, 2000); Ervand Abrahamian, *Iran Between Two Revolutions* (Princeton University Press, 1982), assim como seu *Khomeinism: Essays on the Islamic Republic* (University of California Press, 1993); Said Amir Arjomand, *The Turban for the Crown: The Islamic Revolution in Iran* (Oxford University Press, 1988); Fereydoun Hoveyda, *The Shah and the Ayatollah: Iranian Mythology and the Islamic Revolution* (Praeger, 2003); Charles Kurzman, *The Unthinkable Revolution in Iran* (Harvard University Press, 2004); Abbas Milani, *The Persian Sphinx: Amir Abbas Hoveida and the Riddle of the Iranian Revolution* (Mage, 2000); David Burnett e Christiane Amanpour, *44 Days: Iran and the Remaking of the World* (National Geographic, 2009); e Robin Wright, *In the Name of God: The Khomeini Decade* (Simon and Schuster, 1989). Uma biografia do aiatolá é Arshin Adib-Moghaddam, ed., *A Critical Introduction to Khomeini* (Cambridge University Press, 2014). Para uma coletânea de biografias iranianas, ler Abbas Milani, *Eminent Persians: The Men and Women Who Made Modern Iran, 1941-1979*, 2 vols. (Syracuse University Press, 2008). Tentativas de exportar a revolução são exploradas em Maryam Panah, *The Islamic Republic and the World* (Pluto Press, 2007); e em Ray Takeyh, *Guardians of the Revolution: Iran and the World in the Age of the Ayatollahs* (Oxford University Press, 2009). Intelectuais iranianos, críticos à revolução, são tratados por Behrooz Ghamari-Tabrizi, *Islam and Dissent in Postrevolutionary Iran* (Tauris, 2008). A política americana é discutida em Lawrence Freedman, *A Choice of Enemies: America Confronts the Middle East* (Public Affairs, 2008), abordando presidentes de Carter a George W. Bush; David Harris, *The Crisis: The President, the Prophet, and the Shah* (Little, Brown, 2004); Stephen Kinzer, *All the Shah's Men: An American Coup and the Roots of Middle East Terror* (Wiley, 2003); e Geoffrey Wawro, *Quicksand: America's Pursuit of Power in the Middle East* (Penguin, 2010). Sobre a crise dos reféns, ler primeiro Gary Sick, *All Fall Down: America's Tragic Encounter with Iran* (Random House, 1986); e depois ver Mark Bowden, *Guests of the Ayatollah: The First Battle in America's War with Militant Islam* (Grove Press, 2006); David Farber, *Taken Hostage: The Iran Hostage Crisis and America's First Encounter with Radical Islam* (Princeton University Press, 2005); e David Patrick Houghton, *US Foreign Policy and the Iran Hostage Crisis* (Cambridge University Press, 2001). Sobre a Guerra Irã-Iraque, ver Pierre Razoux, *The Iran-Iraq War*, trad. Nicholas Elliott (Harvard University Press, 2015); Stephen C. Pelletiere, *The Iran-Iraq War: Chaos in a Vacuum* (Praeger, 1992); e Adam Tarock, *The Superpowers' Involvement in the Iran-Iraq War* (Nova Science, 1998). A descrição oficial do caso Irã-Contra é a de Lawrence E. Walsh, *Iran-Contra: The Final Report* (Times Books, 1994); sobre as memórias do mesmo autor, *Firewall: The Iran-Contra Conspiracy and Cover-Up* (Norton, 1997). Richard Secord oferece uma defesa em *Honored and Betrayed: Irangate, Covert Affairs, and the Secret War in Laos* (Wiley, 1992). A política americana do Golfo, caracterizada como "envolvimento reativo", é criticada em Steve A. Yetiv, *The Absence of Grand Strategy: The United States in the Persian Gulf, 1972-2005* (Johns Hopkins University Press, 2008). Um guia geral para os países do Golfo, relevante para o período deste capítulo é Alvin J. Cottrell e outros, eds., *The Persian Gulf States: A General Survey* (Johns Hopkins University Press, 1980). Acontecimentos nos estados árabes, na década de 1980, são tratados em Saad Eddin Ibrahim, *The New Arab Social Order: A*

Study of the Impact of Oil (Westview Press, 1982); Malcolm Kerr e Sayyid Yassin, *Rich and Poor States in the Middle East: Egypt and the New Social Order* (Westview Press, 1982); David Lamb, *The Arabs: Journeys Beyond the Mirage*, 2ª ed. (Vintage, 2002); Kenan Makiya, *Cruelty and Silence: War, Tyranny, Uprising, and the Arab World* (Norton, 1993); e Alan R. Taylor, *The Arab Balance of Power* (Syracuse University Press, 1982). Anwar al-Sadat escreveu sua própria história, acuradamente na maior parte, em *In Search of Identity: An Autobiography* (Harper & Row, 1978). Em seguida, ler Joseph Finklestone, *Anwar Sadat: The Visionary Who Dared* (Routledge, 2013). Um livro acadêmico, mas acessível, sobre o finado presidente do Egito é o de Raymond Hinnebusch Jr., *Egyptian Politics Under Sadat*, 2ª ed. (Lynne Rienner, 1988); ler depois Kirk Beattie, *Egypt During the Sadat Years* (Palgrave, 2000). Sobre o rival sírio de Sadat, ler Patrick Seale, *Asad: The Struggle for the Middle East* (University of California Press, 1988); ou Lisa Wedeen, *Ambiguities of Domination* (University of Chicago Press, 1999). Sobre o Iraque na década de 1980, ver Marion Farouk-Sluglett e Peter Sluglett, *Iraq Since 1958: From Revolution to Dictatorship*, ed. rev. (Tauris, 2001). Uma introdução acessível à Arábia Saudita na década de 1980 é o trabalho de Sandra Mackey, *The Saudis: Inside the Desert Kingdom*, 2ª ed. (Norton, 2002). A difícil relação do reino com o Iêmen é tratada em F. Gregory Gause III, *Saudi-Yemeni Relations: Domestic Structures and Foreign Influence* (Columbia University Press, 1990). Israel na década de 1980 é tratada em Thomas Friedman, *From Beirut to Jerusalem*, 2ª ed. (Anchor, 1995); Yoram Hazony, *The Jewish State: The Struggle for Israel's Soul* (Basic Books, 2001); Amos Oz, *In the Land of Israel*, trad. Maurie Goldberg-Bartura (Vintage, 1983); Don Peretz, *The Governments and Politics of Israel*, 3ª ed. (Westview Press, 1997); e David K. Shipler, *Arab and Jew: Wounded Spirits in a Promised Land*, ed. rev. (Penguin, 2002). Além dos trabalhos citados anteriormente, livros sobre a invasão do Líbano por Israel incluem George Ball, *Error and Betrayal in Lebanon: An Analysis of Israel's Invasion of Lebanon and the Implications for US-Israeli Relations* (Foundation for Middle East Peace, 1984); Ze'ev Schiff e Ehud Yaari, *Israel's Lebanon War*, trad. Ina Friedman (Simon and Schuster, 1984); e Jonathan C. Randal, *Going All the Way: Christian Warlords, Israeli Adventurers, and the War in Lebanon* (Viking, 1983). As consequências políticas são extensivamente discutidas em Robert O. Freedman, ed., *The Middle East After the Israeli Invasion of Lebanon* (Syracuse University Press, 1985). O aumento da consciência das mulheres acrescentou uma dimensão importante ao estudo do Oriente Médio. Três antologias são Margot Badran e Miriam Cooke, eds., *Opening the Gates: An Anthology of Arab Feminist Writing*, 2ª ed. (Indiana University Press, 2004); Lois Beck e Nikki Keddie, eds., *Women in the Muslim World* (Harvard University Press, 1978); e Elizabeth Warnock Fernea e Basima Qattan Bezirgan, eds., *Middle Eastern Muslim Women Speak* (University of Texas Press, 1977). Ver também Elizabeth Warnock Fernea, ed., *Women and the Family in the Middle East* (University of Texas Press, 1985); Nikki Keddie, *Women in the Middle East: Past and Present* (Princeton University Press, 2007); Fatima Mernissi, *Islam and Democracy: Fear of the Modern World* (Addison-Wesley, 1992); Margaret Meriwether e Judith Tucker, *Social History of Women and Gender in the Modern Middle East* (Westview Press, 1999); Valentine M. Moghadam, *Modernizing Women: Gender and Social Change in the Middle East*, 2ª ed. (Lynne Rienner, 2003); e Bouthaina Shaaban, *Both Right and Left Handed: Arab Women Talk About their Lives* (Indiana University Press, 1991).

Capítulo 20 A Guerra do Golfo de 1991 e o processo de paz

O Iraque, durante o governo de Saddam, é introduzido – ou exposto – em Sandra Mackey, *The Reckoning: Iraq and the Legacy of Saddam Hussein* (Norton, 2002) e Kanan Makiya, *Republic of Fear: The Politics of Modern Iraq*, ed. rev. (University of California Press, 1998). Ver também Andrew e Patrick Cockburn, *Out of the Ashes: The Resurrection of Saddam Hussein* (HarperCollins, 1999). Um trabalho de referência útil para a guerra de 1991 saiu recentemente: Spencer Tucker, ed., *Persian Gulf War Encyclopedia: A Political, Social, and Military History* (ABC Clio, 2014). Dos vários livros que apareceram sobre a Guerra do Golfo e suas consequências imediatas, sugerimos começar com Alistair Finlan, *The Gulf War 1991* (Routledge, 2003); depois Majid Khadduri e Edmund Ghareeb, *War in the Gulf, 1990-91: The Iraq-Kuwait Conflict and Its Implications* (Oxford University Press, 1997); A. Hamdi, *The Iraqi Invasion of Kuwait* (Pluto Press, 1999); H. Rahman, *The Making of the Gulf War: Origins of Kuwait's Long-Standing Territorial Dispute with Iraq* (Ithaca Press, 1997); e *Triumph Without Victory. The Unreported History of the Persian Gulf War* (Times Books, 1993). Sobre o Kuwait, ver Mary Ann Tétrault, *Stories of Democracy: Politics and Society in Contemporary Kuwait* (Columbia University Press, 2000). O site do PBS (Public Broadcasting Service) sobre a Guerra do Golfo é www.pbs.org/wgbh/pages/frontline/gulf. O trabalho de Anoushirvan Ehte-shami, *After Khomeini: The Iranian Second Republic* (Routledge, 1995); e o de Robin Wright, *The Last Great Revolution:*

Turmoil and Transformation (Knopf, 2000) abordam essa era do Irã. Sobre os países do Golfo, ver Anthony Cordesman, *Bahrain, Oman, Qatar, and the UAE: Challenges of Security* (Westview Press, 1997). Ver também Shaikh Abdullah bin Khalid al-Khalifa e Michael Rice, eds., *Bahrain Through the Ages: The History*, 2 vols. (Kegan Paul International, 1993); e B. J. Slot, *Mubarak Al-Sabah: Founder of Modern Kuwait, 1896-1915* (Arabian Publishing, 2005), previsivelmente favorável às suas famílias governantes. Livros sobre a primeira Intifada incluem Samih K. Farsoun, *Palestine and the Palestinians*, 2ª ed. (Westview Press, 2006); Norman Finkelstein, *Rise and Fall of Palestine* (University of Minnesota Press, 1996); Edgar O'Ballance, *The Palestinian Intifada* (St. Martin's Press, 1998); e Ze'ev Schiff e Ehud Yaari, *Intifada: The Palestinian Uprising—Israel's Third Front* (Simon and Schuster, 1990). Uma perspectiva mais ampla é oferecida por Glenn Frankel, *Beyond the Promised Land: Jews and Arabs on the Hard Road to a New Israel* (Simon and Schuster, 1994); e uma visão menos otimista é defendida por Geoffrey Kemp e Jeremy Pressman, *Point of No Return: The Deadly Struggle for Middle East Peace* (Carnegie Endowment for International Peace, 1997). Para uma visão geral, ver William B. Quandt, *Peace Process: American Diplomacy and the Arab-Israeli Conflict Since 1967*, 3ª ed. (Brookings Institution Press, 2005). Sobre as conversações de paz sírio-israelenses, ler Moshe Ma'oz, *Syria and Israel: From War to Peacemaking* (Clarendon Press, 1997); Robert Rabil, *Embattled Neighbors: Israel, Syria, and Lebanon* (Lynne Rienner, 2001); e Helena Cobban, *Israeli-Syrian Peace Talks, 1991-96 and Beyond* (United States Institute of Peace Press, 1999).

Sobre as conversações fracassadas de Camp David, ver o trabalho de Bill Clinton *My Life* (Knopf, 2004); e o de Dennis Ross, *The Missing Peace: The Inside Story of the Fight for Middle East Peace* (Farrar, Straus and Giroux, 2004), que tendem a culpar Yasir Arafat. Mas ver também Clayton E. Swisher, *The Truth About Camp David: The Untold Story of the Collapse of the Middle East Peace Process* (Nation Books, 2004); Joseph Ginat e others, eds., *The Middle East Peace Process: Vision vs. Reality* (University of Oklahoma Press, 2002); e Joel Beinin, *The Struggle for Sovereignty* (Stanford University Press, 2006). Websites pró-Israel são: www.mideastweb.org/campda vid2.htm e www.palestinefacts.org. Um artigo favorável aos palestinos está em www.nybooks.com/articles/14380. Sobre a Síria, ver Alan George, *Syria: Neither Bread nor Freedom* (Zed, 2003); Raymond Hinnebusch, *Syria: Revolution from Above* (Routledge, 2001); Neil Quilliam, *Syria and the New World Order* (Ithaca Press, 1999); e Ghada Hashem Talhami, *Syria and the*

Palestinians (University Press of Florida, 2001). Sobre o Iraque, ver Charles Tripp, *A History of Iraq*, 3ª ed. (Cambridge University Press, 2007). Sobre o Líbano, ver Elizabeth Picard, *Lebanon: A Shattered Country* (Holmes and Meier, 2002); e sobre a Jordânia, recomendamos o trabalho de Philip Robins, *A History of Jordan* (Cambridge University Press, 2004). Para seu finado rei, ver Miriam Joyce, *The Career of King Hussein* (Palgrave Macmillan, 2008); ou Nigel J. Ashton, *King Hussein of Jordan: A Political Life* (Yale University Press, 2008). O Egito na década de 1990 é descrito por Mary Anne Weaver, *Portrait of Egypt* (Farrar, Straus and Giroux, 1999); Geneive Abdo, *No God but God: Egypt and the Triumph of Islam* (Oxford University Press, 2000); e Saad Eddin Ibrahim, *Egypt, Islam, and Democracy: Twelve Critical Essays*, 2ª ed. (American University in Cairo Press, 2002). Temas curdos são tratados em Henri J. Barkey, *Turkey's Kurdish Question* (Rowman and Littlefield, 1998); Metin Heper, *The State and the Kurds in Turkey: The Question of Assimilation* (Palgrave Macmillan, 2007); David McDowall, *A Modern History of the Kurds* (Tauris, 1996); Robert Olson, ed., *The Kurdish National Movement in the 1990s* (University of Kentucky Press, 1996); Cenk Saraçoğlu, *Kurds of Modern Turkey: Migration, Neoliberalism, and Exclusion in Turkish Society* (Tauris Academic Studies, 2011); e Gareth R. V. Stansfield, *Iraqi Kurdistan: Political Development and Emergent Democracy* (Routledge-Curzon, 2003). A posposta admissão da Turquia na União Europeia é analisada em Mehmet Ugur e Nergis Canafe, eds., *Turkey and European Integration* (Routledge, 2004). Os vínculos estrangeiros da Turquia são revelados em Ofra Bengio, *The Turkish-Israeli Relationship: Changing Ties of Middle Eastern Outsiders* (Palgrave Macmillan, 2004). Ela também escreveu *The Kurdish Awakening: Nation Building in a Fragmented Homeland* (University of Texas Press, 2014). Algumas descrições pessoais recentes do Oriente Médio de viajantes estrangeiros são Christopher De Bellaigne, *In the Rose Garden of the Martyrs: A Memoir of Iran* (HarperCollins, 2004); Steven C. Caton, *Yemen Chronicle: An Anthropology of Man and Mediation* (Hill and Wang, 2005); Miriam Cooke, *Dissident Syria: Making Oppositional Arts Official* (Duke University Press, 2007); Elizabeth Warnock Fernea e Robert A. Fernea, *The Arab World: Forty Years of Change* (Anchor, 1997); Tony Horwitz, *Baghdad Without a Map* (Dutton, 1991); Tim Mackintosh-Smith, *Travels in Dictionary Land* (John Murray, 1997); e Jennifer Miller, *Inheriting the Holy Land: An American's Search for Hope in the Middle East* (Ballantine, 2005). Especialistas em Oriente Médio não deveriam pensar a arte como um fenômeno do passado. A arte moderna é mostrada em Fran Lloyd, ed., *Con-*

temporary Arab Women's Art: Dialogues of the Present (Women's Art Gallery [London], 1999); Lilianne Karnouk, *Modern Egyptian Art*, new ed. rev. (American University in Cairo Press, 2005); Rose Issa, Ruyin Pahbaz, e Daryush Shayegan, *Iranian Contemporary Art* (Barbican Art Galleries, 2001); Hamid Dabashi, *Close Up: Iranian Cinema, Past, Present, and Future* (Verso, 2001); Saeb Eigner, *Art of the Middle East: Modern and Contemporary Art of the Arab World and Iran* (Merrill, 2010); e Yigal Zalmona, *A Century of Israeli Art* (Ilund Humphries, 2010).

Capítulo 21 A década Pós-11/9 no Oriente Médio

Muitos livros apareceram sobre os ataques comumente chamados 11/9, mas seu melhor ponto de partida é *The 9/11 Commission Report: Final Report of the National Commission on Terrorist Attacks upon the United States* (Norton, 2004). Não só é bem escrito e completo, como possui fontes bibliográficas e está disponível on-line em: www.9-11commission.gov/report/911Report.pdf. O jornalista americano Jim Sciutto registra a antipatia muçulmana aos Estados Unidos desde o 11/9 em *Against Us: The New Face of America's Enemies in the Muslim World* (Harmony, 2008). O trabalho de Robert Pape, *Dying to Win: The Strategic Logic of Suicide Terrorism* (Random House, 2005) argumenta que os terroristas suicidas tendem a ser mais nacionalistas do que islâmicos. Um volume editado útil sobre as causas e respostas apropriadas ao terrorismo é Robert Imre, T. Brian Mooney, e Benjamin Clarke, eds., *Responding to Terrorism* (Ashgate, 2008). A história geral das transações dos Estados Unidos com o Oriente Médio é David W. Lesch e Mark L. Haas, *The Middle East and the United States*, 5ª ed. atualizada (Westview Press, 2014). Uma exposição sobre os horríveis efeitos das políticas e ações europeias e americanas no Oriente Médio é o trabalho de Jeremy Salt, *The Unmaking of the Middle East: A History of Western Disorder in Arab Lands* (University of California Press, 2008). Uma descrição épica belamente escrita por Robert Fisk é *The Great War for Civilization: The Conquest of the Middle East* (Vintage, 2007). Ver também Ahmad S. Moussali, *U.S. Foreign Policy and Islamist Politics* (University Press of Florida, 2008); Juan Cole, *Engaging the Muslim World* (Palgrave Macmillan, 2009); William A. Rugh, *American Encounters with the Arabs* (Praeger, 2006); e Robert E. Looney, (*Handbook of US-Middle East Relations* Routledge, 2009). Sobre o envolvimento conjunto de Estados Unidos e Europa, ver Ivo Daalder, Nicolle Goresotto e Philip Gordon, eds., *Crescent of Crisis: U.S.-European Strategy for the Greater Middle East* (Brookings Institution Press, 2006). Sobre a evolução do papel da Grã-Bretanha, ver Rosemary Hollis, *Britain and the Middle East in the 9/11 Era* (Wiley-Blackwell, 2010); e Zach Levey e Elie Podeh, eds., *Britain and the Middle East: From Imperial Power to Junior Partner* (Sussex Academic Press, 2008). Sobre os neoconservadores, comece com Francis Fukuyama, *America at the Crossroads: Democracy, Power, and the Neoconservative Legacy* (Yale University Press, 2006); seguido por Irwin Steltzer, ed., *The Neocon Reader* (Grove Press, 2004). O trabalho de Murray Freedman, *The Neoconservative Revolution: Jewish Intellectuals and the Shaping of Public Policy* (Cambridge University Press, 2005) é um tratamento equilibrado de um tema sensível. Três neoconservadores famosos escreveram sobre como os americanos deveriam tratar o Oriente Médio: Douglas Feith, *War and Decisions: Inside the Pentagon at the Dawn of the War on Terrorism* (HarperCollins, 2008); e David Frum e Richard Perle, *An End to Evil: How to Win the War on Terror* (Random House, 2003). O gabinete de George W. Bush é tratado em Jim Mann, *The Rise of the Vulcans: The History of Bush's War Cabinet* (Viking, 2004); e em quatro livros escritos por Bob Woodward e publicados por Simon and Schuster: *Bush at War* (2002), *Plan of Attack* (2004), *State of Denial* (2006), e *The War Within* (2008), cada um deles mais crítico que o anterior. O livro que provavelmente mais influenciou os formuladores de políticas de Bush foi o de Kenneth M. Pollack, *The Threatening Storm: The Case for Invading Iraq* (Random House, 2002), mas eles provavelmente não leram suas advertências sobre a necessidade de alinhar o Conselho de Segurança da ONU, e Pllack mais tarde denunciou as políticas de Bush. Depois, leia o trabalho de Rashid Khalidi, *Sowing Crisis: The Cold War and American Dominance in the Middle East* (Beacon Press, 2009). Complemente-o com os de Zbigniew Brzezinski, *The Choice: Global Domination or Global Leadership* (Basic Books, 2004); Richard A. Clarke, *Against All Enemies: Inside America's War on Terror* (Free Press, 2004); Lawrence Freedman, *A Choice of Enemies: America Confronts the Middle East* (Public Affairs, 2008); Steven Kinzer, *Overthrow* (Henry Holt, 2006); Anonymous [Michael Scheuer], *Imperial Hubris: Why the West Is Losing the War on Terror* (Brassey's, 2004); Thomas Ricks, *Fiasco: The American Military Adventure in Iraq* (Penguin, 2007); Joseph E. Stiglitz e Linda J. Bilmes, *The Three Trillion Dollar War* (Norton, 2008); Ron Suskind, *The Way of the World* (HarperCollins, 2008); e o de Craig Ungar, *American Armageddon* (Scribner, 2007). Trabalhos favorecendo as políticas de Bush são Joseph Braude, *The New Iraq* (Basic Books, 2003); Raphael Israeli, *The Iraq War:*

Hidden Agendas and Babylonian Intrigue (Sussex Academic Press, 2004); Gary Rosen, *The Right War?: The Conservative Debate on Iraq* (Cambridge University Press, 2005); Fouad Ajami, *The Foreigner's Gift: The Americans, the Arabs, and the Iraqis in Iraq* (Free Press, 2006); e Michael Yon, *Moment of Truth in Iraq* (Richard Vigilante, 2008). Críticas à Guerra do Iraque incluem Williamson Murray e Robert H. Scales Jr., *The Iraq War: A Military History* (Belknap Press, 2003); Ali A. Allawi, *The Occupation of Iraq: Winning the War, Losing the Peace* (Yale University Press, 2007); Rajiv Chandrasekaran, *Imperial Life in the Emerald City: Inside Iraq's Green Zone* (Vintage, 2006); Charles H. Ferguson, *No End in Sight: Iraq's Descent into Chaos* (Public Affairs, 2008); Peter Galbraith, *The End of Iraq: How American Incompetence Created a War Without End* (Simon and Schuster, 2007); Michael Gordon e General Bernard E. Trainor, *Cobra II: The Inside Story of the Invasion and Occupation of Iraq* (Vintage, 2007); Seymour M. Hersh, *Chain of Command: The Road from 9/11 to Abu Ghraib* (HarperCollins, 2004); Tareq Ismael e William W. Haddad, eds., *Iraq: The Human Cost of History* (Pluto Press, 2004); Anthony Shadid, *Night Draws Near* (Henry Holt, 2006); Peter J. Munson, *Iraq in Transition: The Legacy of Dictatorship and the Prospects for Democracy* (Potomac, 2009); e James Dobbins et al., *Occupying Iraq: A History of the Coalition Provisional Authority* (Rand Corporation, 2009). Um jornalista famoso especula sobre o envolvimento de Israel em John K. Cooley, *An Alliance Against Babylon: The U.S., Israel, and Iraq* (Pluto Press, 2005). Os piores escândalos da Guerra do Iraque dizem respeito ao abuso americano de prisioneiros e detidos. Para a visão do governo, ver Steven Strasser, ed., *The Abu Ghraib Investigations: The Official Report of the Independent Panel and Pentagon on the Shocking Prisoner Abuse in Iraq* (PublicAffairs, 2004). Menos oficial e mais sistemático é o trabalho de Mark Danner, *Torture and Truth: America, Abu Ghraib, and the War on Terror* (New York Review Book, 2004). Uma ferramenta de referência geral é Thomas R. Monkaitis, ed., *The Iraq War Encyclopedia* (ABC-Clio, 2013). Sobre problemas dos curdos iraquianos, ver Joost R. Hiltermann, *A Poisonous Affair: America, Iraq, and the Gassing of Halabja* (Cambridge University Press, 2007); Liam Anderson e Gareth Stansfield, *Crisis in Kirkuk: The Ethnopolitics of Conflict and Compromise* (University of Pennsylvania Press, 2009); e Brendan O'Leary, John McGarry e Khaled Salih, *The Future of Kurdistan in Iraq* (University of Pennsylvania Press, 2005). Há muitos livros sobre o recente conflito entre Israel e os palestinos. Para o lado de Israel, comece com Itamar Rabinovich, *Waging Peace: Israel and the Arabs, 1948-2003*, atualizado e revisado (Princeton University Press, 2004). Depois, veja Alan Dershowitz, *The Case for Peace: How the Arab-Israeli Conflict Can Be Resolved* (Wiley, 2005). Ephraim Karsh, *Arafat's War: The Man and His Battle for Israeli Conquest* (Grove Press, 2003) é previsivelmente hostil ao finado líder da OLP. Outros livros pró-Israel incluem Haim Harari, *A View From the Eye of the Storm* (Regan, 2005), uma descrição muito pessoal de um cientista israelense; Gerald A. Honigman, *The Quest for Justice in the Middle East* (Creation House, 2009), respondendo à propaganda palestina e identificando grupos étnicos oprimidos pelos árabes; Michel Korinman e John Laughland, eds., *Israel on Israel* (Vallentine Mitchell, 2008); Menachem Klein, *The Shift: Israel-Palestine from Border Struggle to Ethnic Conflict* (Columbia University Press, 2010); Joseph Ginat e outros, eds., *The Middle East Peace Process: Vision vs. Reality* (University of Oklahoma Press, 2002); e Moshe Ma'oz, ed., *Muslim Attitudes to Jews and Israel* (Sussex Academic Press, 2010). Em geral simpático a Israel, mas consciente de suas divisões culturais, é o trabalho de Donna Rosenthal, The *Israelis: Ordinary People in an Extraordinary Land* (Perennial, 2003). Críticos a Israel são Edward Abboud, *Invisible Enemy: Israel, Politics, Media, and American Culture* (Vox, 2001), que argumenta fortemente que Israel não é um aliado atuando pelo interesse americano; e uma importante acadêmica israelense, Tanya Reinhart, *Israel/Palestine: How to End the War of 1948* (Seven Stories Press, 2002), que descreve as políticas de Israel como fatalmente fadadas ao fracasso. Similar em seus argumentos, mas muito mais iconoclasta em seu tom, é Richard Ben Cramer, *How Israel Lost: The Four Questions* (Simon and Schuster, 2004). Um sintoma da fragmentação da sociedade israelense é a crescente relutância de seus soldados em servir nas áreas ocupadas. Ver Ronit Chacham, *Breaking Ranks: Refusing to Serve in the West Bank and the Gaza Strip* (Other Press, 2003). Charles Enderlin, *The Lost Years: Radical Islam, Intifada, and Wars in the Middle East, 2000-2006*, trad. Suzanne Verderber (Other Press, 2007) apresenta uma visão da direita israelense. Saree Makdisi, *Palestine Inside Out: An Everyday Occupation* (Norton, 2008) esboça as vidas diárias de palestinos sob a ocupação israelense. Ver também uma coletânea de ensaios de Edward W. Said, publicada postumamente, *From Oslo to Iraq and the Road Map* (Pantheon, 2004). Jan Selby, *Water, Power, and Politics in the Middle East: The Other Israeli-Palestinian Conflict* (Tauris, 2003) mostra como os recursos hídricos figuram na luta pelo poder. Eyal Weizman, *Hollow Land: Israel's Architecture of Occupation* (Verso, 2007) descreve os processos pelos quais Israel aumenta seu controle sobre a Cisjordânia. Jonathan Cook, *Disappearing Palestine: Israel's Experiments in Human Despair* (Zed, 2008) escreve sobre as políticas repressivas de Israel e seus efeitos sobre os palestinos. O trabalho de Jeff Halper, *An Israeli in Palestine: Resisting Dispossession, Redeeming Israel (Pluto Press, 2008) is a personal account.* Kathleen and Bill Christison's *Palestine in Pieces: Graphic Perspectives on the Israeli Occupation* (Pluto Press, 2009) é valioso por suas fotografias. O trabalho de Ghada Karmi, *Married to Another Man: Israel's Dilemma in Palestine* (Pluto Press, 2007) defende detalhadamente a posição palestina. Noam Chomsky e Ilan Pappé, *Gaza in Crisis: Reflections on Israel's War Against the Palestinians* (Hamish Hamilton, 2010) critica Israel e a Autoridade Palestina. Ilan Pappé também escreveu *The Ethnic Cleansing of Palestine* (One World Publications, 2007). Tendências recentes entre cidadãos palestinos (ou árabes) de Israel são tratadas em Oded Halkai, *Palestinian Ethnonationalism in Israel* (University of Pennsylvania Press, 2011); Ilan Peleg e Dov Waxman, *Israel's Palestinians: The Conflict Within* (Cambridge University Press, 2011); e Ilan Pappé, *The Forgotten Palestinians: A History of the Palestinians in Israel* (Yale University Press, 2011). De certo modo, relacionado é Ilan Pappé e Jamil Hilal, eds., *Across the Wall: Narratives of Israeli-Palestinian History* (Tauris, 2010), que inclui escritores israelenses e palestinos. Ver também Nigel Parsons, *The Politics of the Palestinian Authority: From Oslo to al-Aqsa* (Routledge, 2005). Recomendamos muito Bernard Wasserstein, *Israelis and Palestinians: Why Do They Fight? Can They Stop?*, 2ª ed. (Yale University Press, 2004). O trabalho de Rashid Khalidi, *The Iron Cage: The Story of the Palestinian Struggle for Statehood* (Beacon Press, 2006) apresenta uma visão oposta. Zaki Chehab, um jornalista britânico de origem palestina, escreveu *Inside Hamas: The Untold Story of the Militant Islamic Movement* (Nation Books, 2008). O trabalho de Yonah Alexander, *Palestinian Religious Terrorism: Hamas and Islamic Jihad* (Transnational, 2002) não é amigável com seu tema, mas apresenta o texto da carta do Hamas e vários comunicados políticos e militares. Para uma visão mais favorável, ver Azzam Tamimi, *Hamas: Unwritten Chapters* (Hurst, 2007). Um livro relativamente recente sobre o processo de paz é Aaron David Miller, *The Much Too Promised Land: America's Elusive Search for Arab-Israeli Peace* (Bantam, 2008). A história recente do papel dos Estados Unidos no processo de paz árabe-israelense e as opções do sucessor de Bush são discutidas em Daniel C. Kurtzer e Scott B. Lasensky, *Negotiating Arab-Israeli Peace: American Leadership in the Middle East* (United States Institute of Peace Press, 2008). Sean F. McMahon, *The Discourse of Palestinian-Israeli Relations*

(Routledge, 2010) argumenta que os discursos das várias partes arruinaram o processo de paz de Oslo. Moises F. Salinas, *Planting Hatred, Sowing Pain* (Praeger, 2007) vê fatores psicológicos entre israelenses e palestinos bloqueando qualquer acordo de paz. Um trabalho de referência útil é o de Malkit Shoshan, *Atlas of the Conflict: Israel-Palestine* (010 Publishers, 2010), com mapas, tabelas demográficas, um léxico e fotos. Dois livros introdutórios sobre a história israelense são o de Martin Gilbert, *Israel: A History*, 2ª ed. (Doubleday, 2008); e o de Barry Rubin, *Israel: An Introduction* (Yale University Press, 2012). Anteriormente, citamos alguns livros sobre Jerusalém, mas, sobre Tel Aviv, ver Ma'oz Azaryahu, *Tel Aviv: Mythography of a City* (Syracuse University Press, 2007); Ma'oz Azaryahu e S. Ilan Troen, eds., *Tel Aviv, the First Century: Visions, Designs, Actualities* (Indiana University Press, 2012); e Adam LeBor, *City of Oranges* (Norton, 2007). Livros sobre política islâmica pós-11/9 incluem Akbar Ahmed, *Journey into Islam Today: The Crisis of Globalization* (Brookings Institution Press, 2007); Abdullahi Ahmed an-Naim, *Islam and the Secular State* (Harvard University Press, 2008); Raymond William Baker, *Islam Without Fear: Egypt and the New Islamists* (Harvard University Press, 2003); David Cook, *Martyrdom in Islam* (Cambridge University Press, 2007); Lawrence Davidson, *Islamic Fundamentalism: An Introduction* (Greenwood Press, 2003); Gilles Kepel, *The War for Muslim Minds: Islam and the West* (Belknap Press, 2004); Omar Nasiri, *Inside the Jihad: My Life with Al Qaeda* (Basic Books, 2006); e Berna Turam, *Between Islam and the State: The Politics of Engagement* (Stanford University Press, 2007). O trabalho de Steve Coll, *The Bin Ladens: An Arabian Family in the American Century* (Penguin, 2008) destaca os vínculos entre essa extensa família e líderes da América. Escritos muçulmanos traduzidos aparecem em John Esposito e John Voll, eds., *Makers of Contemporary Islam* (Oxford University Press, 2001); e Charles Kurzman, ed., *Liberal Islam: A Sourcebook* (Oxford University Press, 1998). Estudantes iniciantes sobre o Irã deveriam consultar primeiro Laura K. Egendorf, ed., *Iran* (Greenhaven Press, 2006), um volume na série "pontos de vista opostos", mostrando os dois lados. Livros sobre o Irã tratando desse período incluem Touraj Daryaee, ed., *The Oxford Handbook of Iranian History* (Oxford University Press, 2012); Geneive Abdo e Jonathan Lyons, *Answering Only to God: Faith and Freedom in Twenty-First-Century Iran* (Henry Holt, 2003); Asaf Bayat, *Making Islam Democratic: Social Movements and the Post-Islamic Turn* (Stanford University Press, 2007); Ali Gheissari e Vali Nasr, *Democracy in Iran: History and the Quest for Liberty* (Oxford University Press, 2006); Stephanie Cronin, ed.,

Reformers and Revolutionaries in Modern Iran: New Perspectives on the Iranian Left (Routledge Curzon, 2004); Homa Katouzian, *Iranian History and Politics: The Dialectic of State and Society* (Routledge Curzon, 2003); Anoushirvan Ehtishami e Mahjoob Zweiri, eds., *Iran's Foreign Policy from Khatasmi to Ahmadinejad* (Ithaca Press, 2008); Ray Takeyh, *Hidden Iran: Paradox and Power in the Islamic Republic* (Times Books, 2006); Seyyed Hossein Mousavian, *Iran-Europe Relations: Challenges and Opportunities* (Routledge, 2008); Trita Parsi, *Treacherous Alliance: The Secret Dealings of Israel, Iran, and the United States* (Yale University Press, 2007); Hooman Majd, *The Ayatollah Begs to Differ: The Paradox of Modern Iran* (Doubleday, 2008); os dois livros de Ali Mirsepassi: *Democracy in Modern Iran: Islam, Culture, and Political Change* (New York University Press, 2010) e *Political Islam, Iran, and the Enlightenment: Philosophies of Hope and Despair* (Cambridge University Press, 2011); David Menashri, *Post-Revolutionary Politics in Iran: Religion, Society, and Politics* (Frank Cass, 2001); Vali Nasr, *The Shia Revival* (Norton, 2007); e Robin Wright, ed., *The Iran Primer: Power, Politics, and U.S. Policy* (United States Institute of Peace Press, 2010). Para a vida do controverso presidente do Irã, Kasra Naji, *Ahmadinejad: The Secret History of Iran's Radical Leader* (University of California Press, 2008). Blogs populares são descritos em Nasrin Alavi, *We Are Iran* (Portobello, 2005). A força militar potencial do Irã inspirou vários livros: Thérèse Delpech, *Iran and the Bomb: The Abdication of International Responsibility*, trad. Ros Schwartz (Columbia University Press, 2007); David Barsamian, ed., *Targeting Iran* (City Lights, 2007); e Brian Michael Jenkins, *Will Terrorists Go Nuclear?* (Prometheus, 2008). A perspectiva socialista é mostrada por Andreas Malm e Shora Esmailian, *Iran on the Brink: Rising Workers and Threats of War* (Pluto Press, 2007). As relações entre o Ocidente e os islâmicos da Turquia são o principal tópico do trabalho de Berna Turam, *Between Islam and the State: The Politics of Engagement* (Stanford University Press, 2007). O que os turcos lembram e esquecem sobre seu passado é tratado em Esra Özyürek, ed., *The Politics of Public Memory in Turkey* (Syracuse University Press, 2007). Ver também Arda Can Kumbaracibaşi, *Turkish Politics and the Rise of the AKP* (Routledge, 2009), um estudo detalhado do importante partido islâmico da Turquia; e Merve Karakci Islam, *Headscarf Politics in Turkey: A Post-colonial Reading* (Palgrave Macmillan, 2010), que recomenda descontinuar o banimento do véu, que, na verdade, ocorreu em 2013. Sobre a sociedade turca, ler Chris Morris, *The New Turkey: The Quiet Revolution on the Edge of Europe* (Granta, 2005). A história moderna do Líbano tende a ser escrita através de lentes parciais. O trabalho de Marius Deeb, *Syria's Terrorist War on Lebanon and the Peace Process* (Palgrave Macmillan, 2003) idealiza o Líbano como uma democracia liberal e se ressente claramente da longa ocupação pela Síra. O trabalho de Fawwaz Traboulsi, *History of Modern Lebanon* (Pluto Press, 2007) vê o Líbano como um Estado árabe. Estudantes iniciantes deveriam começar Sandra Mackey, *Mirror of the Arab World: Lebanon in Conflict* (Norton, 2008), porque é bem escrito e situa o Líbano em seu contexto mais amplo. Depois, ver Max Weiss, *In the Shadow of Sectarianism: Law, Shi'ism, and the Making of Modern Lebanon* (Harvard University Press, 2010); Kamal Dib, *Warlords and Merchants: The Lebanese Business and Professional Establishment* (Ithaca Press, 2004); e Michael Young, *The Ghosts of Martyrs Square* (Simon and Schuster, 2010). Sobre o Hezbollah e seu contexto libanês, ver Eitan Azoni, *Hezbollah: The Story of the Party of God– From Revolution to Institutionalization* (Palgrave Macmillan, 2009); Ahmad Nizar Hamzeh, *In the Path of Hizbullah* (Syracuse University Press, 2004); Judith Palmer Harik, *Hezbollah: The Changing Face of Terrorism* (Tauris, 2004); Nubar Hovsepian, ed., *The War on Lebanon: A Reader* (Olive Branch Press, 2008); e Augustus R. Norton, *Hezbollah: A Short History* (Princeton University Press, 2007). Isso nos leva à Síria. Barry Rubin apresenta uma perspectiva israelense, *The Truth About Syria* (Palgrave Macmillan, 2007); David W. Lesch, *The New Lion of Damascus: Bashar al-Asad and Modern Syria* (Yale University Press, 2005); ou Flynt Leverett, *Inheriting Syria: Bashar's Trial by Fire* (Brookings Institution Press, 2005). Sobre uma importante aliança política e militar, ler Jubin M. Goodarzi, *Syria and Iran: Diplomatic Alliance and Power Politics in the Middle East* (Tauris Academic Studies, 2006). A instável economia e o declínio moral do Egito na primeira década do século XXI são os temas de Tarek Osman, *Egypt on the Brink: From Nasser to Mubarak* (Yale University Press, 2010); John R. Bradley, *Egypt: The Land of the Pharaohs on the Brink of a Revolution* (Palgrave Macmillan, 2008); Dina Shehata, *Islamists and Secularists in Egypt: Opposition, Conflict, and Cooperation* (Routledge, 2010); e Eberhard Kienle, *A Grand Delusion: Democratic and Economic Reform in Egypt* (Tauris, 2001). Ver também Robert O. Collins, The Nile (Yale University Press, 2008). Mais pessoal é Pauline Kaldas, *Letters From Cairo* (Syracuse University Press, 2007). Asef Bayat, *Life as Politics: How Ordinary People Change the Middle East* (Stanford University Press, 2010) antecipa a iminente Primavera Árabe. Jillian Schwedler, *Faith in Moderation: Islamist Parties in Jordan and Yemen* (Cambridge University Press, 2006) trata de dois países que mereciam mais atenção do que receberam. Sobre a Jordânia, ver também Marwan Muasher, *The Arab Center: The Promise of Moderation* (Yale University Press, 2008); e um livro do Rei Abdallah, *Our Last Best Chance: The Pursuit of Peace in a Time of Peril* (Penguin, 2011). Sobre o Golfo Pérsico, duas análises úteis são Mehran Kamrava, ed., *International Politics of the Persian Gulf* (Syracuse University Press, 2010); e F. Gregory Gause III, *International Relations of the Persian Gulf* (Cambridge University Press, 2010), focados em suas relações com o contexto de um sistema de segurança nacional. O envolvimento americano é tratado em Robert J. Pauly Jr., *US Foreign Policy and the Persian Gulf: Safeguarding American Interests Through Selective Multilateralism* (Ashgate, 2005). Sobre o envolvimento anglo-americano, Jeffrey R. Macris, *The Politics and Security of the Gulf* (Routledge, 2010). Sobre a conexão leste-asiática, ver Christopher Davidson, *The Persian Gulf and Pacific Asia from Indifference to Interdependence* (Columbia University Press, 2010); e Geoffrey Kemp, *The East Moves West: India, China, and Asia's Growing Presence in the Middle East* (Brookings Institution Press, 2010). Basicamente dedicado à região do Golfo e à Jordânia é Joseph A. Kéchichian, *Power and Succession in Arab Monarchies: A Reference Guide* (Lynne Rienner, 2008). Uma coletânea relacionada de trabalhos acadêmicos é Joseph Kostiner, ed., *Middle East Monarchies: The Challenge of Modernity* (Lynne Rienner, 2000). Uma conferência em Abu Dhabi, consistindo basicamente de líderes e estudiosos locais, é relatada em *The Gulf: Challenges of the Future* (Emirates Center for Strategic Studies and Research, 2005), sem indicação de autores ou editores. Um livro introdutório à história saudita, destinado a leitores gerais, é o de Mark Weston, *Prophets and Princes: Saudi Arabia from Muhammad to the Present* (Wiley, 2008). Ler, depois, Sherifa Zuhur, *Saudi Arabia* (ABC-Clio, 2011), uma análise abrangente e ilustrada do reino. Estudos de mulheres incluem Afsaneh Najmabadi, *Women with Mustaches and Men Without Beards: Gender and Sexual Anxieties of Iranian Modernity* (University of California Press, 2005); Noga Efrati, *Women in Iraq: Past Meets Present* (Columbia University Press, 2012); e Fatma Kassem, *Palestinian Women: Narrative Histories and Gendered Memory* (Zed, 2011). Estudos sobre homens do Oriente são um novo tema, mas ver Mai Ghoussoub e Emma Sinclair-Webb, eds., *Imagined Masculinities: Male Identity and Culture in the Modern Middle East* (Saqi Books, 2000); e Joseph A. Massad, *Desiring Arabs* (University of Chicago Press, 2008). Sobre um tópico relacionado, ver Elizabeth Warnock Fernea, ed., *Remembering Childhood in the Middle East: Memoirs from a Century of Change* (University of Texas Press, 2002).

John Borneman, *Syrian Episodes: Sons, Fathers, and an Anthropologist in Aleppo* (Princeton University Press, 2007) descreve estudantes universitários sírios. Um livro divertido e perceptivo sobre os jovens do Oriente Médio, tanto homens como mulheres, é o de Allegra Stratton, *Muhajababes* (Melville House, 2008).

Capítulo 22 Na estação do descontentamento árabe

A ausência de democracia, na verdade, responsabilidade governamental, no Oriente Médio, especialmente nos países árabes, tem sido a principal causa das revoluções, de modo que seria bom começar com livros sobre descontentamento: Michele Penner Angrist, *Politics and Society in the Contemporary Middle East*, 2ª ed. (Lynne Rienner, 2013) é escrito em um estilo que estudantes iniciantes podem prontamente compreender. Seguido de Holger Albrecht, ed., *Contentious Politics in the Middle East* (University Press of Florida, 2010); Judith Cochran, *Democracy in the Middle East: The Impact of Religion and Education* (Lexington, 2011); e Marsha Pripstein Posusney e Michele Penner Angrist, eds., *Authoritarianism in the Middle East: Regimes and Resistance* (Lynne Rienner, 2005). Mais especificamente sobre democracia, ver Nathan J. Brown e Emad El-Din Shahin, eds., *The Struggle Over Democracy in the Middle East: Regional Politics and External Policies* (Routledge, 2010); e Ibrahim Elbadawi and Samir Makdisi, eds., *Democracy in the Arab World: Explaining the Deficit* (Routledge, 2011).

Especialmente para o Irã e a Turquia, ver Güneş Murat Tezcür, *Muslim Reformers in Iran and Turkey: The Paradox of Moderation* (University of Texas Press, 2010); e Yahya R. Kamalipour, *Media, Power, and Politics in the Digital Age: The 2009 Presidential Election Uprising in Iran* (Rowman and Littlefield, 2010). Sobre as revoluções árabes, um estudo sobre os eventos que ocorreram em cada país está em David W. Lesch e Mark L. Haas, eds., *The Arab Spring: Change and Resistance in the Middle East* (Westview Press, 2016). Livros, especificamente sobre o Egito, incluem Anwar Alam, ed., *Arab Spring: Reflections on Political Changes in the Arab World and Its Future* (New Century Publications, 2014); Marwan Bishara, *The Invisible Arab: The Promise and Peril of the Arab Revolutions* (Nation Books, 2012); Steven A. Cook, *False Dawn: Protest, Democracy, and Violence in the New Middle East* (Oxford University Press, 2017); Jean-Pierre Filiu, *Arab Revolution: Ten Lessons from the Democratic Uprising* (Oxford University Press, 2011); James L. Gelvin, *The New Middle East: What Everyone Needs to Know* (Oxford University Press, 2018); Wael Ghoneim, *Revolution 2.0* (Houghton Mifflin, 2012); Ashraf Khalil, *Liberation Square* (St. Martin's Press, 2011); Marc Lynch, *The Arab Uprising: The Unfinished Revolutions of the New Middle East* (Public Affairs, 2012); e Robin Wright, *Rock the Casbah: Rage and Rebellion Across the Islamic World* (Simon and Schuster, 2011). Um ensaio sucinto sobre o papel do exército militar durante 2011, de onde citamos, é Ellis Goldberg, "What Was the Egyptian Military Thinking After The Revolution?", *The Washington Post*, January 27, 2016. Famosamente, a "Primavera Árabe" começou na Tunísia, assim, ver Safwan M. Masri e Lisa Anderson, *Tunisia: An Arab Anomaly* (Columbia University Press, 2017); e Anne Wolf, *Political Islam in Tunisia: The History of Ennahda* (Oxford University Press, 2017) para descobrir quem terminou vencendo. A religião desempenhou um papel importante no Egito, como mostram Laura Guirguis, *Copts and the Security State: Violence, Coercion, and Sectarianism in Contemporary Egypt* (Stanford University Press, 2017); S.S. Hasan, *Christians Versus Muslims in Modern Egypt* (Oxford University Press, 2003); Gillian Kennedy, *From Independence to Revolution: Egypt's Islamists and the Contest for Power* (Hurst & Company, 2017); e Beverley Milton-Edwards, *The Muslim Brotherhood: The Arab Spring and Its Future Face* (Routledge, 2016). Religião e política estiveram por muito tempo entremeados no Líbano. Ver Rula Jurdi Abisaab e Malek Abisaab, *The Shi'ites of Lebanon: Modernism, Communism, and Hizballah's Islamists* (Syracuse University Press, 2014); Asher Kaufman, *Reviving Phoenicia: The Search for Identity in Lebanon* (I.B. Tauris, 2004); e Maximilian Felseh e Martin Wälisch, *Lebanon and the Arab Uprisings: In the Eye of the Hurricane* (Routledge, 2016). Na Síria, a dominação política da alawis foi um fator na revolta e prolongada guerra civil. Ver Stefan Winter, *A History of the Alawis from Medieval Aleppo to the Turkish Republic* (Princeton University Press, 2016); e Michael Kerr e Craig Larkin, eds., *The Alawis of Syria: War, Faith, and Politics in the Levant* (Oxford University Press, 2015). Para uma história geral da Síria, ver os trabalhos de John McHugo, *Syria: A Recent History* (Saqi Books, 2014); Reese Erlich, *Inside Syria: The Backstory of their Civil War and What the World Can Expect* (Prometheus Books, 2014); e Emile Hokayem, *Syria's Uprising and the Fracturing of the Levant* (International Institute for Strategic Studies, 2013). Sobre os resultados da revolta, ler Nikolaos Van Dam, *Destroying a Nation: The Civil War in Syria* (I.B. Tauris, 2017). Sobre a experiência síria, ver Wendy Pearlman, ed., *We Crossed a Bridge and It Trembled: Voices From Syria* (Harper Collins, 2017); e Janine Di Giovanni, *Dispatches From Syria: In the Morning They Came for Us* (Bloomsbury, 2016). A história padrão do Iraque moderno saiu com uma nova co-autoria: Phebe Marr e Ibrahim Al-Marashi, *The Modern History of Iraq*, 4ª ed. (Westview Press, 2017) cobre os eventos até 2016 e inclui tabelas, glossário, breves biografias de políticos e uma bibliografia. Um bom volume de análise sobre o Iraque é Gareth Stansfield, *Iraq: People, History, Politics*, 2ª ed. (Polity Press, 2016). Bastante deprimente é Zaid al-Ali, *The Struggle for Iraq's Future: How Corruption, Incompetence, and Sectarianism Have Undermined Democracy* (Yale University Press, 2014). Irônico e por vezes divertido é Emma Sky, *The Unraveling: High Hopes and Missed Opportunities in Iraq* (Public Affair Press, 2015). A questão curda é tratada em Karim Yildiz, *The Kurds of Iraq: Past, Present, and Future* (Pluto Press, 2007) e Hannes Černy, *Iraqi Kurdistan, the PKK, and International Relations* (Routledge, 2018). Com relação à Arábia Saudita e aos pequenos estados do Golfo, ver Stéphane Lacroix, *Awakening Islam: The Politics of Religious Dissent in Contemporary Saudi Arabia*, trad. George Holoch (Harvard University Press, 2011); e Khalid S. Almezaini e Jean-Marc Rickli, eds., *The Small Gulf States: Foreign and Security Policies Before and After the Arab Spring* (Routledge, 2017). Sobre o conflito no Iêmen, recomendamos Ginny Hill, *Yemen Endures: Civil War, Saudi Adventurism, and the Future of Arabia* (Oxford University Press, 2017). Omã está estreitamente relacionado a esses outros estados em Jeremy Jones e Nicholas Ridout, *Oman: Culture and Diplomacy* (Edinburgh University Press, 2012). A busca pela paz entre Israel e os palestinos prossegue. Ver o trabalho de Yair Hirschfeld, *Track Two Diplomacy Toward an Israeli-Palestinian Solution, 1978-2014* (Johns Hopkins University Press, 2014), que é útil para referência. Elie Podeh, *Chances for Peace: Missed Opportunities in the Arab-Israeli Conflict* (University of Texas Press, 2015); e Sheila H. Katz, *Connecting with the Enemy: A Century of Palestinian-Israeli Joint Nonviolence* (University of Texas Press, 2016) ambos são claros. Os sentimentos dos palestinos encontram expressão em Ahdaf Soueif e Omar Robert Hamilton, eds., *This Is Not a Border* (Bloomsbury, 2017). Nem todas as minorias de Israel são palestinas, como mostra Mya Guarnieri Jaradat, *The Unchosen: Lives of Israel's New Others* (Pluto Press, 2017). Livros recentes sobre a Turquia incluem Tahir Abbas, *Contemporary Turkey in Conflict: Ethnicity, Islam, and Politics* (Edinburgh University Press, 2017); Bahar Baser, *Authoritarian Politics in Turkey: Elections, Resistance, and the AKP* (I.B. Tauris, 2017); Salma Boilaert, ed., *Turkey: Conditions, Issues, and U.S. Relations* (Nova Publishers, 2013); Soner Cagaptay, *The New Sultan: Erdogan and the Crisis of Modern Turkey* (I.B. Tauris, 2017); e

Erik Cornell, *Turkey in the Twenty-First Century: Opportunities, Challenges, Threats* (Curzon, 2002).

Sobre o Irã, ver Ali A. Ansari, *The Politics of Nationalism in Modern Iran* (Cambridge University Press, 2012); Anoushirvan Ehtishami, *Iran: Stuck in Transition* (Routledge, 2017); Kevan Harris, *Social Revolution, Politics, and the Welfare State in Iran* (University of California Press, 2017); e Daniel Brumberg e Farideh Farhi, eds., *Power and Change in Iran: Politics of Contention and Conciliation* (Indiana University Press, 2016). Livros sobre o Estado Islâmico incluem: Jessica Stern e J. M. Berger, *ISIS: The State of Terror* (HarperCollins, 2015); Michael Weiss e Hassan Hassan, *Isis: Inside the Army of Terror* (Regan Arts, 2015), William McCants, *The Isis Apocalypse: The History, Strategy and Doomsday Vision of the Islamic State* (Picador, 2016); e Fawaz Gerges, *Isis: A History* (Princeton University Press, 2017). Sobre as artes visuais contemporâneas, o Irã se destaca especialmente como evidenciado em Hamid Reza Sadr, *Iranian Cinema: A Political History* (Tauris, 2006); e Rose Issa, *Iranian Photography Now* (Prince Claus Fund Library, 2008). Para a arte árabe, especialmente a iraquiana, ver Nada Shabout, *Modern Arab Art: Formation of Arab Aesthetics* (University Press of Florida, 2007). Afim às artes visuais, a televisão e rádiodifusão árabes são tratadas Kai Hafez, ed., *Arab Media: Power and Weakness* (Continuum, 2008). Ver também Andrew Hammond, *Popular Culture in the Arab World: Arts, Politics, and the Media* (American University in Cairo Press, 2007); e Noha Mellor, Mohamad Ayish, Nabil Dajani, e Khalil Rimawi, *Arab Media* (Polity Press, 2011). Sobre folclore, ver Dwight Fletcher Reynolds, *Arab Folklore: A Handbook* (Greenwood, 2007).

Capítulo 23 A guerra fria regional no século XXI

Dos manuais disponíveis sobre as políticas do Oriente Médio, os melhores são Louise L'Estrange Fawcett, ed., *International Relations of the Middle East*, 3ª ed. (Oxford University Press, 2013); Raymond Hinnebusch, *International Politics of the Middle East*, 2ª ed. (Manchester University Press, 2015); e David E. Long, Bernard Reich, and Mark Gasiorowski, eds., *The Government and Politics of the Middle East and North Africa*, 8ª ed. (Westview Press, 2017). Sobre a economia, ver Hossein Askari, *Middle East Oil Exporters: What Happened to Economic Development?* (Edward Elgar, 2006); Clement Moore Henry e Robert Springborg, *Globalization and the Politics of Development in the Middle East*, 2ª ed. (Cambridge University Press, 2010);

Melani Cammett, Ishac Diwan, Alan Richards e John Waterbury, *A Political Economy of the Middle East*, 4ª ed. (Westview Press, 2015); e Roger Owen, *State, Power, and Politics in the Making of the Modern Middle East*, 3ª ed. (Routledge, 2004). Um manual multidisciplinar útil é Jillian Schwedler e Deborah J. Gerner, eds., *Understanding the Contemporary Middle East*, 4ª ed. (Lynne Rienner, 2013), e uma nova edição aparecerá em breve. E também Shahrough Akhavi, *The Middle East: Politics of the Sacred and Secular* (Zed, 2009), com teorias sobre políticas passadas e presentes.

Ensaio web-bibliográfico

Auxílios à pesquisa baseada na web

Os alunos muitas vezes perguntam quando podem consultar a Wikipedia. Se você está tentando verificar informações para seu próprio uso, vá adiante. Nós também usamos. Inclusive propomos verbetes. Mas se um instrutor lhe disser que não deve se basear nela quando estiver escrevendo um trabalho de pesquisa para um curso ou seminário, use outras fontes impressas ou online. Se você tem permissão para citar um verbete da Wikipedia em sua pesquisa, certifique-se de fornecer não apenas a URL, mas também a data em que você consultou o verbete, pois, como você deve saber, novas propostas podem mudar o que ela diz. Ela também possui um histórico online com cada versão.

O Centro do Registro de Nomes e Domínios Oriente Médio (Middle East Network Information Center) na Universidade do Texas possui um website elaborado (http://menic.utexas.edu), que contém informações sobre países específicos e sobre as várias sociedades e culturas da áres, links para jornais diários, e seções especificamente sobre o conflito palestino-israelense e o 11/9. Seu link para a Perry-Castañeda Library Map Collection a torna uma fonte importante para historiadores assim como para geógrafos. Ver também a coleção de mapas online, editada por Michael Izady, em Gulf/2000 Project na Universidade de Columbia.

Capítulo 1 Introdução

Capítulo 2 O Oriente Médio antes de Muhammad

Capítulo 3 Muhammad e o surgimento do islã

Um website muçulmano, "Introduzindo o Islã", inclui informações históricas, os quatro pilares, o Alcorão, o hadith e vários temas: www.islamonline.net/?p=15086.

Outros websites úteis sobre a vida de Muhammad incluem os seguintes: sobre o legado de um Profeta, www.pbs.org/muhammad/timeline_html.shtml; Wikipedia, http://en.wikipedia.org/wiki/Muhammad#Conflict_with_Mecca; sobre Muhammad e os judeus de Medina, www.pbs.org/muhammad/ma_jews. shtml; e sobre ditos selecionados do Profeta, www.twf.org/Sayings.html.

Capítulo 4 O início das conquistas árabes

O seguinte site contém informações sobre os califas rashidun: http://worldstudiesperlman.wikispaces.com/Rashidun+Caliphate.

Capítulo 5 O alto califado

Sobre a arte omíada, ver www.discoverislamicart.org/exhibitions/ISL/the_umayyads/introduction.php.

Sobre a história abássida, ver http://history-world.org/islam12.htm.

Sobre o califado em Córdoba, consultar:

http://en.wikipedia.org/wiki/Caliphate_of_C%C3%B3rdoba.

Capítulo 6 O surgimento do xiismo e o influxo dos turcos

Um website turco divertido é: www.allaboutturkey.com.

Capítulo 7 As invasões dos cruzados e dos mongóis

Um website detalhado, contendo muitos tópicos sobre as Cruzadas, é www.medievalcrusades.com.

Sobre a tecnologia mongol, ver www.uwgb.edu/dutchs/WestTech/xmongol.htm.

Capítulo 8 A civilização islâmica

Para a arquitetura abássida, ver a página de Sheila Blair, http://islamic-arts.org/2011/architecture-of-the-abbasids-iraq-iran-and-egypt; e, para a arte, ver www.metmuseum.org/toah/hd/abba/hd_abba.htm.

Você pode aprender sobre conquistas técnicas e científicas muçulmanas em www.saudiaramcoworld.com/issue/198203/science.the.islamic.legacy.htm.

Um website muçulmano sobre temas das mulheres é www.30factsaboutislam.com/explore/women-in-islam.

A cozinha islâmica medieval é tratada em www.medievalcuisine.com/Euriol/my-recipes/recipes-by-region/islamic-recipes.

Capítulo 9 Armas de fogo, escravos e impérios

Um website bem documentado sobre os mamelucos é https://quatr.us/islam/mamluks-medieval-islamic-history.htm.

Para a arte e cultura otomanas, ver também

http://en.wikipedia.org/wiki/Timeline_of_the_Ottoman_Empire; https://en.wikipedia.org/wiki/Culture_of_the_Ottoman_Empire; www.ottomanempire.com; e www.theottomans.org/english/art_culture/index.asp.

Sobre as unidades janízaras, consulte www.xenophon-mil.org/milhist/modern/janizar.htm.

Sobre as ilustrações de Isfahan: www.isfahan.org.uk.

Capítulo 10 Interesses europeus e imperialismo

Para como os pintores orientalistas viam o Oriente Próximo, consultar www.visual-arts-cork.com/history-of-art/orientalist-painting.htm.

Capítulo 11 Reformas ocidentalizadoras no século XIX

Para Mehmet Ali, ver http://i-cias.com/e.o/muhammad_ali.htmnal.htm.

Para o Canal de Suez (ilustrado), ver www.touregypt.net/suezcanal.htm.

Para os tanzimat, ver https://en.wikipedia.org/wiki/Tanzimat.

Sobre a Guerra da Crimeia, comece com a Britannica: www.britannica.com/event/Crimean-War.

Os qajars estão online em www.iranchamber.com/history/qajar/qajar.php and www.qajarpages.org. Ver também www.qajarpages.org/qajorigins.html; e o Iranian Historical Photo Archive (Arquivo de Fotos Históricas Iraniano), a dinastia qajar, http://fouman.com/Y/Gallery_Tag.php?tagid=Qajar.

Capítulo 12 O surgimento do nacionalismo

Um website útil para o nacionalismo egípcio é

https://ipfs.io/ipfs/QmXoypizjW3WknFiJnKLwHCnL72vedxjQkDDP1mXWo6uco/wiki/Egyptia_nationalism.html.

Sobre a Turquia e sobre o Comitê da União e Progresso, ver www.saylor.org/site/wp-content/uploads/2011/08/HIST351-8.3.1-Young-Turks.pdf.

Para uma fonte online sobre a revolução constitucional de 1906, com figuras, ver www.iranchamber.com/history/constitutional_revolution/constitutional_revolution.php.

Para uma visão iraniana da história do Golfo Pérsico, ver www.iranchamber.com/geography/articles/persian_gulf_history.php.

Capítulo 13 As raízes do ressentimento árabe

Para um website sobre Lawrence of Arabia, ver

www.npr.org/templates/story/story.php?storyId=1250171.

Capítulo 14 Governantes modernizadores e os estados independentes

Existem muitos websites sobre os massacres armênios durante a Primeira Guerra Mundial. Um website para o lado armênio é www.armenian-genocide.org. As refutações turcas das alegações armênias estão em: https://en.wikipedia.org/wiki/Armenian_Genocide_denial.

Aqui, estão dois websites sobre a história iraniana (clique sobre o século ou tópico de seu interesse): http://en.wikipedia.org/wiki/Timeline_of_Iranian_history; e www.parstimes.com/history.

Sobre a cozinha persa, ver www.foodbycountry.com/Germany-to-Japan/Iran.html

Use a Wikipedia para a música iraniana: https://en.wikipedia.org/wiki/Music_of_Iran.

Para o Arquivo de Fotos Históricas Iraniano sobre a dinastia pahlavi, ver http://fouman.com/Y/Gallery_Tag.php?tagid=Pahlavi; e sobre o majlis (parlamento), ver http://fouman.com/Y/Gallery_Tag.php?tagid=Majlis.

Um website saudita detalhado é www.the-saudi.net.

Capítulo 15 O Egito e o Crescente Fértil durante o domínio europeu

Sobre o Egito monárquico após a Primeira Guerra Mundial, o website www.imdb.com/name/nm1531603/bio fornece detalhes estimulantes sobre o rei Faruq.

Sobre o caso Suez de 1956, ver www.bbc.co.uk/history/british/modern/suez_01.shtml.

Sobre os mandatos franceses, ver www.saylor.org/site/wp-content/uploads/2011/06/French-Mandate-of-Syria-and-Lebanon.pdf.

Capítulo 16 A disputa pela Palestina

Um website israelense sobre o mandato britânico, contendo links para muitos dos documentos mencionados neste capítulo, é www.mideastweb.org/mandate.htm.

Para um website sobre o sionismo e Israel, ver www.jewishvirtuallibrary.org.

Um website palestino documentado com links é www.palestine-studies.org.

A Wikipedia possui um verbete sobre o conflito palestino-israelense: https://en.wikipedia.org/wiki/Israeli%E2%80%93Palestinian_conflict.

Sua avaliação do mandato britânico na Palestina como um documento legal está em http://en.wikipedia.org/wiki/British_Mandate_for_Palestine_(legal_instrument).

Capítulo 17 O renascimento de Israel e o surgimento do nacionalismo árabe

Para dois websites sobre a vida de Ben-Gurion, acesse: www.jewishvirtuallibrary.org/jsource/biography/ben_gurion.html; e www.palestineremembered.com/Acre/Famous-Zionist-Quotes/Story638.html.

Para a visão de Israel sobre os eventos que levaram à Guerra de Junho de 1967, ver www.palestinefacts.org/pf_1948to1967_sixday_backgd.php.

Capítulo 18 A guerra e a busca pela paz

Com relação à Guerra de Junho de 1967, um website pró-Israel é www.jewishvirtuallibrary.org/jsource/History/1967toc.html.

Para websites sobre a vida e políticas de Arafat, ver uma visão favorável em http://electronicintifada.net/v2/article3288.shtml; e uma visão hostil em www.jewishvirtuallibrary.org/jsource/biography/arafat.html.

Sobre a Guerra Árabe-israelense de 1973, dois sites são: www.jewishvirtuallibrary.org/jsource/History/1973toc.html; e www.history.com/topics/yomkippur-war.

O verbete detalhado da Wikipedia é https://en.wikipedia.org/wiki/Yom_Kippur_War.

Spbre o processo de paz pós-1973, em geral, ver www.palestinefacts.org/pf_1967to1991_ykwar_agreements.php.

Com relação à Opep e ao petróleo do Oriente Médio após 1973, ver o website da Opep: www.opec.org/opec_web/en.

O texto sobre a culminação das conversações de paz de 1978, conhecido como Acordos de Camp David, pode ser encontrado em: www.jewishvirtuallibrary.org/jsource/Peace/camp_david_accords.html.

Sobre a guerra civil libanesa, ver uma análise da resolução de guerra em: http://ddc.aub.edu.lb/projects/pspa/conflict-resolution.html.

Capítulo 19 A reafirmação do poder islâmico

Um website sobre o Iraque, que inclui uma cronologia sobre a história do Iraque de 1920 a 2004, um mapa, um quem é quem dentre os líderes iraquianos, e o texto de vários documentos fonte, é www.mideastweb.org/iraqtimeline.htm.

Para documentos relacionados à Guerra Irã-Iraque, ver http://users.erols.com/mwhite28/iraniraq.htm.

Para documentos relacionados ao caso Irã-Contra, ver www2.gwu.edu/~nsarchiv/nsa/publications/irancontra/irancon.html

Sobre a invasão do Líbano por Israel (a visão de Israel): www.jewishvirtuallibrary.org/jsource/History/lebtoc.html.

Sobre o massacre de Sabra e Shatila, ver www.mediamonitors.net/timllewellyn3.html.

Sobre as mulheres no Oriente Médio, o website da Association for Middle East Women's Studies (Associação para Estudos das Mulheres do Oriente Médio) é www.amews.org.

Capítulo 20 A Guerra do Golfo de 1991 e o processo de paz

O website PBS sobre a Guerra do Golfo de 1991 é www.pbs.org/wgbh/pages/frontline/gulf.

Websites sobre a primeira Intifada de 1987 incluem a visão de Israel em: www.jewishvirtuallibrary.org/jsource/History/intifada.html.

Um website favorável aos palestinos é www.merip.org/palestine-israel_primer/intifada-87-pal-isr-primer.html, que pode ser consultado para muitos temas palestinos.

Para os Acordos de Oslo de 1993, ver www.mideastweb.org/meoslodop.htm.

Para Oslo II, ver www.jewishvirtuallibrary.org/jsource/Peace/interimtoc.html.

Sobre as fracassadas conversações de Camp David, um website pró-Israel é: www.mideastweb.org/campdavid2.htm; e ver www.palestinefacts.org.

Um artigo favorável aos palestinos está em www.nybooks.com/articles/14380.

Sobre tópicos israelenses com uma perspectiva pró-Israel: www.jewishvirtuallibrary.org.

Sobre o envolvimento americano no conflito palestino-israelense com uma perspectiva pró-palestina: www.ifamericansknew.org/history/origin.html.

B't Selem, uma organização israelense de direitos humanos, monitora o comportamento israelense e fornece informações consideradas usualmente objetivas e acuradas: www.btselem.org.

Sua contrapartida palestina é o Centro Palestino para os Direitos Humanos, que monitora o comportamento israelense nos territórios palestinos: www.pchrgaza.org/portal/en.

Capítulo 21 A década Pós-11/9 no Oriente Médio

Capítulo 22 Na estação do descontentamento árabe

Capítulo 23 A guerra fria regional no século XXI

Há muitos recursos para a Guerra contra o Terrorismo na web; comece com o website da CIA: www.cia.gov/news-information/cia-the-war-on-terrorism.

Um website útil para a guerra iraquiana de 2003 é www.whs.mil/library/postwar.htm.

Índice

Abássida, califado 86-94
  Bagdá 86-88
  declínio do 91-94, 115-117
  devoção 88
  Ma'mun 91-93
  mapa do 87
  persas 89-91
  revoltas 89
  turcos 94, 107
Abdallah 235-237
Abdallah ibn al-Zubayr 77-78
Abd al-Malik 81-85
Abduh, Muhammad 203, 209
Abdulhamid 210-211
Abdulmejid 190-193
Abrigo 132-133
Abu-Bakr 42, 63-66
Abusos de poder 127-128
Abu-Talib 42, 43
Acomodação 133
Administração
  da lei 125
  Irã 253-256
  reformas otomanas 186-194
  Turquia 247-249
Afeganistão, invasão soviética 406-407
Afshar, Nadir 165
Agência Judaica para a Palestina 305
Aglábidas 92-94
Agricultura 25-28, 36-37

Água
  conflito árabe-israelense 385-387
  conservação da 131-132
  direitos 385-387
Ahmad ibn Hanbal 138-140
Ahmad ibn Tulun 94
Aida 202
Aioc; cf. Companhia de Petróleo Anglo-Iraniana
Aipac; cf. Comitê de Assuntos Públicos Americano-Israelenses
Aisha (esposa de Muhammad) 47-50, 70
Aisha bint Abu-Bakr 47-50, 70
al-Afghani, Jamal al-Din 203, 214
Al-Arqam 42-43
al-Baghdadi, Abu Bakr 505-507
al-Barudi, Mahmud Sami 204
Álcool 133, 171
Alcorão 53-55
Alexandre o Grande 27-29
al-Farabi, Abu Nasr 134
al-Fatat 230
al-Hakim 103
al-Husayni, Hajj Amin 303-305
Al Khalifa, Hamad ibn Isa 491-493
Alinhamento Trabalhista, Israel 367
Ali, Sa'id 179
al-Kawakibi, Abd al-Rahman 223
al-Kindi 134
al-Magariaf, Mohammed Yousef 501

al-Nahhas, Mustafa 276-277
al-Ma'mun, Abdallah 91-93
al-Mansur, Abu Ja'far 88, 89
al-Nasir, Gamal Abd, coronel
   287-289
  Canal de Suez 334-337
  conflito árabe-israelense 324-327
  divisões baseadas em gênero 129
  Guerra de 1967 345-347
  pan-arabismo 341-343
  Plano de Paz Rogers 361-362
al-Qadhafi, Mu'ammar 360-361,
   492-494
al-Qahira 102-103
  cf. tb. Cairo
Al Qaeda; cf. Al Qaeda
Al Qaeda 447-514
  cf. tb. Eiis
Al Qaeda na Península Árabe
Al Qaeda no Iraque (AQI) 506-507
Al Qaeda no Maghreb Islâmico
   (AQMI) 511
al-Sadat, Anwar 349, 362-365,
   369-374, 382-384
  assassinato de 411-414
al-Takfir wal-Hijra 413
Alto Califado 80-95
al-Zarqawi, Abu Mus'ab 507
Ambiente
  lei islâmica 130-132
  pré-Muhammad 25-28
Anatólia, Grande Assembleia
   Nacional da 244-245
Anglo-Iraniana, Companhia de
   Petróleo (Aioc) 395
Anglo-Iraquiano, Tratado 280-281
Anglo-Sionista, ruptura 302
Anjos no islã 53
Ansar al-Shari'a 502
Antioquia, nestorianos da 30-31
Antissionistas 294
Aplicabilidade da lei 126-127
Apostasia (ridda) 63

AQI; cf. Al Qaeda no Iraque
AQMI; cf. Al Qaeda no Maghreb
   Islâmico
AQPA; cf. Al Qaeda na Península
   Árabe
Aquemênidas, reis 28
Árabe, nacionalismo 219-237
  Acordo Sykes-Picot 229-233
  Comissão King-Crane 233-234
  conceitos 219
  contexto histórico 219-221
  Correspondência Husayn-
    -McMahon 226-229
  cristãos 220-224
  Grã-Bretanha 225-231
  Jovens Turcos 223-225
  muçulmanos 223
  Primeira Guerra Mundial 224-235
  revolta árabe 228-229
Árabe, Outono/Inverno 504-516
  al-Baghdadi 505-508
  Egito 509-510
  Iêmen 512-514
  Iraque 504-508
  Líbia 510-511
  Síria 514-516
  Tunísia 509-510
Árabe, Primavera 486-499
  Bahrain 491-492
  contexto 485-489
  Egito 490-491
  Iêmen 494-495
  Líbia 492-493
  mapa político no começo 488
  protestos 486-498
  Síria 495-496
  Tunísia 487-492
Árabe, resistência à imigração
   judaica 307-310
Árabe, socialismo 341-344
Árabe, Verão 497-498
  Bahrain 500-501
  Egito 499-500
  Líbia 501-502
  Síria 504
  Tunísia 498-499

Árabe Americana, Companhia de Petróleo (Aramco) 260-263
Árabe-israelense, conflito 291-388
Árabes
  conquistas iniciais 63-66
  descendência 32-34
  Doutrina Eisenhower 336-337
  Império Otomano 220-221
  primeiras conquistas 62-79
  sucessor de Muhammad 62-64
Árabes, divisões
  conflito árabe-israelense 318-320
Arábia
  começo 31-38
  condições 34-35
  cultura 35
  sul 35-36
Arábia Saudita 238-239, 256-263
  descoberta de petróleo 259-263
  emergência 258-260
  guerra fria regional 523-524
  pós-9/11 458-461
Arafat, Yasir 438-440
Aramco; cf. Companhia de Petróleo Árabe Americana
Argelina, independência 343
Arianismo 30
Armas 149-150, 162-164
  de fogo 149-150, 162-164
    suprimento durante a Guerra do Yom Kippur 371-373
Arte 137
Assassinato de al-Sadat 411-414
Assentamentos na Cisjordânia 381-383, 385, 476-477
Assuã, Represa Alta de 385-386
Ataturk; cf. Kemal, Mustafa, "o Evento Auspicioso" 188
Aviões do sistema de advertência e controle aéreo (Awacs) 414-415
Awacs; cf. aviões do sistema de advertência e controle aéreo
Ayn al-Dowleh 214-215

Ba'ath, partido 338-339
Badr 46-47
Bagdá
  cercos 116-117
  construção de 86-88
  Primeira Guerra Mundial 271-272
Bagdá, Pacto de 396
Baha'i 194
Bahrain 461, 491-492, 500-501
Bakhshish 159
Balfour, Declaração de 231-232, 300-302
Baring, Sir Evelyn 204-208
  cf. tb. Cromer, Lord
Basra 67, 70, 72, 89, 227, 271-272
Bast 215
Baybars 143-144
Bayezid 154
Bayezid II 155
Bayt al-Hikma 91
Bazargan, Mehdi 401
Beduína, cultura 35
  antes de Muhammad 25-38
Begin, Menachem 382-386, 413-417
Ben Ali, Zayn al-Abidin 487
Ben Bella, Ahmad 343
Ben-Gurion, David 329-331
Bilal 42
bin Laden, Osama 448-449
Bizantino, Império 33, 84, 110-111
Bouazizi, Mohamed 486
Budismo 147
Buída, dinastia 104-105
Bunche, Ralph 317-318
Bush, George W. 448, 464-473

Caaba 37, 40, 43
Cairo 102-103, 273
Califa
  derivação do termo 63
Califados
  abássidas 86-88

Abu-Bakr 63-66
Ali 69-71
dinastia buída 104-105
Estado Islâmico 504-516
fatimidas 101-103
invasão mongol 115-116
"justamente guiados" 71
Mu'awiya 71-75
reformas fiscais 84-85
retomada das conquistas 83-84
Umar 66-68
Uthman 68-69
Camelos 31-34
Caradon, Lorde 354
Carijitas 100-102
Carter, Jimmy 380-381, 383-384, 409
Casamentos 129-130
  Muhammad 47-49
  regras islâmicas 59-60
Casas 133
Cento; cf. Organização do Tratado Central
Centro de Abastecimento do Oriente Médio 284
Cercos, Bagdá 116-117
Cessar-fogo na Guerra do Yom Kippur 372-373
Chevron 260
Ciência 134-135
Cisjordânia, assentamentos da 381-384, 385, 477
Classes
  civilização islâmica 127-130
  governantes do Império Otomano 157-159, 161, 170-171, 190-194
  Império Otomano 157-160, 161
Começo da vida de Muhammad 39
Comércio otomano, queda do 161
Comida 132-133
Comitê de Assuntos Públicos Americano-Israelenses (Aipac) 368
Comitê de União e Progresso (CUP) 211-212, 223-226

cf. tb. Condições dos Jovens Turcos na Arábia 34-35
Companhia de Petróleo do Iraque; cf. BP
Concessões de terras (iqta') 104
Conselho Supremo das Forças Armadas (CSFA) 491-492
Conservação da água 131-132
Constantino
  cristianismo de 31
Constitucionalista, movimento 214-215
Construção de Bagdá 86-88
Contraterrorismo pós-9/11 462-464
Crane, Charles 259
Criação de Israel 311-313
Cristianismo/cristãos
  arianismo 30
  Cruzadas 111-115
  Império Otomano 160
  nacionalistas árabes 219-223
  nestorianos 30
  Roma 28-29
Cromer, Lord 205-208
  cf. tb. Baring, Sir Evelyn
Cruzadas 111-115
Ctesifonte 32
Cufa, revolta 69-70
Cultivo agrícola 25-27, 36-37
Culto (salat) 56-57
Cultura
  árabe 35
  islâmica 134-141
Cultural
  ramos da classe governante otomana 159
CUP; cf. Comitê de União e Progresso atual, al-Malik 82-83
Curdos, guerra fria regional dos 517-519, 521-524, 527-529
Czarista, Rússia 173-176

Dar testemunho (shahada) 56-57
Declaração de Princípios 438, 442-443

Declínio
  da dinastia omíada 85-88
  do Império Otomano 160-162, 169-171
  dos abássidas 91-94
  dos árabes 32
  dos mamelucos 146
  do xá Reza 255-256
Democracia
  Egito 275-280
  Iraque 280-282
  Israel 329-331
Descoberta de petróleo 215-216
Deus
  unidade de 52-53
Deveres dos muçulmanos 56-61
Devoção aos abássidas 88
Devshirme, sistema 158
Dhahran 260-263
Dieta 132-133
Direitos iguais no Império Otomano 193
Disciplina Umar 66-68
Dívida no Egito de Isma'il 202
Dízimo (zakat) 57-58
Doze Imames, Xiitas dos 100, 104, 394
Dromedários 32-34
  cf. tb. Camelos
Druso 103

EAU; cf. Emirados Árabes Unidos
Economia
  Israel 327-329
  Líbano 378
  queda otomana 160-161
Educação 130, 189, 255
Egito
  al-Sadat 349, 362-365, 369-374, 382-384, 411-414
  califado fatímida 101-104
  conflito árabe-israelense 324-327
  democracia 275-280
  direitos aos recursos hídricos 385-387
  Eiis 509-510
  França 135
  frustração política 285-287
  Guerra de Suez 335-336
  Guerra do Yom Kippur 369-374
  incursões europeias 179, 183-184, 204-208
  independência 265-266, 275-280, 287-288
  Isma'il 201-204
  mamelucos 143-146, 183, 185
  Mehmet Ali 185-187
  nacionalismo 200-201, 203-209, 275-280
  Napoleão 179, 183-184
  ocupação britânica 205-208
  pós-9/11 461-463
  pós-Nasir 362-365
  pós-Primeira Guerra Mundial 264-290
  pós-Segunda Guerra Mundial 283-289
  Primavera Árabe 486-487
  Primeira Guerra Mundial 266-267
  Represa Alta de Assuã 386-387
  Revolução de 1919 267-271
  revoluções 267-271, 286-287
  Salah al-Din 113-114
  século XIX 182-187
  Segunda Guerra Mundial 282-284
  Tratado de Israel 384-385
  verão Árabe 497-499
Eiis 505-516
  Egito 509-510
  Iêmen 512-514
  Iraque 504-508, 527-529
  Líbia 510-511
  Síria 514-516, 526-528
  Tunísia 508-509
Eisenhower, Doutrina 336-337
Embargos ao petróleo 371-372, 374, 376
Emigração (hijra) 44

Emir
  definição 226
Emirados Árabes Unidos (EAU) 460
Empréstimos, Egito de Isma'il 202
Era dos califas "justamente
  guiados" 71
Erdogan, Recep Tayyip 520-525
Escolas missionárias americanas
  221-223
Escravos 142-146, 163-164
Escriba
  ramo da classe governante
  otomana 158-159
Essebsi, Beji Caid 499-500
Estados Unidos (EU)
  crise dos reféns do Irã 402-405
  invasão do Iraque 464-473
  Palestina 308-309
Estrangeiras, relações de Israel
  331-333
Etiópia, direitos aos recursos
  hídricos da 385-386
Eufrates 386-387
Europa e Império Otomano 154,
  188-191
Exército
  Império Otomano 157-159, 161,
    187-191
  Irã 255-256
  Mehmet Ali 185-186
  safávidas 149, 163-166

Família
  nomes na Turquia 247-249
Familiar
  vida 129-130
Faruq, rei 278-279
Fatímida, dinastia 101-103
Faysal, rei 280-282
Faysal ibn Husayn 228, 230-231
Fé (imame) 52-53
Ferid, Damal 242, 244

Fértil, Crescente
  criação do Estado 271-275
  nacionalismo 274-283
  pós-9/11 453-459
  pós-Primeira Guerra Mundial
    264-290
  Segunda Guerra Mundial 282-283
  cf. tb. Egito; Iraque; Líbano; Síria
Financeiros, problemas do Egito de
  Isma'il 202
Fiscais, reformas durante a dinastia
  omíada 84-86
Fontes da lei 122-123
Ford, Gerald 380-381
FPLP; cf. Frente Popular pela
  Libertação da Palestina
França
  Egito 179, 183-184
  Império Otomano 178-179
  Síria 273-274, 281-283
Frustração política, no Egito
  285-286
Fu'ad, sultão (mais tarde, rei)
  267-271, 276-278

Gamal Abdel Nasser; cf. al-Nasir,
  Gamal Abd, coronel
Gasnávida, dinastia 106-207
Genghis Khan 115-116
Ghulams (escravos) 164-165
Gokalp, Ziya 213
Golfo, Guerra do 1991 425-446
Grã-Bretanha
  Acordo Sykes-Picot 229-232
  Correspondência Husayn
    -McMahon 226-228
  declaração de Balfour 231-232,
    300-301
  Egito 264-271
  Império Otomano 176-178,
    190-191
  Iraque 271-274, 280-282, 466-474
  nacionalismo árabe 225-231
  Palestina 300-303
  Pérsia 251-252

Grande Assembleia Nacional, Anatólia 244-245
Guerra de 1967 345-352
Guerra Fria 333-334
Guerra Mundial, Primeira 225-235
  acordo de paz 233-235
  acordo Sykes-Picot 229-232
  Correspondência Husayn-McMahon 226-227
  Declaração de Balfour 231-232
  Egito 266-267
  sionismo político 299-300
Guerra Mundial, Segunda 256, 282-284
Guerras civis
  Iêmen 358-359
  Líbano 339-341, 434-436

Habsburga, Áustria 176-177
Hachemita, clã 40, 76-77, 226-227, 235
Hadith 122-123
Haftar, califa 502
Hajj (peregrinação) 58
Hamas 476, 478-479, 480
Harawi, Ilyas 435
Hatt-i-Hamayun 193
Hatt-i-Sherif de Gulhane 191
HDP; cf. Partido Democrático do Povo
Hebreu 328-329
Helênica, era 25-32
Hereditariedade na dinastia omíada 73-75
Herzl, Theodor 297-298
Hezbollah 454-457
Hijra (emigração) 44
Houthi, movimento 503-504
Hulagu 147-149
Hulagu Khan 116-119
Hunkar-Iskelesi, Tratado 190
Husayn 76-77, 235
Husayn, Saddam 360

Husayn, Taha 276-277
Husayn-McMahon, Correspondência 226-227

Ibn Rushd 134
Ibn Sa'ud 235, 265-263
ibn Sina 134
Ibrahim, sultão 170
Ideologias e a Guerra do Líbano 378-379
Iêmen 342-343
  Eiis 511-514
  partição 358-360
  Primavera Árabe 494-496
  Verão Árabe 497-498
Ijtihad (interpretação) 124
Ilcanidas 146-147, 148-149
Imame (fé) 52-54
Imigração para Israel 307-309
Imperial, Rescrito 193
Imperialismo, Egito 264-271
Império Otomano 150-162
  Abdulhamid 210-212
  árabes 220-221
  Áustria habsburga 176-177
  causas do sucesso 157
  classes 157-160
  começo 151-153
  Comitê de União e Progresso 211-212
  declínio do 160-161
  Era Tanzimat 190-194
  exército 157-159, 161-162, 187-191
  França 178-179
  fraquezas 169-171
  Grã-Bretanha 177-178, 190-191
  guerras safávidas 162-166
  incursões europeias 169-194
  instituições políticas 157-160
  nacionalismo 208-213
  nacionalismo turco 212-213
  ocidentalização 187-194
  proteção europeia 190-191

reformas 170-173
revolta árabe 228-229
Rússia 173-176, 187-188, 190-191
Rússia czarista 173-176
zênite do 154-158
Impérios 142-166
  mameluco 143-146
  Mehmet Ali 186-187
  otomano 150-162
  safávida 162-166
  Tamerlane 148-150
Impostos 84-86, 127-130, 158-159
Incursões europeias
  Egito 179, 183-184, 204-208
  Império Otomano 169-194
  linha do tempo 167-168
  questão oriental 173-176
Independência
  Argélia 343
  Egito 265-267, 274-280, 286-288
  Iraque 280-282, 288-289
  Líbano 288-289
  Síria 288-289
Industrial, Revolução 185
Industrialização na Turquia 248-249
Inflação, Irã 262
Intelectual, vida 134-135
Interpretação da lei 124
Intifada 420-422
Intifada de al-Aqsa 478
Invasões
  Cruzadas 110-115
  Iraque 467-474
  Kuwait 425-435
  mongóis 115-119
Iqta' (concessões de terras) 104-105
Irã 239-240
  Aiatolá Khomeini 391, 396-398, 400-402
  crise dos reféns 402-405
  dinastia pahlavi 395-402
  Guerra do Iraque 408-410
  guerra fria regional 518-520
  inflação 262

  pós-9/11 452-454
  revolução 394-402
  surgimento do 250-256
  xá Reza 252-256
Iraque
  Bush e os neoconservadores 464-467
  conflito árabe-israelense 323-325
  criação 271-274
  democracia 279-282
  dinastia buida 104-105
  direitos aos recursos hídricos 386-387
  Eiis 504-507, 527-528
  grupos étnicos 471
  Guerra do Irã 408-409
  Guerra do Kuwait 425-435
  independência 280-282, 288-290
  invasão 467-474
  mapa do 470
  pós-9/11 458-459
  Revolução de 1920 280
  Saddam Husayn 360
  Segunda Guerra Mundial 282-284
  triângulo sunita 469
Irmandade Muçulmana 499-501
Irrigação 25-28, 36-37
Islã
  conquistas iniciais 63-66
  deveres 56-61
  emigração 44
  leis do 120-124
  luta pela sobrevivência 44-47
  oposição de Meca 43-44
  pilares da fé 52-56
  pilares da prática 56-59
  primeiras conquistas 62-79
  primeiros muçulmanos 42-43
  proibições 58-61
  repolitização 392-401
  seitas importantes 100-102
  surgimento do 23-95
  turcos 105-106
Islâmica, civilização 120-141
  ambiente 131-132
  classes 127-130

cultura 134-141
divisões 141
fontes da lei 122-123
jurisprudência 121
lei 120-126
relações 129-131
sistemas legais 124-126
sociedade 127-128
Islâmica, ressurgência 389-481
  Aiatolá Khomeini 391, 396-397, 400-402
  assassinato de al-Sadat 411-414
  Guerra do Golfo de 1991 425-446
  lutas pela supremacia no Golfo 405-410
  Palestina 415-422, 436-444
  política estrangeira israelense 413-422
  política ocidental 422-424
  pós-9/11 447-481
  religião na política 393-394
Islâmico, Estado (EI) 504-516
Islâmico, governo
  al-Malik 82-83
  início 66-68
  primeiras mudanças 71
Isma'il 162-164, 201-203
Ismaili, xiismo 100-104, 164-166
Isnad 122-123
Israel
  Acordo Oslo I 437-440
  al-Husayni 303-305
  assentamentos da Cisjordânia 381-383, 385, 477
  Comissão King-Crane 233-234
  Comissão Peel 307-308
  criação de 311-313
  crise doméstica 374
  Declaração de Balfour 231-232
  democracia 329-331
  Golda Meir 360-361
  Guerra de 1967 346-352
  Guerra de Suez 335-336
  Guerra de Yom Kippur 370-374
  guerra pela independência 314-317
  imigração 307-309
  incidente do Muro das Lamentações de 1929 305-306
  intifada de al-Aqsa 478
  invasão do Líbano 416-419
  Likud 367
  Mandato Palestino 301-302
  militância crescente 414-417
  plano de partição da ONU 310-311
  pós-9/11 472-481
  primeiros anos 327
  problemas estatais 328-329
  relações estrangeiras 331-332, 413-422
  Rio Jordão 344
  ruptura anglo-sionista 302-303
  territórios ocupados 353-354
  tratado de paz jordaniano 440
  tratado de Sèvres 234-235
  Tratado do Egito 384-385
  visões egípcias 285-287

Jabotinsky, Vladimir 303
Ja'fari, xiitas 100-101, 104-105
Janissários 158-159, 187-189
Jebali, Hamadi 498-499
Jejum 57
Jihad 59-60
Jizya 85, 128-129
Jordânia
  conflito árabe-israelense 320-321
  Doutrina Eisenhower 336-337
  Plano de Paz Rogers 361
  pós-9/11 454-458
  tratado de paz israelense 440
  Jordão, rio 344
Jovens Turcos 223-224, 241-242
  cf. tb. Comitê de União e Progresso
Judeus
  em dispersão 295-296
  Muhammad 49-50
  sionismo 294-295
  cf. tb. Israel; Sionismo
Juízo Final, Dia do 55-56

Jundishapur 31-32
Junta militar do Egito 287
Jurisprudência 121-122
Juvaini, Ata Malik 148

Kamil, Mustafa 208-209
Kemal, Mustafa (Ataturk) 239-240, 243-250
Khadja 39, 41, 43
Khalid ibn al-Walid 64
kharaj 85
Khomeini, Sayyid Ruhollah Musavi, aiatolá 391, 396-398, 400-402
Khurasan 115
Kibbutzim 298-299
King-Crane, comissão 233-235, 259-261
Kissinger, Henry 372-373, 377
kizilbash 162-163
Koprulu, família 171-173
Kuwait
  Guerra do Iraque 425-435
  pós-9/11 461

Lausanne, Tratado 245-246
Lawrence, T.E. (da Arábia) 228-232
Lei 120-127
  administração da 125
  aplicabilidade da 126
  fontes da 122-123
  interpretações da 124
  jurisprudência 121-122
  sistemas sunitas 123-124
  sistemas xiitas 124
Leng, Timur (Tamerlane) 148-149, 154
Líbano
  conflito árabe-israelense 323, 377-380
  Doutrina Eisenhower 336-337
  fim das guerras civis 434-436
  guerras civis 339-340, 434-436
  independência 288-289
  invasão israelense 416, 417-419
  Plano de Paz Rogers 361
  pós-9/11 455-458
Líbia
  Eiis 510
  Primavera Árabe 486-487
  Revolução de 1969 360
  Verão Árabe 499-500
Liga das Nações
  Iraque 271-272
  Mandato da Palestina 301-302
  Síria 273-275
Likud 367, 382-383
Limpeza, regras islâmicas de 60-61
Literatura
  islâmica 136
  nacionalismo árabe 221-222
  Shu'ubiya 90
Luta no caminho de Deus (jihad) 58-59

Mahmud II 187-189
Malikshah 107, 109
Mamelucos 118-119, 143-146, 183, 185
Maniqueísmo 32
Matemática 135-136
Mawali 67-68, 84-86
Meca
  Muhammad 39-61
  oposição ao islã 43-44
  peregrinação 58
  pré-Muhammad 36-37
Mediação durante o conflito árabe-israelense 316-318
Medicina 135-136
Medina 44-47
Mehmet I 154
Mehmet II 154-155
Mehmet Ali 69-71, 179, 184-187
Meir, Golda 360
Mensageiros do islã 55
Millets 209, 221'

Milner, Lord 269
Misticismo 139-141
Mitraísmo 28
Mongóis
  ilcanidas 145, 146-147
  invasão 115-119
  mamelucos 143, 146
Monofisitas 30
Morsi, Mohamed 499-500
Morte de Muhammad 51-52
Mosaddiq, Mohammad 395
Mosul, Primeira Guerra Mundial 271-272
Mu'awiya ibn Abi-Sufyan 70-75
Mubarak, Husni 413, 490-492
Muçulmanos
  começo 41-43
  deveres 56-61
  nacionalismo árabe 223
  pilares da fé 52-56
  pilares da prática 56-58
  proibições 58-61
  significado 42-43
Mudros, Armistício de 240-242
Muhammad
  casamentos 47-50
  início da vida de 39
  judeus medinos 49-50
  morte de 51-52
  primeira revelação 40-41
  sucessão 62-64
  surgimento do islã 39-61
  vitória mecana 50-51
Muhammad ibn Abd al-Wahhab 256-257
Mu'izz 102
Muro das Lamentações, incidente do 305-306
  Comissão Peel 307
  criação de Israel 311-313
  Declaração de Balfour 300-302
  Declaração de Princípios 438, 440-442
  diplomacia do vaivém 373-374, 377-378
  direitos aos recursos hídricos 385-387
  divisões árabes 318-319
  Doutrina Eisenhower 336-337
  Egito 324-327
  Guerra de 1967 345-352
  Guerra de Atrito 358
  Guerra de Suez 335-336
  Guerra do Yom Kippur 370-374
  Guerra Fria 333-334
  Iraque 323-325
  Jordânia 321
  Líbano 323, 377-380
  Likud 367
  linha do tempo 291-292
  mediação 316-318
  mudanças políticas 358-366
  negociações de paz 352-359, 361-366, 372-374, 376-377, 379-387, 435-443
  Organização para a Libertação da Palestina 344-345, 355-357, 362, 376-377, 414-422
  origens 293
  Palestina 293-313
  palestinos 319-320, 344-345, 355-357
  petróleo 332-333
  plano de partição da ONU 310-311
  Plano de Paz Rogers 361-366
  primeira intifada 420-422
  relações estrangeiras israelenses 314-317, 331-332, 413-420
  Resolução 315-316, 354-356, 372-373
  Rio Jordão 344
  segunda intifada 443-444
  Síria 321-322, 337-339, 380
  territórios ocupados 353
  Tratado Egípcio-Israelense 384-385
Muruwwa 35, 40-41
Mustafa Reshid Pasha 191-192
Mu'tazila 91

655

...onalismo
...abe 219-237
...rábia Saudita 256-262
Comissão King-Crane 233-234
Egito 200-201, 203-209, 264-271, 274-280
Império Otomano 209-213
Irã 250-256
Iraque 279-282
Israel 327-333
Líbano 377-379
Pérsia 213-216, 250-256
sionismo 294-295
Síria 281-283
surgimento do 198-216
turco 212-213
Turquia 237-250
Nadir, xá 165
cf. tb. Afshar
Nagib, Muhammad 287
Napoleão 179, 183-184
Nasiruddin, xá 194, 214
Nasrallah, Hassan 456-457
Navios a vapor 176-177
Nazistas 255-256, 282-284
Neoconservadores e Iraque 464-474
Nestorianos 30
Neutralismo positivo 341
Nilo 385-387
Nizam-i-Jedid 171-173, 187-188
Nur al-Din 113

Ocidental, política, ressurgência islâmica 421-424
Ocidentalização
Egito 183-186
Império Otomano 187-194
Pérsia 193-195
século XIX 181-197
Turquia 245-250
Olim 297
OLP; cf. Organização pela Libertação da Palestina

Omíada, dinastia 73-88
queda 85-86
reformas fiscais 84-85
retomada das conquistas 83-85
Operação Tempestade do Deserto 432-435
Opep; cf. Organização dos Países Exportadores de Petróleo
Organização das Nações Unidas (ONU)
mediação árabe-israelense 316-318, 354-356
plano de partição 310-311
Organização dos Países Exportadores de Petróleo (Opep) 366-367, 372-373
Organização do Tratado Central (Cento) 396
Organização do Tratado do Atlântico Norte (Otan) 493
Organização pela Libertação da Palestina (OLP) 344-346, 355-357, 362, 376-377, 414-415
acordo Oslo I 437-440
Orhan 152-153
Oriental, Questão 173-176
Origens do conflito árabe-israelense 293
Ortodoxa, Igreja 30, 222-223
Oslo I, acordo 437-440
Osman 151
Otan; cf. Organização do Tratado do Atlântico Norte
Ovelha Branca, turcomanos da 149, 162
Ovelha Negra, turcomanos da 149, 162

Pahlavi, dinastia 395-402
Palestina
Acordo Oslo I 437-440
al-Husayni 303-305
conflitos 420-421

Correspondência Husayn
 -McMahon 226-228
Declaração de Balfour 231-232, 300
Declaração de Princípios 438, 442-443
Estados Unidos 309-310
guerra israelense pela independência 314-317
Hamas 476-479, 480
intifada de al-Aqsa 478
Mandato da Liga das Nações 301-302
ocupação britânica 301-302
plano de partição da ONU 310-311
pós-9/11 472-481
primeira intifada 420-421
segunda intifada 443-444
visões egípcias 285-287
Palestinos
 conflito árabe-israelense 355-357
 conflitos 420-421
 imigração judaica 307-309
 refugiados 319-321
Pan-arabismo 340-343
Pan-islamismo 223
Parthians 31-32
Partição do Iêmen 359-360
Partido Democrático do Povo (HDP) 522-523
Partido dos Trabalhadores do Curdistão (PKK) 452, 514-515, 521-523
Partido Republicano do Povo (RPP) 248-249
Passfield, Lord 306
Paz, acordos de, pós-Primeira Guerra Mundial 232-235
Paz, negociações de, conflito árabe-israelense 351-359, 360-366, 372-374, 376-378, 379-387, 435-443
PB (Petróleo Britânico) 259-260
 cf. tb. Companhia de Petróleo Anglo-Iraniana

Peel, Comissão 307
Pequena América 260-263
Peregrinação (hajj) 58
Pérsia
 califado abássida 89-91
 descoberta de petróleo 215-216
 Dinastia Buída 104-105
 Grã-Bretanha 251
 ilcanidas 146-148
 movimento constitucionalista 214-215
 nacionalismo 212-216, 250-256
 qajars 193-195
 revivescência da 30
 Rússia 251
 safávidas 163-165
 Xá Reza 252-256
 zoroastrismo 27-29, 31
 cf. tb. Relações pessoais do Irã 130-131
Petróleo
 árabe-israelense 332-333
 Arábia Saudita 259-263
 descobertas 215-216
 embargos 371-372, 374-377
 Irã 398
 lutas pela supremacia 405-410, 426-427
 Opep 366-367, 372-373
Pilares da fé, islã 52-56
Pilares da prática, islã 56-58
PKK; cf. Partido dos Trabalhadores do Curdistão
Poder, abusos de 127-128
Poesia, pré-islâmica 35
Polícia secreta (Savak), Irã 398-401
Pólvora 149-150
Pós-9/11 447-481
 Arábia Saudita 458-461
 Bahrain 461
 contraterrorismo 463-464
 Crescente Fértil 454-459
 Egito 462
 Emirados Árabes Unidos 460

657

en 460
452-453
aque 458-459
srael 472-481
Kuwait 461-462
Palestina 473-481
Qatar 460-462
Turquia 451-452
Pós-Segunda Guerra Mundial, Egito 284-288
Praça da Pérola 492
Pré-islâmica, poesia 35
Pré-Muhammad 25-28
Primeira intifada 420-421
Primeira revelação de Muhammad 40-41
Primeiros muçulmanos 42-43
Profetas do islã 55
Proibições no islã 58-61
Prosa 35, 136
Protestos, Primavera Árabe 486-487

Qajars 193-194, 212-216, 250-251
Qanats 26-27
Qatar 460-461, 524-527
Quatro Pontos Reservados 270
Queda
  Dinastia Omíada 85-86, 88
  do Império Otomano 160-162, 169-171
  dos abássidas 91-94
  dos mamelucos 146
  Xá Reza 255-256
Quraish 39

Rabin, Yitzhak 374
Ramo administrativo da classe governante otomana 157-158
Rashid al-Din 148
Rashid Ali al-Gaylani 283-284
RAU; cf. República Árabe Unida
Reformas
  Ataturk 248-250

conceitos 181-183
  Egito 183-187
  Império Otomano 170-173, 187-194
  século XIX 181-197
  Xá Reza 253-255
Refugiados, Palestina 319-320
Regional, Guerra Fria 518-531
  Arábia Saudita 523-524
  crise no Qatar 524-527
  Irã 518-520
  sectarismo 518-520
  Turquia 520-523
Relações na civilização islâmica 129-131
Religião
  conflito no Líbano 377-378
  guerra fria regional 517-520
  pré-Muhammad 28-29
Religiosas, minorias 128-129
Religiosos, festivais 131
Represas 386-387
República Árabe Unida (RAU) 339-342
Rescrito Nobre da Câmara Rosa 191
Resolução 315-316, 354-355, 372
Revelados, livros 53-55
Revisionistas 303
Revolução de 1919, Egito 267-269
Revolução de 1920, Iraque 280
Revolução de 1969, Líbia 360
Revoluções
  abássidas 86
  antiabássidas 89
  Cufa 69-70
  Egito 266-271, 286-287
  Irã 394-402
  Líbia 360
  wahhabi 220
Reza, Mohammad 395-402
Reza, xá 252-256
  Reza Khan 395
Ridda (apostasia) 63
Rogers, Plano de Paz 361-366

Rojava 514-515
Roma 27-29
Rouhani, Hassan 519-520
RPP; cf. Partido Republicano do Povo
Rushdi, Husayn 268
Rússia
  Império Otomano 173-176, 187-188, 190-191
  invasão do Afeganistão 407
  Irã 250
  sionismo 296-298
  Turquia 244-245
Russo-turca, guerra 202, 210

Sabeus 36
Saddam Hussein; cf. Husayn, Saddam
Safávida, império 162-164
Sa'id, Khalid 490
Sa'id Pasha 179
Salah al-Din 113-115
Salat (culto) 56-57
Salih, Ali Abdallah 494-495
Samarqand 148-149
Samuel, Herbert, Sir 303-305
San Remo, arranjo de 234
Santo Sepulcro, Jerusalém 110
Sassânidas 31-32, 33, 36-37
Savak; cf. Polícia secreta
Scaf; cf. Conselho supremo das Forças Armadas
Sectarismo, guerra fria regional 518
Século XIX
  Egito 183-187
  Império Otomano 187-194
  ocidentalização 181-197
Segunda intifada 443-444
Segurança, cerca de, Israel 476-478
Seitas
  cristianismo 31
  Islã 100-101
Selim I, "o Cruel" 155

Selim II 160
Selim III 187
Seljúcida, dinastia 107-109
Sèvres, tratado de 234, 244-245
Shahada (dar testemunho) 56
Shirkuh 113-114
Shura 68
Shu'ubiya 90
Sionismo
  Comissão King-Crane 233-234
  Declaração de Balfour 231-232
  definições 293-294
  Herzl 297-298
  plano de partição da ONU 310-311
  política 294-295, 296-298
  Primeira Guerra Mundial 299
  Rússia 296-297
  tratado de Sèvres 234
  cf. tb. Israel
Sionismo político
  começo 294-295
  definições 293-294
  Herzl 297-298
  plano de partição da ONU 310-311
  Primeira Guerra Mundial 299
  Rússia 297-298
  cf. tb. Israel
Síria
  conflito árabe-israelense 321-322, 337-339, 380
  criação 273-275
  direitos aos recursos hídricos 386-387
  Doutrina Eisenhower 336-337
  Eiis 505-507, 513-516, 527-528
  Guerra da 345-352
  Guerra do Líbano 380
  Guerra do Yom Kippur 370
  independência 281-283, 288
  pós-9/11 453-455
  Primavera Árabe 495-498
  Segunda Guerra Mundial 284
  Verão Árabe 497
Smyrna 243-244
Sobrevivência do terrorismo 450-451

..s, grupamentos 127-128
..lismo, árabe 341-343
..edade islâmica 93
.dados
Império Otomano 157-159, 161-162
mamelucos 143-146
safávidas 149, 163-166
Soviética, Rússia
invasão do Afeganistão 407
Irã 250-251
Standard Oil da Califórnia (Chevron) 260-261
Status 128-129
Sucessões
mamelucos 143-146
Muhammad 62-63
Sudão, direitos aos recursos hídricos 385-386
Súdita, classe do Império Otomano 159-160
Suez, Canal de 179, 200-201, 334-336
Suez, Guerra de 335-336
Sufismo 139-141
Suicidas, ataques terroristas
Iraque 469, 472
Israel 475-476
Sul da Arábia 35-36
Suleyman, o legislador 155
Sultões 170-173, 268-270
Sunita, triângulo, Iraque 471-472
Sunitas
base da cisão 62-63, 100-101
sistemas legais 123-124
Sunna 121-123
Surgimento do islã 39-61
Sykes-Picot, acordo 229-233, 508

Tabriz 214
Tahrir al-Sham 515
Tamarod 500-501
Tamerlane 148-149, 154

Tanzimat, Era 190-194
Tawfiq 204-205
Teerã 194-195, 214-216
Teologia 137-139
Territórios Ocupados
frustrações árabes 368-369
Guerra do Yom Kippur 370-373
mapa dos 353
preparações para a guerra 369-370
Terrorismo
Al Qaeda 447-450
definições 450-451
Texas, Companhia de Petróleo do 260
Tigre 386-387
Transjordânia 235, 259, 285, 302-303
cf. tb. Jordânia
Transoxiana 115
Tratado Egípcio-Israelense 384-385
Tunísia
Eiis 508-510
Primavera Árabe 489-492
Verão Árabe 497-498
Turca, língua 247
Turco, nacionalismo 212-213
Turcomanos 149, 162-163
Turcos, impérios 105-109
califado abássida 94, 107
começo da civilização 105-106
Cruzadas 110-115
Dinastia Buída 104-105
Dinastia Fatímida 101-103
Dinastia Seljúcida 107-109
gaznávidas 106-107
ilcanidas 146-148
invasões mongóis 115-119
islã 106
linha do tempo 97-98
mamelucos 118-119, 142-146
otomanos 150-162
safávidas 162-166
Salah al-Din 113-116

seljúcidas 107-109
sociedade 120-141
Tamerlane 148-149
Turquia 238-250
  Ataturk 239-240, 243-250
  desafios aos nacionalistas 242
  guerra fria regional 519-524
  nomes de família 247-249
  ocidentalização 246-250
  pós-9/11 450-453
  Rússia 244-245
  "Seis Flechas" 248-249
  Tratado de Lausanne 244-246
Tusi, Nasiruddin 148
Twitchell, Karl 259, 260

Ubaydallah 101-102
Ulama 159
Umar 66-68
Umar II 84-85
Umma 44-46
  dissensão 67-69
Unidades de Proteção do Povo (YPG) 514-515
Universidade Americana de Beirute 222
Universidades, reformas otomanas 188-189
Urabi, Ahmad 204-217
Urbano II, Papa 111-112
Uthman 42, 68-69

Vaivém, diplomacia do 373-374
Venizelos, Eleftherios 242
Vestimenta 132-133
  Irã 255-256
  regras islâmicas de 59-60
  Turquia 247-248
Véus 59-60
Vichy, governo 283-284
Vizires 90, 170-174

Wafd 268-270, 276
Wahhabi, islamismo 220-221, 256-258
Watergate, Caso 367-368
Wazir 90
  cf. tb. Vizires
Weizmann, Chaim 300
Wilson, Woodrow 233
Wingate, Reginald, Sir 268
Wolfowitz, Paul 464-465, 467-468

Xarife 225
Xiitas
  Aiatolá Khomeini 391, 396-398, 400-402
  base da cisão 63-64, 100-101
  desafios ao poder inicial 76-79
  no poder 100-105
  Pérsia 213-214
  sistemas legais 124

Yakan, Adli 269-270
Yathrib 44
Yazid 75-76
YPG; cf. Unidades de Proteção do Povo

Zaghlul, Sa'd 267
Zakat (dízimo) 57-58, 127-130
Zayd 47
Zayd ibn Haritha 42
Zaydis, xiitas 100-101
Zaynab, esposa de Muhammad 47
Zengi 113
Ziyad 72
Zoroastrismo 28-29, 31-32

Conecte-se conosco:

f facebook.com/editoravozes

◉ @editoravozes

🐦 @editora_vozes

▶ youtube.com/editoravozes

☎ +55 24 99267-9864

www.vozes.com.br

Conheça nossas lojas:
www.livrariavozes.com.br

Belo Horizonte – Brasília – Campinas – Cuiabá – Curitiba
Fortaleza – Juiz de Fora – Petrópolis – Recife – São Paulo

EDITORA VOZES LTDA.
Rua Frei Luís, 100 – Centro – Cep 25689-900 – Petrópolis, RJ
Tel.: (24) 2233-9000 – E-mail: vendas@vozes.com.br